U0496846

世 界 名 著 大 讲 堂

中侨大讲堂

刘凤珍 主编

世界名著大讲堂

蔡莎 编著

中国华侨出版社

图书在版编目（CIP）数据

世界名著大讲堂 / 蔡莎编著. — 北京：中国华侨出版社，2016.12
（中侨大讲堂 / 刘凤珍主编）
ISBN 978-7-5113-6517-0

Ⅰ．①世… Ⅱ．①蔡… Ⅲ．①名著—介绍—世界 Ⅳ．① Z835

中国版本图书馆 CIP 数据核字（2016）第 281048 号

世界名著大讲堂

编　　著 / 蔡　莎
丛书主编 / 刘凤珍
总 审 定 / 江　冰
出 版 人 / 方　鸣
责任编辑 / 子　慕
封面设计 / 杨　琪
经　　销 / 新华书店
开　　本 /720mm×1010mm　1/16　印张：24　字数：520 千字
印　　刷 / 北京鑫国彩印刷制版有限公司
版　　次 /2017 年 6 月第 1 版　2017 年 6 月第 1 次印刷
书　　号 /ISBN 978-7-5113-6517-0
定　　价 /48.00 元

中国华侨出版社　北京市朝阳区静安里 26 号通成达大厦 3 层　邮编：100028
法律顾问：陈鹰律师事务所
发行部：（010）64443051　　　　传　真：（010）64439708
网　址：www.oveaschin.com　　　E-mail：oveaschin@sina.com

如发现图书质量有问题，可联系调换。

前言

培根曾说过："读史使人明智，读诗使人灵秀，数学使人深刻，伦理学使人庄重，逻辑修辞学使人善辩……"世界名著是人类智慧的结晶，是人类精神宝库中最灿烂的组成部分，凝聚了作家对人生、社会、时代的思考，具有永恒的艺术魅力和深刻的思想内涵。古往今来，世界名著影响了人类社会，影响了历史进程，同时也影响、启迪了一代又一代的人。

阅读世界名著，不仅能提高理论修养和写作能力，而且能陶冶情操、领悟人生和获得智慧，从而为走向成功的人生打下坚实的基础。但是，人的精力是有限的，面对浩如烟海的世界名著，即使是最善于阅读的人也没有那么多的时间和精力去一一卒读，而这些世界名著的思想精髓、内容主旨又都是需要我们去了解和掌握的。因此，我们组织编写了这本《世界名著大讲堂》，以帮助读者在较短时间内轻松了解世界名著，并为他们的深入阅读提供指导。

本书设置了"作者简介""背景介绍""名著概要""阅读指导""名家点评""经典摘录""相关链接"等栏目。"作者简介"介绍作家的生平经历、主要作品及其在历史上的地位；"背景介绍"讲述名著写作的时代、社会背景或者著作中的轶事；"名著概要"对名著的内容、情节等进行提纲挈领的勾画；"阅读指导"是对名著提出指导性的阅读建议；"名家点评"收集历代著名评论家对名著的独到见解，给读者提供阅读名著的不同视角；"经典摘录"选取名著中历经时间考验沉淀下来的不朽词句，能够引起读者心灵深处的共鸣；"相关链接"介绍与名著相关的内容，当作引申阅读。所有这些内容，由点及面，或纵向深入，或横向延伸，从不同角度和层面剖析名著，帮助读者在较短时间内把握世界名著的精髓，使本书成为快速、高效地学习和了解世界名著的理想读本。

　　本书不仅是一部具有指导意义的实用工具书，更是一部艺术性与知识性相融合的文学作品。通过配入二百余幅契合文意的精美图片，立体、具象地展示名著的风采，其中有经久流传的名著书影，有记录作家音容笑貌的画像和照片，有艺术大师诠释名著内容的雕塑和绘画……版式设计上将每部名著所依托的文化底蕴与现代审美的设计理念相融合，使读者不仅可以直观地领略名著的精髓，而且还能深入感受名著同社会文化、艺术的内在联系，在全方位接近大师、深层次品读名著的同时，获得更为广阔的文化视野和愉快的阅读体验。

目 录 Contents

荷马史诗／古希腊／荷马／高华宏阔的史诗典范 1
伊索寓言／古希腊／伊索／西方寓言的始祖 4
被缚的普罗米修斯／古希腊／埃斯库罗斯／古典悲剧的经典 5
俄狄浦斯王／古希腊／索福克勒斯／古希腊悲剧的典范 8
美狄亚／古希腊／欧里庇得斯／歌颂反抗的伟大悲剧 10
阿卡奈人／古希腊／阿里斯托芬／嘲讽战争的经典喜剧 12
希腊波斯战争史／古希腊／希罗多德／第一部世界通史 14
伯罗奔尼撒战争史／古希腊／修昔底德／狭隘政治军事史的佳作 16
文艺对话集／古希腊／柏拉图／古希腊美学的奠基之作 18
理想国／古希腊／柏拉图／古希腊文化的最高代表 20
形而上学／古希腊／亚里士多德／世界第一部哲学教科书 22
政治学／古希腊／亚里士多德／开创了西方传统政治学体系 24
尼各马可伦理学／亚里士多德／第一部探讨伦理问题的专著 26
几何原本／古希腊／欧几里得／科学史上的"《圣经》" 29
罗摩衍那／印度／蚁垤仙人／印度心灵的镜子 31
高卢战记／古罗马／恺撒／文学与史学的典范作品 33
编年史／古罗马／塔西佗／古罗马史学的代表作 35
罗马史／古罗马／阿庇安／讲述罗马内战的文化丰碑 37
天文学大成／古希腊／托勒密／古希腊天文学思想的顶峰 39
法学阶梯／古罗马／盖尤斯／世界民法典结构的基础 41
源氏物语／日本／紫式部／日本的"《红楼梦》" 43
神学大全／意大利／阿奎那／神学体系的建立者 46
马可·波罗游记／意大利／马可·波罗／"世界第一大奇书" 48
神　曲／意大利／但丁／从地狱到天堂的旅程 50
十日谈／意大利／薄伽丘／时代的先声 53

书名	国家	作者	简介	页码
君主论	意大利	马基雅维利	驾驭与统治的教科书	56
乌托邦	英国	托马斯·莫尔	空想社会主义思想体系的奠基之作	58
天方夜谭			阿拉伯世界的百科全书	60
天体运行论	波兰	哥白尼	自然科学的"独立宣言"	63
蒙田随笔	法国	蒙田	欧洲近代哲理散文经典	65
罗密欧与朱丽叶	英国	莎士比亚	莎士比亚版"梁祝"	68
仲夏夜之梦	英国	莎士比亚	充满浪漫色彩的抒情喜剧	70
威尼斯商人	英国	莎士比亚	讽刺与抒情的巧妙结合	72
哈姆雷特	英国	莎士比亚	莎士比亚悲剧艺术的最高峰	75
奥赛罗	英国	莎士比亚	富有时代气息的爱情悲剧	77
李尔王	英国	莎士比亚	闪现强烈理想光辉的悲剧	79
麦克白	英国	莎士比亚	野心造成的性格悲剧	81
堂·吉诃德	西班牙	塞万提斯	骑士风尚的飘逝	84
大教学论	捷克	夸美纽斯	近代教育体系的框架	87
伪君子	法国	莫里哀	欧洲古典主义戏剧的最高峰	89
唐璜	法国	莫里哀	独具一格的古典主义喜剧	91
吝啬鬼	法国	莫里哀	"守财奴"的不朽经典	93
伦理学	荷兰	斯宾诺莎	理性主义形而上学体系的代表	95
政府论	英国	约翰·洛克	影响世界历史进程的书	97
鲁滨孙漂流记	英国	笛福	引人入胜的历险小说	100
格列佛游记	英国	斯威夫特	奇幻的历险	102
论法的精神	法国	孟德斯鸠	理性和自由的法典	105
百科全书	法国	狄德罗	人类第一部百科辞书	107
社会契约论	法国	卢梭	政治学史上最著名的古典文献之一	109
爱弥尔	法国	卢梭	介于小说与说教文之间的教育专著	111
忏悔录	法国	卢梭	个性解放的宣言书	113
塞维勒的理发师	法国	博马舍	资产阶级喜剧的代表	115
论犯罪与刑罚	意大利	贝卡里亚	刑法和刑罚理论的奠基石	117
少年维特之烦恼	德国	歌德	青涩的恋曲	120
浮士德	德国	歌德	沉淀60年的光辉史诗	123
国富论	英国	亚当·斯密	西方经济学的"《圣经》"	125
强盗	德国	席勒	"狂飙突进"的经典	128
阴谋与爱情	德国	席勒	德国古典戏剧不朽的经典	130
人口原理	英国	马尔萨斯	人口理论的第一部系统著作	132
拿破仑法典	法国		资产阶级的第一部民法典	135
傲慢与偏见	英国	简·奥斯汀	年轻女性的爱情宝典	136

唐　璜／英国／拜伦／讽刺史诗	139
解放了的普罗米修斯／英国／雪莱／自由与民主的象征	141
红与黑／法国／司汤达／法国批判现实主义的奠基之作	144
欧那尼／法国／雨果／浪漫主义伟大胜利的标志	147
巴黎圣母院／法国／雨果／命运的交响曲	149
悲惨世界／法国／雨果／人类苦难的"百科全书"	151
美　学／德国／黑格尔／资产阶级美学的高峰	153
战争论／德国／克劳塞维茨／西方近代军事理论的经典之作	155
叶甫盖尼·奥涅金／俄国／普希金／辉煌的长篇叙事诗	158
普希金诗选／俄国／普希金／俄国现实主义文学的典范	161
欧也妮·葛朗台／法国／巴尔扎克／法国现实主义文学杰作	162
高老头／法国／巴尔扎克／一幅宏大的社会场景画	164
安徒生童话／丹麦／安徒生／梦回美好的童年	167
歌德谈话录／德国／爱克曼／德国最有价值的散文	170
钦差大臣／俄国／果戈理／俄国戏剧的重要里程碑	172
双城记／英国／狄更斯／现实主义的历史小说	173
简·爱／英国／夏洛蒂·勃朗特／世界女权运动的图腾柱	175
呼啸山庄／英国／艾米莉·勃朗特／一部"神秘莫测的怪书"	178
茶花女／法国／小仲马／青楼女子的别样传奇	181
汤姆叔叔的小屋／美国／斯托夫人／酿成一场大战的书	183
罗马史／德国／蒙森／里程碑式的史学巨作	186
包法利夫人／法国／福楼拜／精雕细琢的法语典范	187
格林童话／德国／格林兄弟／徜徉在幻想的天空	191
特雷庇姑娘／德国／保罗·海泽／充满浪漫主义色彩的不朽经典	194
物种起源／英国／达尔文／进化论确立的标志	195
大雷雨／俄国／奥斯特洛夫斯基／俄国黑暗王国的一线光明	198
罪与罚／俄国／陀思妥耶夫斯基／生命的禁锢与放逐	200
资本论／德国／马克思／马克思主义的精神所在	203
海底两万里／法国／凡尔纳／"硬科幻"的代表作	206
国民经济学原理／奥地利／门格尔／奥地利学派边际价值论奠基之作	208
悲剧的诞生／德国／尼采／重估美的价值	210
查拉斯图拉如是说／德国／尼采／"第五福音书"	212
卡　门／法国／让·比才／上演率最高的歌剧	214
社会学原理／英国／斯宾塞／社会学理论的开山之作	216
古代社会／美国／摩尔根／第一部原始社会发展史	219
安娜·卡列尼娜／俄国／托尔斯泰／批判现实主义文学的丰碑	221

书名 / 国别 / 作者 / 简介	页码
复 活／俄国／托尔斯泰／"心灵净化"的文学杰作	225
昆虫记／法国／法布尔／科学与文学的完美结合	226
玩偶之家／挪威／易卜生／女性的觉醒	228
德伯家的苔丝／英国／哈代／自然主义的杰作	230
娜 娜／法国／左拉／第二帝国时期的道德败坏史	233
羊脂球／法国／莫泊桑／欧洲短篇小说杰作	236
漂亮朋友／法国／莫泊桑／精雕细琢的社会小说杰作	238
契诃夫短篇小说选／俄国／契诃夫／俄国批判现实主义短篇小说杰作	240
哈克贝里·费恩历险记／美国／马克·吐温／对社会秩序的挑战	242
福尔摩斯探案集／英国／柯南道尔／侦探小说的最高峰	245
经济学原理／英国／马歇尔／新古典主义经济学理论的源泉	248
佩列阿斯与梅丽桑德／比利时／梅特林克／神秘的象征主义杰作	250
圣女贞德／英国／萧伯纳／人道主义浓厚的历史剧杰作	253
梦的解析／奥地利／弗洛伊德／精神分析学派的奠基之作	254
基 姆／英国／吉卜林／描绘印度的最美画卷	257
小市民／苏联／高尔基／树立无产阶级形象的新戏剧	258
童 年／苏联／高尔基／不朽的自传体小说	261
欧·亨利短篇小说选／美国／欧·亨利／美国生活的幽默百科全书	262
贝多芬传／法国／罗曼·罗兰／世界名人传记的经典之作	264
约翰·克利斯朵夫／法国／罗曼·罗兰／20世纪最宝贵的小说	266
新教伦理与资本主义精神／德国／马克斯·韦伯／宗教社会学和伦理学的代表	268
骑鹅旅行记／瑞典／拉格洛夫／充满理想主义的童话杰作	271
实用主义／美国／詹姆士／美国人民的"官方哲学"	272
扬·胡斯／捷克／伊拉塞克／捷克历史小说的杰作	275
科学管理原理／美国／泰罗／现代科学管理理论之源	276
变形记／奥地利／卡夫卡／精神在现实与梦境中的徘徊	279
追忆似水年华／法国／普鲁斯特／革新生命意识的文学经典	282
世界史纲／英国／韦尔斯／图文并茂的通史名著	285
罗素姆万能机器人／捷克／卡雷尔·恰佩克／褒扬爱情的科幻剧	287
大 街／美国／刘易斯／美国新文学的开山之作	289
给麻风病人的吻／法国／莫里亚克／"法国王冠上最美的珍珠"	291
尤利西斯／爱尔兰／乔伊斯／意识流小说的旗帜	292
荒 原／英国／艾略特／关注现代文明的困境	296
现代喜剧／英国／高尔斯华绥／精雕细琢的纪事史	297
查泰莱夫人的情人／英国／劳伦斯／爱与性的挣扎与解放	299
静静的顿河／苏联／肖洛霍夫／哥萨克人的史诗巨著	300

钢铁是怎样炼成的 / 苏联 / 奥斯特洛夫斯基 / 诠释最宝贵的生命历程..........304
历史研究 / 英国 / 汤恩比 / 文化形态史学的集大成之作..................307
雪　国 / 日本 / 川端康成 / 虚无主义的奇葩........................309
迷　惘 / 英国 / 卡内蒂 / 关于精神与现实冲突的隐喻..................312
飘 / 美国 / 米切尔 / 随风而逝的爱情经典..........................314
就业、利息和货币理论 / 英国 / 凯恩斯 / 现代西方经济崛起的原动力......317
伽利略传 / 德国 / 布莱希特 / 借古讽今的哲理戏剧....................320
局外人 / 法国 / 加缪 / "荒诞的证明"..............................322
全是我的儿子 / 美国 / 阿瑟·米勒 / 现实主义戏剧经典................325
经济学 / 美国 / 萨缪尔森 / 西方经济学经典教科书....................327
秃头歌女 / 法国 / 尤涅斯库 / 反传统的荒诞派戏剧....................329
麦田里的守望者 / 美国 / 塞林格 / 散发青春气息的现代经典............331
老人与海 / 美国 / 海明威 / 光辉的生存法则和人生尊严................334
日瓦戈医生 / 苏联 / 帕斯捷尔纳克 / 与《战争与和平》相媲美的"不朽诗篇"...337
傻瓜吉姆佩尔 / 美国 / 辛格 / 直触心灵的震撼......................339
铁皮鼓 / 德国 / 格拉斯 / 一部荒诞的个人反抗史....................340
教育过程 / 美国 / 布鲁纳 / 现代影响最大的教育著作之一..............342
第二十二条军规 / 美国 / 约瑟夫·海勒 / 美国"黑色幽默"小说的代表作...344
百年孤独 / 哥伦比亚 / 马尔克斯 / 魔幻现实主义的代表作..............348
一个无政府主义者的意外死亡 / 意大利 / 达里奥·福 / 鞭笞权威的经典...351
正义论 / 美国 / 罗尔斯 / 伦理学、政治哲学领域最重要的理论著作......353
莱尼和他们 / 德国 / 伯尔 / 1971年度的"欧洲之书"..................355
风暴眼 / 澳大利亚 / 怀特 / 一把剖析灵魂的"手术刀"................357
第三次浪潮 / 美国 / 托夫勒 / 迎接未来世界的行动指南................358
生命中不能承受之轻 / 捷克 / 米兰·昆德拉 / 人类灵魂的独特诠释......360
管理学 / 美国 / 罗宾斯 / 世界公认的优秀管理学教科书................364
文明的冲突与世界秩序的重建 / 美国 / 亨廷顿 / 21世纪的展望..........366

用最短的时间、最便捷的途径,了解最经典的名著。

荷马史诗 /古希腊/荷马/高华宏阔的史诗典范

作者简介

相传荷马为古代希腊两部著名史诗《伊利亚特》(又名《伊利昂纪》)和《奥德赛》的作者。根据史诗的语言和它的内容描写,西方学者一般认为他可能生活在公元前8、9世纪,但对荷马本人的情况却知之甚少,实际上有关他生平的资料也不确切。上溯到早期的希腊年代,就有一个家喻户晓的古老传说认为荷马是个盲人,大约出生在爱奥尼亚、爱琴海东岸的一个地区。作为一个行吟诗人,他的情况可能同《奥德赛》里那位朗诵诗人谛摩多科斯差不多,经常带着竖琴在各地吟唱特洛伊战争英雄事迹的诗歌。在长期的生活过程中,他广征博采,巧制精编,荟前人之长,避众家之短,以大诗人的情怀,大艺术家的功力,创作了《伊利亚特》和《奥德赛》这两部瑰丽的诗篇,使这两个在古希腊流传很久的故事终于形成史诗的规模。但现在一般的研究者都倾向于认为荷马可能只是这两部史诗的最初或最好的综合加工者,此后两大史诗还有若干古代学者进行过许多改动,最终形成今天我们所见到的版本。

荷马头像
行吟诗人荷马曾在爱奥尼亚一条大路旁,一边奏着齐特拉琴,一边吟唱歌颂特洛伊英雄的史诗。

背景介绍

根据地下发掘,地中海东岸小亚细亚地区在古代确曾有过特洛伊人及伊利昂城。可能是在公元前12世纪末,在希腊半岛南部地区的阿凯亚人和小亚细亚北部的特洛伊人之间发生了一次为期10年的战争,最后希腊人毁灭了特洛伊城。这是一次部落之间的战争。战争结束后,在小亚细亚一带便流传着许多歌颂这次战争中的氏族部落首领的英雄事迹的短歌。在传诵过程中,英雄传说又同神话故事交织在一起,由民间歌手口头传授,代代相传,每逢盛宴或节日,就由这些民间诗人在贵族的官邸中吟唱。大约到了公元前8、9世纪时,一位盲诗人荷马以短歌为基础,加以搜集整理,最后形成了具有完整的情节和统一风格的两部史诗——《伊利亚特》和《奥德赛》,这就是荷马史诗形成的大致情况。至于用文字把它们书写下来,大约是在公元前6世纪。

名著概要

《伊利亚特》题名的原意是"伊利昂的故事",写的是希腊人围攻特洛伊城的故事,当时的希腊人称特洛伊为"伊利昂"。关于这次战争的起因,在神话故事"不和的金苹果"里有详细的说明。根据这则神话所述,特洛伊战争是为了争夺一个名叫海伦的希腊女子而引起的。战神阿瑞斯因忌恨自己没有被邀请参加阿喀琉斯（希腊方面的主要英雄）父母的婚礼，便肆意挑起事端。她把一个金苹果扔在宴会桌上，上面写着"给最美的女神"，这就引起了赫拉、雅典娜、阿佛洛狄忒3位女神的争抢，宙斯让她们去找特洛伊王子帕里斯评判。3位女神向帕里斯许了愿。帕里斯把金苹果判给了阿佛洛狄忒，因为她答应让帕里斯娶到世间最美的女人。事后，阿佛洛狄忒把帕里斯引到斯巴达，骗走了斯巴达王墨涅拉俄斯的妻子——美丽的王后海伦，从而爆发了特洛伊与希腊之间长达10年之久的战争。到了第十年，希腊联军统帅阿伽门农和阿凯亚部族中最勇猛的首领阿喀琉斯争夺一个在战争中掳获的女子，由于阿伽门农从阿喀琉斯手里抢走了那个女俘，阿喀琉斯愤而退出战斗。《伊利亚特》的故事就以阿喀琉斯的愤怒为开端，集中描写那第十年里51天的事情。由于阿凯亚人失去最勇猛的将领，他们无法战胜特洛伊人，一直退到海岸边，抵挡不住伊利昂城主将赫克托尔的凌厉攻势。阿伽门农请求同阿喀琉斯和解，请他参加战斗，但遭到拒绝。阿喀琉斯的密友帕特罗克洛斯看到阿凯亚人将要全军覆灭，便借了阿喀琉斯的盔甲去战斗，打退了特洛伊人的进攻，但自己却被赫克托尔所杀。阿喀琉斯感到十分悲痛，决心出战，为亡友复仇。他终于杀死赫克托尔，并把赫克托尔的尸首带走。伊利昂的老国王（赫克托尔的父亲）普里阿摩斯到阿喀琉斯的营帐去赎取赫克托尔的尸首，暂时休战，为他举行盛大的葬礼。《伊利亚特》这部围绕伊利昂城的战斗的史诗，便在这里结束。

《奥德赛》写的是希腊英雄奥德修斯在特洛伊战争结束后还乡的故事。赫克托尔死后，围绕伊利昂城的战争还继续打了很久。后来阿喀琉斯被帕里斯用箭射死，希腊英雄奥德修斯便献计造了一只大木马，内藏伏兵，特洛伊人把木马拖进城，结果希腊人里应外合，攻下了伊利昂城，结束了这场经历10年的战争。离开本国很久的阿凯亚首领们纷纷回国，奥德修斯也带着他的伙伴，乘船向他的故乡伊塔克出发，但他们在回国途中却遇到种种艰难险阻。《奥德赛》前13卷采用倒叙的方式讲述奥德修斯到菲埃克斯岛以后向国王阿尔基诺斯讲述他的遭遇。奥德修斯一行先到了喀孔涅斯人的住地，攻下了王城。后来他们到了一个食迷莲的国家，吃了迷莲便忘了故乡。之后他们又被独眼巨人关在巨人岛上的一个山洞里，奥德修斯用酒灌醉巨人，用烧着的木棒灼伤了巨人的眼睛才得以逃脱。此后，神女喀尔刻要他留在一个岛上，并把他的同伴变成了猪。他还躲过了女妖诱人的歌声，逃过怪物卡律布狄斯和斯库拉。最后女神卡吕普索同意他返回家乡。与此同

● 相关链接

史诗的形成过程与作家的创作不同，它不是个人的笔头创作的作品，而是从民间口头创作演变而来，是集体创作与个人才能相结合而产生的作品。同时，它不是在短时期内写成的，而是在一个相当长的历史过程中形成的。它产生在民族社会晚期，编订于希腊奴隶社会的衰落时期，由文人整理成书面作品。那时候，社会生活比较简单，人们的意识形态都受到神话观念的支配，艺术创作是以民间口头集体创作的形式进行的，这正是产生这类史诗作品的历史条件。当人类社会进一步发展，这些未成熟的社会条件不再存在的时候，像《荷马史诗》这样的艺术品就不可能再产生。史诗也就成为一种不可复制的艺术珍品而永远保留着它的价值。

名家点评

恩格斯说，"荷马史诗以及全部神话——这就是希腊人由野蛮时代带入文明时代的主要遗产"，这既反映了荷马史诗在描述战争中不可避免地具有一些历史局限性，如杀戮、残暴的野蛮屠城，视女人为奴隶主的私有财产等，但另一方面也证明了荷马史诗在反映人类早期历史文化形态，特别是在由原始公社到奴隶制过渡过程中出现的诸如政治、经济、军事、文化等方面的各种情况具有不可比拟的价值。

而柏拉图也在《理想国》里提到，"荷马教育了希腊人"，这反映了荷马史诗在希腊文化教育及文化传承方面所起的重要作用很早就被人们意识到了。

时，奥德修斯的妻子珀涅罗珀在故乡苦苦等待丈夫，奥德修斯在家中的儿子忒勒马科斯也已经长大成人，出去打听他的长期失踪的父亲的消息。许多人以为奥德修斯已死，为夺取奥德修斯的财产，纷纷向珀涅罗珀求婚，追求他妻子的求婚人还占据着他的王宫，大吃大喝。珀涅罗珀则拒绝了所有的求婚者。奥德修斯经过10年颠沛流离，回到家乡。他装扮成乞丐进入王宫，同儿子一起杀死了所有的求婚者，处死了帮助求婚者的奴隶，一家人终于团聚。奥德修斯重新做了伊塔克的国王。

阅读指导

《荷马史诗》的内容非常丰富，无论从艺术技巧还是从历史、地理、考古学和民俗学方面都有许多值得探讨的东西。它在西方古典文学中一直享有最高的地位。从公元前8、7世纪起，就已经有许多希腊诗人模仿它，公认它是文学的典范。两千多年来，西方人一直认为它是古代最伟大的史诗，因此我们可以从阅读荷马史诗中直接领悟古希腊的文化和精神。

就《伊利亚特》来说，它是一部描写战争的英雄史诗。这部史诗着重是要歌颂氏族领袖的英雄品质，所以塑造了众多的英雄形象，并通过这些形象表现了那个"英雄时代"的崇高理想。全诗三分之二以上的篇幅都在描写阿喀琉斯休战期间两军的阵势。作者以恢宏的气势描绘了古战场的人喊马嘶、群雄争斗、刀光剑影、血雨腥风。这一幕幕惊天动地、气贯长虹的战争场面，本身就是展现英雄雄姿的诗篇。而书中的这些英雄都是久经战场、英勇无畏的战士。在他们身上既集中体现了氏族集体所要求的英勇品质，又初步显示出了每个人的个性特征，如阿伽门农的刚愎自用，阿喀琉斯的英勇善战，奥德修斯的足智多谋，赫克托尔的诲人不倦、语重心长等。特别是在阿喀琉斯和赫克托尔身上，这种英雄品质表现得更加明显。作为特洛伊军中最勇猛的将领，赫克托尔身负保卫全城的重任。他明知战争是由弟弟的不义行为引起的，同时自己也必然逃脱不了命运的安排，但他依然视死如归，毅然勇敢地迎战阿喀琉斯。这是一个意识到自己光荣职责的光辉英雄形象。而希腊"第一英雄"阿喀琉斯，感于神的意志，把在战场上获得荣誉看作第一生命。他在战场上既勇敢善战、奋不顾身，又暴烈鲁莽、刚强任性，表现出一种崇高的英雄主义悲剧色彩，而这也正是荷马所要力图表达的时代精神。

而《奥德赛》这部史诗在风格上却与《伊利亚特》有着不同的特点。《伊利亚特》由于主要描写的是战争，因此情调显得过于高亢和急促。《奥德赛》故事的前半部主要描写主人公在海上的离奇遭遇。主人公10年惊心动魄的经历，包含了许多远古的神话和很多经过作者幻想加工所写成的奇妙自然现象，所以显得色彩斑斓，富有非常浓厚的浪漫色彩；故事的后半部分主要描写主人公同其他贵族青年争夺和维护私有财产的斗争，里面涉及很多家庭生活的描写，所以又显得比较细致和深刻，具有一定的现实主义精神。

《荷马史诗》的伟大成就还在于它对西方文学传统的深远影响方面。荷马是一位功底深厚、想象丰富、善于创新的语言大师。《荷马史诗》辞章华丽、妙语迭出，诗中生动、形象的用词和比喻俯拾皆是。仅就文学因素来看，荷马史诗也不愧为世界上最为优秀的文学名著之一。

伊索寓言 / 古希腊 / 伊索 / 西方寓言的始祖

作者简介

伊索可能是公元前6世纪的人，出生于小亚细亚的弗律基亚，曾在一个名叫克珊托斯的主人家为奴。古希腊历史学家希罗多德（约公元前484年—公元前430年）在其所撰写的《历史》第二卷中记述道："罗多皮斯是萨摩斯人赫菲斯托波利斯之子雅德蒙的女奴，并且与写作寓言的伊索为同一个主人的奴隶。"伊索由于聪颖智慧，被解除奴隶身份并获得自由。他曾游历各地，给人们讲述寓言故事。据说小亚细亚的吕底亚国王克洛索斯（公元前560年—公元前546年）对他相当信任，派他出使德尔斐，但结果是伊索遇害身亡。

名著概要

《伊索寓言》意为"伊索的寓言集"，大部分产生于伊索生活的时代，并且多为伊索所作。一小部分是后人创作，记在伊索这位大师名下。

它作为古希腊人生活智慧的结晶，反映的内容非常广泛，绝大部分篇章都是讲做人的道德准则方面的问题。《伊索寓言》里著名的篇章很多，其中以《狼和小羊》《农夫和蛇》《龟兔赛跑》《狐狸和葡萄》最为脍炙人口。《狼和小羊》讲的是：狼想吃小羊，道貌岸然地想掩饰自己的恶行，但当纯朴的小羊戳穿它虚伪的面孔时，狼便露出了强横的本性。《农夫和蛇》讲的是：农夫在冬天见到一条蛇冻僵了，于是将它放到怀中暖热。蛇醒后咬了恩人一口，农夫因中毒而死去。《龟兔赛跑》讲的是：

经典摘录

有些人能力小，办不成事，却推托时机未成熟。
挑选什么样的朋友，自己就是什么样的人。
对恶人即使仁至义尽,他们的本性也是不会改变的。
一直说谎的人即使说了真话，也没有人会相信。
虽然慢，只要坚持不懈，最终会赢得胜利。

名家点评

《伊索寓言》大可看得。它至少给予我们三种安慰。第一，这是一本古代的书，读了可以增进我们对于现代文明的骄傲。第二，它是一本小孩子读物，看了愈觉得我们是成人了，已超出那些幼稚的见解。第三呢，这部书差不多都是讲禽兽的，从禽兽变到人，你看这中间需要多少进化历程。

——钱钟书

先秦寓言冷峻而酷刻，《伊索寓言》热烈而宽厚；先秦寓言是老于世故的，《伊索寓言》是极富童趣的。

——张远山

乌龟和兔子进行比赛，乌龟依靠坚持不懈的努力战胜了一路懈怠的兔子。《狐狸和葡萄》讲的是：狐狸看见架上的葡萄，但是它又摘不到，临走时说葡萄是酸的。

阅读指导

《伊索寓言》是古希腊口头流传的民间文学作品，通俗易懂，文字简练，被誉为西方寓言的始祖，它的出现奠定了寓言作为一种文学体裁的基石。它早已越出地理的界限，在欧洲文学史上产生了深远而广泛的影响，成为作家创作的源泉和蓝本。后世的拉·封丹、莱辛、克雷洛夫在寓言创作中明显受它的影响。世界各国的文学作品，甚至政治著作中，《伊索寓言》也常常被引用，作为论证时的比喻、说理时的名言、讽刺时的武器、抨击时的矛头。

《伊索寓言》同时也是流传到中国最早的外国文学作品之一，这可以上溯到16世纪末17世初。意大利传教士利玛窦、庞迪我将伊索及其寓言引译至中国。清末，随着文化交流的频繁，各种译本的《伊索寓言》相继出现。1955年，人民文学出版社出版了中国第一本由古希腊文直接翻译过来的《伊索寓言》。近年来，这本书的版本更是种类繁多。可以说，《伊索寓言》是在中国影响最广、最受读者欢迎的西方文学作品之一。

被缚的普罗米修斯 / 古希腊 / 埃斯库罗斯 / 古典悲剧的经典

作者简介

埃斯库罗斯（约公元前525年—公元前456年），古希腊三大悲剧家之一，古希腊悲剧的创始人。出身贵族家庭，曾两次旅居国外，逝世于西西里。一生写过约70部剧本，传世剧本7部，分别为：《乞援人》《波斯人》《七将攻忒拜》《被缚的普罗米修斯》《俄瑞斯忒亚》三部曲。

背景介绍

埃斯库罗斯生在雅典由贵族统治向民主制过渡的时期，当时雅典贵族和平民展开激烈斗争。《被缚的普罗米修斯》取材于希腊神话中宙斯与普罗米修斯的传说，

剧中普罗米修斯的悲剧就是宙斯滥施暴力的结果，作者对此进行演绎正反映了作者的民主精神。同时，该剧也流露出古希腊人对于人类命运的悲剧性意识。

名著概要

故事发生在古老的神话时代。

遥远的高加索山区，寒风凛冽、重峦叠嶂。锁链和镣铐撞击山石发出的沉重的叮当声由远而近，4个巨大的身影出现在一座峭壁前。普罗米修斯被锁链和镣铐绑缚着，他的左右两边是奉宙斯之命押解他的威力神和暴力神，宙斯的儿子匠神赫淮斯托斯手拿铁锤跟在后边。威力神催促赫淮斯托斯迅速执行宙斯的命令，用锁链把普罗米修斯缚在峭壁上，以便让他接受教训，服从宙斯的统治，不再庇护人类。赫淮斯托斯不忍心这样对待普罗米修斯，因为他们同是神的后裔，论辈分普罗米修斯还长他一辈。然而他更惧怕宙斯的惩罚，于是便向普罗米修斯表明，自己执行命令是出于不得已。他说，宙斯的心是冷酷无情的，眼前的苦难是普罗米修斯将天火盗给人类的报应。"得了！你为什么拖延时间，白费你的同情？这个众神憎恨的神，他曾把你的特权出卖给人类，你为什么不恨他？"威力神一脸铁青地责问赫淮斯托斯，催他赶紧动手。匠神叹着气，暗暗恼恨着自己的这行手艺。但他还是把普罗米修斯的双手铐了起来，钉在岩石上，接着把钢楔钉进他的胸膛，最后又把他的腰和腿用链条箍起来钉好。

普罗米修斯经受着巨大的痛苦，然而却不因此而屈服。3个神灵离开后，普罗米修斯呼吁天地万物来看他所受的迫害，他说："只因我太爱人类，才成了宙斯的仇敌，成了那些臣服于宙斯的神们所憎恨的神，因为这点儿过错，我受罚受辱，在这露天之下戴上脚镣手铐。"

长河神忒提斯的女儿们闻声而来，她们个个为普罗米修斯的惨状心痛流泪。普罗米修斯十分感激，向众神女宣布："别看宙斯现在侮辱我，给我戴上了结实的镣铐，他终会需要我来告诉他，一个什么新的事件会使他失去王杖和权力。我不会受他的甜言蜜语的欺骗，不会因为害怕他凶恶的恫吓而泄露那秘密，除非他先解了这残忍的镣铐，愿意赔偿我所受的侮辱。"众女神询问他被宙斯这样侮辱的原因，普罗米修斯回答说，不相信朋友是暴君的通病。当初，在神界权力争夺中，自己作为提坦神之一，本来处于宙斯的对立面，但由于看到提坦神们自恃强大，不改强横本性，普罗米修斯便转到宙斯一边，帮助他打败了以他父亲克罗诺斯为首的旧派势力，夺得了统治世界的权力。然而宙斯登上权力的宝座后，很快变得残暴起来。他不仅不关心人类，反而想毁掉人类。普罗米修斯怜悯人类，将"火"从天上带给人类，使他们开始了文明的生活，他为此受到了宙斯的惩罚。

这时，长河神忒提斯乘飞马前来，劝普罗米修斯要有自知之明，向宙斯屈服，免得灾难加重。他愿意代普罗米修斯向宙斯求情。普罗米修斯讥讽他说：感激他的好意，但请他不要劳神了，劝他还是保全自己，当心别惹恼了宙斯。长河神讪然离去。

　　普罗米修斯又告诉长河神的女儿们，是他为人类发明了数学、创造了文字，教给人类驯养家畜、修筑房屋、驾船航行等知识和技艺。这时，河神伊那尔科斯的女儿，被天后赫拉变作母牛的伊娥，疯狂地跑过来。伊娥应长河神的女儿们的请求，讲述了自己苦难的经历。原来宙斯爱上了她，经常在她的梦中显现，引诱她，要她满足他的欲望。她将此事告诉了父亲，父亲出于无奈，遵照神示把她赶出家门。天后赫拉出于忌妒，将她变成了牛，并派了无数牛虻不停地追逐她，叮咬她。河神的女儿们听了她的遭遇，不禁浑身战栗。普罗米修斯感叹她遇上了一个残忍的追求者。他告诉伊娥：她还得继续漂泊，直到尼罗河口的沙洲。她将在那里居住下来，宙斯将会使她恢复理智，用手轻轻地触碰她，使她生下一个儿子，儿子以后会重新返回希腊。而她的第十三代后裔（赫拉克勒斯）将来拯救自己。这时牛虻又来追赶伊娥，使她陷入狂乱。伊娥呻吟着离去，继续命定的漂泊。

　　忒提斯的女儿们感慨说，但愿命运女神不要让她们成为宙斯的妻子。普罗米修斯却说，不管宙斯多么专横，他都不会屈服。他预言，宙斯将很快会被自己新的婚姻推下宝座，因为他会生一个比他自己更强大的儿子。忒提斯的女儿告诉普罗米修斯说话要小心，劝他向惩戒之神告饶。普罗米修斯轻蔑地说："我一点儿也不把宙斯放在眼里！"这时神使赫尔墨斯奉宙斯之命前来，要普罗米修斯说明白是什么婚姻会使宙斯失去权力。普罗米修斯让赫尔墨斯滚回去，并明确告诉他，他仇恨所有受过他的恩惠，又对他进行迫害的神。普罗米修斯奚落了赫尔墨斯一番，并声称无论宙斯用什么苦刑或计谋，都不可能迫使他把那秘密道破，除非宙斯首先解除侮辱他的镣铐。赫尔墨斯劝普罗米修斯向宙斯屈服，恫吓他说，如果他不听规劝，宙斯将会用雷电劈开峡谷，把他压在悬崖底下，还会派嗜血的苍鹰每天来啄食他的肝脏。普罗米修斯毫无畏惧之色，他呼唤注定的灾难快些来临。赫尔墨斯认为普罗米修斯的心灵已陷入疯狂，劝长河神的女儿们赶紧离开，免遭霹雳的无情打击。

　　赫尔墨斯离去后，大地开始震颤，雷电闪耀，狂风大作。普罗米修斯在苦难面前，大声疾呼："啊，我那无比神圣的母亲啊，啊，普照世间万物的太阳啊，请看我正遭受怎样不公平的虐待！"随后，悬崖崩塌，地面开裂，普罗米修斯和众女神消失在宙斯的雷电中。

宙斯派苍鹰每天啄食普罗米修斯的肝脏，作为对他盗火的惩罚。

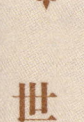

俄狄浦斯王 / 古希腊 / 索福克勒斯 / 古希腊悲剧的典范

作者简介

索福克勒斯（约公元前 496 年—公元前 406 年），古希腊三大悲剧家之一，是继埃斯库罗斯之后的第二个悲剧诗人。他生于雅典的一个工商业主家庭，并曾于公元前 440 年当选为雅典十将军之一，进入雅典的最高层。他与民主派领袖伯里克利交情很深，政治上属于温和的民主派，是雅典民主政治繁荣时期意识形态最完善的代表人物，在希腊各城邦中都享有极高的声誉。相传写有 120 多部悲剧和滑稽剧，获奖 24 次，现存《安提戈涅》《俄狄浦斯王》《厄勒克特拉》《埃阿斯》《特拉基斯少女》《菲罗克忒忒斯》《俄狄浦斯在科洛诺斯》等 7 部完整的悲剧。剧作取材于神话和传说，多描写理想化的英雄人物与命运的冲突，但终究不能摆脱命运的摆布而走向毁灭。其剧作反映了雅典奴隶主民主政权盛极而衰时期的社会面貌。

古希腊悲剧诗人索福克勒斯雕像
他的戏剧中渗透着对邪恶的探索。

背景介绍

《俄狄浦斯王》描写"杀父娶母"的故事，这在某些研究者看来成为一种"恋母情结"的隐喻。这个故事也因此被看作是此类故事的原型，这在文学和文化研究方面具有非常深远的意义。

名著概要

远古的英雄时代。希腊古老美丽的忒拜城邦突然遭受巨大的灾难，神祇给这个地区降下了瘟疫，任何药物都失去作用。阿波罗神谕预言，只有放逐杀害前国王拉伊俄斯的凶手，才能消除灾难。于是曾经解开"斯芬克司之谜"而使得全城免于灾难的俄狄浦斯王便开始下决心查找凶手，为全城邦消灾弭难。然而结果他

相关链接

公元前 5 世纪是希腊悲剧的繁荣时期，这个时期涌现出大批悲剧诗人，上演了许多悲剧作品，其中的代表作主要是"古希腊悲剧三大家"创作的悲剧作品。这三大悲剧诗人即埃斯库罗斯、索福克勒斯和欧里庇得斯。其中埃斯库罗斯被称作古希腊"悲剧之父"，他总共写了约 90 部悲剧和喜剧，代表作有《被缚的普罗米修斯》《七将攻忒拜》《俄瑞斯忒亚》三部曲（包括《阿伽门农》《奠酒人》《报仇神》）等。欧里庇得斯出身于贵族，曾受智者学派的影响，被称为"舞台上的哲学家"。据说他共写过 92 部作品，流传至今的有 18 部，代表作有《特洛亚妇女》《美狄亚》等，故事多取材于希腊的神话与传说。

竟发现自己才是那个凶手。

原来俄狄浦斯是前忒拜王拉伊俄斯和王后伊俄卡斯忒的儿子。拉伊俄斯从神谕得知，因他生前有罪，他的亲生儿子将杀父娶母。于是俄狄浦斯出生以后就被拉伊俄斯夫妇丢弃在荒山，但执行这一命令的人却可怜这无辜的孩子，将他送给另一国度的牧人。俄狄浦斯在外邦长大，从神谕中得知自己将杀父娶母，于是他离开自己的养父母四处漫游。在一个十字路口，他与一位老人发生争执，并一怒之下杀死了这位老人。而这个老人恰好是他的生父拉伊俄斯，神的预言由此应验。

俄狄浦斯杀父之后来到了忒拜城，他猜出了怪物"斯芬克司之谜"，解救了很多老百姓，并由此获得王位，和已故国王的妻子、也就是他的生母伊俄卡斯忒结婚且生下了几个儿女。阿波罗的神谕终于完全应验了。

俄狄浦斯从报信人、先知和牧羊人那里得悉这一切，悲愤得五脏俱焚。他的母亲兼妻子伊俄卡斯忒听见科任托斯的报信人说起俄狄浦斯的身世，就痛苦地发了疯，她痛哭自己一家的不幸命运，然后结束了自己的生命。俄狄浦斯看见如此情景，捶胸跺脚，大声惨叫。他马上解开吊绳的绳套，不等王后的身子躺倒在地上，就从她的衣袍上摘下两只她佩戴的金别针，举起来朝自己的眼睛狠狠地刺去。等他向克瑞翁安排了一切之后，他颤抖地拿起手杖流亡境外，一个人去忍受那漫漫无尽的苦难。

阅读指导

希腊悲剧大多取材于神话，其内容往往带有命运观念或迷信色彩，但它反映的却是当时的社会生活和斗争。这些悲剧虽然描写的是悲剧题材，但一般没有悲观色彩，而是着重表现主人公的英雄行为和高尚情操，所以这些悲剧里的主人公形象一般高大雄伟，气势磅礴。《俄狄浦斯王》就较好地体现了古希腊悲剧的这些特点。

《俄狄浦斯王》的主题是描写个人的坚强意志和英雄行为同命运的冲突，表现了善良的英雄在力量悬殊的斗争中不可避免的毁灭。俄狄浦斯体现着奴隶主民主派的理想君主的一些特点。他聪明诚实，热爱真理，关心自由民，敢于面对现实，承担责任。他的悲剧命运在于，他清白无辜，却要承受先人的罪恶；他越是竭力反抗，却越是陷入命运的罗网；他越是真诚地想为城邦消弭灾难，却越是步步临近自己的毁灭。他的毁灭一方面宣扬了命运有不可抗拒的威力，另一方面也表明命运具有伤天害理的邪恶性质，反映了雅典自由民对于社会灾难无能为力的悲愤情绪。因而这个故事本身就具有动人心魄的悲剧力量，成为西方古代文学和现代文学多次想要表达的一个基本主题。俄狄浦斯本人也因此具有了多重象征意义。

《俄狄浦斯王》也代表了索福克勒斯的悲剧艺术水准，标志着希腊悲剧艺术的成熟。作者从一开始就将主要人物放在尖锐的冲突中来加以展现，使得人物的性格极其突出。此书的结构布局也体现了索福克勒斯的匠心独运，尽管全书情节复杂，却表现得简练紧凑，每一个戏剧动作都发挥出最大的效果。这些都使得《俄狄浦斯王》无愧于成为古希腊及人类戏剧艺术的典范之作。

美狄亚 ／古希腊／欧里庇得斯／歌颂反抗的伟大悲剧

作者简介

　　欧里庇得斯（约公元前 485 年—约公元前 406 年），古希腊三大悲剧家之一。出身贵族。相传一生创作了 90 余部悲剧，现存《美狄亚》《特洛亚妇女》《希波吕托斯》《阿尔刻斯狄斯》等 18 部。

背景介绍

　　《美狄亚》创作于雅典奴隶主民主政治由盛转衰时期，反映了当时的社会现实。该剧对妇女的卑微地位和不幸遭遇表示了深切的同情。

欧里庇得斯像
他经常在自己的剧作中扮演女角，曾饰演过美狄亚。

名著概要

　　故事发生在希腊古老的科任托斯城。伊阿宋的妻子美狄亚正处于巨大的痛苦中：丈夫抛弃她和两个儿子，要和科任托斯城国王克瑞翁的女儿格劳刻结婚。可怜的美狄亚悲痛欲绝，整天躺在地上，饮食不进。她美丽的眼睛失去了往日的光彩，不再娇嫩却依然动人的脸庞日渐憔悴。她就这样躺着，回忆着往昔与丈夫的点点滴滴。

　　美狄亚本是科尔喀斯城邦国王埃厄忒斯的女儿，美丽聪明、懂得法术。丈夫伊阿宋是伊俄尔科斯城邦国王埃宋的儿子。埃宋的王位被同母异父的弟弟珀利阿斯篡夺。伊阿宋奉父命向珀利阿斯讨回王位。珀利阿斯百般刁难，说只要伊阿宋肯去科尔喀斯城把全希腊举世无双的珍宝金羊毛取回来，就把王位让给他。伊阿宋来到科尔喀斯城，公主美狄亚疯狂地爱上了这个英俊的年轻人。她违抗父命，制伏了守卫的蟒蛇，帮他取得了金羊毛，伊阿宋深受感动，发誓要一生相守。美狄亚离开城邦和他一起回到伊俄尔科斯。埃宋已被珀利阿斯杀死。美狄亚又用魔法诱劝珀利阿斯的女儿杀害她的父亲，替伊阿宋报了仇。他们也因此被珀利阿斯的儿子赶出城邦，流亡到科任托斯。面对同生死共患难的姑娘，伊阿宋再次以天神的名义发誓永远不离不弃。10 年过去了，日子虽然过得艰辛，但他们的两个儿子也日渐长大。正当美狄亚感慨生活苦尽甘来时，伊阿宋却忍受不住荣华富贵的诱惑，另觅新欢。

　　往事的回忆使美狄亚更加痛苦不堪。她心中充满巨大的仇恨，她仇恨伊阿宋，仇恨这个自己亲手建造的家，甚至仇恨两个聪明可爱的儿子！就像已布满乌云的天空，随时都会闪烁出狂怒的电火来，巨大的委屈使美狄亚暴怒起来。儿子走进屋来，美狄亚没有了往日的温柔慈爱，"你们两个该死的东西，一个怀恨的母亲生出来的东西，快和你们的父亲一同死掉，一家人死得干干净净！"美狄亚恶毒

相关链接

古希腊玻俄提亚的国王阿塔玛斯和涅斐勒结婚后，生下儿子佛里克索斯、女儿赫勒。后来阿塔玛斯抛弃了涅斐勒，与伊诺结婚。伊诺企图杀害佛里克索斯和赫勒。神明送给了涅斐勒一头长翅膀的金羊，涅斐勒将它送给两个孩子让他们逃跑。佛里克索斯乘金羊到了黑海东岸的科尔喀斯，受到国王埃厄忒斯的盛情款待，并将女儿嫁给他。为报答国王救命之恩，佛里克索斯将金羊杀了，将金羊毛送给国王。埃厄忒斯将其挂在战神亚力司圣林的一株大树上，派一条凶猛的大蟒日夜看守。金羊毛成为希腊英雄们向往的珍宝。

地诅咒着，接着号啕大哭，"唉呀呀！愿天上雷火飞来，劈开我的头颅！我活在这个世界上还有什么意思？唉，我宁愿抛弃这可恨的生命，从死亡里得到安息！"

科任托斯妇女听到美狄亚的悲呼，一起向保姆询问情况。她们同情美狄亚的遭遇，但又觉得丈夫变心是件很平常的事，妻子不应该这样愤怒。她们要仆人进屋把美狄亚请出来，听听她们的劝告。

美狄亚出来，向她们倾诉了自己的心情。她说："在一切有理智、有灵性的生物当中，女人算是最不幸的。女人结婚时贴上重金购置嫁妆，结果却是为自己找了个主人；男人在家腻烦了，可以出去散心，女人却只能待在家里；更糟的是，如果嫁个坏家伙更苦不堪言；因为离婚对于女人是有损名誉的事，但我们又不能把坏丈夫轰出家门。这样，女人结婚后首先要学会的，是应该怎样驾驭丈夫。如果成功，那么生活便是可羡慕的，要不然，还不如死了的好。"她正说着，国王克瑞翁带着仆人来到了她面前，命令她马上带两个儿子离开科任托斯。他说，美狄亚天生聪明，懂得法术，他害怕她会因被丈夫抛弃而向自己的女儿复仇。美狄亚一再请求允许她和孩子留在这里，但遭到拒绝。最后克瑞翁同意她多留一天，让她决定去哪里。美狄亚决定在这一天内，用毒药杀死自己的仇人。然而，她还是有些疑虑，她不知道以后到哪儿栖身。

伊阿宋来了，他责备美狄亚糊涂，不该和国王对抗，还假惺惺地对她表示关心。美狄亚大骂他无耻。她历数自己曾多次在紧要关头帮他脱险，到头来却遭到抛弃。伊阿宋却狡辩说，美狄亚救他是爱神的恩惠，而她因此才过上了文明的生活，在希腊扬名，这已经是自己对她的报答了。他还说自己和公主结婚对她和孩子都有好处，最后还表示可以在金钱上帮助她。美狄亚坚决拒绝了。

雅典王埃勾斯路过科任托斯，来拜访美狄亚。美狄亚向他诉说了自己的痛苦，并请求他让自己到雅典避难。埃勾斯同情她的遭遇，说只要她能到雅典，自己会尽全力保护她。美狄亚怕他反悔，要他对着天神发了誓，这才放下心来。埃勾斯走后，美狄亚准备实行复仇计划：她要用礼物毒死新娘，然后杀死自己的两个儿子，她认为只有这样才会让负心的伊阿宋生不如死。

美狄亚要孤注一掷。她让仆人请来伊阿宋，假装向他认错，得到了他的称赞。美狄亚请伊阿宋通过公主说情，让国王不要放逐她的孩子。美狄亚说，为了表示感谢，她要让两个孩子捧着一件精制的长袍、一顶金冠给公主送去做结婚礼物。伊阿宋认为，这是多余的，不过还是带孩子们去了。

过了一会儿，保姆带两个孩子从王宫回来了，高兴地告诉美狄亚，新娘已亲手接受了你的礼物。今后两个孩子可以在宫中平安地住下去了。谁知美狄亚听后，却脸色惨白，泪水不断。她用颤抖的手轻抚着两个儿子的头，想到自己要亲手将他们送给死神，心如刀绞。她想放过孩子，但又觉得这样他们会受到仇人的侮辱。她不敢再多看他们一眼，怕自己的心因此软下来。

这时伊阿宋的仆人匆匆跑来叫美狄亚赶快逃走。他说，公主看见那两件美丽的衣饰，就不由自主地答应了伊阿宋的请求。当穿上袍子、戴上金冠后，她突然口吐白沫，大声痛哭。接着金冠上冒出熊熊火焰，袍子也烧起来，而且火怎么也弄不灭。国王闻讯跑过来，抱着痛苦的女儿，结果两人都被活活烧死。这个消息坚定了美狄亚杀死孩子的决心。她不愿让孩子被科任托斯人追杀。她拿起剑走进屋内，屋里立刻传来孩子的惨叫声。

伊阿宋赶来了，美狄亚已带着两个孩子的尸体，乘龙车飞到了空中。这个男人悲痛欲绝、拂面哀叹自己的不幸，诅咒美狄亚不但让自己失去了新婚的快乐，还没有了子嗣。美狄亚说，这正是自己想看的结果。伊阿宋要求让他埋葬孩子的尸体，但未得到允许，于是大哭起来。美狄亚冷冷地说："到老了再哭吧！"然后，带着心爱的儿子的尸体，向着遥远的天边飞去。

阿卡奈人 / 古希腊 / 阿里斯托芬 / 嘲讽战争的经典喜剧

作者简介

阿里斯托芬（约公元前 446 年—公元前 385 年），古希腊喜剧家，一生写有 50 多部（一说约 40 部）剧本，保存下来的有 11 部和许多片断。剧本大多取材于雅典的社会生活，抨击社会不平等现象，表达老百姓对战争的厌恶和对和平的向往。作品语言诙谐，意趣横生。代表作：《骑士》《鸟》《阿卡奈人》《蛙》。

背景介绍

公元前 430 年左右，希腊境内雅典集团和斯巴达集团为争夺安菲波利亚，爆发了持续多年的战争。《阿卡奈人》取材于现实生活，描述了阿卡奈农民奥波利斯单独与斯巴达媾和的故事，表现了当时希腊人对和平的渴望。

名著概要

时下，希腊各城邦之间混战不断，以雅典和斯巴达为首的两个阵营之间的伯罗奔尼撒战争已经打了 6 年。对希腊觊觎已久的波斯人也想趁机入侵这块富庶的土地。连年战祸使得希腊民不聊生，人们怨声载道。这天，

伯罗奔尼撒战争绘画

《阿卡奈人》反映了古希腊城邦雅典和斯巴达为争夺霸权而进行的伯罗奔尼撒战争。

> **相关链接**
>
> 　　古希腊喜剧起源于祭祀酒神的狂欢歌舞和民间滑稽戏。它的发展和繁荣比悲剧晚，最初只是祭祀仪式中的陪衬节目，地位比悲剧低。公元前6世纪左右，喜剧流传到雅典，公元前487年被确定为酒神节上的正式节目，每年举行比赛。从此，喜剧才逐渐繁荣起来。古希腊喜剧以揭露社会矛盾、讽刺现实为主要特征，大致分为3个阶段：旧喜剧（公元前488年—公元前400年）、中期喜剧（公元前400年—公元前336年）和新喜剧（公元前336—公元前250年）。其中旧喜剧（代表作家阿里斯托芬）和新喜剧（代表作家米南德）有作品保存下来，而中期喜剧只残留片断。

雅典人约定在卫城西边的普尼克斯岗召开公民大会讨论和平问题。

　　阿卡奈农民奥波利斯来到会场。开会的时间已到，会场上的人却寥寥无几，人们还在市场里聊天闲逛。奥波利斯自言自语地抱怨人们不关心和平。他向往安定的生活，连年的战争已使他十分厌烦。广场上的人渐渐多起来，然而直到中午，主席官才到，公民大会这才开始。农民安菲忒俄斯第一个发言，他说神托他同斯巴达人议和，无奈当官的不给他盘缠。他的话说了一半，传令官就命令弓箭手把他赶出了会场。人们一片唏嘘，奥波利斯站起来表示自己的不满，批评不应赶走呼吁签订和约的人，说这有辱公民大会，传令官叫他闭嘴。这时，会场上来了3位身着波斯服装的人。原来是出使波斯的两位雅典使者归来，他们向人们介绍另一个是波斯国王派来的使节，还说他们在波斯4年受到了盛情款待。波斯使节嘀咕了几句话，一个雅典使节翻译说，波斯国王要帮助雅典打仗，还会送金子给雅典人。奥波利斯从3人的神情中看出破绽，用拳头"审问"，揭穿那个波斯使节是假冒的，传令官却低声下气地邀请假使者去赴宴，会场上众人议论不休。奥波利斯决心做一件惊人的事。他喊安菲忒俄斯过来，给他8块钱，让他代表自己一家去同斯巴达人签订和约。这时，出使色雷斯的使节带来消息，说色雷斯愿意派兵援助雅典人，不过雅典需每天付给每个士兵两块钱。奥波利斯气愤之极，大骂色雷斯无耻，人们也吵嚷不休，主席官宣布散会。安菲忒俄斯气喘吁吁地跑来，他带来3个分别代表5年、10年、30年和约期的酒囊。奥波利斯分别品尝后，称赞30年的一袋是美味仙酒，欢呼着拿回家去。

　　安菲忒俄斯与斯巴达人讲和的消息很快传开，一群阿卡奈老头（歌队）对此大骂不止，他们追到广场，安菲忒俄斯却不知去向。这时，奥波利斯一家人出门要去给酒神献祭。老头们用石子丢奥波利斯，骂他是可恨的叛徒，居然和仇敌媾和。奥波利斯反驳说，希腊连年打仗不能全怪斯巴达人。老头们根本不听，骂他替敌人说话，威胁要用石头砸死他。他急忙回家，拿出短剑和一筐木炭，准备进行反击。然而又觉得这样也不是办法，于是他到悲剧家欧里庇得斯那里借来戏装，扮成叫花子，出来和老头们辩论。他说斯巴达人毁了他的葡萄园，他痛恨他们，希望神能严惩他们。然而，一些雅典人对战争也有很大的责任：雅典首席执政官伯里克利，为了3个娼妓，便下令驱逐雅典境内的墨枷拉人，斯巴达人几次从中调解，都无济于事，这才使得希腊战火连天。奥波利斯的话使得老头们分成了两

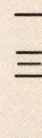

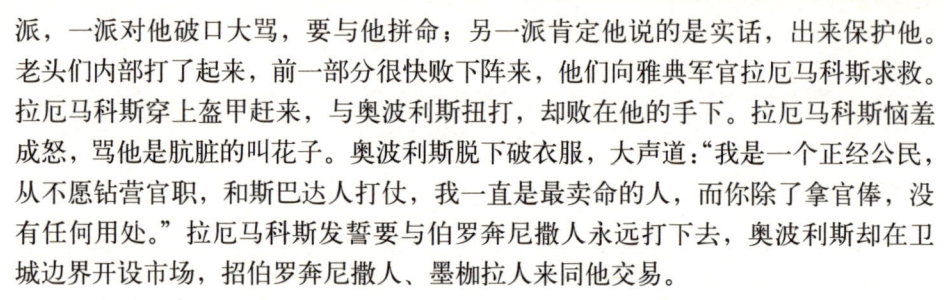

派，一派对他破口大骂，要与他拼命；另一派肯定他说的是实话，出来保护他。老头们内部打了起来，前一部分很快败下阵来，他们向雅典军官拉厄马科斯求救。拉厄马科斯穿上盔甲赶来，与奥波利斯扭打，却败在他的手下。拉厄马科斯恼羞成怒，骂他是肮脏的叫花子。奥波利斯脱下破衣服，大声道："我是一个正经公民，从不愿钻营官职，和斯巴达人打仗，我一直是最卖命的人，而你除了拿官俸，没有任何用处。"拉厄马科斯发誓要与伯罗奔尼撒人永远打下去，奥波利斯却在卫城边界开设市场，招伯罗奔尼撒人、墨枷拉人来同他交易。

一个被战争弄得家徒四壁的墨枷拉人，带两个女儿来到市场插草标出售。他对女儿们说："你们两个可怜的女娃娃，别再埋怨倒霉的爸爸，你们愿意被卖掉呢还是被饿死。"两个女孩异口同声道："卖掉！卖掉！"为了卖出这对活宝，他将她们打扮成猪娃，让她们学猪叫，向奥波利斯推销。奥波利斯说她们更像婊子婆，而不是猪婆，不过还是用一筒盐和一把大蒜将她们买了下来。市场上人越来越多，一个比奥细亚人带着雏鸡、野兔、草席、薄荷等特产来与雅典人交换。一个告密者向奥波利斯叫嚣，威胁说要向当局告发。奥波利斯将他绑了起来，堵上嘴，让比奥细亚人当雅典特产带走去换钱。阿卡奈人都羡慕奥波利斯订了和约后生活好起来，连那些曾追打他的老头们也来市场买货，并表示不再欢迎战争到身边来。

酒神节到了，奥波利斯家中一派祥和景象，人们陆续来到他家分享和平。拉厄马科斯闻听后也想去看，不料却接到传令官的紧急命令：敌人要趁节日进攻，令他立即带队去守边关。户外风雪交加，他很不情愿地穿上铠甲，提长枪踏上征程。而此时，奥波利斯却得到邀请，穿上节日盛装，兴高采烈地去参加盛宴。

奥波利斯开怀畅饮，喝得醉醺醺，被两个吹笛女扶着走出。拉厄马科斯恰巧迎面走来，他在战斗中头部跌破、脚骨脱臼，又让长矛刺伤，被两个士兵搀着，口中连呼"好痛！"奥波利斯此时在大呼"好酒！"他见拉厄马科斯这副模样，高喊："哈哈！胜利了！"一群随后而来的阿卡奈老头也跟着他大声呼喊。

希腊波斯战争史 / 古希腊 / 希罗多德 / 第一部世界通史

作者简介

希罗多德（约公元前484年—公元前425年），古希腊第一个著名史学家，西方史学的奠基人，被人们尊称为"历史之父"。他出生于小亚细亚南海滨的哈利卡那苏城的一个名门望族。他的父亲是一个巨富的奴隶主，叔父是本地一位著名诗人。希罗多德从小勤奋刻苦，酷爱史诗。约公元前461年，在哈卡利那苏城发生的一次内战中，他叔父被本城僭主吕格达米斯杀害，希

名家点评

希罗多德对于史料可以说是毫无批判的一概接受。
——修昔底德

希罗多德是伟大的"历史之父"。
——西塞罗

罗多德全家受株连，被迫移居萨摩斯岛，并且开始长期漫游，其足迹东至巴比伦，西至意大利南部，北到黑海北岸，南到埃及最南端。在此期间，他访查传闻逸事，凭吊历史遗迹，了解风土人情，收集了大量资料，为以后写《历史》做了准备。公元前447年，他来到雅典，结识伯里克利和索福克利斯等学者，成为伯里克利小圈子里的人物。希罗多德对波

希波温泉关战役
公元前480年，希腊与波斯的一次交锋，英勇的希腊人仅300名士兵守关，杀死了波斯2万士兵，最终没有顶住强大的敌人。

斯、希腊战争中希腊诸城邦打败波斯侵略的英雄业绩十分钦佩，收集了许多有关史料，在伯里克利和友人们的鼓励和支持下，他决心写一部完整叙述希波战争的历史著作。公元前443年，他迁居意大利南部的图利翁城邦，开始专心写作《历史》。可惜《历史》没有最终完稿，希罗多德便于公元前425年离开了人世。希罗多德明确地划分出了史前历史与古代历史的分界线。他对历史学的贡献，在古代世界是无人可比的，他综括一切的能力也是后人难以望其项背的。他一生除了写作《历史》外，还写了《亚述人故事》，但已失传。

背景介绍

希罗多德看到的雅典是：希波战争的硝烟刚刚散去，以雅典为首的希腊诸城邦以小敌大，以弱胜强，打败了庞大的东方帝国波斯，重新掌握整个爱琴海世界。战争的洗礼使雅典在政治、经济和文化等方面迅速发展，高度繁荣。

名著概要

《希腊波斯战争史》常称为《历史》，共9卷，按内容基本上可以分为两大部分。第一部分是序文，叙述了黑海北岸的西徐亚人、希腊城邦及波斯帝国的历史、地理、民族和风俗习惯，引出东西双方冲突的起源，并记述了希腊波斯战争爆发的历史背景。第二部分是主要部分，集中叙述希波战争的经过和结果，从公元前549年小亚细亚的爱奥尼亚人反波斯统治的起义写到公元前478年希腊人占领色雷斯的赛司托斯城。后来亚历山大里亚的注释家把全书分为9卷，还根据当时的惯例，用古希腊神话中掌管文学和艺术的9位缪斯女神的名字给各卷命名，所以这部书有时又被称为《缪斯书》。

第一卷主要叙述波斯帝国的创立者居鲁士先后征服美地亚、小亚细亚地区的希腊城邦、新巴比伦王国，直到最后战死于中亚的经过。同时还详细地描述了小亚细亚、巴比伦尼亚、美地亚、波斯和西亚各地的历史、地理、民族文化和风俗。此外，还提到了当时雅典和斯巴达国内的情况。第二卷描写的是埃及，主要写埃及的历史兴衰、政治经济文化发展、金字塔等文物名胜。第三卷叙述冈比西斯征

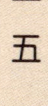

服埃及，伪斯美尔迪斯（高墨达）的短暂统治以及大流士夺得政权后的内外政策。此卷中首次提出了民主政治的优点之一是"在法律面前，人人平等"。第四卷叙述大流士攻克巴比伦之后，亲自率军征伐斯奇提亚人，但是遭到惨败，回师时又派兵征服色雷斯和利比亚（北非）。此卷中还介绍了斯奇提亚人的情况和利比亚的风土人情。第五卷主要叙述大流士的主将美迦巴佐斯于公元前499年—公元前494年率军政府领导的色雷斯以及米利都等伊奥尼亚城邦的历史。第六卷开头继续叙述波斯调动一支庞大的海、陆军进攻米利都以及伊奥尼亚人。此卷主要描绘了大流士派兵侵犯希腊和雅典人的马拉松之战的情况。第七卷主要叙述第二次希波战争时，波斯王克尔谢斯亲率大军远征希腊，在铁尔摩披莱与希腊人激战的情景。第八卷主要叙述阿尔铁米西昂战役和撒拉米斯海战。第九卷主要叙述希腊人在普拉提那陆地战役和米卡列海角战役中的胜利。

《希腊波斯战争史》一书内容丰富，非常生动地叙述了西亚、北非以及希腊等地区的地理环境、民族分布、经济生活、政治制度、历史往事、风土人情、宗教信仰、名胜古迹等，宛如古代社会一部小型"百科全书"。书中不仅着重叙述了希波战争的史实，而且把范围扩展到当时作者所了解的希腊及其周边世界。

阅读指导

《希腊波斯战争史》是人类历史上第一部具有世界性的通史著作，是第一部用历史叙述体写成的历史著作。此书构思宽广，主题是希波战争，但实际上包括当时希腊人所知道的整个世界的历史，叙述巧妙，引人入胜。全书以希波战争为骨架，嵌入细致的情节和一些动人的故事，而且史料丰富，不仅有大量的政治、经济、法律、历史文献和许多神话、传说、宗教材料，还有丰富的遗物古迹、现实材料和各种民族学、人类学以及农学、医学和地质学的资料。希罗多德创立的以史实为中心的记叙体成为后来欧洲历史著作的正规体裁。

伯罗奔尼撒战争史 /古希腊/修昔底德/狭隘政治军事史的佳作

作者简介

修昔底德（约公元前460年—公元前396年），古希腊伟大的历史学家。他生于雅典的一个显贵家庭，父亲名叫奥罗拉斯，在色雷斯沿海地区拥有金矿开采权。修昔底德青少年时代是在雅典度过的，受过良好的教育。当时已值雅典城邦政治和文化全盛时期，他对伯里克利的政治演说、三大悲剧作家的戏剧、希罗多德的历史著作、智者学派的哲学都有所了解。在古希腊哲学、逻辑学、修辞学、雄辩术和文学思想的影响下，修昔底德具有比较成熟的史学思想和修史方法。在伯罗奔尼撒战争前期，公元前424年他被选为雅典十大将军之一，率舰队游弋于色雷斯沿岸一带抵抗斯巴达。同年冬，斯巴达进攻色雷斯的安菲波利斯，修昔底德率舰队救援不及，城陷敌手，因此，他以援救不力的罪名被控告并遭放逐。此后他在色雷斯流居 20 年，来往于色雷斯和伯罗奔尼撒之间，搜集有关这次战争的第一手材料。战争结束后，他于公元前 403 年回到雅典继续修订他的著作。修昔底德去世的确切年代无法断定，可能是在公元前 399 年—公元前 396 年，不会晚于公元前 396 年，因为公元前 395 年厄特那火山爆发，公元前 393 年科浓重修雅典城墙，他都没有记载。他留下的著作，存有来不及修补的痕迹，并且他所写的最后一个句子是不完整的，表明修昔底德是猝然死亡的。

背景介绍

当时雅典正处于城邦政治、经济和文化的全盛时期。雅典自组成海上同盟后逐步加强对同盟国的控制，把同盟国降于附庸地位。公元前 454 年同盟的金库由提洛岛移往雅典，同盟贡金的用途由雅典公民大会决定。公元前 449 年希波战争结束，雅典不但不解散海上同盟，反而利用它发展海上霸权，这便和另一个企图称霸全希腊的城邦斯巴达发生了日益尖锐的矛盾。以斯巴达为首结成的伯罗奔尼撒同盟同以雅典为首的提洛同盟形成两大敌对阵营，两者之间矛盾激化，导致"伯罗奔尼撒战争"爆发。

名著概要

《伯罗奔尼撒战争史》以伯罗奔尼撒战争为主题，按年代顺序记叙了战争。现在流行的版本共分 8 卷，其内容可以分为 5 个部分。

第一部分即第一卷，是绪论，共 11 章。其中第一章是序言，说明早期希腊的历史及作者著作历史的方法和目的。在第一章中作者考察远古直到他生活的那个时代为止的希腊历史时，曾明确指出："过去的时代，无论在战争方面，或在其他方面，都不是伟大的时代。"这反映出修昔底德具有历史进化论思想的萌芽。第二章至第十一章说明这场战争的远因和近因。他在论述了雅典与伯罗奔尼撒同盟之间的矛盾的基础上，指出战争的原因是由于希波战争后雅典势力的增长引起斯巴达的恐惧和科林斯等城邦的不满。

第二部分是第二卷至第五卷第二章，叙述公元前 431 年—公元前 421 年的 10 年战争的情况。第二卷由 10 章组成。第一章叙述第比斯人进攻普拉提亚，伯罗奔尼撒战争开始。第二章至第四章记述战争第一年的情况，主要描写伯罗奔尼撒人第一次侵入亚狄迦受挫情况。第五章至第七章记述第二年战争情况，伯罗奔尼撒人第二次侵入亚狄迦。第八章至第十章记述战争第三年情况——伯罗奔尼撒人又围攻普拉提亚。第三卷由 8 章组成。第一章记述战争第四年的情况，第二

相关链接

《罗马帝国衰亡史》是英国 18 世纪杰出的史学家爱德华·吉本的代表作，此书共 6 卷，71 章。在这一史著中，"罗马帝国衰亡"的概念贯穿了 2～16 世纪罗马以至欧洲的重大史事。前三章是全书的开篇，将 98～180 年罗马帝国历史上的事件，进行了简要的概括。从第四章开始，以 180 年为开端，按照时间顺序详细叙述了罗马帝国的衰亡史。此书可以与希罗多德、修昔底德等人的名著相媲美。

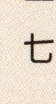

章至第六章开头部分记述第五年的情况。第六章至第八章记述第六年的情况。第四卷由10章组成。第一章至第三章前半部分记述第七年的情况，第三章后半部分至第八章记述的是战争第八年的情况。第九章记述战争具体情况。第十章简述了战争第九年的情况。第五卷由7章组成。第一、第二章记述第十年战况及订立《尼西阿斯和约》的情况。

> **名家点评**
>
> 达到历史著作的顶点，真正的历史学是从修昔底德的著作开始的。
>
> 世界上第一位具有批判精神和求实态度的史学家，科学和批判历史著作的奠基者。
>
> 读修昔底德的著作，令人感到新鲜。
>
> ——马克思致考茨基的信

第三部分包括第五卷第三章至第七章。记述订立《尼阿斯和约》至西西里远征之间5年半的历史。

第四部分包括第六、第七两卷。记载公元前415年—公元前413年间雅典人的西西里远征及其全军覆没的情况。第六卷由9章组成，即在战争的第十七年雅典人的第一次远征西西里的情况。第七卷由7章组成，记载战争的第十八年雅典人的第二次西西里远征全军覆没的情况。

第五部分即第八卷，由8章组成，记载战争的最后阶段最初两年间的历史，写到公元前411年冬季突然中断。

阅读指导

《伯罗奔尼撒战争史》作为西方古典史学名著，开创了政治军事史的体例。修昔底德对史料采取科学的处理原则，不是任何一则材料尽信之，而是考证真伪，对史实叙述采取冷静客观的态度，同时还采用人本主义史观，没有把超自然的力量看成是决定人类命运的神秘力量。在书中还体现了历史进化论思想的萌芽，这在西方史学著作中尚属首次。由于时代局限，无法说明历史的终极原因，同时推崇英雄史观，夸大个人的作用，对历史因果性理解狭隘。

文艺对话集 / 古希腊 / 柏拉图 / 古希腊美学的奠基之作

作者简介

柏拉图（公元前427年—公元前347），古希腊最重要的唯心主义哲学家，是苏格拉底的学生，亚里士多德的老师。他一生大部分时间居住在古希腊民族文化中心的雅典。他热爱祖国，热爱哲学。他的最高理想是哲学家应为政治家，政治家应为哲学家。哲学家不是躲在象牙塔里的书呆子，应该学以致用，求诸实践。他出身于雅典一个大贵族家庭——克德里达家族，原名亚里士多克勒，据说因为他额头很宽，肩也很宽，所以得了个绰号叫"柏拉图"（就是"宽阔"的意思），后来人们就这样称呼他了。柏拉图早年在数学和文学方面受过很好的教育，曾经

经典摘录

过去的时代，无论在战争方面，或在其他方面，都不是伟大的时代。

人是第一重要的，其他一切都是人的劳动的后果。

有一类文章是可以给人教益的，而且以给人教益为目标，其实就是把真善美的东西写到读者的心灵里去。只有这类文章可以达到清晰完美，也才值得写，值得读。

学习写诗，创作过悲剧。在他20岁时，被父亲送到苏格拉底那里受教，先后跟随苏格拉底学习8年，直到公元前399年苏格拉底被处死才离开雅典，旅居麦加拉和意大利南部等地区，40岁时返回雅典。这时希腊世界日趋没落。柏拉图买了一块园地，在那里建立学园。由于"园地"地处纪念希腊英雄阿加德穆斯的圣殿附近，因此他的学园就取名"阿加德穆"。柏拉图一面讲学，一面从事著述，前后长达41年之久。在西方古代哲学家中，柏拉图是第一个留有大量著作的哲学家，其中有对话35篇，书信13封，但有不少是伪作，如书信大多均属此类；至于各篇对话之真伪，考证出入甚大，不过也有一些是没有多少分歧的，如《苏格拉底的辩护》《巴门尼德篇》《泰阿泰德》《美诺篇》《法律篇》《理想国》等。

名著概要

《文艺对话集》是柏拉图有关文艺的言论合集，共收录柏拉图的论著8篇，包括《伊安》《理想国》《斐德若》《斐列布斯》《法律》《大希庇阿斯》《普罗塔哥拉》《会饮》。其中《大希庇阿斯》篇讨论什么是美，也就是定义"美"。柏拉图认为，美就是一种可以称为"美本身"的东西，美本身先于美的事物，同时是绝对的，没有任何时间和空间的限制，美学的根本任务就在于寻求这个超越一切美的事物的"美本身"。但"美本身"究竟是什么，柏拉图也没找到，最后只能慨叹"美是难的"。在《斐列布斯》篇里，柏拉图对"美本身"的认识有所发展，指出当事物"分有"了"美本身"时便是美的，那么，"美本身"就是美的理念了。在《会饮》篇中对现实的美的形态进行了类别和等级划分，即分为感性美和理性美，并且理性美中的心灵美是更高级的，最高级的是"美本身"。《理想国》篇论文艺的模仿和作用，但他的模仿论与古希腊的传统看法不同，认为艺术是现实的模仿，现实又是对理念的模仿。《伊安》篇论灵感，认为诗人有了灵感就会"失去平常理智而陷入迷狂"，同时认为诗人的迷狂是一种"心灵的迷狂"，迷狂可以分为4种：预感的、宗教的、诗歌的、爱情的。在论述诗歌创作的迷狂时，柏拉图极力强调迷狂的重要性，认为有了这种迷狂，就可以"感发"心灵，"引入"兴高采烈的境界，创作出优秀的诗篇。进而

柏拉图画像

希腊美学的真正奠基人，他的美学思想对后世产生深远影响。

世界名著大讲堂

一九

在《斐德若》篇论述了灵魂在迷狂状态中对于美的理念的回忆和追求。《斐列布斯》篇论观看悲剧和喜剧时痛感和快感的混合,《法律》篇论诗歌应当由"法律的守护人"来监督和批准。

《文艺对话集》中关于文艺和美学的主要观点如下：1. 柏拉图认为美的事物之所以显得美，是因为先有了美的"理念"，只有美的理念才是美的本身。美的本质在于永恒的、绝对的"理念"。理性世界、现实感性世界、艺术世界构成现存的世界，其中艺术世界模仿感性世界，感性世界依存于理性世界，而理性世界是第一性的。2. 关于审美。他认为感觉只能认识事物，理性才能达到"理式"美，因而提出了审美"回忆说"。审美是对"美的理念"的"彻悟"，是灵感在迷狂状态中对"美的理念"的回忆，而不局限于感觉。3. 艺术的本质在于模仿现实，而现实是理念的影子，艺术则是"影子的影子"。他否定客观世界的真实性，从而否定艺术的真实性，认为艺术低于现实。4. 提出了创作灵感说。认为灵感是受到神的诏谕而产生的一种心灵迷狂，没有灵感，就没有诗。5. 将艺术的社会效用看作评价艺术的重要标准。因此艺术不能模仿罪恶，只能把真、善、美的东西写进读者的心灵，以期对国家和人民发生效用。

阅读指导

柏拉图的文艺美学观点影响深远，普罗提诺从他的观点出发，建立了新柏拉图主义，到了中世纪进一步发展为基督教神学唯心主义。历代反动的统治阶级都利用柏拉图的观点来镇压进步的文艺。他的灵感论一直成为后世鼓吹天才论和唯心主义创作论的理论支柱。

理想国 /古希腊／柏拉图／古希腊文化的最高代表

背景介绍

柏拉图生于雅典城邦衰落的时期，那时疫疠盛行，大政治家伯里克利染疾去世后，群龙无首，伯罗奔尼撒战争爆发，危机四伏。战争后的雅典奴隶制每况愈下，陷入了严重的政治危机。这种危机一方面表现为奴隶和奴隶主之间的阶级斗争更加尖锐，另一方面表现为统治阶级的斗争，即奴隶主民主派与奴隶主贵族派争夺政权的斗争。柏拉图坚决地站在贵族派的立场上反对民主政体，反对普通的自由

经典摘录

理念是具体事物的原型，而具体事物则是理念的影子或摹本；理念是永恒不变的最真实的存在，而具体事物则仅仅分有理念，是变化无常、不真实的东西。

固然知识和真理很美，而"善"这个概念更加美。……应该说，知识与真理和"善"相似，但是如果说知识和真理就是"善"就错了，因为"善"比知识和真理更加崇高。

我们记得城邦的正义在于三个等级各司其职，各安其位。

民参政，极力主张由奴隶主贵族上层来把持国家机器。因而柏拉图为了巩固奴隶主贵族的统治而设计了"理想国"。

名著概要

《理想国》以对话形式写成，共分10卷，基本上包括3个部分。第一部分：第一卷到第五卷，主要是论述理想国的具体组织；讨论正义、教育、道德、理念等问题。其

表现希腊音乐教育的陶画

柏拉图在《理想国》中强调了教育的重要作用，他指出青年人都应受到良好的素质教育，包括音乐、体育等方面。

中在第一卷中提出贯穿全书的两个问题，即什么是公正；公正是否优于不公正。第二部分：第六卷和第七卷，主要是论述与政治学相对的纯粹哲学问题，即论述统治者必须是哲学家，从而给哲学家下定义。第三部分：第八卷到第十卷，主要是对各种实际存在的政治体制及其优缺点的讨论。

为了实现公正，柏拉图在《理想国》中设计了一个真、善、美相统一的政体。他认为，国家就是个人的放大，而个人就是国家的缩小。在他看来，人的灵魂有3种：理性、意志和性欲；与之相适应的有智慧、勇敢和节制3种道德。如果这3个部分协调一致，就体现了人的第四种道德：正义。一个国家也是如此，统治者、卫士和群众这3个阶层各有自己的职能，各具自己的德性。如果这3个阶层安守己位，各司其职，则国家就达到了和谐和公正，社会处于最佳状态，即是至善。

柏拉图还用宗教神话来论证等级秩序的永恒性。他说神用不同的东西造出不同的等级：统治者是用金子做的，武士是用银子做的，农夫和手工业者是用铜和铁做的。他极力反对雅典的奴隶主民主制，他的理想国是斯巴达式的贵族专政制度。

柏拉图还详细地分析了他所处时代的4种不完善的政体。一是斯巴达和克里特政体，重军事、重勇气、重纪律、重献身，但失去了哲学精神的光辉；二是寡头政体，重财富、轻美德，少数有钱人掌权，统治者唯利是图；三是民主政体，重自由、重公民的发言权、选举权和表决权，否认统治者的知识和品质；四是僭

> **名家点评**
>
> 西方哲学家们将《理想国》誉为"他那个时代文化的最高代表"，"代表着那个时代的最佳世俗思想"。

相关链接

柏拉图不但写了《理想国》，还写了《政治家》《法律篇》。《政治家》叙述在一个城邦里可能存在着不同的政治组织，可能有的政治组织的性质是由统治者的人数和他们的统治方法来决定的，其中每种政治是按法律或不按法律发挥作用。如果没有法治，政权在众人手里为害较小，如果有法治，民主政治是最坏的政体。在《法律篇》中，柏拉图认为"哲学王"好像找不到，比较好的方式是在法治下，把君主政治和民主政治结合，并对这种制度如何组织，以及官吏如何推选做了详细的说明。

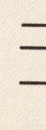

主政体，对内镇压，对外战争，是暴政。

柏拉图认为，最适合的政体是既非君主政体，又非民主政体的混合政体。在这种国家中，应实行财产公有、共妻共子、男女平等。因为财产私有引起了国家分裂和党派之争，只有劳动者为了生产才允许有一定的个人财产。

通过一系列的分析，柏拉图认为建立理想国的关键在于让把握了善的哲学家成为国家之王，或国王成为哲学家。所以他在这里用大量的篇幅，讨论了他的"理念论"，提出了一系列后来被认为是柏拉图哲学所不可缺少的组成部分的内容。在他看来，停留于不真实的感官世界只能得到意见，认识了理念才是知识。唯有借助于辩证法领略到理念世界光辉的哲学家，才能仰观俯察，荡垢涤瑕，将社会和人生引向至善至美的境界。

《理想国》是一部综合性的著作，书中讨论到优生学问题、节育问题、家庭解体问题、婚姻自由问题、独身问题、专政问题、独裁问题、共产问题、民主问题、宗教问题、道德问题、文艺问题、教育问题，及男女平权、男女参政、男女参军等问题。

阅读指导

《理想国》是第一部系统地论述政治哲学的著作，也是西方思想史第一部乌托邦著作，近代莫尔的《乌托邦》、康帕内拉的《太阳城》以及空想社会主义的理想的政治学说都曾受到《理想国》的洗礼。西方学术界常把柏拉图与圣西门、傅立叶等人相比较。

形而上学 ／古希腊／亚里士多德／世界第一部哲学教科书

作者简介

亚里士多德（公元前384年—公元前322年），古希腊著名的哲学家、思想家、法学家、政治学家，最渊博的学者。亚里士多德出生于希腊北方色雷斯的斯塔吉拉城，父亲是马其顿王阿明塔的御医。亚里士多德早年丧父，在他的监护人普罗克塞那抚养下长大。他早年学习医学和自然科学，17岁时赴雅典，18岁进入柏拉图学园学习，后来兼任教师工作。公元前348年，应马其顿王腓力二世之召，任王子亚历山大的教师。公元前335年，他重回雅典，在城东郊一个名叫吕克昂

名家点评

> 亚里士多德深入到了现实宇宙的整个范围和各个方面，并把它们的森罗万象隶属于概念之下，大部分哲学科学的划分和产生，都应归功于他。当他把科学这样地分成为一定概念的一系列理智范畴的时候，亚里士多德的哲学同时也包含着最深刻的思辨的概念。
>
> ——黑格尔《哲学史讲演录》

的体育场开办学园，经常在阿波罗太阳神庙的林荫小道上一边散步，一边向弟子们讲学论道，因而有人称亚里士多德学园为"逍遥学派"。公元前323年，亚历山大在远征途中染病身亡，雅典发生了反马其顿运动，亚里士多德也受株连，被控"亵神罪"，成为政治打击的对象，因此他不得不把学园交给弟子主持，逃离雅典，前往伏比亚岛上的阿尔西斯避难，并于次年病逝。亚里士多德一生著述繁多，但历经战火，流传下来的大约占四分之一。多数研究者一般把亚里士多德的现存著作分为5大部分：一、自然科学，主要有《天文学》《气象学》《植物学》《动物学》《论灵魂》等；二、哲学，主要有《形而上学》《物理学》等；三、政治伦理学，主要有《尼各马可伦理学》《政治学》等；四、美学，主要有《诗学》《修辞学》等；五、逻辑学，主要有《工具论》等。亚里士多德的著作内容丰富，思想深刻，言简意赅，是西方公认的各门学科的必读书，长期具有法典的权威。

背景介绍

希腊城邦在马其顿的统治下，不但社会敌对阶级之间的矛盾进一步加深，而且自由民贫富两极分化的速度也加快了。各城邦中有越来越多的自由民对大奴隶主的统治日益不满，对参与城邦政治生活的热情也越来越低。与激烈的社会冲突、阶级冲突相适应，希腊城邦的思想界也发生了激烈的哲学和意识形态冲突，唯物论和唯心论的斗争不断深化。

名著概要

"形而上学"的研究是亚里士多德创造的，其功能和内容，既非信仰，亦非某些主题的统一意见。《形而上学》阐发了一种学说，有时称为智慧，有时称为"第一哲学"。其任务是描述实在的最普遍、最抽象的特征，以及普遍有效的原则。亚里士多德有一段著名的论述，将形而上学的对象描写为"作为存在的存在"。意思是，存在物之为存在的一切，都是形而上学研究的对象，形而上学研究一切存在物必须满足的一般条件。

第一卷，预备性地讨论了因果解释问题。他考察前人的各种解释形式，发现自己的"四因"说揭示了他们一直追求的真理。此番论述是苏格拉底以前的哲学乃至柏拉图哲学的主要资料来源。

相关链接

康德的《未来形而上学导论》原名《任何一种能够作为科学出现的未来形而上学导论》，它是作为《纯粹理性批判》的节缩本。全书包括三个方面的内容："导言""前言"和《导论》的总问题"构成了全书的第一部分，起了全书绪论的作用；"先验的主要问题"包括第一、二、三编和结论，是第二部分，主要简述了《纯粹理性批判》一书的基本线索和内容；最后一部分是"总问题的解决"和"附录"，总结和印证了全书的题旨。此书的宗旨就是打破古老的、陈旧的思想方式，把人们从形而上学独断论和怀疑论中解放出来，引向"严谨思维基础"上的科学大道，为未来科学的形而上学的建立奠定理论基础。

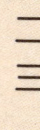

第二卷，简明地讨论了科学原理。

第三卷，提出了许多形而上学的难题。初步讨论这些难题：其绝大部分在形而上学后几卷中详细阐述。

第四卷，阐释亚里士多德的"第一哲学"概念，即对存在条件的一般研究，包括矛盾律（不能既是 p 又是非 p）和排中律（或者 p，或者非 p）。

第五卷，有时称作亚里士多德的哲学辞典，致力于解释一些模糊的哲学术语；亚里士多德对大约 40 个关键词的用法，进行了分析和甄别。

第六卷，返回第四卷讨论的问题。

第七卷，至第九卷是一个整体。是亚里士多德最晦涩的作品，无法概括。提出了这样的问题：什么是实体？世界，即独立存在、可认识、可定义的万事万物，其基本成分是什么？亚里士多德的讨论相当曲折。涉及质料和形式、实体和本质、变化和发生、现实和潜能等观念。亚里士多德的结论似乎是实体在某种意义上是形式，并不是柏拉图式的抽象概念，而是具体的特殊形式。它们是用这类短语称谓的事物："这个人""那匹马"或"这棵橡树"。

第十卷，是独立论文，论"一"，即讨论整体、连续、同一以及相关概念。

第十一卷，简单概括了《物理学》和《形而上学》前几部分，通常认为是伪作。

第十二卷，阐释亚里士德的"神学"。他问道，必须设定多少原因才能解释世界，最终获得神的概念。不过亚里士多德的神，不是对现世感兴趣的人格神，而是纯理智的，对现世盛衰漠不关心的。另外，第一推动者不是暂时意义的。它不是世界的创造者，而是一切运动的源泉。实际上，亚里士多德认为，世界根本不是创造的，而是从来就有的。就此而言，第一推动者是世界万物的终极原因。

最后，第十三卷和第十四卷，长篇讨论数学对象的性质，绝大部分内容是批判柏拉图的。

阅读指导

《形而上学》是对泰勒斯以来的古希腊哲学发展的历史性总结，是一部划时代的巨著，它被誉为"世界第一部哲学教科书"。它创立了以本体论、四因论、潜能和现实为中心的哲学体系。亚里士多德哲学既标志着一个哲学开端，也标志着一个历史性终结。对于中世纪经院哲学和阿拉伯哲学来说，亚里士多德意味着人类知识的总和。在教会神学中，《形而上学》和亚里士多德的著作的绝对权威仅次于《圣经》。

政治学 /古希腊/ 亚里士多德/ 开创了西方传统政治学体系

背景介绍

希腊城邦在马其顿的统治下，唯物论和唯心论的斗争不断深化。在政治上，亚里士多德作为奴隶主集团的代言人，提出建立由中产阶级为基础的共和政体，以调和社会矛盾，挽救处于瓦解中的奴隶主城邦国家。

名著概要

《政治学》以卷和章为体，分8卷，113章，共38万字。

第一卷，主要讨论了家庭和城邦国家的起源。亚氏先从说明人类社会组织入手，说明人类的社会团体的目的是善，而政治性的社会团体的目的在于最高尚的善；其次，追溯城邦的起源，城邦先于家庭，先于个人，并且高于一切；第三，详细论述家庭生活的诸要素。家庭的组成与主仆、夫妇和父子三伦，家务主要在于治产。治家依靠工具，而家务工具有两类：一为有生命工具，一为无生命工具。家庭关系中夫妇和父子至为重要，国家如同家庭，夫妇关系类似政治家统治自由民，父子关系类似君主统治臣民。家务重在培养道德，其目的在善。

第二卷，讨论理想的城邦和好的城邦。首先评论柏拉图的理想城邦；其次评论了法勒亚的法制；再次评论希朴达摩的法制。在对各种理想城邦进行评论之后，亚里士多德开始对现实世界的城邦展开讨论。他第一个论及的是斯巴达城邦的政体，第二个论及的是克里特政体，第三个论及的是迦太基政体，最后他对雅典政治家梭伦大加赞叹，认为梭伦怀有民主抱负，完成一代新政而又能保全道德，不弃优良传统。

第三卷，关于公民和政体理论。首先是讨论公民问题。政治权利是公民资格的真正条件，而居住权、诉讼权或者血统都不足以构成公民身份。在理想城邦中，好公民不必都是善人。但在政治体制为轮流执政的城邦中，公民必须兼有统治者和被统治者的品德，好公民就同于善人；其次，对政体依据设立的宗旨和政权的形态加以分类，正宗政体可分为君主制、贵族制和共和制三种政体；变态政体可分为僭主、寡头和平民政体三种。亚氏还论述了关于寡头和平民政体建制的原则，着重论述了君主制。

第四卷，关于现实政体的类别。除君主制和贵族制外，共和制和变态的平民、僭主、寡头制四类型是讨论的主要内容，通过分析来说明它们各自适合于什么样

相关链接

哈罗德·D.拉斯韦尔的《政治学：谁得到什么？何时和如何得到？》是美国政治学行为主义学派的一部早期代表性著作。全书分为4篇，共10章，约12万字。第一章《精英》为第一篇，阐明拉斯韦尔所主张的新的研究方法，可以理解为全书的导言。第二篇《方法》由第二章至第五章构成，结合历史和现实分别具体分析了精英是如何使用象征、暴力、物资和实际措施等方法获取和维护自己的特殊利益的。第三篇《结果》由第六章至第九章构成，分析了各种精英人物在技能、阶级人格和态度等方面的不同特点，以及在这些方面具有不同的精英之间价值如何分配，并根据这些特点对精英人物进行了分类。第四篇《概论》由第十章构成，是全书的总结，指出要对权势人物做出令人满意的分析，就不能使用某个单一的标准，不同的政治分析方法采用不同的标准会得出不同结果。

名家点评

亚里士多德永远不会被人遗忘，他的事业一次又一次地引起了人们的兴趣。

——乔纳逊·伯内斯

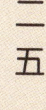

经典摘录

哲学起源于好奇。

一个勇敢的人,工作是精明的,处事是冷静的。

谁要真的想认识什么,他必须首先学会以正确的方式进行怀疑。

的公民团体,以及各种政体如何建立又如何毁灭,如何维护和保全。

第五卷,关于政变和革命。城邦一般都是以正义与平等观念为原则建立,城邦内有不同观念的部分会试图推翻这种政体,这是引起政变和革命的一般原因。政变的三要素:一般心理状态、变革者的企图以及事变发生的动机。平民政体常常因群众领袖所持劫富政策而引起变革,或激成富人政变,或群众领袖乘机自立为僭主。寡头政体的变革常常由于政府不善待民众,或统治集团内讧。在贵族政体中,如果统治集团的门户过于狭隘,常常引起变动和内讧。

第六卷,建立较为稳定的平民和寡头政体的方法。平民政体由性质不同的人民和不同的职司机关组合而成,平民政体以自由为宗旨,对于政事应由人民轮流参加。军事机关对寡头政治的影响特别大。一般政体都应慎重建立各种职能部门。

第七卷,政治理想和教育原则。世上有"三善":身外之善、身体之善、灵魂之善。幸福在于灵魂之善。城邦与个人相同,修善才快乐。幸福是善的极致和完全实现。欲达到幸福,一个城邦和其中的公民须有健康的身体、适当的财富和生活条件。在具备幸福条件的城邦中,立法者可以运用其智慧引导公民行善。习惯和理性必经培养才能发展,所以治国者应重视教育。

第八卷,关于教育和训练青年。城邦应有统一的教育制度,每个公民受同样的教育。教育初期,先施体操,同时施以音乐。音乐教育有三题:课程制定、乐调和韵律选择、乐器的选择。

阅读指导

《政治学》一书开创了西方传统政治学体系,使政治学在体系上从哲学、伦理学中分离出来,成为一门独立学科。亚氏在《政治学》中阐述的理论和方法,在西方乃至世界政治法律思想史上都占有重要的地位。这种研究方法为后来的许多思想家和研究者所效仿。《政治学》中的许多政治主张,尤其是关于政体的分类理论,对后世影响极大,西方思想家都直接或间接沿用亚里士多德的政体理论。

尼各马可伦理学 / 亚里士多德 / 第一部探讨伦理问题的专著

背景介绍

亚里士多德生活在古希腊的两个历史时期,即古典时期和希腊化时期的交合点,当时面临着深刻的社会危机,即希腊的奴隶占有制国家的危机,它动摇了古希腊旧的社会政治制度并导致各希腊城邦的灭亡,使它们先后为马其顿王国和罗马帝国所吞并。战争造成农民破产,阶级斗争极其尖锐。

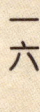

名著概要

《尼各马可伦理学》是亚里士多德3部伦理学论著中最重要的,它可谓西方哲学史中第一部影响巨大的伦理学专著。作为讲义,它成书于公元前330年左右。

全书共有10卷,各卷分9~14节不等。其一级论题依次是:幸福、伦理道德、正义、理智德性、自制、友谊、快乐。其中有些二级论题和三级论题或本身过于琐细或被论说得过于琐细。限于篇幅,本文仅介绍《尼各马可伦理学》中的幸福论、德性和正义论。

幸福家庭

在《尼各马可伦理学》中,亚里士多德提出了自己对幸福的认识——幸福是终极和自足的。最美好、最高尚、最令人快乐的东西就是幸福。

《尼各马可伦理学》第一卷的主题是幸福,包括幸福的本质、幸福与外在善的关系、幸福的由来、机遇对幸福的影响等。在进入主题之前,亚里士多德论说技艺的目的,政治学的对象、地位、目的和意义等。亚氏批判了关于幸福本质的诸种说法之后,提出了自己的见解。首先他指出幸福的两个特点:幸福是终极和自足的。终极性指幸福是一切行动的最后目的,人们总是因其自身而绝非为了其他东西选择它。自足性指幸福仅凭其自身就足以使生活有价值且无匮乏。接着他谈论了人与善、人与人的功能的关系,从而得出结论:幸福就是合乎德性的心灵活动,当然并非心灵活动一旦合乎德性便可获得幸福,德性需终生践行。然后他将自己的幸福本质论置于各种幸福观中加以论说,认为合乎德性的活动所导致的快乐比其他快乐都更美好,更高尚,更令人快乐。而最美好、最高尚、最令人快乐的东西就是幸福。亚里士多德将善分为外在善、身体善和心灵善,并且心灵善是最充分的、最重要的善。心灵善就是幸福,但是幸福显然需要外在善的辅佐。但他提醒人们虽然幸福需要外在善的辅佐,但是这不成其为将外在好运视为幸福的理由。幸福可以来自神恩、机遇或努力,通过神恩获得的幸福当然是最好的,但这不属伦理学考察范围;通过机遇获得幸福坚决被否定,因为将最伟大、最高尚的东西托付于机遇是最不恰当的;而通过学习和培养德性所获得的幸福虽非神之馈赠,但也是最神圣的东西,这表明努力是通达幸福之途。

《尼各马可伦理学》第二、

名家点评

> 假使一个人真想从事哲学工作,那就没有什么比讲述亚里士多德这件事更值得去做了。
> ——黑格尔

相关链接

亚氏的《物理学》共8卷66章,是论述自然及其运动的学说,书中也探讨了许多重要的哲学范畴。在这部著作中,亚氏对"自然"做了两种解释,论证了事物存在和变化的原因,阐述了关于事物产生的必然性和目的性的关系问题,详细地考察了事物的运动及其形式,同时详尽地讨论了时间与空间的问题。

三、四、六卷的主题是德性，包括德性的来源，伦理德性的本质、特点和主要类别，理智德性的基本类别和作用等。亚氏认为理智德性主要来自教导，因而需要经验和时间；伦理德性产生于习惯，他着重谈论的是伦理德性的来源。基于伦理活动对道德品质的决定影响，亚氏强调，一个人从小养成何种习惯是最重要的事情。亚氏预告了他的伦理德性本质观，提出节制和勇敢等品质被过度和不及所破坏而为中道所保持，并以饮食和体训对健康的影响做类比，他认为人类心灵中出现三种状态：情感、潜能、品质，德性不是情感、潜能，而是品质。德性是中道，就是以适中为目的而言。但如此重要的中道并没有明确被解释。考察伦理德性的本质之后，亚氏分析了伦理德性诸特点中的两个：即自愿性和抉择性。德性和邪恶存在于自愿的行动，即行动的根源在行动者自身中，同时他知晓其行动所包含的各个因素。抉择是某种先行的思虑之结果，因为抉择总是包含着理性和思维，甚至其名称就指明它是先于事物而被选择。亚氏认为理智德性是一种关于认识对象的、以理性为工具的追求真理的心灵品质。最后亚氏强调伦理德性本身就有价值，并且是有所创制的。

> **经典摘录**
> 至善即是幸福。
> 明智的人追求的是无痛苦，而不是快乐。
> 从小养成这样或那样的习惯不是件小事，相反，非常重要，比一切都重要。

第五卷中，亚氏考察了作为德性总体的正义。亚氏认为正义的规定是合法和公平，相对地，他对非义的规定是非法和不公。尽管亚氏为正义找到了两个规定，但他实际上将正义与合法等同。他概括了实行正义、实行非义和忍受非义三者的关系，接着他界定了正义：正义是一种中道，但不像其他德性那样，因为它关涉一种适中状态，而非义关涉两个极端，然后他界定了非义：非义则与非义的人的非义行动相关，非义行动是在分配好处或坏处时不合比例的过多和不足，因此非义就是过度和不及。亚氏将正义的领域分为分配和交往两个领域，论及分配正义与交往中的矫正正义和交换正义。分配正义是对他人的分配不公（过度）和对自我的分配不公（不及）之间的中道。这种中道的基本规定就是合乎比例的均等或几何的均等。矫正正义是交往双方中一方得利与另一方失利之间的中道。这种中道的基本规定是算术的均等。交换正义是被交换的两种东西的价值之间的中道，这种中道的基本规定是合乎比例的报偿。在社会正义、法律正义和经济正义之外，亚氏用短短两节的篇幅谈及了政治正义的范围、依据、类别、变异等。

阅读指导

《尼各马可伦理学》是亚里士多德3部伦理学著作中最具代表性的作品，思想完整，结构严密，他的伦理思想都反映在里面。《尼各马可伦理学》是第一部系统探讨伦理问题的著作，尽管它在某些方面沿着由苏格拉底开始，经过柏拉图系统化的理性道路前进，但从体系上看，它与柏拉图的伦理学说有很大的不同，建立了一个从人的本性及需要出发的伦理学体系。亚里士多德冲破传统，给后人留下了十分珍贵的思想财富。

几何原本 / 古希腊 / 欧几里得 / 科学史上的"《圣经》"

作者简介

欧几里得（活动时期约为公元前300年），亚历山大学派前期的三大数学家之一，是希腊伟大的数学家，关于他的生平现在知道的很少。欧几里得早年在雅典的柏拉图学园受过教育，学习希腊古典数学和其他科学文化。由于雅典的衰落，数学界和其他科学一样处于低迷状态。公元前300年，欧几里得崭露头角，后来应统治埃及的托勒密国王的邀请客居亚历山大城，从事数学教学工作。他治学严谨、谦虚，是一位温良敦厚的数学教育家，他提倡在学习上刻苦钻研，弄懂弄通，反对投机取巧，急功近利。据普罗克洛斯

欧几里得像

在书中记载，托勒密王曾问欧几里得，有没有学习几何学的捷径。欧几里得回答说："在几何学里，没有专为国王铺设的大道。"斯托贝乌斯在书中记述了另一则有趣的故事，说一个学生才开始学第一个命题就问欧几里得学了几何之后将得到些什么，欧几里得给了他三个钱币，说他就能得到这点儿利益。由于在希腊后期失去了独立性，导致雅典的学术文化中心向日益昌盛的埃及都城——亚历山大城转移。此时此刻的欧几里得以流亡者的心境旅居亚历山大，内心燃起一股热情，要将以雅典为代表的希腊数学成果，运用前人曾经部分地采用过的严密的逻辑方法重新编纂成书。惊世鸿著《几何原本》就是这样于公元前300年前后诞生了。欧几里得著有许多关于数学、物理、天文方面的著作，其中最伟大的著作就是流芳千古的《几何原本》。

背景介绍

公元前3世纪的亚历山大城是当时地中海东部的经济、科学与文化的中心，这里建有称誉世界的藏书70万卷的图书馆，以及博物馆、实验室、天文台等科学文化设施。当时有大批数学家在亚历山大城工作，他们的一些独创性著作，直到今天仍然闪闪发光。欧几里得将前人生产实践中和科学研究中长期积累的几何知识，加以整理总结，形成演绎体系，写出了历史上理论严密、系统完整的第一

相关链接

几何学起源于测量距离、面积与体积。在这些测量过程中，人们逐渐地积累出许多经验，对此，常常要求给予超出经验的理论上的证明。而将逻辑学的思想方法引入几何学，对几何问题进行逻辑推理证明，这项具有划时代意义的工作起始于公元前7世纪的希腊，完成于公元前3世纪的欧几里得。

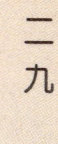

部数学著作《几何原本》。

名著概要

《几何原本》的希腊原始抄本已经流失了，它的所有现代版本都是以希腊评注家泰奥恩（约比欧几里得晚700年）编写的修订本为依据的。《几何原本》的泰奥恩修订本分13卷，总共有465个命题，其内容是阐述平面几何、立体几何及算术理论的系统化知识。《几何原本》按照公理化结构，运用亚里士多德的逻辑方法，建立了第一个完整的关于几何学的演绎知识体系。所谓公理化结构就是：选取少量的原始概念和不需证明的命题，作为定义、公设和公理，使它们成为整个体系的出发点和逻辑依据，然后运用逻辑推理证明其他命题。《几何原本》成为两千多年来运用公理化方法的一个绝好典范。

第一卷首先给出了一些必要的基本定义、解释、公设和公理，还包括一些关于全等形、平行线和直线形的熟知的定理。该卷的最后两个命题是毕达哥拉斯定理及其逆定理。

第二卷篇幅不大，主要讨论毕达哥拉斯学派的几何、代数学。

第三卷包括圆、弦、割线、切线以及圆心角和圆周角的一些熟知的定理。这些定理大多都能在现在的中学数学课本中找到。

第四卷则讨论了给定圆的某些内接和外切正多边形的尺规作图问题。

第五卷对欧多克斯的比例理论做了精彩的解释，被认为是最重要的数学杰作之一。

第七、八、九卷讨论的是初等数论，给出了求两个或多个整数的最大公因子的"欧几里得算法"，讨论了比例、几何级数，还给出了许多关于数论的重要定理。

第十卷讨论无理量，即不可公度的线段，是很难读懂的一卷。

最后三卷，即第十一、十二和十三卷，论述立体几何。目前中学几何课本中的内容，绝大多数都可以在《几何原本》中找到。

《几何原本》以前一直是以手抄本的形式广为流传，几个世纪中，许多数学家对它进行了大量的注释和评论。尽管欧几里得受当时重理论、轻实践的哲学思想的影响，《几何原本》中全部是抽象的定义、公理和定理，没有解决实际问题的内容，但由于它有严谨的理论体系，因此在数学教育和数学研究上仍然受到人们的重视。12世纪以后，《几何原本》被采用为大学教材，1500年左右印刷术出现后，这部著作迅速大量翻印，出现了1000多种版本，其发行量与传播之广，仅次于《圣

名家点评

英国的数学家罗素在《西方哲学史》中是这样评价他的：欧几里得的《几何原本》毫无疑义是古往今来最伟大的著作之一，是希腊理智最完美的纪念碑之一。

瑞典诗人C.M.贝尔曼写道："甚至到了现在一想到欧几里得，我都得擦擦满是汗水的前额。"

经》，成为西方世界历史上翻版和研究最多的书。在 17、18 世纪，欧几里得的著作是西方数学教学的基础。

阅读指导

《几何原本》是一部划时代著作，出现在两千多年前，更难能可贵的是，它对数学发展所起的作用仍是任何其他著作所无法比拟的。今天，它的主要内容仍在我们中学几何教材中占有很大比重，并被公认是学习几何知识和培养逻辑思维能力的必不可少的内容。诚然，《几何原本》存在着一些结构上的缺陷，但这丝毫无损于这部著作的崇高价值。它的影响之深远，使得"欧几里得"与"几何学"几乎成了同义语。它集中体现了希腊数学所奠定的数学思想、数学精神，是人类文化遗产中的瑰宝。

罗摩衍那 / 印度 / 蚁垤仙人 / 印度心灵的镜子

作者简介

《罗摩衍那》是蜚声世界的印度两大史诗之一，被称为"最初的诗"。成书时间大约为公元前 4 世纪—公元前 2 世纪。史诗的作者相传是蚁垤仙人（音译为"跋垤"）。实际上，在当时，如此庞大的作品，不可能出自一人之手。无疑最初是流传于民间的口头创作，经过无数歌手和诗人的整理加工，最后由某个人对全书进行编纂而成，这个人或许就是蚁垤。

背景介绍

作为婆罗门教、印度教的经典和印度人民的圣书，《罗摩衍那》同《摩诃婆罗多》一样，表明了印度人关于宇宙统一性的观念。天上、人间和大地是相互沟通的，天神、人和其他动物是互相转化的，人间的英雄与天神本质上是同一的，整个宇宙处于一种生死流转的循环状态。而人世间则是天神导演下的一个人生大舞台。在这个

神猴哈奴曼的石雕
在《罗摩衍那》中，哈奴曼是会飞的神猴。他帮助罗摩征讨罗刹国，造桥过海，接回了罗摩的妻子悉多。

相关链接

两千多年以来，《罗摩衍那》及其各种译本和改写本在印度各地广泛流传，对印度社会生活各个方面产生了深远的影响。在文学方面，尤其是在长篇叙事诗方面，则成为后代写作者写作的典范和题材的源泉。在印度国外，它经过印度教徒和佛教徒之手传到南亚和东南亚的广大地区，甚至还从陆路传到了蒙古和中国的西藏、新疆等地。史诗中的许多故事，在 15、16 世纪传入西亚地区。18 世纪后，又被陆续译为欧洲各种文字，使西方学者眼界大开，并成为许多学者潜心研究的对象。

> **名家点评**
>
> 季羡林先生说："真正对自然美十分敏感并且以饱含的激情加以描绘的自《罗摩衍那》始。"
>
> 《新梵语文学史》的作者支坦尼耶说："我们在《罗摩衍那》里看到一种对自然美的敏感性光辉灿烂的发展。"

舞台上不断上演着一幕幕的人生戏剧。但是显然，《罗摩衍那》没有《摩诃婆罗多》那样古老。有人认为，《摩诃婆罗多》反映的是印度西部比较原始的文化，《罗摩衍那》则展示了印度东部比较进步的文化。站在文明进化的角度看，《罗摩衍那》所反映的一夫一妻制、宗法制家庭关系及其道德理想和《摩诃婆罗多》相比是一种进步；站在文学角度看，《罗摩衍那》也不像《摩诃婆罗多》那样夹杂了那么多的非文学成分。《罗摩衍那》的时代离我们已经很远了，但这部史诗仍有深刻的认识价值。通过罗摩流放、悉多遭劫、罗波那败亡、悉多得救和罗摩复国登位等主要情节，我们可以形象地看到当时社会的政治风貌：宫廷内部争夺王位的阴谋、罗摩等英雄英勇的抗暴斗争、史诗作者所宣扬的忠、孝、节、悌、义的封建伦理道德观念，以男性为中心的家长制，以及第一篇《童年篇》的第六章中所反映出的种姓制度的存在及各种姓之间的严格区别。

名著概要

在名为《童年篇》的第一篇里，蚁垤仙人把自己创作的长诗教给两个学生（后来说是罗摩的双生子），让他们唱给罗摩听。而罗摩的故事则从这篇的第五章开始，由罗摩二子朗诵出来。内容以罗摩的出生和结婚为主，说罗摩是十年王经过祭祀天神后所生的长子，他因武艺超群，折断神弓而娶得邻国的公主悉多为妻。悉多是邻国的国王遮那竭耕地时在犁沟里发现的（悉多即犁沟之意），她的母亲是大地，父亲就是遮那竭。

第二篇《阿逾陀篇》主要讲十年王宫中的矛盾与罗摩的被流放。十年王年老后，决定立罗摩为太子，但他的小王妃吉迦伊却在驼背侍女的煽动下，以过去老王曾答应要给她两项恩赐为借口，胁迫老王流放罗摩14年，立自己的儿子婆罗多为王。十年王痛苦地应允后，不久即死去。罗摩出走后，弟弟婆罗多在位期间，供奉着罗摩交给他的一双作为替身的鞋子执政14年。

第三篇到第六篇的主要内容是：罗摩夫妇和弟弟罗什曼那被流放到森林后，悉多不幸被十首罗刹王罗波那抢去，罗摩兄弟四处寻找未果。后来，罗摩帮助一个猴王夺回王位，并结成联盟。神猴哈奴曼侦察到悉多被囚禁魔宫后，猴子们立即为征讨罗刹国的罗摩大军造桥过海。罗摩大败十首罗刹王罗波那后，派人从魔宫接回悉多一并启程返国。罗摩回国登基后，他统治的时代出现了太平盛世，全诗到此本已结束。

第七篇估计是后加的，在这一篇里，罗摩的形象发生了很大的变化，即从一个被迫害的受难者变成了封建专制暴君。如其中谈到罗摩即位若干年后，听信了所谓人民的意见，怀疑悉多居魔宫不贞而将她遗弃；十几年后，悉多的不白之冤仍得不到昭雪，最终不得已求救于地母，让大地裂开，纵身跳了进去。作品的最后结局是全家在天堂重新相聚。

阅读指导

《罗摩衍那》形象地反映了宫廷内部争夺王位的阴谋和罗摩等英雄人物抗暴的斗争，表达了一系列进步的、符合人民心愿和顺应当时历史发展趋势的政治主张，同时也宣扬了作者的那种忠、孝、节、悌、义的伦理道德观念和种姓制度的思想。史诗成功地塑造了各种各样的典型形象。特别是悉多，作为贤淑、忠贞的妇女形象的代表，一直受到印度人民的尊敬和喜爱。神猴哈奴曼也是人们所敬爱的形象，直到今天，在印度的农村还可以看到它的塑像。同时，景物描写多姿多彩、有声有色，语言修饰美而不怪、恰如其分。作品结构错综复杂，然而布局又井然有序，风格朴实无华、简明流畅。

高卢战记 / 古罗马 / 恺撒 / 文学与史学的典范作品

作者简介

恺撒（约公元前 100 年—公元前 44 年），罗马共和制末期著名的政治家、军事家和文学家。恺撒生于一个贵族家庭，从少年时代起就热衷于权力和荣誉。斯巴达克起义后，罗马奴隶主阶级内部出现了两个尖锐对立的集团——民主派和贵族元老派。恺撒站在民主派一边，并通过与贵族派的斗争来抬高自己的声望。公元前 60 年，为了取得更大的权势，恺撒与庞培、克拉苏组成"前三头联盟"。依靠同盟，恺撒得以在公元前 59 年担任罗马执政官，公元前 58 年出任高卢行省总督。在高卢期间，恺撒造就了一支忠于自己、骁勇善战的军队，积累了巨额财富，也捞取了更多的政治资本。公元前 53 年，克拉苏在远征亚洲时战死，恺撒与庞培、罗马元老院的矛盾不断激化，导致内战爆发。恺撒率军攻占了意大利，消灭了庞培的军队。在内战期间及其后，恺撒获得了终身独裁官、执政官等职，将军政大权集于一身，成为名副其实的军事独裁者。在恺撒统治下，元老院被降为咨询机构，旧的贵族共和政体被摧毁，独裁专制政体基本上建立起来。恺撒的所作所为激起了旧贵族共和派的强烈不满，公元前 44 年 3 月 15 日，他被人刺杀于元老院。恺撒统辖高卢期间可谓戎马倥偬，军务繁忙。他征服了山外高卢，越过莱茵河深入日耳曼地区，又曾两次渡海入侵不列颠。偶有闲暇，他并没有忘记用舆论去回答和攻击政敌，替自己辩护，这是他写作《高卢战记》最主要的目的。此外，恺撒还写有《内战记》《亚历山大里亚战记》《阿非利加战记》《西班牙战记》，合起来被统称为《恺撒战记》。

背景介绍

恺撒生活的时代是罗马共和国严重危机的时代。公元前 2 世纪—公元前 1

世纪，罗马奴隶制高度发达，疆域不断拓展，社会分工加速，改革运动接连不断。罗马奴隶制社会各种矛盾激化，军人专横，海盗猖獗，奴隶不断进行反抗斗争。著名的斯巴达克大起义给罗马奴隶制社会以沉重的打击，使罗马统治阶级感到原有的共和政体已经不适应奴隶主统治的需要，从而促使古罗马由共和向专制过渡。在这样的情况下，古罗马出现了一位著名的独裁者恺撒。

名著概要

《高卢战记》是恺撒任高卢总督期间在高卢的战争实录。这部书的写作时间大约是在公元前52年—公元前51年。此书共7卷，主要记述恺撒在高卢作战的经过，也记述了他的各种见闻。从公元前58年—前52年，每年的事迹写成1卷。之所以每年分为1卷，据推测可能是他每年要向元老院写出书面汇报。后来在镇压了高卢人民反抗及对外战争相对缓和之后，约在公元前52年—公元前51年又将每年的汇报重新加工，使之连成一气，就成了7卷本的《高卢战记》。恺撒在公元前50年离开高卢，因此后面缺了两年的记述。恺撒死后，他的幕僚续写了第八卷，补上了这段空白。

第一卷开头介绍了高卢的地理和居民。高卢全境分为三部分，其中一部分住着比尔及人，另一部分是阿奎丹尼人，第三部分住着克勒特人，比尔及人住在高卢的东北，阿奎丹尼人住在高卢的西南，其余广大地区住着克勒特人。第一卷着重记述了在公元前58年恺撒征服厄尔维几人，歼灭进入高卢的日耳曼人，从而占领高卢中部的经过。

第二卷记述了公元前57年恺撒征服高卢东北部的比尔及诸部落的情况。比尔及人结成联盟，反对恺撒的征服，恺撒几次率军打败了比尔及人的联军。

第三卷记述了公元前56年恺撒镇压布列塔尼和诺曼底的文内几人起义和阿奎丹尼人起义的经过。为镇压文内几人的起义，恺撒命令建造大量战舰，终于获胜，并把文内几人的长老全部处死。

第四卷记述了公元前55年歼灭从莱茵河东岸进入高卢北部的日耳曼部落，并第一次进军莱茵河东岸和第一次远征不列颠的战事。恺撒军队进抵日耳曼人居住区，日耳曼人曾两次派使者与恺撒谈判，但又乘机偷袭恺撒的骑兵。在日耳曼人第三次派使者谈判时，恺撒扣下全部使者，命令进攻日耳曼人。日耳曼人战败，恺撒乘胜渡过莱茵河对日耳曼人各部落进行威胁、报复，几支日耳曼人被迫前来要求和平，表示臣服。

第五卷记述了公元前54年恺撒第一次远征不列颠

恺撒像

"我来！我看见！我征服！"从恺撒的豪言中，我们可以感受到这位罗马英雄的威风。

的始末和镇压比尔及诸部落反罗马起义的战况。

第六卷记述了公元前53年春恺撒对比尔及人的讨伐和第二次渡过莱茵河的经过。

第七卷记述了维钦及托列克斯领导的高卢农民起义和公元前53年恺撒同起义军进行战斗的过程。全书以高卢起义被镇压，维钦及托列克斯投降而结束。

《高卢战记》的写作和纪事内容有两个十分鲜明的特点：其一是该书叙事平铺直叙，不加雕饰，看似漫不经心，字里行间却隐藏着深刻的意义；其二是《高卢战记》叙事翔实精确，史料价值高，文笔清晰简朴，文学价值也很高。恩格斯的一些论著如《家庭、私有制和国家的起源》《论日耳曼人的古代历史》曾大量引用《高卢战记》的记载。

阅读指导

《高卢战记》比较真实地反映了历史，成为后世了解高卢战争的唯一原始记载，同时也是后世研究公元前1世纪高卢人和日耳曼人的社会制度、经济状况、宗教信仰、风俗习惯的重要历史文献。《高卢战记》在写作风格上，文字清新简朴，不刻意修饰，不拘形式，摆脱了当时写作方法上的陈规陋习，因而成为古典拉丁文学的典范作品，受到后世的青睐。

编年史 / 古罗马 / 塔西佗 / 古罗马史学的代表作

作者简介

塔西佗（55～120），古罗马伟人的历史学家、散文家和演说家。关于他的生平几乎没有什么记载流传下来，仅从他的巨著和他与朋友的书信中获知。他大概出生在山南高卢或那滂高卢，也就是今天意大利北部或法国南部，各国学者一致认为他出生于行省骑士等级的富裕家庭，他的父亲曾任低级官职和军团参将。公元77年，他和罗马显贵、执政官阿古利可拉的女儿结婚，从此官运亨通，先后担任过一个行省的财务官、行政长官。89年～93年期间，他离开罗马，可能去北方一个行省做官。在这段时间，他游历了罗马帝国的北部边境一带，他对日耳曼人的知识了解大概就是这时得到的。直到公元93年，他的岳父去世才返回罗马。此后，在多米提安的淫威下战战兢兢地过着缄默的生活。公元97年，塔西佗首次担任执政官。公元100年，他和小普林尼以勒索罪共同弹劾了阿非利加总督马利马斯·普利斯库勒。约在公元105年，他在罗马开始了他的历史名著——《历史》的写作。112年～113年，塔西佗出任亚细亚行省总督，随后开始写作他的最后一部历史著作《编年史》。塔西佗的其他著作还有《演说家对话录》《阿吉

名家点评

塔西佗是罗马早期帝制时代具有"贵族气派和共和思想"的共和派"当中最后的一个人"。

——恩格斯

利可拉传》和《日耳曼尼亚志》。

背景介绍

塔西佗撰写《编年史》的时代，正是安东尼王朝统治的初期，这段时间也是罗马帝国相对稳定和繁荣的时代。

经典摘录

国家越腐化，法律就越多。
暴君只不过是为自己炮制恶名，为受害者创造荣誉而已。

元老出身的涅尔瓦本是经元老院的选举而当上皇帝的，因此他对元老院表示和好，而且尽量披着共和制的外衣。涅尔瓦死后由他的养子、行省高级军事长官图拉真继位，图拉真继承了涅瓦尔的统治政策，为缓和贫民不满情绪，他发放抚恤金；为恢复农业，加大投入；对外则实行侵略政策。总之这个时代罗马帝国政局相对稳定，君主专制统治下阶级矛盾比较缓和，对残余的共和势力比较宽容。在这样的背景下，塔西佗才能创作出触及帝制弊端，带有鲜明的共和倾向的《编年史》。

名著概要

《编年史》又名《罗马编年史》，共有16卷，主要记载了从公元14年奥古斯都去世至公元68年著名昏君尼禄死去半个世纪之间的罗马历史，内容包括罗马早期帝国时代的专制统治、政治变故、权力争斗、对外战争、君王生活等，基本上是罗马帝国早期的一部政治史。他在书中所叙述的空间和对象的范围比较狭小，其注意力主要是集中于大权在握的君王、帝国统治的中枢——皇宫和徒具虚名的元老院。

《编年史》的内容如下：大约第一至第六卷为提比略时代，第七至第十二卷为阿古利科拉和克劳狄时代，第十三卷至第十六卷为尼禄时代。但现尚存一至六卷和十一至十六卷的大部分，关于提比略统治的最后两年、阿古利科拉的全部统治时期、克劳狄统治的早期及尼禄统治末期的记述已经失传。

塔西佗生活于帝制时代，不得不为帝制服务，但他是一位旧贵族共和派的代言人，对帝制和那些暴君，从思想上是难以接受的。因此，《编年史》一书突出地体现了塔西佗旧贵族共和派的思想，对专制帝王的憎恶之情常常流露于字里行间。如塔西佗写道："皇帝在证人的亲临之下戴上了新娘的面纱，在那里不但有嫁

古罗马人的祭祀队伍
走在队伍前列、头戴面具，手持树枝的几位就是威斯塔神庙里的守火处女，其中一人已进入神庙内。她们要经常担负各种诸如祭祀、献礼的公众职责。

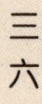

妆、有结婚用床，还有婚礼的火把。总之，甚至在一次正常结合的情况下，需要黑夜来掩蔽的东西，在这里也完全公开了。"在《编年史》一书中，不仅记录了种种史实，而且还从旧贵族共和派思想的立场出发，在叙述史实之后常常加上自己的解释和分析，做出道德的评判。可以说，罗马史中的道德史观在塔西佗的《编年史》中得到了充分体现。

阅读指导

《编年史》是塔西佗最后一部著作，也是最有名的一部历史著作。这部著作是塔西佗思想和文笔最成熟时期的作品，无论在史学还是文学方面都有其重要的价值。塔西佗除了揭露黑暗外，还注重道德的教化作用。在写作风格上，文风简洁有力，独具一格，用语含义深刻，生动形象，文字的表现力和感染力很强。但由于受阶级和时代的局限，使他不能联系社会的发展和当时的物质生产条件来分析他所看到的现象，深刻揭露历史发展的根本原因。由于他的政治思想的倾向性，导致取材片面，同时书中还常流露出对下层民众的蔑视，表现出作者奴隶主贵族的立场。

《编年史》语言词汇精炼典雅，丰富多彩，含义深刻。书中对许多场面和人物的描绘细致入微，富有文采，读后给人以很深刻的印象。有些文字描写还充满诗情画意，有些语句充满哲理，成为令人回味无穷的格言。《编年史》是罗马史学方面一部有代表性的著作，体现了罗马史学中的求真传统。作为一个史学家，塔西佗认为历史是崇高的、有尊严的，其作用不应是记录轶闻故事，而在于记载有价值的事迹。因此，史学家应审慎地对待所得到的各种材料，必须有所批判、有所选择。自己所记述下来的东西，均应有据可考。对那些可憎帝王的记述，也应如此。正是由于这种史识，他所撰的《编年史》材料翔实，史料价值较高，成为罗马早期帝国时代最为重要的文献史料。

罗马史 /古罗马/阿庇安/讲述罗马内战的文化丰碑

作者简介

阿庇安（95～161），罗马帝国早期一位卓越的历史学家。由于他本人的自传在9世纪遗失，关于他的生平事迹我们只能略知一些。阿庇安是生长在埃及亚历山大城的希腊人，21岁时曾参加了罗马皇帝图拉真镇压埃及犹太人起义的战争。后来还在故乡亚历山大城担任要职。阿庇安在获得罗马公民身份后，移居罗马，靠当律师维持生计。晚年在他的一位好朋友、后来的罗马皇帝马可·奥理略的老师副隆托的推荐下，被当时的安东尼皇帝任命为埃及某地的皇家财务代理官。152年左右，他开始写作《罗马史》。公元161年，当马可·奥理略即位后，内忧外患接踵而至，罗马帝国的"黄金时代"随着帝国的衰败而结束。阿庇安于马可·奥理略在位的第四年，死在财务代理官任内。我们可以从《罗马史》中了解到阿庇

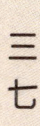

> **名家点评**
>
> 阿庇安清楚明白地告诉我们,这一斗争归根结底是为什么进行的,即为土地所有权进行的。
>
> ——恩格斯

安编史的目的和动机:"我想知道罗马人和每个行省的关系,以便了解这些民族的弱点,或他们的持久力量,以及他们的征服者的勇敢和幸运……罗马国家从各种各样的内乱中过渡到'和谐状况'与君主国家。为了表明这些事情是怎样产生的,我写作和编撰了这部历史,对于那些想知道人们无止境的野心,他们争夺权势的可怕的欲望,他们不屈不挠的精神和各种各样罪恶的人,这部历史是值得学习的。"

背景介绍

阿庇安生活在罗马帝国的"黄金时代",即安东尼王朝。当时的罗马帝国皇权稳固,国势鼎盛,四海繁荣。意大利和各行省的经济已经迅速从内战的破坏中恢复过来,并蒸蒸日上,兴旺发达。但是就在这统一安定的景象背后却隐藏着巨大的危机。隶农制的流行、大庄园的解体、防御蛮族的"哈德良边墙"和"安东尼边墙"的修筑都是罗马帝国由攻转守,由强变弱的重要标志。

名著概要

阿庇安的《罗马史》共24卷,全部用希腊文写成。该书至今保留完整的只有10卷,其余各卷,有的仅存片断,有的则荡然无存。《罗马史》的中心内容是叙述罗马人跟其他民族以及他们内部所进行的战争,其时间范围上起公元前8世纪罗马建城,下至2世纪图拉真统治时期,其地理范围包括地中海周围各国和地区。

内战史是本书的精华,清晰地揭示了罗马共和国时期国内政治斗争的经济背景以及国内斗争,怎样由制定法律、取消债务、分配土地、选举行政长官的争执发展到党派斗争乃至武装冲突,直至最后演变为夺取最高权力的内战的全过程。其中详细地叙述了格拉古兄弟改革、德鲁苏发案、同盟战争、马略与苏拉的内战、苏拉的独裁、前三头同盟的形成及彼此的倾轧、后三头同盟的解体等重大历史事件。阿庇安详尽地记载了斯巴达克起义,他笔下的斯巴达克是一位有胆有识、能征善战、视死如归的奴隶统帅,他领导的起义军是一支英勇顽强、纪律严明、宁死不屈的英雄队伍。

下面对各卷内容做简要的介绍:第一卷:关于诸国王,叙述王政时代七王统治时期所发生的事件;第二卷:关于意大利,叙述罗马人同邻近部落的战事;第三卷:萨姆尼安人的历史,叙述罗马人征服意大利中部和南部的萨莫奈战争和皮洛士战争;第四卷:高卢史,叙述罗马人与高卢人的战事及对其征服;第五卷:关于西西里和其他岛屿,叙述罗马夺取西西里和克里特等岛屿;第六卷:在西班牙的战争,叙述罗马人与迦太基人争夺西班牙的战事和罗马人镇压西班牙人民反

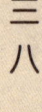

抗斗争的战事；第七卷：汉尼拔战争，叙述第二次布匿战争中，汉尼拔率大军越过阿尔卑斯山进军意大利至16年后他被召回迦太基期间罗马人与汉尼拔的战事；第八卷：布匿战争和努米底亚事务；第九卷：马其顿事务，叙述了罗马与马其顿之间的争斗和罗马对马其顿的征服；第十卷：伊利里亚战争，叙述了从公元前230年起罗马人发动侵略，直到公元前33年最后完成对整个伊利里亚地区的征服；第十一卷：叙利亚战争，叙述了罗马对叙利亚的侵略和吞并，同时追述了叙利亚王国建立和衰亡的历史；第十二卷：米特拉达梯战争，叙述罗马侵略和征服小亚细亚内地本都等国的故事；第十三卷至第十七卷：内战史；第十八卷至第二十一卷：埃及史，叙述罗马征服埃及的战事；第二十二卷至第二十四卷：叙述帝国时代图拉真皇帝政府达西亚和阿拉伯诸战役。

阅读指导

阿庇安用希腊文写的《罗马史》是一部巨著，其非常明显的特点之一就是极为重视政治事件和斗争背后的物质基础和社会经济背景；同时较为客观，富有正义感。《罗马史》不仅辑录了许多前人著作，保存了不少珍贵史料，而且在史学编撰体裁方面亦有创新。由于时代和阶级的局限，《罗马史》中的欠缺也有许多，但瑕不掩瑜，阿庇安的《罗马史》仍不失为值得一读的古典名著。

天文学大成 / 古希腊 / 托勒密 / 古希腊天文学思想的顶峰

作者简介

托勒密（约90~168年），古希腊天文学家、地理学家、地图学家和数学家。托勒密的地心说统治了欧洲天文学界乃至思想界达1400年之久。他出生于托勒密城，一生的大部分时间是在埃及的亚历山大里亚度过的。127年，年轻的托勒密被送到亚历山大城去求学。在那里，他阅读了不少的书籍，并且学会了天文测量和大地测量。托勒密著有《天文学大成》13卷，主要论述地心体系，是当时的天文学百科全书，直到16世纪都是天文学家的必读书籍。托勒密著有4本重要著作:《天文学大成》《地理学》《天文集》和《光学》。

背景介绍

在公元前4世纪~公元前3世纪，对于天体的运动，希腊人有两种不同的看法。一种以欧多克斯为代表，他从几何的角度解释天体的运动，把天上复杂的周期现象，分解为若干个简单的周期运动。他又给每一种简单的周期运动指定一个圆周轨道，或者是一个球形的壳层，他认为天体都在以地球为中心的圆周上做匀速圆周

托勒密画像

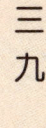

> **相关链接**
>
> 托勒密的另一部巨著是《地理学》。在这一书中，托勒密充分地解释了怎样从数学上确定纬线和经线。然而，没有一条经线是用天文学方法确定的，仅有少数的纬线是这样计算的。他将陆上测量的距离折算为度，就在这无把握的网格上定出地区的位置。海面上的距离简直是猜测出来的，他把加那利群岛放到它们真正位置以东7°去了，因而整个的网格定位只能是错误的。《地理学》对西方世界观的影响几乎也像《天文学大成》一样巨大和持久：托勒密标出的亚洲位置比它实际的更近（向西）。与哥伦布同时代的地图制造者继承了他的错误观点，否则哥伦布也许就不会航行了。

运动，并且用 27 个球层来解释天体的运动。到了亚里士多德时，又将球层增加到 56 个。另一种以阿利斯塔克为代表，他认为地球每天在自己的轴上自转，每年沿圆周轨道绕日一周，太阳和恒星都是不动的，而行星则以太阳为中心沿圆周运动。但阿利斯塔克的见解当时没有人表示理解或接受，因为这与人们肉眼看到的景象不同。

名著概要

托勒密在该书中通过系统的几何学证明，建立起宇宙地心体系，即我们通常所说的地心说。这部著作最初用古希腊文写成，后来流传到了阿拉伯人手中。公元827年，该书被译成阿拉伯文。12世纪后半期传入欧洲，被转译成拉丁文。元代时该书即传入中国，但直到明末，才在徐光启等人编写的《崇祯历书》中有简要介绍。

《天文学大成》共13卷，分别阐述地和天的概念，基本观测事实和数学基础。书中论证地为球形，居于宇宙中心，静止不动，其他天体均围绕地球运动；还叙述了太阳、月亮、行星运动规律，如何推算日食、月食，确定行星位置等。在《天文学大成》中托勒密总结并发展了前人的学说，建立了宇宙地心体系。这一体系的要点是：

1. 地球位于宇宙中心静止不动。

2. 每个行星都在一个称为"本轮"的小圆形轨道上匀速转动，本轮中心在称为"均轮"的大圆轨道上绕地球匀速转动，但地球不是在均轮圆心，而是同圆心有一段距离。他用这两种运动的复合来解释行星运动中的"顺行""逆行""合""留"等现象。

3. 水星和金星的本轮中心位于地球与太阳的连线上，本轮中心在均轮上一年转一周；火星、木星、土星到它们各自的本轮中心的直线总是与地球—太阳连线平行，这三颗行星每年绕其本轮中心转一周。

4. 恒星都位于被称为"恒星天"的固体壳层上。日、月、行星除上述运动外，还与"恒星天"一起，每天绕地球转一周，于是各种天体每天都要东升西落一次。托勒密适当地选择了各个均轮与本轮的半径的比率、行星在本轮和均轮上的运动速度以及本轮平面与均轮平面的交角，使得按照这一体系推算的行星位置与观测相合。在当时观察精度不高的情况下，地心体系大致能解释行星的视运动，并据此编出了行星的星历表。按照这个理论预报日食、月食准确度达到一两个小时之内。

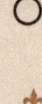

这样一本知识上参差交错且复杂的著作，不是单独一个人所能完成的。托勒密依靠了他的先驱者，特别是喜帕恰斯，这一点是无须掩盖的。他面对的基本问题是：在假设宇宙是以地球为中心的，以及所有天体以均匀的速度按完全圆形的轨道绕转的前提下，试图解释天体的运动。因为实际天体以变速度按椭圆轨道绕地球以外的中心运动，为了维护原来的基本假设，就要考虑某些非常复杂的几何形状。托勒密使用了3种复杂的原始设想：本轮、偏心圆和均轮。他能对火星、金星和水星等的轨道分别给出合理的描述，但是如果把它们放在一个模型中，那么它们的尺度和周期将发生冲突。

托勒密的天体模型之所以能够流行千年，是有它的优点和历史原因的。它的主要特点如下：

1. 绕着某一中心的匀角速运动，符合当时占主导思想的柏拉图的假设，也适合于亚里士多德的物理学，易于被接受。

2. 用几种圆周轨道不同的组合预言了行星的运动位置，与实际相差很小，相比以前的体系有所改进，还能解释行星的亮度变化。

3. 地球不动的说法，对当时人们的生活是令人安慰的假设，也符合基督教信仰。

阅读指导

《天文学大成》是古希腊天文学和宇宙学思想的顶峰，无论这个体系存在着怎样的缺点，它还是流行了1400年之久，直到16世纪才被哥白尼推翻。在当时的历史条件下，托勒密提出的行星体系学说，是具有进步意义的。首先，它肯定了大地是一个悬空着的没有支柱的球体。其次，从恒星天体上区分出行星和日、月是离我们较近的天体，这是把太阳系从众星中识别出来的关键性一步。

法学阶梯 ／古罗马／盖尤斯／世界民法典结构的基础

作者简介

盖尤斯（117～180），罗马帝国安东尼王朝统治时期著名法学家，是罗马五大法学家之一，其代表是4卷本的《法学阶梯》，书成于161年前后。除成名著作《法学阶梯》外，另外著作有：《对〈诸省公告〉的评注》（30卷），《对〈城市公告〉的评注》，《对〈十二表法〉的评注》（6卷），以及其他专论。此外，还有一部专著《日常事件是法律实践》。公元前1～2世纪，罗马法学界逐渐形成两大派别：萨比努斯学派和普罗库鲁斯学派。盖尤斯是萨比努斯学派，两个学派长期争论，直到公元前2世纪两派意见才趋于统一。由于盖尤斯及其他法学家著述了皇帝的权力，维护当时帝国的统治秩序，直到426年，东罗马皇帝狄奥多西二世和西罗马皇帝瓦连体尼安颁布《学说引证法》，他被置于五大法学家之列，与帕比尼安和莫迪斯蒂努斯并驾齐驱。

背景介绍

罗马法学是伴随罗马奴隶制国家的发展而逐渐成长、不断完备的。盖尤斯《法学阶梯》上承《十二表法》，下接查士丁尼《国法大全》，总结了公元前2世纪之前罗马法发展的成果，反映了当时罗马社会的经济生活状况，是罗马法逐渐成熟的标志。公元509年，罗马废除了王政，建立了共和国，广大平民与贵族的矛盾与斗争成为社会的主要焦点。斗争集中在三个问题上：政治权利平等问题；取消债务奴役问题；平民取得公社国家土地问题。从公元前3世纪70年代起，罗马开始大举向外扩张，至公元前2世纪后期，罗马已成为东起小亚细亚，西至大西洋岸的地中海世界霸主。公元前27年奥古斯都（公元前63年～公元14年）执政后，罗马进入到帝政时期。盖尤斯身处这样一个法学研究兴盛、法学著作繁多的时代，自然受到影响，并且以他的学说最终成为众多法学家中引人注目的法学巨人。

名著概要

《法学阶梯》共分4卷：第一卷，关于人；第二卷，关于物，包括所有权及物权、遗嘱继承法；第三卷，无遗嘱继承、契约、债权总论；第四卷，关于诉讼。

第一卷"关于人"，讨论了以下5方面的内容：1. 人法，第一篇的内容主要是人法，包括人的权利能力、行为能力和人的资格，以及婚姻权和家庭权。盖尤斯将法律分为两大系统，即市民法和万民法。他指出："所有受法律和习俗调整的民众共同体都一方面使用自己的法，一方面使用一切人所共有的法。每个共同体为自己制定的法是他们自己的法，并且称为万民法，就像是一切民族所使用的法。" 2. 法律制定：盖尤斯把法律的制定即渊源归为5种：平民会决议、元老院决议、君主谕令、有权发布告示者发布的告示、法学家的解答。3. 权利主体的法律地位：人法是确立权利主体及其权利能力的法律规范。4. 人的权利能力：罗马市民法规定，只有罗马公民才享有完全的权利能力。罗马公民权利能力由3部分组成，即自由权、市民权和家族权。5. 婚姻、家庭。罗马人认为婚姻的目的是继承血统。婚姻既是罗马市民的权利，也是义务。婚姻关系是一种契约关系，归顺夫权的方式曾经有3种：时效婚、祭祀婚和买卖婚。

相关链接

《法律篇》是西塞罗在法律方面的代表作，在西方法学史上第一次系统地阐述了自然法学说。他认为，法律的本质需要从人的本性中去探求。人是具有预见性、灵敏性、综合力、机智力的动物，是富有记忆力和深谋远虑的动物。人之所以具有这些优点，是因为上帝赋予了人最为宝贵的东西——理性，"人是如此众多的各种各样的质的生命中唯一获得一种理性和思维的生命"。西塞罗还把自然法同正义联系起来，认为"自然是正义的本源"，"如果不把自然看作是正义的基础，那将意味着人类社会所依赖的美德的毁灭"。从自然法学说出发，西塞罗阐述了他的宪政理论与法治理论。他把国家政体分为民主政体、贵族政体和君主政体三种，为了更好地维护奴隶主贵族共和制，西塞罗主张在国家管理上实行法治。西塞罗的《法律篇》第一次使法学从政治学中分离出来，其中所包含的思想直接影响了后来的罗马法学家，为罗马法提供了理论基础，也影响了近代启蒙思想家。

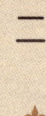

名家点评

《法学阶梯》是在《圣经》之后,对人类历史产生了最大影响的一本书,它是世界上所有的民法典的结构的基础。

——徐国栋

第二卷"关于物",盖尤斯谈到了最基本的划分、罗马法上的所有权、对物的拥有、遗嘱继承和遗赠。盖尤斯按不同的标准对物进行了划分,并做了分析。1. 神法的物和人法的物;2. 共有物和私有物;3. 有形物和无形物;4. 要式物和略式物。接着,盖尤斯结合要式物与略式物,详细谈了要式买卖问题,谈了所有权问题,时效取得问题,转让权、先占、添附、加工和取得等问题,对罗马法的物权法提出了自己的观点。然后,盖尤斯谈到了遗嘱继承问题。他将遗嘱分为4种:1. 会前遗嘱,"人们在民众会议上立遗嘱,每年两次";2. 战前遗嘱,"在战前立遗嘱,即在为参加战争而入伍时立遗嘱";3. 称铜衡式遗嘱,"那些未立下前两种遗嘱的人,如果突然感到自己濒临死亡,则将他的家产,即他的财产,以买卖的方式给予一位朋友,并且要求该朋友在他死后将财产给予他所希望给予的人";4. 军人遗嘱,"君主谕令允许他们不严格遵守上述规则。"第二卷最后,盖尤斯讨论了遗赠问题。

第三卷是接着第二卷谈有关无遗嘱继承的情况,是第二卷的补充,之后是关于债的问题。契约之债有4种:1. 实物契约。2. 口头契约。3. 文字契约。4. 合意契约。物法是罗马私法的主体,是实体法的核心,由物权法、继承法和债权法三部分构成。

盖尤斯在《法学阶梯》的最后一卷中,讨论了有关诉讼的问题。诉讼有对物之诉和对人之诉。对人诉讼是"针对某个因契约或者私犯行为而向我们负债的人提起的诉讼",称为请求给付之诉,要求"应当给、做或者履行";对物诉讼是"主张某个有形物是我们的或者主张我们享有某项权利的诉讼"称为返还所有物之诉。诉讼程序的发展历史,经历了法定诉讼、程序诉讼。

阅读指导

《法学阶梯》是有关法学基本理论和体系的入门书,成为当时罗马各法律学校的教材,而且成为后来东罗马皇帝查士丁尼编纂同名法典《法学阶梯》时的范本;同时,也是唯一的一部完整地传至后世的古代罗马法学家的文献,对现代读者来说是一部有助于扩大对古典罗马法了解的基本文献。

源氏物语 / 日本 / 紫式部 / 日本的"《红楼梦》"

作者简介

紫式部(约973~1014),日本女作家、歌手。紫式部本名无可考,她出身

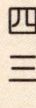

于书香门第。父亲藤原为时是有名的中国文学学者，擅长和歌和汉诗，曾担任过地方官，地位不高。紫式部自幼跟随父亲学习中国诗文和和歌，熟读中国典籍，并擅乐器和绘画，信仰佛教。约22岁时，她和比自己年长20多岁、已有妻室子女的地方官藤原宣孝结婚，因而亲身体验了一夫多妻制家庭生活的滋味。婚后3年，丈夫逝世。在寡居生活中，因创作《源氏物语》而声名远扬，受到藤原道长等高官显贵的器重。宽弘2～3年（1005～1006年）间入后宫，任天皇皇后彰子的女官，为她讲授《日本书纪》和《白氏文集》等汉籍古书。因其官名为藤式部，所以后改称"紫式部"。据传，"紫"是《源氏物语》的主人公的名字，"式部"源于她父亲的官名"式部丞"。1013年离开后宫。《源氏物语》直到她逝世前才成书，被誉为日本古典文学的高峰。她还另有《紫式部日记》和《紫式部集》等其他著作。

背景介绍

《源氏物语》从体裁上看属于日本10世纪左右形成的一种"草纸文学"。草纸文学的含义有两种说法：一说指用假名（日本字母）写成的物语、日记、随笔等散文，以区别于用汉字写的文学作品；另一说是指日本中世和近世文学中的一种群众读物，一种带插图的小说，多为短篇。前说物语、日记和随笔，与民间口语相结合，发展成为新鲜的更具有日本民族特点和文学意味的散文。而紫式部的《源氏物语》的出现则标志着这种文学形式的成熟。

《源氏物语》的社会背景是藤原道长执政下的平安王朝贵族社会盛极而衰的转折时期。小说艺术地再现了贵族内部尔虞我诈的权利斗争，揭露了贵族统治阶级的腐朽和罪恶及其必然崩溃的趋势，是日本从奴隶社会过渡到封建社会的历史画卷。

名著概要

《源氏物语》共54回，近百万字，可分为前后两大部分。41回之前是前半部，写的是源氏的故事。源氏本是天皇桐壶与一爱嫔生下的儿子。桐壶帝对小皇子非常疼爱，因为考虑到他没有靠山，将其降为臣民，赐姓源氏。源氏长大后相貌堂堂，多才多艺，极受天皇宠爱，并让他与左大臣的女儿葵姬结婚，但源氏并不喜欢葵姬，逐渐开始追逐其他的贵族女性。他凭着自己的才情与特殊权势，前后染指妇女近20位。不久他竟与桐壶帝新纳的皇妃藤壶（亦即源氏的继母）私通，并生下一子，取名冷泉。桐壶天皇不知道真情，把冷泉立为太子，同时源氏在仕途上也平步青云，官至近卫大将。桐壶帝逝世后，源氏异母兄长接任皇位，这便是朱雀帝。源氏地位开始一落千丈，被逐山乡。然而朱雀帝很快就病逝了，冷泉天皇（即源氏与藤壶的私生子）登基。冷泉帝在服丧期间得知源氏是自己的生父，从此源氏东山再起，执掌朝政，享

《源氏物语》绘卷及早期版本

尽荣华富贵。他为自己建造了一座富丽堂皇的六条院，把过去结识的与之有情爱关系的十多位女子迎入其中，与其同享荣华富贵。晚年源氏为了保持自己的权势，娶了朱雀帝的女儿三公主为妻。谁料他竟然发现三公主与葵姬的侄子柏木私通并生下一子，取名薰君。懊丧的源氏视为上苍报应，不久正妻死去，万念俱灰的源氏痛感人生无常，遁入空门。

原小说到42回结束，后十几回主要写的是源氏之子薰与宇治山庄女子及少女浮舟之间的情感瓜葛。薰爱上了八亲王的大女儿，但她的早逝使得薰极为悲痛。他得知少女浮舟系八亲王的私生女的容貌与死去的大女儿相似，便决定移情于她。然而不幸的浮舟却被他人玷污，她夹在两个男子之间不能自拔，最后投湖自杀。虽然人们将她及时救起，但她已看破红尘，决意出家。薰屡次想与浮舟见面，均未能如愿。

阅读指导

《源氏物语》的故事涉及三代人，历70余年，所涉人物400多位，其中印象鲜明的也有二三十人。人物以上层贵族为主，也有下层贵族、宫女及平民百姓等。从中反映出了平安时代的社会现实，揭露了贵族之间争权夺利的尖锐矛盾。全书以源氏家族为中心，上半部写源氏公子与众妃及其他女性的种种爱情生活；后半部以源氏公子之子薰君为主人公，铺陈了复杂纷繁的男女纠葛事件。从体裁看，该书颇似中国唐代的传奇、宋代的话本，但行文典雅，很具散文的韵味，加上书中大量引用汉诗，及《礼记》《战国策》《史记》《汉书》等中国古籍中的史实和典故，并巧妙地隐伏在迷人的故事情节之中，使该书具有浓郁的中国古典文学的气氛，中国读者读来，会有读本国小说那种强烈的亲近感。而且该书与《红楼梦》一样，所涉人物都是皇族，虽然所展示的场景是日本的贵族阶层，但对爱情生活的着墨点染却与《红楼梦》有异曲同工之妙，因此，被认为是日本的"《红楼梦》"。

《源氏物语》在艺术上的成功之处除塑造了源氏及众多女性形象之外，还在于通过这些形象反映了物哀、幽情等日本民族普遍的审美意向。书中的源氏生为皇子却不得不降为臣籍，空有济世之才却无心仕途，酷爱紫姬却不断拈花惹草，一世风流却落得剃度为僧的结局。他的一生伴随着许多矛盾和烦恼。作者大写特写这些生活中无法摆脱的矛盾所造成的苦闷以及精神上接连不断的碰撞所形成的无奈，正是要说明人生的苦痛和悲哀，显露了作者以哀动人、以悲感人的美学观。而作者在诠释这些观点时，又不可避免地掺入了"人生无常""四大皆空"等佛

名家点评

《源氏物语》对于日本作家的影响随处可见，例如日本的诺贝尔文学奖获得者大江健三郎在颁奖仪式后举行的晚宴上的致辞中曾经特别指出，他的成功除了学习西方文学技巧之外，还非常强调"民族性在文学中的表现"。他坦承先前对日本古典名著《源氏物语》不感兴趣，但现在他"重新发现了《源氏物语》"，并且在创作实践中也贯彻这种思想。

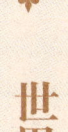

学观念，使得这部著作在写实的基础上具有了形而上的哲学内涵。虽然这种观点可能是肤浅的，但它所创立的物哀等美学传统，却一直被后世作家继承和发展，成为日本文学民族化的一大因素。

《源氏物语》被认为是3000万日本家庭不朽的国民文学，也是世界文学史上的里程碑。它问世于11世纪，是日本文学中一部伟大的古典名著，也一直对日本文学的发展产生着巨大影响。即使在今天，《源氏物语》仍是日本作家的灵感之源。同时，《源氏物语》也被公认为是世界文学史上最早的一部长篇写实小说。因此它无论对于日本文学还是对于世界文学，都具有特殊的意义。

神学大全 ／意大利／阿奎那／神学体系的建立者

背景介绍

阿奎那生活在基督教鼎盛的时代，这是一个需要论证，而不是需要怀疑的时代。当时的教阶制度、哥特式建筑、经院哲学已经有了充分的发展，神学所面临的各种问题都已经提出并且议论过了，而且教阶制度、哥特式建筑、经院哲学还没有显露出衰败的迹象，人们对搭积木式的系统化思维还怀有浓郁的兴趣，这一切为阿奎那的成就奠定了深厚的基础。

名著概要

《神学大全》全书共三大部分，其中第一部119个题目，是阿奎那1267年在意大利任教廷顾问时期写作的；第二部分上下两卷，篇幅超过全书的一半，上卷设有114个题目，下卷设有189个题目，共303个题目，是他1269～1272年在巴黎大学任教期间所完成的；第三部是全书最短的，只有90个题目，是1272年阿奎那在意大利那不勒斯执教时撰写的，前后三部共512个题目。全书写作时间经历了38年，现今的《神学大全》全集由阿奎那的秘书作了增补，即续写了上帝创造万事万物、天使和人等问题。

第一部主要内容如下：1. 关于神学高于哲学。他认为哲学虽然是一门高深的学问，但局限于人类理智范围，不免要犯错误，而神学的确定性来自于上帝的光照，是不会犯错误的，因而在一切学问中，神学是最高和最可靠的，统率其他一切学问。2. 关于上帝存在的5个证明。这是这个题目中最主要的内容，也是对基督教神学影响最大的。上帝是"不动的推动者"和"最终因"。阿奎那认为，世界上每一件运动的东西，需要某种东西来推动，某种东西又需要另一物来推动，依次推理，如果没有一个第一推动者和绝对的现实性，我们将被迫无止境地往上追

> **经典摘录**
>
> 任何事物，只要存在，都是现实的，而且具有一定的完满性。
>
> 万物相似于上帝，不是上帝相似于万物。
>
> 蜜蜂有一个王，而在整个宇宙间有一个上帝，即造物主。

> **名家点评**
>
> 圣·托马斯·阿奎那的独创性表现于对亚里士多德哲学稍加改篡用来适应基督教教义一事上，在这方面，他有资格被称作是大胆的革新者，但是，他在体系化方面比在独创性方面更为出色，即使他的每一个学说都是错误的，他的著作仍不失为一座宏伟而富丽的大厦。
>
> ——罗素

溯，永远不能达到终点。所以，一定有某种存在是不动的第一推动者，这就是上帝。同样，世间每一结果都有其原因，如果没有一个自因的，不依靠任何东西就存在的东西，我们又被迫在因果系列上趋于无穷，这个最终因也就是上帝。3. 关于上帝的本性。要知道上帝的本性，必须采用形而上学的否定法，从而对上帝本性的结论是：上帝是无形的神体，上帝的本质是真、善、美。4. 关于上帝的功能。圣父、圣子、圣灵这三位不存在大小和先后的区别，三位本是一个神，共有一个实体。5. 关于上帝创世说。认为《圣经》上关于上帝从无中创造世界这个观点是含糊不清的，他断言世界是上帝创造的，但世界不可能像上帝那样无始无终，而在时间上有个"开端"，将来也不是永恒的。6. 关于善和恶。他反对善恶二元论，认为善是主要的，是根本的，是唯一的原因，上帝是至善的，上帝创造一切都是善的，而事物的恶绝不是上帝创造的，上帝也绝不是恶的原因。7. 关于天使和魔鬼。8. 关于上帝的创造物。9. 关于人的结构。10. 关于人的知识。

第二部集中讨论了伦理道德问题，上卷内容是"一般伦理学"，包括人生意义、个人行为、人的理性、自由意志、公共社会生活、习性、德性、罪恶等；下卷内容为"特殊伦理学"，包括善与恶、正义与非正义等，主要从基督教的教义和教规的角度论证了人类行为的规范性，可以概括为四个方面：1. 伦理学的既定原则：人不是自然的产物，也不是永恒的楷模，人拥有自由意志，因而要对自己的行为负责。同时人又具有理性这一特殊的本性，所以要追求至善以实现幸福。上帝就是至善，追求并占有他就能获得幸福。上帝是人生的最高原则和最终目的。2. 德性的定义及其分类：德性是一种选择性的习惯，是一种使人易于行善的良好习惯，他把德性分为"本性德性"和"超本性德性"，"本性德性"又区分为"理智德性"和"伦理德性"，又把"伦理德性"分成明智、公正、勇敢、节制4种。3. 法的定义和性质：他认为法无非是关心社会团体的人为了共同利益而颁布的一种理智

> **相关链接**
>
> 奥古斯丁的《忏悔录》共13卷，以内容而言，可分为两部分。卷1~9，记述他出生到33岁母亲病逝时的一段历史。在这部分里他深刻地分析了自己的行动和思想，讲述了与摩尼教决裂而皈依基督教的思想转变过程，并且详细述说了青年时代生活放荡不羁的罪恶，一再向上帝忏悔，请求宽恕，歌颂上帝把他引导到基督教信仰的道路上，字里行间充满了强烈的罪恶意识。卷10~13，分析了他著述此书时的思想情况。通过诠释《旧约·创世记》第1章，赞美上帝"六日创世"，阐述了他的哲学思想特别是他的时间观念。

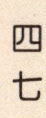

命令，他给法确定的性质是：法是一种从属于理智的东西。4. 永恒法、自然法、神法、人法。他认为永恒法是上帝为万事万物规定的永恒规则，也是其他一切法律的根源和基础，并断言，人们或多或少都认识永恒法；自然法是从永恒法派生出来的，从属于永恒法；神法是对旧约时代"十条诫命"和新约时代"爱上帝而爱人的诫命"的归纳阐发；人法是人间的法律，具有理智特征。

第三部完全是按照基督教的教义教规，阐释纯神学问题：有对耶稣基督教的论述，对基督"七项圣事"的论述等。阿奎那还运用亚里士多德关于质料和形式的理论，力图论证每一项圣事都被赋以新的生命和形式。

阅读指导

在《神学大全》中，阿奎那狡黠地抹杀了亚里士多德学说中的唯物主义和辩证法的东西，利用其中僵死的唯心主义和形而上学的东西来论证天主教的教义。他通过中世纪那种典型的纯粹形式主义的论证方法，把天主教的全部教条，从上帝、天使直到魔鬼，编纂成为一个庞大的体系，连法律、道德、国家、经济等问题的论述也统统纳入了这一神学体系。《神学大全》因而变成一部中世纪天主教官方思想体系的独特的百科全书。

马可·波罗游记 / 意大利 / 马可·波罗 / "世界第一大奇书"

作者简介

马可·波罗（1254～1324），中世纪伟大的旅行家，是世界上第一个向西方系统地介绍中国和亚洲诸国情况的欧洲人，也是中国和意大利人民友好往来的先行者。马可·波罗出生在意大利北部著名的"水城"威尼斯。他出身于富商家庭，父亲尼克罗·马可和两个叔叔都是从事中间贸易的商人，自1260年左右开始，他的父亲和叔父马飞阿在君士坦丁堡和中亚哈拉从事商业活动。1271年，年仅17岁的马可·波罗在他父亲和叔父的带领下，从威尼斯启程前往中国，他们从地中海东岸阿迦登城登陆，到达亚美尼亚后，便沿着公元前1世纪初中国古代人民和西南亚各族共同开辟的"丝绸之路"东行，历时三年半，在1275年到达蒙古皇帝驻所上都，并朝觐了皇帝。从1275～1291年，马可·波罗和他的父亲、叔父长期在元朝政府供职。马可·波罗深得忽必烈的器重，几次被指派到国内各地巡视、游览或

马可·波罗向元世祖忽必烈呈递罗马教皇格雷古瓦十世的文书。

出使一些邻国。马可·波罗在中国旅居和任职的 17 年间，经常被召进宫内，直接向皇帝报告在中国或赴邻国考察的实况，并讲述欧洲诸国的历史与现状，皇帝也常派他出使各地执行机密使命。马可·波罗及其父、叔长年客居在外，想回归故土。1291 年初，他们利用护送被聘为波斯阿鲁浑汗王妃的元室公主去波斯完婚的机会，离开了大都，从福建泉州出海，历经千辛万苦，于 1295 年回到了阔别 24 年的故乡威尼斯。早在 1294 年威尼斯就同热那亚发生战争，1298 年马可·波罗也参加了战事。双方在亚德里亚海发生激战，威尼斯大败，马可·波罗受伤被俘，被投入热那亚狱中。在狱中他口述东方见闻，狱友鲁思梯谦笔录成《马可·波罗游记》。1298 年七八月间，马可·波罗获释，回威尼斯定居。1324 年马可·波罗病逝，葬在威尼斯圣洛伦索教堂墓地。

背景介绍

马可·波罗生活的年代，正是意大利北部城市繁荣、工商业发达和资本主义逐渐萌芽，孕育早期文艺复兴的时代。13 世纪初，威尼斯在地中海航运和贸易的作用更加显要。第四次十字军东征后，威尼斯垄断了地中海东部的贸易，威尼斯的势力范围逐渐同亚洲西部的蒙古汗国连接起来，方便了威尼斯人前往亚洲经商。

名著概要

《马可·波罗游记》又名《东方见闻录》，分序言、正文 4 卷，共 223 章。《马可·波罗游记》主要是用旅游沿途记叙的形式，简介了亚洲各地的情况。它记录了 13 世纪时中亚、西亚以及东南亚许多国家和地区的经济、政治情况，习俗和自然概貌，而其重点则是叙述中国。《马可·波罗游记》记述了中国无穷无尽的财富资源、完善的交通驿站制度以及华丽的宫殿、昌明的文教和许多名城的繁荣景象。书中还有两个专章描述汗八里城的建筑格局，大加赞颂元世祖忽必烈。

序言部分共 6 章，记述的是马可·波罗之父尼克罗·波罗和他的叔父马飞阿兄弟二人自 1260～1269 年前往东方的过程以及自 1271～1295 年期间波罗兄弟和马可·波罗三人前往中国的旅途与寄居中国的梗概。

第一卷记述马可·波罗等人从小亚美尼亚东行来到中国元朝大汗上都沿途各地的见闻，共分 61 章。

第二卷记载了中国元朝初年的政事及忽必烈所进行的战争，叙述了朝廷、宫殿、节庆、游猎等内容，还介绍了自大都南行至缅甸、越南等地沿途各地的概况，以及中国东南沿海诸名城的繁华景象。本卷是全书的重点，共包括 82 章。

第三卷记述中国邻近的一些国家和地区的情况，包括印度、日本、印度和印度洋的一些岛屿，以及非洲东部等地的历史和当时的状况，共 40 章。马可·波罗对本卷提到的某些国家的描述，是从海道的归途中短期取得的片断印象，而对另一些国家因马可·波罗本人从未去过，仅是凭传闻叙述的。

第四卷是讲成吉思汗的后裔蒙古各汗国、王公之间的战争，以及俄罗斯和亚洲北部的情况，共 34 章。本卷所述的事实并非马可·波罗亲身的经历，而是他在中国期间听到的传闻的回忆。马可·波罗最后概括了写《马可·波罗游记》的目的是"为了人民能通过我们了解到世界上的许多事物"。

以叙述中国为主的第二卷在全书中分量很大。在这卷中有很多篇幅是关于忽必烈和北京的描述。还对杭州有详细的记述，书中称杭州为"行在""天城"，称苏州为"地城"。"行在"是南宋时代对杭州的一般称呼，指帝皇行幸所在的地方；而"天城""地城"，也就是我国谚语"上有天堂，下有苏杭"的一种译称。对于号称天堂的杭州，马可·波罗更是赞不绝口，他记载杭州人口稠密，房屋达160万所，商业发达，说"城中有大市10所，沿街小市无数"。并说杭州人对来贸易之外人很亲切，"待遇周到，辅助及劝导，尽其所能"。又讲到杭州市容整齐清洁，街道都用石铺筑；人民讲究卫生，全城到处有冷热澡堂，以供沐浴之用。户口登记严密，人口统计清楚。对西湖的美丽和游览设施，书中更有详细的记述，马可波罗称赞"行在城所供给之快乐，世界诸城无有及之者，人处其中自信为置身天堂"。由于他对杭州特别赞赏，所以几次来到这里游览。

在《马可·波罗游记》中，还有专门的篇章谈元代通行的纸钞和中国使用已久的煤。马可·波罗记述忽必烈在京城设有造币局，先以桑树皮制造纸张，然后以它制印纸币，这种纸币不但通行国内，就是在和外商贸易中也有流通。

《马可·波罗游记》对亚洲其他地方，也有大量篇幅的描述。马可·波罗东来中国，主要经过西亚，中亚等地，因此游记里载有不少这些地方的见闻。

阅读指导

《马可·波罗游记》是世界学术名著之一，是历史和地理的重要典籍。它在世界史、中西交通史等许多方面都有重要的历史价值。本书沟通了东西方文化的交流，向欧洲介绍了东方辽阔的土地、众多的国家和富庶的中国，引起了欧洲人民对东方的向往，给13、14世纪欧洲的知识界、工商界、航海界带来了新的知识。《马可·波罗游记》的流传，对15世纪末欧洲航海事业的发展起了促进作用。

神　曲 /意大利/但丁/从地狱到天堂的旅程

作者简介

但丁（1265~1321），欧洲由中世纪过渡到近代资本主义那个时期的文学巨匠、意大利文艺复兴的先驱。但丁诞生在意大利佛罗伦萨一个颇受当地人尊敬的小贵族家庭里，幼年丧母，大约在他18岁那年，父亲也去世了。不过，但丁还是得到了良好的教育。他从小喜欢读诗，曾经拜著名学者为师，学过拉丁文和古代文学，而且特别崇拜古罗马时期的一位重要诗人维吉尔，把维吉尔当作自己的精神导师。青年时期的但丁还积极参加佛罗伦萨的政治活动，担任过公职，还曾经参加过粉碎基白林党的冈巴地战役。1302年，他因为反对教皇及其在佛罗伦萨的追随者干涉城邦内政，被判没收全部家产，终生放逐。在此后的近二十年里，但丁虽然也做过多次努力想重返故里,但都没有成功,最后终于客死他乡。大约在1307年,在流亡生活最痛苦的时候,但丁开始了《神曲》的创作,这是他长期酝酿和构思的一部巨著,也是他最重要的一部代表作。但丁其他的作品还有《飨宴》《论俗语》等。

但丁的小舟
此图描绘了《神曲》的《地狱》中的一节,表现了但丁(图中手举起的男子)同维吉尔乘小舟渡过地狱之湖,受到永久惩罚的死亡者企图爬到小舟上的情景。

背景介绍

但丁少年时曾在一次宴会上见到一位容貌清秀、美丽动人的姑娘贝阿德丽采。但丁非常喜欢她,宴会后常找机会去看望她。随着年龄的增长,但丁对贝阿德丽采的感情逐渐成了一种近乎骑士式的精神之爱。这种爱情给但丁以神奇的力量,为他以后的创作产生了深远的影响。他为她写下了一系列抒情诗篇。但不幸的是贝阿德丽采却与一位银行家结婚,不久死去。但丁为此悲伤万分。他把自己自1283年以来为贝阿德丽采所写的抒情诗收集在一起,用散文串联起来,取名《新生》。诗中但丁追求纯洁的爱情,把贝阿德丽采看作是上帝派来拯救他灵魂的天使,一个神化的女性。从此之后,贝阿德丽采成了但丁作品中一个象征性的理想人物,也成为《神曲》中引导但丁进入天堂的天使。

但丁创作《神曲》的时期,意大利还处于分裂状态。但丁自己说过他写《神曲》的目的是"要使生活在这一世界的人们摆脱悲惨的遭遇,把他们引到幸福的境地"。显然,但丁是想从这里寻找意大利民族的出路,渴求祖国和平统一,人民安家乐业。这种理想和愿望在作品中还是可以见到的。

经过长期酝酿和构思,但丁开始创作《神曲》。《神曲》写作的准确年月难以确定,根据文学史家们的考证,大约始于1307年前后,《地狱》《炼狱》完成于1313年左右,《天堂》在但丁逝世前不久脱稿,历时十余年。

名著概要

《神曲》采用中世纪文学特有的幻游形式,但丁以自己为主人公,假想他作为一名活人对冥府——死人的王国进行了一次游历。全诗分《地狱》《炼狱》《天堂》三部。

诗中叙述但丁在"人生旅程的中途",即1300年4月7日、但丁35岁那年的复活节时,偶然迷失于一个黑暗的森林。他竭力寻找走出迷津的道路,黎明时分来到一座洒满阳光的小山脚下。他正一步步朝山顶攀登,忽然三只猛兽(分别象征淫欲、强暴、贪婪的豹、狮、狼)迎面扑来,但丁高声呼救。这时,古罗马诗人维吉尔突然

出现了，他受贝阿德丽采的嘱托前来帮助但丁走出迷途，并引导他游历地狱和炼狱。

地狱共分9层，形似一个上宽下窄的漏斗直达地心。罪人的灵魂按生前罪恶的大小被发配到不同的狱层，接受不同的刑罚，罪行愈大者愈居于下层。其中第一层是候判所，那些生于基督之前，未能接受洗礼的古代异教徒，在这里等候上帝的审判。在其余8层，罪人的灵魂按生前所犯的罪孽（贪色、饕餮、贪婪、愤怒、信奉邪教、强暴、欺诈、背叛），分别接受不同的严酷刑罚。但丁按照基督教的观点，把贪色、贪吃、易怒和信奉邪教看作是严重的犯罪，让他们在地狱中受苦，但丁把那些社会上各种作恶的人放在地狱的更下层，如第八层里受罪的是淫媒和诱奸者、阿谀者、贪官污吏、买卖圣职者、占卜者、高利贷者、伪君子、盗贼、诱人作恶者、挑拨离间者、诬告害人者、伪造者以及罗马教皇。在第九层受罪的则是叛国卖主的人，他们是但丁最痛恨的人。

游完地狱，维吉尔带着但丁通过地心，顺着盘旋曲折的岩洞小径，走出地球，到了净界山下。这座高山直矗在海面上，是炼狱所在。炼狱（又称净界）共7级，加上净界山和地上乐园，共9层。生前犯有罪过，但程度较轻，已经悔悟的灵魂，按人类7大罪过（傲慢、忌妒、愤怒、怠惰、贪财、贪食、贪色），分别在这里修炼洗过，而后一层层升向光明和天堂。途中，但丁看到各种罪恶一一被净化：例如在第二层犯了羡慕他人之罪者，被用铁线缝上双眼；第六层犯了口腹之欲的罪犯，他们眼前会出现许多美食、水果之幻影，然后又趋于消失。在净界山顶的地上乐园，维吉尔隐退，圣女贝阿德丽采出现。

贝阿德丽采责备但丁迷误在罪恶的森林，希望他忏悔，并让他观看表示教堂种种腐败的幻景，饮用忘川水，以遗忘过去的过失，获取新生。随后，贝阿德丽采引导但丁游历天堂九重天。这里是幸福的灵魂的归宿：他们是行善者、虔诚的教士、立功德者、哲学家和神学家、殉教者、正直的君主、修道者、基督和众天使。在九重天之上的天府居住着上帝和在天国安栖的灵魂，但丁得见上帝之面，但上帝的形象如

经典摘录

走自己的路，让别人说去吧。

你们生来不是为了走兽一样生活，而是为着追求美德和知识。

真是罪有应得！他们在世上把善良的人踩在脚下，而把凶恶的人捧在头上。让他们永远受罪吧！

名家点评

对于但丁在世界文学史上的地位，恩格斯曾经精辟地指出："意大利是第一个资本主义民族。封建的中世纪的终结和现代资本主义纪元的开端，是以一位大人物为标志的。这位人物就是意大利人但丁，他是中世纪的最后一位诗人，同时又是新时代的最初一位诗人。"而德国大文豪歌德在看过《神曲》之后，也评价但丁的艺术才能和其同时代的画家乔托一样，"主要是具有造型感的天才，因此能运用想象力的目光把事物看得那么清晰，从而能用鲜明的轮廓把它勾画出来，即使是最隐晦、最离奇的事物，他描绘起来，都仿佛是对着眼前现实中的事物一样"。

电光之一闪，迅即消失，于是幻象和《神曲》也戛然而止。

阅读指导

《神曲》是一部充满隐喻性、象征性，同时又洋溢着鲜明的现实性、倾向性的作品。说它是一部隐喻性、象征性的作品，是因为《神曲》全诗中包含了很多神学和烦琐哲学的知识，有很多难解的象征和隐喻，神秘色彩浓厚。作品中幻游三界的构思，处处烙有中世纪宗教神学、伦理学的痕迹。例如《神曲》共3篇，每篇33章，地狱、炼狱、天堂各9层，通篇结构布局，符合中世纪宗教神学对神秘数字"3"的崇拜。诗中的诸多人物或意象都具有非常浓厚的象征意味，例如维吉尔象征理性和哲学，贝阿德丽采象征信仰和神学；维吉尔引导但丁游历地狱和炼狱，象征人凭借理性和哲学认识罪恶的后果从而改过自新等。作者构思这个幻游三界的故事，其目的也是为了给人们指明一条符合宗教哲学的由黑暗走向光明的道路。但同时,《神曲》中也具有强烈的现实性和鲜明的政治倾向性。这部长诗触及了一系列重大的社会政治问题，极广泛地反映了当时意大利的社会政治和文化方面的情况，具有百科全书的性质，同时，但丁本人的思想政治倾向也在这部书中有着鲜明的体现，诗中明显的反封建反教会倾向和渴望祖国统一的爱国主义热情，集中地反映了作品的现实意义。例如，诗人对于那些造成分裂和混乱的人格外痛恨。他也看清了这一切都是那些历任的罗马教皇造成的，因此诗人在作品中对罗马教皇们，特别是包尼法西八世进行了猛烈的鞭挞，愤怒地揭露了他们对世俗政权的野心。诗人甚至在诗中为当时还没死的包尼法西八世在地狱里定好了位置，预言他死后将被倒栽在石穴里受火刑的惩罚。他的思想在客观上与人民反封建反教会的情绪是一致的，具有进步意义。

《神曲》在艺术上也有很高的成就。《神曲》的结构巧妙而严整：全诗共分3部，各部的诗行也大致相等，看起来匀称、工整，一直为文学史家所称道。《神曲》塑造的人物形象也显得个性鲜明，栩栩如生，给人留下很深的印象。而《神曲》的创作不是用当时意大利作家们常用的拉丁语、法语或普罗旺斯语，而是用意大利人民常用的意大利俗语写成，这对于意大利文学语言以及民族语言的形成和发展都起到了重大的作用，并使得但丁超越了在他之前的一切意大利作家，成为第一位意大利民族的诗人。

《神曲》自完成之日起就一直备受人们的推崇，人们将它原来的书名加上"神圣"二字，这本身就反映了它在世人心目中的地位，无数作家都或多或少地从《神曲》当中汲取过艺术的养料，使其无愧于世界文学名著之誉。

十日谈 /意大利/薄伽丘/时代的先声

作者简介

薄伽丘（1313～1375），14世纪著名的人文主义者和意大利文艺复兴运动的先驱。据说他是佛罗伦萨一位商人的私生子，因此从小就在商人和小市民的圈子

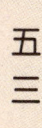

中长大，对市民阶层具有很深的思想感情。他喜爱文艺，多才多艺，是第一个通晓希腊文的意大利人文主义者。他留传下来的作品有传奇、史诗、叙事诗、十四行诗、短篇故事集、论文等。其中传奇《菲洛柯洛》《亚梅托的女神们》《菲娅美达的哀歌》，长诗《苔塞伊达》《菲洛斯特拉托》《爱情的幻影》《菲埃索勒的女神》等，显示了中世纪传统观念和骑士文学的痕迹，但充满对人世生活的热爱和对幸福的追求，谴责禁欲主义，对人物充满激情的心理状态的刻画也比较成功。薄伽丘最出色的作品是故事集《十日谈》，晚年还著有传奇《大鸦》和学术著作《但丁传》等。

背景介绍

1348年，意大利的佛罗伦萨发生了一场可怕的瘟疫。每天，甚至每小时，都有大批大批的尸体运到城外。从3月到7月，病死的人达10万以上，昔日美丽繁华的佛罗伦萨城，变得坟场遍地，尸骨漫野，惨不忍睹。这件事给当时意大利一位伟大作家薄伽丘以深刻的影响。为了记下人类这场灾难，他以这场瘟疫为背景，写下了一部当时意大利最著名的短篇小说集《十日谈》。之所以将这部短篇小说集取名为《十日谈》，是因为书中主要描写了7个美丽年轻而富有教养的小姐和3个英俊而富有热烈激情的青年男子结伴到郊外的一座小山上的别墅里去躲避瘟疫的故事，他们在这10天的避难时间中商定每人每天必须讲一个优秀动听的故事，以此来愉快地度过一天中最难熬的时光，最后这100个故事结成了集就叫《十日谈》。

名著概要

《十日谈》总共由100个各自成篇的短篇故事组成，故事与故事之间也并没有一定的逻辑关联。但如果我们将这100个短篇故事集中起来进行分类，还是可以发现这些故事大致上可以分为以下几类：

第一类是对当时思想界占统治地位的天主教会的讽刺和揭露的故事。《十日谈》开头接连几个故事都是对当时炙手可热的天主教会的讽刺和揭露，例如第一天"杨诺劝教"故事，讲述基督教徒杨诺劝说一个犹太商人抛弃犹太教，改信正宗的基督教，结果却使这个犹太商人彻底看穿了罗马教廷的寡廉鲜耻和藏垢纳污。这篇故事具有提纲挈领的意义，《十日谈》中接下来的许多批判性的故事都是对这一故事的丰富和补充。例如第二天故事第一的"瘸子求医"故事主要批判封建教会的蒙昧主义，第六天故事第十和第三天故事第八这两个故事则批判修道士的欺骗和荒淫无耻等。

第二类主要描写反对禁欲主义的故事，大力提倡个性解放。《十日谈》中有一组"修道院里的故事"着重揭

15世纪时，T.克里威里为薄伽丘《十日谈》手抄本所绘的细密画。

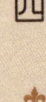

露"修道院的内幕",其中第九天故事女修道院院长和自己的情人幽会却道貌岸然地批评犯奸的小修女的可笑故事,而第三天故事的"哑巴的故事"则干脆揭露全体修女全都犯了色戒。这些对以禁欲主义为核心思想的天主教教义进行了沉重打击。而第三天故事第十和第六天故事第六等故事则从另一方面描写了人性的解放。

第三类是对妇女的同情与尊重的一系列故事。作者在序言中就声明这部作品是为妇女而写作,是献给"整天守在闺房的小天地内"的妇女的,因此里面有许多故事都是赞扬妇女的善良、深情、机智。例如"绮思梦达殉情记""洗冤记"(第二天故事第九)、"母鸡宴"(第一天故事第五)等都是这类故事中的精品。

第四类是一些有关幽默和笑声的故事。例如第六天的一组故事,一般篇幅短小,有的只是一些生活片断的描写,但其中却充满了现实生活中的幽默感,让人觉得非常亲切,反映了作者记录社会现实和描摹场景的能力。

阅读指导

《十日谈》的故事来源非常广泛,分别取材于意大利中世纪的《金驴记》、法国中世纪的寓言和传说、东方的民间故事、历史事件、宫廷里的传闻,以至街头巷尾的闲谈,和当时发生在佛罗伦萨等地的真人真事等。但由于薄伽丘注入了人文主义的新思想、新观点,因此这些辛辣而幽默的小故事,竟然带出了一个惊天动地的人类文化史上未曾有过的大运动——文艺复兴。

《十日谈》将矛头公然直指神圣的教会,猛烈地抨击和无情地揭露了教会僧侣的种种丑行,作品对中世纪的禁欲主义也勇敢地提出了挑战,因此在《十日谈》全书中,可以说是处处闪耀着新兴资产阶级人文主义的光芒。1353年该书出版后,立即风靡西欧各国。不仅在当时,还对后来的文艺复兴乃至18世纪的启蒙运动都产生了深远而巨大的影响。其作者也因此被公认为是人文主义的先驱,文艺复兴运动最早的代表人物。凡此种种,都使这部著作在西方乃至世界文学史上占有极为重要的地位。

《十日谈》开创了西欧短篇小说的先河,是欧洲文学史上第一部现实主义杰作,其框架结构和故事格局对后来的很多作家作品都具有非常重要的影响。乔叟、莎士比亚、拉封丹、莫里哀等人都曾从这部作品中受益或直接取材于这部伟大作品中的部分素材。《十日谈》文笔精练,语言丰富,善于刻画人物心理,描绘自然,也奠定了意大利散文创作的基础。

当然,像任何历史上的优秀作品一样,《十日谈》自然不免打上了时代的烙印,

名家点评

《十日谈》对于禁欲主义的批判和对人文主义的宣扬,使得意大利近代著名文艺评论家桑克提斯将其与但丁的《神曲》并列,称之为"人曲",认为"但丁结束了一个时代,薄伽丘开创了另一时代"。而在思想启蒙和对天主教会所庇护的封建思想的批判方面,《十日谈》也具有时代先声的功效,所以又有人认为"薄伽丘是十四世纪的伏尔泰"。

有它的局限性。在薄伽丘身上，他对于封建势力和思想的斗争，既有战斗的一面，也有妥协的一面和落后的一面。例如书中也存在着一些封建说教气味很浓厚的东西和一些赤裸裸的情欲描写；作者极力宣扬的某些谦卑柔从的"美德"和男尊女卑等落后思想也还存在批判的必要。但在当时而言，其达到的思想高度是很难让人企及的。所以虽然该书从一出版开始就不断遭到封建教廷的憎恨和焚毁，但它的光芒却一直照耀着人类思想解放这条道路。

君主论 / 意大利 / 马基雅维利 / 驾驭与统治的教科书

作者简介

马基雅维利（1469～1527），意大利佛罗伦萨的政治家、外交家，同时还是一位政治思想家。他出生于佛罗伦萨，马基雅维利家族从13世纪起就是佛罗伦萨富有的世家大族。他的父亲是一名律师，家境不甚富有，但非常重视儿子的教育。马基雅维利7岁上学，12岁时被送往一著名教师门下接受正规教育，而后进入佛罗伦萨大学完成他的教育，在那里受到人文主义者语言学家马尔切洛·阿德里亚尼的古典文学训练。马基雅维利熟悉拉丁文和意大利的古典文学、史学，尤其是熟悉罗马共和国政制以及西塞罗等人的论辩和社会哲学。他在30岁时进入执政团秘书处，并承担过多种行政和军事使命，数次前往法国觐见路易十二，撰写了《法国情况报告》。马基雅维利是佛罗伦萨终身行政长官彼埃罗·索代里尼的朋友，曾跟他处理政务。1512年11月，马基雅维利被剥夺了一切职务，他只好被迫隐居圣·卡夏诺乡间，在闲暇之中撰写了《君主论》和《论提徒斯·李维》的前10卷；1519～1520年又写了7卷本的《军事艺术》。马基雅维利经常参加奥尔蒂·奥里切拉里花园的文人聚会，而且还受托撰写了《佛罗伦萨史》。1527年，佛罗伦萨举行反对梅迪奇家族的起义，重建共和国时，马基雅维利想恢复他在国务厅的职务，遭到自由共和国卫士的拒绝，他忧郁成疾，怏怏死去。

背景介绍

14～15世纪，意大利是世界上最早出现资本主义萌芽的国家。意大利地处地中海中部，地理位置优越，扼亚欧贸易的枢纽，但处于分裂状态。14～15世纪也是意大利文艺复兴的重要时期，这时候产生了一批伟大的博学多识的人文主义学者，他们摆脱中世纪神学的桎梏，对希腊古典著作和艺术进行研究和鉴赏，在文学、艺术、政治学、科学等领域进行了新的创造。马基雅维利的故乡佛罗伦萨是15世纪意大利文艺复兴的中心。

名著概要

《君主论》以章为体，共26章，其内容大致可以分为两大部分：（一）关于政体的学说（第1～14章），他把政府的形式分为两种：共和国和君主国，而君主

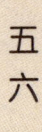

国又具体分为3种类型，即世袭君主国、混合君主国和新式君主国。（二）关于君主的统治术（第15～23章），这是《君主论》最著名的部分，他对君主的统治权术进行了全面的研究。第24～26章是专门谈及那些"丧失了自己国家的意大利君主们"的问题。

各章主要内容如下：第1章，君主国有多少种类，是用什么方法获得的。从古至今，统治人类的一切国家，不是共和国就是君主国。第2章，世袭君主国。在世袭君主国里保持政权比在新的君主国里容易得多，因此人们已经习惯了在世袭君主统治下的生活。第3章，混合君主国。在新君主国里会出现许多困难，首先如果不完全而只是一部分是新的君主国，新旧变化的原因是人民本希望通过变化改善自己的境地，但后来的经验告诉他们，生活的境地比以前更坏了，这样新君主就有麻烦了。第4章，为什么亚历山大大帝所征服的大流士王国在亚历山大死后没有背叛其后继者。第5章，对于占领前有各自法律的城市和君主国应当怎样统治。要保有被征服的国家办法有三：其一是把它们毁灭掉；其二是亲自前往驻扎那里；其三是允许它们在自己的法律下生活，同时要它们进贡，并且在那个国家里建立一个听话的寡头政府。第6章，论依靠自己的武力和能力获得新君主国。在一个全新的君主国里，有的君主以能力登位，有的以幸运登位，可是最不倚靠幸运的人却是保持自己的地位最稳固的人。第7章，论依靠他人的武力或者由于幸运而取得的新君主国，这些国家的君主发迹时不很辛苦，但保持时就辛苦劳瘁了。第8章，论以邪恶之道获得君权的人们，从平民成为君主的方法有两个：一个靠某种邪恶卑鄙的方法，一个靠他的同胞们的帮助，前者在夺取一个国家时，应审度自己必须从事的一切损害行为，并要立即毕其功于一役。第9章，论市民的君主国。如果一个平民，不是靠邪恶之道或凶暴行为，而是由于获得本土人民的支持而成为本国的君主，这种国家称之为市民的君主国。第10章，应该怎样衡量一切君主国的力量，人口众多或财力充裕能够募足军队的君主在疆场依靠自己的力量

经典摘录

最可怕的敌人，就是没有坚强的信念。

命运之神是个女人，因此，她喜欢青年人，因为他们虽然不够谨慎，但是勇猛精进，而且对她来得大胆。

智者有言："世界上最软弱、最不可依恃的东西，莫过于没有实力，只有空名的力量了。"

相关链接

中世纪后期法国著名政治学家、法学家让·布丹的《国家论》是行政国家政治理论的奠基之作。这部著作探讨问题之广、论点之复杂、提出前景之新颖，可以同亚氏的《政治学》媲美。布丹认为，政治学的起点不是君主，也不是公民，而是拥有最高权、不从属于其他权力的国家。他认为主权是保障国家内聚力和国家独立的前提，但必须把作为主权的"国家"同具体实施这一权力的"政府"区别开来，每一种国家形式可以有不同的政府类型，有君主制、贵族制和民主制，并认为君主制是最适时宜的政治形式，布丹把君主制区分为"领主的"君主制、"暴君的"君主制和"主权的"君主制，并详细加以阐述。《国家论》开创了以具体的法学方式阐述政治学的先例，对政治科学的发展有重要的历史意义。

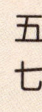

屹立不动，如果不能决战疆场，被迫躲在城墙后防御，应使城市森严壁垒，备足粮草。第11章，论教会的君主国。这种国家的困难来自取得这种国家之前，因为他是依靠人类智力所不能达到的力量支持的，是由上帝权威维护的。第12章，论军队的种类与雇佣军。一切国家的主要基础是良好的法律和优秀的军队。君主用来保卫本国的军队，或是自己的军队，或是雇佣军、援军、混合军队。第13章，论援军、混合军和本国军队。援军带来的危险比雇佣军还多，英明的君主应谢绝使用援军，转而依靠自己的军队。第14章，君主关于军事方面的责任。君主除了战争、军事和训练之外，不应有其他的目标，在和平时期要比战争时期更注意军事训练。第15章，论世人特别是君主受到赞扬或受到责难的原因。第16章，论慷慨与吝啬。慷慨与吝啬在不同的情况下会得出不同的结果。第17章，论残酷与仁慈。每一位君主一定希望被人誉为仁慈的而不是残酷的，但必须提防不要滥用仁慈。第18章，论君主应当怎样守信。第19章，论应该避免受到蔑视与憎恨。君主应表现伟大、英勇、庄严和坚韧不拔，才会使人们不蔑视与憎恨。第20章，堡垒以及君主们每日做的事。堡垒是否有益要看情势，堡垒可建也可不建，但君主不能只建堡垒而不顾及人民的憎恨。第21章，君主为了受人尊敬应当怎样为人。君主应公开表明自己的态度，应做出伟大的事业，并适时使人们欢度节日和赛会。第22章，论君主的大臣。大臣是否贤明，取决于君主是否明智，好的大臣应以君主的利益为重。第23章，应该怎样避开献媚者。贤明的君主应在国家内选拔一些有识之士，单独让他们有讲真话的权力，但只是就向他们询问的事情。第24章，意大利的君主们为什么丧失了自己的国家，原因就在于没有自己的军队。第25章，命运在人生事务中有多大力量和怎样看待。命运是我们行动的半个主宰，其余一半由我们自己主宰。第26章，奉劝将意大利从蛮族手中解放出来，解救意大利的第一件事就是组建自己的军队。

阅读指导

《君主论》这本"惊世骇俗"的小册子，在当时一版再版，影响极大，1559年在欧洲被列为禁书。几百年来，人们对其褒贬不一。马基雅维利的权术思想对后世影响较大。他的"政治无道德"论被后人称为马基雅维利主义，并作为一种政治理论流传开来。由于马基雅维利从人出发，第一次把政治问题看成是纯粹的权力和权术问题，西方学者一般认为，他为近代政治学开辟了道路。由于书中为君主们提出了一整套统治策略和政治权术，因而《君主论》成为欧洲各国历代君主和统治者的案头书。

乌托邦 /英国/托马斯·莫尔/空想社会主义思想体系的奠基之作

作者简介

托马斯·莫尔（1477～1535），西欧第一个伟大的空想社会主义者，英国人

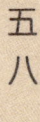

文主义者、多产作家、政治家。莫尔生于伦敦一个法官的家庭，曾在牛津大学学习拉丁语和形式逻辑学，以后改学法律。1501年正式成为律师。1523年被选为下议院议长，1529年被任命为内阁大臣。由于对国王的离婚案持异议，而且在教会问题上与国王意见分歧，于1532年辞职。1534年，莫尔被诬陷入狱。1535年，由于他拒绝承认英国国王为英国国教最高首领，被判处死刑。莫尔一生著述很多，代表作除《乌托邦》外，还有《关于异端的对话》《国王理查三世的历史》《驳斥廷得尔的回答》等。

托马斯·莫尔像

背景介绍

欧洲社会到了14、15世纪，无论是社会生产还是意识形态都陷入了自身难以解脱的困境。封建农奴制度严重束缚了生产者的积极性，社会经济在低水平上循环，已没有发展出路。封建领主、国王和教皇政权多元并立，严厉控制着领地并互相争权夺利。基督教垄断着社会的精神生活，人性被过度压抑和扭曲，整个社会思想文化生活被窒息。社会全面停滞发展的现实迫使人们设法突破困境，文艺复兴首先在古罗马的摇篮和中世纪神权统治的中心意大利兴起，然后波及欧洲其他国家。

名著概要

《乌托邦》采用的是对话体的故事形式，以航海家希斯拉德独自来到"乌托邦岛"的见闻，写出了莫尔的"空想社会主义"蓝图。由于莫尔的时代是地理大发现的时代，新航路、新大陆、新人民"层出不穷"，所以，这个航海家口里的"乌托邦"故事，使读者大感兴趣，几乎以假为真。

全书分为两个部分。第一部分是批判当时的英国社会，揭露资本主义原始积累给劳动人民带来的无穷无尽的灾难。当时英国毛纺织业发展很快，导致羊毛价格猛涨，养羊比种粮更有利可图。于是贵族、地主纷纷把耕地改为牧场，把自己领地上的佃农大批赶走，残酷拆毁和焚烧大批村庄，世代安居的农民被迫到处流浪，沦为乞丐，饿死沟壑……在《乌托邦》中，莫尔借主人公之口，愤怒地指责道："你们的绵羊本来就是那么驯服，吃一点点就满足，现在据说变得很贪婪也很野蛮，甚至要把人吃掉，把你们的田地、家园、城市要蹂躏完了。"莫尔的这句不朽的名言——"羊吃人"，是对资本原始积累时期的英国社会最简洁、最真实、最形象的概括，也是无产阶级的

经典摘录

你们的绵羊本来就是那么驯服，吃一点点就满足，现在据说变得很贪婪也很野蛮，甚至要把人吃掉，把你们的田地、家园、城市要蹂躏完了。

世界名著大讲堂

五九

先驱对资本主义罪恶的最早控诉，马克思在《资本论》中，就曾引用过《乌托邦》里关于"羊吃人"的悲惨情景。

《乌托邦》第二部分描绘的是"乌托邦"这个理想国，它的完美与第一部分的罪恶形成鲜明的对照。乌托邦是个新月形海岛，岛上有54座城市，巨大而壮丽，居民有共同的语言、传统风俗和法律。乌托邦人不分男女都以务农为业。乌托邦实行计划经济和按需分配，财产公有，任何地方没有一样东西是私产，连住房也每隔10年用抽签的方式相互交换。一切行政长官均由选举产生，实行彻底的民主管理……总之，这是一个没有剥削、没有压迫、实现共产主义制度的无比美妙、快乐的理想社会。莫尔敏锐地观察出私有制是罪恶的根源。在《乌托邦》中，他写道："我深信，只有完全废止私有制度，财富才可以得到平均公正的分配，人类才能有福利。如果私有制度仍然保留下来，那么，大多数人类，并且是最优秀的人类，会永远被压在痛苦难逃的悲惨重负下。"在这里，莫尔破天荒地提出了一个全新的原则——"完全废除私有制"，于是，人们第一次看到了共产主义思想的微光。他认为，邪恶只能缓解，不能根治，因为人的本性总是会犯错误的。由于在乌托邦岛上基本实行了共产主义，而没有受到西方邪恶势力的影响，所有的公民在饮食、住房、教育、政治战争甚至哲学宗教方面的活动中，享有完全的平等，唯一的例外是一夫一妻制受到严格的法律保护。全部公民义务的共同标准是信仰善良和公正的上帝，上帝统治着这个世界并在不朽的来世给人们奖赏或惩罚。

阅读指导

《乌托邦》是近代第一部尖锐地批判资本主义并设计出取而代之的空想社会主义的力作，它第一次系统地幻想了人类的远景，是空想社会主义思想体系的伟大奠基之作。该书反映的彻底废除私有制的思想超越了西方历史上均贫富的社会历史理想，成为近代社会主义理论的思想来源之一。本书不仅批判了资本主义社会，表现了对美好社会的追求，而且还涉及刑罚学、优生学、离婚、女权、农本位、成人教育、国家管理、宗教多元论和生态学等领域，因而产生了巨大影响。游记体裁和对话形式的文学样式，以隐蔽假托的方式来表述观点，语言生动，浅显易懂。

天方夜谭 / 阿拉伯世界的百科全书

背景介绍

《一千零一夜》在西方被称为《阿拉伯之夜》，在中国却有一个独特的称呼——《天方夜谭》。据说《天方夜谭》名字来源于中国明朝以后称阿拉伯国家为"天方国"，书中的故事又都是在晚间讲述的，所以就翻译成这个书名。"夜谭"就是"夜谈"的意思。

《天方夜谭》的故事来源主要有三大部分：一是波斯故事集《赫左尔·艾夫萨乃》（意为"一千个故事"），这部分是《天方夜谭》的基础，据说其本身来源于印

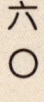

相关链接

《天方夜谭》又名《一千零一夜》，是古代阿拉伯民间故事集。它的成书经历了一个漫长的过程。有的故事很早就在阿拉伯地区的民间口头流传，至少可以追溯到6世纪。约在8、9世纪之交出现了早期的手抄本，到12世纪，埃及人首先使用了《一千零一夜》的书名，但直到15世纪末16世纪初才基本定型。这些故事不是某一个作者独立创造的，也不是一时一地形成的，而是中东地区阿拉伯世界广大市井艺人和文人学士经过几百年收集、加工、整理的结果，其中也包括波斯等其他民族的智慧成果。

度，3世纪被翻译成波斯文，几百年后又被翻译成阿拉伯文；二是来自以巴格达为中心地区的阿巴斯朝流行的故事，也称为"巴格达故事"；三是来自埃及麦马立克王朝流传的故事。因此《天方夜谭》的形成可以说是集中了东方民族的智慧成果。

名著概要

传说从前有两个兄弟，他们是萨桑国的国王山鲁亚尔和萨姆尔甘特的国王沙宰曼。有一次，哥哥让弟弟到国中相聚，在半路上，弟弟想起忘了给哥哥带礼物，便返回宫中去取，却发现王后趁他外出之际和宫中的乐师鬼混。他怒火中烧，便挥剑杀了王后和乐师。

弟弟来到哥哥的王宫后，发现哥哥的王后也趁哥哥不在时和宫女们一起纵情玩乐。他把看到的一切告诉了哥哥，哥哥也亲眼看到了，怒不可遏，便杀了王后。经过这件事后，哥哥再也不相信天下的女人了，发誓向她们报复。他每晚娶一个女子为妻，第二天早上就把她杀掉。就这样持续了3年，被他杀掉的女人很多，老百姓都非常恐惧，纷纷带着女儿躲避，王城上下人心惶惶。

当时，有一个美丽而又聪明的女子，名叫山鲁佐德，她是宰相的女儿。善良的她不忍见到越来越多的女子被残忍的国王杀掉，便自告奋勇地嫁给国王。结婚那天晚上，她请求国王允许她为他讲个故事，国王同意了。她讲的第一个故事是《商人和魔鬼的故事》：

从前有个商人，在外地做生意。途中歇息时，随手掷出一个枣核，却惹来一个手执利剑的巨魔，声言枣核击中其子胸部，立刻将他打死了，为此魔鬼定要报仇。商人要求回家料理好后事后再来听候处理，魔鬼答应了。商人在规定的日子践约而来，想到自己的险恶的处境，不禁悲从心来，放声痛哭，这哭声引来了3位老人，老人们对商人的境遇深表同情。突然间狂风骤起，魔鬼现身，呼喊着要杀死商人为其子报仇。第一位老人挺身而出，向魔鬼求情，说愿意讲一段他和自己牵着的这只羚羊的故事，如果魔鬼认为讲得离奇古怪，便请将商人的罪过免掉三分之一。于是他开始了自己的故事。

她讲的这个故事不仅十分有趣而且十分神奇，国王被深深地吸引住了。可当故事讲到精彩之处时，天已经大亮，她就故意留下悬念。国王为了接着听故事只好不杀她，让她晚上接着讲。以后每天都是这样。她讲了一个又一个有趣的故事，然后总是在清晨时留下悬念，让国王舍不得杀她。就这样她讲了一千零一夜，共讲了大小故事近200个，其中最长的十几夜才能讲完。有些精彩的故事，情节起伏跌宕，曲折离奇，扣人心弦。比如《阿里巴巴和四十大盗的故事》：

古代波斯国某城里住着两兄弟，哥哥高西睦和弟弟阿里巴巴。阿里巴巴生活贫困，靠打柴为生。

一天，阿里巴巴上山打柴。在山中他偶然间遇到一伙打劫归来的强盗，在一块大石头前强盗头子说："芝麻芝麻，开门吧"，大石头就开了，原来里面是一个藏宝的洞。阿里巴巴乘强盗出去时，模仿强盗开门的暗语开了门，发现里面有大量的金银财宝，他搬了几袋金币回家。阿里巴巴的老婆因为从来没有见过这么多金币，就去她嫂子那儿借量器量金币有多少，不料多疑的嫂子在量器底贴了蜜蜡，由此，哥哥高西睦发现了金币，逼着阿里巴巴说出了金币的来源和开石门的方法。贪心的高西睦带着雇来的10匹骡子去山中强盗的藏宝洞，说了开门的暗语，进了洞，他收集了够10匹骡子运回的金币准备回家，但由于被金币迷昏了头脑，竟忘了开门的暗语，强盗回来把他砍成碎尸。

阿里巴巴再次进山，从洞中运回哥哥的尸体，又搬了几袋金币回家，在女仆马尔基娜的帮助下非常秘密谨慎地料理了哥哥的丧事。强盗们对有人再次撞入藏宝洞并搬走大量金币大为恐慌和震怒，派了一个匪徒入城打听，偶然从给高西睦缝尸体做丧服的裁缝巴巴穆斯塔发那里得知了阿里巴巴的住处，于是他在门上画了记号，但被聪明机智的马尔基娜发现，她把附近所有住户的门上都画上了相同的记号，结果强盗们扑了个空。第二天强盗又按第一个方法找到阿里巴巴家，他在门上重新做了不同于第一次的记号，然而这次又被马尔基娜发觉，强盗们再次失望而归。强盗头子亲自出马，他不再去做什么记号，而是仔细地观察了阿里巴巴家的环境以后，乔装打扮，伪装成商人，用瓦瓮把37个强盗运进阿里巴巴家，准备夜里杀死阿里巴巴，但又被马尔基娜发觉。马尔基娜烧滚了强盗带来的一瓮菜油，烫死了除强盗头子以外的其他强盗。强盗头子越墙而逃。为了报仇，强盗头子真的干起了经商的行当，与阿里巴巴的侄子渐渐混熟。一天，在阿里巴巴的侄子的邀请下，强盗头子装扮一番，乘机来到阿里巴巴家做客。然而不幸的是，聪明的马尔基娜再次识破了强盗头子的阴谋，她利用跳舞的机会，杀死了强盗头子。

最终，国王受到了感动，便改变了原来的做法，把她留下来做了真正的王后，和她白头偕老。她讲的故事后来汇编成册，就是《天方夜谭》。

名家点评

《天方夜谭》的故事一经产生，便广为流传。在十字军东征时就传到了欧洲。《天方夜谭》对后世文学也产生了深远的影响。18世纪初，法国人加朗第一次把它译成法文出版，以后在欧洲出现了各种文字的转译本和新译本，一时掀起了"东方热"。法国著名启蒙学者伏尔泰说："我读了《天方夜谭》四遍之后，算是尝到故事体文艺的滋味了。"著名作家司汤达希望上帝使他忘记《天方夜谭》的故事情节，以便再读一遍，重温书中的乐趣。

阅读指导

《天方夜谭》这本故事集总共叙述了180篇故事（长、短篇难以分别计算），其形态大致可分3类：冒险故事，爱情故事，寓言。这本书中最为人知晓的大概就是《辛巴达历险记》，它是属于第一类型的冒险故事。其他如《神灯》《阿里巴巴与四十大盗》亦属此类。关于以天鹅为题材的《巴斯拉的天鹅》，可称之为冒险与爱情故事的综合篇。此外还有《挑夫与三个少女》《表黑痣的阿拉丁》，虽亦是冒险与爱情故事的综合篇，却带有较重的现实意味。在爱情故事中，除了较具波斯风格的《巴斯拉的天鹅》外，还包括有伊朗风格的爱情故事。后者的代表作品有《亚利夏尔与斯妮得》《卡梅尔沙曼》等故事，其内容多以现实和虚构相配合，添入了许多讽刺性情节，是其一大特征。第三类型的寓言小说，除了印度系列的动物寓言（伊索式寓言），还有略带色情意味的波斯寓言、埃及寓言等。

从内容上来看，《天方夜谭》可以说是中世纪阿拉伯社会生活的历史画卷，作品描写的人物纷繁复杂，上至帝王、贵族，下至渔夫、仆人、普通妇女等，所涉及的场景既包括那些具有传奇色彩的奇异幻景，也包括典型的阿拉伯市井乡村。作品所用的语言具有通俗化、口语化、民族化的特点，里面不乏一些幽默的讽刺，因而深受阿拉伯人民的喜爱。尤为难能可贵的是，作品对劳动人民的优良品质给予充分肯定和歌颂，通过故事中的情节向人民指出了人生所应有的生活理念和人生追求，具有一定的教育意义。

《天方夜谭》的结构非常具有特色，它采用大故事套小故事的写法，将不同主题、不同内容的故事串联成一个整体，这成为东方民间口头文学创作的一个重要成果，对后来的很多作家都具有重要的启发意义。它不仅是古阿拉伯文学成果的主要代表之一，在世界文学史上也具有很高的地位。

天体运行论 / 波兰 / 哥白尼 / 自然科学的"独立宣言"

作者简介

哥白尼（1473～1543），伟大的波兰天文学家，日心说的创立者，近代天文学的奠基人。哥白尼生于波兰维斯瓦河畔的托伦城，10岁丧父，由舅父瓦琴洛德抚养。18岁时进克拉科夫大学，在校受到人文主义者、数学教授布鲁楚斯基的熏陶，抱定献身天文学研究的志愿，3年后返回故乡。当时已任埃尔梅兰城大主教的瓦琴洛德，派他去意大利学教会法规。1497～1500年他在波洛尼亚大学读书，除教会法规外，还同时研究多种学科，尤其是数学和天文学。对他最有影响的老师是文艺复兴运动的领导人之一、天文学教授诺法腊。1497年3月9日，他在波洛尼亚做了他遗留下的第一份天文观测记录：月球遮掩金牛座（毕宿五）的时刻。哥白尼在意大利的时候，因舅父的推荐，于1497年被选为弗龙堡大教堂僧正。1501年，他从意大利回国，正式宣誓加入神父团体，但随即请假再次去意大利。

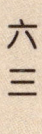

在帕多瓦大学，哥白尼同时研究法律与医学。1503 年，在费拉拉大学获得教会法博士学位。1506 年，哥白尼从意大利回到波兰。1512 年，舅父死后，他就定居在弗龙堡。作为僧正的哥白尼，职务是轻松的，他把大部分精力都用在天文学的研究上。哥白尼用了"将近四个九年的时间"去测算、校核、修订他的学说。他曾写过一篇《要释》，简要地介绍他的学说。这篇短文曾在他的友人中间手抄流传。但是，他迟迟不愿将他的主要著作——《天体运行论》公开出版。当哥白尼听从朋友们的劝告，将他的手稿送去出版时，他想出一个办法，在书的序中写明将他的著作大胆地献给教皇保罗三世。他认为，在这位比较开明的教皇的庇护下，《天体运行论》也许可以问世。

背景介绍

当时的欧洲正处在黑暗的中世纪的末期。亚里士多德－托勒密的地球中心说早已被基督教会改造成为基督教义的支柱。然而，由于观测技术的进步，在托勒密的地心体系里必须用 80 个左右的均轮和本轮才能获得同观测比较相合的结果，而且这类小轮的数目还有继续增加的趋势。当时一些具有进步思想的哲学家和天文学家都对这个复杂的体系感到不满。

名著概要

《天体运行论》于 1543 年在德国纽伦堡用拉丁文出版。原稿无书名，由出版者命名为《论天体旋转的六卷集》，后人简称《天体运行论》，400 多年来这部著作已被译为多种语言在世界各国出版。

全书共 6 卷。第一卷为宇宙论，简述了整个宇宙的结构，是全书的精髓。这一卷分 4 章，先后论述了"宇宙是球形""大地也是球形""天体的运动是均匀永恒之圆运动或复合运动"。哥白尼说，"天体的这种旋转运动对于球来说是固有的性质，它反映了球形的特点。球这种形状的特点是简单、没有起点、也没有终点，旋转时不能将各部分相区别。而且球体形状也正是旋转作用本身造成的。"第二卷运用三角学论证天体运行的基本规律，其中哥白尼首创了平面三角和球面三角的演算方法。第三卷为恒星表。第四卷叙述了地球绕轴运行和周年运行。第五卷阐述了地球的卫星月球。第六卷是关于行星运行的理论。

哥白尼在《天体运行论》中还详细讲解了地球的三种运动（自转、公转、赤纬运动）所引起的一系列现象——岁

审判伽利略

伽利略于 1632 年出版了《关于托勒密和哥白尼两大世界体系的对话》，提出了全新的宇宙论，结果宗教裁判所命令伽利略说清楚自己为什么质疑传统的观念，最终伽利略被迫宣称地球是宇宙中静止不动的中心。

> **名家点评**
>
> 　　恩格斯在《自然辨证法》中写道："从此自然科学便开始从神学中解放出来。科学的发展从此便大踏步前进。"
> 　　爱因斯坦曾说："哥白尼对于西方摆脱教权统治和学术统治枷锁的精神解放所做的贡献几乎比谁都要大。"

差现象、月球运动、行星运动的规律及金星、水星的纬度偏离和轨道平面的倾角。《天体运行论》的诞生使当时所知道的太阳系内天体的位置和运行状况更为完整了。

　　哥白尼分析了托勒密体系中的行星运动,发现每个行星都有三种共同的周期运动,即一日一周、一年一周和相当于岁差的周期运动。他认为,如果把这三种运动都归到被托勒密视为静止不动的地球上,就可消除他的体系里不必要的复杂性。因此,哥白尼建立起一个新的宇宙体系,即太阳居于宇宙的中心静止不动,而包括地球在内的行星都绕太阳转动的"日心体系"。离太阳最近的是水星,其次是金星、地球、火星、木星和土星。只有月球绕地球转动。恒星则在离太阳很远的一个天球面上静止不动。哥白尼把统率整个宇宙的支配力量赋予太阳,而各个天体则都有其自然的运动。他系统而明晰地批判了地球中心说,并且从物理学的角度对日心地动说可能遭到的责难提出了答复。

阅读指导

　　哥白尼的主要贡献是创立了科学的日心地动说,写出自然科学的"独立宣言"——《天体运行论》。哥白尼的学说不仅改变了那个时代人类对宇宙的认识,而且从根本上动摇了欧洲中世纪宗教神学的理论基础。然而,值得注意的是,哥白尼的太阳中心说并不是无懈可击的。他不能解释:为什么人们感觉不出地球的运动?地球既然自转,地球上的物体下落何以不产生偏斜?哥白尼还不能摆脱亚里士多德哲学的束缚,他接受了圆周运动是天体最完善的运动方式的观念。

蒙田随笔 /法国/蒙田/欧洲近代哲理散文经典

作者简介

　　蒙田(1533～1592),文艺复兴后期法国杰出的思想家、散文家和教育家。蒙田出身贵族,祖上是波尔多人,他早年学习拉丁文,在波尔多市念完中学后,在相当长的时期内深居简出,闭门读书思考。后来,他在政府部门任职,成为波尔多市议员,并两度被选为波尔多市市长。1562年他皈依天主教;1572年在他父亲死后才开始撰写《随笔集》。他熟读古代大家普鲁塔克、塞涅卡、塔西佗等人的著作,在作品中大量引用,作为他思辨和怀疑论的佐证。他在出版了《随笔集》的前两部之后,便游历意大利和德国,因此在他随后的随笔中又添进了许多旅游

见闻。1585年蒙田的故乡鼠疫盛行,蒙田被迫暂时离开他的城堡,1587年他重回旧居续写他的随笔。在这期间,蒙田结识了对他狂热崇拜的德·古内小姐,两人之间的关系一直维持到作家逝世。蒙田晚年在政治上效忠法国国王亨利四世,国王也曾到他的城堡做客数次。1578年蒙田的肾结石发作,影响了他的写作,我们今天所见的《蒙田随笔全集》是由德·古内小姐在他生前出版的《随笔集》的基础上,根据他在笔记上写下的大量注释和增添内容集结而成的。蒙田自1572年开始,直至他逝世的1592年,在长达20年的岁月中,他一直断断续续地在写他的随笔。他以对人生的特殊感受力,记录了自己在智力和精神上的发展历程,为后代留下了极其宝贵的精神财富。在此期间,随着作者思想的不断发展、变化,作品的内容也陆续加以修改与补充。他行文如水银泻地,飘忽不定,变化多彩,所以他的散文内容庞杂纷繁,经常从一个主题跳到另一个主题,枝蔓丛生,标题也常常与内容不大相干,仿佛作者漫不经心一挥而就似的。他的主要著作有《论文》3卷,其中论述教育、学校和教师的文章有《论学究气》和《论儿童的教育》等。

蒙田像

背景介绍

蒙田生活在法国封建制度解体的时代,各种哲学思潮流行。蒙田在哲学上是个怀疑论者,反对封建文化和封建专制,对旧的信条失去信心而对新事物又缺乏热情。蒙田对当时流行的狭隘人文主义教育进行了嘲讽和批判,他指责学究气的人文主义者以空洞的、死板的书本上的东西去填塞儿童的记忆,这种教育所培养的只是迂腐的学究,而不是在各方面都得到发展的有文化修养的绅士。

名著概要

《蒙田随笔》全书朴实无华,作者摈弃了当时颇为流行的华丽堆砌的写作手法,直接采用单线条的咏叹与勾勒,陈述自己对于自身、人类生活方式与现实世界等重大问题的思考,循序渐进地将读者引入一泓恬淡清澈的湖水之中。

原作共分3卷,其中第一卷收录作品57篇,内容短小精悍。其余两卷内容不等,分别是13篇与37篇。法文版的《蒙田散文》主要按两种方式编排:第一种是按作者写作的先后顺序依次排列,第二种是将内容相关的部分集中起来。今天我们所见到的《蒙田随笔》共分两部分:第一部分22篇,第二部分5篇。主要内容包括以下3个方面:1.作者所感觉的自我;2.他所体会的人类的生活方式和思

经典摘录

爱情一旦进入友谊阶段,也就是说,进入意愿相投的阶段,它就会衰弱和消逝。

大脑无所事事,就会胡思乱想。

探究哲理就是学习死亡。

想感情；3. 他所理解的现实世界。下面重点介绍第二部的 5 篇文章。

在《众师之师》中，作者认为古希腊哲学家苏格拉底是"众师之师"，因为他认识到"我一无所知"。人类认识世界是从意识到自己无知开始的，在阿波罗神庙的门楣上就镂刻着"人人应有自知之明"的名言，可见刚愎自用与固执己见是愚蠢无知的鲜明标志。在日常生活中，我们要善于区分两种情况：一是"走自己的路，休管别人议论"，一是"固执己见、自以为是"。

在《论不同的方法可以收到同样的效果》中，作者指出："当我们所冒犯的人手操我们的生死大权，可以任意报复时，最普遍的感化他们的方法自然就是投降以引起他们的怜恤和悲悯。可是相反的方法，勇敢与刚毅，有时也可以收到同样的效果。"他在书中总结道："恻隐而动心，是温柔、驯良和软弱的标志，由勇敢神圣影响而起尊敬之心，则是一种倔强不挠的灵魂的标志，他们都崇尚大丈夫的刚毅气概。……对于比较狭隘的灵魂，钦羡与惊异亦可以产生同样的效力。"他告诫人们在危急时刻，应随机应变，区别对待各种险情。

在《论闲逸》中，作者以为："如果没有一定的主意占据心灵，把它约束住，它必定无目标到处漂流，入于幻想的空泛境域里。灵魂没有目标，它就会丧失自己。"从中可以看出蒙田是反对虚无主义的，提倡人是应该有点儿精神的，即使在闲逸时，也不可使灵魂丧失目标，否则，最终会导致"产生无数妖魔与怪物，无次序、无目的，一个个接踵而来"。

在《热爱生命》中，作者认定"生活乐趣的大小取决于我们对生活的关心程度"，而不是任何外物的影响。只有自己才是生命的主宰，因为"我们的生命是自然的恩赐，它是优越无比的。如果我们觉得不堪生之重压或虚度此生，那也只能怪我们自己"。尽管作者当时身患重病，但他并没有沉沦气馁，而是采取积极乐观的人生态度去拥抱生命，感受生活的乐趣。最后，作者引用罗马哲学家塞内卡的话指出："糊涂的人一生枯燥无味，躁动不安，却将全部希望寄托于来世"，希望后

相关链接

蒙田的教育思想非常著名，在《论学究气》《论儿童的教育》和《论父亲对其子女的爱》诸篇中，集中体现了他的教育主张。他认为人生最困难与最重要的学问，当属对儿童的养育和教育，认为教育在于培养健全有用、富有知识、能充分理解人生意义的人，他要求培养儿童的思考力、判断力和理解力。他主张启发式教学法，尽可能发展儿童的积极主动性和好奇心，注重体育教育，强调实用知识的重要性。蒙田和拉伯雷的教育思想被称为 16 世纪的现实主义教育思想，具有相当突出的意义。

名家点评

伏尔泰和狄德罗认为他的作品反映作者"明哲善辩""精于心理分析"，他的"文风简朴流畅，朗朗上口"。

季羡林在《漫谈散文》中说："蒙田的《随笔》确给人以率意而行的印象。我个人认为在思想内容方面，蒙田是极其深刻的，但在艺术性方面，他却是不足法的。与其说蒙田是一个散文家，不如说他是一个哲学家或思想家。"

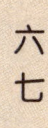

来者从一开始就做一个明白人。

在《论死后才能断定我们的幸福》中，作者引用苏龙的警告："人世变幻无常，只要轻轻一动，便可能面目全非，前后迥异。"在感叹生命的变幻无常之外，他给自己定义"幸福"的标准是："希望我可以善终，就是说，安然逝去，不声不响。"一个人无论生命怎样美丽辉煌，地位、权力与财富对他来说只不过是一件偶然的附属品。在生命的末日来临时，重要的是问心无愧，安然逝去，才能称之为幸福，功过是非留与后人评说。

阅读指导

蒙田以博学著称。他对随笔体裁运用娴熟，开创了近代法国随笔式散文之先河。他的语言平易通畅，不加雕饰，文章写得亲切活泼，妙趣横生。全书充满了作者对人类情感的冷静观察。《蒙田随笔》于1580～1588年分3卷在法国先后出版。自此以后，他的作品就再也没有绝版过。到今天，世界上所有的书面语言都可以读到它。它与《培根人生论》《帕斯卡尔思想录》一起，被人们誉为欧洲近代哲理散文三大经典。

罗密欧与朱丽叶 / 英国 / 莎士比亚 / 莎士比亚版"梁祝"

作者简介

莎士比亚（1564～1616），16世纪后半叶到17世纪初英国最著名的戏剧家和诗人，欧洲文艺复兴时期人文主义文学的集大成者。出生于沃里克郡斯特拉特福镇的一个富裕市民家庭，曾在当地文法学校学习，从小就对戏剧表演深感兴趣。13岁时家道中落辍学经商。约1586年前往伦敦，先在剧院打杂，后凭借自己的努力逐渐成为剧院的演员和剧作家。1608年前后，回到故乡定居。1616年4月23日逝世。

莎士比亚在戏剧和诗歌创作方面都做出了巨大的贡献。自1590～1612年，他共写有37部戏剧，154首14行诗，两首长诗《维纳斯与阿多尼斯》（1592～1593年）和《鲁克丽丝受辱记》（1593～1594年）以及其他诗歌。在诗歌创作上，莎士比亚的主要成就是14行诗。但他一生最主要的文学成就还是体现在戏剧创作上。根据他的作品和作者思想变化的情况，他的戏剧创作一般可分为3期：早期是历史剧与喜剧创作时期，代表作有历史剧《理查三世》（1592年）、《亨利四世》（1597年）等9部以及喜剧《仲夏夜之梦》（1596年）、《第十二夜》（1600年）、《皆大欢喜》（1600年）等10部，

莎士比亚像

此外还有《罗密欧与朱丽叶》(1595年)等3部悲剧；中期是悲剧创作时期，代表作有悲剧《哈姆雷特》(1601年)、《奥赛罗》(1604年)、《李尔王》(1606年)、《麦克白》(1606年)等7部作品，此外还有《终成眷属》《一报还一报》等4部具有悲剧色彩的喜剧；后期为传奇剧创作时期，代表作有传奇剧《辛白林》(1609年)、《冬天的故事》(1610年)、《暴风雨》(1611年)等3部以及一部历史剧《亨利八世》。

背景介绍

由于从事戏剧创作和演出的工作在当时还属于不入流的低级职业，因此现存有关莎士比亚的生平资料极少，这使得有些人甚至开始怀疑是否真有莎士比亚这一人物存在。有人推测出这些剧作可能是培根所写，支持这种说法的有马克·吐温和精神分析学的创始人弗洛伊德等人。还有人认为这些作品都是与莎士比亚同时代的一位才子马洛所作，可惜一直未能找到确实的证据。因此，有关这些作品著者的真相，恐怕还有待于研究的继续深入。

然而无论如何，莎士比亚的作品在世界上的地位是不容怀疑的。在西方世界，一般人家中必备有两本书，一本是《圣经》，另一本就是《莎士比亚全集》。1984年选举世界10名伟大作家时，莎士比亚名列第一。这些都说明莎士比亚是有史以来最负盛名的作家之一。他被誉为"奥林匹亚山上的宙斯"。英国还有句谚语："宁可不要100个印度，也不能没有莎士比亚。"由此可见一斑。如今，"莎学"已成为一门世界性的学问，其作品已被译成70种文字，成为仅次于《圣经》的印刷品。

名著概要

凯普莱特家与蒙太古家是意大利维洛纳城的两个大族。两家自古以来便不和睦，彼此纷争不断。

有一天，蒙太古家的儿子罗密欧与朋友一块儿化装混入凯普莱特家举办的舞会中，不料却与主人家的小女儿——朱丽叶一见倾心。当夜，他就潜入她的后花园中，经过一连串缠绵的互表爱慕后，私订终身。第二天下午，经劳伦斯神父帮助，两人秘密在修道院中举行了婚礼。但家族之间的仇杀使他们之间的恋爱受到阻力。正当他们还沉浸于新婚快乐时，两家的冲突不可避免地爆发了。罗密欧在街头遇见朱丽叶的表哥提拔特，提拔特有心挑衅，罗密欧的好友墨枯修忍不下去，愤怒而起与他交手，不幸死在提拔特的剑下。罗密欧为了给好友报仇，当即拔出剑来刺死了提拔特。于是，亲王下令放逐罗密欧。罗密欧万念俱灰，幸有劳伦斯神父的指点，心情才略为开朗。深夜，他偷偷爬进朱丽叶的闺房，与她共度了一个真挚而快乐的夜晚，次日往曼多亚出发，离开了维洛纳城——他心爱的地方。

与此同时，朱丽叶也面临着被逼婚的窘境，老凯普莱特大人逼着朱丽叶嫁给巴里斯伯爵。朱丽叶在进退两难之际，想到了劳伦斯神父。在劳伦斯神父的安排下，朱丽叶喝下了假死之药。不明真相的巴里斯伯爵以为她真的死了，只得将婚礼改为葬礼。同时，劳伦斯神父又派人通知罗密欧赶在朱丽叶苏醒之前立即返回，但这位送信人却延误了日期。不明真相的罗密欧听到朱丽叶的死讯，立刻买下毒药悄悄赶回家乡，准备在朱丽叶身边自杀殉情。在墓地，罗密欧看到了巴里斯伯爵。巴里斯伯爵误以为他是来败坏朱丽叶的尸身，拔剑与之决斗，最终也倒在罗密欧的剑下。罗密欧随后饮药而亡。朱丽叶苏醒之后，见爱人已死，悲痛之余也用匕首结束了自己年轻的生命。

闻讯而来的两家族人，看到这一对相拥而卧的灵柩，不胜感慨。劳伦斯神父把所有情形说出来后，两家才后悔由于自己的自私而害死了这两个无辜的儿女。鉴于世仇造成的恶果，在罗密欧与朱丽叶的灵柩前，多少世纪不共戴天的两个家族最后终于和解。

阅读指导

《罗密欧与朱丽叶》是莎士比亚早期创作的一部充满诗意的悲剧。这部悲剧叙述一对青年男女为了追求爱情自由，不顾家庭的重重阻力，最终以死来反抗阻碍他们结合的封建势力。剧本从两家的械斗开始，又以主人公之死换来两家的和好结束。作者显然是想借此来谴责封建家族的内讧和婚姻包办制度。这对当时的反封建斗争无疑起了一定的积极作用。因此剧本从整体上看反映了人文主义者对于爱情、婚姻以及家庭理想等方面的看法，成为莎剧中最为人所熟悉的爱情经典名著。

这部作品虽然在情节上属于悲剧，但无论是主题思想还是艺术风格，都和他早期的喜剧风格相似。剧本中充满了喜剧作品中常有的对生活的热爱、对幸福的向往和对未来的信心，全剧洋溢着积极向上的乐观主义气氛，实际是一首青春与爱情的赞歌。尽管主人公为此付出了生命的代价，但隔阂却消除了，爱情、理想最终得胜，至少可以说是在最坏的情况下与读者的阅读期望值达成了一致。因此阅读这部悲剧作品往往并不像阅读莎士比亚中后期创作的几部悲剧那样经常给人以一种慨叹或抑郁感，反而能够鼓舞人们追求幸福，张扬个性，向往美好的未来。这一点是需要读者予以注意的。

从艺术上看，这部作品不仅为我们塑造了罗密欧与朱丽叶这两个不朽的艺术形象，其作品的诗化语言也给我们留下了非常深刻的印象。莎士比亚的戏剧语言具有诗的特征，不仅形式整齐，格律谨严，而且情思强烈，修辞得体。剧本中的很多台词，如朱丽叶等待罗密欧前来赴约的优美独白、第二幕第二场中罗密欧与朱丽叶的经典对白，都具有典型的诗意美。如果我们能够将这些语言的诗化形式与人物的思想感情结合起来，那么赏读这部话剧就能达到一种体验人生、享受艺术的美妙境界。

仲夏夜之梦 / 英国 / 莎士比亚 / 充满浪漫色彩的抒情喜剧

背景介绍

16世纪下半叶至17世纪上半叶为文艺复兴晚期，莎士比亚此时的创作还秉承着文艺复兴的核心思想——人文主义。《仲夏夜之梦》是莎士比亚早期最为人关注的喜剧之一。该剧通过一场轻松的婚姻闹剧，歌颂了人间真爱和本善的人性，表达了作者的人文主义理想。

名著概要

年轻的雅典公爵忒修斯在准备自己的婚礼，而此时正在忙着向心上人表白的他，又不得不倾听一桩婚姻纠纷事件。

事情说起来其实很简单。赫米娅是一个美貌纯情的姑娘，她爱上了一个名叫拉山德的青年。然而父亲伊吉斯却想将女儿嫁给另外一个青年狄米特律斯，赫米娅不肯听从父亲的命令。固执的老父伊吉斯便来到公爵处控告女儿。按照雅典的法律，违背父命者是要被立即处死的。公爵不得不告诉赫米娅，如果她坚决拒绝与狄米特律斯结婚，就得准备一死，除非她立誓终身不嫁。

后来，拉山德劝说赫米娅和自己一起到离雅典20里路的拉山德姑妈那儿去，那里不在雅典法律的管辖之内。赫米娅将这个决定告诉了好朋友海伦娜。海伦娜热恋着狄米特律斯，狄米特律斯之前也曾对她表露过爱慕之情，但后来却移情赫米娅了。为了讨好心上人，痴情的姑娘将好朋友出走的事告诉了狄米特律斯。

拉山德和恋人所走的路线正好经过一片森林。这个森林是一群小仙子们的王国。此时，仙王奥布朗与仙后提泰妮娅为了争夺从印度偷来的小王子而吵得不可开交。为了报复妻子，仙王令专搞恶作剧的小精灵迫克，采来一种名为爱懒花的花汁去涂在仙后的眼皮上。这种花汁有一种神奇的魔力，只要在睡着的人的眼皮上滴上它，这个人醒来后便会爱上自己睁眼看到的第一样东西。仙王想迫使仙后用小王子来交换解除魔力的草汁。迫克轻松地完成了任务。这时，森林中来了一帮业余演员，他们都是从附近村子里来的手工艺人，正在这块隐蔽的地方排练节目，希望能够在公爵的婚礼上表演，以便得到一些赏赐。令迫克笑破肚皮的是，这些人对表演一窍不通，即使是他们的主演织布工玻特。这又激起了迫克爱搞恶作剧的心理，他找来一只死驴的头壳罩在了织布工玻特的头上。伙伴们看到一个怪物出现在眼前，都吓得四散而逃，他们的呼叫声惊醒了正在美梦中的仙后。事情歪打正着，仙后睁开眼后，看到的第一个人就是这只戴着驴头的怪物，然后便狂热地爱上了他，弄得笑话百出。

在这天晚上，狄米特律斯追踪赫米娅来到森林里。而迷恋着他的海伦娜也紧随而来，并且对他倾诉着自己的爱慕之情。而心烦意乱的狄米特律斯，对海伦娜十分粗暴。此时仙王正好经过两个年轻人的身边，他听到了两人的对话，十分同情美丽动人的海伦娜，他下决心要帮助这位姑娘。于是他命令迫克跟着狄米特律

相关链接

与剧本一样，乐曲《仲夏夜之梦》也同样为人所熟知。1826年，德国作曲家门德尔松首次为莎士比亚喜剧《仲夏夜之梦》配乐。该乐曲调明快、欢乐，充满古典浪漫主义色彩，是门德尔松最典型的梦幻童话音乐。可以说该乐曲与莎翁剧作"珠联璧合"。

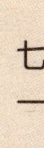

斯，趁他熟睡的时候，将爱懒花汁滴在他的眼皮上。

此时在森林的另一处，会合在一起的赫米娅与拉山德因为赶路，走得太疲惫了，他们决定先睡一会儿。赫米娅是一个非常正派守礼的姑娘，她坚持要拉山德与自己保持一大段距离。十分尊重自己心上人的拉山德便在稍远处睡下了。迫克奉命在寻找狄米特律斯的时候，经过了拉山德的身旁。他将同是一身雅典装束的拉山德误认成了狄米特律斯，便将神奇的花汁滴在了这个年轻人的眼皮上。海伦娜因找不到狄米特律斯而四处乱撞，不久她来到了拉山德休息的地方。姑娘的呼唤声吵醒了拉山德，小伙子一睁眼，花汁魔力便起作用了，他疯狂爱上了正在近旁的海伦娜。于是，他丢下了赫米娅，狂热地向海伦娜表示爱恋之意。海伦娜深知拉山德对赫米娅的感情，便以为这个年轻人在故意嘲讽自己。

仙王发现迫克弄错了，便立即让他去寻找狄米特律斯。在离拉山德不远处，迫克发现因疲惫而熟睡的狄米特律斯，完成了仙王交给的任务。海伦娜为了躲避拉山德，恰巧跑到了狄米特律斯身边。狄米特律斯被吵醒了，他睁开眼第一个见到的就是海伦娜，便疯狂地爱上了她。此时，拉山德也赶了过来，两个小伙子竟为了博得海伦娜的爱而争吵起来，甚至要大打出手。海伦娜弄不清两人为什么在那么短的时间内会发生这么大的变化，以为这是两人与赫米娅串通好了来戏弄自己的，心中充满怨恨。此时赫米娅也被吵醒了，她发现了睡觉前还对自己一往情深的恋人，现在却移情别恋，她既伤心又困惑。

四个人的吵闹声，弄得仙子王国失去了原有的安宁。仙王令迫克立即将四个人分开。迫克赶忙模仿他们的声音插入这场争吵中，四个年轻人循声在黑暗中互相追逐着，他们不停地绕着林子奔跑，最后累得精疲力竭，倒头睡去了。迫克急忙将解除魔力的草汁滴在了拉山德的眼皮上。

在仙后的宫殿附近，仙王遇见了和驴头怪物在一起的仙后。被丈夫看到自己与别人亲近，仙后十分羞愧，为了弥补自己的错误，她令人将印度小王子送给仙王做侍童。仙王也不忍再戏弄妻子，便恢复了她的理智，两人重归于好。

天亮了，森林里又恢复了平静。拉山德在清晨第一缕阳光的照耀下睁开了眼睛，恢复理智的他急忙去寻找赫米娅。狄米特律斯也醒了，醒来后的他依然对海伦娜保持着热烈的爱情。此时，公爵和伊吉斯因狩猎来到森林，他们看到了这些情景。在公爵的劝说下，伊吉斯不得不同意了女儿的婚事。几对情侣在一片祝福声中，举行了自己的婚礼。众工匠的喜剧也在婚礼中上演了。

威尼斯商人 / 英国 / 莎士比亚 / 讽刺与抒情的巧妙结合

背景介绍

16世纪末，英国资本主义经济迅速发展，阶级和社会关系也面临着新挑战。该剧描写了威尼斯商人安东尼奥与保守的高利贷者夏洛克的矛盾冲突，反映了资本主义发展初期英国的社会情况，同时也寄托了莎士比亚早期关于仁爱、友谊、

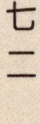

爱情等的人文主义理想。

名著概要

在威尼斯城中，安东尼奥十分受人尊敬，他不但是一个拥有一支远洋贸易船队的成功商人，还是一个慷慨好施、重义气的人。犹太人夏洛克是个爱钱如命的高利贷者，安东尼奥借钱给人从不收利息，损害了夏洛克的利益，夏洛克为此对安东尼奥十分不满。安东尼奥也看不惯贪婪刻薄的夏洛克，曾经当众指责过他。夏洛克总找机会报复安东尼奥。

安东尼奥的好友巴萨尼奥，听说贝尔蒙特城有个名叫鲍西娅的才貌双全的姑娘，对其十分倾慕。这个家道中落的年轻人，急需要3000块钱向心上人求婚，便来找安东尼奥帮忙。此时的安东尼奥因货船全在海上未归，手中没有流动资金，于是便向夏洛克筹借。夏洛克终于找到了报复的机会，他先是奚落了安东尼奥一番，然后表示可以不收利息将钱借给他。正当安东尼奥对他这种突然的善行感到纳闷的时候，夏洛克提出了一个要求：他要安东尼奥和他一起到公证人那儿签署一份合同，上面注明如果安东尼奥不按期还钱的话，他将会从安东尼奥身上割下一磅肉。大家都认为夏洛克不怀好意，然而为了朋友的幸福，安东尼奥还是不假思索地签下了这个合同。

贪婪势利的夏洛克不允许女儿杰西卡和清贫的恋人克里斯汀·罗伦佐结婚，为了争取爱情，杰西卡带着一些钱和心上人私奔了。人财两失的夏洛克气得满街诅咒女儿。有好事者告诉他杰西卡正在热那亚疯狂地消费，视钱如命的夏洛克心疼地叫道："你将一把刀戳进了我的心里。"这时在海上传来了安东尼奥商船全部沉没的消息，而此时距借约到期只有半个月的时间。气恼的夏洛克终于找到了发泄的途径，他决定借这件事"出出这口恶气"。

在贝尔蒙特城，鲍西娅的父母双双过世。父亲留下了金、银、铝三个盒子，其中有一个藏有鲍西娅的照片。鲍西娅的父亲在遗嘱中说，有谁能猜中照片在哪个盒子，便可以做女儿的丈夫。求婚者从世界的四面八方云集到这儿，都希望能娶到美丽而富有的鲍西娅。巴萨尼奥在安东尼奥的帮助下也来到贝尔蒙特城。他与鲍西娅一见钟情。在选盒子时候，众多地位高贵的求婚都选择了外表华丽的金盒子或银盒子，只有巴萨尼奥选中了质朴无华的铝盒子。巴萨尼奥成了鲍西娅的未婚夫，二人都沉浸在甜蜜的爱情中。

这时巴萨尼奥收到了安东尼奥的信。他得知安东尼奥已经破产，而且夏洛克正在逼债。

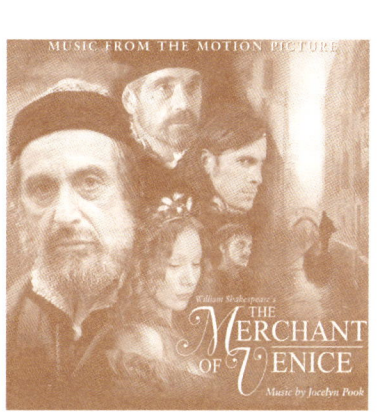

《威尼斯商人》电影海报

这是莎翁的喜剧代表作之一，也是他最成功的剧作之一。作者通过相互联系的情节冲突，成功地塑造了夏洛克这样一个鲜明生动而又复杂矛盾的典型形象。该剧曾多次被搬上舞台、拍成电影，成为经久不衰的戏剧经典。

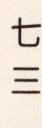

相关链接

《威尼斯商人》中犹太人夏洛克作为反面人物出现，他贪婪、残忍、刻薄。然而莎士比亚对他也给予了一些同情。剧中夏洛克旁白："他憎恶我们神圣的民族，甚至在商人会集的地方当面辱骂我，辱骂我的交易，辱骂我辛辛苦苦赚下来的钱，说那都是盘剥得来的肮脏钱……安东尼奥先生，好多次您在交易所里骂我，说我盘剥取利，我总是忍气吞声，耸耸肩膀，没有跟您争辩，因为忍受迫害本来是我们民族的特色。您骂我异教徒，杀人的狗，把唾液吐在我的犹太长袍上，只因为我用我自己的钱博取几个利息。"这些语言描写中，流露出莎士比亚对犹太人的同情。在最后的法庭审判中，取胜的安东尼奥并没有将夏洛克置之死地，而是宽容地给他一定的惩罚。这在当时基督教普遍歧视犹太人的氛围下，莎士比亚看到这种偏见与不公平，并超越了本身的宗教局限性，实属难能可贵。

想到正处于重重困境中的朋友，巴萨尼奥心情十分沉痛，他如实地向未婚妻说出了整个事情的经过。鲍西娅被巴萨尼奥的真诚以及安东尼奥为朋友两肋插刀的举动感动了，立即和巴萨尼奥举行了婚礼，这样巴萨尼奥就可以带着自己的钱，回威尼斯解救朋友了。

巴萨尼奥虽然带着充足的钱回到了威尼斯，但还是过了说好的还钱时间。夏洛克要将安东尼奥告上法庭，要他履行合同规定。巴萨尼奥赶到，提出可以加倍偿还借款。平日里爱钱如命的夏洛克此时却表示对钱不感兴趣，只能从安东尼奥身上割肉。一向喜欢安东尼奥的公爵，也出面为他说情，夏洛克都一口拒绝了。

正当事情没办法解决时，法庭上出现了一位眉清目秀的年轻律师。他向公爵出示了当时一名在威尼斯很有权威的律师的推荐信。正不知如何是好的公爵十分高兴，便让他来主持审判。其实这个突然出现的律师，正是鲍西娅扮成的。而她所说的那位很有名的律师正是姑娘的表哥。情急之下的巴萨尼奥根本想不到妻子会来到这里，没有认出她来。鲍西娅先劝夏洛克原谅安东尼奥，夏洛克当然神气地拒绝了。"律师"又问他是否愿意让对方以三倍的钱来偿还。追切想报复安东尼奥的夏洛克仍然摇头。于是"年轻的审判者"宣布在威尼斯谁也无权改变法律，安东尼奥理所当然要按合同让夏洛克割肉。听到审判结果，夏洛克得意极了，他高呼："啊，公平正直的法官！啊，博学多才的法官！"安东尼奥只好心情沉痛地和朋友们一一诀别，大家处于一片悲痛之中。得意扬扬的夏洛克拿出早已准备好的、磨得雪亮的刀子，摇头晃脑地走到了安东尼奥的身边，他早已想好了在什么地方下手，可以将这个曾经"羞辱"过自己的人置于死地。

正当他举起刀子的时候，鲍西娅突然喝止了他。她指着借款合同对夏洛克说，借约上只写着让他"割一磅肉"，并未允许他取一滴血，因而如果他在割肉的同时，让安东尼奥流了血，将按照威尼斯的法律，他的财产将全部充公。夏洛克手中雪亮的刀子悬在了半空，他当然无法做到这一点，于是他立刻反悔，表示可以接受安东尼奥三倍的还款。鲍西娅立即说："犹太人必须得到绝对的公道，除了照约处罚之外，不能接受其他赔偿。"法庭上响起一片欢呼声。大家都学着刚才夏洛克的声调高呼："啊，公平正直的法官！啊，博学多才的法官！"

贪婪恶毒的夏洛克，不但没有如愿以偿地报复安东尼奥，还因为"蓄意谋害公民"罪得到了应有的处罚：他的财产一半充公，一半归了安东尼奥。安东尼奥立即表示，将这一半财产转赠给夏洛克的独生女杰西卡。

就这样，鲍西娅巧妙地挽救了安东尼奥的性命。真相大白以后，巴萨尼奥对夫人佩服得五体投地，朋友们都为鲍西娅的才智发出了由衷的赞美。一对年轻人开始了他们美满的新生活。

哈姆雷特 / 英国 / 莎士比亚 / 莎士比亚悲剧艺术的最高峰

背景介绍

该剧的故事取材于1200年的丹麦历史，丹麦王子为父复仇的故事曾被许多人改编与再创作，但莎士比亚却以他的天才为这个古老的故事注入了时代的气息与哲理的灵魂。《哈姆雷特》写于1601年，虽然是以4个世纪以前的丹麦宫廷为背景，但他通过哈姆雷特为父复仇的故事却真实地描绘并反映了文艺复兴晚期欧洲社会的广阔图景。

文艺复兴是欧洲文明史上极为重要的一页，从此开始，欧洲文明突然发现了"人"的尊严与价值，发现了这个世界的主宰是人而并不是所谓的上帝。于是，人类的自我意识逐步觉醒，个性的张扬成为这个时代永不倾覆的大旗。然而，到了文艺复兴的晚期，人性的张扬逐渐演变成了"为所欲为"，私欲的泛滥与世风的浅薄成为像莎士比亚这样的人文主义者所痛心疾首的社会现实。《哈姆雷特》正是作者对这种社会状态的艺术反映。

名著概要

哈姆雷特是丹麦年轻的王子，他刚从德国威登堡留学回来，而他的父亲在他回国时突然死去了，母亲乔特鲁德也在两个月后改嫁给了他的叔父——新王克劳狄斯。国内对此事议论纷纷，都觉得有些蹊跷，刚回来的哈姆雷特也是颇多疑忌，加上他在宫廷里看到了许多丑陋的事情，使得他极为苦闷。

这时，他的朋友霍拉旭与士兵在守夜时，竟见到了已故国王的鬼魂。正当霍拉旭想上前询问时，鸡鸣了，那国王的鬼魂也随之不见。哈姆雷特听到这个消息后决定亲自去看看。在新王与廷臣们寻欢作乐的又一个夜晚，他来到城上，果然

名家点评

我相信，哈姆雷特的性格可以到莎士比亚有关心理哲学的深刻而正确的学问中去探索。

——柯尔律治《关于莎士比亚的演讲》

莎士比亚要描写：一件伟大的事业担负在一个不能胜任的人的身上。这是一棵树栽种在一个宝贵的花盆里，而这花盆只能种植可爱的花卉，树根伸长，花盆就破碎了。

——歌德《威廉·麦斯特的学习时代》

世界名著大讲堂

此图描绘了哈姆雷特的情人奥菲丽娅死时的情景:"她的衣服四散展开,使她暂时像人鱼一样漂浮水上;她嘴里还断断续续唱着古老的谣曲,好像感觉不到什么痛苦,又好像她本来就是生长在水中的一般。"

见到了老王的阴魂。鬼魂告诉哈姆雷特,他的死是出自最卑鄙的谋杀,而他的弟弟就是那伤天害理的凶手:克劳狄斯趁他午睡时,把毒汁灌进了他的耳朵,却谎称他是被毒蛇咬死的。老王命令哈姆雷特为自己复仇,但不要他伤害王后。

哈姆雷特决定复仇,但他一来并不敢完全相信鬼魂的证词,二来也怕引起新王的怀疑,于是便决定装疯。对于他的发疯,国王与王后都在猜测原因。新王的亲信大臣波洛涅斯则认为是因为爱情,哈姆雷特一直热恋着他美丽的女儿奥菲丽娅。为了证实这一猜测,他们设计让二人相遇,偷听他们会说些什么。哈姆雷特这时正因在对人生、对罪恶的思考之中,同时也为了不至于泄露机密,所以,对自己所爱的人仍然说些颠三倒四的疯话。然而,国王听后却认为,他的发疯并非因为爱情,而是也许有极危险的原因。这时,恰有一个戏团进宫廷演出,哈姆雷特特意安排上演谋杀窃位的戏。果然,克劳狄斯看过后大失常态,这就证实了他的罪行。就在克劳狄斯惶恐万分地向上帝祷告时,哈姆雷特来了,他拔出剑来想乘机杀了他,但又觉得在他祷告赎罪时杀他不好,于是他放弃了这次机会。

王后叫哈姆雷特到自己寝宫来,波洛涅斯偷偷在帷幔后窃听,哈姆雷特以为是国王,便一剑刺去,误杀了波洛涅斯。国王乘机决定把哈姆雷特送到英国去,又暗中给英王一封信,要他帮忙除掉哈姆雷特。后来哈姆雷特在无意中看到了这封信,并调了包。几经周折,哈姆雷特终于回到了丹麦。但与此同时,奥菲丽娅经受不住失去父亲与情人的双重打击而精神崩溃,她带着自己编织的花冠落水而亡。哈姆雷特回来时正赶上她的葬礼。

恐慌的克劳狄斯精心安排了一次宫廷的比剑大会,想让复仇心切的波洛涅斯之子雷欧提斯杀死哈姆雷特。为了保险起见,他不但准备了毒酒,而且给雷欧提斯的剑上淬了毒药。后来,王后误饮毒酒而死,比剑的双方也均中毒剑,临死前

相关链接

"莎士比亚化"是马克思提出的一个重要论点。所谓"莎士比亚化"就是不把"个人变成时代精神的单纯的传声筒",我们已看到过许多为了表现时代精神而创作出的高大人物,但事实上真正能体现时代精神的不是这种在某种观念的支配下臆造的人物,而是从社会的土壤里诞生并成长起来的人物。只有这样的人物,才能真正传达出一个时代、一个民族的精神脉搏。哈姆雷特就是这样的人物,他的痛苦与彷徨其实是凝聚了那一个时代整个人类的痛苦与彷徨。与莎士比亚同时代的大作家本·琼生评论莎士比亚时说:"他不属于一个时代而属于所有的世纪。"由于哈姆雷特的痛苦都是集中在对人的本质的追问中,所以这句话也可以移用在他身上。

的哈姆雷特终于以雷霆万钧之势刺死了克劳狄斯，完成了自己的复仇使命。这时挪威王子福丁布拉斯正率军路经此地，便就此继承了丹麦王位。

阅读指导

由于哈姆雷特本人的个性特征与表现方式的特点，独白成为这部剧作中最为关键的部分。作者正是通过哈姆雷特内心那丰富而充满了多种潜台词与阐释可能性的独白来展示他的思想与欲望、决心与游移、坚定与懦弱、爱恨与生死。这些内心独白的精彩篇章都值得反复品味与咀嚼，其艺术感染力与深刻的哲理都令人惊叹。

奥赛罗 ／英国／莎士比亚／富有时代气息的爱情悲剧

背景介绍

封建社会的道德标准约束着人的正常行为，美好的爱情与婚姻在这个桎梏下难免窒息。该剧是莎士比亚"四大悲剧"之一，剧本借爱情悲剧，揭露了封建社会的罪恶，同时剖析了深层的人性问题。剧中伊阿古好谗言、爱忌妒、善挑拨离间、笑里藏刀的形象成为丑恶人性的典型。

名著概要

威尼斯城里德高望重的元老勃拉班修，有一个才貌超群的女儿名叫苔丝德梦娜。她是城中贵族青年热烈追求的对象，然而苔丝德梦娜却独独爱上了皮肤黝黑的摩尔军人奥赛罗。

奥赛罗虽然是个异族人，但他为人高尚，作战骁勇，因而受到国王的器重，并被提拔为将军。勃拉班修很钦佩奥赛罗，常常将他请来家中，让他讲述海上和陆上的种种经历。奥赛罗艰苦的军旅生活深深打动了苔丝德梦娜。她爱上了这位在残酷的战争中成长起来的将军，在她眼里勇敢的奥赛罗要比城中那些不学无术的贵族子弟高贵得多。每当奥赛罗来家中做客时，苔丝德梦娜都要在一边静静地听他谈话。后来，她含蓄而大胆地向奥赛罗表示，如果他的朋友爱上自己，只要像将军一样给她讲这样的故事就可以得到她的爱情了。奥赛罗也一直喜欢温柔真诚的苔丝德梦娜，听了她这番话，就直率地向姑娘表达了爱意，并向她求婚。勃拉班修虽然很钦佩奥赛罗，然而考虑到这位年轻的将领的出身和财产状况，他不

相关链接

莎士比亚悲剧3大特点：
1. 悲剧的主人公大都是贵族。
2. 大多以英雄人物的死亡而结束。
3. 悲剧人物的行动必须出自他们本人的意志和内心，即悲剧人物之所以走向不幸结局，不能归咎于客观原因，而应由自己负责（《罗密欧与朱丽叶》例外）。

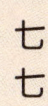

《奥赛罗》剧照

《奥赛罗》一剧以紧张的形式讲述一段离奇的故事，匪夷所思的情节铺陈，热烈浓密的情欲，激动灼热的爱情，都让我们对奥赛罗产生深深的同情和无法自抑的悲伤。

同意将女儿嫁给他。

苔丝德梦娜决定违背父意和自己所爱的人结婚。一天，她离开了家，和奥赛罗私下里举行了婚礼。

奥赛罗手下的旗官伊阿古是个阴险狡诈的小人，他一直对奥赛罗没有提升他为副将忌恨在心，他表面装出一副忠厚善良的模样，心里却总在算计着如何报复奥赛罗和副将凯西奥。

奥赛罗举行婚礼那天，伊阿古挑唆曾经向苔丝德梦娜求过婚的纨绔子弟罗德利哥去向勃拉班修报信。罗德利哥煽风点火，勃拉班修勃然大怒。他决定到元老院控告奥赛罗。

正在这时，海上传来了土耳其人进军威尼斯的塞浦路斯岛的消息。威尼斯元老院连夜开会，商讨派军出征的大事。元老们一致认为奥赛罗最能胜任。奥赛罗被召到了元老院。勃拉班修此刻也来到了元老院。他向威尼斯公爵指控奥赛罗蛊惑自己的女儿，要求对奥赛罗处以极刑。公爵允许年轻的将军为自己辩护，奥赛罗从容不迫地将自己向爱人求婚的真实情况讲述给了大家。公爵觉得就是自己的女儿听了奥赛罗的故事也会被打动，认为两个年轻人的婚姻并没有任何不妥。勃拉班修无可奈何地承认了这桩婚事，然而他却执意要断绝与女儿、女婿的关系，不许苔丝德梦娜再住在家中。奥赛罗被委以重任，当晚就要出征。苔丝德梦娜深明大义，请求随丈夫而行。

出征的军队刚刚抵达塞浦路斯岛，就接到报告说，土耳其舰队由于遇到风暴溃不成军而撤退了。岛上的威胁暂时解除了，然而一场新的灾祸却将要降临在年轻的将军头上。卑鄙恶毒的伊阿古时刻在想着如何报复奥赛罗。他要利用男人的忌妒心理来毁坏奥赛罗幸福的新婚生活。

晚上，塞浦路斯岛上居民举行宴会，庆祝土耳其军的撤退和将军的新婚。奥赛罗吩咐将领们不得多饮酒，要做好站岗巡视工作。副将凯西奥在欢宴中饮了两杯就要去巡视，这时阴险的伊阿古极力怂恿凯西奥尽情畅饮，他说如果不喝的话就是对新婚将军的不敬。而另一方面，他又鼓动罗德利哥向喝得大醉的凯西奥挑衅。两人打斗起来，凯西奥误伤了来解劝的军官。一向赏罚严明的奥赛罗一怒之下，撤去了凯西奥副将的职务。酒醒后的凯西奥十分懊悔。这时，伊阿古又挑动他去找苔丝德梦娜，让她去向将军求情。爽朗重义气的凯西奥本来就很受人尊敬，再加上他是奥赛罗的好朋友，在奥赛罗的婚事中又帮了不少忙，随和的苔丝德梦娜便答应了他的请求。

伊阿古却又跑到奥赛罗那儿，对他说夫人与年轻英俊的凯西奥关系非同一般。他的话引起了奥赛罗的愤怒，奥赛罗抓起他的脖领，向他质问苔丝德梦娜对自己不贞的证据，警告他如果瞎说就对他不客气。恰巧当天晚上奥赛罗回到家后，苔丝德梦娜又为凯西奥说情，奥赛罗心中十分不快。

伊阿古的妻子爱米莉亚是将军夫人的侍从，她无意中捡到了夫人的一块手帕，而那块手帕正是当初将军送给夫人的定情礼物。诡计多端的伊阿古用花言巧语从妻子手中骗来了那块手帕。他将手帕扔到了凯西奥的卧室，故意让他拾去。然后他跑到奥赛罗那里装作没事似的说起凯西奥的手帕。苔丝德梦娜不知道手帕丢了，当奥赛罗向她要手帕时她拿不出，而且又一次为凯西奥说情。奥赛罗控制不住怒火，大声责备妻子不该爱上别人。苔丝德梦娜不知道究竟发生了什么事，虽然受了那么大委屈，对丈夫的感情依然如故。伊阿古继续搞着这个阴谋。他安排奥赛罗在一旁听，自己又故意与凯西奥提起他的一个情妇。奥赛罗以为凯西奥说的是自己的妻子，气得几乎昏了过去。

这时，威尼斯那边派苔丝德梦娜的一个亲戚罗多维科来传达元老院的命令。奥赛罗被召回国，凯西奥奉命暂时接替他的职务。苔丝德梦娜为凯西奥恢复职务而高兴。奥赛罗见此，更加气愤了，他当众打了苔丝德梦娜。昔日受人尊敬的将军变得如此粗暴无礼，大家感到既惊讶又气愤。罗多维科不禁问道："这就是那位英勇的摩尔人吗？他怎么会变成这个样子？"

被忌妒冲昏了头脑的奥赛罗决定处死凯西奥和苔丝德梦娜，他让伊阿古杀死凯西奥。阴险狡诈的伊阿古又挑唆罗德利哥去暗中杀害凯西奥。不过他没有料到，罗德利哥反而被凯西奥打倒在地。为了不暴露自己的阴谋，伊阿古一剑刺死了罗德利哥，接着又从背后刺伤了凯西奥。

在苔丝德梦娜的卧室里，另一个悲剧正在上演。失去理智的奥赛罗，面对酣睡的妻子爱恨交织。他粗暴地将苔丝德梦娜吻醒，苔丝德梦娜睁开眼看到满身杀气的丈夫，不明白这一切到底是怎么回事。奥赛罗告诉她，他要杀死她，因为她和凯西奥有私情。可怜的苔丝德梦娜来不及为自己辩解，便被丈夫掐死了。

这时有人撞开了将军卧室的门，大家看到了屋里发生的一切。人们质问奥赛罗为什么要这样做，精神恍惚的奥赛罗嘟嘟囔囔地说，妻子对自己不忠，道出手帕之事。爱米莉亚与凯西奥这才明白了事情的缘起，他们说出了真相。恼怒的伊阿古将妻子一剑刺死。罗多维科命令士兵将这个阴险恶毒的小人抓了起来，准备把他送到威尼斯处以极刑。

奥赛罗这才明白了整件事不过是伊阿古的一个阴谋，自己因为轻信小人的奸言，而杀死了忠贞的妻子。他痛不欲生，用剑刺向自己的胸口，死在了妻子的身旁。

李尔王 / 英国 / 莎士比亚 / 闪现强烈理想光辉的悲剧

背景介绍

16世纪末17世纪初，英国封建统治阶级内部矛盾重重，社会动荡不安。该剧取材于传说，通过一个宫廷争斗的故事，揭露了当时英国封建制度的腐朽，对整个社会的伪善以及各种罪行恶德进行了大胆的讽刺。

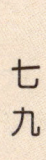

> **相关链接**
>
> 《李尔王》取材于古老传说,在莎士比亚之前,至少有50个人写过这个故事,但大多默默无闻。莎士比亚之前的关于李尔王的作品基本上是大团圆的结局:考狄利娅和丈夫联手挫败英军,帮助李尔恢复王位。莎士比亚以悲剧作结,收到了意想不到的效果。正如英国文学专家王佐良先生在《莎士比亚绪论》中对莎翁的评价:莎士比亚"有点石成金的本领:他的剧本的主要情节几乎全部来自于别人,然而经他加工之后,这些情节获得了新的深刻意义"。

名著概要

不列颠国王李尔在80多岁时要将国土分给三个女儿,自己轮流在女儿家住,这样他便可以悠闲地度过晚年了。不过,他要先考验一下三个孩子。

一天,他将三个女儿招到跟前,要她们各自表达对自己爱的程度。长女高纳里尔说:"不曾有一个女儿这样爱过他的父亲,也不曾有一个父亲这样被他的女儿所爱;这一种爱可以使唇舌无能为力,辩才失去效用;我爱您是不可以数量计算的。"李尔听了立即把自己领土的1/3分给了大女儿及其丈夫奥本尼公爵。二女儿里根说:"我厌弃一切凡是敏锐的知觉所能感受到的快乐,只有爱您才是我无上的幸福。"李尔同样分给了里根及其丈夫康瓦尔公爵1/3的国土。尚未出嫁的小女儿考狄利娅,尽管是真心爱自己的父亲,但却不会胡乱吹嘘,听惯了阿谀之词的李尔对她的回答十分不满意,他立即将剩下的1/3国土,平分给了大女儿和二女儿,还发誓与幼女断绝关系。在众臣面前,李尔亲自将王冠交给了高纳里尔和里根。自己只留100名骑士侍卫,除了保留国王名义外,其余一切实权都交给两个女儿。群臣对于李尔的做法,感到十分震惊。忠诚正直的肯特伯爵立即直言相谏,李尔却骂他为"逆贼",一气之下竟将这位老臣放逐出境,并说如16天后仍在本国发现他的踪迹,就立即将他处死。

这时考狄利娅的两个求婚者——法兰西国王和布根第伯爵已来到王宫。当听说国王的小女儿已一无所有时,布根第立即表示放弃求婚。法兰西国王却深深地爱上了表里如一的考狄利娅,最后考狄利娅成了法兰西王国的皇后。

李尔在大女儿的宫廷中住了不到一个月,就受到了怠慢。李尔的骑兵侍卫也被减到50名。这时,被放逐的肯特改装化名为卡厄斯,成了老国王的一名仆人,并受到了李尔的信任。高纳里尔的丈夫奥本尼公爵对父亲的态度愈来愈坏,李尔一怒之下,决定带领剩下的随从,去投奔二女儿里根,并先派卡厄斯去投书。然而里根非但不出来迎接父亲,还将送信的卡厄斯枷住了双脚扔在城堡外。在老父的一再要求下,里根才出来接见了他。听了父亲的一番诉苦,里根非但不同情,反而说是错怪了姐姐,并劝他回高纳里尔处。

正在说话间,高纳里尔也赶到了,里根趁势要求父亲必须跟大姐回去。她还说,下次父亲到自己家住时,随从连50个也不需要,只25人便足够了。李尔感到大女儿虽坏,毕竟还同意他带50个随从,于是表示愿意重回大女儿的宫殿。然而这时高纳里尔却说:"依我说,不但用不着25人,就是10个5个也是多余的。"

里根也冷笑着说："依我看来，一个也不需要。"昔日甜言蜜语的女儿如今竟变得如此绝情寡义，李尔气得几乎发了疯。

可怜当初威风凛凛的李尔王，现在落得无家可归，就连50名侍从见状也四散而去。他欲哭无泪，在暴风雨中带着弄臣奔赴原野。挣脱了脚枷的卡尼斯在荒野中找到了老国王。为了躲避风雨，三人进了一间茅草屋。在这里他们看到一个衣衫褴褛的疯子。原来这个人是昔日老国王的重臣葛罗斯特伯爵的嫡子爱德伽。葛罗斯特伯爵本是个心地善良的人，只因受了私生子爱德蒙的挑拨，把正直的嫡子爱德伽赶出大门。为了躲避弟弟的陷害，爱德伽才装成疯子躲在荒郊野外，靠吃老鼠和野草度日。其实葛罗斯特如今过得也很悲惨，他因为同情李尔，竟被里根的丈夫康瓦尔挖去了两眼。

在肯特和其他忠于他的臣子的帮助下，李尔秘密来到了肯特伯爵领地内的多佛城堡。肯特只身赶往法国去见考狄利娅，将老国王的遭遇告诉了她。考狄利娅说服了丈夫法兰西国王，亲率大军到英国讨伐两个姐姐。在多佛登陆时，考狄利娅见到了因一连串的打击而精神失常的老父亲。后来在医生和侍臣的精心照顾下，李尔终于清醒了过来，认出了一向最钟爱但又被自己错怪的小女儿。在与两个姐姐的交战中，考狄利娅不幸被俘，死在了野心勃勃的爱德蒙手中。听到小女儿的死讯，李尔在悲愤中去世。

高纳里尔和里根与诡计多端的爱德蒙都有私情，姐妹二人甚至争风吃醋、暗中谋害对方。里根的丈夫康瓦尔恰在此时死去，里根立即宣布要与爱德蒙结婚。高纳里尔一怒之下，毒死了自己的亲妹妹。丈夫奥本尼公爵发现了高纳里尔的罪行，他下令把这个恶毒淫邪的女人关进了监牢。高纳里尔在绝望中自尽了。爱德蒙想当国王的阴谋暴露了。在与爱德伽决斗中，这个做尽坏事的家伙被刺身亡。忠直的肯特伯爵，在李尔父女死去后，也离开了人世。一向反对妻子虐待老国王、拒绝参与谋害考狄利娅的奥本尼公爵，在忠实臣子葛罗斯特公爵、爱德伽等人的拥戴下成为不列颠的国王。

麦克白 / 英国 / 莎士比亚 / 野心造成的性格悲剧

背景介绍

17世纪初，英国动乱不堪，封建统治阶级内部矛盾重重。《麦克白》是莎士比亚"四大悲剧"之一，该剧借一个弑君篡权的宫廷故事，揭露了英国腐朽的封建制度，同时也从深层次剖析了贪婪的人性。

名著概要

故事发生时，苏格兰正是温厚仁德的邓肯国王当政时期。他治理国家井井有条，手下有许多能干的大将。屡立战功的葛莱密斯爵士麦克白就是他最赏识的一个，麦克白有勇有谋，又是他的表弟，邓肯国王对他更是器重。

当时麦克白与另一位大将班柯，奉命平定了由挪威军队援助的考特爵士的叛乱。在班师回朝的路上，麦克白与班柯遇到了三个女巫。她们分别向麦克白祝福，一个说："祝福你，葛莱密斯爵士！"一个说："祝福你，考特爵士！"还有一个说："祝福你，未来的君王！"她们预言麦克白不久将做上显赫的考特爵士，而且很快会当上国王。她们还预言班柯的后代将会成为苏格兰的国王。

二人正在狐疑之际，国王派人传来了旨意：因麦克白平叛有功，加封他为考特爵士。女巫的第一个预言真的应验了，麦克白大为惊奇，那么当上国王的预言是否也会很快成为现实呢？这件事激起了他的野心，使他想入非非。他自言道："这好比是美妙的开场白，接下去就是帝王登场的正戏了。"班柯看出了麦克白的心思，警告他不要坠入魔鬼的圈套。麦克白回到自己的城堡将女巫的预言告诉了妻子。妻子向来是一个野心勃勃的人。知道女巫预言后，她比丈夫更加无法抑制满心的喜悦。为了登上王后的宝座，麦克白夫人决心不惜一切代价帮助丈夫成为国王。

恰在这时，一个千载难逢的机会来了。根据当时风俗，为了表示对于一个有功之臣的恩宠，国王可以亲自到大臣家访问。国王邓肯下令，他将赴凯旋归来的麦克白的家中慰问探视。麦克白夫人决心抓住这个机会，就在自己家谋害国王，实现女巫的第二个预言。

这天，国王邓肯带两个儿子马尔康和道纳本及许多随从驾临麦克白府上。麦克白的妻子笑里藏刀，对国王十分殷勤礼貌。国王非常满意城堡的优美和女主人热情款待，将一颗昂贵的钻石送给了麦克白夫人。入夜，鞍马劳顿的国王在主人的安排下很快进入梦乡。这时一场阴谋将要上演了。麦克白答应夫人要趁机杀掉国王，然而此时他却十分矛盾。他虽有野心，但想到邓肯是个贤明君主，"处理国政，从来没有过失"，觉得杀死这样的明君，应属罪大恶极。恶毒妻子见麦克白迟疑不决，立即责备他畏首畏尾，不像个男子汉。在妻子的百般唆使下，经不住王位诱惑的麦克白，终于持刀进入了国王的卧室，杀死了邓肯。

麦克白行凶后，仓皇中把刀子也带了回来。妻子连忙持刀回去，把刀子放在了死者身边，并布置了假象，安排了嫁祸王子的圈套。

天亮了，谋杀被发现了。麦克白夫妇表现得十分悲痛，他们佯装悲愤发誓一定要查出凶手。尽管如此，其他大臣仍然怀疑麦克白。两个王子感到自己处境十分危险，为了躲避谋害，马尔康逃到了英国宫廷请求庇护，道纳本逃到了爱尔兰。

相关链接

福斯塔福是莎士比亚的历史剧《亨利四世》中的一个破落贵族，后来又在《温莎的风流娘们》等剧作中出现。就出身说，他是一个破落的封建贵族，身上体现了封建贵族寄生生活的特点：好酒贪杯，纵情声色。他是一个军人，却缺乏封建骑士的荣誉观念和勇敢，同时他也混迹于下层市民中，沾染了他们的愉快乐观和自我享受的脾性特点，他利用拍马吹牛、逗笑取乐来谋取生活。莎士比亚通过他的活动，通过一系列令人难忘的喜剧场景，展示了五光十色的英国社会各阶层的生活状况。恩格斯称赞莎士比亚这种"情节的生动性和丰富性的完美融合"，并称之为"福斯塔福式的背景"。

麦克白终于如愿以偿,以血统最近的继承者身份当上了苏格兰的国王,他阴险的妻子也理所当然地做了王后。然而他的内心却时刻被罪恶感纠缠着,而且当他想到女巫的预言——班柯的子孙将会成为国王,心中更加不安。为了去除隐患,麦克白又设下毒计,请班柯父子参加盛大的晚宴,并收买了两个刺客,要这两人在路上埋伏,杀死父子二人。当晚,班柯被刺死了,他的儿子弗里恩斯趁着夜黑混战,逃到英国去了。

麦克白以为阴谋得逞,心里轻松多了。然而正当他在与群臣悠闲地谈笑时,一转身却看见班柯的鬼魂坐在自己的位子上。麦克白大惊失色,他对鬼魂说:"你不能说是我干的事,不要对我摇着你染了血的头发。"麦克白与鬼魂东拉西扯,全不顾有人在旁。妻子担心这会泄露谋杀国王的秘密,赶紧打发走了客人。

之后,这样的幻觉经常出现,麦克白和妻子整日陷在一片恐慌、无可奈何中,麦克白决定再去荒原请教女巫。为了惩罚残忍凶暴的麦克白,这次女巫们布置了一些虚妄的幻影,她们招来了三个幽灵替她们说话。第一个幽灵警告:"留心麦克得夫,留心费辅爵士。"第二个幽灵说:"麦克白永远不会被人打败,除非有一天勃内森林会冲着他向邓西嫩高山移动。"第三个幽灵告诉他:"没有一个妇人所生下的孩子可以伤害麦克白。"麦克白听了大为高兴,他认为女巫预言的都是好运,这下他可以肆无忌惮地杀掉妨碍自己的人了。

不久,女巫的第一个预言果然应验了。忠于老国王邓肯的费辅爵士麦克得夫逃到了英格兰,帮助邓肯王位的合法继承人马尔康组织军队,要讨伐麦克白。麦克白一怒之下,派兵攻打麦克得夫的城堡,杀掉了他的妻儿老小。

麦克白的残暴行径,让他众叛亲离,许多贵族和将领都纷纷离开了苏格兰。此时马尔康也正带领大军向麦克白的驻地邓西嫩高地挺进。面对国内混乱的局面,犯下种种罪行的麦克白,整日神经紧张,寝食不安。但当他想到女巫的预言后,又深信自己的城堡固若金汤,阴沉沉地等待着马尔康的到来。

麦克白的妻子由于受了心理上的折磨,最终精神崩溃而自杀了。麦克白真正成了孤家寡人,不过他还是在故作镇静地用女巫的预言来给自己壮胆。他披上铠甲准备与马尔康一决雌雄。这时有使者来报告说,勃内森林正在向城堡方向移动。原来经过勃内森林时,精于战术的马尔康下了一道命令:他要每个士兵都砍下一些枝叶带在头上,以便掩饰军队的真实人数。听说森林在移动,麦克白心惊胆寒,不过他继而想到女巫的预言"没有一个妇人所生下的人可以伤害麦克白",又勉强壮了壮胆,走上战场。

这位昔日英雄在战场上依然勇猛异常。在一片厮杀中,他冲出重围,然而此时他遇到了麦克得夫。麦克白立刻想到了女巫的预言"留心麦克得夫,留心费辅爵士",他想掉头逃走,麦克得夫挡住了去路。可怜的麦克白还在用女巫的第三个预言来安慰自己时,万万没想到麦克得夫开口告诉他,自己并不是母亲正常生下来的,而是不足月剖腹取出来的。麦克白万念俱灰,在一番无力抵抗之后,这个多行不义的家伙最终死在了麦克得夫的剑下。

马尔康登上了国王宝座,决心惩办麦克白的党羽,重整国家。

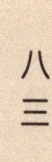

堂·吉诃德 / 西班牙 / 塞万提斯 / 骑士风尚的飘逝

作者简介

塞万提斯（1547～1616），出生于一个破落的西班牙贵族家庭。由于家庭经济困难，塞万提斯只接受过简单的中学教育，但他非常喜欢读书，利用有限的机会饱览古今文学名著并受到了人文主义的影响。青年时期的塞万提斯是个爱祖国、爱自由的热血青年。他于1570年从军，翌年便抱病参加抗击土耳其军队的勒班多海战，失去左臂。战后返国途中，被土耳其海盗俘虏至阿尔及尔，1580年被赎回国。为谋生计，曾任军需官及税吏达15年，往返跋涉于西班牙全国各地，亲眼目睹社会不平及人民苦难。

从1582年开始，塞万提斯决心用他的笔来揭露西班牙社会的罪恶。在他创作的作品中，以《堂·吉诃德》最为著名，影响也最大，成为文艺复兴时期西班牙乃至欧洲最杰出的作品。《堂·吉诃德》上卷于1605年问世后，风靡全欧，读者竞相争读。在不到三星期的时间，西班牙就出了三种盗印本。以至于在他的下卷还没有出版之时，就有人企图化名出版《堂·吉诃德》的续集。但该作品严重歪曲原著的本意，丑化原著的主人公。这使得塞万提斯义愤填膺，他赶紧彻夜创作，终于在1615年出版了该书的下卷，继承了原书的人文传统。

塞万提斯其他的重要作品还有短篇小说集《惩恶扬善故事集》（1613年）、剧本选《八出喜剧和八出幕间短剧》（1615年）等。

背景介绍

塞万提斯说他创作《堂·吉诃德》的目的是要消除骑士小说在社会上，在群众之间的声望和影响。骑士制度、骑士精神、骑士道德是西欧封建社会的一种产物。骑士的任务是"忠君、护教、行侠"，他们要求"文雅知礼"，不仅要忠实地为主人服务，还要效忠和保护女主人。为"心爱的贵妇人"去冒险和获得成功，是骑士最大的幸福。骑士文学即表现骑士"忠君护弱"的冒险生活，为博得贵妇人的厚爱所表现的忠贞和武士精神。骑士主人公都是理想化的人，侠义而崇高。故事虚构、惊险离奇，充满魔法、挑战、创伤，以及荒诞不经的情节。骑士文学与时代精神相差太远，在文坛和读者中影响极坏。塞万提斯为了打击和讽刺骑士文学，以其人之道还治其人之身，巧妙地利用骑士小说的形式，借题发挥，成功地塑造出堂·吉诃德的形象，把骑士制度、骑士精神、骑士道德漫画化。从客观效果来看，《堂·吉诃德》发表后，骑士小说的确在西班牙销声匿迹了。

名著概要

《堂·吉诃德》是一部讽刺灭亡了的骑士制度的长篇小说。小说主人公是居住在拉·曼却村的一个乡绅，原名阿伦索·吉哈达。他读当时风靡社会的骑士小说

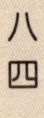

入了迷，自己也想仿效骑士出外游侠，帮助被侮辱者和被压迫者，于是从家传的古物中，找出一副破烂不全的盔甲和一根长矛，然后骑上一匹瘦马悄悄离家出走。他给自己取名堂·吉诃德，又选中了邻村一个挤奶姑娘，取名杜尔西内娅，作为自己终生为之效劳的意中人。

堂·吉诃德的第一次出马很不顺利，他把客店当作城堡，让老板娘给他举行授封仪式。一路上，他单枪匹马地蛮干，向一队不相识的过路商人挑战，结果身受重伤，被乡亲们抬回家来。家人看到他被骑士小说害到这种可怜程度，便把满屋子的骑士小说一烧而光。第二次旅行，他说服邻村一个名叫桑丘的农夫做他的侍从，随他一同去游侠，并且答应人家有朝一日便可任命他为某个岛上的总督，于是主仆两人又偷偷地上了路。堂·吉诃德还是按他脑子里的古怪念头行事，把风车看作巨人，把羊群当作敌军，把苦役犯当作受害的骑士，把酒囊当作巨人头，不分青红皂白，乱砍乱杀，又干出许多荒唐可笑的事情，直到同村的神父和理发师设计把他装进笼子送回家来，才结束了他的第二次游侠。

堂·吉诃德身披盔甲，手提家传长矛，骑马离家出走，干出了许多荒唐可笑的事情。

第三次出游，主仆二人碰到了各种奇遇。他们原计划去萨拉戈萨参加比武，途中遇到一位公爵。这位公爵听说了堂·吉诃德和桑丘的游侠故事之后，故意寻他们开心，将他们请到自己的城堡做客，并且让桑丘担任一个镇上的"总督"。堂·吉诃德迫不及待地要实现他的社会改革理想，但结果主仆二人却受尽折磨，险些丧命。堂·吉诃德的邻居参孙，为了骗他回家，假装成"白月骑士"与他比武，堂·吉诃德失败，不得不听从对方的发落而回家。他到家后即卧床不起，临终才明白骑士小说的危害。他立下遗嘱，嘱咐唯一的继承人侄女千万不要嫁给读过骑士小说的人，否则就取消其继承权。

阅读指导

在诺贝尔文学院和瑞典图书俱乐部联合举办的一次民意测验中，来自54个国家和地区的一百位作家推选《堂·吉诃德》为人类史上最优秀的文学作品。这似乎从一个方面说明了《堂·吉诃德》在世界文学史上的不朽地位，无论是在中国还是在西方国家中，堂·吉诃德这个奇想联翩、滑稽可笑的光辉艺术形象都拥有亿万读者。

《堂·吉诃德》这部小说以堂·吉诃德企图恢复骑士精神来扫尽人间的不平的主观幻想与西班牙社会的丑恶现实之间的矛盾作为情节的基础，巧妙地把堂·吉诃德的荒诞离奇的游侠经历与16世纪末17世纪初的西班牙社会现实结合了起来，以史诗般的笔力向我们展示了一幅恢宏的社会时代画卷，同时也强烈地讽刺、嘲

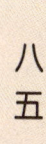

笑和鞭挞了西班牙上层统治阶级，而对人民的苦难则寄予了深切的同情。更主要的是，作者为我们塑造了一个"不畏强暴，不恤丧身"、立志扫尽人间不平的人物形象——堂·吉诃德。堂·吉诃德是个涂抹着喜剧油彩的带有悲剧色彩的主人公。一方面，他向往自由，具有高尚的人文主义精神；另一方面，他又是个天才的幻想家，在自己的白日梦中，不断幻想着用过时的骑士精神来改造现实，因而屡屡上演闹剧，引爆了无数让人捧腹的笑料。可见，堂·吉诃德是个被幻想放大了的英雄，虽然他的信仰是不合时宜的，他的行为是疯狂的，但是他的动机却高尚得足以令我们每个人惭愧不已。《堂·吉诃德》利用文学形式将理想与现实这对人类普遍存在的矛盾揭示得如此深刻而生动，可说淋漓尽致，使得每代人都感受颇深，予以认同。正是这种具有"永恒"与"普遍"意义的深层蕴涵，才使得《堂·吉诃德》千百年来长盛不衰，具有永恒的艺术魅力。

《堂·吉诃德》的伟大成就也可以体现在它对现代小说的影响方面。北京大学的赵德明教授认为塞万提斯通过《堂·吉诃德》的创作奠定了世界现代小说的基础。这不仅仅因为塞万提斯早在17世纪初期就写出了《堂·吉诃德》这部轰动一时的长篇作品，成为西欧历史上的"第一人"，更重要的还是他在这部伟大的作品中尝试了多种与中世纪传统小说有别的艺术写作手法，如真实与想象、严肃与幽默、准确与夸张、故事中套故事等，并且取得了巨大的成功，完成了小说艺术上的改革。

此外，《堂·吉诃德》在表现人性及社会现实的同时，还表现了作者对文学创作的思考。例如他认为"描写的时候模仿真实，模仿得愈亲切，作品就愈好"，"凭空捏造越逼真越好，越有或然性和可能性，就越有趣味"等，这些都可以作为小说创作的原则指导。小说第二部还描写了人们对小说第一部的反映和批评，从人物对堂·吉诃德的不同态度表现了社会各个阶层不同人物的形象。因此，小说揭示了文学作品对读者的影响，揭示了作家、作品和人物的相互关系，表现了作者对文学创作的强烈的自我意识。诸如此类，在其他的小说中都是不常见到的。

《堂·吉诃德》在西班牙文学中具有崇高的独一无二的地位。它的出现，标志着西班牙古典艺术已经达到了一个高峰，同时，它也使塞万提斯本人成为欧洲近代小说的先驱。这些成就对西班牙文学、欧洲文学，乃至整个世界文学的影响都是不可估量的。

名家点评

诗人海涅认为："塞万提斯、莎士比亚、歌德在叙事、戏剧、抒情方面分别达到登峰造极的地步。"俄国著名批评家别林斯基亦精辟地指出："在欧洲一切著名文学作品中，把严肃和滑稽，悲剧性和喜剧性，生活中的琐屑和庸俗与伟大和美丽表现得如此水乳交融，这样的范例仅见于《堂·吉诃德》。"

陀斯妥耶夫斯基在评价《堂·吉诃德》的时候说："全世界没有比这更深刻、更有力的作品了，这是目前人类思想产生最新最伟大的文字，这是人所能表现出的最悲苦的讥讽。例如到了地球的尽头问人们：'你们可明白了你们在地球上生活吗？你们怎样总结这一生的生活呢？'那时候人们就可以默默地递过《堂·吉诃德》去，说：'这就是我给生活做的总结，你难道能因为这个责备我吗？'"

大教学论 / 捷克 / 夸美纽斯 / 近代教育体系的框架

作者简介

夸美纽斯（1592～1670），捷克伟大的教育学家。1628年，夸美纽斯被迫率领兄弟会的3万会员逃离祖国，定居于波兰的黎撒。在这里，他担任兄弟会的文科中学校长14年，并先后撰写了《母育学校》（1628～1630）、《语言学入门》（1631）、《大教学论》（1632）等教育理论著作和教科书。从17世纪30年代初开始，他从事"泛智"的研究。所谓"泛智"，是一种百科全书式的能为一切人所掌握的各种自然和社会知识的大全。1642年，他应瑞典政府邀请，去编写拉丁文教科书和教学参考书，前后达6年之久。1650年，他又应邀到匈牙利，受聘担任沙洛斯－波托克地方的长年教育顾问，并创建一所"泛智学校"，以实验他的泛智教育思想。这几年他的主要著作有《世界图解》《泛智学校》《论天赋才能的培养》等。《世界图解》是儿童看图识字课本，此书被译成欧亚各国十几种文字，保持其教科书地位近二百年。1654年，夸美纽斯再返黎撒，两年后黎撒毁于战火，他的住宅和书稿被焚。最后，他定居于荷兰的阿姆斯特丹，并从1657年起在此出版他的《教育论著全集》。他于1644～1645年开始撰写、最终未能完成的七卷巨著《人类事务改进通论》，这是一部综合性理论著作。其中第一、二卷于1666年在阿姆斯特丹发表，其他五卷的手稿于1934年才被发现。

夸美纽斯像
作为捷克最著名的教育理论家和实践家，夸美纽斯的教育理论在全球都产生了很大的影响，他的《大教学论》中译本1938年由中国商务印书馆出版，译为《大教授学》。

背景介绍

夸美纽斯生活的时代，学校仍沿用传统的个别教学法，即教师一个一个地对学生进行个别教学。宗教改革以后，天主教和新教各派的学校开始试行班级教学制。而当时资本主义发展迅速，自然科学蓬勃兴起，教育为现实生活服务的思想日益进入人们的观念中，这些都推动了教育理论的发展。

名著概要

夸美纽斯花了5年的时间，修改并补充了捷克文《大教学论》的初稿，改写成当时学术界通用的国际语拉丁文，并冠之以《大教学论》的书名。此书从书名上看像是一部关于教学理论的著作，实际上远远超出了教学论的范围，可以称作是夸美纽斯改革旧教育的全面方案。在此书中，他论述了教育的目的、任务、作用；

> **经典摘录**
>
> 教学中的一条金科玉律就是：在可能的范围内，一切事物都应该放在感官之前。这些不同的学科不是要求研究不同的学科，而是要用不同的方法去学习同样的学科。
>
> 对于母育学校学习的另一种帮助是一本应当直接放到儿童手里的图画书。

教育的根本原理；教学的原则、内容、方法；分科教学法；德育；宗教教育；体育；学制及学校管理等教育学的基本内容。

全书共 33 章，可以划分为 6 个部分：

1. 总论。第 1～14 章，讨论人生的目的，教育的目的、任务、效能、重要性、普及教育的意义、旧教育的缺陷、教育改革的必要性、探索教育、教学普遍规律以及教学理论的根本指导思想。本书卷首先明确指出，作者写作此书的目的就是为了实现青年时代的理想，即"寻求并找出一种教学的方法，使教员因此可以少教，但是学生可以多学；使学校因此减少喧闹、厌恶和无益的苦劳，多具休闲、快乐和坚实的进步；并使基督教的社会因此可以减少黑暗、烦恼、倾轧，增加光明、整饬、和平与宁静。作者把教育青年看作是对国家最伟大的贡献。夸美纽斯深信人接受教育的可能性，人是自然能获得一种关于万物的知识的。他认为人心的能量是无限的，它上天入地，无所不至，它能测度一切，领悟一切；另一方面，教育为人人所必需。凡生而为人的人都有受教育的必要，因为他们既然是人，就不应当成为无理性的兽类。人的教育应当尽早开始，因为在人身上唯一能够持久的东西就是从少年时期吸收得来的知识。学校是人接受教育的最合适的地方。

2. 体育。第 15 章。夸美纽斯一反传统，论述了延长生命、爱惜生命、保持身体健康的观点，这是对禁欲主义的摒弃。

3. 教学论。第 16～22 章，这一部分是此书的精华所在，他讨论了教学的根本指导原则，自然适应性，各种教学原则，规则和方法，教学的组织形式，班级授课制以及各种学科教学法。作者认为，在自然社会和人类的活动中存在着普遍规律，一切好的教育、教学原则、规则、方法，都受这种普遍规律的支配，人们必须服从（或适应）这种普遍规律，这就是自然适应性。夸美纽斯大力提倡班级教学制的传播。作者以唯物主义感觉论的认识为基础，论证了直观教学的理论依据和实施细则。作者对感觉经验高度评价，指出知识的开端永远来自感官，所以智慧的开端在于真正知觉事物本身。在接触实际事物时，应强调事物之间的区别。

4. 德育论。第 23～26 章。在关于道德教育部分，有两点值得注意：(1)在夸美纽斯看来，世俗道德的培养已从宗教教育中解放、分离出来，成为独立的组成部分，直到 19 世纪，道德教育才取代宗教教育而占据了学校中的主导地位；(2)夸美纽斯十分重视学校的纪律。

5. 学制系统及各级学校的课程设置。第 27～31 章。夸美纽斯建议的新学制的特点是：(1)它是历史上第一次提出的最系统、最完整的学制，包括学前教育、

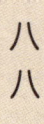

初等教育、中等教育和大学教育（各6年）；(2)学前教育的地位得到肯定，并纳入学制；(3)小学教育年限延长；(4)普及教育思想；(5)保证普及教育的实施，必先普设学校；(6)国语学校位于拉丁语学校之前；(7)各级学校的课程按统一的要求，做圆周式的排列，即由浅入深的排列；(8)课程计划大大超过了《圣经》《教义问答》、"七艺"的狭隘范围。

6. 结论。最后两章，论述了这个教育改革的优越性和可能性，呼吁各界人士支持本计划的实施。

阅读指导

此书在夸美纽斯所有著作中占有特殊的地位，奠定了夸美纽斯的教育观及其全部教育活动的基础。

夸美纽斯提出的课程全面、新颖、宽广，令人耳目一新，富有改革、创新的意义。夸美纽斯在历史上第一次提出了建立"学校之学校"或"教学法学院"的大胆设想，这是后世的师范学校的雏形。17世纪的"奇想"，300年后已成了世界各国普遍的事实。

伪君子 / 法国 / 莫里哀 / 欧洲古典主义戏剧的最高峰

作者简介

莫里哀（1622～1673），原名让·巴蒂斯特·波克兰，17世纪法国著名古典主义喜剧家。他出身于宫廷室内陈设商家庭，父亲是宫廷室内陈设商。他自幼喜爱戏剧，1643年和朋友组成了剧团，亲自参加演出，并为此放弃了继承权。1650年起任剧团负责人并开始喜剧创作。1659年公演的《可笑的女才子》嘲讽当时贵族矫揉造作的风气，也奠定了莫里哀喜剧家的地位。他的主要作品还有讽刺天主教会的《伪君子》，批判修道院妇女教育的《太太学堂》《丈夫学堂》《屈打成医》《吝啬鬼》（一译《悭吝人》）、《乔治·唐丹》《唐璜》《恨世者》《史嘉本的诡计》《无病呻吟》，舞蹈剧《布索那克先生》《醉心贵族的小市民》等。其中，《太太学堂》的演出标志着法国古典主义喜剧的诞生。莫里哀是法国现实主义喜剧的首创者，他对喜剧形式做了多方面的探索，他的作品主要讽刺对象是上层资产者和没落贵族，他提出了各种严肃的社会问题，用喜剧的形式揭露封建制度、宗教与一切虚假的事物。在艺术手法上，他大胆吸收了很多民间艺术手法，语言自然，把生活

相关链接

1635年，法国成立了法兰西学院，文学理论家布瓦洛当选为院士，他曾劝莫里哀放弃丑角的行当，莫里哀谢绝了他的好意。莫里哀逝世后，路易十四问布瓦洛，在他统治期间，谁在文学上为他带来了最大的光荣，布瓦洛说："是莫里哀。"而在法兰西学院的大厅里也为这位并非院士的剧作家立了一尊石像，下面刻着这样的话："他的光荣什么也不少，我们的光荣少了他。"

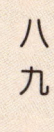

世界名著大讲堂

《伪君子》剧照

作于1664年的《伪君子》是莫里哀的喜剧杰作,剧中的教会骗子答尔丢夫已经成为"伪君子"的代名词。《伪君子》也是法国剧作中演出次数最多的名剧。

中的矛盾和人物性格都表现得很透彻,法国人评价他是"无法模仿的莫里哀"。

背景介绍

在路易十四的统治期间,法国表面的繁荣其实更深化了它事实上真正的危机,而僵硬腐朽的制度也带来了同样令人窒息的古典主义文学。就在这个时候,冷嘲热讽、刺破伪善的《伪君子》问世了。剖析当时的社会背景,我们就会发现,它的诞生注定是一次"难产"。由于它攻击一切不合理的现象,攻击经院哲学,攻击富商的不择手段,攻击天主教的危害多端,所以在1664年这出戏初次上演时就遭到了天主教的攻击,路易十四便命令禁演。第二年又被最高法院下令禁演,巴黎大主教甚至宣布:凡看此剧者均逐出教门。直到1669年,莫里哀第三次向国王陈情,才最终获准公演。

名著概要

富商奥尔恭把一个叫答尔丢夫的教士带回了家,他母亲和他都认为答尔丢夫是一个虔诚敬奉上帝的道德君子,并要家族成员都服从他。但家里的其他人都反对,奥尔恭的儿子达米斯说答尔丢夫是一个假仁假义的人,女仆桃丽娜说他对奥尔恭的妻子欧米尔有坏心,但奥尔恭并不相信。这是因为他曾看到了答尔丢夫的许多善行,所以他才把答尔丢夫接到家里来。并且他还想把自己的女儿玛丽雅娜与瓦赖尔的婚事退掉,把她嫁给答尔丢夫。

玛丽雅娜当然不愿意,但又不敢反对,女仆桃丽娜却替她出面,并与瓦赖尔等人一起商议如何挽回这桩事。达米斯想用蛮干来阻止此事,桃丽娜却看出答尔丢夫对欧米尔的念头,所以她认为可以由欧米尔出面。果然,答尔丢夫一见欧米尔就大献殷勤甚至调情,这一切都被达米斯看到了,他告诉了奥尔恭,欧米尔也证实了此事,可奥尔恭还是被答尔丢夫的伪善所蒙蔽,他撵走了儿子,并剥夺了他的继承权;并且让答尔丢夫多亲近欧米尔,还把全部财产都赠给了答尔丢夫。玛丽雅娜跪在父亲面前,苦苦哀求不要把自己嫁给一个自己深为厌恶的人,而奥尔恭还是固执己见。

欧米尔责备丈夫瞎了眼,成见太深。她问如果他亲眼看到了又会怎样,奥尔恭说如果这样他就相信他们所说的。于是,她让丈夫钻到桌子底下等着,然后叫来了答尔丢夫。在这时,答尔丢夫真相毕露,奥尔恭终于看清了这个伪

经典摘录

人容易经受住打击,但受不了揶揄。人宁可做坏人,也不肯做滑稽人。

一件坏事只是被人嚷嚷得满城风雨的时候才成其为坏事。

九〇

名家点评

　　歌德曾说过："莫里哀是如此伟大，每次读他的作品，每次都重新感到惊奇。他是一个独来独往的人，他的喜剧接近悲剧，戏写得那样聪明，没有人有胆量想模仿他。我每年一定要读他的几出戏，好叫自己保持一种经常和美好事物的接触。我不仅喜欢他的完整的艺术手法，还喜欢诗人那种可爱的自然、高尚的心灵。"

君子，并把他赶出了家门。然而，奥尔恭已经把家业赠给了他，而且更为重要的是他与一个在逃犯的秘密文件也落在答尔丢夫手中。果然，答尔丢夫不仅要霸占家产，还到王爷那里告了奥尔恭。所幸的是王爷极为英明，他早就看穿了答尔丢夫的所作所为，并把他投进了监狱。

阅读指导

　　各种喜剧手法的综合应用是《伪君子》一剧的突出特色。在阅读过程中，读者应该注意到这一点，如文中的一段对话，奥尔恭刚从外面回来，竟来不及与妻舅克雷央特打招呼，先问桃丽娜大家是否平安，然而下文中连用了4个"答尔丢夫呢"的问句和4个"真怪可怜的"的答句，这让我们看到他的所谓"大家"不过是答尔丢夫一人罢了，而且他连妻子的病都充耳不闻。每在桃丽娜讽刺性地说答尔丢夫如何好时，他总是说"怪可怜的"，这里的喜剧效果便极为强烈。

唐　璜 /法国/莫里哀/独具一格的古典主义喜剧

背景介绍

　　17世纪下半叶，法国封建制度日益腐朽，贵族生活腐败、道德败坏。该剧借当时在法国非常流行的一个西班牙故事，塑造了"恶棍大贵人"唐璜的形象，表现了作者对封建社会的抨击和对贵族的讽刺。

名著概要

　　唐璜是西班牙塞维利亚古城的一个贵族公子，被他诱骗又遭抛弃的女人不计其数。他看中了塞维利亚城修道院骑士团长温柔美丽的女儿艾维尔，在他疯狂的追求下，这位贵族小姐离开修道院与他结了婚。然而，婚后不久，唐璜便又开始寻找新的目标。一次偶然的机会，他看到一对热恋中的青年男女，二人心心相印的样子使得他妒火中烧，他决心把那位美丽的姑娘抢到手。于是唐璜对新婚妻子不辞而别，带上他的亲随，追随这对恋人直到西西里岛。

　　艾维尔小姐伤心至极，于是她追到西西里岛，欲挽回爱情。见到艾维尔小姐，唐璜不但没有一点儿惭愧，反而无耻地宣称，他已经为自己将她引诱出修道院做过忏悔，并劝她赶紧穿上修女的衣服重回修道院。他竟然还称这个主张反映了"一百二十分圣洁的思想"。唐璜对新婚妻子的残酷行为让他的仆人斯嘎纳莱勒也

世界名著大讲堂

相关链接

唐璜的传说在16、17世纪的欧洲流传已久:西班牙塞维利亚古城24贵族之一特诺里奥家族的浪荡公子唐璜,勾引了该城修道院骑士团长的女儿。骑士团长对他严加谴责,结果被他用刀杀死,但由于家族势力,杀人者未能受到应有的惩罚。骑士们欲为骑士团长报仇,便把唐璜诱到骑士团长死后被葬的圣弗朗西斯科修道院墓地。就在唐璜又侮辱安眠于地下的骑士团长时,墓地上骑士团长的石像突然复活了,把不知悔改的唐璜拉进了火海……

感到心寒。艾维尔走后,斯嘎纳莱勒想看他"会不会有负疚心",结果唐璜却说:"去想法子把那个女孩子弄到手要紧。"

听说他追逐的那位小姐当日要和恋人坐船到海上游玩,唐璜便带人乘小船去抢劫。结果小船遭遇一场大风,唐璜落水。附近渔民皮艾罗将他救起,带回村中,村民们热心照顾他。年轻美丽的村姑玛度丽娜吸引了唐璜,他向姑娘甜言蜜语,诱她上了钩。然而,当他看到救命恩人皮艾罗的未婚妻莎绿蒂姿色出众时,又转而追求,并很快骗取了她的爱情。皮艾罗知道后,气愤地与唐璜理论,结果却被他毒打一顿。玛度丽娜和莎绿蒂被谎言所迷惑,一心想嫁唐璜,二人争吵起来。整个村子被搅得鸡犬不宁。正当唐璜寻找新的目标时,他的剑术教师匆匆来报告,有12名骑手追赶而来,劝唐璜赶紧躲避。唐璜赶忙与斯嘎纳莱勒换了衣服,匆忙离去。村里的姑娘才免遭他的蹂躏。

追赶唐璜的是艾维尔小姐的两位兄长喀尔劳、阿龙斯及其随从,他们来找他复仇。不料喀尔劳与众人走散,在树林中迷途遇盗。正在危急时刻,唐璜恰巧路过,救下了他。阿龙斯等人很快赶到,要杀唐璜。喀尔劳为报救命之恩,力主给唐璜一个悔过的机会,如果他肯给艾维尔以正式夫人的名分,就可以得到宽恕。阿龙斯同意推迟复仇日期,众人离去。

唐璜路过树林中一座陵园。他得知此陵园是为纪念被自己杀死的一个武士所建,便进去参观。武士石像雕得形象逼真,屹立于园子正中。唐璜对自己犯下的罪行毫无悔过之意,还对武士嘲弄一番,请他共进晚餐。出乎意料的是,他分明看到石像对他点了点头。当晚,石像真的来赴宴,并回请唐璜第二天晚上到他那里吃饭。

第二天,唐璜坦然地在自己的房间大睡时,有人来敲门。首先是他的债主,来讨他久欠不还的债,他用花言巧语将其糊弄走了。接着,父亲路易怒冲冲地来找他,斥责他一连串的下流行为。唐璜表现得出人意料的乖顺,他垂手而立,表现出一副可怜的样子,说自己一定会努力做一个好人。父亲一走,他就原形毕露,对自己刚才的表现大笑不止。对他一片痴情的艾维尔小姐也来找他,规劝他改邪归正。唐璜不但毫无悔过之心,还又起邪念,想把她留下来继续玩弄。

一个鬼魂走来警告他:唐璜要指望上天发慈悲,没有再多的时辰留给他了;假如他不马上忏悔,他的毁灭是一定了。斯嘎纳莱勒从中看到不祥的征兆,劝主人赶紧忏悔。唐璜却说:"我不能叫人家说我也会悔过……世上没有东西能让我害怕。"说着拔剑砍向鬼魂。晚上石像终于来邀请他了,大声宣布:"唐璜作恶到

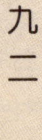

底，必有横死，拒绝上天的慈悲，得到的便是震怒。"接着，风雨大作，雷电轰鸣。一个霹雳过去，烈焰落在唐璜身上。他被焰火卷进了地狱。他的死对一切都有了交代：被践踏的法律，被祸害的家庭，被诱奸的姑娘，被逼得走投无路的丈夫……倒霉的只有斯嘎纳莱勒，他被拖欠多年的工钱是没有着落了！

吝啬鬼 / 法国 / 莫里哀 / "守财奴"的不朽经典

背景介绍

17世纪下半叶正是欧洲资产阶级资本积累时期。该剧揭露了资产阶级拜金主义的本性，讽刺了他们的贪婪、吝啬和虚荣。作者用夸张讽刺的手法，成功塑造了"阿尔巴贡"这个典型的资产阶级守财奴形象。

名著概要

巴黎富翁阿尔巴贡，以放高利贷起家。如今他年过六旬，妻子已故，有一儿一女。这个拥有百万家私的富翁爱财如命，吝啬成癖：他对子女十分苛刻，不给他们零用钱，还占有了妻子留给他们的财产，致使儿子负债累累；赶上过节送礼或用人歇工，他故意闹情绪或找茬和用人吵架，只为了不给他们饭吃。他不仅对仆人及家人苛刻，甚至自己也常常饿着肚子上床，以致半夜饿得睡不着觉，便去马棚偷吃荞麦。

阿尔巴贡的儿女如今都已到了谈婚论嫁的年龄。女儿艾丽丝有一次落水，被青年法赖尔救起，两个年轻人彼此相爱。为了能和心上人在一起，法赖尔隐瞒身份，给阿尔巴贡做了仆人。艾丽丝瞒着父亲和恋人私订了终身，但想到专制的父亲可能不会同意这桩亲事，总是忧心忡忡。儿子克莱昂特爱上了家境贫寒的玛丽亚娜。兄妹两个有着同样的烦恼。克莱昂特告诉妹妹他一定要和玛丽亚娜结婚，如果父亲不同意，他就带着心上人离开巴黎。两人商量着要一起去找父亲，征求他对他们婚姻大事的意见。

然而阿尔巴贡只关心钱，他认为"世上的东西，就数钱最可贵"。为了不让别人看到自己的钱，他甚至不愿意将其放在保险柜中。他想了个"好办法"，将一大笔钱埋在了自家的花园中。然而这个老守财奴仍然不放心，整天为此提心吊胆。

克莱昂特和艾丽丝一起来到父亲的房间。他们已经下定决心，要将自己的事告诉父亲。然而还没等二人开口，老头儿就先宣布了自己的计划：他告诉孩子们自己看中了玛丽亚娜，要同她结婚；他还给儿子选中了一个有钱的寡妇，说这对克莱昂特的前途大有帮助；女儿艾丽丝呢，他说自己已为她物色了一个年

在听一位先生朗读莫里哀剧本的人们

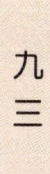

世界名著大讲堂

> **相关链接**
>
> 世界文学名著中四大"吝啬鬼"形象：
> 1. 英国戏剧大师莎士比亚喜剧《威尼斯商人》中，贪婪凶残的高利贷者夏洛克。
> 2. 法国批判现实主义文学大师巴尔扎克的《欧也妮·葛朗台》中，临死不忘抓金十字架的吝啬鬼葛朗台。
> 3. 俄国文学大师果戈理名著《死魂灵》中，实为富豪却形似乞丐、处心积虑地聚敛财富的吝啬鬼泼留希金。
> 4. 法国古典主义喜剧家莫里哀喜剧《吝啬鬼》中，资产阶级高利贷者阿尔巴贡。

近半百的伯爵昂塞尔默。原因是这个爵爷不但很阔，而且"不要嫁妆"。面对吝啬而又专制的父亲，兄妹二人敢怒而不敢言。

知道父亲已成了自己的情敌，克莱昂特心烦意乱。他决定去借一笔钱，为自己出走做准备，于是他让仆人阿箭去找掮客西蒙老板。西蒙老板说，债主答应借一万五千法郎，不过要求是二分五厘的高利，而且其中的三千法郎还要用家什、器物折合给他。克莱昂特气得大骂债主"简直是奸商、杀人不见血的凶手"。后来，在西蒙老板的介绍下，克莱昂特去见债主。他才发现原来黑心的高利贷者就是自己的父亲。阿尔巴贡知道儿子借债，骂他不务正业、胡作非为。克莱昂特指责父亲放印子钱，伤天害理，做昧心事。

媒婆弗洛希娜为了向阿尔巴贡借钱，为他的婚事十分卖力。她极力讨好他，说他气色好，越活越年轻，还说玛丽亚娜不爱年轻人，只喜欢像他这样的老头子。阿尔巴贡听了，乐得合不拢嘴，不过他最关心的还是对方的嫁妆，对弗洛希娜借钱的事装聋作哑。

玛丽亚娜要来相亲了，阿尔巴贡让用人打扫房间，准备饭菜。为了省钱，明明有十个人吃饭，他要用人准备八个人的。他还吩咐用人在酒里兑上水，不等客人的杯子空了不准倒酒。用人想要件新衣服，告诉他自己衣服很破旧了，上衣前襟有一大块油渍，裤子后面有个大窟窿，这样人家难免笑话。阿尔巴贡告诉他，伺候客人时，把前襟用帽子挡住，要他总背朝墙，这样别人就不会发现了。

在弗洛希娜的陪同下，玛丽亚娜来了。阿尔巴贡一见到她，就夸赞她的美貌，说她是"最美的星星"，玛丽亚娜却十分反感他。这时克莱昂特走了上来，玛丽亚娜这才惊奇地发现，原来自己心仪已久的克莱昂特是阿尔巴贡的儿子。克莱昂特直接告诉玛丽亚娜，他不愿意让她做自己的继母，还借父亲的名义表示，为了爱情，他要"移山倒海、勇往直前"。克莱昂特找借口支走了父亲，陪玛丽亚娜到花园中散步，并亲吻了姑娘的手。这一幕被阿尔巴贡看到了，他起了疑心。为了套出儿子的话，他告诉克莱昂特，由于自己与玛丽亚娜年龄差距太大，决定放弃这桩婚事。他还假意对儿子说，如果他中意玛丽亚娜，可以娶她。克莱昂特信以为真，便将实情告诉了父亲。阿尔巴贡立即翻了脸，他大骂儿子不孝，威胁他如果不放弃玛丽亚娜，就取消他的继承权。

阿箭来找克莱昂特，高兴地告诉他自己弄到了老爷在花园中藏的钱。阿尔巴贡很快发现自己的钱丢了。他一下将婚事抛到了脑后，呼天抢地，说自己"叫人抹了

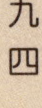

脖子啦"，并请来了警务员。用人雅克与法赖尔不和，便诬陷钱是他偷的。阿尔巴贡便让警务员审问法赖尔。法赖尔不知道阿尔巴贡丢钱的事，突然被指控有罪，以为自己和艾丽丝的事被人知晓，便点头承认了。阿尔巴贡误以为真是他偷了钱，要将他送进监牢。

正在这时，昂塞尔默应阿尔巴贡之约，来向艾丽丝求婚。阿尔巴贡将自己的遭遇告诉了他。法赖尔这才明白怎么回事，便向众人讲出了自己的真实身份，说自己也是贵族出身，不会做出偷盗的事。昂塞尔默通过他的讲述，发现法赖尔正是自己多年前失散的儿子。原来他前妻曾留下一儿一女，两个孩子不幸在十几年前一场灾难中走失了。克莱昂特身边的玛丽亚娜在二人的讲述中，惊异地发现，自己正是昂塞尔默所说的另一个孩子。父子三人相见，相拥而泣。克莱昂特对父亲说，他知道钱的下落，不过他要想得到钱，必须同意他与妹妹的婚事。阿尔巴贡立即答应了。

两对年轻人终成眷属。不过让人啼笑皆非的是，阿尔巴贡却提出没钱给孩子举办婚礼，而且还要昂塞尔默为他准备一件参加婚礼的衣服，并让他连警务员办案的费用也一起出了。面对这个被人称为"吝啬鬼"的亲家，昂塞尔默一口应承了。

伦理学 / 荷兰 / 斯宾诺莎 / 理性主义形而上学体系的代表

作者简介

斯宾诺莎（1632～1677），犹太人，荷兰17世纪著名的哲学家。1639～1645年，他进入宗教学校，被视为犹太教的希望——"希伯莱之光"。毕业后经营商业，1652年进拉丁文学校学习拉丁文，兼授数学、希伯莱语。1656年，阿姆斯特丹的犹太人公会永久性地革除了斯宾诺莎的教籍，因为他发布异端学说，公开地对《圣经》中记述的历史表示质疑。斯宾诺莎富庶的家庭随后也因此宣布剥夺其继承权，当时的他只有24岁。斯宾诺莎移居到阿姆斯特丹等地，以磨制镜片为生，在艰难的生活条件下，他仍然坚持对哲学和科学的研究。1660年，斯宾诺莎迁居莱茵斯堡后，他以通信方式组建了一个哲学学习小组。1662年，他给莱登大学神学系一个学生讲授笛卡尔哲学，讲义后来辑录成书。他的思想通过通信的方式传播到欧洲各地，赢得人们对他的尊敬，普鲁士曾邀请他到海德堡大学任哲学教授，被他谢绝。这样的遭遇反而使他可以潜心思考哲学问题，1660～1675年，斯宾诺莎用近15年的时间完成了他的《伦理学》和《神学政治论》《政治论》等代表性的著作。斯宾诺莎的一生思想自由、品德高尚，是哲学家的榜样。他的主要著作还有《笛卡尔哲学原理》《知性改进论》等。

背景介绍

斯宾诺莎所处的17世纪，正是欧洲封建制度走向瓦解，资本主义制度逐渐成长的时候。他的祖国荷兰已经经历了资产阶级革命，建立了资产阶级国家。欧

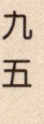

名家点评

罗素在《西方哲学史》中这样评价:"斯宾诺莎是伟大哲学家当中人格最高尚,性情最温和可亲的。按才智讲,有些人超越了他,但在道德方面,他是至高无上的。"

洲新兴资产阶级思想家对封建主义和宗教神学进行了有力的批判,已经产生出以培根、霍布斯、笛卡尔为代表的一批先进思想的代表人物。斯宾诺莎的《伦理学》就是在这种社会环境和文化氛围中应运而生的。

名著概要

《伦理学》由5个部分组成,分别讨论了上帝、自然、心灵的起源、情感以及人类的奴役和自由问题。每部分中有界说和公则或公设,公则或公设下设有诸多命题,各个命题后有证明,有些还有附释和绎理,全书的结构完全是几何证明式的。

本书从论述神的本性开始。在斯宾诺莎的哲学中,神、实体和自然这三个术语的含义是一样的,神即自然,即实体。神是唯一的、无限的,其本质就包含着它的存在。实体是自因,即自己是自己存在的原因和根据,它不需要别的东西来说明其存在。不仅如此,神是万物的自由因,万物的存在以神为根据,预先为神所决定。任何别的方面的知识的获得都要以对神的认识为前提。

在《伦理学》第二卷中,斯宾诺莎讨论了心灵的起源和本质问题。心灵虽然是实体的无限属性的一种,但是对道德行为来说是极为重要的。与传统思想否认自然界的完满性不同,斯宾诺莎认为所有的东西都是上帝的表现形式,都是完满的。

关于人的奴役和自由问题,斯宾诺莎指出他的目的是使人摆脱奴役状态,从被动的情感的束缚中解脱出来,在理性的指导下自由地生活。人的自由的获得需要两方面的努力,一是认识神的本性的必然性,二是使情感服从理性的支配。受情感支配的人是被动的,受理性支配的人是自由的。真正的理性生活需要对神的理智的爱,需要对神有真正的认识。心灵最高的善,即至善,是对神的认识和追求。对感官享乐和名利的追求不是对真正的善的追求。

斯宾诺莎哲学系统的根本原则可以归结为如下三条:1.一切事物不是在自身内,就必定是在他物内;一切事物如果不能通过他物而被认识,就必定是通过自身而被认识。这可以叫作本体论—认识论的存在原则。2.如果有确定的原因,则必定有结果相随,反之,如果有确定的结果,必定有原因存在;认识结果有赖于认识原因,结果的知识包括原因的知识。这可以叫作本体论—认识论的因果原则。3.凡两个东西之间无相互共同点,则一个东西不能为另一个东西的

经典摘录

只要精神在理性的指示下理解事物,无论观念是现在事物、过去事物还是未来事物的观念,精神有同等感动。

原因，这个东西不能借另外个东西而被理解，这可以叫作本体论—认识论的关系原则。根据这三条本体论—认识论平行原则，斯宾诺莎研讨神、人和人的幸福等问题。在论神中，斯宾诺莎首先把神理解为绝对无限的存在，亦即具有无限多属性的东西，其中每一属性都表现永恒无限的本质。他认为神是必然存在的，因为之所以存在的理由或原因不是在神的本性之内，就必定在神的本性之外。神是唯一的，除神之外，不能有任何实体，也不能设想任何实体，神是万物的自由因，神是永恒的。斯宾诺莎认为万物都预先为神所决定，但并不是为神的自由意志或绝对善意所决定，而是为神的绝对本性或无限力量所决定。

斯宾诺莎伦理学的根本出发点是，人是一种特定的有限样态，是自然的一部分。因此，正当的人类生活方式、行为规范奠基于对如下问题的正确理解：情感的源泉、性质和类别，情感的奴役力量、理智的自由力量。一切有限样态的现实本质都是努力，人的现实本质体现为不同层次的努力：意志、冲动和欲望。情感源于欲望，情感是这样的身体情状及其观念，它使人的身体竭力保持自己存在的力量得以增加或减少，促进或阻碍。情感有主动和被动之分，区分标准是情感的原因。人自身力量是弱小的，必然受制于情感，顺应自然本性的需要，满足外在事物的存在本性之所求，这使人在意志、克服情感时无能为力，这就是情感的奴役力量，而理智却能克服情感的奴役力量，使人达到心灵的幸福和自由的起点。如果拥有正确的知识、必然的知识、全面的知识，心灵具有理智的力量，尤其是自觉地获得了关于神的永恒的彻底得知，那么就是自由人，自由人的本性就在于他自身的存在力量处于神之中。斯宾诺莎从"努力"出发相应于人的知识的不同阶段思考人自身的存在状态，将人的存在状态分为奴隶时代、理智时代和神性时代。

阅读指导

在西方伦理学史上，斯宾诺莎不仅因其思想的深邃而闻名，也因其人格的高尚而被称颂。他的伦理学意在让人以认识真理为天职，使认识真理与实践道德相一致。他的一生正是追求真理与道德的一个范例。尽管斯宾诺莎的伦理学没有超出历史唯心主义的局限，但其在历史上的进步性是毋庸置疑的。

政府论 / 英国 / 约翰·洛克 / 影响世界历史进程的书

作者简介

约翰·洛克（1632～1704），17世纪英国哲学家、政治家和教育家。他出身于英格兰一个富裕的律师家庭，从小在父亲的启蒙下接受教育，14岁进威斯敏斯特中学。1652年，20岁的洛克进入牛津大学的基督教会学院，学习哲学、物理、化学和医学。大学期间，他用大部分时间攻读笛卡尔、培根、霍布斯的哲学著作和牛顿的自然科学著作，同时钻研医学。毕业后，留校担任希腊文和修辞学的教学工作长达10年之久。1666年，洛克结识了艾希利勋爵（英国资产阶级革命时

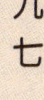

相关链接

洛克的教育思想主要见于《教育漫话》一书，他在教育上的最大贡献是提出了"绅士教育"体系，为英国自由资产阶级和资产阶级化的贵族子弟绘制出一幅完整的教育蓝图。他认为知识并非由于天赋，管理国家的才能亦非与生俱来，一切资产阶级子弟通过教育都可以获得管理国家的知识与才能，教育的目的在于培养有德行、有才干且善于处理自己事业的"绅士"，这种"绅士"必须是道德、智慧、礼仪和学问四位一体的人。洛克注重体育教育，主张培养未来绅士的坚强意志和性格，强调示范和环境的教育影响作用。

期辉格党领袖），做过艾希利的秘书、顾问和私人代表，深受其政治思想的影响。1683年，因躲避斯图亚特王朝的迫害，洛克跟随艾希利避居荷兰。1688年"光荣革命"后，他返回英国并在新政府中担任职务。这种不平常的经历和社会关系，对洛克的世界观和政治态度产生了非常深刻的影响，也促使他成为新兴资产阶级的法律思想家。他的法律思想是为立宪君主制和相应的法律制度提供理论根据的。其主要著作有《论宽容异教的通信》（1689年）、《政府论》（1689年）和《人类理解论》（1690年）等。

背景介绍

17世纪英国资产阶级革命在经历了近半个世纪阶级力量的反复较量及政权更替后，终以封建贵族与资产阶级和新贵族的妥协而走向资本主义。伴随着政治、经济和军事领域内激烈斗争的是思想理论界长久的分歧，以及各派代表人物针锋相对的论战。《政府论》几乎是这一论战的缩影。洛克在书中以严密的逻辑推演批判了代表王权利益的菲尔麦关于君权神授和王位世袭的主张，指出统治者的政治权力或权威并非源自于所谓亚当的个人统辖权和父权，而是只能从自然法学说中得到解释。

名著概要

《政府论》分上、下篇，亦称《政府论两篇》。上篇共11章，着力于驳斥保皇派菲尔麦的君权神授、王位世袭和具有绝对性的论点，阐述洛克关于父权、政治权力和专制权力的理论，从而为资产阶级君主立宪制度的登台扫除异说。下篇共19章，正面论述政府的真正起源、范围和目的。

洛克的自然状态是一种完全自由平等的状态，它体现着一种文明秩序，在

威廉在英国西海岸登陆，受到资产阶级和新贵族的欢迎

1660年，英国斯图亚特王朝复辟。英国资产阶级和新贵族早年的革命性已不复存在，为了推翻复辟王朝他们寄希望于宫廷政变。1688年，资产阶级请当时英王詹姆斯二世的女婿威廉拥兵入英国宫。11月初，威廉以保护"新教、自由、财产和国会"的名义，领兵入英。1689年，詹姆斯二世被迫退位，资产阶级史学家把这次政变渲染为"光荣革命"。"光荣革命"确立了资产阶级的统治地位，巩固了英国革命成果，成为英国历史的转折点。

经典摘录 法律按其真正的含义而言与其说是限制还不如说是指导一个自由而有智慧的人去追求他的正当利益，它并不在受这法律约束的人们的一般福利范围之外作出规定。

自然状态中，人人能够享有生活权、自由权和财产权，因为所有的人都服从、流行于这种状态中，表明理性统治的自然法。但是，生活在这种自然状态下的人借助契约设置了公共权力，结束了自然状态。缔结这种契约并不是因为这种自然状态在某一方面不可容忍了，而是因为人们最终发现了它的不便。人们发现如果没有能够确定和实施自然法，能够作为解决纠纷的公共法官这样正式的制度化权威，那么，每个人就会都把自己视为自然法的解释者，根据个人的判断惩罚别人，从而使自然状态几乎处于不稳定、混乱的地步。这时，人们感到自然状态的不便。为摆脱这种不便，人们缔结了契约，进入文明社会，这个社会有一个凌驾其上的公共的最高权威。他主张人们达成协议，进入文明社会，只是交出他们在自然状态下享有的、解释的执行自然法的权利。即契约生效之后，人们不再是诉讼的审判者，不能再决定什么是违法，不再有处罚他们认为违法的人的自然权威。人们把立法、司法、执法的一切权力授予拥有最高权力的政府，政府是这种文明社会的要害部分；但是，他们为自己保留了生活、自由和财产的自然权利，保护和尊重这延续权利是最高权力的责任。洛克的政府只是有限的政府，这种限制的条件是政府权威必须以保存人的生存、自由和财产的权利为目标。

人们可以在洛克的政治理论里发现三种基本因素。一是同意。不仅是在建立政府之初，而且也是控制人民服从政府的持久的条件。一旦人民确信政府不再保护他们的自然权利，他们就有权废黜政府。第二个因素是他主张政府绝没有无限的权威。政治权力必须受制于明确而特定的目的。政府只有忠诚地遵循这些目的，才有权接受服从。第三个是明确表示出对个人权利的关注。他主张，政治之所以必要乃因为它在保护个人权利上发挥着作用。他认为，国家当然是重要的，但这种重要性绝不能以牺牲个人的独立性来保障。由此，洛克以他的社会契约论为基础，建立起其自由主义的堡垒。

在国家的形式上，洛克提出了立法至上的主张和权力分立的原则。他认为国家的权力分为立法权、行政权和对外权三种。这三种权力不是平行的，立法权高于其他两项权力，但立法权仍要受到限制和约束，即它对于人民的生命和财产不能是绝对的专断的，立法者的权力"在最大范围内，以社会的公共福利为限"。最高权力不能侵犯财产权，立法机关不能把制定法律的权力转让给他人。立法权、行政权和对外权这三种权力应由不同的机关分别掌握，不能集中在君主或政府手中，否则就会产生许多弊病。洛克主张行政权由国王行使，但要根据议会的决定；立法权应由民选的议会来行使；对外权与行政权联合在一起，都要由武力做后盾，所以对外权也应由国王来行使。

阅读指导

《政府论》出版后，曾被译成多种文字，在世界范围内广为流传。其中所包含的政治法律思想不仅在当时的英国发挥过重大作用，直至19世纪末，英国的宪法还以其中的学说作为基础，而且给整个世界的资产阶级革命带来了深远的影响。美国的杰斐逊在起草《独立宣言》时，就努力从《政府论》中寻找理论根据；法国大革命后曾遵循其中的分权原则制定了宪法。该书对于资产阶级法律思想体系的形成，起了更为显著的作用，在西方法律思想史上占有重要地位。

鲁滨孙漂流记 /英国/笛福/引人入胜的历险小说

作者简介

笛福（1660～1731），出生在伦敦的一个信奉新教的家庭，父亲是屠夫（一说是油烛商），在王政复辟时期曾因为追随不肯宣誓效忠国教的牧师而举家迁徙。按照父母的安排，笛福本应成为一名教士，但是他在21岁时思虑再三决定"下海"经商。此后，他投身工商业，参与政治甚至间谍活动，同时写文章办刊物。他曾周游欧洲列国。他屡败屡战，事业大起大落，忽而发财，忽而破产，一时受国王赏识，一时被捕入狱。年近60岁时他开始动笔写虚构作品《鲁滨孙漂流记》（1719年），不想却大获成功。这促使他数月后便推出了该书的续集，并在短短5年内一鼓作气写出《辛格尔顿船长》《摩尔·弗兰德斯》《罗克萨娜》等几部小说。

笛福的一生大起大落，悲喜交集，充满了传奇色彩，这也是为什么他将鲁滨孙的经历看作是自己一生的写照的原因。

背景介绍

1719年，《英国人》杂志刊登了一则新闻：有位苏格兰水手赛尔科克与船长发生冲突，被抛弃在荒岛上，孤独地生活了4年多，变成了一个忘记了人类语言的野人。后来，一位航海家发现了他，把他带回英国。这则轰动一时的奇闻，激发了英国作家笛福的灵感，他以此为素材，匠心独运地创作了一部举世闻名的冒险小说《鲁滨孙漂流记》。

名著概要

鲁滨孙出身于一个体面的商人家庭，渴望航海，一心想去海外见识一番。他瞒着父亲出海，第一次航行就遇到大风浪，船只沉没，他好不容易才逃出性命。第二次出海到非洲经商，赚了一笔钱。第三次又遭不幸，被土耳其人俘获，当了奴隶。后来他划了主人的小船逃跑，途中被一艘葡萄牙货船救起。船到巴西后，他在那里买下一个庄园，做了庄园主。他不甘心于这样的发财致富，又再次出海，到非洲贩卖奴隶。

　　船在途中遇到风暴触礁，船上水手、乘客全部遇难，唯有鲁滨孙幸存，只身漂流到一个杳无人烟的孤岛上。他用沉船的桅杆做了木筏，一次又一次地把船上的食物、衣服、枪支弹药、工具等运到岸上，并在小山边搭起帐篷定居下来。接着他用削尖的木桩在帐篷周围围上栅栏，在帐篷后挖洞居住。他用简单的工具制作桌、椅等家具，猎野味为食，饮溪里的水，克服了最初遇到的困难。

　　他开始在岛上种植大麦和稻子，自制木臼、木杵、筛子，加工面粉，烘出了粗糙的面包。他捕捉并驯养野山羊，让其繁殖。他还制作陶器等，从而保证了自己的生活需要。虽然这样，鲁滨孙一直没有放弃寻找离开孤岛的办法。他砍倒一棵大树，花了五六个月的时间做成了一只独木舟，但船实在太重，无法拖下海去，只好前功尽弃，重新另造一只小船。

　　鲁滨孙在岛上独自生活了17年后，忽然有一天，他发现岛边海岸上都是人骨，生过火，原来外岛的一群野人曾在这里举行过人肉宴。鲁滨孙惊愕万分。此后他便一直保持警惕，更加留心周围的事物。直到第24年，岛上又来了一群野人，带着准备杀死、吃掉的俘虏。鲁滨孙发现后，救出了其中的一个。鲁滨孙把被救的俘虏取名为"星期五"。此后，"星期五"成了鲁滨孙忠实的仆人和朋友。接着，鲁滨孙带着"星期五"救出了一个西班牙人和"星期五"的父亲。不久有条英国船在岛附近停泊，船上水手闹事，把船长等三人抛弃在岛上，鲁滨孙与"星期五"帮助船长制伏了那帮水手，夺回了船只。他把那帮水手留在岛上，自己带着"星期五"和船长等离开荒岛，回到英国。此时鲁滨孙已离家35年。他在英国结了婚，生了3个孩子。妻子死后，鲁滨孙又一次出海经商，路经他住过的荒岛，这时留在岛上的水手和西班牙人都已安家繁衍生息。鲁滨孙又送去新的移民，将岛上的土地分给他们，并留给他们各种日用必需品，才满意地离开了小岛。

阅读指导

　　《鲁滨孙漂流记》是一部著名的冒险小说。这部小说虽然取材于真人真事，但其中也融合了作者本人的丰富阅历，它表现了强烈的资产阶级进取精神和启蒙意识。作品所创造的主人公鲁滨孙与以往的欧洲小说所塑造的人物形象完全不同，完全是个新人，成了当时中小资产阶级心目中的英雄人物，是西方文学中第一个理想化的新兴资产者形象。

　　鲁滨孙出身于中产阶级，而且有多次机会成为人人羡慕的富翁，但他不安于现状，雄心勃勃，决心舍弃安逸舒适的平庸生活出海冒险。这种勇于进取的冒险精神，表现了当时新兴的资产阶级不满足于现状，要开拓世界、征服世界

名家点评

　　这部小说于1719年出版后，受到世界各国老少读者的热烈欢迎，笛福也因此而被誉为"英国和欧洲小说之父"。著名的美国专栏作家费迪曼教授这样评论说："孩童时期，这部书只是读来有趣，成人之后再去读，就会知道这是不朽的杰作。"

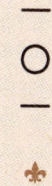

的欲望。在他被困荒岛期间，他通过自己的双手与大自然做斗争，表现出惊人的毅力。全书的主要部分就是描写鲁滨孙如何在这个荒岛上利用他的双手和智慧来为自己的生存创造条件。虽然在这个过程中他遇到过很多困难，甚至曾一度绝望过，但在他多年的努力下，最后他竟然有了自己的种植园、牧场、两处住所、许多家具，甚至还建立了一个包括狗、猫、羊、鹦鹉在内的热闹家庭。这种实干和不屈不挠的精神显然正是作者所要着力颂扬的。多少年来，正是这种形象激励了无数的西方历险者勇敢地去未知的新大陆开创自己的新生活，对于资本主义在全球的扩张起到了巨大的激励作用。当然，反映在鲁滨孙身上的一些负面影响因素也不可忽视，作为一个殖民者，他贩卖过奴隶，具有剥削掠夺的本性。这些都是我们在阅读中需要注意的。

从艺术上看，《鲁滨孙漂流记》具有典型的现实主义风格，但其中的惊险经历又很吸引人，因而使得全书具有很强的艺术吸引力。这部小说是用第一人称写的，语言上也通俗易懂，虽然有些地方还不成熟，但对英国的小说创作产生了重大影响。

格列佛游记 / 英国 / 斯威夫特 / 奇幻的历险

作者简介

斯威夫特（1667～1745），英国启蒙运动中激进民主派的创始人，18世纪英国最杰出的政论家和讽刺小说家。他出生于爱尔兰都柏林的一个贫苦家庭，由于父亲早逝，从小由叔父抚养长大。15岁时就读于都柏林三一学院，获学士学位；1692年获牛津大学硕士学位，1701年获三一学院神学博士学位。他在大学里的主业是哲学和神学，但他个人更偏爱文学和历史。1699年，斯威夫特曾回到爱尔兰，在都柏林附近的一个教区担任牧师，并担任《考察报》主编。此后，他曾积极支持并投入争取爱尔兰独立自由的斗争，但一个个美好的梦想最后都破灭了。

斯威夫特的文学才能很早就显露出来，他写过一些诗和文章，但真正使他扬名的是讽刺散文《一只澡盆的故事》（1704年），在这篇故事中他讽刺和抨击了英国各教派的虚伪和无耻。此后他又写了《布商的信》（1724～1725年），抨击英国政府对爱尔兰的货币政策；《一个小小的建议》（1729年），讽刺英国对爱尔兰人民利益的压榨和情感的欺侮。斯威夫特一生写的大量作品几乎都是不署名出版的，只有《格列佛游记》例外。

背景介绍

《格列佛游记》表面上酷似奇幻而诙谐的儿童读物，实际上却是一部对当时英国政治、社会、法律、风俗、习惯暴露深刻，极富战斗性的现实主义作品。他曾经提出过一个文学创作主张，认为"有许多事不能用法律去惩罚，宗教与道德的约束也都不足以使这些干坏事的人改正；只有把他们的罪孽以最强烈的字眼公

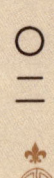

之于世，才能使他们受人憎恶"。显然，《格列佛游记》这部讽刺文学巨著正是作者文学创作主张的体现。据说这本书的构思源于作者与朋友的一次聚会，斯威夫特在席间对当时的社会政治经济嬉笑怒骂，信笔开始了本书第一卷的创作。成书后经过多次的删改，终于在1726年底发表。

名著概要

雷米尔鲁·格列佛生于洛丁加姆州，从十四岁开始在英国与荷兰的大学中念书，后来以外科医生的身份到船上工作，经过数次航行后在伦敦定居，和一位叫作玛丽·巴尔顿的女孩结婚。1699年5月4日，他乘着"羚羊号"轮船向南太平洋出航。

格列佛第一次出航，船起初平安无事，后来便遭到狂风暴雨的袭击，不幸在顺达列岛遇难，漂流到全国居民身高仅20厘米左右的小人国里里帕岛上。岛上居民身高都只有6寸左右，因此，和这些居民相比较，他就像是一座"巨人山"。当他苏醒时，发现自己全身被细绳捆绑，牢牢地钉在地上不得动弹。但是，当格列佛获得这群小人国居民的信任后，他们便将他解开，引领他到宫廷中，殷勤地招待他，他也逐渐熟悉了小人国的风俗习惯。不久，邻国布列弗斯卡帝国以战舰进攻小人国，格列佛独自迎战，把敌国最大的50艘战舰拖回小人国的港口，立下了大功。但是，这次胜利并没有给他本人带来更好的运气，因为接连在几件事情上得罪了国王，国王决定刺瞎他的双眼，将他活活饿死。格列佛得知消息后，仓皇逃向邻国，修好一只小船，起航回家。

格列佛回家不久，又随"冒险号"再次出航。但这一次船却阴差阳错地在居民全是高壮的巨人岛——布罗布丁鲁那克岛搁浅了。那里的国王身高有60尺之巨，只要用食指和拇指，便能将他举到半空中。这会儿格列佛又变成"小人"了。该国有一名农夫将格列佛捉住，带着他到处"卖艺"，供人观赏，把他累得奄奄一息，这样的生活一直延续了两年之久。最后，农夫将他送入宫廷。他在同大人国国王交谈中，竭力夸耀英国社会各方面的完善和优越，但是大人国国王对此一一作了尖锐的抨击。到了在巨人国的第三年，思乡心切的格列佛趁陪同国王视察边疆的机遇企图逃跑。但是藏在木箱中的格列佛被一只巨鹰抓起又丢落海中。幸好，一艘路过的船发现了他并最终带他回到自己的家乡。

格列佛回家待了一段时间，又随"好望号"进行了第三次出海历险。这一次，他乘坐的船被日本海盗船攻击后在海上漂流。不久，他来到了一座叫"勒皮他"的飞岛，那是个与世隔绝的世界。这里的人相貌非常奇特，观念也很闭塞。在岛上盘桓数日后，格列佛来到巴尔尼巴岛上进行访问，参观了那里的"拉格多科学院"。随后，他又到过日本，

格列佛在小人国

也到过那古那古国。在那古那古国又见到另一个奇怪的民族，这些人无论死神怎么纠缠，他们只需发出一种奇怪的哀鸣就不会死了。格列佛对这种情形感到十分惊讶！

在第三次航行结束数月后，格列佛进行了最后的一次航行。这次他受聘为"冒险家号"的船长，但是在航行途中却遭到水手叛变，他被这一群海盗船员们囚禁了几个月，最后被流放到具有优异理性和语言能力的慧骃国。这里的人外形好像马，有高度的智慧、自制力、礼节，就像生存在幻境中似的。格列佛知道他们是亚佛族，对人类十分排斥。在慧骃国，格列佛被当成家畜般饲养，幸亏有一个马夫替他解了围，于是他开始学习这里的语言。最后，他竟然爱上了这个理想的国度，并期望能在此安度余生。然而，慧骃国决定驱逐格列佛。所以他只得无奈地重返英国。回到故乡之后，他竟被传染似的，一辈子都与马为友，连家人都觉得他十分怪异。

阅读指导

斯威夫特的传世之作中，以《格列佛游记》流传最广，也最为各国读者所喜爱。该书通过里梅尔·格列佛船长之口，叙述了他周游四国的奇特经历，因此该书也一共由四部分组成。第一卷小人国游记和第二卷大人国游记写于1721～1722年。第四卷慧骃国游记先于第三卷，写于1723年。第三卷比较松散，铺的面较广，以勒皮他（飞岛）游记为主，兼及巴尔尼巴比、拉格奈格、格勒大锥和日本4个地方的游记，从1724～1725年写了两年。四个部分应该可以说是相互独立的，表面上的某种联系或者对照也许只存在于第一卷和第二卷之间；格列佛由小人国中的"巨人山"，一下变为大人国中的可怜的矮子。这种相对独立的分散性故事实际上也是很方便读者去进行选择性阅读的。

《格列佛游记》的内容虽然是一些非常奇特的幻想，但仔细体会，里面却处处揭露英国社会的黑暗现实，并寄寓着作者的理想。总体来看，不论从正面歌颂，还是从反面讽刺，斯威夫特的情感和思想在四个部分中都是一以贯之的，那就是不留情面地对18世纪前半期的英国社会进行全面的批判，尤其对统治阶级的腐败、无能、无聊、毒辣、荒淫、贪婪、自大等做出了痛快淋漓的鞭挞。这种批判和鞭挞的声音在第四卷慧骃国游记中甚至达到了凶野暴烈的程度，批判和鞭挞的范围也似乎要越出18世纪初期的英国，而将矛头直接指向罪孽深重、愚蠢肮脏、毫无理性的整个人类。有评论者据此认为作者是一个"厌世主义者"，但这种情绪显然是作者对其所处时代和人性本质不满的认识和宣泄。其中的部分内容即使是在今天仍是具有一定的参考价值的。

《格列佛游记》的艺术魅力也倾倒了很多读者。作者以神奇的想象、夸张的手段、寓言的笔法、不留情面的批判，为我们塑造出一个个丰富多彩的、童话般的幻想世界，而这种幻想和现实又是和谐统一的，使得读者有身临其境的感觉，并常常会为其中的故事情节会心的一笑。凡此种种，都使该书成为世界各国人民所喜爱的常备书，里面的很多有趣的故事，也成为世界人民共同的艺术财富。

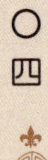

论法的精神 /法国/孟德斯鸠/理性和自由的法典

作者简介

孟德斯鸠（1689～1755），法国资产阶级启蒙思想家，古典自然法学派的代表人物，资产阶级法学理论和"三权分立"学说的奠基人。孟德斯鸠出生于波尔多附近的一个贵族家庭，幼年学过古希腊语和拉丁语，后来专攻法律。19岁取得法学学位并担任讲师。1716年，孟德斯鸠继承伯父的子爵爵位和法院院长职务。在工作中，他认识到封建法律是为王权服务的，开始怀疑法律能否做到真正公允。1728年，他辞去法院院长的职务。开始了长途的学术旅行，他周游奥、匈、意、德、荷、英等国。他除专攻法律之外，还涉猎各类学科，获得了广博的学识。他曾先后被选为法兰西学院院士，英国皇家学会会员和柏林皇家科学院院士。1722年，他化名"波尔·马多"发表《波斯人信札》一书，一跃成为全国瞩目的人物。1734年，他发表了《罗马盛衰原因论》。1748年，经过20年的精心的酝酿和准备，《论法的精神》问世。1750年，他在日内瓦发表了《为〈论法的精神〉辩护》，但尽管做了辩护，还是被列入了当年教会的禁书目录。1755年8月11日，孟德斯鸠在巴黎去世。

孟德斯鸠头像

背景介绍

孟德斯鸠所处的时代是17世纪末和18世纪前叶，此时正是法国封建主义和君主专制从发展高峰急剧走向没落的时期，长期的战乱、苛政使农民起义此起彼伏，经济、政治危机愈演愈烈。工业革命在法国逐渐兴起，工业资产阶级的利益与专制主义的冲突日益尖锐，资产阶级革命的时机进一步成熟，同时一大批进步的史学家、科学家、哲学家、作家和进步人士为新兴的资产阶级奔走呼吁，英国资产阶级革命的思想也被广泛接受。这一切都为《论法的精神》的问世打下了坚实的基础。

名著概要

《论法的精神》分上、下两卷，长达60余万字。除一短序外，分6卷31章。

第1卷（第1～8章）着重论述了法律的定义、法律和政体的关系、政体的种类以及它们各自的原则。第2卷（第9～13章）论述了自由的概念、法律自由与政体的关系，尤其是通过著名的"分析说"深刻地揭示了以上关系。他将国家政体的权力归结为立法权、行政权和司法权三种，并且通过英格兰实行"三权分立"的经验以及罗马等国家行使三种权力的教训，从正反两方面深刻地论述了三种权

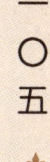

力之间相互依存、相互制约，不可相互代替的关系。第3卷（第14～19章）主要阐述作者关于法律与地域气候关系的观点。他认为人的性格、嗜好、心理、生理特点的形成与人所处的环境或气候有密切的关系，因而不同环境的民族有不同的精神风貌和性格特点。第4卷（第20～23章）阐述了法律与贸易、货币与人口的关系。他认为贸易的发展应当有章可循，有法可依，只有这样，贸易活动才能为人类社会创造出更多的财富。作者力求倡导建立适合于各类贸易活动的法律法规。他从货币的性质出发，着重论述了货币在贸易活动中所扮演的角色和所起的作用，强调货币的发行和兑换应受国家机器的控制，并遵循贸易市场的客观需求。并且从立法的角度着重论述了"天赋人权"的重要性，并详细阐述了各阶层的人们的社会地位。第5卷（第24～26章）详细论述了天主教、新教等宗教各自的特点和各自相应的国家政体，并从古代的一些宗教派别的发展过程出发，阐述了宗教对国家尤其是对国家的统治者的重要性。同时，在本卷中较为详细地论述了民事法规与宗教法规从内容到实施的不同之处。第6卷（第27～31章）着重对欧洲各国法律的起源、人物和事件进行了深入细致的探索和研究，并对建立这些法律的理论根据、历史渊源、人物和事件进行了考证和甄别。

《论法的精神》体现了以下4个方面的内容：（一）自然法理论，认为自然法是人类在自然状态中所接受并遵循的一种规律，自然法是永恒的。（二）分权学说，认为政治自由应是民主宪政制度的直接目的，要保障公民的政治自由，就要让立法权、行政权、司法权分掌在不同的人、不同的国家机关手中，并且相互制约，保持协调的行动；三权不仅要分立，更重要的是通过分立以权力制约权力。（三）法治思想，强调法律在治理国家中的作用。主张以法治国，建立法治国家。（四）整体学说，他集中在英国的宪法制度上探讨了政府形式的问题，认为重要的不是看权力掌握在一人手中、多数人手中还是全体人民手中，而是看权力是如何由政府实施的，有可能出现一人单独统治的专制主义，也可能出现全体人的专制主义。只有宪法才能保障一个国家的公民政治自由。

阅读指导

《论法的精神》是法学发展史上为数不多的鸿篇巨著之一，以法律为中心，涉及经济、政治、历史、宗教、地理等领域，包罗万象，内容极为丰富充实，被称为"一部资产阶级法学的百科全书"。至为关键的是全面提出并论述了三权分立理论，可以视孟德斯鸠为三权分立学说的真正创始人，而三权分立的思想直接体现在1789年法国的《人权宣言》和1791年法国

《人权宣言》
《人权宣言》是人类自由权利的基本宪章之一。1789年法国大革命胜利后，议会通过的基本原则是"人人生而自由，权利平等""宗教自由和言论自由"等。其中三权分立的概念正是来自于孟德斯鸠的《论法的精神》。

宪法以及 1787 年美国宪法中。当然这部作品也有其局限性，如在宪政上主张与封建势力妥协，夸大自然环境的作用等。

百科全书 /法国/狄德罗/人类第一部百科辞书

作者简介

狄德罗（1713～1784），18 世纪法国唯物论的领袖人物、法国启蒙运动中杰出的人物，唯物主义哲学家、著名的文学家。他出生在法国东北部的朗格城，早年生活贫苦，曾做过私人记室、商店司账和家庭教师。他早年还写过一本反宗教的著作《哲学沉思录》，触怒了教会与当局，结果书被焚毁。1749 年，已经发展成彻底无神论者和唯物论者的狄德罗，又发表了《供明眼人参考的论盲人的信》，他借盲人之口指出，如果要一个盲人相信上帝，那就要让他摸到上帝。当局以"思想危险"的罪名，将狄德罗关进监

狄德罗像

狱。然而，这非但没有使狄德罗屈服，反而更激发了他反抗封建势力和宗教蒙昧主义的斗争意志。出狱后，从 1750 年起，狄德罗与达郎贝一起主编了一部卓越的巨著——《百科全书，或科学、艺术、手工业详解辞典》（简称《百科全书》）。狄德罗团结和组织了一大批杰出的思想家、科学家、医生、工艺师等参加编纂工作，其中有伏尔泰、卢梭、爱尔维修、霍尔巴赫等。虽然他们的哲学观点不尽相同，政治主张也不完全一致，但是在反对天主教会和经院哲学、反对封建等级制度这一点的态度上，却是同样地坚决。他们在《百科全书》中传播了许多进步的思想和言论，并在编纂过程中团结在一起，因而被称为"百科全书派"。狄德罗不愧为"百科全书派"的领袖，不仅比较全面地发挥了这派哲学家各方面的思想，而且比他的战友们具有更丰富的辩证法思想，在一些重大问题上提出了一些较全面、较正确的看法，如关于世界万物的普遍联系和进化发展的思想等。

背景介绍

从土地结构和农业生产的观点来看，18 世纪的农业经历了一场极为深刻的变革。18 世纪后半期，"封建反作用"加强了，领主法权变得愈来愈严苛。18 世纪新兴资本主义主要是商业资本主义，资产阶级人物的财富、威信和权势正值上升阶段，而 18 世纪社会关系深刻而缓慢的动乱引起了生活环境和方式的变动。

名著概要

1751 年，《百科全书》第 1 卷（全书共 35 卷）在法国出版，但是出版到第 2 卷时，就遭到了迫害，被迫移到国外出版。全书详尽地记述了法国各种工场手工

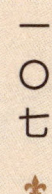

业、农业以及最好的生产典型，反映了法国的经济、社会的发展和当时科学文化的最高成就。正因为如此，该书在编写过程中一再受到反动当局和天主教

经典摘录
一场能够使世界呈现出新的面貌的革命必然能够使人类摆脱野蛮状态。
希腊拜占庭帝国被摧毁了，而且它的灭亡使残余的知识流回欧洲。

会的围攻、迫害，出版工作曾数度被迫中止，不少人（包括副主编达朗贝）纷纷辞退了编撰任务，但狄德罗毫不动摇，以惊人的毅力克服了重重困难，不懈奋斗30年，终于在1780年出版了这部罕见的巨著。

《百科全书》系统地概括了18世纪中叶所积累的各科知识，对政治革命（在世俗的非循环的意义上的革命）以及作为几何学、天文学、地质学和钟表学中的一个术语的"革命"进行了相当多的讨论。狄德罗编写的条目形成作品的结构和基础，概括起来，可把条目分为几类：1.含有假天真和含沙射影内容的条目（如圣经、封斋期等条目）；2.含有狄德罗设置陷阱的条目；3.介绍一种贵族和"开明专制制度"的拥护者所能接受的改良主义，以及对宽容、自然和非宗教伦理加以赞扬的文章；4.最后是真正大胆的条目，它们包含着对既定秩序的批判等。

在《百科全书》的"引言"中，简短地概括近代科学的兴起，或者说与近代科学密切相关的哲学的兴起时，达朗贝引入了革命的概念。但是，该篇短论的目的是要概括出对所有知识包括科学的一种方法论的和哲学的分析，这在他的计划中占据了主要位置，而不是描述科学本身。

《百科全书》第6卷1756年在巴黎出版，其中收录有达朗贝写的词条"实验"。第5卷(1755年)收录了狄德罗关于科学中的革命的讨论，这个讨论见于他所写的"百科全书"这个条目中。狄德罗注意到这样一个事实：科学中正在发生变革，所以，以前出版的所有辞典都会缺少科学发明或放在显著地位并赋予新的意义和重要性的新词汇。因此比较旧的辞典里"电流"这个条目可能只会有一条线或两个给出的"虚假的概念和古老的偏见"。狄德罗认为，即使如此，"科学和文理科学（包括艺术、自然科学、社会科学及人文学科）中的革命也许并不如在力学中发生的革命那样有力和能被人强烈地感觉得到。但是，在科学和文理科学中都发生了革命"。

阅读指导

《百科全书》以其怀疑论、注重科学决定论和对当时政府、司法和教会的弊

名家点评

恩格斯曾说："如果说，有谁为了'对真理和正义的热诚'……而献出了整个生命，那么，狄德罗就是这样的人。"

康德《纯粹理性批判》中说："这样，唯物主义就以其两种形式中的这种或那种形式——公开的唯物主义或自然神论，成了法国一切有教养的青年的信条。"

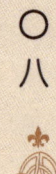

端的批判而产生了广泛的影响，成为法国大革命的思想前奏。这部巨著的重要性不但在于它宣传了自然科学的知识，更在于把这些知识当作反宗教和"旧制度"的全部老朽思想体系的最有力武器。人们选择了把《百科全书》作为工具，来宣传他们自己的理论并应用到一切知识对象中去。

社会契约论 /法国/卢梭/政治学史

上最著名的古典文献之一

作者简介

卢梭（1712～1778），18世纪法国伟大的启蒙思想家、文学家，法国启蒙运动中最富民主倾向的代表人物。卢梭生于日内瓦一个钟表匠的家庭。他生而丧母，但在父亲的鼓励下读了许多古希腊、古罗马文学中的名人传记。10岁时他被送到朗莫西埃牧师那里，两年内学会了拉丁文。13～15岁时他在一个暴虐的镂刻师的店铺当学徒，遭受了很多磨难。两年后他终于弃职离乡，来到法国，开始了长期颠沛流离的生活。这里，华伦夫人既是他流浪生活的第一个港湾，也是他过于丰富而略嫌病态的爱情生活中钟情的第一个女性；在这儿，卢梭度过了近十年的浪漫而稳定的生活。1749年，卢梭的应征文章《论科学与艺术》获奖。这虽使他一举成名，却也逐渐显示出他同其他启蒙主义者在思想立场上的分歧。之后，他渐渐地与百科派决裂了。在法国蒙莫朗西森林附近度过的几年是他文艺创作生涯中硕果累累的阶段，他的四大名篇《新爱洛绮丝》《民约论》《爱弥尔》《忏悔录》中的3篇问世于此时。因《爱弥尔》同时激怒了当局和"百科全书派"，卢梭避难逃至瑞士等地，最后回到法国仍不得安宁。他晚年时在巴黎离群索居，《忏悔录》一书于此时完稿。1778年，卢梭逝世于一个侯爵的庄园中。法国资产阶级革命后，他的遗体于1794年以隆重的仪式移葬于巴黎先贤祠。

卢梭塑像

背景介绍

卢梭在法国谋生与著书立说的时候，正是路易十五执政的年代，那时专制君主政权从强盛走向衰落，国家表面上繁荣昌盛，实际上已是国库空虚，民不聊生。当时的法国人分为三个等级：僧侣和贵族是一、二等级，百分之一的

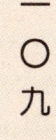

经典摘录

人是生而自由的，但却无往不在枷锁之中。

在他人的痛苦中，我们所同情的只是我们认为我们也难免要遭遇的那些痛苦。

最不幸的事是人类所有的进步，不断地使人类和它的原始状态背道而驰。

人口却占有大量的土地；农民、城市贫民和手工业者是第三等级，政治上没有任何地位，经济上受种种剥削和压迫，因此当时法国的主要矛盾是农民与封建主的矛盾。随着资本主义的发展，第三等级中的资产阶级壮大起来，与教会、贵族明争暗斗，扩大经济实力，但政治上却仍受排挤和压迫。于是他们与第三等级中的其他阶级联合起来，力图推翻封建专制制度，最终导致法国大革命的爆发。

名家点评

卢梭的社会契约在恐怖时代获得了实现。
——《马克思恩格斯选集》
他渗透、改变和彻底改革他那世纪和以后世纪的社会。
——罗曼·罗兰
假如没有卢梭，也就不会有法国革命。
——拿破仑

名著概要

《社会契约论》又名《政治权力的原理》，全书4卷共48章，每章都论述一个很大的题目，但此书文字篇幅有限，文章言简意赅。

第1卷包括9章。第1章的题目是《第一卷的题旨》，开门见山地提出了一个著名的命题即"人是生而自由的，但却无往不在枷锁之中"，接下来各章都是论述社会的，他指出家庭是唯一自然的社会，维护自身的生存是人性的首要法则。强力并不构成权力，不能迫使人民服从。他认为"放弃自己的自由，就是放弃自己做人的资格，就是放弃人类的权利"。由于人类碰到了不利生存的障碍，需要在维护自身的同时，聚集全体的力量，这就需要每个人及其自身的一切权利全部都转让给整个集体，并且作为全体不可分割的一部分，但同时人类丧失了天然的自由，获得了社会的自由。

第2卷包括12章，论述的是主权、法律和人民。卢梭认为众意和公意是有区别的，众意是个别意志的总和，着眼于私人利益，公意着眼于公共利益，永远是公正的，主权是公意的运用，因而主权是不可转让的和不可分割的。他认为要把权利和义务结合起来，就需要有法律和约定，而法律只能是公意的行为。卢梭把立法权看作是人民主权的主要形式，因而法律是应该由服从法律的人民来制定的。

第3卷包括18章，论述的是政府的体制。卢梭首先对政府这一概念的含义做了说明，他认为"政府就是在臣民与主权者之间所建立的一个中间体，以便两者得以相互结合，它负责执行法律并维护社会的以及政治的自由"。政府可以分为民主制、贵族制和国君制。这三种政府形式或者至少前两种形式是或多或少可以变动的。因为民主制可以包括全体人民，也可以缩小到人民的半数，而贵族制则可以由人民的半数缩小到极少数的人。即使是国君制，有时也可以在父子之间、弟兄之间或其他人之间分成几部分，至于哪种形式的政府最好，他认为每一种形式的政府都可以在某种情况下成为最好的政府，而在另外一种情况下成为最坏的政府。他坚决反对贵族制和国君制，主张民主共和制，不过他又认为真正的民主制是从来不曾有过，也永远不会有的。

第 4 卷包括 9 章，论述与选举有关的制度。他认为既然每一个人生来是自由的，并且是自己的主人，所以任何人在任何情况下都不能寻找借口，不能在未经本人许可的条件下奴役别人，因此无论如何都不能剥夺公民的投票权。卢梭介绍了罗马的人民大会，论述了罗马选举平民担任的保民官制、在紧急情况下采用的独裁制和从退职的执政官中选出的监察官制，最后论述了公民宗教。他认为公民的宗教服从本国的神及其教义，把对神明的崇拜与对法律的热爱结合在一起，君主就是教主，因而这种宗教全是谬误和谎话，是欺骗人民的空洞仪式。

阅读指导

《社会契约论》是卢梭最为深刻和成熟的政治理论著作，是世界政治学史上最著名的古典文献之一，标志着民主思想史上的一个重要阶段。此书内容并不是很多，但思想深刻，意蕴丰富，创见迭出，语言也十分机智幽默，确实是一部百读不厌的经典政治学和法哲学著作。卢梭在这部著作中关于自由、平等、天赋人权、主权在民、公民选举领袖的共和制度，在《独立宣言》《人权宣言》中都有所体现，但由于这是一部推论性的著作，提出的理想社会模式不是具体的革命纲领，而只是逻辑推论，几乎不可能适用于一种历史事实，因而具有明显的局限性。

爱弥尔 / 法国 / 卢梭 / 介于小说与说教文之间的教育专著

名著概要

《爱弥尔》分为 5 卷，叙述了爱弥尔从出生到长大成人的各个时期，卢梭把人在成年之前的年龄分为 5 个阶段，针对不同年龄分别提出了的教育原则。

第 1 卷首先论述了教育的作用。他把教育分为 3 种：自然的教育、人的教育和事物的教育。他主张培养人的家庭教育或自然教育。这一卷论述的是 2 岁以前不会说话的婴儿时期，他主张婴儿从出生的那一天起，就开始从大自然受到教育，在这个阶段，教育的主要内容是体育教育，要使婴儿获得自然发展，解除一切身体上的桎梏，锻炼他们的体格，促进他们的身体健康。他同时指出锻炼儿童的身体要注意方法，要注意儿童的心理健康，不要使其沾染任何恶习。

相关链接

1762 年，卢梭的《爱弥尔》出版，这是一部讨论教育问题的小说，书中虽然讨论教育问题，实际上却贯穿着反封建的内容，引起封建王朝和僧侣们的不安。巴黎大主教发下禁书令，巴黎高等法院判决烧毁，并扬言要烧死作者，致使卢梭不得不过着长期流亡的生活。1764 年 12 月，出现了一本题为《公民们的感情》的小册子，对卢梭进行了恶意的诽谤。令人痛心的是，这一攻击并不是来自敌人的营垒，而是友军之所为。卢梭腹背受敌，处境极为孤立。他怀着悲愤的心情于 1766 ~ 1770 年写成自传性作品《忏悔录》。

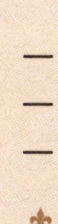

经典摘录

真正的教育不在于口训而在于实行。

以世界为唯一的书本，以事实为唯一的教训。

人之所以走入迷途，并不是由于他的无知，而是由于他自以为知。

第 2 卷论述的是约从 2～12 岁的儿童，他把这个阶段的儿童看作是"理性的睡眠"时期，这时的儿童智力处在蒙昧状态，缺乏思维能力，因而主要应当对他们进行感官教育，锻炼他们的视觉、听觉、触觉等感觉器官，不要强迫他们去思考，也不要强迫他们死记硬背。他从感觉论出发，表示儿童在这个阶段绝对不要读书，以防止他们的心沾染罪恶，防止他们的思想产生谬见。由于儿童在这个时期还没有形成道德观念，因而也没有必要讲述道德理论或强迫他们接受道德原则，但他不否认示范对教育儿童和培养高尚的品格有着重大作用和意义。他反对对儿童的错误，为了惩罚而惩罚，认为要使他们知道不良行为会造成的自然后果。

第 3 卷论述的是 12～15 岁的少年，他们开始进入青春期，涉及宗教信仰、社交伦理等与他人的关系。这个时期应向少年进行智力教育和劳动教育。智力教育的基本任务在于关注儿童智力发展的倾向，培养他们对科学的兴趣，教给他们研究科学的方法，但对他们实施教育的内容应当有所选择，使趣味性和有用性相兼容，同时，他强调实行实物教育，尽可能地用直接观察来替代书本知识，发展他们的独立精神、观察能力和灵敏性。他要求重视劳动和劳动教育，学习农业劳动，把智力教育和劳动教育结合起来，使身体锻炼和思想锻炼互相调剂。

第 4 卷论述的是 15～20 岁的青年，他们的身体发育成熟，产生欲望，这是人的第二次诞生。在这一阶段应对男女青年进行道德教育和爱情教育，包括正确的性教育。在道德教育方面，他宣传博爱，提倡爱一切人。道德教育是培养善良的情感、善良的意志和善良的判断。爱是相互的，把自爱之心扩大到爱别人，自爱就可以成为美德。这一卷还包括专章《信仰自由，一个萨瓦省的牧师自述》，系统地阐述了卢梭的宗教观。

第 5 卷叙述了接受自然教育的爱弥尔从农村返回城市，开始享受社会教育，为了增长知识需要游历，研究其他的国家和人民，爱弥尔用两年时间游历了欧洲的几个大国和许多小国，学会了两三

受迫害的卢梭

1762 年，卢梭的《爱弥尔》出版，惹怒了法国最高法院中的詹森教派教徒。在巴黎，他们下令焚书、逮捕作者，卢梭的好朋友卢森堡帮助他逃离法国。从此，卢梭开始了像亡命徒一样从一个避难处到另一个避难处颠沛流离的生活。

名家点评

休谟和卢梭是德国哲学的两个出发点。

——黑格尔

种主要的语言，并且经历了恋爱结婚。

阅读指导

《爱弥尔》既是一部论教育学的著作，也是一部哲理小说，作者广泛涉及了哲学、伦理学、美学、宗教学等领域中的重要问题，成为卢梭阐述自己思想最丰富的一部作品。书中作者提倡的自然教育思想对当时封建专制教育和宗教教规是有力的批判，对启发第三等级特别是资产阶级的反封建斗争意识有相当大的鼓舞作用。书中渊博的学识、深邃的思想和独到的见解给世界教育带来了全新的研究课题。对以后的教育发展起到了很大的指导作用。全书语言流畅，内容丰富，层次分明，以简明的事例说明了晦涩的问题，具有很高的文学价值。但卢梭过分强调在自然界中传授知识的重要性，忽视了系统传授知识的必要性，这表现了一定的局限性。

忏悔录 / 法国 / 卢梭 / 个性解放的宣言书

背景介绍

法国文学史称 18 世纪为"光明世纪"，意思就是启蒙运动的世纪。启蒙运动是一次思想运动，启蒙运动的文学家多数以思想家的面目出现。对于他们来说，文学作品只是表达思想的一种辅助手段，但是，他们在文学上的成就也是不能忽视的。启蒙运动作家孟德斯鸠、伏尔泰、狄德罗等人文学创作的主导思想，在于揭露和讽刺世俗人情，针砭时弊。他们的文笔简练明晰，深入浅出，饶有风趣。卢梭的艺术特点在着重抒写个人情感，他的代表作《新爱洛伊丝》(1761 年) 和《忏悔录》，都是文学名著，这些作品被认为是 19 世纪初期浪漫主义文学的先兆。

名著概要

我将把我的一生赤裸裸地剖析给你们看，我是让－雅克·卢梭。

1712 年，我出生于日内瓦的一个普通家庭。父亲是钟表匠，母亲是牧师的女儿。母亲因为生我难产而死。我儿时对书有一种罕见的兴趣，崇拜希腊和罗马的先贤。我也有一些缺点，贪吃，喜欢恶作剧。我性情温和柔静，怀有爱人之心，也希望得到别人的爱。11 岁那年，我喜欢一个 22 岁的姑娘，但她并未在意，我感到十分气愤。

16 岁时，我在安那西做学徒时结识了一位年轻温婉的贵族孀妇华伦夫人。她对我产生了莫大的吸引力，对她的迷恋构成了我以后流浪生活里的精神支柱。后

名家点评

马克思评论《忏悔录》："书页上还散发着油墨味道的时候就震惊了全人类——因为他的思考、真诚和那些几乎不加掩饰的人类的缺点。"

法国学者勒塞尔克称《忏悔录》是"一首抒情的诗歌，一首世界文学中最美妙的诗"。

来，我不甘心做学徒，来到意大利谋生。因为身无分文我进了都灵的一所宗教收容院。后来我又做过店铺的小伙计和伯爵夫人的秘书。当秘书时我偷了伯爵夫人一条让我迷恋的小丝带，为逃避罪责我栽赃给清白的女仆。这件事始终让我的良心受到谴责。为了达到淫邪的目的，我调戏过打水的姑娘，被人逮住时，我又靠谎言脱身。

19岁时，我回到魂牵梦萦的华伦夫人身边。她像母亲和大姐一样关怀着我，替我谋求出路。我在她的身边度过了一段美好的时光。我开始全神贯注地学习数学、几何、绘画和音乐。后来，我痴迷于音乐，无法安心当丈量员。这时，华伦夫人向我敞开心扉，虽年龄悬殊，我们终究走到了一起。

除了音乐之外，文学和哲学也使我产生了浓厚的兴趣，尤其是伏尔泰的文章更是一篇不漏。我拼命地读书，身染沉疴也坚持不懈，虽然有华伦夫人的精心照料，但我已经感到力不从心。

我开始投身于音乐研究，但诸事不顺，新发明的记谱方法遭到法兰西科学院的否定。与此同时，我结交了一些文学界的名人，和狄德罗、伏尔泰、布丰等人结成朋友。这中间，我还重返意大利，在水城威尼斯担任法国驻意大利大使的秘书，虽工作勤勤恳恳，但得罪了一些人，最终我失望地离开了，重新开始对音乐的研究和创作活动。后来，狄德罗因为《哲学思想》一文遭捕，我设法救他脱险，因此我们之间的感情愈加深厚。

1750年，我的一篇应征论文《论科学与艺术》获得极大成功，以惊世骇俗的思想震惊了巴黎文化界，同时也招致非议。1752年，当歌剧《乡村小师》在王宫上演时，我故意不修边幅以示怠慢，演出获得巨大成功，国王欲赐年金以示奖掖时，我断然拒绝，坚持不受。为此，我和狄德罗发生争执，封建卫道士们众口一词的责难和谩骂使我忧心忡忡，倍感孤独和空虚。我又找了一个伴侣戴莱丝，为便于构思，我们一起进行了8天的旅行。

1756年，我结束了在巴黎郁郁的生活，入住一位夫人赠送的"隐士之家"，在那里沉浸在小说的创作中。我受到一些人的攻击，连一向令我尊重的狄德罗也和我分道扬镳。《新爱洛伊丝》的出版在巴黎掀起一阵狂潮，我又接着出版了《音乐辞典》和《社会契约论》。但《新爱洛伊丝》的出版使我备受指责，连朋友也纷纷回避我，到处有人咒骂我，"隐士之家"的主人也驱逐我。我又一次开始了我的流浪生涯，未来吉凶未知。

阅读指导

《忏悔录》是一部特殊类型的回忆录或自传小说。卢梭曾对后人传言，嘱托他们等到书中人物业已作古时再发表，但实际上1789年小说就出版了。作品的写作动机按作者说，是"要把一个人的真实面目赤裸裸地暴露在世人面前"。暴露的方法，不是描写周围的人物、环境，而主要是以一种前所未有的细腻入微的心理分析和自我剖析，坦率、诚实地对自己加以描述与评价。卢梭以真诚坦率的态度，毫不隐讳地向读者袒露自己的高尚之处与卑劣之处。但是，他说明自己本性善良，是污浊、罪恶、不合理的社会使他染上了种种恶习。

作品第一部文笔流畅优美，有意无意的错失之处较第二部也少得多，这是因为当时心境宁静，且内容本身多涉及他前半生那些平静纯洁、诗情画意的岁月。第二部执笔时卢梭的病症日趋严重，况且回忆写作内容本身就是再尝生活的苦涩，所以充满了火药味，但并没有损害全书真诚坦率的一贯文风，读者仍能读到一些优美的描写。虽然《忏悔录》两部之间有这些差异，但正如卢梭自己在第二部开头所说，此书有一个忠实的向导，那就是"感情之链"。确实，这种诉诸内心的忠实的心灵历史记录是很少有人不为之震撼的。但卢梭并没有沉溺于感情放纵，而是让我们透过心灵的倾诉，感受到他在哲学、艺术、审美等方面的真知灼见。在许多事件的追述中，他用那种时而从容不迫、缓缓道来，时而趣味横生、幽默过人的笔调让我们领略了他剪裁题材的高超技巧以及他广博深邃的学识。卢梭在书中还流露出一种感伤倾向。和多种多样的环境、各个阶层人物的广泛接触使他较一般人更多地感受到社会矛盾的尖锐，他无法找到摆脱这些矛盾的适当途径，便转向主观感情世界，发展自然的感情，深刻分析人的内心，力图把自己放在大自然中，远离自私狡诈的城市，去过简朴的生活。虽然这种哲学思想带有宗教情绪，但这是他对社会不平等现象的愤懑态度的暴露，也是他这个平民作家特有的倾向。卢梭的独特性还体现在他的思想比同时代人领先一步。

塞维勒的理发师 ／法国／博马舍／资产阶级喜剧的代表

作者简介

博马舍（1732～1799），出生于巴黎钟表匠家庭。13岁时辍学在家，但他勤奋好学，博览群书，终于成为知识渊博、才气横溢的作家和社会活动家。博马舍是继莫里哀之后又一杰出的喜剧作家，他的优秀剧作起着从古典主义戏剧向近代戏剧过渡的桥梁作用。

背景介绍

18世纪70年代，法国大革命正在酝酿之中，国内自由思想空前活跃。作者通过该剧批判了封建婚姻制度，歌颂了自由真挚的爱情。其中费加罗这一形象的塑造，反映了作者对当时社会新崛起的中产阶级的歌颂。

名著概要

阿勒玛维华伯爵是西班牙马德里地位显赫的贵族，他年轻英俊，想与他结亲的人家比比皆是，但是他厌烦了那种依靠门第、金钱和势力取得的爱情，希望能找一个"为我本人可爱而爱我"的人。一次偶然的机会，他邂逅了少女罗斯娜，

> **相关链接**
>
> 1772年，博马舍完成了以费加罗为主人公的第一部戏剧《塞维勒的理发师》（又名《防不胜防》）；1778年，完成《费加罗的婚礼》（又名《狂欢的一日》）；1792年，完成"费加罗三部曲"的最后一部《有罪的母亲》。

并为她清纯脱俗的容貌所倾倒。经过多方打听，伯爵得知罗斯娜是个孤儿，如今住在塞维勒，她的监护人是当地年老的医生霸尔多洛。老医生想娶罗斯娜为妻，总是把她关在楼上的一个房间，不准她见到生人。阿勒玛维华化妆成平民，来到塞维勒。他终日徘徊在罗斯娜的窗下，不知该如何接近楼上心仪的姑娘。正当他一筹莫展的时候，他遇到了旧时的仆人、如今当了理发师的费加罗。费加罗为人机灵，他一下认出了旧主人。伯爵起初虽然对费加罗很客气，但还是从心里有点儿瞧不起这个下等人。但当费加罗告诉对方他是霸尔多洛的房客，并表示愿意帮助他追求罗斯娜时，伯爵十分感激。

霸尔多洛为人专制蛮横、老奸巨猾，他时时提防其他男人来勾引罗斯娜。他把罗斯娜与外界隔绝起来，还派人监视她。罗斯娜如同生活在牢笼中，内心渴望能有一个理想的情人来解救她，因此当她看到一个年轻人整日在她楼下等候时，萌发了好奇心。她写了一张歌谱询问对方的身份和姓名，然后借口要透透新鲜空气，让霸尔多洛打开临街的窗户。罗斯娜故意将歌谱遗落在街上。伯爵捡起后，内心异常激动。他按照姑娘的要求唱歌介绍了自己，并向罗斯娜表达了自己深深的爱慕之情。

霸尔多洛闻知马德里的阿勒玛维华伯爵为追求罗斯娜已来到塞维勒，十分着急。他深知夜长梦多，决定第二天一早就和罗斯娜举行婚礼，并委托罗斯娜的音乐教师巴斯勒替他筹备婚礼。费加罗很快得知这个消息，并偷偷将此事告诉了罗斯娜。罗斯娜十分焦急，马上写了一封情书托他转交给"兰尔多"。费加罗很快找到了伯爵，为他出谋划策，然后又到公证人那里为伯爵和罗斯娜办了结婚登记。

伯爵按照费加罗出的主意，扮成骑兵的模样，醉醺醺来到霸尔多洛家。他拿出临时写成的信，称是后勤司令官介绍他来借宿。防备心理极强的霸尔多洛看都没看信，声称自己已经免除了接待士兵住宿的义务。伯爵见此计不成，趁霸尔多洛不注意，给了在场的罗斯娜一封情书，结果被霸尔多洛发现。伯爵一走，霸尔多洛便逼迫罗斯娜交出那封信。罗斯娜说是去屋内取，借机换成了表哥的一封来信。霸尔多洛看后，深信自己误会了，只得请求罗斯娜的原谅。

费加罗又给伯爵出了新主意。伯爵扮成大学生模样，来到霸尔多洛家。他称自己是音乐教师巴斯勒的学生，老师病了，让他来给罗斯娜上课并通报阿勒玛维华伯爵的行踪。为了骗得霸尔多洛的信任，他故意拿出罗斯娜给"兰尔多"的情书交给他。霸尔多洛果然很高兴，便让他给罗斯娜上课，但自己还是在一旁监视。罗斯娜认出了心上人"兰尔多"，唱情歌来倾诉自己的思念之情。霸尔多洛对音乐一窍不通，在一边打起盹来。

后来，费加罗来了，说要给霸尔多洛刮脸。霸尔多洛拿出一串钥匙，让他到书房取工具。费加罗趁机偷出罗斯娜房间百叶窗的钥匙。他还故意打碎了桌上的一套餐具，引得霸尔多洛出屋。伯爵抓住这个时机，告诉罗斯娜今晚他将跳窗到她的房间。

这时，巴斯勒来了。伯爵怕谎言被揭穿，故意背着罗斯娜，将霸尔多洛拉到一边，让他告诉巴斯勒不要否定自己的谎言。霸尔多洛以为这是为了自己的秘密婚事，大家故意在罗斯娜面前说谎。因此，他示意满腹狐疑的巴斯勒不要吱声。伯爵趁霸尔多洛不备，塞给巴斯勒一袋金币，并暗示他离开。见钱眼开的巴斯勒立刻稀里糊涂地回家了。伯爵与罗斯娜窃窃私语被霸尔多洛发现了，他勃然大怒，斥责二人不守规矩。罗斯娜则勇敢地表示，谁能救她出火坑，她将对谁献出身心。霸尔多洛十分苦恼，只得去向巴斯勒求助。

当天晚上，霸尔多洛按巴斯勒的建议，在罗斯娜面前诽谤阿勒玛维华伯爵，说此人收买一个名为"兰尔多"的青年合伙欺骗她的感情，还拿着她的情书到处夸耀，毁坏她的名誉。霸尔多洛还拿出罗斯娜写给"兰尔多"的情书来证实此事。罗斯娜信以为真，一怒之下，将"兰尔多"要来幽会一事告诉了霸尔多洛。后半夜，"兰尔多"在费加罗的帮助下依约而至，罗斯娜厉声谴责他将自己出卖给阿勒玛维华伯爵，骂他是无耻之徒。伯爵连忙向她解释了情书落入霸尔多洛手中的经过，并脱下外衣，露出华美的贵族服装。罗斯娜这才明白原来眼前的人正是阿勒玛维华伯爵。他如此费尽周折来争取爱情，这让她深受感动。误会消除后，罗斯娜幸福地扑到伯爵的怀中。

霸尔多洛早已在楼下等候了，他撤走了费加罗与伯爵放置在窗下的梯子，然后叫法官来抓人。这时天已经亮了，巴斯勒带着公证人来为罗斯娜主持婚礼。公证人带来了两份结婚证书，一份是伯爵同罗斯娜的，一份是霸尔多洛与罗斯娜的。公证人以为两个罗斯娜是姐妹俩，首先宣布了罗斯娜同伯爵结婚。伯爵塞给了巴斯勒一袋钱让他保持沉默。这样，他和费加罗作为两个证婚人，在婚书上签了字。霸尔多洛带着法官赶来时，木已成舟。他看到连法官也称这是"最体面的婚姻"，只得自认倒霉。一对有情人在费加罗的帮助下，终成眷属。

论犯罪与刑罚 / 意大利 / 贝卡里亚 / 刑法和刑罚理论的奠基石

作者简介

贝卡里亚（1738～1794），意大利刑法学家和经济学家，古典刑事学派的创始人和最重要代表人物。他出生于意大利米兰的一个没落贵族家庭，早年曾在帕尔马的耶稣会学院接受教育，16岁进入帕维亚大学攻读法律专业。1758年，贝卡里亚从帕维亚大学毕业后回到米兰，用很短的时间研读了一些自己感兴趣的哲学著作，1762年发表处女作《米兰国的货币混乱及其补救办法》。1764年，他发表了代表作《论犯罪与刑罚》，并因此而应邀去法国巴黎访问，受到了热烈欢迎。1768年11月，贝卡里亚被奥地利政府授予米兰宫廷学校经济贸易教授的职位，

世界名著大讲堂

1771年被任命为米兰公共经济最高委员会委员，接着，又接受了罗马帝国皇帝约瑟夫二世的任命，主持政府的财政经济工作。1791年，根据奥地利皇帝利奥波德的指示，贝卡里亚被任命为伦巴第刑事立法改革委员会的成员。在此职位上，贝卡里亚撰写了一些关于刑事立法的书面咨询意见，包括《论警察》《对政治犯罪的思考》《论无期徒刑计划》《改善被判刑人的命运》《论管教所》和《对死刑的表态》。贝卡里亚在经济学方面也有较大的成就，他将数学应用于经济，先于亚当·斯密发展了工资和劳动力理论，先于马尔萨斯发展了生产与人口理论。1794年11月28日，贝卡里亚因中风在故乡米兰家中去世。

《最后的审判》 意大利 米开朗琪罗

背景介绍

《论犯罪与刑罚》是在当时启蒙思想盛行以及欧洲刑事法律制度遭到强烈批判的背景下完成的。贝卡里亚大学毕业后回到米兰，参加了民主主义者、经济学家彼得罗·韦里组织的进步青年团体"拳头社"。在此团体中，贝卡里亚和朋友们一起阅读和讨论启蒙思想家的著作，并时常进行激烈的争论，针砭时弊，抨击旧的观念和传统，并发表文章在"拳头社"的杂志《咖啡馆》上。当时担任囚犯保护人的亚里山德罗·韦里经常将刑事司法制度的种种黑暗、残酷、野蛮讲给"拳头社"的成员们。"拳头社"的活动，对贝卡里亚思想的启蒙和视野的扩展起到了十分重要的作用。从1763年开始，贝卡里亚打算再写一本书，伙伴们建议以经常讨论的敏感议题——对刑事司法制度的批判为题，在彼得罗·韦里的建议和鞭策下，1763年3月，贝卡里亚开始全身心撰写此书，并于1764年1月完稿。

名著概要

《论犯罪与刑罚》的手稿只有193页，也没有划分章节，论述以连续方式进行，仅以旁注的形式在正文旁边标出各个不同的题目，而其后的版本则将其划分章节。现在流行的版本将其划分为45章，从刑罚的起源到如何预防犯罪，囊括了刑事制度的各方面。这45章包括：1.刑罚的起源。2.惩罚权。3.结论。4.对法律的解释。5.法

经典摘录

法官对任何案件都应进行三段论式的逻辑推理。大前提是一般法律，小前提是行为是否符合法律，结论是自由或者刑罚。

刑罚的目的仅仅在于：阻止罪犯再重新侵害公民，并规诫其他人不要重蹈覆辙。对人类心灵发生较大影响的，不是刑罚的强烈性，而是刑罚的延续性。

一一八

律的含混性能。6. 刑罚与犯罪相对称。7. 在犯罪标尺问题上的错误。8. 犯罪的分类。9. 关于名誉。10. 决斗。11. 关于公共秩序。12. 刑罚的目的。13. 证人。14. 犯罪嫌疑和审判形式。15. 秘密控告。16. 刑讯。17. 关于国库。18. 宣誓。19. 刑罚的及时性。20. 暴侵。21. 对贵族的刑罚。22. 盗窃。23. 耻辱。24. 懒惰者。25. 驱逐和没收财产。26. 关于死刑。27. 关于逮捕。28. 程序和时效。29. 难以证明的犯罪。30. 自杀。31. 走私。32. 关于债务人。33. 庇护。34. 悬赏。35. 犯意、共犯、不予处罚。36. 提示性讯问、口供。37. 一类特殊的犯罪。38. 虚伪的功利观念。39. 如何预防犯罪。40. 科学。41. 司法官员。42. 奖励。43. 教育。44. 恩赦。45. 总结。

《论犯罪与刑罚》一书的主要思想包括：

（一）关于刑罚的起源和刑罚权。贝卡里亚认为，人们为了平安地享受自己的自由，而将自己的部分自由交给社会统一掌管，这部分交出来的自由总合起来形成了一个国家的君权。君主就是合法保存者和管理者，有了保管者还必须使它不受侵犯，这就需要刑罚来约束。

（二）罪刑法定思想：第一，只有法律才能规定犯罪及其刑罚。因为法律保护的是全体社会成员的利益，颁布法律的权力只属于根据社会契约联合起来的整个社会的代表，即立法者；第二，代表社会的君主只能制定约束一切成员的普遍性法律，而犯罪事实与适用刑罚则由独立的司法官员来判定；第三，刑事法官没有解释刑事法律的权力。因为刑事法官不是立法者，他们只能从现实社会或者君主那里接受法律；第四，法律条文应当明确；如果法律本身含混不清，那它就不得不被解释，而且如果法律是用一种人民所不了解的语言写成的，那么必然使人民无从掌握自己的自由或处置自己的命运；第五，只有实施法律禁止的行为才能称为犯罪。

（三）罪刑相适应思想，主要表现为：第一，刑罚强度与犯罪的危害程度相称，即重罪重罚，轻罪轻罚，只有在犯罪的社会危害越大，犯罪动机越强烈，所判处的刑罚也相应地更为严厉时，犯罪与刑罚之间才能达到相称；第二，罪刑相适应是指刑罚造成的痛苦要按一定比例大于犯罪所造成的危害或犯罪所得到的利益。但刑罚不能超过犯罪很多；第三，指对特定的犯罪处以特定的刑罚。

（四）关于公民在适用法律上一律平等的思想。凡法律上规定的对犯罪的刑罚，对任何犯罪的人，都必须平等地不可避免地适用。

（五）关于反对酷刑和滥用刑罚。贝卡里亚认为，刑罚通过造成痛苦来威慑人，使他们不敢随意进行犯罪行为，从而保障社会和平与人民的生活安宁，同时，刑罚也会使用不当或被滥用，以致侵害无辜者，对社会造成危害。因此除非绝对需

名家点评

《论犯罪与刑罚》这本小书具有宝贵的精神价值，好似服用少许就可以缓解病痛的良药一样。当我阅读时真感到解渴，我由此相信：这样一部著作必定能消除在众多国家的法学理论中依然残存的野蛮内容。

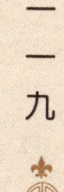

—— 伏尔泰

要，不得使用刑罚，并且在使用刑罚时应当尽量使用较轻的刑罚。

（六）关于刑罚的及时性。惩罚犯罪的刑罚越是迅速、及时，就越公正和有益。

（七）关于刑罚的确定性和必定性。他认为犯罪与刑罚之间这种必然的确定的联系，是增强刑罚的威慑力量的重要因素。

（八）关于司法官员的独立性和中立性。他认为必须有独立的司法官员来判定犯罪事实，适用刑罚。

（九）关于刑罚的目的和犯罪的预防。他认为要预防犯罪，必须树立法律的权威，应当极力传播知识，应当建立司法机关内部的监督机制，使它能够严肃执法，而不产生徇私舞弊和腐化，应当奖励美德。

（十）关于诉讼。阐述了有关诉讼制度和程序问题，如控告、逮捕、宣誓、讯问、证据、审判方式等。

阅读指导

《论犯罪与刑罚》是贝卡里亚最有影响的一部著作，是人类历史上第一部对犯罪与刑罚原则进行系统阐述的著作，对欧洲大陆乃至全世界的立法和司法改革实践产生了重大影响。现代各国刑事司法的基本原则和制度，都是建立在该著作学说的基础之上的。此书中的学说，奠定了现代法律和司法制度以及刑事法学、犯罪学理论的基础。书中阐明的无罪推定、罪刑法定、罪刑相适应、公民在适用法律上一律平等原则，已经成为全人类的共识和司法制度文明、进步与民主的基本标志。

少年维特之烦恼 / 德国 / 歌德 / 青涩的恋曲

作者简介

歌德（1749～1832），德国诗人，欧洲启蒙运动后期最伟大的作家。他的父亲是法学博士，得到皇家参议的头衔，母亲是市议会会长的女儿。1765 年，他去莱比锡大学攻读法律，1768 年因病辍学。1770 年，他进入斯特拉斯堡大学继续攻读，次年获法学博士学位。他在 1773 年写了一部戏剧《铁手骑士葛兹·封·伯里欣根》，蜚声德国文坛。1774 年发表了《少年维特之烦恼》，更使他声名大噪。1775 年，他应邀到魏玛，次年被任命为魏玛公国的枢密顾问。在随后直到 1786 年这段时期，他成了魏玛公国的重臣，曾在一段时间里主持公国大政，力图进行一些改革。然而随着各方面阻力的增强，加上他对科学研究与文学创作的热爱，他陷入一种矛盾的痛苦之中，这导致他在 1786 年

歌德手持夏绿蒂的剪影，眼中充满无限深情。

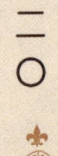

秋不辞而别，化名潜往意大利，直到1788年6月才返回魏玛。回到魏玛之后，他辞去重要的政治职务，只负责文化艺术方面的工作。此后直到1794年这段时间，他先后完成了戏剧《哀格蒙特》《托夸多·塔索》，并着手写第一部《浮士德》；他还进行了大量的科学研究工作，1790年发现了人的腭间骨。1794年，歌德开始与席勒合作，他俩以各自的创作，把德国文学推向历史上一个前所未有的新高度。歌德先后创作了小说《威廉·迈斯特的学习年代》、叙事诗《赫尔曼与窦绿苔》（1797年），重新写《浮士德》第一部。席勒在1805年的逝世标志着从1786年开始的德国古典文学时代的结束。此后的近30年，是歌德创作上的鼎盛时期。他完成了小说《亲和力》（1809年），诗集《西东合集》（1819年），《威廉·迈斯特的漫游年代》（1829年），自传性著作《诗与真》（1831年），《意大利游记》以及耗尽他毕生心血的巨著《浮士德》第二部（1831年）。1832年3月22日，歌德在魏玛逝世。

背景介绍

《少年维特之烦恼》作为歌德最重要的一部代表作，为我们诉说了一个凄婉动人的爱情故事。这部以歌德的亲身经历为素材，在短短的4周之内就创作出来的书信体小说所产生的社会影响是难以估量的。它曾经深深震撼了与歌德同时代的年轻人的心灵，他们不但模仿作品主人公"维特"的言谈举止以及衣着服饰，甚至于同样因失恋而步"维特"的后尘，轻易就结束了自己青春的生命。为此，歌德不得不在本书再版时的扉页上题诗告诫。据说，当年横扫欧洲大陆的拿破仑皇帝也曾对此书青眼有加，即便是烽火连天的征战也不忘将其带在身边，以便随时阅读。1808年，拿破仑率大军攻破魏玛公国之后，亲下谕旨召见了歌德，并跟歌德大谈特谈他本人对《少年维特之烦恼》的意见。无形之中，这部小书的地位又被抬高了许多。

名著概要

初春之际，刚刚经历了一场爱情波折的少年维特离开家乡，到一处僻静的地方隐居。他写信给朋友威廉，描绘当地风光，在那儿他逐渐忘却了早先郁闷不乐的生活。维特生长于富裕的家庭，靠着父亲的遗产过着自由自在的生活。在一次乡村舞会上，他邂逅了住在城镇郊外、一位代替母职照顾八位弟妹的法官的女儿夏绿蒂。夏绿蒂非常漂亮迷人，虽然她已经订婚了，可维特却对她一见钟情，不能自持。他丝毫不理会别人的告诫，仍然对她充满了爱意，想尽办法吸引她的注意力。然而就在夏绿蒂的未婚夫亚伯特旅行回来之后，维特立即感受到生活蒙上一层阴影；随着寒秋来临，维特的精神亦陷入萎靡状态。威廉写信劝他放弃这种无望的爱情，最后他不得不下决心离开瓦尔海姆，离开夏绿蒂和亚伯特。

维特在距离遥远的某一座公使馆谋得书记官的工作。但是随着时光消逝，他渐渐讨厌这份无聊的工作。到了严寒的冬天，亚伯特与夏绿蒂没有通知他便悄悄地举行了婚礼，他深受打击，更感到无比的羞辱。翌年春天，维特为了治愈所受的创伤决心回到故乡，回到心上人夏绿蒂身边。这对夫妇仍把维特当成老朋友来

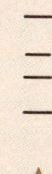

名家点评

歌德对德国和人类文化发展的贡献极大，马克思赞他为"最伟大的德国人"，恩格斯称他"在自己的领域（指文学领域）里是真正的奥林匹斯山上的宙斯"。大哲学家尼采也对歌德倍加推崇，他断言："歌德的文学属于比'民族文学'更高的那一类文学。"由此可见歌德在德国文学和文化中的地位。

接待，夏绿蒂还依然对他保留从前的那份天真活泼和温柔多情。然而这一切却加倍刺痛了维特的心。当他感受到自己和夏绿蒂之间爱情无望时，他内心的忧愤使他的言行举止变得非常古怪。这时，恰好有一位长工因为暗恋房东寡妇而杀掉了房东后雇的工人。这件事使得他开始对人生感到厌倦，萌生了辞世的念头。

圣诞前夜，维特违背了夏绿蒂之意，趁亚伯特外出之际，来到夏绿蒂身边。这时，他感觉即将熄灭的爱情之火，于一瞬间又重放光芒，于是对着夏绿蒂朗诵奥希安之诗，同时忘情地拥着感动不已的夏绿蒂。次日，他以外出旅行为由，向亚伯特借取手枪并于当日午夜自杀。消息传来，夏绿蒂当场昏倒在地；亚伯特担心她的安危，也没有参加他的葬礼。最终，他的送葬行列中竟无一位神职者同行，只好如此凄凉地告别了人世和他所眷念的心上人。

阅读指导

《少年维特之烦恼》这本书的构思来源于作者的一段真实的人生经历，它直接反映着青年歌德的生活经历，字里行间处处打下了他的思想感情的烙印，所以读来才觉得如此情真意切、感人至深。虽然书中的主人公与作者有很多相似的地方，但他也只是一个艺术的创造，绝不等同于作者个人。

小说是用书信体写成的，主人公维特是一个出身市民的青年。他向往自由、平等的生活，对爱情充满了炽热的幻想。但周围的现实却一步步地击碎了他的希望：无望的爱情、庸俗的官场势利、傲慢的贵族对他的轻视和压迫，迫使他最终走向自我毁灭的道路。维特这个形象实际上反映了当时德意志青年一代普遍存在的烦恼、憧憬和苦闷，有着异常强烈的时代精神，所以它所提出的问题也自然带有时代的普遍启蒙意义。主人公对于自由爱情的渴望和对受上层社会歧视的不满正与当时欧洲盛行的"个性解放"和"感情自由"等口号联系起来，因此具有非常积极的意义。但另一方面，书中所流露出的悲观厌世等思想也对当时的青年产生了一定的消极影响，一时间在文学作品中描写伤感多愁竟变成为一种时髦。这恐怕也是作者始料未及的。

从表现形式来看，这部小说受了一度在德国很流行的英国理查生的小说和卢梭的《新爱洛伊丝》的影响。但无论在思想的深刻还是艺术的精湛方面，歌德都超过了他的前辈。此外，本书的语言也充满了浓浓的诗意，书中的很多景物描写都与主人公的情绪结合起来，描写得感伤而优美，使全书读上去更像是一首长篇的叙事抒情诗。这种巨大的艺术魅力也使它当之无愧地成为德国文学史上的一个重要的里程碑。

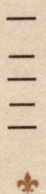

浮士德 /德国/歌德/沉淀60年的光辉史诗

背景介绍

浮士德又称浮士塔斯、浮士德博士，是德国中世纪民间传说中的人物。据说他冒充学者、魔术师、星相家和算命者到处漫游，自夸精通炼金术。他曾把自己的灵魂出卖给魔鬼，以换取知识和权力，晚年生活贫困。在德国民间故事《浮士德博士的一生》（1587年）中，第一次完整地记载了浮士德与魔鬼靡非斯特之间的联盟。后世进步作家都肯定了浮士德追求知识的高尚行为，并将浮士德的传说改编成各种文艺作品。可是，直到德国诗人歌德的诗剧《浮士德》出版后，浮士德的形象才为世界所熟知。据说作者于1770年开始创作这部诗剧，最后在1832年才完成，前后耗费了62年的光阴。当歌德完成《浮士德》后不久便去世了，所以这一部作品可视为歌德的最后巨作，事实上也是歌德最著名、最重要的一部作品。马克思、列宁等人都对这部伟大的作品给予非常高的评价。这部作品也因此与《荷马史诗》、但丁的《神曲》和莎士比亚的《哈姆雷特》并列称为欧洲文学的四大古典名著。

名著概要

上帝与魔鬼辩论。恶魔靡非斯特认为世界是一片苦海，而且永远不会变；人只能终身受苦，像虫鱼一样，任何追求都不可能有什么成就。上帝坚信像浮士德这样的人类代表，虽然在追求中难免有失误，但在理性和智慧的引导下，最终会找到有为的道路。于是靡非斯特与上帝打赌，要将勤学精进的饱学之士浮士德引入邪路，让他堕落。

靡非斯特找到浮士德时，这个老学究正在一个中世纪的书斋里坐卧不安。他深感自己知识渊博却毫无用武之地，渴望投身宇宙，承担起世上的一切苦乐。于是靡非斯特趁机同浮士德定约：靡非斯特今生愿做浮士德的仆人，为他解愁除闷，提供寻欢作乐的一切条件，满足他的一切需要；但当浮士德表示满足的一瞬间奴役便解除，浮士德就属恶魔所有，来生便做恶魔的仆人。浮士德根本不相信人会知足，便毫不犹豫地同意了。

定约后，靡非斯特带着他四处云游。他们首先来到一家酒店饮酒作乐，但浮士德对此并不感兴趣。于是靡非斯特就带着浮士德来到魔女之厨，意欲用爱情生活来引诱他。他利用魔女的丹药使浮士德变年轻，并让浮士德爱上了美貌的少女玛甘泪。在他的帮助下，浮士德与少女偷情成功，但他们却在无

此为歌德作品《浮士德》中的几幕，描绘出人类所受的诱惑。

世界名著大讲堂

一一二三

相关链接

有关浮士德的作品除了最有影响的歌德作品之外，还有马洛所作的剧本《浮士德博士的悲剧》。德国剧作家莱辛在1780年也曾写过相关的剧本，只是没有完成。1947年，德国小说家托马斯·曼将德国的战败和对西方文明的失望表现在小说《浮士德博士》一书中。至于其他不同类型的作品还包括：德国音乐家理查·华格纳于1840年所作的《浮士德序曲》、1846年亥克特·贝利欧滋的法国清唱剧《浮士德的诅咒》，以及1859年作曲家查理·古诺的歌剧《浮士德》等。

意间害死了少女的母亲和哥哥。玛甘泪悲痛欲绝，身陷囹圄。浮士德救人不得，被靡非斯特强行拉走。

疲惫不堪的浮士德在阿尔卑斯山麓昏昏欲睡，醒来之后忘却了一切悲痛，重新恢复了生活的勇气。他们来到了神圣罗马帝国的宫廷，发现该国已陷入严重的经济和政治危机。该国君臣只知道寻欢作乐，对政局一筹莫展，整日惶恐不安。浮士德积极为国王献计献策，建议发行纸币，使王朝暂时度过了财政危机。国王高兴之余，竟异想天开地想见古希腊美人海伦和美男子帕里斯，并催促浮士德去办。浮士德借靡非斯特的魔法招来了这对美男女，但他自己也被海伦的美貌所吸引，不慎引起爆炸，使美人变成烟雾消失。

浮士德的学生瓦格纳正在进行"人造人"的实验，他被靡非斯特请来帮忙制造小人，并让这个小人带领他们飞向古希腊去寻找海伦。在那里，他们找到了海伦。海伦和浮士德一见钟情，结成夫妻。他们很快生了一个儿子欧福良。这个孩子是个天才，酷爱高跃和飞翔，但不慎从空中坠地身亡。海伦听到儿子在地底下的呼唤，抱吻浮士德后消逝了，只留下一件白色衣裳在浮士德手中。

在回国途中，浮士德俯视大海，决心成就一番大事业。他发现国内正在发生内战，于是帮助国王平息叛乱，得到了一块海边的封地作为赏赐。他希望在这里移山填海，建造一个平等自由的乐园。但有一对老夫妻不愿意搬迁，靡非斯特便派人采用暴力手段捣毁了他们的家园，烧死了他们。于是忧愁女神趁机吹瞎了浮士德的眼睛，恶魔也召来死灵，为浮士德挖掘墓穴。瞎眼的浮士德听到掘土的声音，以为人民已经响应他的号召开始动工兴建家园，非常高兴，满足而死。

魔鬼赢得了誓约，正想夺取浮士德的灵魂，但就在这时，天上的光明圣母派来一群天使守护着他的灵魂进入天国。

阅读指导

《浮士德》取材于德国16世纪关于浮士德博士的传说，作者给以加工改造，把浮士德写成一个不断追求、积极进取的理想人物形象。该书结构庞大而复杂，主要围绕浮士德一生对于知识的追求、对爱情的迷恋、对权势政治的向往、对艺术（美）的执着和为人类幸福事业的不懈努力这5大发展阶段来分别描述。这个过程实际上描述了宗教改革、文艺复兴以来一直到19世纪初期300年间欧洲和德国资产阶级知识分子精神探索的历程。因此很显然，浮士德博士所经历的这5个阶段是有明显的象征与隐喻意味的。他的这5种追求不仅是那个时代人类的5

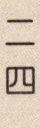

> **名家点评**
>
> 1790年，《浮士德片断》问世，与歌德同时代的批评家施莱格尔兄弟据此评价《浮士德》思想的哲学意义时，对历史学家卢登说过，作品一旦完成，它必将体现出"整个世界的精神"。他们认为："作品将真正反映人类的过去、现在和未来。在浮士德身上塑造了全人类的理想，他将成为全人类的化身。"哲学家谢林也说："如果有什么能称为哲学史诗的话，那么这一术语只能运用于歌德的《浮士德》。把哲学家的深谋远虑同杰出诗人的才能联结在一起的辉煌智慧，在这部史诗中为我们提供了崭新的知识源泉。"

种精神向往，也成为今天西方社会所普遍信奉的人生 5 大理想境界。浮士德的灵魂最后被天国所拯救，这也表明了作者对于人生和人类未来的美好希望。这种积极向上、乐观实践的精神成为欧洲资产阶级上升时期资产阶级先进人士不断探索、追求的艺术概括，感染了无数的读者，被称为"浮士德精神"。

作为一部史诗般的作品，《浮士德》所涵盖的内容也是非常深邃、繁杂的。书中既有对德国社会政治宫廷的现实主义描绘，又有诸如希腊寻海伦、天使拯救浮士德等天马行空的浪漫主义想象。就书中所描写的人物形象来看，也各自具有不同的象征意味，例如海伦象征着古希腊的艺术之美，浮士德与海伦之子"欧福良"象征着拜伦等浪漫派诗人等。除了主人公浮士德之外，魔鬼靡非斯特也是这部巨著刻画得较为成功的重要人物形象之一，他既代表了那种叛逆性的否定精神，也具有尖锐的批判眼光。特别是他的语言，充满了睿智和俏皮，给人留下非常深刻的印象。

在艺术上，这部作品具有非常严谨的整体结构，主要环节利用对比的形式，通过"正—反—合"的变化来推动剧情发展，里面充满了无数的象征和隐喻。在语言表达上，这部诗剧又具有非常浓厚的抒情色彩和辛辣的讽刺意味。此外，这部诗作还广泛运用了各种诗体，开头为自由韵体，后来逐渐转到牧歌体和抑扬格，显得变化多端，错落有致。作品中对某些大自然的景物或场面描写也给人一种艺术震撼力。这些都使得这部作品成为德国文学史上空前伟大的艺术杰作。

国富论 /英国/亚当·斯密/西方经济学的"《圣经》"

作者简介

亚当·斯密（1723～1790），英国古典政治经济学的主要代表人物之一。他出生于苏格兰克科第的一个海关官员家庭，在出生前几个月父亲就去世了。他与母亲相依为命，终生未娶。14岁进入格拉斯哥大学学习哲学和数学，而后结识了大卫·休谟。17岁时转入牛津大学，1751年返回格拉斯哥大学讲授逻辑学，次年担任道德哲学讲座。他的伦理学讲义经修订后在1759年以《道德情操论》出版，为他赢得了声誉，他被列为英国第一流的学者。1764年，他辞去大学的职务，担任年轻的贝克莱公爵的私人教师，于1764～1766年陪贝克莱游览于法国和瑞士。

在巴黎，他认识了法国启蒙学派代表人物伏尔泰，重农学派主要代表人物魁奈和杜尔阁等名流，这对他的经济学说的形成有很大影响。1767年结束了对贝克莱的教学后，他返回家乡专心致力于《国富论》的写作，经过10年的刻苦努力，终于在1776年完成了这部巨著。《国富论》的出版受到了英国资产阶级的热烈欢迎和赞扬，因为这本书为实行自由放任的经济政策提供了理论基础，于是他成为当时英国最著名的经济学家。1778年，他担任爱丁堡海关专员，1787年被推选为母校格拉斯哥大学的校长。他的著作除《国富论》《道德情操论》外，还有《哲学问题论集》。

亚当·斯密头像

许多年来，亚当·斯密作为一个社会哲学家的光彩经受了其他第一流的政治经济学家们的风吹雨打而不褪色。他知识的渊博，他的概括性论述的锐利锋芒，他的高瞻远瞩，始终受到一切社会学家们特别是经济学家们的赞赏。

背景介绍

　　英国是欧洲资本主义制度产生和发展最早的国家之一，在18世纪上半叶，英国已经成为资本主义世界的霸主，在国际上，不管在政治还是在经济方面都领先于其他各国。亚当·斯密生活的时代，英国工场手工业仍然是资本主义生产的主要形式，但这个时期手工技术向机器生产过渡的趋势已经日益明显，资本原始积累已经完成。然而由于封建势力仍然在政治上占据主要地位，封建经济也大量存在，严重阻碍了资本主义经济的进一步发展，于是资本主义需要一种反对国家干预，宣扬自由主义经济的理论，而亚当·斯密的《国富论》恰好就是这种理论。

名著概要

　　《国富论》主要研究国民财富的性质以及增加国民财富的原因和途径，揭示生产发展与财富增长之间的内在联系及其规律，最终达到富国裕民的目的。该书的中心思想是基于人性论和自利心的自由放任思想，也就是经济自由思想。斯密认为经济自由是资本主义发展规律的要求，最符合人们利己的本性，让每个人都自由地追求个人利益，最终就能够最好地实现社会的总利益。因此，斯密强烈反对国家干预经济生活，主张充分实现经济自由，就是要实现自由经营、自由贸易和自由竞争。这些主张实际上反映了处在工业革命初期的资产阶级的要求，他们要求清除一切束缚资本主义发展的封建残余和国家对经济干涉的政策，从而完全确

经典摘录

　　劳动是衡量一切商品的真实尺度。
　　对工资劳动者的需求，必随一国收入和资本的增加而增加。
　　不论何时何地，凡是难于购得或需要大量劳动的货物，价必昂贵；凡是易于购得或在取得时只需少量劳动的货物，价必低廉。

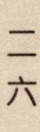

立资本主义的自由经济秩序。

斯密根据研究国民财富这条主线，精心设计了全书的篇章结构，并在本书的"绪论及全书设计"中做了简要的说明。除"绪论及全书设计"外，《国富论》分为上、下两卷，共5篇32章。《国富论》最先建立了资产阶级政治经济学比较完整的理论体系。在"绪论及全书设计"里，斯密明确地指出，所谓国民财富，就是指供给国民每年消费的一切生活必需品和便利品。

> **名家点评**
>
> 《国富论》最本质的东西是：认为资本主义生产方式是最生产的。
> ——马克思
>
> 斯密认识到了剩余价值的真正起源。
> ——马克思

第一篇为"论劳动生产力增进的原因，并论劳动生产物自然而然地分配给各阶级人民的顺序"，斯密认为增加财富的具体途径主要有两条：一是加强劳动分工以提高劳动生产率；二是增加资本积累，从而增加从事生产的劳动者人数。从这些观点出发，该书首先说明分工能够提高劳动生产率和增加国民财富，进而论述分工的原因，斯密认为交换是分工的起因，于是就接着分析了交换，认为人类天生就有互通有无的倾向；同时斯密还考察了交换和分工的相互关系；因为要实现交换，必须得借助货币这个媒介才能顺利实现，所以接着便论述了货币的起源和功能，由于商品和货币之间的交换又引起了价格和价值的问题，于是接下来就阐述了衡量价值的尺度和价格的构成及变动。因为斯密坚持认为工资、利润、地租是价格的三个组成部分，所以随后他便研究了工资、利润、地租的性质及其变动规律。

第二篇为"论资本的性质及其蓄积和用途"，主要研究了资本的性质、构成、积累和用途。在这一篇中，最先明确地说明了资本的构成可分为固定资本和流动资本，区分了生产劳动和非生产劳动，论述了资本的各种形态，即借贷资本、工业资本和商业资本之间的区分。前两篇基本上包括了斯密政治经济学理论的所有内容。

第三篇为"论不同国家中财富的不同发展阶段"，从经济史的角度，对促进或阻碍国民财富发展的原因做了分析，主要考察了罗马帝国崩溃到18世纪后期的经济发展史，研究了国家的经济政策对财富生产发展的作用。从历史的角度出发，论证了只有采用自由放任的经济政策，才会有利于分工和国民财富的发展。

第四篇为"论政治经济学体系"，从经济思想史的角度出发，对阻碍国民财富增长的重商主义和重农主义的理论和政策做了分析、比较和批判。考察了不正确的政策主张和学说是怎样妨碍了国民财富的增长，实际上进一步论证了采取自由放任政策的必要性。

第五篇为"论君主或国家的收入"，研究的是国家财政收支对国民财富发展的影响。斯密强调了必须采取合理的财政制度，使国家的收入大于支出，促使资本的积累，才能增进国民财富。

《国富论》的内容极为丰富，涉及了许多方面的经济理论，但是对政治经济学的发展来说，最重要的贡献还在于斯密所论述的劳动价值论和三个阶级三种收入的学说。

阅读指导

亚当·斯密的《国富论》汇集和大大发展了在他以前一个多世纪以来的经济思想的优秀成果，对政治经济学的研究对象、方法、范围和内容做了全新的、带有创造性的阐述，使政治经济学这门"最古老而又最新颖的艺术"第一次成为真正独立的社会科学，所以《国富论》成为一部继往开来的划时代的伟大著作。

强 盗 / 德国 / 席勒 / "狂飙突进"的经典

作者简介

席勒（1759~1805），德国大诗人、戏剧家、文学理论家。与莱辛和歌德并驾齐驱，同为德国古典文学的创始人。席勒生于符腾堡公国的马尔巴赫城，父亲是外科医生，后在部队里当军医。1768年，席勒进入拉丁语学校，按照自己的爱好及父母的意愿，准备将来进神学院。但是1773年符腾堡公爵却把13岁的席勒选入他的军事学校学法律。席勒在这个管束极严、与外界隔绝的地方度过了8年青春岁月。这期间，他接触了莎士比亚、卢梭、歌德的作品，并着手秘密创作剧本《强盗》。毕业后于1780年在斯图加特某步兵旅当军医。他对当时的专制统治有着深切的体会，1781年将这部反抗封建暴政、充满狂飙突进精神的剧作公开发表，并于次年在曼海姆首次公演成功。1782年他写出了自己的第三部悲剧《阴谋与爱情》，并着手创作新剧本《唐·卡洛斯》。1783年任曼海姆剧院编剧。1785年，他的名诗《欢乐颂》发表。同年秋天，席勒随朋友一起迁往德累斯顿，并在那里完成了《唐·卡洛斯》这部以西班牙宫闱斗争为题材的政治悲剧。这是他青年时代最后一个剧本，标志着他的创作正从狂飙突进时期向古典时期过渡。

1794年，席勒和歌德结成了亲密的友谊，他们共同合作，有力地推进了德国的文学运动。他在歌德的赞助下，花了7年时间完成了巨著《华伦斯坦》三部曲。后来又写了《奥里昂的姑娘》和《威廉·退尔》两部爱国主义剧本。1805年，席勒在贫病交迫中死去。

席勒油画肖像

背景介绍

18世纪末，德国封建专制统治日益腐朽，国内要求自由和个性解放的呼声越来越高。作者有感于当时社会的黑暗，写出了这部反封建独裁的杰出戏

相关链接

《强盗》取材于德国作家舒巴特的同名短篇小说。舒巴特因得罪德国公爵，曾被无辜关进监牢10年，出狱后他写出《强盗》表达了自己对黑暗社会的反抗。席勒借用舒巴特小说中的故事，对作品中的两兄弟形象进行了加工，将二人从舒巴特的小说中的小市民提升到贵族阶层，两个人物之间的斗争也具有了一定的历史意义。

剧。剧本中"强盗"卡尔的言行体现了当时资产阶级青年对德国专制制度的自发性反抗。

名著概要

伯爵穆尔的长子卡尔是个聪明好学、正直豪放的年轻人。伯爵一向喜欢这个孩子，正在考虑将自己的爵位和财产传给卡尔。次子弗朗茨自幼就忌妒哥哥受到的偏爱，如今他更是想尽办法要得到父亲爵位的继承权。

卡尔在外读书，在父亲身边的时间很少，这便给了弗朗茨可乘之机。卡尔一向酷爱民主自由，富有正义感，他在读书之余，常和一帮血气方刚的好友聚会。这些年轻人在一起喜欢讨论国家前途、诅咒社会的黑暗。强烈的忧国忧民的思想，使得他们和当时黑暗沉闷的社会格格不入。阴险的弗朗茨借机四处散播谣言，说卡尔在外边不务正业、总与一些不三不四的人来往。伯爵信以为真，气得几乎晕了过去。接着，弗朗茨又炮制了一封假信，说卡尔已经堕落成一个无恶不作的罪人，现在正在被人追缉。伯爵见信勃然大怒，发誓以后不让卡尔再进家门，并要与他断绝父子关系。

卡尔看了信后，不明白究竟是什么原因导致父亲如此气愤，他写了一封回信详细地向伯爵说了自己的求学情况。然而此时伯爵再也听不进任何解释。这莫名其妙的打击，使得一向挚爱父亲的卡尔十分痛心。大胆叛逆的他彻底绝望了，不久以后他便和朋友们一道向社会发起了反抗。他带领伙伴们隐入波希米亚森林，做起了杀富济贫的绿林好汉。

见卡尔已经失去了父亲的信任，弗朗茨又进行了自己的第二步计划。这个贪婪狡诈的家伙，早就对哥哥的未婚妻艾米利娅垂涎三尺。然而，不管他怎样用尽心机，艾米利娅却依然对心上人一往情深。

为了早日使爵位落到自己的手中，弗朗茨又策划了一个阴谋。他让手下人赫尔曼扮成卡尔的朋友告诉伯爵，卡尔收到信后，萎靡不振，后来在仇人的追杀下，不幸中弹而死。老穆尔真的以为自己向来寄予了很大希望的儿子已不在人世了，精神上遭受了又一次重大的打击，一下病倒了。同时弗朗茨还制造了"弗朗茨，勿离我的艾米利娅"的所谓的卡尔遗言，想让艾米利娅以为未婚夫已死，而投入自己的怀抱。无奈痴情的姑娘对他并无多少好感。

卡尔和伙伴在森林中靠打劫为生，受到官府的追捕。队伍中有同伴烧杀抢掠，殃及百姓。卡尔感到这种生活方式并没有达到自己的社会理想。他感到前途渺茫，内心十分痛苦。官府包围了整个森林，并派牧师来劝降。关键时刻，卡尔重新振

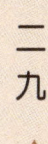

作起来，他喝退牧师，带领同伴们冲出重围。

城内传出了穆尔伯爵病逝的消息。诡计多端的弗朗茨终于如愿以偿地做上伯爵府的主人。他强迫艾米利娅和自己结婚，遭到了姑娘的痛斥。

冲出包围后的卡尔下决心要重整队伍，为实现自己自由平等的社会理想而奋斗。为了救一个同伴的未婚妻，卡尔率领队伍路过家门。他心中燃起了对亲人和爱人的浓浓思念，于是他乔装打扮，进了家门。卡尔进了父亲的卧室，发现自己深深爱着的老父亲已经不在人世，在这时，卡尔恰巧遇到了日思夜想的艾米利娅，但无奈他又不能向恋人表达自己深深的思念之情。姑娘也感觉眼前的人极像自己的卡尔，不禁忘情地呼唤着心上人的名字。

恶毒的弗朗茨感觉事情不妙，他令老仆人达尔尼去毒死这个陌生的年轻人。对主人一向忠心耿耿的达尔尼，认出了眼前的人就是自己一手带大的卡尔，他悲痛地向卡尔诉说了府内的种种变动。卡尔带着沉痛的心情，回到了森林中。他伤心欲绝，甚至想结束自己的生命。然而，众兄弟的忠诚和坚定又深深感动了他，他下定决心要勇敢地面对眼前的一切。

一次偶然的行动中，卡尔的队伍在森林附近发现了一座古塔。卡尔进入塔中竟发现了自己奄奄一息的老父亲。原来心狠手辣的弗朗茨为了早日继承爵位，竟将父亲囚禁在了古塔中，然后布置了伯爵病死的假象。卡尔救出了父亲，并下令杀进伯爵府，活捉弗朗茨这个丧尽人性的恶人。

卡尔的队伍冲进了伯爵府，做尽坏事的弗朗茨感觉大势已去，畏罪自杀了。艾米利娅被俘虏了，在森林中她认出了强盗的头领就是自己的未婚夫。她上去紧紧地拥抱着卡尔，劝他和自己一道离开，去过安定的生活。卡尔被恋人的忠贞深深打动了。然而此时，在身后跟随自己已久的同伴，却站出来警告卡尔要明白自己的责任。万般无奈下，卡尔杀死了艾米利娅，表明自己不是背叛队伍的小人。然而爱人的死使卡尔痛不欲生，他不愿再和群盗在一起，便向官府投案自首，证明了他有向社会反抗和为真理而死的勇气。

阴谋与爱情／德国／席勒／德国古典戏剧不朽的经典

背景介绍

《阴谋与爱情》原名《露伊斯·米勒》，后根据席勒同时代著名演员伊夫兰特的建议而改为现在这个名字。由此可见，这部剧本的真正主人公是平民少女露伊斯，整个剧本都是围绕着她来组织的。但改成《阴谋与爱情》之后，剧本的主题更加突出，其主要的矛盾冲突也使观众一目了然。这部剧作的完成也与作者席勒在符腾堡的生活体验有关，所以具有强烈的现实性。

名著概要

宰相瓦尔特的儿子斐迪南少校不顾门第差别爱上了平民音乐师米勒的女儿露

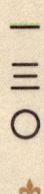

伊斯，但米勒不准斐迪南再到他家里来，因为不知就里的他担心像斐迪南这样的贵公子只是想用金钱来骗取他独生女儿的灵魂和幸福，于是他决定亲自去请求宰相中断斐迪南同他女儿的关系。

宰相秘书伍尔牧是米勒的远房亲戚，他也看上了露伊斯的美貌，于是趁机向露伊斯求婚，但遭到米勒一家的拒绝。怀恨在心的伍尔牧想要借宰相之手排除情敌，便向他告了密。此时正好有一位公爵要替他的情妇米尔佛特夫人找一个配偶掩人耳目。为了巩固自己在宫廷里的地位，瓦尔特很希望斐迪南能与米尔佛特夫人结婚。于是他们开始向全城散布斐迪南向米尔佛特夫人求婚的消息，并逼迫斐迪南同意向米尔佛特夫人求婚。

斐迪南对父亲的这个决定非常恼火，但迫于礼节还是如约访问了米尔佛特夫人。他明确地向米尔佛特宣布自己已爱上了平民少女露伊斯，并且还想羞辱一下这个不知羞耻的女人。但米尔佛特的倾诉却深深地震惊了他。原来，她本来是英国贵族，遭到不幸后，才流落到德国宫廷充当了公爵的情妇。但是她的心却保持自由，渴望真正的爱情，并且真诚地希望能和所爱的人在一起。斐迪南虽然对她的遭遇很同情，但对爱情的忠贞依然使他拒绝了她的爱情。后来，米尔佛特夫人被斐迪南与露伊斯之间的真情感动，她彻底醒悟过来，遣散了仆人，离开了这个小公国。

宫廷里的阴谋正在进行。恼羞成怒的宰相命人抓走米勒，并要把米勒夫人和露伊斯拴到耻辱柱上示众。情急之下，斐迪南以家族名誉相威胁，才迫使宰相放了露伊斯母女。但他们一计未成，又生一计。这次他们把米勒关进监狱，迫使露伊斯伪造向第三者求爱的情书，以此来作为释放米勒出狱的条件。无奈之下，露伊斯答应了这个要求。

斐迪南果然中计，他拾到那封情书后，为露伊斯的不忠气得发狂。可是残酷的命运不允许露伊斯说出整个事件的真相，于是绝望的斐迪南决心亲手毒死这个"变心"的女人。生离死别之际，露伊斯用生命勾销了她对宰相的誓言，对斐迪南说出了情书的真相："信的字句是你的父亲口授的。"听到这句话，斐迪南追悔莫及。他毅然喝下了剩下的毒药，痛苦地死在了露伊斯的身边。面对儿子的尸体，

席勒在为魏玛的奥古斯特公爵朗诵其作品

名家点评

席勒是德国古典文学中仅次于歌德的第二座丰碑式的人物，席勒逝世之后，歌德为此痛苦万分，曾说："我失去了席勒，也失去了我生命的一半。"可见他在德国古典文学中的重要地位和影响。作为他的主要代表作，《阴谋与爱情》堪称德国古典戏剧不朽的经典，恩格斯曾经称它是"德国第一部有政治倾向的戏剧"。这种评价是非常恰当的。

宰相也开始后悔起来，但一切都已经于事无补。

阅读指导

《阴谋与爱情》通过一对门第悬殊的年轻人由相恋而至毁灭的悲惨故事，对荒淫无耻、阴险卑劣的封建统治者及其帮凶，进行了无情的揭露和鞭挞。同时该剧在一定程度上也是在为市民阶层伸张正义，对资产阶级自由、平等、博爱的主张也做了非常有力的宣扬。

应该看到，造成斐迪南与露伊斯这对恋人的悲剧的直接原因在于他们之间在身份、地位等方面的差距，而最根本原因还在于落后的封建等级制度。然而，真正的爱情却使得他们敢于冲破人世间的一切栅栏，为赢得自身的幸福而付出生命的代价。在剧本的结局，他们的爱情并不因其生命的消失而死亡；相反，他们为爱的奋斗和牺牲却弘扬了爱的威名。而这种爱情的胜利，显然又是德国"狂飙突进运动"的主要特征之一。

这部剧本对人物的刻画也显得非常成功，除了我们熟悉的这几个主要人物之外，米尔佛特夫人是一个看起来比较难理解的人物。作者赋予她人道主义精神，目的似乎在于通过这个不列颠贵族的后裔，用英国资产阶级人道主义理想来与德国存在的种种现实罪恶做一番比较。

从艺术上来看，该剧情节紧凑、曲折，矛盾冲突环环相扣，然而演进、展开却自然合理，临近高潮时剧情紧张得叫人几乎透不过气来，但于紧张激烈之中又不乏抒情和诗意，阅读起来也与看舞台演出一样地引人入胜。因此就思想性与艺术性来看，这部悲剧无疑算得上是德国市民悲剧之冠。

人口原理 /英国／马尔萨斯／人口理论的第一部系统著作

作者简介

马尔萨斯（1766～1834），英国早期庸俗经济学派的创始人。马尔萨斯出生于英国萨立州附近的一个乡村绅士的家庭。马尔萨斯从小就受教于学识渊博、思想激进的父亲。1784年，马尔萨斯进入剑桥大学学习哲学、神学、文学和古代史。大学毕业后，他先在家中闲居，后又进入剑桥大学继续研究学习，1796年到萨立州的奥尔巴当牧师。1798年，马尔萨斯匿名发表了《人口原理》的小册子，引起了很大社会反响。在小册子一举成名之后，马尔萨斯于1799年到欧洲各地搜集

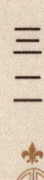

资料，回到英国后，做了修改和补充，在 1803 年用真名发表了《人口原理》第二版。1805 年，马尔萨斯被聘为东印度学院的历史和政治经济学教授，成为大英帝国所设的政治经济学教授职位的第一个获得者。1819 年，马尔萨斯被选为皇家科学协会会员。1821 年，他与大卫·李嘉图、詹姆斯·穆勒共同成立了经济学会。1833 年，他出席了英国学术协会剑桥大会，被选为英国道德及政治科学协会会员、英国帝国学士会会员。1834 年，马尔萨斯发起组织成立统计协会，同年 12 月 29 日因心脏病死于任教的东印度大学。他除《人口原理》之外，其他著作还有《当前粮食涨价原因的分析》(1814～1815 年)、《地租的性质与发展的研究》(1815 年)、《政治经济学原理》(1820 年)、《价值的尺度》(1823 年)、《政治经济学定义》(1827 年)等。

马尔萨斯像

背景介绍

英国从 18 世纪中叶开始的产业革命到 18 世纪末达到高潮，逐渐完成了工场手工业向机器手工业的过渡。机器大工业的发展又造成了小生产者的破产和劳动群众的大量失业和贫困。与此同时，法国爆发的资产阶级大革命也对英国发生广泛的影响。在英国，土地贵族掌握着英国的政权，他们制定各种法令、政策来限制工业资本主义经济的发展。于是一场激烈的人口问题论战就爆发了：华莱士的观点是人口必然过剩；而英国乌托邦主义者威廉·葛德文则认为贫困并不是由人口增长引起的，引起贫困的最终原因是当时的私有制的社会制度，因而对私有制进行了批判。马尔萨斯写了《人口原理》对葛德文的观点进行了反驳。

名著概要

马尔萨斯的《人口原理》第二版包括 1 个序言（第二版著者序）和 4 卷。

第一卷题为"世界文化较落后地区及过去时代的人口抑制"，共 14 章。前两章包括了人口理论的大部分内容，其中包含两个公理：一是食物为人类生存所必需的；二是两性间的情欲是必然的，且几乎会保持现状；两个级数理论：人口，在无所妨碍时，以几何级数率增加；生活资料，只以算术级数率增加。他算到，人口以 1、2、4、8、16、32、64、128、256 的比数增加，而生活资料则按 1、2、3、4、5、

相关链接

马尔萨斯的有效需求不足论：他认为商品的价值在市场上的实现取决于市场上有否充分的"有效需求"。"有效需求"是人们的购买欲望加上实现这一欲望的购买能力。如果"有效需求"不足，生产出的商品就不能全部售出，社会商品的总价值就不能实现，这样就会出现资本主义生产普遍过剩，产生经济危机。同时，他也提出了解决危机的办法：有一种购买者队伍来增加有效需求，充分适应供给，这样资本主义的生产普遍过剩才可能避免。这种购买者——不生产的消费者包括地主、僧侣、官吏、年金领养者、军队和其他所属者如仆役等。

6、7、8、9的比数增加，在两个世纪的人口与生活资料比率将是256∶9；关于对人口数量抑制的两种方法：一是积极性抑制：缩短生命的因素包括因贫困引起的死亡、战争、瘟疫、地震等自然灾祸，他同时认为这种方法是罪恶的；二是预防性限制：预防出生的因素，如追求独身生活，不生育或少生育。预防性限制又可分为：道德的限制，主动节制结婚生育；不道德的限制，被动节制生育。通过对上述理论的论述，马尔萨斯又提出了三个命题：第一，人口必然地为生活资料所限制；第二，只要生活资料增长，人口一定会坚定不移地增长，除非受到某种非常有力而又显著的抑制的阻止；第三，这些抑制，全部可以归纳为道德的节制，罪恶和贫困。后12章论述所谓文化发展落后的地区和过去时代的人口抑制，文中主要引用了印第安人、南洋群岛人、北欧古居民、近代游牧民族及非洲、中国、日本、希腊等国的历史资料。

经典摘录　一是食物为人类所必需；二是两性间的情欲是必然的。
　　人口，在无所妨碍时，以几何级数率增加，生活资料以算术级数率增加。

第二卷题为"近代欧洲各国对人口的抑制"，共13章，是第一卷的继续。分别对挪威、瑞典、俄国、瑞士、法国、英格兰等国近代的人口发展状况进行考察，并证明了"道德抑制"和"积极抑制"在历史发展阶段作用不同。在古代社会，由于生产力水平的低下，人们缺少理性，"积极抑制"起主要作用；在近代社会中，生产力大大提高，理性作用加强，"道德抑制"逐渐代替了"积极抑制"起着主要作用。从而说明了人口的抑制在欧洲近代也是显而易见的现象。

第三卷题为"论各种已经提出或已在社会上流行的制度或权宜办法对各种由于人口的因素而产生的祸害的影响"，共14章。马尔萨斯依据他的人口原理，反对葛德文等人的社会改革思想，试图证明平等制度是不可能建立的，而只有私有制才是社会发展的最好形式。同时，马尔萨斯反对恤贫法，反对废除谷物法。比较不同经济状况下财富和人口增长情况，马尔萨斯指出，恤贫法不可能解决贫困的问题，对贫困的救济是一种犯罪，最后他分别论述农业制度、商业制度、谷物法等对社会进步的影响。该卷的中心思想是：只有抑制人口增长方可能改善贫民状况，要取消对人口的抑制，那是根本办不到的。

第四卷题为"论消除或减弱由人口因素所产生的灾害的前景"，共14章。在这卷中马尔萨斯宣称，与其他改进人口状况以消除人口过剩灾害性的方法相比，道德的节制不失为一个较好的办法。只有"道德抑制"才可能消除贫困和罪恶，给人类带来光明的前景。同时他还对社会将来的改进提出了设想和期望，认为社会和文化的进步将抑制人口的增进。在这卷的最后，他指出，财产的不平等不是社会贫富差距的直接原因，穷人无权向富人索要财产。

阅读指导

马尔萨斯的《人口原理》是200多年来社会科学领域中争议最多的一部著作，

是西方人口理论史上第一部比较系统的著作。由于《人口原理》一书的出版，人口问题逐渐引起人们的重视，并日益发展成为社会科学中一门独立的科学。从总体上看，马尔萨斯《人口原理》所表达的人口规律是错误的，因为他将人口规律仅仅看作是自然规律，但人在本质上是自然性与社会性的统一，其中社会性占主导；另一方面，马尔萨斯看到了社会化大生产条件下，经济生活的各个方面都必须保持一定的比例，而且比例不平衡必然引起一系列社会问题等，这些有其正确的一面，对后人有很大的启发作用。

拿破仑法典 / 法国 / 资产阶级的第一部民法典

背景介绍

在1799年11月9日（雾月18日），拿破仑率军包围国会，发动政变，建立了大资产阶级专政的政权。为了消除封建性的分散的地方习惯法，实现法律的统一，以利于发展资本主义，巩固资产阶级政权，拿破仑任命特隆歇等著名法学家组成民法典起草委员会，广泛征求意见，先后召开了102次会议拟民法典。在整个过程中，拿破仑起了决定性的作用。1804年3月14日，民法典正式通过，命名为《拿破仑法典》。虽然1870年易名为《法国民法典》，但习惯上仍称《拿破仑法典》。

名著概要

《拿破仑法典》分总则和36章，共2281条。第一篇为人法，主要内容是民事权利主体的规定，婚姻、亲子关系等关于民事权利主体的规定；第二篇为物权法，是关于财产和所有权的规定，包括财产分类、所有权、用益权等，贯穿了私有财产无限制的原则；第三篇为权法，是关于取得财产各种方法的规定。包括继承、赠予、遗嘱、契约之债、非契约之债以及质权、抵押权等，实行的是体现资产阶级的剥削自由的契约自由原则。这种体制就是后来被人们称为"三编制结构"的法典体例。

三编制结构体现了4个自由原则理念：主体平等、所有权绝对、契约自由和过错责任。

1. 主体平等。《拿破仑法典》以解放人性为目标，将个人主义作为基础。按

名家点评

法典所表现出来的启蒙和解放，对于任何地方、任何时代的寻求自由与解放的人民，都有极大的教育意义，对于任何想建立新的法律秩序的人民也具有极大的益处。
——茨威格特

典型的资产阶级社会的法典，直到现在还是包括英国在内的所有其他国家在财产法方面实行改革时所依据的范本。
——恩格斯

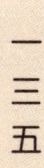

照个人主义，个人被想象为在自然状态中是自由和平等的，享有各种自然权利。虽然社会是必要的，但社会的最终目的仍然是个人。所以，法律应当保护个人的自由平等，保护个人与生俱来的权利。为了最大程度地保证个人的自由与权利，应把所有法国人置于平等的地位，承认所有的法国人都享有平等的民事权利，目标为防止公法对抗私法的侵犯，又规定了公权与私权相互独立的原则。

2．所有权绝对。所有权是一切权利的基础和起点，是人格化的物化，任何一个国家的民法典对所有权均有规定。《拿破仑法典》所有权的灵魂是个人主义，并且以一种极端的方式赋予所有权人以绝对权。具体体现在法律条文上，就是该法典的第544条："所有权是对于物的绝对的无限制的使用、收益及处分的权利，但法律所禁止使用的不在此限。"法国学者卡伯涅对此条解释说，法国民法典与它的自由主义与个人主义相适应。致力于树立这样一种原则：所有人对其所有权的行使不受来自任何方面的限制，不受其他人所有权的限制，甚至也不受国家的限制。

3．契约自由。契约自由是意愿自治在私法中最直接的体现，在市场经济国家中占有十分重要的地位，契约是维系市民生存和完成社会分工协作的基本条件，而契约自由则是契约的生命和灵魂。契约自由权被认为是人之自由权中最重要的一种。《拿破仑法典》对契约自由权做了十分明确的规定。

4．过错责任。过错责任被认为是对个人自由权的另一种确认，它重新确认：只有在与人的意志选择有关的行为造成了他人的损失时，才要负责。《拿破仑法典》第1382条、1383条做了相应的规定。过错责任原则具有逻辑和道德上的双重说服力：一个人所选择的行为致人损害时，如果其选择具有过错，就具有了可受非难性，就必须付出代价。

阅读指导

《拿破仑法典》在风格等许多方面堪称杰作，其表述的生动明朗和浅显易懂，司法技术术语和设有的交叉引证都颇受赞赏，对法典在法国民众中的普及做出了实质性的贡献。由于这部法典在立法技术上体系严谨，言简意赅，表达明确，所以，在相当长的时间里，"成为世界各地编纂新法典时当作基础来使用的法典"。

傲慢与偏见 /英国／简·奥斯汀／年轻女性的爱情宝典

作者简介

简·奥斯汀（1775～1817），英国女小说家。生于乡村小镇斯蒂文顿，父亲是当地教区牧师。兄弟姐妹共8人，她排行第六。奥斯汀从没有上过正规学校，只是9岁时曾被送往她姐姐所在的学校随读，但她在父母指导下阅读了大量文学作品。1811年出版的《理智和情感》是她的处女作，随后又接连发表了《傲慢与偏见》（1813年）、《曼斯菲尔德庄园》（1814年）和《爱玛》（1815年）。《诺桑觉寺》

和《劝导》(1818年)是在她去世后发表的，并署上了作者真名。

奥斯汀终身未婚，家道小康。由于居住在乡村小镇，接触到的是中小地主、牧师等人物以及他们恬静、舒适的生活环境，因此她的作品里没有重大的社会矛盾。但她以女性特有的细致敏锐的观察力，对英国乡村中产阶级家庭的日常生活进行了细致入微的洞察，真实地描绘了她周围世界的小天地，尤其是绅士淑女间的婚姻和爱情风波，并塑造出了一批有个性，独立思考的新女性。她的作品格调轻松诙谐，富有喜剧性冲突，因此深受读者欢迎。

背景介绍

根据英国广播公司2003年12月13日公布的"英国人最喜爱的小说"的调查结果，托尔金的长篇巨著《指环王》荣膺"英国人最喜爱的小说"桂冠。紧随其后的，便是简·奥斯汀创作的这部《傲慢与偏见》。它也是进入最后角逐的5部作品中唯一的非魔幻小说。奥斯汀的作品之所以长期受到读者的欢迎，与她作品中存在的幽默诙谐的语言风格是分不开的。相传她每次完成这部作品的部分初稿之后，总是先朗读给家里人听，常惹得她的侄女们大笑不止。由此可见这部作品的艺术魅力。

名著概要

小乡绅班纳特家有五个待字闺中的千金，班纳特太太整天操心着为女儿物色称心如意的丈夫。当年轻、富有的单身汉彬格莱先生租下附近一处庄园——尼日斐花园时，轻浮的班纳特太太立即激动起来，开始筹划该将哪个女儿许配给彬格莱。

在一次舞会上，班纳特家的女儿们结识了彬格莱先生。但彬格莱的好友达西却似乎对这一家人极其傲慢，认为她们都不配做他的舞伴。自尊心极强的伊丽莎白立即对他产生偏见，甚至在另一次舞会当众拒绝了他的邀请，令达西狼狈不堪。但这反而使相貌英俊、家财万贯的达西对她产生了好感。

彬格莱和洁英·班纳特成了朋友，但当他的妹妹发现达西有意于伊丽莎白时，这位一心追求达西的女士出于忌妒，就与看不起班纳特太太还有班纳特家好些年幼的姑娘们的达西极力怂恿彬格莱离开洁英，然而洁英对彬格莱还是一片深情。

这时候，班纳特先生的继承人柯林斯前来拜访。这位粗鄙无知、仅靠趋炎附势当上牧师的表兄向伊丽莎白求婚，但连续遭到她的拒绝。柯林斯先生并不感到羞愧，紧接着就和伊丽莎白的女友夏绿蒂·卢卡斯订了婚。

达西的一位熟人是附近小镇的一位年轻军官，名叫乔治·韦翰。伊丽莎白对他很有好感，于是韦翰趁机诽谤达西的为人，称自己应得的一大笔财产曾被达西侵吞，于是伊丽莎白对达西的厌恶感又增添了一层。

柯林斯夫妇请伊丽莎白去他们家做客，伊丽莎白在那里遇到达西的姨妈凯瑟琳，不久，又见到了达西。达西再次为伊丽莎白所吸引。他向她求婚，但因态度傲慢，遭到拒绝。他开始认识到骄傲自负所带来的恶果，于是写信给伊丽莎白，

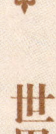

承认自己曾阻挠彬格莱与洁英接触,并坚决否认做过对不起韦翰的事。伊丽莎白读信后十分后悔,也开始消除自己对达西的偏见。

第二年夏天,伊丽莎白来到达西的庄园游览,在这里她对达西的为人有了进一步的了解。不久她又听说小妹妹丽迪雅同韦翰私奔,开始担心达西会因此而看不起她。但出乎他意料的是,达西不仅替韦翰还清赌债,还给了他一笔巨款,让他与丽迪雅完婚。自此以后,伊丽莎白往日对达西的种种偏见统统化为真诚之爱。

达西的姨母、傲慢的凯瑟琳夫人蛮横地要求伊丽莎白放弃达西,但这一无理要求遭到伊丽莎白的拒绝。受到这样的鼓舞,达西再次诚恳地向伊丽莎白求婚。至此,一对曾因傲慢和偏见而延搁婚事的有情人终成眷属。而彬格莱先生和洁英经过一番周折也终于言归于好。

阅读指导

从18世纪末到19世纪初,庸俗无聊的"感伤小说"和"哥特小说"充斥英国文坛,而奥斯汀的小说破旧立新,一反常规地展现了当时尚未受到资本主义工业革命冲击的英国乡村中产阶级的日常生活和田园风光,尽管反映的广度和深度有限,但对改变当时小说创作中的庸俗风气起了好的作用,在英国小说的发展史上有承上启下的意义。

奥斯汀在这部小说中通过伊丽莎白姐妹对待终身大事的不同处理,向我们展示了乡镇中产阶级家庭出身的少女对婚姻爱情问题的不同态度,从而阐明了作者的恋爱婚姻伦理道德观:婚姻绝对不能仅仅建立在金钱、财产或地位的基石上,如果没有真挚的感情,那么这种婚姻是不可能持久的。但作者对待金钱和地位的态度又不是绝对排斥,这显然与她自身所处的地位和家庭生活经历有关。书中的女主人公伊丽莎白出身于小地主家庭,她之所以会对富豪出身的达西产生偏见,主要还是由于他的傲慢,但这种傲慢实际上也是达西优越身份的自然反应。

伊丽莎白是《傲慢与偏见》中最惹人喜爱的一个人物。她机智聪敏,生机勃勃,有胆识,有远见,善于分析问题,同时也是一个具有反抗精神的人物。她以自己的聪明才智、优越的精神境界处处与瞧不起她的上流社会挑战,最终在爱情上获得了成功和幸福。这种举动在当时是难能可贵的,因此这一人物形象也具有一定的进步意义。作者奥斯汀也特别喜欢这个人物。在小说出版时,她给姐姐卡桑德拉的信中说:"我必须承认,伊丽莎白是自有书籍以来十分讨人喜欢的人物,我竟不知道我怎能忍受不喜欢伊丽莎白的读者。"她颇为自负地称伊丽莎白是自己的

名家点评

威廉·莱昂菲尔普斯曾说:"奥斯汀是世界上最重要的文学艺术家之一,而《傲慢与偏见》又是她的代表作。"这足见《傲慢与偏见》在奥斯汀小说创作中的地位。而英国评论家安奈特尔·鲁宾斯坦因在《英国文学的伟大传统》一书中,称简·奥斯汀开辟了英国现实主义小说的先河,将她与乔治·艾略特、伍尔夫等女性作家相比较,足见作者本人在英国文学发展史上的重要地位。

"宝贝女儿",可见这一人物在全书中的地位和影响。

从艺术成就上看,奥斯汀能把"日常平凡事"写得具有较强的艺术感染力,以塑造人物形象鲜明著称。她善于用喜剧讽刺的手法反映现实社会生活,常常能够一针见血地把事情的本质揭露出来,使故事在轻松幽默的戏剧风格中达到较高的艺术深度,给人以深刻的印象,并且深受广大读者尤其是青年女性读者的喜爱,成为她们的"爱情宝典"。

唐　璜 / 英国 / 拜伦 / 讽刺史诗

作者简介

拜伦(1788~1824),苏格兰贵族,出生于伦敦。他相貌英俊,但天生跛一足,所以十分敏感。10岁时即继承了其叔祖的爵位,1805~1808年在剑桥大学学习文学及历史,毕业后进入贵族院,经常发表一些自由主义言论。20岁时,他出国做东方的游历,先后去过许多国家。这次旅行大开他的眼界,使他看到西班牙人民抗击拿破仑侵略军的壮烈景象和希腊人民在土耳其奴役下的痛苦生活。他在旅途

拜伦画像

中写下并发表的长诗《恰尔德·哈洛尔德游记》第一至第二章,震动了欧洲诗坛。

1811~1816年,拜伦一直生活在不断的感情旋涡中。他的婚姻很不成功。整个社会也转而采取敌对态度,对他进行恶意的诽谤和诬蔑。拜伦不愿继续忍受这种侮辱,他离开了英国,从此一去不复返。这时期的痛苦感受,也使他写出像《普罗米修斯》那样的诗,表示向他的压迫者反抗到底的决心。

拜伦在旅居国外期间,陆续写成《恰尔德·哈洛尔德游记》(1816~1817年)、叙事诗《锡雍的囚徒》(1816年)、历史悲剧《曼弗雷德》(1817年)、长诗《青铜世纪》(1923年)等。其中《别波》《审判的幻景》和《唐璜》这三部作品使他成为当之无愧的伟大诗人。同时,拜伦对欧洲人民为争取民主自由的斗争也寄予了深切的关注,并曾亲自前往希腊参加那里的民族解放斗争,直至1824年4月

相关链接

《恰尔德·哈洛尔德游记》是作者积极的浪漫主义代表作品之一。这篇4700多行的长诗共分四章,其中前两章记叙诗人在拿破仑战争时期第一次游历东方诸国的见闻,第三、四章记叙诗人在滑铁卢战役之后被迫离开英国旅居意大利、瑞士等国时的所见所闻,因此发表日期也各不相同。这篇长诗有两个主要人物,即哈洛尔德和抒情主人公,其中前者的形象带有一定自传性质,后者通过评论反映了作者对一些重大历史事件的政治倾向。全诗不仅对19世纪英国社会的生活全貌有所描绘,也充分反映了当时南欧各国正在举行的轰轰烈烈的民族解放斗争,并塑造出像恰尔德·哈洛尔德这样典型的拜伦式英雄形象,引起了巨大的社会反响。

19日逝世，成为希腊人所悼念的一位民族英雄。

背景介绍

唐璜在很多著名作家和艺术家的作品中都出现过。据西班牙传说，唐璜是14世纪时塞维利亚贵族的儿子，诱奸了一个女子却杀死她的父亲，还嘲弄地邀请她父亲的石像赴宴，石像显灵把唐璜带到地狱里去。这个唐璜的领地是特诺里奥，称为唐璜·特诺里奥。但其他许多城市也都各有它们自己的唐璜。每一个在开始时都有自己的传说，随着时日流逝，所有这些传说逐步融合成为一个人物的故事。

首次把唐璜这个人物写成戏剧的是莫利纳的《塞维利亚的淫棍和食客》，莫里哀也于1665年写过五幕喜剧《唐璜》，随后莫扎特还于1787年为两幕歌剧《唐璜》作曲，歌词是洛伦索·达·庞特撰写。喜剧和歌剧《唐璜》都是杰作，但这些作品主要讲述的都是唐璜追逐女性的故事，并没有多少积极的意义。拜伦选择唐璜这个传奇人物作为自己的诗歌主人公，利用他的"知名度"和冒险经历来阐述自己的理想，无疑是一种新的艺术创造。

名著概要

唐璜出生于西班牙南部名城塞维尔，他的父亲是一位名叫唐·何塞的大贵族。唐璜小时候就长得活泼可爱，长大后更是一表人才，受到贵族少女的喜爱。他生性风流，喜欢同这些姑娘们胡搅蛮缠，甚至在16岁时就同贵妇唐娜·朱丽亚发生性关系。这使得上流社会舆论哗然，无奈之下，他只得离开祖国到欧洲去旅行。

唐璜的航船在驶往意大利的途中遭到了大风暴的袭击，但在他的指挥和努力下，船终于没有沉没。然而不久船上便发生饥荒，船上水手被迫以人相食。唐璜不愿意像这些人一般残忍，便奋勇跳船逃生，最终被一位年轻貌美的姑娘救上了岸。这位姑娘名叫海黛，是希腊大海盗兰布洛的女儿。她深深地喜欢上了这个英俊的男子，于是把他藏在海边一个山洞中同居。不久，他们听说兰布洛已经在海上出事身亡，便开始筹划婚礼。但正当他俩相偕准备进洞房的时候，兰布洛突然出现。他命令侍从把唐璜打倒，捆绑上船，押送到土耳其首都君士坦丁堡出售。

土耳其王宫的黑人太监看中了年轻英俊的唐璜，便把他买下来送进后宫供一位王后享用。但是，唐璜一心思念天真纯洁的海黛，于是他想方设法逃出了王宫，最后辗转到了土耳其部队。他认为战斗是英雄的事业，便非常卖力地打仗，并因战功显赫而最终投靠了沙俄统帅苏沃洛夫。沙俄占领君士坦丁堡之后，苏沃洛夫有意派遣唐璜去彼得堡向女沙皇报捷。生活放荡的女皇果然看上了他，留他在宫中供自己享用。时间一长，唐璜被折磨得身心憔悴，女皇也不再需要他了。

此时，沙俄同英国正准备结盟以共同对付拿破仑。女皇决定派他做外交使节前往英国进行谈判。于是，他离开了俄国。到了英国，唐璜刚开始被其虚假的繁荣表象所迷惑，以为这里是自由乐土，但不久他便在伦敦的大道上遭到光天化日之下的抢劫，于是立刻恢复了自己先前对英国的厌恶之情。同英国的王室和贵族见面以后，他对英国社会的罪恶认识地更加深刻，但他的行为又恰恰同他的认识

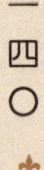

相违背，依旧忍不住同这里的贵族妇女勾勾搭搭，打得火热，甚至连英国最具权势和最风流美丽的、众所周知的国王情妇弗芝·甫尔克公爵夫人竟然也对他产生了强烈的兴趣。

阅读指导

《唐璜》是一部长篇诗体小说，也是一部反映当时欧洲现实生活的讽刺长诗。它所描写的是18世纪末期西班牙一个贵族青年游历欧洲各国的冒险故事。诗人大胆而独创地运用了英国人民的语言，描写了唐璜在那儿长大的、虚伪而守旧的封建君主制的西班牙，描写了海上遇险、饥饿的恐怖、牧歌式的恋爱、奴隶市场、土耳其皇帝的禁宫、残酷的战争、俄国女皇的宫廷、伦敦的上流社会等一系列精彩的场面和片段。诗歌正是通过其主人公在这些地方的不同经历，从多方面向我们再现了当时欧洲的社会历史生活。同时诗人也将其讽刺的矛头直接指向了"神圣同盟"和其他一些欧洲反动势力，辛辣地讽刺了那些暴君的所作所为，并且无情地揭开了笼罩在各国王室身上的一层神秘面纱，将他们的罪恶、无耻和荒淫赤裸裸地展示在读者面前，因此具有极大的震撼力。这也从另一方面表现了诗人自己的激进态度和鲜明立场。

唐璜这一人物形象也给读者留下了比较深刻的印象。这一形象延续了作者"拜伦式英雄"的一贯风格，既具有与生俱来的、惊世骇俗的叛逆精神，又具有对于自由的无限向往，所以使得这首长诗成为具有浓厚个人主义色彩的作品。唐璜的经历与作者本人也有些相似，因此我们不难从这个人物形象中去体会诗人个人的情感特点和个性特征。

拜伦和他的诗友雪莱一样，都是杰出的革命浪漫主义诗人，虽然拜伦很少谈到想象力，但这并不等于他缺乏想象。他的作品主要以感情取胜，而且感情非常充沛，具有强大的感染力。例如《哀希腊》兼具沉雄悲壮与慷慨激昂之情，很能震撼人们的心弦，这成为其浪漫主义精神的特质。而《唐璜》除了具有这种震撼人心的激情之外，更以讽刺艺术最为世人称颂。这一点读者也可以从阅读中加以体会。

解放了的普罗米修斯 / 英国 / 雪莱 / 自由与民主的象征

作者简介

雪莱（1792～1822），英国诗人，他和拜伦将英国的浪漫主义文学推向高峰。雪莱生于贵族之家，1812年进入牛津大学，因发表论文《无神论的必然性》被开除。1818年因写诗歌鼓动英国人民革命及支持爱尔兰民族民主运动，被迫迁居意大利。主要作品：诗剧《解放了的普罗米修斯》，诗歌《西风颂》《致云雀》《云》等。

背景介绍

19世纪上半叶，随着工业革命的进行，保守的政治体制已不能满足英国资本

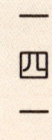

主义经济的迅速发展。英国国内要求近代化、政治民主化的呼声越来越高。该剧是雪莱的代表作，表达了他的哲学思想和社会理想，是他移居罗马时写作的，完成于1819年。当时，欧洲神圣同盟和英国贵族资产阶级的黑暗统治以及他们对人民的残酷镇压，激起了诗人极大的愤慨。于是他借古希腊神话传说抨击了压迫和强权，呼吁现实的变革，具有鲜明的时代意义。

名著概要

朱庇特（雪莱在此诗剧中用拉丁神名取代古希腊神名"宙斯"）在预言神普罗米修斯的帮助下成为众神之王后，违背了"给人类自由"的诺言。普罗米修斯同情人类的处境，为他们盗来天火，给人间带去文明。朱庇特勃然大怒，企图通过暴力使普罗米修斯屈服。他用锁链将普罗米修斯锁在高加索山脉的悬崖上。普罗米修斯被笔直地吊着，不能入睡，也不能伸曲他疲惫的双膝，然而他却毫无惧色。他预言，朱庇特终将被自己同一位女神所生的后代推翻。朱庇特派神使来询问底细，神使劝他屈服来获得释放，普罗米修斯却拒绝讲出女神的名字。朱庇特恼羞成怒，不断兴起阵阵狂风，将巨大的冰雹砸在他的身上；他还放出嗜血的鹰鹫，每日啄食他那吃掉后又复生的肝脏。普罗米修斯被缚了三千年，人类世界的沦丧、与爱妻的离散让他的心隐隐作痛，年复一年他在痛苦与失望中度过。整个自然界不时发出阵阵悲凉的哀叹，对这位崇高的巨人表达深深的同情。地母让普罗米修斯倾听他当初向暴君宣战的言语，以此来抚慰他的心灵。普罗米修斯渐渐平静，信念也越来越坚定。

一天，朱庇特派使者麦鸠利带着一群司管各种罪恶的魔鬼来到高加索山。他说只要普罗米修斯说出朱庇特王位还能持续多久，就可以马上回到奥林匹亚山，与众神一起享受声色之乐。普罗米修斯高昂着头颅，拒绝做出让步。麦鸠利露出狰狞的面孔，刹那间，天地昏暗，群魔乱舞，魔鬼们个个摇头摆尾地炫耀自己给世间带来的苦难，以此来折磨普罗米修斯。普罗米修斯不禁可怜起这些恶魔来，因为他们将和朱庇特一起灭亡。就在这时，天边飘来悦耳的音乐，天空渐渐明朗起来，恶魔们纷纷逃窜，六个精灵飘然而至。他们是真善美的化身，在普罗米修斯身旁高唱赞歌，宣告他的预言即将实现，解放的日子为期不远。

普罗米修斯的妻子、海神的女儿阿西亚，自普罗米修斯被囚以来，也被放逐在印度的大峡谷中。她每日对

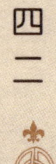

在创作《解放了的普罗米修斯》的雪莱

雪莱的诗剧表达了19世纪初期欧洲最先进的思想，诗剧《解放了的普罗米修斯》赋予古希腊神话以新的活力。整个诗剧象征着未来的社会变革，表达了诗人反对专制统治，反对宗教迷信，提倡自由、平等、博爱和人权的思想。

着高加索方向凝望，期望着有一天能与心爱的丈夫会面。她的妹妹潘提亚一直守候在普罗米修斯身旁，充当这对夫妻的报信人。清晨，潘提亚来到大峡谷，向姐姐诉说了她的两个奇怪的梦。阿西亚从潘提亚那双湛蓝的眼睛中，看到了普罗米修斯伟岸的身形和那双深情的眼睛。他似乎在对她说，终有一天那东方的曙光将在这荒凉的世界上建起一座辉煌的楼台，他们夫妻将在喜悦中团聚。另一个梦潘提亚已记不太清，只记得一阵狂风吹落花朵，花瓣遍布大地，每一片上都写着"快跟"。此时，暖风吹过，"快跟"的声音在山谷中响起。姐妹俩在这声音的引导下，穿过一片丛林，来到一座高山的顶峰。

这里是朱庇特儿子冥王的领界。一扇巍峨的大门屹立在眼前。大门徐徐打开，喷发出一股股沁人心脾的异香，顶峰下边展开一大片红色的云雾。晨曦升起，射出万道金光，美丽的梦精灵出现，长发披肩，高唱优美的歌，指引姐妹俩步入冥界。

阿西亚与潘提亚来到冥王的洞府。一大团黑暗形如正午的太阳，它悬在洞顶，发出幽暗的光芒，庄严、肃穆，俨若神灵。冥王坐在洞中，阿西亚向他提出了许多问题，她问："世界与万物的创造者是谁？"冥王答："是上帝。"阿西亚又问："世上的罪恶是谁创造的？普罗米修斯给人类与世界带来了生机与智慧，为什么却被缚在悬崖？"冥王没有直接回答，只是反复说："他统治着！"阿西亚问普罗米修斯什么时候能解放，冥王向眼前一指，说"瞧！"顷刻，眼前出现了一个淡紫色的夜空。许多长着彩虹翅膀的马，各自拖着一辆车在飞驰。冥王告诉姐妹俩，这些都是"永恒的时辰"，其中有一辆在等着她们。果然，一辆马车在她们面前停下，车上装着象牙贝壳，其中是灿烂的圣火。年轻的驭者神清气爽，正微笑着等她们上车。阿西亚和潘提亚乘上马车，向太空飞驰而去。

此刻，暴虐的朱庇特高坐皇位之上，与海神忒堤斯举行婚礼。众神齐声祝贺，朱庇特洋洋自得地宣称：除了人类的心灵还没有被征服外，他已是万物的主宰。他和忒堤斯的儿子将代他讨伐人类，让他们彻底屈服。他的话没说完，一辆时辰之车带着怨怨的黑气降落天庭。冥王从车上走下，对朱庇特说："我是你的孩子。快离开你的皇座，今后我们要一同居住在幽冥中间，你下台后，绝不会再听任第二个暴君逞威肆虐！"朱庇特垂死挣扎，呼唤雷电风云来助战，然而他众叛亲离，正义的神已不再听他使唤，他最终落入了无底的深渊。

高加索山上，大力神赫拉克勒斯砸开了普罗米修斯的镣铐，阿西亚姐妹乘时

● **相关链接** ●

普罗米修斯原是古希腊神话中为非作歹的小神，后在古希腊悲剧家埃斯库罗斯的演绎下，他变成了一位敢于为人类生存和幸福而反宙斯的巨神。埃斯库罗斯将普罗米修斯的神话故事写成了一部三联剧：《被缚的普罗米修斯》《被释放的普罗米修斯》和《带火的普罗米修斯》，但流传下来的只有第一部。虽然第三部《被释放的普罗米修斯》情节到底如何已无从判断，但后人根据历代文献中所引用的该剧的一些断章残句及《被缚的普罗米修斯》中暗示性的语言，猜测普罗米修斯最终泄露预言与宙斯和解。雪莱对这个妥协性的结局十分不满，创作了四幕诗剧《解放了的普罗米修斯》，并以此传达争取自由与民主的时代精神。

辰之车降落。大地母亲唤来光精灵，让她引导普罗米修斯、阿西亚等人来到一座风景秀丽的洞府，这里有碧水蓝天，处处繁花似锦，美妙的音乐从四面八方响起。漫游世界的大地精灵向众神讲述了普罗米修斯的解放给世界带来的变化：丑恶的人被一声巨响震得七零八落，蛇蝎豺狼虎豹也改变了它们恶毒的本质；人间到处欢歌笑语，整个大地都在欢庆普罗米修斯的解放。

红与黑 / 法国 / 司汤达 / 法国批判现实主义的奠基之作

作者简介

　　司汤达（1783～1842），原名亨利·贝尔，19 世纪法国批判现实主义文学的创始人之一。司汤达出生在法国格勒诺布尔城一个富裕律师的家庭，早年丧母，父亲是个保皇党人，家庭教师是个思想保守的神父。司汤达与他们格格不入，在家里，他只敬爱尊崇伏尔泰的外祖父甘尼永大夫。13 岁那年，他进了由当地革新派创办的中心学校读书，并深受雅各宾党人数学老师格罗的科学和民主思想影响，为其世界观的形成奠定了基础。1799 年，司汤达以优异的成绩毕业于当地的中心学校，来到巴黎，在军部谋到一个职务。从此，他跟随拿破仑的大军，参加了两种力量、两种制度在整个欧洲的大搏斗。直到 1814 年，拿破仑垮台，波旁王朝复辟，司汤达被"扫地出门"，不得已离开巴黎，侨居意大利的米兰。他在米兰期间，读书、旅行、研究意大利的音乐和美术，与从事意大利民族解放战争的烧炭党人有所交往。1815 年，他的第一部作品《音乐家传记》问世，于是从此开始他的写作生涯。1821 年，意大利的烧炭党人的起义遭到镇压，司汤达被当局视为危险分子，被迫离开米兰回巴黎。在巴黎，他一面写作，一面认真观察复辟时期的社会生活，对自己时代的矛盾有了深刻的认识，终于写出了深刻反映七月革命前的法国社会现实的长篇小说《红与黑》，使他成为 19 世纪杰出的批判现实主义作家。司汤达其他重要的作品还有《红与白》《巴马修道院》等。

背景介绍

　　《红与黑》的创作取材于当时的一则社会新闻。1827 年，司汤达读到《司法公报》上登载的一个家庭教师杀害女主人的刑事案件。铁匠的儿子安杜扬·贝尔特经神甫推荐，去米苏家担任家庭教师。不久他和孩子的母亲发生了暧昧关系，真相暴露后，出于怨恨和绝望，贝尔特在教堂枪杀了米苏夫人，因此被判死刑。司汤达根据这条社会新闻，构思一部题名为《于连》的小说，但两年后还没有写成，因为这桩普通的刑事案件无法体现出他痛恨封建复辟的政治见解。于是他重新构思并着手改造

《红与黑》插图

情节，把保皇党的阴谋活动作为中心事件写进了小说，1830年5月，他在校印期间又把书名改为富有象征意义的《红与黑》，再加上副标题"1830年纪事"。小说中有一段出版家与作家的对话："如果您的人物不谈论政治，那么，他们就不再是1830年的法国人了，而您的书也就不再是一面镜子，如同您所希望的那样……"可见司汤达毫不隐讳这部小说的政治倾向，他要认真写出"19世纪最初30年间压在法国人头上的历届政府所带来的社会风气，1830年前夕教会和国家的欺骗、厚颜无耻和虚伪"。虽然这部作品问世之后遭到多数人的误解，但作者本人却坚信这部书的价值。时至今日，这部作品已经成为杰出的批判现实主义文学名著。

名著概要

于连·索黑尔是法国外省小镇维利叶尔一个木材商人的儿子，虽然他是拿破仑的崇拜者，但是，他以为在王政复辟的社会中，神职是平民唯一可行之路，于是下定决心谋此一职。不久他又凭着他的聪明过人被聘为市长德·瑞那先生孩子们的家庭教师。在此期间，他与德·瑞那夫人产生炽烈的爱情，并希望借控制她而进入上流社会，但风声很快便传遍了整座城市。一个靠受贿发财的地方官哇列诺对于连当上市长家的家庭教师十分忌妒，他也曾追求过德·瑞那夫人，但遭到了拒绝，正巧发现了他们的奸情，便向德·瑞那先生写了一封信告发。于是于连只能离开德·瑞那夫人家而进入贝桑松的神学院，德·瑞那夫人则受到良心的折磨，转而笃信宗教。

于连在神学院生活得很不愉快，没人喜欢他，但他却受到院长彼拉先生的赏识。彼拉院长因支持德拉木尔侯爵的一件诉讼案件而失去了院长的职位，于是侯爵把院长弄到巴黎为他谋了个职业，于连也因受到院长的推荐而得以出任侯爵的私人秘书。于连离开神学院，兴奋异常，随即回到了维利叶尔，半夜里他翻越层层围墙，在离别14个月后重见德·瑞那夫人。于连在她的卧室中度过了整整一天，后被人发现才仓皇逃走。

前往巴黎的于连巧妙地掩饰了自己对于共和主义的向往，而在社交界广结人缘，其交友的手段也日趋纯熟与超然。于连在公务上很能干，最终成为侯爵的心腹，与侯爵家里的人混得也很熟。他对侯爵的女儿玛特儿很有好感，希望能够通过控制她而达到控制侯爵全家的目的。尽管他们等级差得很多，自尊心极强的玛特儿还是深

相关链接

《巴马修道院》是司汤达继《红与黑》之后又一部批判现实主义杰作，也是他生前唯一获得成功的作品。小说以意大利的巴马公国为背景，以贵族青年法布里斯的富有浪漫色彩的爱情故事为线索，通过法布里斯的社会理想和个人野心的幻灭过程来反映19世纪神圣同盟统治时期的宫廷斗争和封建专制。小说表面上描写的是意大利民族解放运动，实际上却是在影射当时的法国社会。因此小说一出版后，便受到很多人的关注。巴尔扎克对本书推崇备至，立即写了一篇长达72页的评论《贝尔先生研究》，承认司汤达是"当代高人之一"。他在给司汤达的一封信中说："《修道院》是一部伟大的巨著。"这些评论在司汤达生前是很少见到的。

名家点评

司汤达生前并不为广大读者和评论家所理解，正如高尔基在为《红与黑》一书写的序言中所说："司汤达是作家被批评界歪曲得面目全非的一个极鲜明的例证。"但历史证明了他的价值。高尔基曾经指出他在文学历史上的重要价值："司汤达是在资产阶级胜利之后，立即就开始敏锐而明确地表现它的特征的第一个文学家，他揭示出资产阶级社会内部腐化的不可避免和它的愚蠢的短见。"而另一位文学评论家路易·阿拉贡则明确肯定司汤达在文学创作上的成就："他对小说，对写作，从而也是对作家是什么，作家的任务是什么等一系列问题的认识上，体现了一个真正的转折点。"

受这位身份虽低却傲骨凛然、精力旺盛的于连所吸引并委身于他。事后玛特儿发现自己已怀有身孕，便强迫父亲应允她与于连的婚事。侯爵知道此事后先是恼怒，但由于侯爵过度溺爱公主，在无计可施之余，他只好给了于连一笔财产、一个贵族头衔和一个军官职位。没想到于连得到这些后得意忘形，对玛特儿更是不屑一顾了。

正当于连与玛特儿公主的婚期将届之际，一件意想不到的事发生了。德·瑞那夫人给侯爵来了一封信，揭露了于连道德败坏的事，侯爵大怒，拒绝了女儿同于连的婚事。这将意味着于连再也不能进入上层社会。于连气急败坏，愤恨之余，骑马回到维利叶尔，以手枪射击正在教堂祷告的德·瑞那夫人，事后当场被捕。

伤愈后的德·瑞那夫人去狱中看望于连，而狱中的于连这时也从一切庸俗的野心中获得解放，他觉得只有自己对德·瑞那夫人的爱是真挚的，二人因此又相爱如初。另一方面，玛特儿依然爱着于连，她赶到维利叶尔，企图贿赂检察官；他的朋友福格也劝于连从狱中逃跑，但于连对这些都无动于衷。不久，当于连来到法庭接受审判时，他坦然地说："死刑是我应得之罪。"最终被法庭处以死刑。

行刑的那一天终于到了，于连镇定地走向了刑场，他的穷朋友福格收殓了他的尸身，把他葬于山间的一个墓穴中。痴情的玛特儿决心效仿她的一位先人，她抱着于连的头颅，举行了盛大的葬礼。德·瑞那夫人没去参加葬礼，在于连死后第三天，她因悲痛欲绝，也去世了。

阅读指导

《红与黑》自1830年问世以来，赢得了世界各国一代又一代青年读者的心。作品所塑造的"少年野心家"于连·索黑尔是一个具有高度典型意义的人物形象，已成为个人奋斗的"野心家"的代名词，就像世界文学长廊中的其他典型形象一样脍炙人口。正如这本书的书名所要展示的一样，野心勃勃的于连不甘心久居人下，他少年时代就立下宏愿："在拿破仑统治下，我会是一个军曹；在未来的神父当中，我将是一位主教。"而"红"是军服的颜色，"黑"则是神父长袍的色彩。这种"红"与"黑"的野心和梦幻，渗透了于连的灵魂，左右着他的一切言行，直至他走上断头台。然而，于连又不仅仅是一个伪善的钻营者和野心家，他性格中那种强烈的自尊和自觉的反叛意识使他与当时的一般人区别开来，成为正处在上升阶段然而依旧饱受落后的封建主义压制下的小资产阶级青年的代表。因此小说对于连双重人格、矛盾性格和悲剧命运的描写，客观上也揭露了法国王政复辟

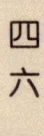

时期的残酷现实状况以及由此产生的对青年一代的腐蚀和摧残。小说的副标题名为"1830 年纪事",实际上我们也可以由此而深刻地了解"19 世纪初 30 年间压在法国人民头上的历届政府所带来的社会风气"和现实状况。

作为一部优秀的批判现实主义小说,《红与黑》没有冗长的环境描写,但对人物内心思想的刻画却不吝笔墨。而事实上,《红与黑》在心理深度的挖掘上远远超出了同时代作家所能达到的层次。小说以深刻细腻的笔调充分展示了主人公的心灵空间,广泛运用了独白和自由联想等多种艺术手法挖掘出了于连深层意识的活动,特别是对于书中人物爱情心理的描写更是丝丝入扣,动人心弦,开创了后世"意识流小说""心理小说"的先河,是一首"灵魂的哲学与诗"。所以司汤达又被评论家称为"现代小说之父",由此可见本书在艺术上的成就和地位。

欧那尼 /法国 / 雨果 / 浪漫主义伟大胜利的标志

作者简介

雨果(1802 ~ 1885),法国 19 世纪浪漫主义文学运动的领袖和最杰出的代表。雨果出生在法国贝桑松城的一个军官家庭,他的父亲早期是拿破仑的部下,母亲却是王室的热烈拥护者。因此他少年时代思想保守,崇拜法国早期浪漫主义作家夏多布里昂,作品多以歌颂王政与宗教为主。但 20 年代中期,雨果在思想上开始转向资产阶级民主主义并积极参加浪漫主义文学运动,1827 年发表的《〈克伦威尔〉序言》被称为法国浪漫主义戏剧运动的宣言,1830 年发表的《欧那尼》及其公演则标志着浪漫主义对古典主义的决定性胜利。雨果也因此成为法国浪漫主义运动的领袖,此后雨果的思想一直追随时代步伐前进,并曾因反对路易·波拿巴的反革命政变及其独裁统治而被迫流亡国外。

雨果的创作期长达 60 年以上,作品包括 26 卷诗歌、20 卷小说、12 卷剧本、21 卷哲理论著,合计 79 卷之多,但主要成就在诗歌与小说方面,给法国文学和人类文化宝库增添了一份十分辉煌的文化遗产。雨果的代表作品有诗歌集《惩罚集》(1853 年) 以及长篇小说《巴黎圣母院》(1831 年)、《悲惨世界》(1862 年)、《笑面人》(1869 年) 和《九三年》(1874 年) 等。

背景介绍

19 世纪上半叶,法国资产阶级民主运动高涨,反封建的呼声越来越高。代表资产阶级文艺思潮的浪漫主义文学兴起。《欧那尼》代表了作者的反封建思想。剧中鼓吹以平等博爱与道德力量改造社会,具有鲜明的时代意义。

名著概要

故事发生在 16 世纪初的西班牙。简武安公爵被国王卡洛斯冤杀,其子欧那尼决心为父报仇,为此他流落绿林,做了强盗头领。吕古梅公爵的侄女素儿小姐美

> **相关链接**
>
> "浪漫主义文学"是指18世纪末19世纪初欧洲流行的一种资产阶级文学形式，是法国大革命、欧洲民主运动和民族解放运动高涨时期的产物。代表作家有英国的拜伦、雪莱，德国的海涅，法国的雨果，俄国的普希金，波兰的密茨凯维奇等。

丽端庄，欧那尼与卡洛斯都深深爱上了她。然而老公爵与素儿已缔结了婚约，不久后将举行婚礼。素儿深深爱着正直英俊的欧那尼，然而现实又让她忧心忡忡。

欧那尼每天晚上与素儿在其卧室幽会。此事让卡洛斯知道了。一天晚上，卡洛斯蒙面潜入公爵府，藏身在素儿卧室的壁橱内。一对恋人像往常一样在卧室互相倾诉着爱慕之情，两人还约定次日深夜，欧那尼在素儿窗下击掌为号，二人一起出走。正在这时藏在壁橱中的卡洛斯破门而出。欧那尼大吃一惊，拔剑而立，让对方亮出自己的真实身份。卡洛斯也拔出了佩剑，要求与欧那尼平分与素儿的爱情。此时，吕古梅公爵回来了。看见深更半夜未婚妻的卧室中竟然有两个陌生男子，老公爵大怒。他捶胸顿足地指责素儿有辱家族的清白，大骂两个年轻人侮辱了他这个德高望重的西班牙贵族，命令仆人将这两个陌生人捉拿起来。然而此时，卡洛斯却撕下了伪装，傲慢地走向盛怒的公爵："听我说，吕古梅公爵。日耳曼帝国皇帝马克西密苓驾崩了！"老公爵这才看出原来蒙面人正是当今的国王。卡洛斯对吕古梅谎言解释道，他之所以星夜到此，是因为刚得知日耳曼皇帝病死的消息，急于谋取帝位，才来到公爵府上与忠诚的公爵共商大计。他还将欧那尼指引给公爵，说这是他的侍卫。国王的话让吕古梅公爵受宠若惊，他连忙亲自为他秉烛，引他到正室。欧那尼这才知道眼前这个解除自己尴尬处境的人，正是自己的杀父仇人，他发誓要亲手杀掉卡洛斯。

次日晚上，对素儿小姐爱慕不已的卡洛斯依照欧那尼的击掌约定骗出了素儿。素儿义正辞严地拒绝了卡洛斯，还乘其不备抽出了他的短剑，告诉他如果再相逼就死在他面前。正在此时欧那尼带人赶来了。面对杀父仇人和情敌，他说出自己的真实身份，要求与卡洛斯决斗。卡洛斯说自己不愿与强盗决斗，还说欧那尼今天的举动是暗杀。欧那尼向来注重自己的荣誉，他决定与国王明枪交战，于是便收起了剑，让卡洛斯离开。欧那尼知道自己的处境十分危险，他不愿让素儿和他一起过颠沛流离的生活，于是放弃了以前的计划。国王很快派卫队来追捕欧那尼了。无奈之下，欧那尼只得与素儿吻别，恋恋不舍地离去。

素儿与公爵的婚期很快来临了。欧那尼痛不欲生，他化妆成香客来到了公爵的府邸，要求借宿。吕古梅欣然同意，命人好好招待这位客人。着一身新婚礼服的素儿小姐来到了大厅。欧那尼见此万念俱灰，他不顾一切地脱下香客的衣袍，对大厅的人说道："我是欧那尼！国王正以重金悬赏捉拿的人。这是一个晋升发财的好机会，请来绑缚我吧！"然而老公爵要维护自己家族的荣誉，他表示即使违抗了国王的旨意也要保护上门的客人，于是亲自紧闭大门，要求府中人严阵以待。

大厅只剩欧那尼和素儿两个人了。满腔悲愤的欧那尼痛斥素儿不贞，还满含讽刺地恭贺她的新婚。面对心上人的讥讽，素儿泪流满面，她从首饰盒中取出那

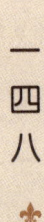

天从卡洛斯那儿夺来的利剑，告诉欧那尼自己打算举行婚礼时，用它结束自己的生命。欧那尼被素儿对自己的一片痴情深深感动，两人相拥而泣。正在这时，老公爵正好返回大厅，见此情景，痛斥欧那尼为不义之徒。欧那尼表示甘愿死在他的刀下。

此时，仆人通报国王已带卫队来到城堡。公爵让欧那尼进入密室藏身。国王要老公爵交出欧那尼，吕古梅说为了不玷污祖上勇武信义的家风，他宁愿死也不能交出客人。卡洛斯大怒，要囚禁吕古梅，素儿挺身而出为叔父求情。卡洛斯将素儿当作人质带走。欧那尼得以脱身，他将贴身号角交给老公爵，说只要号角响起，他立即以死相报。

为了救出素儿，欧那尼和公爵一同加入了反王党。反王党秘密集会，选派行刺国王的人，欧那尼与吕古梅争相要当刺客。吕古梅不惜用素儿的婚姻和归还号角换得这个光荣使命，然而欧那尼要报杀父之仇，他宁愿抛弃一切。

正在这时，国王与伏兵出现在他们面前。原来，卡洛斯对反王党早有防范，如今欧那尼等人已在重兵包围之下。忽然，远处响起三声炮响，这是卡洛斯当选日耳曼帝国皇帝的信号。卡洛斯实现了夙愿，为笼络人心，他宣布赦免全部反王党人，并恢复了欧那尼简武安公爵的封号，还同意他与素儿结婚。国王的宽宏大量令众反叛者折服，欧那尼也发誓放弃前仇，效忠卡洛斯。这时，只有吕古梅公爵一人愁眉不展，他心中燃烧着爱情的熊熊妒火。

简武安公爵府正在举行盛大的化妆舞会，欧那尼与素儿的婚礼即将开始，人们都在祝福着这对年轻的伉俪。然而此时一个穿黑色舞衣的人的到来，却给喜庆的婚礼笼罩了一层不祥的阴影。舞会结束，人们渐渐散去，一对幸福的人相偎在平台上，欣赏着美丽的夜景。忽然，黑暗中响起了一声凄厉的号角声。随后，黑衣人出现在他们面前。这黑衣人正是吕古梅公爵，他因无法消除自己的忌妒和屈辱感，而前来向欧那尼索命。素儿跪求叔父饶恕欧那尼，也无济于事。一向看重尊严的欧那尼表示愿意守信，绝不食言。他悲痛地看着心爱的妻子，接过吕古梅手中的毒药，意欲饮下。素儿痛不欲生，她抢过药瓶，喝下一半，表示愿意与爱人同去。欧那尼拥抱着素儿，将剩下的半瓶毒药，一饮而尽，一对新婚夫妻相拥着死去。看着自己酿成的恶果，精神几近崩溃的老公爵，也拔剑自刎而死。

巴黎圣母院 / 法国 / 雨果 / 命运的交响曲

背景介绍

1828年，雨果与书商戈斯兰签订协议，答应为他写一部沃尔特·司各特式的小说。作者为此查阅了大量的历史文献和书籍，看过巴黎一些旧址遗迹，并从历史的角度考察了15世纪的巴黎。有一天，雨果在巴黎圣母院的北钟楼暗角里，发现墙上刻着一个希腊单词：命运。这个单词触动了他的灵魂，激发了他的灵感，于是他写下了《巴黎圣母院》这部包含着历史、建筑艺术、神权、宗教、爱情和暴动等诸多内容的，并且与这座教堂一样不朽的著作。

名著概要

《巴黎圣母院》讲述了一位美丽迷人的吉卜赛跳舞女郎爱斯美拉达在巴黎的出现及其所引发的一场震撼人心的轩然大波。这部书以15世纪路易十一统治下的法国为背景，艺术地再现了400多年前的历史真实，反映了宫廷与教会如何狼狈为奸压迫人民群众，人民群众又怎样同两股势力英勇斗争的故事。

故事开始于1482年的愚人节。在格雷弗广场上，靠街头卖艺为生的吉卜赛女郎爱斯美拉达带着小羊加里的精彩表演吸引了不少围观的群众，但她的美艳也引起了巴黎圣母院的副主教克洛德·弗洛罗的贪婪欲望。这位道貌岸然的伪君子夜间打发自己的养子，也即巴黎圣母院的敲钟人卡西莫多去劫持少女，但最终却被少年英俊的御前侍卫队长弗比斯救出，并捉住了敲钟人。姑娘也因此爱上了弗比斯。第二天，敲钟人被带到广场受众人鞭笞。克洛德路经此地，但为了保全自己的身份，他竟无动于衷；而爱斯美拉达却给他送来水喝，这使得敲钟人感动得流下眼泪。

在弗比斯和爱斯美拉达的一次幽会中，满怀忌妒的克洛德竟掏出暗藏的匕首刺死了弗比斯。真正的杀人元凶逍遥法外，而纯洁善良、美丽的爱斯美拉达却被教会法庭判为杀人罪犯要送上绞刑台。在临刑之际，善良的卡西莫多从执刑人员手中救出爱斯美拉达，并带她躲入具有避难权的巴黎圣母院。然而邪恶的克洛德仍在打姑娘的主意，在屡次不能得手之后，他勾结司法机关大理寺破坏圣殿避难权，最终把可怜的爱斯美拉达送上绞刑台处以极刑。深爱着爱斯美拉达的卡西莫多对此义愤填膺，怒气冲冲，他在剧烈的悲痛和愤怒中把克洛德推下钟楼，亲手结束了他罪恶的生命，自己则到公墓里面找到少女的尸体，死在她身旁。大约两年以后，人们在鹰山地穴埋葬绞死犯人的墓地中意外地发现了一男一女的骷髅，那就是以奇特姿态搂抱着的卡西莫多和爱斯美拉达。

阅读指导

《巴黎圣母院》的情节，始终围绕着三个主要人物展开：波希米亚女郎爱斯美拉达、圣母院副主教克洛德·弗洛罗和敲钟人卡西莫多。而作者将爱斯美拉达塑造为善与美的化身，让她心灵的美与外在的美完全统一，以引起读者对她的无限同情，从而对封建教会及王权产生强烈的愤恨。至于那位敲钟人卡西莫多的形象，则与克

名家点评

文学巨匠巴金深受雨果作品的影响，他曾说："在我幼年的时候，法国小说家雨果的作品很流行，比方他的《海上劳工》《巴黎圣母院》，以后我都找到了翻译本的。"正是从雨果等人那儿，他学到了"爱真理，爱正义，爱祖国，爱人民，爱生活，爱人间美好事物"的品质，学到了"把写作和生活融合在一起，把作家和人民融合在一起"。

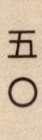

洛德副主教恰恰相反。他外表丑陋，内心崇高。他爱慕着爱斯美拉达，但这是一种混合着感激、同情和尊重的柔情，一种无私的、永恒的、高贵质朴的爱，完全不同于副主教那种邪恶的占有欲，也不同于花花公子弗比斯的逢场作戏。这种推向极端的美丑对照，绝对的崇高和邪恶的对立，使小说具有一种震撼人心的力量。

《巴黎圣母院》也是作者雨果小说创作的里程碑，它是作者的第一部长篇小说作品。这部小说描写的虽然是15世纪的巴黎生活，贬斥的却是作者所处的社会现实，通篇充满了反封建、反教权和反对社会黑暗压迫的浪漫主义战斗精神。作者在创作这部小说时有意借鉴了司各特历史小说写法，出色地记录了巴黎城市的壮丽图景和中世纪阴暗生活的风貌，使得作品具有浓厚的历史厚重感。同时，它也具有了浪漫主义小说所应具有的一般要素，如曲折紧张的情节结构，引人入胜的大型时代历史场景以及像浮雕一般的、充满戏剧性意味的人物形象等。此外，作者在这部书中歌颂了下层劳动人民的善良、友爱、舍己为人，反映了雨果的人道主义思想，这使之成为一部气势宏大的艺术杰作。

悲惨世界 /法国/雨果/人类苦难的"百科全书"

背景介绍

《悲惨世界》是雨果的代表作之一，也是法国最著名的文学作品之一，据说是以真实的事件为蓝本而创作的。1801年，一个名叫彼埃尔·莫的贫苦农民因偷了一块面包被判5年苦役，出狱后又因黄色身份证而不能就业，这深深触动了雨果，他把这个事件作为小说主人公冉阿让的故事蓝本，并让冉阿让终生遭到法律的迫害，以此构成小说的主要线索与内容。此外，他又以芳汀、珂赛特、商马第等其他社会下层人物的不幸与苦难作为补充。在"作者序"中雨果指明了创作目的：揭露因法律和习俗造成的压迫，暴露这个世界如何因贫困使男子潦倒、因饥饿使妇女堕落、因黑暗使儿童羸弱，企图使小说对社会问题的解决有所裨益。雨果花了17年的时间完成了这部巨著，并最终于1862年发表了这部作品，但它的主要部分应该是雨果在其流亡期间写成的。这部小说所描写的事件开始于1815年，并以大革命时期和拿破仑时期的历史事件作为历史背景，而结束时已经是七月王朝时期了，可见其时间跨度之大，所以小说实际上反映了整个19世纪前半期法国的社会政治生活。《悲惨世界》集中地体现了雨果作品中所要表达的"仁爱万能"的人道主义思想。这种人道主义在《巴黎圣母院》中还只是表现在揭露宗教黑暗势力和封建统治者的罪恶方面，到了《悲惨世界》则已经发展为对近代资产阶级社会道德以及法律等社会制度的深层次批判了。

名著概要

《悲惨世界》全书共有5大部分：《芳汀》《珂赛特》《马吕斯》《卜吕街的儿女情和圣丹尼街的英雄血》及《冉阿让》，但小说的主要情节还是主人公冉阿让的

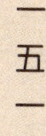

悲惨生活史。

冉阿让原是个诚实的工人，一直帮助穷困的姐姐抚养7个可怜的孩子。有年冬天他找不到工作，为了不让孩子饿死便偷了一块面包，结果被判5年徒刑；又因不堪忍受狱中之苦4次逃跑，刑期加到19年。冉阿让直到46岁才被释放出来，这一年恰好就是滑铁卢战役的那一年，但苦役犯的罪名永远地附在他的身上，他找不到工作，连住宿的地方都没有。这时一位仁慈的主教米里哀先生招待了他，但染上了恶习的冉阿让却偷了主教的银器，然而主教不但原谅了他，而且还把银器当作礼物送给他。冉阿让由此受到感化，决心重新做人。于是他化名马德兰埋头工作，由于对城市的开发尽心尽力，深得人心，被人们选为市长。可是当时的习俗规定犯有前科的人是不能被社会认可的，而参与过冉阿让往事的警官沙威，对这个市长的身份产生怀疑，决心查出究竟。不久，冉阿让便因暴露自己的身份而再次被捕下狱。

冉阿让逃离了监狱之后，从一个坏蛋手中救出已故女工芳汀的孤女珂赛特，并带着她前往巴黎生活。可是他们后来又不断受到警探沙威的追捕，只好潜回修道院中躲避。在那儿，珂赛特成长为亭亭玉立且美丽的青年女子，并爱上了青年马吕斯。这时已经是1832年6月了，正值共和党人在巴黎举行革命起义，马吕斯也参加了这场战斗。在战斗中，起义者逮捕了被当作是间谍的沙威，但冉阿让却不计前嫌，趁机把沙威放走，这使得沙威非常感动。革命失败之后，冉阿让把受伤的马吕斯从地下水沟救出来，就在地下水沟出口处，他们再次碰见为当局效力的沙威，但这次沙威也因为良心的觉醒而放走了他们。沙威在他们二人走后，感受到自己的良心与自己所遵从的法律之间存在着难以调和的矛盾，他最终选择了自杀。伤愈后的马吕斯和珂赛特顺利结婚，他们过上了幸福的生活；而单独被留下的冉阿让，也渐渐地衰老了。当马吕斯明白自己的救命恩人就是冉阿让时，他彻底抛弃了自己对冉阿让的成见，经常和珂赛特一起去看望这位既有正义感又非常慈爱的老人。在这两个人的挚爱照顾下，冉阿让终于幸福地死在亲人的怀里。这时，那台由米里哀主教所赠的银制烛台正在散发着圣洁的光辉。

阅读指导

《悲惨世界》可以称作人类苦难的"百科全书"。世间的一切不幸，雨果统称

名家点评

《悲惨世界》一出版，就获得巨大成功，托尔斯泰认为它是法国当时最优秀的作品，其他赞赏者如罗曼·罗兰等人也认为它的作者雨果是"在文学界和艺术界的所有伟人中，他是唯一活在法兰西人民心中的伟人"。但也有一些思想保守的人被《悲惨世界》的巨大成功所吓倒，例如居维里耶·弗勒里称雨果是"法国第一号煽动家"，另一位文学批评家拉马丁认为"这本书很危险……灌输给群众的最致命、最可怕的激情，便是追求不可能实现的事情的激情……"。这些显然都可以从反面来证明《悲惨世界》的价值。

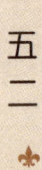

为苦难。作者在这本书中向我们展示的这些苦难，如因饥饿偷面包而成为苦役犯的冉阿让、因穷困堕落为娼妓的芳汀、童年受苦的珂赛特、老年生活无计的马伯夫、巴黎流浪儿伽弗洛什，以及甘为司法鹰犬而最终投河的沙威、沿着邪恶的道路走向毁灭的德纳第等，这些在人类的历史上时有发生。但作者在向我们展示这些人类普遍存在的苦难时，并没有停留在简单的揭露或无助的慨叹上。他在《悲惨世界》中更多地倾注的，恐怕还是自己对善的向往和对爱的追求。全书以苦役犯冉阿让由恶到善、由恨到爱、由恶魔到天使的转变为主线，为我们揭示了人性美好的一面，他最终成为集人世的善良和爱心于一身的伟人，一个大写的人。与冉阿让一道进入人类永恒境界的，还有正直善良的米里哀先生、历经磨难而不改其纯真善良的珂赛特小姐、不懈追求正义和爱情的马吕斯等人。他们通过不同的途径，磨炼了自己的肉体，净化了自己的灵魂，给这个充满苦难、愚昧和困苦的世界赎了罪。平心而论，雨果在《悲惨世界》中所讲述的故事并不新奇，但是，正是由于在这些故事后面饱含着作者对于人类苦难命运的关心和对未来坚定不移的信念，才使得这部书具有一般小说所不具备的感人力量。

　　雨果的浪漫主义风格在这部小说中也得到了较为完美的体现。虽然这部小说取材于现实生活中的真人真事，书中的很多章节也闪烁着现实主义的光辉，如冉阿让被迫害的经历、芳汀的悲惨命运以及滑铁卢战役、巴黎的街垒战等场面的描写，都显得比较真实。但浪漫主义的因素在书中还是随处可见，例如在人物形象的塑造上，作者赋予冉阿让这个人物以超人的体力和惊人的自我牺牲精神，使得他明显不同于一般的人物；在小说情节的安排上，作者也创设了很多戏剧化的场面，描写了一些"非凡"的事件，如冉阿让与珂赛特走投无路之际竟然可以绝处逢生隐入修道院，以及巴黎街垒战时冉阿让与马吕斯在地下水道里的经历等，都显得有些离奇，不过有一点可以证明的是，作者安排这些情节显然并不是为了哗众取宠，而是为了更好地突现全书的主题；此外，全书在语言上也表现出浓厚的浪漫主义风格，大量的经典摘录纷至沓来，这些优美的语句中包含了极为高昂的热情和哲理，使得这部小说从整体上看显露出一种史诗般的语言风格。这些都是需要读者在阅读中慢慢体会的。

　　笼罩在《悲惨世界》全书中的人道主义光辉是值得我们得以继承的人类宝贵精神财富。正如高尔基所说，伟大的雨果"作为一个讲坛和诗人，像暴风一样轰响在世界上，唤醒人心灵中一切美好的事物""他教导一切人爱生活、美、真理和法兰西"。

美　学 ／德国／黑格尔／资产阶级美学的高峰

作者简介

　　黑格尔（1770～1831），德国近代客观唯心主义哲学的代表、政治哲学家，对德国资产阶级的国家哲学做了最系统、最丰富和最完整的阐述。黑格尔生于德国符腾堡公国首府斯图亚特一个官员家庭。1780年起就读于该城文科中学，1788

年10月去图宾根神学院学习，主修神学和哲学。黑格尔青年时代恰逢法国大革命，卢梭的思想对他产生了极大影响，他被法国革命崇尚的自由精神深深打动。他反对封建专制和民族分裂，渴望德国在政治上实现统一，把德意志民族的复兴与资产阶级革命联系起来，把立宪政治制度视为理想的国家制度。1815年拿破仑战争的失败、欧洲封建势力的复辟，使他的政治态度发生变化，他放弃了激进的政治主张，开始赞颂现存的普鲁士王国，主张以此为基础来建立君主立宪制政体。1829年，黑格尔当选柏林大学校长。黑格尔晚年对普鲁士王国表现出忠顺态度，但对法国革命始终持有好评，对德国保守派历史法学派持反对态度。黑格尔一生撰有大量政治论著，发表的有《评1815年和1816年符腾堡王国等级议会的讨论》《法哲学原理》《论英国改革法案》。后人编辑出版的有《德国法制》《黑格尔政治和法哲学著作》等。

背景介绍

　　黑格尔所处的资本主义时代，一般社会情况与文艺活动之间的矛盾在于个人与社会的脱节，在于主观主义和唯我主义的猖獗，是个人性格中不能体现有理性内容的带有普遍性的社会理想。黑格尔针对这种情况，企图纠正时弊，指出正确的方向。在文艺方面，当时正是浪漫主义刚兴起就逐渐转入反动的颓废主义的转折点，因而黑格尔针对这一情况发表了自己的看法。

名著概要

　　《美学》又名《美学讲演录》，共3卷。全书以"美是理念的感性显现"为中心概念，并由此衍化、生发出包括基本原理、艺术史、艺术分类在内的严密的美学思想体系。

　　总序阐明了美学的对象和研究方法。在黑格尔看来，美学的范畴在于艺术美，而不是自然美。美和艺术的科学的研究方式：一方面，从经验出发，对个别艺

名家点评

　　黑格尔的体系包括了以前的任何体系所不可比拟的巨大领域，而且没有妨碍它在这一领域中发展了现在令人惊奇的丰富想象。……人们只要不是无谓地停留在它们面前，而是深入到里面去，那就会发现无数的珍宝，这些珍宝在今天也还具有充分的价值。

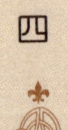

——恩格斯

作品进行观照和评价，认识艺术作品产生的历史环境；一方面，从理念出发，认识它们的自在本体、普遍性。

第一卷探讨艺术美的理念或理想。黑格尔认为，理念包含着概念的普遍性和客观实在的具体性，因而既是本质和内容，又是现象和形式，是两者的具体统一。他还提出了美的生命在于显现的观点。所谓"美是理念的感性显现"，就是借感性形式使理念放出光辉。艺术的一切感性形式，都是为了显示一种内在的精神。

第二卷论述艺术发展的历史类型。美的理念的一些重要差异显现为艺术的各种特殊的类型，它们是美的理念在不同历史阶段的发展，这三种不同类型的艺术为象征主义艺术、古典主义艺术和浪漫主义艺术。象征型艺术是艺术的开始阶段，是过渡到真正艺术的准备阶段。象征型艺术的理念与形象不和谐，但其神秘色彩表现出崇高风格。古典型艺术是艺术的中心，是恰当地实现了艺术概念的真正的艺术。古典型艺术达到了理念与形象之间自由完美的协调，理念在感性形象中得到充分的显现。浪漫型艺术的基本原则是精神离开肉体，返回到本身。这也就是内在主体性的原则。浪漫型艺术的精神内容压倒了物质的表现形式，自由的心灵活动成了这种艺术的主要对象。但由于人的独立性和环境的偶然性之间的矛盾日益尖锐，浪漫型艺术的衰亡是不可避免的。

第三卷详尽地讨论了各种艺术门类的体系。黑格尔认为，第一阶段的艺术主要是建筑，建筑是最早的艺术，实现了艺术的最初任务。建筑只是根据客观基础创造出一种外在形式，以象征方式暗示具有精神性和主体性的意义。东方民族的建筑是典型代表，其特点是物质超过精神，理念处于朦胧状态。因此建筑属于象征型艺术。第二阶段的艺术主要是雕刻。雕刻用物质的东西，把精神表现于与之相适宜的肉体形象，使精神和肉体呈现为一个整体。它的特点是物质和精神吻合，理念被感性形象显现出来变为实有，因此，雕塑属于古典型艺术。第三阶段的艺术主要是绘画、音乐、诗歌。其特点是精神压倒物质，理念逐渐从物质中挣扎出来开始向自由的、无限的方向发展，因此，近代绘画、音乐、诗歌属于浪漫型艺术。艺术发展到了浪漫型就达到了最高峰。

阅读指导

黑格尔的美学是马克思主义以前资产阶级美学的高峰，它虽然在形式上是唯心主义的、神秘的，却在内容上包含了历史主义和辩证法的合理内核，成为马克思主义美学的重要来源之一，并为各种不同的美学思潮和流派留下了广阔继承、吸收和发挥的余地。

战争论 / 德国 / 克劳塞维茨 / 西方近代军事理论的经典之作

作者简介

克劳塞维茨（1780～1831），德国军事理论家和军事历史学家，普鲁士军队少将。他出生于普鲁士王国马格德堡附近的一个小税务官家庭,不满12岁时,就被父亲送进波茨坦的一个步兵团。1792年,参加了普鲁士军队,1795年晋升为军官,并自修了战略学、战术学和军事历史学。1803年,克劳塞维茨毕业于柏林普通军校,同年起任普鲁士奥古斯特亲王的副官,参加过1806～1807年普法战争。1808年起在普军总参谋部任职。1808～1809年任军事改革委员会主席办公室主任。1810年10月起任军官学校战略学和战术学教官。同年5月,克劳塞维茨到俄军供职,1812年俄罗斯卫国战争期间,克劳塞维茨先后任柏林骑兵军和乌瓦罗夫骑兵军的作战军官,参加过奥斯特罗夫诺、斯摩棱斯克和博罗季诺等会战。克劳塞维茨研究了1566～1815年期间所发生过的130多次战争和征战,撰写了论述荷兰独立战争、古斯塔夫二世·阿道夫战争、路易十四战争、腓特烈二世战争、拿破仑战争、1812年卫国战争、1813年德意志解放战争等许多军事历史著作,主要著作是《战争论》。

背景介绍

克劳塞维茨所生活的时代,正是近代欧洲工业革命、民族革命和民族解放运动相继发生的时代。法国资产阶级革命和拿破仑战争的实践宣告了封建专制主义陈腐落后的旧战争学说的彻底破产,在军事上引起了巨大变革。法国大革命、历次拿破仑战争和19世纪初欧洲各国人民的民族解放运动,对于克劳塞维茨世界观、军事观的形成,产生了决定性的影响。克劳塞维茨虽然对法国大革命持反对态度,但他同时也清楚地看出了这次革命在军事上引起的根本性变化,对封建主义军事理论进行了尖锐的抨击。

名著概要

《战争论》全书共3卷8篇124章,共约70万字。作为资产阶级军事科学的奠基之作,该书的内容极为丰富,对战争性质、战争理论、战略、战术、军队、防御、进攻、战争计划等诸多方面阐发了一些"在战争理论中引起一场革命的主要思想"。第一篇"论战争的性质",第二篇"论战争理论",第三篇"战略概论",第四篇"战斗",第五篇"军队",第六篇"防御",第七篇"进攻",第八篇"战争计划"。其基本的思想观点是:

一、战争是政治的继续。克劳塞维茨认为,战争就如同一条变色龙,千变万化,各不相同。但战争的暴烈性,战争的概然性和偶然性却是其根本属性之一。从战争与政治

东欧君主瓜分波兰
克劳塞维茨主张"战争无非是政治通过另一种手段的继续",否定战争本身就是目的。

的关系看,政治是战争的母体,因而不应把战争看成独立的东西,而要看作是政治的工具,是为政治服务的。军事观点必须服从于政治观点。任何企图使政治观点从属于军事观点的做法都是错误的。战争爆发之后,仍是政治交往的继续,是政治交往通过另一种手段的实现,是打仗的政治,是以剑代笔的政治。

二、战争的目的就是消灭敌人。克劳塞维茨认为,战争的政治目的即是消灭敌人,而消灭敌人必然要通过武力决战,通过战斗才能达到,它是一种比其他一切手段更为优越、更为有效的手段。消灭敌人包括物质力量和精神力量两个方面。

三、战略包括精神、物质、数学、地理、统计五大要素。精神要素指精神力量及其在军事行动中的作用。物质要素指军队的数量、编制、各兵种的比例等。数学要素指战线构成的角度、向心运动和离心运动等。地理要素指制高点、山脉、江河、森林、道路等地形的影响。统计要素指一切补给手段等。克劳塞维茨认为,"这些要素在军事行动中大多数是错综复杂并紧密结合在一起的。"其中精神要素占据首位,影响战争的各个方面,贯穿于战争始终。"物质的原因和结果不过是刀柄,精神的原因和结果才是贵重的金属,才是真正锋利的刀刃。"

四、战略战术的基本原则。克劳塞维茨认为,数量上的优势在战略战术上都是最普遍的制胜因素。虽然在实际作战时,通常不可能处处形成优势,但必须在决定点上通过巧妙调遣部队,造成相对优势。一切军事行动或多或少地以出其不意为基础,才能取得优势地位,使敌人陷入混乱和丧失勇气,从而成倍地扩大胜利的机率。战略上最重要而又最简单的准则是集中优势兵力。用于某一战略目的的现有兵力应同时使用,越是把一切兵力集中用于一次行动和一个时刻越好。会战是战争的真正重心,由几个战斗所形成的大规模会战能有效地消灭敌军,所取的成果最大,故高级将领应当重视这种双方主力之间的战争,视其为挫败敌国交战意志的重要手段。

五、战争中的攻防。克劳塞维茨认为,进攻和防御是战争中的两种基本作战形式。二者是相互联系、相互转化的。整体为防御,局部可能为进攻。进攻中含有防御因素,防御中也含有进攻因素。进攻可转变为防御,防御也可以转变为进攻。一般说来,防御地离自己的兵员和物资补给地较近,能依靠本国民众的有利条件,但它的目的是消极据守。进攻具有"占领"这一积极目的,并通过占领来增加自己的作战手段。

六、要积极向战争史学习。克劳塞维茨认为,战争理论是成长于战争经验土

经典摘录

战争是一种真正的政治工具,是政治交往的继续,是政治交往通过另一种手段的实现。

军队的武德是战争中最重要的精神力量之一。

每一个行动的完成都需要一定的时间,我们把这段时间叫作行动的持续时间。这段时间的长短取决于当事者行动的快慢。

一个为了自己的自由而勇敢战斗的民族,大多是不可征服的。

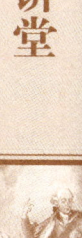

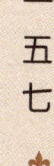

壤里的果实。战争史是最好的、最有权威、最能说服人的教师。战争理论和原则的提出，应当在研究战争史的基础上进行。当然，战争理论也要随着时代和军队的变化而变化，要适应特定国家的需要，具有时代的特点。

克劳塞维茨认为"每个时代均应有其特定的战争"，军事学术的变化是由"新社会条件和社会关系"引起的。这些判断是正确的，但他并不理解究竟是什么决定了军事学术的发展，所以他对这一点的解释是相当矛盾的。

克劳塞维茨在研究军事学术理论及其组成部分——战略学和战术学方面做了大量工作。他反对军事学术中的"永恒的原则"，认为战争现象是不断发展的。同时，他又否定在军事发展上存在规律性，并且断言"战争是一个充满偶然性的领域，是一个充满不确定性的领域"。

《战争论》的结论是："战争是政治的工具。战争不可避免地具有政治的特性，……战争就其主要方面来说就是政治本身，政治在这里以剑代表，但并不因此就不再按照自己的规律进行思考了。"对于克劳塞维茨的这一论点，列宁曾给予极高的评价。

阅读指导

克劳塞维茨的《战争论》被誉为西方近代军事理论的经典之作，对近代西方军事思想的形成和发展起了重大作用。克劳塞维茨本人也因此被视为"西方近代军事理论的鼻祖"。克劳塞维茨是第一个在西方军事科学中明确提出了交战、战局乃至整个战争的一些实施原则，揭示了精神因素的制胜作用，这也是他对军事理论的重大贡献。

叶甫盖尼·奥涅金 / 俄国 / 普希金 / 辉煌的长篇叙事诗

作者简介

普希金(1799～1837)，俄国浪漫主义文学的杰出代表，现实主义文学的奠基人，现代标准俄语的创始人。他的作品是俄国民族意识高涨以及贵族革命运动在文学上的反映。普希金生于莫斯科一个贵族家庭，从小受到文学的熏陶，13岁开始写诗，15岁公开发表诗作。1817年在皇村学校毕业后进外交部任职，广泛结交优秀的贵族青年，写下了一些歌颂自由、反对专制暴政的充满激情的诗篇。1820年被沙皇政府流放到南方。1826年从流放地回到莫斯科，在沙皇监视下埋头写作。1837年在决斗中被杀害。

普希金抒情诗内容之广泛在俄国诗歌史上前无古人，既有政治抒情诗《致恰达耶夫》

普希金像

（1818年）、《自由颂》（1817年）、《致西伯利亚的囚徒》（1827年）等，也有大量爱情诗和田园诗，如《我记得那美妙的一瞬》（1825年）和《我又重新造访》（1835年）等。普希金一生创作了12部叙事长诗，其中最主要的是《鲁斯兰和柳德米拉》《高加索的俘虏》（1822年）、《青铜骑士》（1833年）等。普希金剧作不多，最重要的是历史剧《鲍里斯·戈东诺夫》（1825年）。此外，他还创作了诗体小说《叶甫盖尼·奥涅金》（1831年）、散文体小说《别尔金小说集》（1831年）及关于普加乔夫白山起义的长篇小说《上尉的女儿》（1836年）等。

背景介绍

《叶甫盖尼·奥涅金》是作者用诗体写成的一部长篇小说，因此也可以算得上是一部长篇叙事诗。作为俄罗斯伟大的抒情诗人，普希金在叙事诗方面的成就也是有目共睹的。他的叙事诗大致可分为两大部分：从《鲁斯兰和柳德米拉》到《茨冈人》（《叙事诗一》）是他的南方诗篇。这些诗歌洋溢着浪漫主义的缤纷色彩，反映了诗人对自由的热烈追求；其中的《高加索俘虏》《茨冈人》等更可以视为诗体长篇小说《叶甫盖尼·奥涅金》的补充。《叙事诗二》中的诗主要是普希金流放北方之后创作的，诗歌的创作方法已逐渐从浪漫主义过渡到现实主义，其中的《青铜骑士》完美地体现了浪漫主义与现实主义的结合。在这些诗歌中，诗人思考得更多的是俄罗斯人民的命运问题。

名著概要

叶甫盖尼·奥涅金在贵族的传统环境中长大。他风度翩翩，聪明机智，在青年时期就已是一位老于世故的社交能手，深受太太小姐们的喜爱。但事实上他对这些庸俗浮华的生活早已经厌倦，于是希望能够通过阅读书籍来打发时光。他梦想能做一位诗人，但从来没有写出过一个字。

叶甫盖尼的父亲病故。正当他要宣布破产时，他却得到他的伯父快要去世的消息。由于伯父之死而获得庞大遗产的奥涅金，离开了社交界，而成为管理田地及工厂的领主。他虽衷心欢迎新生活的来临，但自第三天起，那刻板的生活便令他厌倦不已，他完全无法融入自然的美景里。不久他就获得一个古怪人的名声，

名家点评

别林斯基赞誉普希金的诗："所表现的音调的美和语言的力量到了令人惊异的地步，它像海波一样柔和、优美，像松脂一样鲜明，像水晶一样透明、洁净，像春天一样芬芳，像勇士剑击一样坚强有力。"高尔基说："我开始读普希金的诗，如同走进了一片树林的草地，到处盛开着鲜花，到处充溢着阳光。"普希金的创作对俄罗斯现实主义文学及世界文学的发展都有重要影响，被高尔基称为"一切开端的开端"，"伟大的俄罗斯文学之始祖"。诗体长篇小说《叶甫盖尼·奥涅金》在普希金的作品中占有非常重要的地位，被称为"俄罗斯生活的百科全书和最富有人民性的作品"，受到各国读者的重视，恩格斯曾把《叶甫盖尼·奥涅金》的个别章节译成德文，可见其影响力之大。

经过一段时期，邻居们都不再理睬他了。

正当他百无聊赖的时候，一位从德国返乡的乡绅连斯基闯入了他的世界。他那德国人的气质使他与众不同，于是与连斯基见面，讨论时事，就成为叶甫盖尼唯一的快乐了。而他们俩也因此而成为挚友。

有一天，连斯基带着奥涅金去拜访拉林家，并将奥涅金介绍给他的女友奥尔加及其姊达吉雅娜。奥尔加长得很漂亮，人缘好。她虽然年纪最小，但却是姑娘群中的领袖。达吉雅娜则沉默寡言，落落寡欢，无意参加乡村的社交生活。当她们家听说这两位青年即将来访时，立刻把叶甫盖尼想象为达吉雅娜的求婚者。但叶甫盖尼对这次访问却感到极为厌烦。对达吉雅娜根本没有怎么注意。谁料他走后达吉雅娜竟然发现自己深深喜欢上了叶甫盖尼。她给叶甫盖尼写了一封充满感情的情书，然而，年纪轻轻就成为社交界宠儿，且历经放纵、浮华的奥涅金，虽被达吉亚娜充满少女梦想的言语所感动，但仍无意与她深交，于是婉言谢绝了她。

那年冬季，拉林家要庆祝达吉雅娜的命名。奥涅金被邀请参加了，他由于一时兴起，并且仿佛故意做给别人看似的和奥尔加跳舞，而这种行为终于引起连斯基的妒忌与愤怒，于是他决定向奥涅金下决斗书。第二天，奥涅金在射击时打中了连斯基的胸膛。他追悔莫及，当即启程前往彼得堡。以后数年里，他一直过着流浪的生活。奥尔加不久和一个军官结了婚，而达吉亚娜最终也接受了一位公爵的求婚。

叶甫盖尼经过两年多的漫游以后又回到了莫斯科，他在格雷明公爵的舞会上偶然发现年轻而美丽的公爵夫人竟是曾经爱上他的达吉雅娜。这时，他的心终于被她那女王般果敢坚毅的美震撼了，从此经常去她家里，并几次用信向达吉亚娜倾诉内心的痛苦与感受。但是，达吉雅娜已不再是从前曾经的懵懂少女了，她虽然仍旧强烈地被奥涅金吸引，却仍坚持自己对丈夫的忠诚，因而拒绝了他的爱。

阅读指导

为写《叶甫盖尼·奥涅金》，诗人整整用了 8 年时间。这是一部杰出作品，它成功塑造了俄国文学史上第一个"多余人"叶甫盖尼·奥涅金的形象。小说的主人公奥涅金是俄国封建农奴制社会贵族的一个典型，他虽然受过资产阶级思想的启蒙，不满于贵族社会的庸碌、自负，与周围的人格格不入，但他又是在这种贵族生活方式的典型环境中长大的，因此摆脱不了那种花花公子式的浪荡生活，整天周旋于酒宴舞会和恋爱当中。面对无聊的现实，他也曾想寻找出路，但贵族的教养不仅使他毫无实际工作能力，同时也缺少毅力和恒心，所以最终一事无成，成为社会的"多余人"。这个形象表现了当时俄国进步贵族青年思想上的苦闷，同时也揭示了贵族青年知识分子脱离人民群众这一重要的社会问题，因此具有很强的现实意义和艺术价值。

小说女主人公达吉雅娜是作者心目中理想的俄罗斯贵族妇女形象，几乎集中了俄罗斯优秀妇女的种种德行。她温柔敦厚，感情丰富而纯真，而且美丽善良，敏感多思，沉湎于美丽的大自然景色当中，在俄国民间传说和童话世界的幻想里生存，是俄罗斯大地真正的精灵。此外，她深受启蒙主义运动影响，敢于大胆表达自己的爱情，要求解放个性，这些都使她不同于一般的俄罗斯妇女，成为俄罗斯文学史上最光辉动人的女性之一。

《叶甫盖尼·奥涅金》这部长篇小说是用诗体写成的，这在当时是一个伟大的创新，作者本人也很重视这个特点。它反映了俄罗斯文学由韵文时代向散文时代过渡的历史状况，成为这二者结合的产物。从艺术成就来看，这部作品拥有优美的旋律和动人的故事情节，充分表现了诗人的艺术功力，成为俄罗斯语言文学的经典。

普希金诗选 / 俄国 / 普希金 / 俄国现实主义文学的典范

背景介绍

19世纪初，俄国社会进入了由专制农奴制度向资本主义制度转型的过渡时期。俄国社会的民主与自由思想，在1812年抗击拿破仑入侵的卫国战争取得胜利之后逐渐深入人心。社会上解放农奴的呼声日益高涨，进步力量与专制君主的矛盾日益激化，终于在1825年爆发了主要由贵族革命家发动的"十二月党人起义"。这次起义虽然被沙皇残酷地镇压下去了，但自由的种子却撒向了俄罗斯广阔的土地。普希金虽然不是十二月党人，也没有参加起义，但他在精神上却是和十二月党人志同道合的。普希金的许多诗歌，都是以歌颂自由、反对专制为主题的，他的诗歌深受十二月党人和社会进步力量的欢迎，普希金因而也被视为"自由的歌手"。

名著概要

普希金一生的创作，几乎就是19世纪最初几十年间俄罗斯社会演进运动的形象的历史，是一幅映照社会生活各方面的生动的历史长卷。他在诗歌中尽情地歌颂自由，歌颂友谊，并把批判的矛头直接指向沙皇和鞭挞恶官，以充满激情的笔触反映了动荡时代的社会生活。在1818年的《致恰达耶夫》中，他明白宣告："趁胸中燃烧着自由之火，／趁心灵向往着荣誉之歌，／我的朋友，让我们用满腔／壮丽的激情报效祖国。"而在他逝世前一年所写的《纪念碑》里，他又为自己的

相关链接

普希金在自己的作品中提出了时代的重大问题：专制制度与民众的关系问题、贵族的生活道路问题、农民问题；塑造了有高度概括意义的典型形象："多余的人""金钱骑士""小人物""农民运动领袖"。这些问题的提出和文学形象的产生，大大促进了俄国社会思想的进步，有利于唤醒人民，有利于俄国解放运动的发展。普希金的优秀作品达到了内容与形式的高度统一，他的抒情诗内容丰富、感情深挚、形式灵活、结构精巧、韵律优美，他的散文及小说情节集中、结构严整、描写生动简练。

一生做了总结："我将长时期地受到人民的尊敬和爱戴。／因为我用竖琴唤醒了人们善良的感情，因为我歌颂过自由，在我的残酷的时代，／我还为倒下者呼吁同情。"作为艺术家的诗人，他既讴歌推动时代前进的重大事件，也讴歌生活和它的丰富多彩。"我重新歌唱幻想、大自然和爱情，／歌唱忠实的友谊，美好的人物……"(《致恰达耶夫》)。多年的流放生涯，使他有机会接触社会底层，也有更多的机会游览祖国河山，抒发自己郁闷的心绪。但同时也绘制了一幅幅祖国山川的瑰丽的风景画：广大的乡村，浩瀚的草原，茂密的森林，静静的顿河，雄奇的高加索群山，自由喧腾的大海，南方迷人的夜晚，北方漫天的风雪……在它的作品里，这样的画面随处可见。

> **名家点评**
>
> 只有从普希金起，才开始有了俄罗斯文学，因为在他的诗歌里跳动着俄罗斯生活的脉搏。
> 　　　　　　　　——别林斯基

爱情的主题在普希金的抒情诗和长诗里，占有一个很大的分量。年轻的时候，他就把爱情看成一种神圣的感情。1814 年他宣称："当你陶醉于热烈的爱情，／切不可将爱情的缪斯遗忘；／世上没有比爱情更幸福的了：一边爱，一边把爱情歌唱。"(《致巴丘什科夫》)他的爱情诗总是那样缠绵细腻，一见倾心的爱慕、长相思的痛苦、忌妒的折磨、欲言又止的羞怯、绝望中的倾吐、回忆中的甜蜜等常人会有的感情，都恰如其分地化作他优美动人的诗句。

阅读指导

普希金从学生时代开始写诗。他一生写了 800 多首抒情诗，内容丰富，形式多样。在青年时代，他为反拿破仑的爱国激情所鼓舞，写了不少反对专制暴政、歌颂自由的政治抒情诗。如《自由颂》《致恰达耶夫》《乡村》等，都具有浪漫主义精神，反映出十二月党人的革命理想和决心。他的政治诗当时在进步的贵族青年中广为流传，对解放运动起了促进作用。普希金创作上的丰收期是在波尔金诺村居住的 3 个月，在这里他完成了被称为俄国批判现实主义文学奠基之作的《叶甫盖尼·奥涅金》，还写了《别尔金小说集》、4 个小悲剧和 30 首抒情诗等。

欧也妮·葛朗台 /法国／巴尔扎克／法国现实主义文学杰作

作者简介

巴尔扎克（1799～1850），出生于法国中部图尔城一个中产者家庭，于 1816 年进入法律学校学习。在校期间，他曾去律师事务所当文案。这使他开始认识到巴黎的真实面目，了解了很多不为法律所治的万恶之事，并为他日后的创作积累了大量的素材。巴尔扎克毕业后不顾父母反对，毅然走上文学创作道路，但是第一部作品五幕诗体悲剧《克伦威尔》却完全失败。之后他与人合作从事滑稽小说和神怪小说的创作，曾一度弃文从商经营企业，出版名著丛书等，均告失败。商

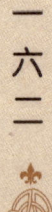

业和企业上的失败使他债台高筑，拖累终身，但也为他日后创作打下了深厚的生活基础。1829年他发表了一部历史小说《朱安党人》，这是他的成名作。此后20年是他创作的鼎盛时期，他集中精力，进行了规模宏大的《人间喜剧》的创作，但终因劳累过度，于1850年逝世。

巴尔扎克一生创作甚丰，仅《人间喜剧》就多达91部，为人类留下了丰富的文学遗产。特别是《高老头》《欧也妮·葛朗台》以及《幻灭》的发表，集中体现了巴尔扎克对现实观察之细致，对社会本质揭露之深刻，对人物形象塑造之生动，艺术手法之高超，使他无可争议地置身于世界文学史一流作家之林。

背景介绍

巴尔扎克的作品都是在新兴的资产阶级与没落的封建贵族中奔走与辗转，他的政治态度偏向保皇党，所以，他看清楚了资产阶级金钱的罪恶，看到了他们撕下温情脉脉的面纱后，发迹变态的每个毛孔里都充满着的肮脏的东西。但是，他毕竟是一个伟大的艺术家，他为自己确立的目标就是秉笔实录，所以，他也并不回避封建贵族阶级逐渐衰落的历史趋势。而《欧也妮·葛朗台》这部作品就反映了当时法国社会中一种典型的资产阶级"吸血鬼"的形象。

名著概要

索漠城是一个有些阴沉的城市，葛朗台家就住在这里。葛朗台老头原是一个富裕的箍桶匠，在大革命期间，他靠着浑水摸鱼、投机钻营发了大财，并且得到了新的贵族头衔。他不择手段地攫取金钱，成了百万富翁。但他虽然有钱，却从不舍得花，家里过着穷苦的日子，甚至连自家的楼梯坏了也不修一修。他把自己的女儿当作鱼饵诱惑那些向女儿求婚的人，自己好从中渔利。他的女儿欧也妮像只洁白的羔羊一样纯洁，她爱上了自己的堂兄查理。老葛朗台却将查理从家里赶走，还把欧也妮关在阁楼上惩罚她，每天只让她喝冷水、吃劣质面包，冬天也不生火。后来，葛朗台老头在金钱崇拜的狂欲中死去，给女儿留下1800万法郎的遗产，可女儿已失去了青春、爱情和幸福。

阅读指导

阅读巴尔扎克的作品一定要找到他作品中的关注点，这一点极其重要。作为19世纪批判现实主义的伟大代表，他对于法国当时的现状洞彻极深，正是如此，他在每部作品中都体现出一个极大的特点，即论述每一个人时，总是不厌其烦地

名家点评

《人间喜剧》提供了法国"社会"特别是巴黎"上流社会"的卓越的现实主义历史。

——恩格斯

路易·朗贝尔中途夭折，而葛朗台老头却能永垂不朽。

——安德烈·莫洛亚

世界名著大讲堂

描述他的财产状况，巨细无遗。在那个以金钱来衡量一切的时代，一个人的价值就是通过他所拥有的财富量来计算的。在巴尔扎克的小说中，财富已不单单是一种附带性的装饰，而具有了支配情节发展的功能，甚至可以说，财富是其作品中一个不可或缺的主人公。只有认识到这一点，才会对其中的艺术图景有全面而深刻的把握。

高老头 / 法国 / 巴尔扎克 / 一幅宏大的社会场景画

背景介绍

《高老头》成书于1834年，是《人间喜剧》中最出色的小说，也是巴尔扎克的主要代表作之一，《人间喜剧》的基本主题在此得到体现，其艺术风格最能代表巴尔扎克的特点。在这篇小说中，作者第一次使用他创造的"人物再现法"——让一个人物不仅在一部作品中出现，而且在以后的作品中连续不断地出现，它不仅使我们看到人物性格形成的不同阶段，而且使一系列作品构成一个整体，成为《人间喜剧》的有机部分。在此，一些主要人物如拉斯蒂涅、鲍赛昂子爵夫人、伏脱冷纷纷登场亮相，为《人间喜剧》拉开了序幕。

巴尔扎克笔下的著名人物形象——高老头，一个在物欲横流的资本主义社会中被金钱毁灭了的父亲的典型形象。

名著概要

伏盖太太在巴黎的郊区开了一家客店，取名伏盖公寓。公寓里住有穷大学生拉斯蒂涅、面粉商人高里奥、身份不明的伏脱冷、被赶出家门的泰伊番小姐、老处女米旭诺等人。

高老头在6年前结束了他的生意后，住进了伏盖公寓。他在公寓里成为人们取笑的对象，每逢开饭的时候，大家都要拿高老头开心。高老头开始住进公寓时，住在一套上等的房间，是公寓里最体面的房客，老板娘为有这样一个房客高兴万分，时常向高老头搔首弄姿，想嫁给高老头做一名阔太太。没想到，高老头住进来的第二年，就要求换一套次等的房间，冬天里屋子里甚至没有生火取暖，这一来，引起了房客们的纷纷议论。谁都不明白高老头葫芦里卖的什么药。

相关链接

但丁的名作《神曲》，直译是《神的喜剧》。而雄心勃勃的巴尔扎克便将自己的宏大系列命名为《人间喜剧》，以示自己对先哲的仰慕以及对自己的信心。当然，《神的喜剧》其实依然写的是人间，而《人间喜剧》就更是自觉地把自己的艺术使命定位在为法兰西当一个踏实的书记官。所以，巴尔扎克也正如同伟大的但丁一样，为整整一个时代留下了最为真实，同时又最为艺术的诗性记录。

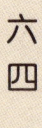

但是，在看望高老头的人群中，有两个贵妇人经常来。人们认为高老头有了艳遇。高老头告诉房客，那是他的两个女儿雷斯多伯爵夫人和银行家纽沁根太太。三年之后，高老头又提出换到最低等的房间里居住，在他的家当中，值钱的行李不见了，人也越来越瘦，活像一个可怜虫。房客们此时也不尊重他了，从称他高里奥先生，到直呼他高老头。

不久，高老头这个令房客们猜疑的谜终于被穷大学生拉斯蒂涅发现了。拉斯蒂涅是从外地来巴黎读书的学生，原本想做一个清廉正直的法官。但他生活在灯红酒绿的巴黎，看着上流社会的公子哥儿们花钱如流水，享尽花天酒地的生活，他的理想动摇了。拉斯蒂涅不甘心贫穷，一心一意想挤进上流社会。在姑母的引荐下，他结识了一位远房表姐——在巴黎地位显赫的鲍赛昂子爵夫人。很快，拉斯蒂涅以鲍赛昂夫人表弟的名义引起了女人们的注意。在一次舞会上，拉斯蒂涅结识了雷斯多伯爵夫人。拉斯蒂涅得意地向公寓里的房客讲述着雷斯多伯爵夫人的事情。高老头时时插嘴问一些问题，引得老板认定高老头是给那些婆娘弄穷的。

拉斯蒂涅来到雷斯多伯爵夫人的家。他的穷酸相引起了仆人们的蔑视，他又不慎提到"高老头"三个字，惹得伯爵夫妇十分恼火，将拉斯蒂涅赶出了家门。鲍赛昂夫人告诉拉斯蒂涅，雷斯多夫人就是高里奥家的小姐，她的父亲在法国大革命时，靠买卖面粉起家。高里奥中年丧妻，所以把自己全部的爱都倾注在两个女儿身上。高老头为了让女儿们跻身上流社会，从小让她们接受良好的教育，并且在她们出嫁时，给了她们80万法郎的陪嫁。大女儿嫁给了雷斯多伯爵，小女儿嫁给了银行家纽沁根。高老头原以为女儿嫁给了体面的人家，自己理所应当地可以受到尊重。谁想，封建王朝复辟了，雷斯多伯爵、银行家纽沁根一方面认为高老头在大革命期间与公安委员会过往甚密；一方面做面粉生意有伤他们的尊严，便对高老头冷漠起来。为此，高老头不惜出卖财产，又分给了两个女儿，以获得他们的欢心，而自己搬进了伏盖公寓。拉斯蒂涅急于爬进上流社会，又得到鲍赛昂夫人的指点，找一个贵妇人做情妇。于是，拉斯蒂涅开始注意纽沁根太太了。

伏脱冷对拉斯蒂涅的心思了如指掌，为此，伏脱冷告诉拉斯蒂涅去追求泰伊番小姐。这个阴险又敏锐的家伙还告诉拉斯蒂涅，只要答应他的条件，他可以叫同党杀死泰伊番小姐的哥哥，从而继承遗产。拉斯蒂涅放弃了这一计划。几个月后，拉斯蒂涅结识了纽沁根太太，但他发现纽沁根太太在经济上完全被丈夫控制着。纽沁根太太非但拿不出钱来，还让拉斯蒂涅出钱为她去赌场赢回她的赌资。拉斯蒂涅转而向泰伊番小姐调情了。

伏脱冷让同党寻衅与泰伊番的哥哥决斗。他的这一计划，已经被警察当局识破。米旭诺小姐按照警察当局的指示，在伏脱冷喝的饮料中下了药。伏脱冷醉倒后，米旭诺脱下他的衣服，终于发现伏脱冷原来是一个"苦役犯"。

泰伊番小姐的哥哥在决斗中死亡。警察包围了伏盖公寓，活捉了伏脱冷，特务长将伏脱冷的假发打落在地，伏脱冷当着众人的面承认了自己叫雅克·柯冷，诨名"鬼上当"，是个苦役犯。伏脱冷得知是米旭诺小姐告的密时，临走时还说他有办法算账。

伏盖公寓来了一辆车，从车上走下来的是纽沁根太太，她急匆匆地走进高老头的房间里，哭诉丈夫剥夺她的财产所有权。雷斯多夫人也来了，她哭着向父亲和妹妹说，丈夫卖掉了昂贵的项链为情人还债，她的财产被丈夫夺走了，高老头受到了巨大的打击，他现在已经无力再帮助女儿了，高老头为此想到死，直往墙上撞去。鲍赛昂夫人决定到乡下去生活，以便告别灯红酒绿的上流社会。其实，真正使鲍赛昂夫人到乡下去生活的原因是，她的情夫娶了一个有钱的小姐，抛弃了她。鲍赛昂夫人举行告别舞会，会场壮观，赴会者云集。雷斯多夫人和纽沁根太太为了出席舞会，又去找高老头要钱：置办舞会服装。

可怜的高老头快要咽气了，他多么希望女儿能来见他最后一面，拉斯蒂涅派人去请雷斯多夫人和纽沁根太太，可是她们始终没有来看高老头。拉斯蒂涅看着高老头闭上眼睛，亲自张罗丧事。他目睹人间这一幕悲剧，决心要不择手段地进入上流社会。

阅读指导

《高老头》以伏盖公寓和鲍赛昂夫人的沙龙为主要舞台，以高老头和拉斯蒂涅两个人物基本平行而又间或交叉的故事为主要情节，同时在叙述的过程中也将伏脱冷等人的故事串联起来，组成了一副宏大的社会场景画面，真实地勾画出了波旁王朝复辟时期法国的社会风貌。它的思想内容丰富深刻，艺术技巧也显得圆熟精湛。

《高老头》之所以有如此强大的艺术表现力，首先是因为作者在描写的过程中塑造了典型环境中的典型人物。全书对典型环境的描写非常精确细致。如同《欧也妮·葛朗台》中对索漠城的描绘一样，作品的开头就对主要人物生活的环境——伏盖公寓作了精雕细刻的描写，既写了它的位置，也写了它的外貌和内部陈设。"整个公寓是一派毫无诗意的贫穷，那种锱铢必较的、浓缩的、百孔千疮的贫穷。"这个贫穷肮脏的公寓与圣·日耳曼区贵族金碧辉煌的豪华住宅形成鲜明的对比。这正是促使拉斯蒂涅决心向上爬的客观条件，也是被女儿遗弃的高老头在穷病交加中悲惨地死去的典型环境。这段典型环境的描写使我们充分领略了巴尔扎克惊人的观察力和深邃的艺术表现力。本书对人物形象的塑造也显得血肉丰满，生动鲜明。比如拉斯蒂涅就是一个个性鲜明、真实可信的形象。作者对他在资产阶级腐蚀下一步步堕落的过程描绘得非常细致具体。他毕竟受过农村宗法道德的影响，由于良心并未完

名家点评

著名评论家周煦良认为《高老头》"严格摹写现实"，而且还指出"产生这些现象的多种原因或一种原因，阐明隐蔽在这一大堆人物、热情和事件中的意义"。所以堪称批判现实主义的代表作。著名文学史家朱维之认为本书"为我们认识资本主义社会提供了丰富的形象材料，但作家的思想弱点也在作品中留下印记。保守的贵族意识使巴尔扎克对衰亡中的贵族倾注了深切的同情"。以上都是我们在阅读中需要注意的。

冷和高老头给他上的"人生三课"，才逐渐变得麻木、冷酷，进入上流社会的欲望战胜了他的良知。他的性格特点是热衷名利，想出人头地，不择手段地进入上流社会。与此同时，作者还塑造了鲍赛昂夫人、高老头等一系列精彩的人物形象。

安徒生童话 / 丹麦 / 安徒生 / 梦回美好的童年

作者简介

安徒生（1805～1875），丹麦19世纪著名童话作家，世界文学童话创始人。他生于欧登塞城一个贫苦鞋匠家庭，早年在慈善学校读过书，当过学徒工。受父亲和民间口头文学影响，他自幼酷爱文学。11岁时父亲病逝，母亲改嫁。为了追求艺术，他14岁时只身来到首都哥本哈根。经过8年奋斗，终于在诗剧《阿尔芙索尔》的剧作中崭露才华。因此，他被皇家艺术剧院送进斯拉格尔塞文法学校和赫尔辛欧学校免费就读，历时5年。1828年，他升入哥尔哈根大学。毕业后主要靠稿费维持生活。1838年获得作家奖金。安徒生终身未娶，1875年8月4日病逝于朋友家中。

安徒生像

安徒生文学生涯始于1822年，早期主要撰写诗歌和剧本。进入大学后，创作日趋成熟，曾发表游记和歌舞喜剧，并出版诗集和诗剧。1833年出版长篇小说《即兴诗人》，为他赢得了国际声誉，是他成人文学的代表作。安徒生的童话创作可分早、中、晚三个时期。早期童话多充满绮丽的幻想、乐观的精神，体现现实主义和浪漫主义相结合的特点。代表作有《打火匣》《小意达的花儿》《拇指姑娘》《海的女儿》《野天鹅》《丑小鸭》等。中期童话幻想成分减弱，现实成分相对增强。在鞭挞丑恶、歌颂善良中，表现了对美好生活的执着追求，也流露了缺乏信心的忧郁情绪。代表作有《卖火柴的小女孩》《白雪皇后》《影子》《一滴水》《母亲的故事》《演木偶戏的人》等。晚期童话比中期更加面对现实，着力描写底层民众的悲苦命运，揭露社会生活的阴冷、黑暗和人间的不平，作品基调低沉。代表作有《柳树下的梦》《她是一个废物》《单身汉的睡帽》《幸运的贝儿》等。

背景介绍

安徒生小时候决心献身于舞台艺术事业，希望能当一个芭蕾舞或歌剧演员，但由于现实生活的折磨，最终放弃了这个愿望而立志成为文学家。他创作的文学种类很多，但以童话闻名于世。他从30岁时开始"为了争取未来的一代"而决定给孩子写童话，当年出版了《讲给孩子们听的故事》。此后数年，每年圣诞节都出版一本这样的童话集。其后又不断发表新作，直到1872年因患癌症才逐渐搁笔。近40年间，共计写了童话160多篇。正如他自己所说，"这才是我的不朽工作呢"，

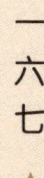

> **经典摘录**
>
> 　　只要我能够变成人，可以进入天上的世界，哪怕在那儿只活一天，我都愿意放弃我在这儿所能活的几百岁的生命。
> 　　它们的美跟他不朽的名字永远连在一起。
> 　　活着和开着花，碰到旧时的朋友，每天看到和善的面孔——这是多么幸福啊！
> 　　在天国花园里，你在那知识树下，在那第一朵玫瑰花里出生的时候，上帝吻了你，给了你一个正确的名字——"诗"。

他自觉地把童话创作当成了毕生从事的事业。也正是他，首次将"童话"从幼稚粗糙的民间传说与故事，发展成为优美的、饱含作者内心情感的文学童话，为后世作家的创作留下经典范文。1954年，国际儿童读书联盟第三次大会上设立以安徒生的名字命名的世界儿童文学大奖——国际安徒生奖，这个奖项至今仍是儿童文学界最高的荣誉。

名著概要

　　安徒生创作的许多童话可谓妇孺皆知，《皇帝的新装》《卖火柴的小女孩》《夜莺》《丑小鸭》《海的女儿》等名篇更是受到各国人民的欢迎，这里将择要将几部名篇向大家简单介绍一下：

　　《皇帝的新装》：很久以前有一位酷爱漂亮衣服的皇帝。一天，两个骗子来到了皇宫，他们声称自己可以织成世界上最美的衣服，而且这种衣服的特点是那些不称职或是愚蠢的人都看不见。皇帝很高兴，给他们最好的金丝，并且让朝中的大臣参与监工。虽然这些大臣们个个看不见衣服，但是为了掩饰自己的愚蠢，他们便假装看得见，于是最后竟然连皇帝也假装看见了。皇帝穿着这件莫须有的"衣服"参加游行大典，让一个孩子揭了底，受到了全国的嘲笑。

　　《丑小鸭》：夏天，鸭妈妈在她的巢里孵蛋，最后出来的那只竟然是最丑的小鸭。因为他长得太丑了，所以不论在鸭群里还是在鸡群里都受到排斥，最后连鸭妈妈也开始讨厌他了，于是他只好到处流浪。在流浪途中，丑小鸭见过野鸭和大雁，也遇到过很多危险，甚至在冬天还被冻得和冰块结在一起。但是到了春天，这只丑小鸭终于变成了一只美丽的天鹅，原来他本身就是一只天鹅。

　　《坚定的锡兵》：一个做装饰品的锡兵和一位苗条的女芭蕾舞演员，从没有机会接近，只是在各自固定的位置上遥遥相望，心心相印。他们的恋情是沉默的，从没有用语言表达过。由于客观环境的种种偶然的不幸，锡兵被迫和沉默的恋人分开了。但是由于另外一个偶然的机会，他又回到了原来的位置上。最后一阵忌妒的妖风把他们吹进一个火炉里，他们共同火化了，但那个锡兵在烈火中却凝成了一颗心，一颗对他的恋人永远忠诚的心。

　　《海的女儿》：美人鱼的皮肤又光又嫩，像玫瑰的花瓣，她的眼睛像海水般蔚蓝。她是海王的公主，从深深的海底宫殿升到水面上来，欣赏外界广阔的天地。她渴望获得纯真的爱情和高等动物人类才有的灵魂，因为美人鱼这种海里的生物原是没有灵魂的,他们的寿命终结,便将化为波涛的泡沫,消失在海面上。于是,她不惜一切牺牲,以自己的金嗓子为代价向女巫求助,换取了"人"的形体,来到她所爱的王子身边。可是,她不能发声,没办法向王子示爱,互相不能沟通。美人鱼终于没有得到王子的心,也无法得到"人"的灵魂。最后,王子结婚了,美人鱼走向死亡,化为波涛的泡沫,漂浮着,漂浮着。

阅读指导

安徒生把他用40年心血所精心编织的164篇童话故事,用一个丹麦字"EV-ENTYR"加以概括。它的意义要比我们所理解的童话广泛得多。它不仅包括"故事",还涉及以浪漫主义幻想手法所写的儿童散文、散文诗、小品、寓言和以现实主义手法所写的儿童小说等。除了体裁丰富外,安徒生著作中浓厚的文学性、绘画性与艺术表现,亦如世纪交响乐般,展现出安徒生独特的个人生命特质。

由于安徒生童话写作的灵感来自于幼年时代的回忆、从长辈处听来的民间故事与传说以及旅游世界各地的经历。因此他经常以祖国丹麦的城镇为背景,或以遥远的东方如中国或《圣经》中的伊甸园为背景来发挥故事。读者走进安徒生世界,不仅可以一览19世纪丰饶的人文景观,还可见识到百年前纯朴旖旎的欧陆风光及世界各地的民俗风情。同时安徒生童话也有令人心动的幽默和鲜明的讽刺。篇篇故事,都是藏诸本族他乡的人间缩影,不到终篇,无法预知剧情与人事的发展,因此它可以跨越文化藩篱、超越年龄限制,堪称一部老少咸宜的"不朽传家经典",值得每一个人细细品味。

安徒生写的童话,从不像其他一些童话作家那样,以居高临下的姿态模仿儿童的腔调,利用童话的包装塞给幼小读者一些生硬的道德教训。恰恰相反,他的每篇童话都是在一片天然的幽默的涟漪中浮现出一颗像莲花一样纯洁的、不受任何世故干扰的童心。凭着这颗童心,他在儿童身上发现了诗人的特质,他发现儿童感受自然、认识真理往往比成人更高明。而且,凭着这颗童心,他自己也变成了一个儿童,用儿童的眼睛观察自然,带着儿童的微笑描述自然,把他一面感受、一面生发的儿童感情传递给我们,从而把我们引入一个和我们所生活的现实世界大不一样而又充满想象的儿童世界里。但是,安徒生的童话也不单是专为丰富孩子们的精神生活,它同样也为了启发成年人,因此,它不仅为儿童,也为成人所喜爱。而他的童话具有一般成人文学所欠缺的特点:丰富的幻想、天真烂漫的构思和朴素的幽默感。这些都植根于现实生活。他的许多脍炙人口的童话都具有这种特色。如《夜鹰》《豌豆上的公主》《皇帝的新装》《牧羊女》《扫烟囱的人》等都充满了浓郁的生活气息。

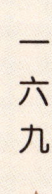

《丑小鸭》插图

世界名著大讲堂

在他的童话中，他以满腔热情表达了他对人间的爱，对人间的关怀，对人的尊严的重视，对人类进步的赞颂，如《海的女儿》等。所以，安徒生的童话已经超越了童话创作的一般境界，不但成为童话文学界的骄傲，也成为丹麦文学的最伟大代表。

歌德谈话录 / 德国 / 爱克曼 / 德国最有价值的散文

作者简介

爱克曼(1792～1854)，生于德国汉堡，从小家境贫寒，喜爱诗歌，并十分崇拜歌德。青年时期，他全力撰写了《论诗·特别以歌德为证》，并于1823年将这部尚未出版的论文集寄给了歌德，使歌德深为感动。同年，歌德在魏玛接见了他，还建议他留在那儿工作。从此爱克曼留在歌德身边，与歌德合作，编辑由歌德亲自审订的《歌德文集》，并直接参与了歌德晚年的全部创作，一直到歌德逝世。可以说，如果没有爱克曼的参与，也许《浮士德》第二部就难以在歌德生命的最后时刻完成。

背景介绍

在与歌德相处的日子里，爱克曼仔细阅读了歌德的全部作品。由于工作关系，爱克曼经常就很多问题请教歌德，与歌德进行对话。时间一长，他便有意地开始把歌德的谈话整理成文。从1826～1830年，爱克曼曾两次向歌德正式提出要出版他辑录的《歌德谈话录》的请求，都遭到歌德的拒绝。尽管如此，爱克曼回忆、整理、编排歌德谈话的工作并没有停止。1832年歌德去世后，《歌德谈话录》终于得以出版。

名著概要

《歌德谈话录》真实地记载了歌德晚年最成熟的思想和实践经验。全书共分3部分，谈话的内容涉及艺术、戏剧、建筑、美学、哲学、宗教、政治、社会、文艺理论、创作实践等几乎当时的所有知识领域，甚至连日常生活和处世态度都有所涉及。它们切近人性与真理，字里行间透露出歌德的实践的眼光、艺术的眼光和世界的眼光，虽穿越时空的隧道而仍显得鲜活。

在艺术上，歌德强调艺术应以自然和现实生活为基础。他领略了太多的人生与艺术生命的问题，因此多次提到人格对艺术创作的至关重要的作用。他说，"作家本人的人格较之他的艺术才能对读者起更大的影响"，"一些个别的研究者和作者人格上的欠缺，是我们当今文学界一切弊病的根源"。在

> **经典摘录**
> 只有在他感到欢喜或苦痛的时候，人才认识到自己；人也只有通过欢喜和苦痛，才学会什么应追求和什么应避免。

游览意大利时的歌德

他看来，诗人要做的事，是根据由现实生活提供的动机，把有待表现的要点组织成为一个优美的、生气勃勃的整体。虽然他相信"天赋"和"天才"是艺术创作所不可缺少的条件，但他也特别强调"天才"只有在积极的创作活动中才能发挥作用。此外，歌德还着重提醒我们，要十分重视文化的传承，既继承前辈作家又超越他们。他非常崇拜莎士比亚，但他又认为不能让传统的大艺术家、大作家"压垮"了自己的创造精神，应该在学习大家的同时，有所创新，提供艺术的精品。

关于实践，歌德曾经说过，对于任何理论来说，实践是试金石。他借浮士德之口说出了"理论是灰色的，生命之树常青"的警句。他说，真理并不是"上帝"恩赐给你的，而是靠你自己去独立地发现的。他指出，"所有时代的科学家都有一种心向，即认识生气勃勃的形成物，在联系中把握它们外在的、可见的和可以触摸的部分，把它们作为内在的东西的预兆加以接受，这样就能通过观察在一定的程度上掌握整体"。

此外，歌德具有一种高屋建瓴般开阔的世界眼光。他多次提到"世界文学"这一概念，不仅主张古典派和浪漫派这两种欧洲的对立流派之间进行融合与沟通，而且对东西方文学的结合十分关心。在他看来，善和美是超地区和超国度的。因此他说："我愈来愈相信，诗是人类共有的精神财富。民族文学在现在算不了什么，世界文学的时代已快来临了。"

阅读指导

阅读《歌德谈话录》，首先要了解歌德的思想境界。青年时代，在启蒙运动人文主义思潮的熏陶下，他是个激进的"狂飙突进"的旗手，对封建的旧体制予以了毫不留情的抨击。中年时，他更多地关注"人"的自身，探索人生的真理。到了晚年，他的胸怀更加博大，真正做到了"兼容并包""有容乃大"。当时欧洲的浪漫主义运动正方兴未艾，歌德对于德国的浪漫派，同当时大多数人一样，也是不关注的。但他对西欧的浪漫主义却很感兴趣，书中多处提及英国诗人拜伦时，歌德总是兴致勃勃，赞美有加，认为他那"天生的诗才""是无可比拟的"，甚至把他与莎士比亚相比较。在时代的演进和社会的变革中，歌德的思想也做

名家点评

如果撇开歌德的文章，尤其是《歌德谈话录》，那在德国散文作品中还剩下什么值得一读再读的书呢？

——尼采

到了与时俱进、不断自觉地补充新鲜血液，这就是为什么歌德的作品能具有"恒久的艺术魅力"的原因。

钦差大臣 / 俄国 / 果戈理 / 俄国戏剧的重要里程碑

作者简介

果戈理（1809～1852），出生于乌克兰波尔塔瓦省一个地主家庭，他的父亲极爱好文艺，曾用乌克兰语写过几出话剧，这给果戈理带来极大的影响。中学毕业后他来到了彼得堡，并发表了一首长诗，但由于受到批评，他把此书全部买回烧毁。1831年，他认识了普希金，并与他交往密切，受到了极大的影响。1834年秋，他在圣彼得堡大学任世界史副教授，但次年年底便离职，从此专心创作，直到1852年逝世。他的主要作品有小说集《狄康卡近乡夜话》《米尔戈罗德》，以及他最为杰出的长篇小说《死魂灵》和讽刺喜剧《钦差大臣》。

背景介绍

这部杰出的喜剧写于1835年，据说是根据普希金提供的一个趣闻为基础创作的。当时的沙皇俄国极端腐朽败坏，从上到下的各级官吏无不贪污受贿、欺下瞒上。不仅如此，整个社会也弥漫着卑鄙与庸俗的空气。这一切都让人窒息。果戈理在这出喜剧中，就真实而深刻地反映出了俄国官僚阶层贪赃枉法、谄媚钻营的丑恶嘴脸，从而为那个可笑的时代保存下了一个直摄心魂的留影。

名著概要

某市市长告诉他的下属们，据可靠情报，钦差大臣已微服私访来了。一听这个，大家都慌了，因为每个人都心怀鬼胎。这时有两个地主前来报告，说在一个旅馆里住了一个叫赫列斯达可夫的彼得堡青年官员，他住了两星期，既不给钱，也不走。大家认为这准是那位钦差，于是他们决定去迎接他。而在旅馆里，小小的十二品文官赫列斯达可夫正因没钱而陷入困境，市长与各位高级官员却都毕恭毕敬地来了，他本以为是来逮他去监狱的，然而，市长居然奴颜婢膝地请他住到自己家里去。

市长的家里知道"钦差"要来，夫人与女儿都打扮得很漂亮，等"钦差"来了，

相关链接

果戈理的文学生涯与普希金有着极为密切的关系。果戈理一生中最为杰出的两部作品，也是整个俄罗斯文学的卓越代表——《钦差大臣》与《死魂灵》都是由普希金提供的素材。而且，在《钦差大臣》发表之后，他备受上流社会官僚贵族圈子的攻讦与诽谤，痛心的他便离开了俄国，到国外居住，并开始了《死魂灵》的写作。这时，传来了普希金被阴谋暗算的消息，他既震惊又悲痛，所以，他把完成《死魂灵》的创作当作执行普希金的"神圣遗嘱"，并最终以这部"震撼整个俄罗斯"的作品告慰了普希金。

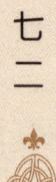

她们喜出望外。而这位"钦差大人"虽不明就里，但却大话连篇，四处吹嘘。市里的官员都来行贿，"钦差大人"也是来者不拒。后来他又向市长夫人及其女儿献殷勤，后来竟与市长的女儿玛丽雅订了婚，市长全家都极为高兴，认为交了好运。这时，"钦差大人"拿了钱说去看他一个"有钱的家叔"，便开溜了。

市里所有的达官贵人听说此事都来向市长贺喜，说他交了鸿运。正在热闹的时候，忽然邮政局长拿来了一封信，是那位"钦差大人"写给朋友的，他在信中大肆嘲笑这群愚蠢的人。市长看了捶胸顿足。就在此时，忽有一个宪兵进来报告，说真正的钦差大臣已经到了，他命令全体官员立即去见他。故事到此戛然而止。

阅读指导

这部作品的喜剧效果完全是由对话体现出来的，而且，由于剧情的精彩设置，所以其剧中的对话富有极巧妙而丰富的潜台词。市长与赫列斯达可夫两人的对话就极有代表性。市长以为赫列斯达可夫是钦差大臣，并把他说的每句话都当作别有用心的暗示；而赫列斯达可夫却又以为市长是来惩办他的。两人都对彼此心存顾忌，于是这一段对话倍显精彩：市长的心虚与愚蠢、谄媚与无能，赫列斯达可夫的色厉内荏、虚张声势，都被描绘得极为传神，且入骨三分。

双城记 / 英国 / 狄更斯 / 现实主义的历史小说

背景介绍

早在创作《双城记》之前很久，狄更斯就对法国大革命极为关注，反复研读英国历史学家卡莱尔的《法国革命史》和其他学者的有关著作。他对法国大革命的浓厚兴趣发端于对当时英国潜伏着的严重的社会危机的担忧。1854年底，他说："我相信，不满情绪像这样冒烟比火烧起来还要坏得多，这特别像法国在第一次革命爆发前的公众心理，这就有危险，由于千百种原因——如收成不好、贵族阶级的专横与无能把已经紧张的局面最后一次加紧、海外战争的失利、国内偶发事件等——变成那次从未见过的一场可怕的大火。"可见，《双城记》这部历史小说的创作动机在于借古讽今，以法国大革命的历史经验为借鉴，给英国统治阶级敲响警钟；同时，作者通过对革命恐怖的极端描写，也对心怀愤懑、希图以暴力对抗暴政的人民群众提出警告，幻想为社会矛盾日益加深的英国现状寻找一条出路。

名著概要

《双城记》是一部以法国大革命为背景的历史小说。小说描写了法国贵族厄弗里蒙地侯爵兄弟恣意践踏良家妇女并且杀害了她的弟弟，但这一罪行被厄弗里蒙地侯爵强掳来就诊的梅尼特医生目睹，于是他暗中写信向朝廷告发，不幸的是这封信最终落到了侯爵手里。梅尼特医生反被诬陷，被关进巴士底狱，从此与世隔绝，杳无音信。两年后，医生的妻子心碎而死，幼小的孤女露茜被好友劳雷接

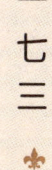

到伦敦，在善良的女仆普洛斯抚养下长大。

梅尼特医生获释之后，曾一度被他以前的仆人得伐石收留。不久，他的女儿来到这里接他到伦敦居住。在他们去伦敦的旅途中，他们结识了法国青年查理·代尔纳，并受到他的细心照料。很快路茜和查理·代尔纳之间便互生好感，他们订婚了。

这时有一位律师席多尼·卡顿先生因为一个偶然的机会认识了露茜，并对她逐渐产生了爱慕。根据查访得来的消息，他得知查理·代尔纳竟然就是梅尼特医生的仇人侯爵的外甥。原来代尔纳因为憎恨自己家族的罪恶，毅然决定放弃自家财产的继承权和贵族的姓氏，移居伦敦，靠一份法语教师的工作自食其力。梅尼特为了女儿的幸福，决定埋葬过去，欣然同意了他们的婚事。

在法国，代尔纳父母相继去世，叔父厄弗里蒙地侯爵继续为所欲为。当他那狂载的马车若无其事地轧死一个农民的孩子后，终于被孩子父亲用刀杀死。一场革命的风暴终于在巴黎如火如荼地展开了，而曾经帮助过梅尼特的得伐石一家正是革命活动的联络站。经营酒吧的得伐石夫妇，尤其得伐石夫人，因为一家曾受侯爵的凌辱，所以非常诅咒一般的贵族。他们率先高喊革命的口号来煽动民众，最后导致侯爵家的佣人卡贝尔及他的女儿玛莉被无辜逮捕。代尔纳得知这种不合理的逮捕之后，非常气愤，于是冒着生命危险回到巴黎搭救他们，但不久也遭到革命政府的逮捕。梅尼特父女闻讯后连夜赶到。医生的出庭做证使代尔纳回到妻子的身边。但得伐石从巴士底狱的墙壁中找到了梅尼特医生当年在狱中写下的揭露厄弗里蒙地侯爵兄弟罪行的血书，他们要求代尔纳必须为厄弗里蒙地家族的罪行赎罪，于是很快代尔纳又被逮捕并被法庭判处死刑。

断头台上行刑的声音，令人感到十分恐怖。对于即将失去丈夫的露茜，其心情的悲痛可想而知。而卡顿也打算结束他长期的游荡生活，想为露茜救出她的丈夫，当他发现自己和代尔纳的外表酷似，于是设法进入牢中，替代昏迷的代尔纳上了断头台。而梅尼特父女一家，便在这革命的迷雾中迅速逃离了巴黎。

阅读指导

作为现实主义的历史小说，《双城记》在反映社会历史现实的广度和深度上是其他同类描写法国革命的小说无法比拟的。这部作品深刻地揭露了法国大革命前激化了的社会矛盾，强烈地抨击了贵族阶级的荒淫残暴，并对下层人民的苦难寄予了深切的同情。小说揭示了一条真理，即压抑在法国农民心头的愤怒，必将像火山一样爆发出来，不可避免地要发生一场革命。显然，狄更斯是从人道主义的立场出发，阐明了法国革命的合理性。但在革命真正爆发之后，他又清醒地看到了革命的某些阴暗面，如过度的暴力和无休无止的杀人复仇等。在狄更斯笔下，整个革命被描写成一场毁灭一切的巨大灾难，它无情地惩罚罪恶的贵族阶级，但也盲目地杀害无辜的人。

这篇小说也塑造了很多具有典型意义的人物形象。作者痛加鞭挞的厄弗里蒙地侯爵兄弟成为本书中落后的封建贵族的代表，他们胡作非为，犯下了种种罪行；

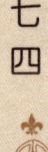

而代尔纳作为贵族的叛逆者恰与他们形成了鲜明的对比。书中的得伐石夫妇等革命群众的形象是较为复杂的，他们一方面受到封建贵族的残酷压迫，且具有下层人民的一般美德，但一旦在革命深入之后，隐藏在他们身上的悖逆人性也不可遏制地显现出来，最终也死于自己所一手倡导的革命。而作者真正想颂扬的还是代尔纳和卡顿这两个具有人道主义精神的理想人物。尤其是卡顿这个人物，他对露茜的深沉的爱是催人泪下的，他崇高的人格也是撼人心魄的。这些人物形象的塑造使得本书具有非常动人的艺术感染力。

总体来看，这部小说把冤狱、爱情与复仇三个互相独立而又互相关联的故事交织在一起，情节错综，头绪纷繁，而又以两个地名将整个故事连接起来，为读者展示了一副恢宏的历史画卷。这部小说虽然没有作者早期创作阶段所特有的幽默、讽刺等特色，但其肃穆浓郁的历史积淀还是使本书具有超凡的艺术魅力，成为作者对此类艺术风格的代表作。

简·爱 / 英国 / 夏洛蒂·勃朗特 / 世界女权运动的图腾柱

作者简介

夏洛蒂·勃朗特（1816～1855），英国小说家，生于英国北部一个贫苦的牧师家庭，曾在寄宿学校学习，后任教师和家庭教师。1847年，夏洛蒂·勃朗特出版著名的长篇小说《简·爱》，轰动文坛。1848年秋到1849年，她的弟弟和两个妹妹相继去世。在死亡的阴影和困惑下，她坚持完成了《谢利》一书，寄托了她对妹妹艾米莉的哀思，并描写了英国早期自发的工人运动，同样获得了巨大成功。她另有作品《维莱特》（1853年）和《教师》（1857年），这两部作品均根据其本人生活经历写成。从1854年开始，夏洛蒂·勃朗特着手开始小说《爱玛》的创作，不幸未能完成便因病去世。夏洛蒂·勃朗特善于以抒情的笔法描写自然景物，作品具有浓厚的感情色彩。她与艾米莉·勃朗特、安妮·勃朗特和勃朗宁夫人构成那个时代英国妇女最高荣誉的完美的三位一体。

背景介绍

由于19世纪的英国对妇女从事文学创作仍有极大的偏见和抵触情绪，在发表《简·爱》时，夏洛蒂不得不使用了一个男性化的化名柯勒·贝尔。《简·爱》得到广泛欢迎后，对这位作家性别的猜测一时间也成为热门话题，当时已驰名文坛的萨克雷一眼看出："它是一个女人写的，但她是谁呢？"而当时一篇从道德思想方面猛烈攻击《简·爱》的评论也这么断言："除了一个女人，谁肯冒极少成功希望的风险，写满八开本三大卷，来讲一个女人的心史？"夏洛蒂之所以用男性化名发表自己的杰作《简·爱》，是在于她深感在英国没有女作家的地位。然而《简·爱》的意义不仅在于使英国文坛发现了女作家夏洛蒂·勃朗特，更是使全世界千千万万的女性从女主人公简·爱身上找到了追求平等与自立的精神源泉。

名著概要

简·爱是个孤女，出生于一个穷牧师家庭。父母由于染上伤寒，在一个月之中相继去世。幼小的简寄养在舅父母家里。舅父里德先生去世后，舅母和表兄妹对她百般虐待。简寄人篱下痛苦度日达十年之久。一天，表兄把她打倒在地，她回手反抗，却被舅母关进黑暗的红房子里。这个想象力极强的孩子吓晕过去，重病一场，幸好保姆柏西精心照料，才慢慢恢复健康。

从此以后，她再也不想待在里德太太家了，里德太太就把她送进达罗沃德孤儿院。严酷的孤儿院生活使得简非常苦恼，但她得到了一位名叫坦普尔小姐的友善帮助，功课学得很快。不久一场时疫夺走了她的好友海伦的生命，从此简更为孤独。在该校就学六年后，简又当了两年教师。十八岁那年她受聘为罗切斯特家的家庭教师，于是来到了桑费尔德庄园。

一天黄昏，简外出散步时遇到她的雇主罗切斯特先生。不久，她被丑陋却傲慢的男主人所吸引，他们默默地相爱了。经过一系列的考验，简摒除了身份和地位的差异而和对方订婚了。然而就在婚礼举行的当天，一个不速之客闯进了教堂，声称婚礼不能进行，因为罗切斯特15年前就有一个发疯的妻子，一直被藏在家里。罗切斯特承认了事实，并渴望简能够谅解这一切，继续他们的幸福。顿时，简跌入痛苦失望的深渊之中。她虽然对愤世嫉俗的罗切斯特满怀同情，但还是带着沉痛的心离开了。

简离开桑费尔德庄园后，在英格兰中部荒原上四处漂泊，徒劳地求职。濒临崩溃时，被教士里瓦斯所救，并为她找到一份工作，担任乡村小学女教师。在此期间，她意外地获得一位远方叔叔的遗产，并执意要与里瓦斯及其姊妹分享这笔遗产。但当里瓦斯向她求婚时，她仿佛听到罗切斯特在遥远的地方呼喊她的名字，于是决定回到罗切斯特身边。

当简回到桑费尔德庄园时，整个庄园已变成一片废墟。她得知罗切斯特太太已死，而罗切斯特为了救她，也被烧瞎了双眼。她找到罗切斯特，向他吐露自己的爱情，他们终于结婚了。两年以后，他们的第一个孩子出生，而罗切斯特的眼睛也看到了光明。

名家点评

《简·爱》中对于具有浪漫主义色彩的爱情描写在当时引起了轩然大波。1848年12月号英国教会《每季评论》上所载的伊丽莎白·里格比的《评〈简·爱〉》认为："简·爱从头到尾是个未经改造、未经教化的精神的体现，尤其危险的是，借用原则和自制的崇高威望来表现它，很容易迷惑一些人的眼睛，使他们看不到它立足的基础薄弱而不牢固。诚然，简·爱做对了，并且付出了很大的道德力量，但这种道德力量仅仅是出自一种异教的思想，它对它自己是法律。在她身上看不到一点基督的神恩。她全盘承受了我们堕落了的本性中最坏的罪恶——骄傲罪……按简·爱本人的说法，她没有任何东西是受惠于天上的神和地上的人，罗切斯特先生是个蓄意暗中企图违犯上帝和人间律法的人。整个说来，简·爱自传是一部突出的反基督教的作品。这也从反面证明了这本书所描写的爱情的价值。"

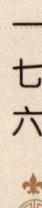

经典摘录

你以为，我因为穷、低微、矮小、不美，我就没有灵魂，没有心吗？你想错了——我的灵魂和你一样，我的心也和你完全一样……我们站在上帝脚跟前，是平等的——因为我们是平等的。

你冷，因为你孤独，没有和什么人接触把你内心的火激发出来。你有病，因为人所具有的最好、最崇高、最甜蜜的感情，远远地离开你。你愚蠢，因为你尽管痛苦，却不肯叫那种感情过来，也不背朝它正在等着你的方向走近一步。

阅读指导

《简·爱》是英国19世纪著名的女作家夏洛蒂·勃朗特的代表作，人们普遍认为该作是夏洛蒂·勃朗特"诗意的生平"的写照，是一部具有自传色彩的作品。夏洛蒂出生于英国北部偏僻山区的一个贫寒的牧师家庭，早年丧母，父亲无力抚育6个子女，便将女孩子们送到半救济性的寄宿学校去。夏洛蒂留校任教三年后外出任家庭教师，这些经历在《简·爱》中都可以找到相应的叙述。但是她的情感生活远没有简的充满传奇性。这一方面反映了19世纪的英国女作家在选择写作题材时还受到较多的局限，但也从另一方面反映了作者本人的巨大艺术创造力。

这部现实主义小说带有浓厚的浪漫主义色彩。夏洛蒂塑造了一个外表不美，但有着火热的激情和不屈不挠的性格的女性形象。她出身贫寒，但养成了勇敢、正直、为争取平等权利而奋斗的坚强性格。在慈善学校，面对挨打、受饿和罚站示众，她总是倔强地昂起头来，不肯让泪水涌出眼眶。当家庭教师期间，在刚毅、傲慢而富有的大地主罗切斯特面前，她不卑不亢。当她了解罗切斯特平时的怪癖和玩世不恭是由于深沉的内心痛苦和愤世嫉俗时，她逐步由好感发展到爱情，此时她又能冲破年龄、门第和传统观念束缚，去追求真正的爱情。作者能够把一个来自社会下层的觉醒中的新女性摆到小说的主人公地位，并对主人公为反抗压迫和社会偏见、力争独立的人格和尊严、为追求幸福生活所做的顽强斗争加以热情歌颂，这在当时的文学作品中是难能可贵的。而小说也正是要以简·爱和罗切斯特之间的爱情来批判当时以金钱为基础的婚姻观和爱情观，并始终把他们之间的爱情描写为思想、才能、品质与精神上的完全默契。

从艺术上看，《简·爱》还是以其感动人心的对于一位"灰姑娘"式人物的奋斗史的刻画而取胜的。它具备了一部出色的小说所应有的素质：诗情画意、激情、生活知识。故事有一种自然展开的、始终不渝的趣味、能紧紧地抓住读者的注意力不放松，加上受哥特式小说的影响所具有的那种神秘的气氛，更使读者的想象欲得到相当的满足。除此之外，本书语言简朴生动，景物描写也显得具有地方色彩。

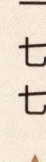

呼啸山庄 /英国/艾米莉·勃朗特/一部"神秘莫测的怪书"

作者简介

艾米莉·勃朗特（1818～1848），英国19世纪著名诗人、小说家。她与《简·爱》的作者夏洛蒂·勃朗特和她们的小妹妹《爱格尼斯·格雷》的作者安妮·勃朗特（1820～1849）号称勃朗特三姊妹，在英国19世纪的文坛上焕发异彩。艾米莉出生于贫苦的牧师之家，曾在生活条件恶劣的寄宿学校求学，也曾随姐姐夏洛蒂去比利时学习法语、德语和法国文学，准备将来自办学校，但未如愿。艾米莉性格内向，娴静文雅，从童年时代起就酷爱写诗。1846年，她们三姐妹曾用假名自费出过一本诗集。《呼啸山庄》是她唯一的一部小说，这部小说与《简·爱》《爱格尼斯·格雷》同时发表于1847年12月，但只有《简·爱》获得成功。《呼啸山庄》的出版并不为当时读者所理解，甚至她自己的姐姐夏洛蒂也无法理解艾米莉的思想。除《呼啸山庄》外，艾米莉还创作了193首诗，被后人认为是英国一位天才的女作家。1848年，她在世界上仅仅度过了30年便默默无闻地离开了人间。

艾米莉·勃朗特像

背景介绍

艾米莉·勃朗特生前寂寞，自小内向，缄默又总带着几分以男性自居感，诚如夏洛蒂所说的："她比男人还要刚强，比小孩还要单纯，她的性格是独一无二的。"在少女时代，当她和姐妹们关在家里"编造"故事、写诗的时候，她就显现出一种内涵更深的倾向，收录在她们诗歌合集中艾米莉的作品总是如同波德莱尔或爱伦·坡那样困惑于恶这一问题，在那纯洁的抒情风格之间总徘徊着死亡的阴影。到《呼啸山庄》动笔时，这种困惑与不安变得更加急不可耐，她迫切需要创造一个虚构的世界来演示它，把自己心底几近撕裂的痛苦借小说人物之口倾吐。因此这本可怕的、令人痛苦的、强有力的而又充满激情的书，与它年轻的作者本身的性格与才华实在是不无关系的。

名著概要

英格兰山峦起伏的北部，有一座几乎与世隔绝的山庄。这座山庄由于经常受烈风侵袭，所以被称为"呼啸山庄"。有一天，这座山庄的农场主人安休由利物浦带回一个孤儿，取名希斯克里夫，并让他与儿子辛德礼和女儿凯瑟琳一起生活。

希斯克里夫与凯瑟琳朝夕相处，萌发了爱情，但辛德礼从一开始便敌视希斯克里夫，凡事虐待他。安休死后，辛德礼成了这座山庄的主人，他不仅禁止希斯克里夫与凯瑟琳交往，还经常对他进行百般虐待和侮辱。这种迫害的结果，加剧了希斯克里夫与辛德礼的仇恨，但也因此从反面使得他对凯瑟琳的情意加深了。

辛德礼结婚后，生下黑尔顿，但对他自己的妻子也很暴虐。凯瑟琳在一次偶然的机会中来到画眉山庄，认识了它的主人林顿，并见识了林顿家富裕的生活。虚有其表的富家子弟林顿被凯瑟琳的美貌所吸引，向她求婚；而天真的凯瑟琳为了摆脱辛德礼所控制的黑暗生活，接受了林顿的求爱，同时也想利用他家的财富，帮助希斯克里夫摆脱哥哥的迫害。但希斯克里夫在无意中听到这个惊人的消息后，痛不欲生，而后便突告失踪。凯瑟琳多次寻找未获结果，不久就和埃德加·林顿结婚了。

三年之后，希斯克里夫回到呼啸山庄。此时他已是富裕的绅士，但他内心仍燃烧着对凯瑟琳的热爱和对辛德礼及其他人的仇恨，他这次回乡的唯一目的，就是要向曾经迫害过他，夺走他心上人的人进行报复。他逼迫辛德礼，使他自暴自弃，更引诱他出没赌场，把老安休留下的产业挥霍殆尽，然后趁机夺走他的财产，将他沦为自己的奴仆。同时，他也虐待辛德礼的儿子，以报复他过去对自己的暴虐行为。

希斯克里夫逐渐成为画眉山庄的常客。出于报复，他引诱林顿的妹妹伊莎贝拉和他一起私奔，把她囚禁在呼啸山庄并折磨她，以发泄心头的怨愤。伊莎贝拉无法忍受希斯克里夫的折磨，趁凯瑟琳去世之际离家出走，并在儿子林顿12岁那年去世。凯瑟琳去世不到半年，辛德礼也在失意中过世。为了谋夺林顿家的财产，希斯克里夫逼迫自己的儿子林顿和凯瑟琳的女儿凯蒂结婚。但过了不久，林顿和埃德加相继过世。至此希斯克里夫复仇的念头才逐渐消退。

凯蒂与黑尔顿之间产生了纯净的爱情，希斯克里夫原本希望拆散他们，但最终却是爱战胜了仇恨，不忍再报复。一个风雪之夜，他怀着对凯瑟琳的思念而离开人世，而发生在呼啸山庄里历经三代的爱和复仇的恩怨故事，至此也算结束了。

经典摘录

我在这世上最大的苦恼，就是希斯克里夫的苦恼；他的每一个苦恼，从刚开始，我就觉察到，切身感受到了。我生命中最大的思念就是他，即使其他一切都毁灭了。独有他留下来，我依然还是我。假使其他一切都留下，独有他毁灭了，那整个宇宙就变成一个巨大的陌生人，我就不像是它的一部分了。

我对埃德加的爱像是树林中的叶子，在冬天变化树木的时候，时光便会变化成叶子；我对希斯克里夫的爱则像树下面的永恒不变的岩石，虽然看起来它给你的愉快并不多，可是这点儿愉快却是必需的、永久的。

你能叫一个在水里挣扎的人在离岸只有一臂之远的时候休息一下吗！我必须先到达，然后我才休息。好吧，不要管格林先生：至于追悔我做的不公道的事，我并没有做过，我也没有追悔的必要。我太快乐了，可是我还不够快乐。我灵魂的喜悦杀死了我的躯体，但是并没有满足它本身。

名家点评

在作者生前，人们对于此书的价值还未有完全的认识，甚至有一篇刻薄的评论说："是哪一个人写出这样一部作品来，他怎么写了十来章居然没有自杀？"但历史证明了这是一部不朽的作品。例如英国进步评论家阿诺·凯特尔曾有专文为《呼啸山庄》作了较长的评论，他总结说："《呼啸山庄》以艺术的想象形式表达了19世纪资本主义社会中的人的精神上的压迫、紧张与矛盾冲突。这是一种毫无理想主义、毫无虚假的安慰，也没有任何暗示说操纵他们的命运的力量非人类本身的斗争和行动所能及。对自然、荒野与暴风雨，星辰与季节的有力召唤是启示生活本身真正的运动的一个重要部分。《呼啸山庄》中的男男女女不是大自然的囚徒，他们生活在这个世界里，而且努力去改变它，有时顺利，却总是痛苦的，几乎不断遇到困难，不断犯错误。"这种评论对我们认识这本书很有帮助。英国当代著名小说家及创作家毛姆也对这本书大加赞赏，称它是最值得向读者介绍的世界十佳小说之一。

阅读指导

在英国文学史上，艾米莉·勃朗特的《呼啸山庄》是一部惊世骇俗之作，被认为是一部"最奇特的小说"和"神秘莫测的怪书"。虽然说现在已经得到世人的认同，但在1847年小说出版时却备受冷落。《呼啸山庄》中所展现出来的阴郁的环境以及其中所发生的故事，似乎在描写一种病态的生活，似乎又在述说一种异教的思想。从这一点上说，《呼啸山庄》中所表现的主题和内容偏离了维多利亚时期小说的主旋律，即作品要能够成为"最高级的道德教诲工具""给普通大众带来欢乐"等。即使是与它同时代的以爱情为创作主题的英国小说相比，它也一改流行的伤感情调，而代之以强烈的爱和疯狂的恨。那是人性中对爱情的热烈拥抱，对不平等的强烈报复。没有孰是孰非，只有血和泪，黑暗和火焰。正如这部书的书名所预示的一样，这里发生的一切，就像是一场风暴。

在《呼啸山庄》中，希斯克里夫和凯瑟琳的爱情故事同样也给我们留下了非常深刻的印象。他们曾经是忠实的伙伴，但导致他们最终不能在一起的原因的确是很复杂的。在他与凯瑟琳之间隔着的不仅是凯瑟琳一直不愿意面对的身份差异，还有各自与生俱来的性格弱点，因此他们虽然相互知道一切，了解对方的一切，却又总是不信任，从而使他们各自成为对方的负担，谁也不能解脱自己。当凯瑟琳在虚荣与真爱之间徘徊着，痛苦着时，也连带着希斯克里夫的徘徊和痛苦；而相对于希斯克里夫的恨而言，他对她的爱也是同样的炽烈。在这本书的结局，死后的希斯克里夫和凯瑟琳这两个不肯安息的灵魂"在走来走去：有些人说见过他在教堂附近，在旷野里，甚至在他们的老房子里"。也许正如"梁祝"或者"朱丽叶与罗密欧"对爱情结局的处理一样，他们只有在天堂里才有可能享受到真正的爱情。

从艺术成就上看，《呼啸山庄》的最主要特色在于它的结构布局。女作家放弃了那种从头说起、原原本本的叙事手法，而19世纪的女作家，像她姐姐写《简·爱》，简·奥斯汀写《傲慢与偏见》，都采用的是这样一种易于为大众所接受的传统手法。艾米莉则为了讲清楚发生在两代人身上的复杂故事，别出心裁地

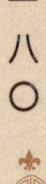

采用了当时少见的"戏剧性结构",借用了一位闯入呼啸山庄的陌生人洛克乌先生之耳目从故事的中间切入,这时候,女主人公凯瑟琳已死去,希斯克里夫正处于极度暴虐地惩罚两家族的第二代的时候,这就设置了一个巨大的悬念,使读者急于追索事情的前因,又时时关注着人物未来的命运。当然,对于当时读惯古典小说的人来说,接受这种叙事系统是有些吃力的,以至于有人指责此书"七拼八凑,不成体统",但这也从反面证明了它的确走在时代的前列。

茶花女 /法国/小仲马/青楼女子的别样传奇

作者简介

小仲马(1824~1895),法国小说家、戏剧家,系著名作家大仲马同一个女裁缝的私生子。小仲马的身份直到7岁时才被大仲马承认,但大仲马仍拒不认其母为妻。这种切身遭遇对精神上的创伤影响了他的创作,他一生都把探讨资本主义社会的道德问题作为自己创作的中心主题。1848年小说《茶花女》的问世,使小仲马一举成名。1852年,根据小说改编的同名话剧演出,引起了更大的反响。从此,他就致力于戏剧创作,一生写过20多个剧本,比较有名的如《半上流社会》(1855年)、《金钱问题》(1857年)、《私生子》(1858年)、《放荡的父亲》(1859年)、《欧勃雷夫人的见解》(1867年)、《阿尔丰斯先生》(1873年)、《福朗西雍》(1887年)等,其中大多以妇女、婚姻、家庭问题为题材,比较真实地反映了资本主义社会的生活。作品真切自然,结构严谨,语言流畅,抒情气息浓郁。

小仲马像

背景介绍

历史上流传的关于著名青楼女子的故事,各国都有,例如中国就有杭州的苏小小、南京的李香君等,而在法国,那就要数茶花女了。历史上的茶花女,原名叫阿尔芳辛·普莱希。她12岁就跟着一个卖艺老头四处流浪,耳濡目染,显得比一般女孩早熟,随后只身来到巴黎打工,在巴黎灯红酒绿环境的熏染下,她很快便靠卖笑跻身巴黎上流社会,成为风月场上耀眼的明星。这时,她觉得自己的名字太土气了,便改名为玛丽·迪普莱希,成为当年巴黎交际界红极一时的"女王"。 玛丽生性偏爱茶花,每逢外出,随身必带茶花,其颜色时红时白。传说这茶花的颜色,是她暗示客人的信号:红色表示这一天不能接待客人,白色则意味欢迎来访,或许这正是"茶花女"得名的由来。

小仲马认识玛丽是在1844年9月,两人互为对方的气质所吸引。然而毋庸置疑,小仲马的性格中毕竟还有纨绔子弟的一面,他生活的环境是世风日下的巴黎,而玛丽又是一位风尘女子,这一切都决定了他们之间的感情是相当复杂的。

世界名著大讲堂

一八一

1845年8月30日深夜，小仲马给玛丽·迪普莱希写去一封表示绝交的信。从此之后，两个人就再也没有见过面。1846年10月，小仲马获悉了玛丽的死讯，这位多情的作家深深地被触动了。在玛丽去世4个月之后，他闭门写作，花了不到一个月的功夫便写出了这本小说，并在玛丽去世一周年公开发表，在巴黎引起了巨大的轰动。

名著概要

　　1847年3月12日，作者在偶然的机会下，介入了一场遗物的拍卖会中。这些遗物的主人玛格丽特在三个星期前已经去世。她曾是一个贫穷的乡下姑娘，来到巴黎后沦落风尘，由于生得花容月貌，加上人又伶俐，很快便成了巴黎交际界红极一时的"女王"。因为她的装饰总也少不了一束茶花，因此人们都称她为"茶花女"。作者从这些遗物中，得到一本署名亚芒·第瓦尔的书籍。亚芒获知他送给玛格丽特的书落在作者的手中之后，便造访作者。原来，这位青年急欲再见玛格丽特一面，正从亚历山大赶来，然而，他不仅未能及时见她最后一面，也错过了拍卖会。同时，作者也从亚芒的口中了解了他与玛格丽特之间的爱情故事。

　　青年亚芒是一个穷小子，但也是玛格丽特唯一真正爱过的人。他曾经在两年前经由朋友介绍得以接近玛格丽特，但是，却没有受到玛格丽特的注意。两年之后，当他再次遇见玛格丽特时，他发现自己对她的爱有增无减。有一次，玛格丽特不幸得了肺病，追求玛格丽特的亚芒开始对她表示由衷的关心，同时倾吐了沉淀已久的恋慕之情。这一切深深打动了玛格丽特。于是，初尝真情的玛格丽特决心与亚芒幸福地生活在一起。

　　玛格丽特想方设法想打发掉那些讨厌的客人，然而好景不长，因为她过惯了奢华的生活，开销太大，不得不穷于应付各种各样的债主；而亚芒也开始不断地去赌博和借债以维持他们的幸福生活。不久，这一切都被亚芒严厉的父亲获悉，他便气急败坏地赶往巴黎，企图阻止他们的关系。虽然他最终被她们之间的真情所打动，但他还是恳求玛格丽特能够顾及自己家庭的名誉和亚芒的前途而离开亚芒。伤心的玛格丽特答应了亚芒父亲的要求，不辞而别，并且留言和他一刀两断。亚芒被她的言行激怒，决意对她进行报复，使玛格丽特受到巨大的精神伤害。不幸的玛格丽特在爱情与疾病的双重打击下终于含恨与世长辞了。

　　亚芒终于从玛格丽特的遗物中明白了真相。他追悔莫及，痛心疾首，但这一切都已经无济于事了。

经典摘录

只要付出真实的感情，无论对方是何种女人，都足以使男人升华。

人生真美好，看你戴什么眼镜去看。

头脑是狭小的，而它却隐藏着思想；眼睛只是一个小点儿，它却能环视辽阔的天地。

取得一颗没有被人进攻的经验的心，也就像取得一座没有守卫的城池一样。

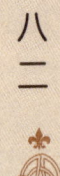

世界名著大讲堂

一八二

阅读指导

在众多描写风尘女子的爱情故事中,这个爱情故事也许并没有什么新意,但它的成功之处就在于塑造了主人公玛格丽特这个人物。她美丽、聪明而又善良,虽然沦落风尘,但依旧保持着一颗纯洁、高尚的心灵。她充满希望和热情地去追求真正的爱情,而当这种希望破灭后,又甘愿自我牺牲去成全他人。这一切都使一直为人们所不齿的烟花女子的形象闪烁着一种圣洁的光辉。当人们提及"茶花女"时,首先想到的不是什么娼妇,而是一位美丽、可爱而又值得同情的女性。所以这个故事虽然是悲剧,但留给读者的却不只是感伤,因为崇高的爱情就在那里、永远在那里,只要翻开书,就能读到玛格丽特的心声,就能看到玛格丽特凄艳的身影。

当然,造成这个悲剧的因素是很复杂的。从大的社会层面看,巴黎奢华淫靡的社会风气显然深深地影响了他们。而一个靠卖笑为生,受人供养的女子,在贵族的眼中充其量不过是一个玩物罢了。因此一旦当上帝允许一个妓女萌生爱情的时候,这种爱情起初似乎是一种宽恕,后来几乎总是变成对她的惩罚,于是忌妒、嘲讽、贫困接踵而来。当老练的资本家亚芒之父出现时,他便可以轻易地使她认清残酷的现实而不得不放弃对理想爱情的向往。从个人层面来看,无论是玛格丽特还是亚芒,他们显然又都有其自身所无法克服的性格缺陷,而这种性格缺陷对其爱情悲剧的形成也是非常致命的。因此,虽然这本书中在很大程度上可以被看作是揭露一个社会是如何对一个追求爱情的女性进行迫害的故事,但它也显然在此之上揭示了一个重要的哲理,那就是再如何相爱的人也可能因其自身的原因而造成不可挽回的爱情悲剧。我们可以看到,正是在这双重的打击下,玛格丽特如同一件艺术品一样被毁坏了。

汤姆叔叔的小屋 / 美国 / 斯托夫人 / 酿成一场大战的书

作者简介

斯托夫人(1811～1896),美国女作家,生于康涅狄格州。她的父亲是著名牧师革曼·比彻,信奉加尔文教派,因此斯托夫人早年也深受其影响,但青年时期却因其叔父萨缪尔·福特的影响而接受了自由主义的信仰。斯托夫人喜欢读司各特的浪漫小说,这在她后来的著作中有明显反映。1832年,她随全家迁往辛辛那提市,在一座女子学校教书,写了一些关于新英格兰生活的随笔。1836年,她与父亲所在的神学院的C.E.斯托教授结婚。其间,她访问了肯塔基州,目睹了那里奴隶的生活,这为她后来的小说提供了素材;她又受到父亲学校中强烈的反奴隶制情绪的影响,这种情绪成了她小说的基调。1850年,她随丈夫迁至缅因州,那里关于反奴隶制的讨论使她无比激动,于是利用空闲时间写出了《汤姆叔叔的小屋》(1852年)。这部小说在当时引起了强烈反响,使她一举成名。为了反驳保守势力的攻击,1853年她发表了《〈汤姆叔叔的小屋〉题解》,引用法律、法院档案、报纸和私人信件等大量材料证明她的小说所揭露的事实。她的其他主要著作有《德雷德，阴暗的大沼地的故事》（1856年）、《奥尔岛上的明珠》（1862年）、《老镇上的人们》（1869年）、《粉色和白色的暴政》（1871年），以及一些宗教诗，收入1867年出版的《宗教诗选》。她还写过一篇虚构的维护女权的论文《我妻子和我》（1871年），今天常常被女权主义者引用。斯托夫人晚年主要住在佛罗里达，在《棕榈叶》（1873年）一书中描写了她在那里的宁静生活。

背景介绍

《汤姆叔叔的小屋》出现在美国内战前10年，其间正是美国废奴运动开展得如火如荼的时代。作者及其丈夫都是坚定的废奴主义者，她本人就曾去过南方，亲自了解过那里的情况。1850年，美国国会通过了"妥协法案"，该法案加重了黑人奴隶的悲惨命运，斯托夫人因此决心用自己的文学创作来让人们充分意识到黑奴的悲惨处境。此书于1852年首次在《民族时代》刊物上连载，立即引起了强烈的反响，受到了人们无与伦比的欢迎，其单行本仅第一年就在国内印了100多版，销售30多万册，后来被译为20多种文字在世界各地出版。评论界认为本书在启发民众反奴隶制情绪上起了重大作用，被视为美国内战的起因之一。

名著概要

19世纪初叶肯塔基州的谢尔比农场上，一群黑奴在充满温情、关怀的主人家中过着平静幸福的生活。但不幸的是谢尔比家族经商失败，偌大的家业随之溃散。黑奴悲惨的命运也随之开始。为了还债，谢尔比被迫决定把两个奴隶卖掉。这两个奴隶一个是汤姆，他是种植园主谢尔比家的"家生"奴隶，童年时就当伺候主人的小家奴，成年后当上了家奴总管，颇得黑奴的尊重和主人的欢心，连主人的儿子也非常喜欢他，称他为汤姆叔叔。另一个要卖掉的奴隶是黑白混血种女奴伊丽莎的儿子哈利。伊丽莎偶然听到主人要卖掉汤姆和自己的儿子哈利的内幕后，把这个消息告诉了汤姆夫妇，并决定连夜带着她的儿子逃走。

在奴隶贩子的追捕下，伊丽莎冒着生命危险跳下浮冰密布的俄亥俄河，并在好心人的帮助下逃到了一个保护逃亡黑奴的村庄。不久她丈夫乔治·哈里斯也伺机逃了出来，与妻子汇合。他们带着孩子，历经艰险，终于在废奴派组织的帮助下，成功地抵达了自由的加拿大。

汤姆却是另一种遭遇。对主人要卖他抵债，他没有怨言，也没有出逃，甘愿听从主人的摆布，最终被转卖到新奥尔良，成了奴隶贩子海利的奴隶。在一次溺

名家点评

《汤姆叔叔的小屋》对社会发展起到了积极作用，特别是对美国废奴运动和美国内战中以林肯为代表的正义一方获得胜利，产生了巨大的作用。作为一本文学作品，此书出版时，曾被认为是"世界小说中最令人感动的事件"。因此，林肯总统说作者"写了一本书，酿成了一场大战"，而美国著名诗人亨利－朗费罗则称赞它是"文学史上最伟大的胜利"。

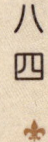

水事故中，汤姆在船上救了一个奴隶主的小女儿伊娃的命，于是孩子的父亲圣·克莱出于感激从海利手中买下了汤姆。汤姆在圣·克莱家当了家仆，并与小女孩成了好朋友。伊娃甚至帮他写了一封家信，在信中汤姆还是希望旧主人能够将他赎回去。但不久小女孩突然病死，临死前恳求父亲解放汤姆，圣·克莱答应将汤姆和其他黑奴解放。可是当还没有来得及办妥解放的法律手续时，他却在一天晚上被人杀死了。冷酷的圣·克莱太太没有解放汤姆和其他黑奴，而是将他们送到黑奴市场拍卖。从此，汤姆落到了一个极端凶残的"红河"种植园主莱格利手中。在莱格利庄园里，所有的黑奴被逼着成年累月地干着沉重的工作，过着非人的生活。莱格利只把黑奴当作"会说话的牲口"，任意鞭打，横加私刑。汤姆忍受着这非人的折磨，但仍热心于帮助其他黑奴。一天，这个种植场有两个女奴为了求生暗中逃走，莱格利断定汤姆知道她们的藏身之处，把汤姆捆绑起来，严刑逼供。但是汤姆最后什么都没有说。

就在汤姆奄奄一息的时候，他过去的主人、第一次卖掉他的奴隶主谢尔比的儿子乔治·谢尔比赶来赎买汤姆，但是汤姆已经无法领受他过去的小主人迟来的援手，遍体鳞伤地离开了人世。但他能够在临死前看到乔治，还是深感安慰。乔治·谢尔比狠狠地揍了莱格利，然后悲伤地埋葬了汤姆。他发誓要铲除这可恶的奴隶制，因此回到家乡肯塔基后，小谢尔比就以汤姆大叔的名义解放了他家里的所有黑奴，并提醒他们不要忘记他们的自由归功于汤姆大叔。他对他们说："你们每次看见汤姆大叔的小屋，就应该联想起你们的自由。"

阅读指导

就像一般的 19 世纪小说一样，这本书所讲述的故事起源于一个家族，随后在这个家族中分出两部分（当然是指黑奴们）：一部分人逃向自由的北方，一部分人则不幸地到了暴虐的南方。以后的故事就是分别叙述个人的历险和从痛苦以及从危险之中所获得的体验等。虽然这些黑奴分散在各地，但往往他们的命运会有奇妙的吻合——常常以悲剧收场。全书 45 章中描写向北方加拿大逃亡的乔治·哈里斯和伊丽莎这一部分占了 10 章。而被卖到路易斯安那州新奥尔良城的汤姆叔叔这一部分占 27 章。显然，故事的重点放在汤姆叔叔的苦难和爱心之上，而这种不幸的结局显然又代表了广大黑奴的悲惨命运。

这本小说的艺术成就集中地体现在汤姆和伊丽莎这些奴隶人物形象的塑造上面。汤姆的悲剧性来自于他性格上的复杂性与矛盾性，他忠诚勤奋，富有正义感，但也接受了奴隶主灌输的基督教精神，成为逆来顺受者的典型。而伊丽莎和她的丈夫乔治·哈里斯这一对敢于反抗、敢于斗争的夫妇最终则得到了新生。通过这种鲜明的人物形象对比，这本书的现实意义也就不言而喻了。但它也显然不是一本纯粹的政治宣传品，书中对于美国南方社会的客观描写以及对各种奴隶主形象的刻画表明了该书作者对于现实及生活有着极为深刻的认识，也体现了她较高的现实主义写作功底。

《汤姆叔叔的小屋》以生动、逼真的描写，饱满、激昂的政治热情，赢得了广大读者的热烈赞扬，也使其成为美国第一部具有鲜明民主倾向的现实主义作品。它在美国文学史及世界文学史上理应占有非常重要的一席之地。

罗马史 ／德国／蒙森／里程碑式的史学巨作

作者简介

蒙森（1817～1903），出生于德国席莱苏维格（当时属于丹麦）的伽尔丁。父亲是乡村牧师，母亲是教师。由于受到家庭的影响，他从小就很喜欢并很快就熟悉古罗马史。1842年从丹麦的基尔大学法律系毕业，获法学博士学位。一年后，蒙森接受丹麦国王的奖学金，前往意大利，从事古罗马法律的考察研究工作。

1847年返回祖国，应聘到莱比锡大学担任法学教授，后来因未发表攻击俾斯麦的演说而被解聘。此后辗转于瑞士苏黎世大学、布雷斯劳大学任教，并在柏林大学担任古代史教授，并应柏林皇家学院之聘，主编期刊《文典》。1874年，再次被聘为莱比锡大学教授。1873～1882年，任德意志帝国国会议员。在议会中，他以自由派领袖的身份经常发表演说，抨击俾斯麦的国内政策，曾因"诽谤罪"受到司法机关传讯。蒙森愤然退出议会，表示抗议。

蒙森像

名著概要

对古代罗马历史的研究是蒙森的主要成就，他积攒30年的努力得以完成的5卷本《罗马史》（1854～1885，第四卷未完成）是史学的千古巨著。

蒙森用极简练的笔触就勾勒出罗马人服从于国家利益就像儿子服从父亲一样的性格。他以高超技巧展示了罗马从最初的小小部族发展到君临世界的大帝国的全部画面。他清晰地描述了帝国的成长：在这个成长的过程中，陈旧而封闭的体制已经不能适应于新的任务；"公民大会"已渐渐变成了徒有其名的装饰，除了在某些时候被政治家煽动利用；以前尽心尽力于公共事务的元老院，也在执行了义务之后慢慢衰老；无视国家利益的资产阶级暴发户们搞政治投机；自由民的破产导致整个共和国动摇。

名家点评

尊著《罗马史》，我拜读再三，你看，封皮都快要磨破了。

——俾斯麦

由于这些画像，《罗马史》已经成为19世纪最佳的史学著作，蒙森笔下的恺撒与汉尼拔必会激起每位年轻人、每个军人的热情。

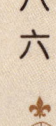

——特瑞斯查克

> **相关链接**
>
> 1845 年　著作《欧斯基语言研究》
> 1850 年　著作《意大利南方方言》
> 1854～1885 年　著作《罗马史》（5 卷）
> 1859 年　著作《罗马编年史》
> 1860 年　著作《罗马铸币史》
> 1866～1870 年　著作《民法集》
> 1888 年　著作《罗马公法》
> 1863～1902 年　主持编纂《拉丁铭文大全》（16 卷）
> 1899 年　著作《罗马刑法》

他也向我们论证了执政者的经常更换对战争的统一指挥的毁灭性影响，使罗马人不得不把军事指挥官的任期延长；同时，又使将军们各自独立。虽然导致恺撒主义的原因很多，主要原因则是没有一个健全的制度，相比之下，专制主义在许多情况下比寡头政治制度遇到的困难较少。这位明察秋毫的史学家，无情地揭开了罗马帝国光辉的假面具，向人们展示，国家的存在要符合其发展的实际需要，从而使人们不被幻想所蒙蔽。

蒙森渊博的学识和民主主义的信念，就像新的光辉烛照着这个两千多年的古代社会。他热烈赞扬富于民主精神，奖掖科学、艺术的恺撒，而把庞培只看作一个善于练兵的低级军官。这部巨著具有百科全书般的广度，包罗了古罗马社会的政治、经济、军事、文化和风俗习惯方面。难能可贵的是，作品文笔洗练，叙事生动，富于戏剧性，人物形象鲜明，具有很高的文学价值。《罗马史》的巨大成就，为作者赢得极高声誉。

此外，由他主持编纂的《拉丁铭文大全》不仅具有极其重要的史料价值，而且具有很高的艺术价值，他为此书所写的序文被公认为现代最精彩的拉丁散文之一。

包法利夫人／法国／福楼拜／精雕细琢的法语典范

作者简介

福楼拜（1821～1880），19 世纪法国批判现实主义作家，生于世代为医的家庭，学过法律。福楼拜生活在七月王朝和第二帝国时期，即法国资本主义社会由上升阶段逐渐转向腐朽的阶段。他对资本主义的丑恶现实感到憎恨和失望，因而毫不容情地揭露现实，但也流露出悲观情绪。《包法利夫人》是福楼拜用了将近 5 年的时间于 1857 年完成的，这部作品开创了文学史上的一个新纪元，也成为他的代表作。随后他又创作了《萨朗波》（1862 年）、《情感教育》（1869 年）和《三故事》（1877 年）。

福楼拜继承了现实主义的传统，以刻画人物的精神状态细致入微和毫不留情著称，他在解剖人物和现实时，力求不流露自己的感情。福楼拜还是法国文学的语言巨匠，他的文字被看作法语的典范。他主张"用几句话就把一个人或一件事表现得特点分明"。为了锤炼语句，他总是苦心推敲，务必达到洗练、贴切。

背景介绍

福楼拜创作的基本主题是对资产阶级的揭露，其艺术特点基本上是现实主义。

《包法利夫人》的副题是"外省风俗"，小说描写外省一个富裕农民的独生女爱玛悲剧的一生，控诉了恶浊鄙俗的社会。爱玛本是一个纯洁的小资产阶级女子，但修道院的禁欲生活和浪漫小说培养了她不安于现状以及耽于幻想、脱离实际的性格。待她走进社会后，单调闭塞的外省环境和缺乏精神生活的家庭不能满足她感情生活的需要，而淫靡享乐的社会风气进一步腐蚀了她的心灵，使她最终走上堕落的道路。小说通过爱玛的悲剧既控诉了资本主义社会金钱关系的罪恶，又有力地揭露了资本主义社会精神生活的空虚和堕落。

《包法利夫人》电影剧照

名著概要

查尔斯·包法利是在一个名叫托斯特的小镇行医的医生。有一天，他去鲁奥先生家出诊，因这位先生一条腿骨折。在那里，包法利见到了这位农庄主的女儿爱玛，一个美丽的但总是不安静的姑娘。她早年在法国女修道院里受过的教育使她对开阔生活经历有着难以抑制的渴望。她的美貌和风度迷住了这位年轻医生，为了见到她，他发现去看望病人是他最好的借口。但他那爱嘀咕的妻子埃卢伊丝很快就开始怀疑他去访问鲁奥农庄的真正原因。她生气地流着眼泪，要查尔斯发誓今后不再去鲁奥家。查尔斯后来发现埃卢伊丝的所谓家产并不存在。她的欺骗行径激发了一场她和查尔斯父母之间的猛烈争吵。而这场争吵又引起她的旧病复发，不久她就安静地死去了。

查尔斯感到有些内疚，因他对妻子的去世并不感到难过。经老鲁奥邀请，他又去他们农庄，又被爱玛的魅力左右。老鲁奥观察到查尔斯已深深地爱上他女儿时，他确定这位年轻医生是可以信赖、完全正派的。因此他迫使查尔斯表态，并告诉他可以和爱玛结婚，接着就为他们的结合祝福。

在婚后的最初几周中，爱玛专心于改变他们的新家庭，整天忙着能想到的一切家务事，以避免感到原来的幻想完全破灭。爱玛认识到即使她认为她爱查尔斯，但结婚并没有带给她应有的欢乐。早年她读过的所有那些浪漫小说使她盼望从婚姻生活中能得到比已经得到的更多东西，而她的极其平静的感情却意味着痛苦的失望。而婚后的性生活又使她感到厌恶。她发现她所结合的不是位穿着丝绒服装、

名家点评

法国作家左拉对《包法利夫人》推崇备至："以《包法利夫人》为典型的自然主义小说的首要特征，是准确复制生活，排除任何故事性成分。作品的结构仅在于选择场景以及某种和谐的展开程序……最终是小说家杀死主人公，如果他只接受普通生活的平常进程。"

世界名著大讲堂

佩以饰带、洒过香水的英俊的爱人，而是一个散发着浓烈药味的笨丈夫。

正当她要放弃从新生活中寻找欢乐的一切希望时，查尔斯曾经为其治过病的一位高贵人物邀请他们去他的别墅参加一次舞会。在舞会上，爱玛和十多人跳过舞，喝香槟酒，接受人们对她的美貌的恭维。包法利家的生活和这位贵族家庭生活的鲜明对照使她很痛苦。她对查尔斯愈来愈不满意。他想讨好她的一切徒劳、笨拙的努力只使她感到绝望，因为他永远不能理解她。她坐在窗前，梦想着巴黎，闷闷不乐，结果病倒了。

查尔斯希望通过改变环境来改善爱玛的健康状况，就带她到荣维尔去，在那儿开设了新诊所。爱玛则准备孩子的诞生。当她的女儿降生后，爱玛对孩子的主要兴趣局限于她的服饰上的花边和丝带。而孩子则被送往一个奶妈家喂养，爱玛有时去看望一下。在那儿她偶然遇到了莱翁·迪普伊，一位厌倦城市生活，正在寻找娱乐的律师助理。他被这位年轻的母亲吸引，在暮色苍茫中，陪她一路走回家。爱玛发现他对她有关生活的浪漫主义思想持同情态度。后来，莱翁由镇上的药剂师霍梅陪同去访问了包法利一家。霍梅常在本地饭馆里搞一些小型的晚会，招待本地镇民。在这些晚会上，爱玛与莱翁的关系逐渐密切。镇民们在背后对这一对议论纷纷，但查尔斯·包法利却感觉迟钝，没有察觉爱玛对莱翁感兴趣。

莱翁对荣维尔，对没有结果的爱情感到厌倦，就回巴黎去完成他的学业。非常伤心的爱玛悲叹自己的怯弱：没有委身于莱翁，感到又无聊又烦躁，又使自己病倒了。

但是，她没有来得及像以前有过的那样忧愁，因另一位陌生人鲁道夫·布朗热来到了该镇。有一天，他把他的佃农带来请查尔斯为他放血。鲁道夫是一位熟练的情场老手。他一眼就看出他未来的快乐大可寄托在爱玛身上。当他开始求爱时，爱玛认识到如果她委身于他，这将是不道德的行为。但她对自己的疑虑又做自我辩解，她使自己相信：像爱情那样浪漫和美妙的事情不可能是罪恶的。

爱玛瞒着查尔斯，和鲁道夫幽会，和他在乡间骑马，倾听他情切切的爱恋表白，最后终于屈服于他那具有说服力的恳求。最初，她感到有罪，但后来她把自己比作小说中犯有通奸罪的女主人公，并相信，像她们那样，已经领略到富有浪漫色彩的真正爱情。鲁道夫确信已获得爱玛的爱以后，认为已无必要继续扮演他那温柔的情人的把戏。他和爱玛的幽会不再费心地力求准时了。虽然他继续会见她，但她开始怀疑他对她的恋情已在逐渐冷却。

这时，查尔斯参与了霍梅的一次实验：使用他自己设计的一种机械装置来治疗一个孩子的畸形足。两人都深信他们这一试验成功，就会提高他们将来在社会上的地位。但这孩子经过几周的痛苦折磨后，却感染了坏疽，他的腿不得不截去。霍梅的名誉没有受到损害，因为他的职业只是一名药剂师，但作为医生的包法利却因此受到人们的怀疑。他的业务开始衰落下去了。

爱玛对查尔斯的失败非常反感。为了保持与鲁道夫的关系，她对自己过去的贞操不屑一顾，并在珠宝、首饰和服装方面挥金如土，从而使她丈夫债台高筑。最后她终于得到鲁道夫把她带走的许诺。但就在她即将私奔的前夕，她收到鲁道夫的一封信。他在信中是如此伪善地忏悔他们的罪恶行为，竟使她先是对之嗤之以鼻，继而醒悟她已失去了他时又感到无比恐惧，她几乎要跳窗自杀。由于查尔斯叫她，才救了她。但她又因脑炎病得很厉害，躺了好几个月，几乎病死。

她的康复很缓慢，后来终于复原，能去卢昂看戏了。戏台上那些情意绵绵的爱情场面使爱玛为之神往。她再次梦想着浪漫的爱情。在卢昂，她又遇到了莱翁。这一次，莱翁决心要占有爱玛。他同情地倾听她的诉苦，安慰她，并带她去驾车游玩。这时，对爱情的渴望仍在煎熬着爱玛，因此她完全顺从了他的要求，还不无遗憾地想到早就该如此。

查尔斯·包法利对他的不断增加的债务开始关心起来。他父亲的去世对他经济方面的忧虑更是雪上加霜，母亲则对家庭的产业情况毫无所知。爱玛借口为婆婆请律师去卢昂找莱翁，他在那儿开办一家律师事务所。经他提议，她从查尔斯那儿获得了一份委托书，凭这张证书，她可以自由地花费他的钱财而不用让他知道她买了些什么。

随着自己的不断堕落，爱玛开始认识到她把情夫也拖了下去。她不再尊敬他。当他无法支付她需要偿付的账单时，她嘲笑他对她的忠诚。她的名字被公布于众：她负债好几千法郎。副司法官准备出售查尔斯的产业以解决债权人的要求。公布时，查尔斯正好去外地。爱玛做最后努力，低声下气地恳求鲁道夫的帮助，不料他也拒绝借钱给她。

爱玛·包法利知道她欺骗查尔斯的整套谎言即将破产，就决定像一个英雄那样死去。她吞下了从霍梅商店买来的砒霜。查尔斯从外地回来已为时太晚，来不及把她从缓慢而痛苦的死亡中救出来。

可怜的查尔斯非常悲痛。当她的棺材钉上盖子时，他简直无法忍受那铁锤敲打的声音。当爱玛的死给他带来的痛苦有所缓和以后，他打开了她的书桌抽屉，发现莱翁和鲁道夫给她的、经过仔细捆扎起来的情书。查尔斯得知妻子对他不忠后伤心极了，加上债务的折磨，醒悟后茫然不知所措，不久也就随妻子之后一命呜呼了，给他的孤苦伶仃的孤女只留下12个法郎的遗产作为养育费。包法利一家的遭遇是一出无以复加的悲剧。

阅读指导

福楼拜花了5年的时间写成《包法利夫人》，他曾逐字逐句地进行推敲，精

经典摘录

她睁大一双绝望的眼睛，观看她的生活的寂寞，她像沉了船的水手一样，在雾蒙蒙的天边，遥遥寻找白帆的踪影。

她以为爱情应当骤然来临，电光闪闪，雷声隆隆，仿佛九霄云外的狂飙，吹过人世，颠覆生命，席卷意志，如同席卷落叶一般，把心整个带往深渊。

缎袍如同月光一样白，波纹似的闪闪烁烁。她裹在里头，好像消失了一样。

他觉得她离开身体，迷迷蒙蒙，化入四周的事物，和寂静、黑夜、过往的风，升起的润泽的香气，全都混为一体。

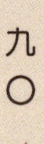

心地雕琢小说的艺术结构,讲究细节的准确无误。他重视观察分析和客观的描写,避免在小说中发表自己的主观见解。总之,福楼拜把当时盛行的科学精神引进文学领域,提出了"小说应当科学化"的主张,在创作上又刻意追求艺术的完美。《包法利夫人》也因此而达到艺术上极其完美、精致的程度。小说的这些特点正代表了巴尔扎克之后法国现实主义文学发展的趋势,因而被人们视为典范。

格林童话 /德国/格林兄弟/徜徉在幻想的天空

作者简介

雅各·格林(1785~1863)和威廉·格林(1786~1859)兄弟,德国著名的童话搜集家、语言文化研究者。因两人兴趣相近,经历相似,合作研究语言学、搜集和整理民间童话与传说,故称"格林兄弟"。他们生于哈垴一个多子女的法学家家庭,他们同在卡塞尔上学,同在马尔堡学习法律,后又同在卡塞尔图书馆工作,1830年同时担任格廷根大学教授,1840年同任柏林科学院院士、柏林大学教授,直至他们去世。

格林兄弟兴趣广泛,涉猎范围很广。1812~1815年,他们搜集整理的3卷本《德国儿童与家庭童话集》出版。此后,他们又不断对其进行修订,直到1857年出最后一版。这套丛书共包含216篇童话故事,其中的《灰姑娘》《白雪公主》《小红帽》《勇敢的小裁缝》等名篇,已成为世界各国儿童喜爱的杰作。此外,格林兄弟从1808年起,开始搜集德国民间传说,出版《德国传说》两卷,共585篇。他们还编写了《德语语法》(1819~1837年)、《德国语言史》(1848年)及《德语大辞典》(1852年)前4卷等学术著作,为日耳曼语言学的发展做出了贡献。

名家点评

格林童话在德国文学史中占据着非常重要的地位,其本身的艺术魅力也吸引了无数的读者。德国著名的文学家席勒曾认为:"更深的意义不在生活所教的真实,而在我童年所听的童话。"可见它已经完全融入到德意志人民的文化生活中去,成为他们日常生活所不可或缺的一部分。

相关链接

《豪夫童话》是由德国著名童话作家威廉·豪夫(1802~1827)创作的童话故事集。豪夫童话是德国艺术童话的杰出代表,其题材内容和艺术风格丰富多彩。故事不仅发生在豪夫的祖国德意志的城市、乡村和芬芬黑森林,也发生在遥远的异国他乡,如广袤的阿拉伯大沙漠、荒凉的苏格兰小岛屿等。在风格上,豪夫童话更是兼收并蓄,既富有民间童话善恶分明的教育意义和清新、自然、幽默的语言特色,又不乏浪漫派童话小说的想象奇异、诡谲、怪诞。豪夫童话如格林童话一样不但在德国家喻户晓,而且也被译成各种文字,受到了全世界的孩子和青少年,甚至包括成人在内的文学爱好者的喜爱,成为世界儿童文学的经典。

背景介绍

《格林童话》出版于 1812 年，此时距离德国遭到拿破仑占领的悲剧只有 6 年。于是，在德国这段悲惨时期所产生的追求失去乌托邦的热情，以及期望德意志民族统一的愿望，遂成为他们创作的原动力。格林兄弟认为，因为德国众多城邦的分裂和无法团结，才会引来拿破仑的侵略，而德意志民族的统一，则必须先从语言文化的统一开始。因此他们毕生都在为德意志的语言文化建设而做着不懈的努力。恰好在 18 世纪末到 19 世纪的这段期间，正是德国文化的鼎盛时期，在文学界有歌德、席勒，哲学界有康德，音乐界有莫扎特、贝多芬、海顿。在浓厚的民族意识熏陶下，民众逐渐对日耳曼民族的历史、神话、传说，乃至于乡野故事感兴趣，而格林童话就是在这样的背景下诞生的。

格林兄弟搜集、整理、出版这些民间童话的直接目的，主要还是在于想通过这些具有民族色彩的童话来达到民族认同以及利用这种简单通俗的方式来达到对下一代民众进行教育的效果。正如威廉所说，"当外国人带着外国腔调和外国风俗在大街小巷昂首阔步，而可怜的同胞沿途踯躅，一步步拖向死亡时，我们这样做不仅是从过去寻求安慰，而且志在通过改变过去来复兴现在"，因此他们"希望它成为一本有教育意义的书，因为我再也想不出什么更富有教益，更天真无邪，更令人心旷神怡的读物，能比它更适合于儿童的心性与能力了"。

名著概要

《格林童话》里面大约有 210 个故事，大部分源自民间的口头传说，其中的《灰姑娘》《白雪公主》《小红帽》《青蛙王子》等童话故事，脍炙人口，享誉世界。这里选取几篇比较著名的童话加以简单介绍：

《睡美人》：睡美人整整睡了 100 年了，传说中，睡美人因为出生时，父皇忘了宴请黑女巫，而让全城堡的人都陷入魔咒中。如今，一百年已过，睡美人依旧沉睡在城堡的顶楼中，那里有一部古董级的纺织机，那就是让睡美人沉睡的原因。

王子静静地听着祖父口中的故事，心中却想一窥美人的模样。因为只听如此的故事就已被睡美人所迷惑。今日正是王子 16 岁的生日，正和 100 年前睡美人沉睡时的年纪一般。王子骑着马，向着睡美人的城堡前进。说也奇怪，王子所到之处，皆自动让出一条路来，仿佛一切都已注定，正等着王子来吻醒睡美人。王子来到了顶楼，瞧见了睡美人，果真和传说中的一样，公主是如此的美丽。

睡美人醒了，城堡中所有的人都醒了，一切都如一百年前那天一样，正为公主 16 岁生日而忙碌着。不过，今日大家不单单是为公主庆祝 16 岁生日而忙，还要为公主举行婚礼而忙。

《白雪公主》：白雪公主是在下雪的夜里出生的，她的皮肤很白，像雪一样，尤其在有阳光的日子，她的小脸会因此而泛红，就像颗红润的苹果一样美极了。但她的美丽也遭到了他的后母的强烈妒忌，并因此而被追杀。因此白雪公主躲进森林里，和七个小矮人生活在一起。后母皇后得知这个消息后，决定亲自出马，

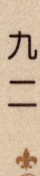

> **经典摘录**
>
> 亲爱的孩子，你要虔诚，善良，这样，亲爱的上帝会一直帮助你，而我愿意从天上向下望着你，常在你的身边。
>
> 蜜蜂说："我很同情你，熊，我是一个可怜的弱小的动物，平时你们在路上看也不看我一眼，但我还是相信，我能帮助你们。"
>
> 我是死神，我使大家都完全一样。

她化身为卖苹果的老婆婆，向住在七矮人家中的白雪公主要了一杯水，然后假意送给她一颗苹果作为报答。后母离去之后，白雪公主咬了一口苹果，突然昏了过去。七个小矮人回家后，以为白雪公主死了，伤心欲绝，于是把她装在透明的棺木里。这时，刚巧有一位王子经过，瞧见了白雪公主。他情不自禁，吻了白雪公主，没想到白雪公主竟醒了。这个消息传回到后母耳里，竟把她给活活气死了。

《七只小羊与狼》：羊妈妈出门前交代七只小羊："千万别给陌生人开门。"过了一会儿，门口传来敲门的声音，七只小羊问道："你是谁？""我是妈妈。"七只小羊回答道："你是陌生人，我妈妈的声音，很柔很好听，而且她的脚是白色的。"于是大灰狼假扮成羊妈妈，他赶紧买了面粉及润喉水，将面粉撒在手脚上，并喝了润喉水，让声音好听，再到七只小羊的门口。这次大灰狼如愿以偿地进入七只小羊的家中，七只小羊落荒而逃，但都被大灰狼给发现并且吃进肚子里了。只有最小的小羊因躲在时钟里，未被发现而逃过了一劫。等到羊妈妈归来，并发现小小羊后决定去找大灰狼报仇。

他们在水井边发现大灰狼正在打盹，于是羊妈妈将大灰狼的肚子用剪刀剪开，让六只小羊安全地逃出，再用许多石头装进大灰狼的肚子里，用针线缝起来。等到大灰狼醒了，觉得好渴，便走到水井边准备喝水，因为肚子里的石头太重，大灰狼便掉进水井里去了。从此之后，七只小羊和羊妈妈平安地生活在一起。

《灰姑娘》：美丽善良的灰姑娘一直遭受着恶毒继母和两个刁蛮姐姐的虐待和责难。然而可怜的灰姑娘因为她的美德获取了回报，鸽子和榛树帮助她实现了自己的梦想。在午夜晚会上，英俊的王子与她一见钟情，他俩在宫廷舞会中忘情地翩翩起舞。然而古老的魔法在午夜的钟声敲响之后便会烟消云散，灰姑娘必须在十二点之前从王子身边溜走。慌乱中，灰姑娘失落了一只舞鞋。凭着灰姑娘失落的舞鞋，用心良苦的王子开始寻遍全国，他要找到唯一可以穿上这只魔鞋的灰姑娘。

阅读指导

《格林童话》产生于19世纪初的德国，是欧洲各国中搜集、编写最早、篇幅最长、系统性最强的一部童话集。《格林童话》大约有210篇，分儿童和家庭故事、儿童宗教传说和补遗3部分，可以说篇篇都是值得反复阅读的精品，其中脍炙人口的作品，除了上文提到的几篇之外，还有《青蛙王子》《小红帽》《忠实的约翰》《莴苣姑娘》《渔夫和他的妻子》《放鹅姑娘》等。

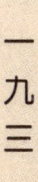

格林兄弟深受德国浪漫主义文学运动的影响，因此他们所选取的民间童话，大多数都是由多国人民辗转流传，概括了他们千百年来未经记录的精神奋斗的历史，其中有不少故事就直接反映了普通百姓的质朴、幽默、机智和勇敢。这些童话中所包含的那种最广泛、最炽热的感情，那种对于真理、正义、善良、勤劳、勇敢等优良品质的拥护和赞颂，对于虚伪、邪恶、凶残、狡猾、怯懦、懒惰等丑陋品质的鞭挞和讽刺，抚慰了人们在现实生活中所遭受到的困苦，增加了人们对于生活和未来的信心和勇气。此外，《格林童话》中也有不少故事情节虽然曲折，但并不离奇，叙述虽然朴素，却并不单调，而且语言也富于诗意，带有浓重的地域色彩、民族色彩和时代色彩。这些都显示了《格林童话》受浪漫主义的影响以及它本身在文学艺术创作水平上的成就。相信读者只要一读起这些美妙的作品，就一定会回到对于童年的美好时光的回忆中去。

特雷庇姑娘 / 德国 / 保罗·海泽 / 充满浪漫主义色彩的不朽经典

作者简介

保罗·海泽（1830～1914），出生于柏林，父亲是著名的语言学教授，母亲有很高的文学修养，因而自幼受到良好的家庭教育和文学熏陶。中学读书时文坛名人盖贝尔赏识他的特异的文学才能，与他结下忘年之交。后来，通过盖贝尔引荐，加入柏林著名的文学俱乐部"史普里河上的隧道"，开始写作。

1852 年获博士学位，用奖学金到意大利旅游一年。意大利的风土人情和悠久的历史文化影响了他的创作风格和美学思想。在此期间，他完成了他的最佳小说之一《骄傲的姑娘》（1853 年），该小说使海泽在文坛上声名大振。1853 年，又通过盖贝尔举荐，成为巴伐利国王马克西米连二世的宫廷诗人。1854 年定居慕尼黑，并在那里生活了半个世纪之久。这段时间他的创作甚丰，与盖贝尔、波登施德特并称为慕尼黑文坛的三巨星。

名著概要

有人说，只有读海泽的书，才能让你体会到什么是真正的艺术精品，领悟到什么样的文学作品能不朽并传之久远。《特雷庇姑娘》是保罗·海泽最具代表性的杰作，作家笔下那明媚旖旎的风光、极具浪漫的传奇，集中表现了海泽"渗透着理想的、非凡的艺术才能"。海泽的创作以现实为基调，却自始至终充盈着浓

相关链接

1858 年	中篇小说《特雷庇姑娘》
1859 年	长篇小说《人间孩童》、中篇小说《安德雷亚·德尔芬》
1860 年	中篇小说《安妮娜》
1865 年	剧本《科尔堡》《哈德里安》
1875 年	长篇小说《在乐园里》、中篇小说《尼瑞娜》

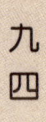

> **名家点评**
>
> 保罗·海泽塑造出了一种具有古代人式的纯朴和真挚热情的光辉典范，赋予单纯的自然肌体以热烈绚丽的色彩，从而产生出了特殊的魅力。
>
> ——凯勒

重的浪漫主义色彩。《特雷庇姑娘》中的费妮婕对爱情执着坚定，甚至到了迷信的地步，但主人公的形象也更为立体和生动。古往今来，关于爱情的中外佳作数不胜数，但美丽、善良还有点儿偏执的特雷庇姑娘却永远是那么的生动和清晰。以至享有"中短篇小说莎士比亚"之称的凯勒由衷赞道，海泽生花妙笔刻画的"意大利少女的形象，具有古代人式的纯朴和真挚热情，赋予单纯自然肌体以热烈绚丽的色彩，从而产生出特殊的魅力"。海泽笔下的正面形象不少都出自下层，人性中的美和善多存在于他们身上，丑恶可厌的剥削阶级、统治者、教会则在与他们的鲜明对比中更加令人憎恶。特雷庇山民挺身对抗官府，帮助费妮婕搭救菲利普，罗马小酒馆中下层民众之间真诚相待，一起欢乐歌舞等场面描写得生动感人。这部作品，情节变化多端，出人意料，布局精巧别致，引人入胜；语言纯净明快，诗意浓郁，像深山中的清泉叮咚，让人如沐春风、心旷神怡。

到了晚年，作家所追求的明朗和谐为主的美学思想得到了更完美的体现。他的创作风格不似歌德的典雅宁静，也没有霍夫曼的神秘诡谲，与细腻深刻的凯勒也不尽相同。难怪德国批判现实主义的奠基人冯塔纳认为，海泽不愧为"最富创造力的天才"。虽然海泽在美学观点方面有唯美主义的倾向，但历史地看，他始终坚持资产阶级文学的人道主义传统，忠于1848年革命时期的自由民主信念。因而即便是对于今天的读者来说，海泽作品中所体现的美和善，也有宝贵的价值。

物种起源 / 英国 / 达尔文 / 进化论确立的标志

作者简介

达尔文（1809～1882），英国著名生物学家，生物进化论的最主要奠基人。达尔文的祖父和父亲都是当地的名医，家里希望他将来继承祖业。但从幼年起，达尔文酷爱博物学，迷恋于收集鸟类、昆虫、贝类与植物，养成了观察与系统记录的习惯。1825年，其父送他到爱丁堡大学学医，但达尔文对此毫无兴趣，继续在课外积极进行科学活动。1828年，父亲送他到剑桥大学改学神学，希望他将来成为一个"尊贵的牧师"。1831年，达尔文毕业，获学士学位。他放弃了待遇丰厚的牧师职业，依然热衷于自己的自然科学研究。经博物学家汉斯极力推荐，达尔文于1831年参加了英国海军贝格尔舰环绕世界的考察航行，历经5年。1836年返回英国，他一面整理这些资料，一面又深入实践，同时，查阅大量书籍，为他的生物进化理论寻找根据，先后发表了有关生物学及地质学的考察报告。1858年，他与华莱士的论文在林奈学会上由别人宣读，但当时未引起普遍注意。

1859年，他出版巨著《物种起源》，在社会上引起极大反响。此后，达尔文的著作大多是对生物进化学说的进一步阐述和发展，

经典摘录

我的生活过得像钟表那样有规则，当我的生命告终时，我就会停在一处不动了。

完成工作的方法是珍惜每一分钟，敢于浪费哪怕是一个钟头的，说明他还不懂得珍惜生命的全部价值。

有《动物和植物在家养下的变异》《食虫植物》《人类的起源》《人类和动物的表情》《蚯蚓对园田土壤形成的作用》等。

背景介绍

达尔文年轻时，正是生物学领域处于"神创论"与生物进化思潮激烈斗争的时期。当时占统治地位的宗教神学认为，地球上各种生物都是按上帝的意志、计划创造出来的，地球上的生物物种被上帝创造出来，其种类永远不会变化。这就是"物种不变论"。相反，无神论者和坚持唯物主义的自然科学家则认为，地球上的各种生物不是上帝创造的，而是在一定外界条件、环境的影响下，逐渐进化、演变而来的。这就是"进化论"。当时正是英国资产阶级完成工业革命，进一步扩张掠夺海外殖民地的时期，英国政府派遣大量舰船和探险队到世界各地进行探险和科学考察。

名著概要

《物种起源》全书共15章，另有"本书第一版刊行前，有关物种起源的见解的发展史略"和绪论两部分。"史略"对18世纪中叶起，生物进化论的萌芽时期做了详细、科学的回顾。"绪论"对该书成书过程做了交代。全书系统地阐述了他的生物进化学说。其核心——自然选择原理的大意如下：生物都有繁殖过剩的倾向，而生存空间和食物都是有限的，所以生物必须为生存而斗争。在同一群体中的个体存在变异，那些具有能适应环境的有利变异体将存活下来，并繁殖后代，不利变异体则会被淘汰。如果自然条件的变化是有方向的，则在历史过程中，经过长期的自然选择，微小的变异就得到积累而成为显著的变异，由此可能导致亚种和新种的形成。

《创世记》 意大利 拉斐尔
作品表现了宗教神学的观点：上帝创造了一切。画面左下角亚当左手无力地抬起，缓缓前伸，右上方的上帝则伸出右手食指，赐予被他创造出的亚当生命的力量。

达尔文在《物

> **名家点评**
>
> 英国著名动物学家赫胥黎写信给达尔文说:"为了你的理论,我准备接受火刑……正在磨砺爪和牙,为对付他们做准备。"
>
> 李卜克内西对达尔文著《物种起源》做过生动的比喻:"达尔文远离大城市的繁嚣,在他宁静的庄园里准备着一个革命,马克思自己在世界嚣攘的中心所准备的也正是这种革命,差别只在杠杆是应用于另一点而已。"
>
> 恩格斯将达尔文的进化论与细胞的发现、能量守恒和转化定律誉为"19世纪自然科学的三大发现"。

种起源》中阐明了这样的科学原理:自然界中生物的物种不是不变的,而是由低级向高级逐渐进化发展的。进化学说包括以下几点:1.多数变异是微小的,在自然状态下显著的偶然变异是少见的,即使出现也会因为杂交而消失;2.自然界的变异是连续过渡的,从个体差异到轻微的变种、显著的变种、亚种和新种;3.自然选择:生物都有按几何级数增加个体数目的倾向,但是资源(如空间、食物等)又是有限的,因而,同一物种内的不同个体以及不同物种之间为获得生存机会而斗争(竞争),并导致大量个体的死亡;4.一些经过修改和发展的概念,主要为性状分歧(分异)。达尔文从家养动植物中看到,由于按照不同的需要进行选择,一个原始共同祖先类型,即野生品种,可以被培养成许多形态特征显著不同的家养品种。同样,自然界的同一个种内个体之间的形态、习性差异越大,则适应不同环境方面越是有利,因而将会繁育更多的个体,分布更为广泛。随着差异的积累,分异(歧异)越来越大,原来的一个种就会逐渐变为一系列变种、亚种乃至不同的新种。这就是性状分歧(分异)的原理。达尔文还阐述了地理隔离对性状分歧(分异)和新种形成的促进作用,被大洋隔离的岛屿上山雀和海龟的变异就是典型的例子。在一个地域内,由于资源(如空间、食物等)是有限的,因此每一个地区所能维持(支持)的物种数量及生物个体数量是有限的。生存斗争、自然选择的结果会导致具有有利变异的类型个体数目增加,相对劣势类型个体数目则减少直至被淘汰或灭绝。随着性状分歧(分异)的加大,新种不断形成、老种灭绝,特别是由于中间过渡类型的灭绝,不同物种之间形态差异逐渐扩大。而在生物分类的实践中,相同的物种归于一个属,相近的属归于一个科,相近的科归于一个目。如果从时间和空间两个方面来看,生物的分类系统形成过程就好像一株不断分叉的大树,对此,达尔文曾用一株大树对自然选择的原理做过生动形象的描绘。

阅读指导

《物种起源》第一次把生物学建立在完全科学的基础上,以全新的生物进化思想,推翻了"神创论"和物种不变的理论。《物种起源》是达尔文进化论的代表作,标志着进化论的正式确立。尽管也有缺陷与不足之处,但它无疑是一本划时代的科学巨著,是科学领域中的一场大革命,以至直到现在人们还是把全部生物学的历史分为达尔文以前和达尔文以后两个时期。经过100多年的论争,《物种起源》胜利了,这是科学对宗教的胜利,进化论学说已经成为人类进步的世界观的一个不可分割的组成部分。

大雷雨 / 俄国 / 奥斯特洛夫斯基 / 俄国黑

暗王国的一线光明

作者简介

奥斯特洛夫斯基（1823～1886），俄国杰出的批判现实主义剧作家,被称为"俄罗斯戏剧之父"。出生于莫斯科官吏家庭,1840年进莫斯科大学学习。一生共创作剧本近50个,代表作:《自家人好算账》《肥缺》《大雷雨》《狼与羊》《没有陪嫁的女人》和《无罪的罪人》等。

奥斯特洛夫斯基像
他的作品被誉为最具戏剧张力的俄语剧作。

背景介绍

1861年改革前,农奴制统治下的俄国一片黑暗。剧作通过卡捷琳娜的爱情悲剧,表现了作者对压制自由、窒息生机的旧制度、旧传统的深刻批判。

名著概要

在源远流长的伏尔加河河畔,有一座美丽古老的小城卡里诺夫城。与山明水秀的城市风光相比,这个小城的气氛却是保守落后,让人感觉沉闷不堪。

卡里诺夫城中住着一个名叫卡捷琳娜的姑娘,她天真烂漫,对生活充满美好的幻想。然而自从她嫁入卡巴诺夫家后,她就失去了往日的笑容,话也变得少了。婆婆家是个富商之家,公公已经去世,婆婆卡巴诺娃是个假善人,她对香客和叫花子可以慷慨布施,对家里人却专制蛮横、狠毒乖戾。卡巴诺娃对卡捷琳娜总是无端仇恨。她见不得儿子对媳妇好,怀疑卡捷琳娜离间母子关系,天天责骂卡捷琳娜。从小在母亲抚爱下长大的卡捷琳娜,无法忍受婆婆对她人格的侮辱。有时街上有人看她一眼,婆婆也会火冒三丈,厉声指责她行为不检点。卡巴诺娃摆出家长的权威,整天没完没了地数落卡捷琳娜。卡巴诺娃整天无理取闹,连女儿瓦尔瓦拉也对她极为不满,站在了嫂子一边。

卡巴诺夫虽然深爱着卡捷琳娜,但却懦弱颓唐,他被掏空了思想,一切只知听命于专横跋扈的母亲。他也明知母亲无理,但为了得到片刻的安宁,只得唯唯诺诺。时间久了,他也就习以为常了。他一有空就往外跑,用酒精麻醉自己,根本不问妻子在感情和精神上所受的痛苦,有时他甚至听信母亲抱怨卡捷琳娜行为不检点。压抑在环境使得卡捷琳娜十分痛苦,她常对瓦尔瓦拉讲起自己少女时代

相关链接

奥斯特洛夫斯基剧作多以地主、商人、小官吏的家庭生活为题材，反映了农奴制改革前俄国社会的腐败和黑暗，对俄国批判现实主义戏剧发展具有重大影响。从艺术上看，其剧作注重人物性格、心理的刻画，准确把握时代的脉搏、生活的实质，在俄罗斯戏剧中具有珍贵的美学价值。

的美好生活：那时，她就像一只自由自在的小鸟，无忧无虑，想干什么就干什么，母亲从来不勉强她……有时她压抑得难受，就会跑到伏尔加河边痛哭。

青年鲍里斯来到卡里诺夫城，投靠富商叔叔季科伊。鲍里斯受过教育，父母早年得霍乱而死，他与妹妹由祖母抚养大。祖母在世时嘱咐他们必须孝顺叔叔，取得他的好感和信任。老太太还曾留下遗嘱，让叔叔季科伊在他们成年以后，分给他们一部分遗产。然而，在这里住了一段时间后，鲍里斯放弃了这种希望。叔叔季科伊性格暴躁、爱财如命。鲍里斯寄人篱下，总是感到这个家里的人都用充满敌意的目光看他。想到青春白白浪费在这个丑恶的地方，鲍里斯感到无比痛苦，然而他又不知道自己的前途究竟在哪里。为了使自己呼吸一些新鲜空气，他经常一个人到伏尔加河河边散步。在这里他遇到了同样遭遇不幸的卡捷琳娜。两人互相同情，相互安慰，渐渐相爱了。

卡捷琳娜从小接受的是宗教教育，浓重的宗教道德意识使她觉得丢下丈夫，爱上别人，是见不得人的丑事。卡捷琳娜极力想使自己相信爱的是丈夫卡巴诺夫，而不是鲍里斯；但愈是努力，心里愈是撇不下鲍里斯。内心的罪恶感使她陷入了新的痛苦中。瓦尔瓦拉很快察觉出嫂子的心事。善良的她认为嫂子没有理由爱这样的哥哥，鼓励她去追求真正的爱情。

卡巴诺夫要出门两星期，临行前他遵照母亲的吩咐把妻子训导了一番，使卡捷琳娜的自尊心受到极大的伤害。

只剩他们两个人的时候，卡捷琳娜突然留恋起丈夫来，她哀求丈夫不要离开。卡巴诺夫惶恐地说：母亲让我走，我怎么能不走呢。卡捷琳娜要求带她一起走，他生硬地拒绝了。面对自私怯懦的丈夫，卡捷琳娜的心彻底凉了，她绝望地哭了。

丈夫走后，卡捷琳娜和瓦尔瓦拉一起做些粗布衣服，施舍给穷人，以打发无聊的日子。瓦尔瓦拉见嫂子整日忧心忡忡，便替她约鲍里斯出来相会。卡捷琳娜从鲍里斯身上得到了勇气和力量，她再也顾不得那么多。在卡巴诺夫出门的日子里，两人每晚都偷偷幽会，然后依依惜别，他们充分享受着爱的欢乐。然而，卡巴诺夫提前回来了。卡捷琳娜再次陷入了痛苦之中，她觉得自己有罪，上帝会惩罚她。她无法忍受内心的折磨，在一次大雷雨来临前，跪倒在丈夫和婆婆面前，说出了一切。卡巴诺娃一听，暴跳如雷，她责令儿子严惩败坏家风的媳妇，于是卡捷琳娜遭到丈夫的毒打。最后卡捷琳娜和瓦尔瓦拉两人被关了起来。然而严厉的惩罚反而激起了卡捷琳娜心底的叛逆，她决心和心上人一起去过自由的生活。

事情败露后，鲍里斯也遭遇了不幸，叔叔将他臭骂一顿，并趁机要把他打发到西伯利亚。眼看动身的时刻到了，鲍里斯却找不到机会与卡捷琳娜话别。他焦急万分，独自一人来到两人最初相遇的伏尔加河河边。这时，卡捷琳娜逃了出来，她在河边找到鲍里斯，两人相拥而泣。卡捷琳娜要鲍里斯带她永远离开这个可怕的地方。鲍里斯听后惊呆了，他根本没有考虑过自己走后卡捷琳娜如何生活，他惶恐地拒绝了卡捷琳娜的要求。这对于卡捷琳娜来说是一个极大的打击，她彻底绝望了。她向鲍里斯道了一路平安，目送他的身影远去。她痴痴地站在原地，突然高声狂呼："我的朋友！我的欢乐！我的爱！永别啦！"说完，奋力爬上高岸，纵身跳入黑浪滔滔的伏尔加河……

此时，隆隆的雷声在天边响起，凌厉的闪电划破昏暗的长空，大雷雨即将来临，伏尔加河在弹奏着一曲沉痛的挽歌……

罪与罚 / 俄国 / 陀思妥耶夫斯基 / 生命的禁锢与放逐

作者简介

陀思妥耶夫斯基(1821～1881)，生于莫斯科一个平民家庭。父亲是一家贫民医院的医生，他在这种凄惨悲凉的医院气氛中度过了童年。1834年，陀思妥耶夫斯基和哥哥被父亲送到莫斯科一家寄宿学校读书，在这里培养了他对文学的浓厚兴趣。1838年遵父愿进入大学学习工程，但他对学校开设的课程毫无兴趣，毕业后不久即弃工从文。1845年3月底，陀思妥耶夫斯基完成了他的处女作《穷人》，描写了生活在底层的小人物的悲惨命运，并体现了他们身上

陀思妥耶夫斯基像

高尚、善良纯洁的感情和灵魂。该作品次年在别林斯基主编的《祖国纪事》上发表，使他一举成名。但他随后发表的《双重人格》(1846年)、《女房东》(1847年)、《白昼》(1848年)和《脆弱的心》(1848年)等几个中篇小说却使他与别林斯基在思想观点和文学观点上分歧日益加剧，乃至关系破裂。

1847年2月，在法国资产阶级革命思潮影响下，陀思妥耶夫斯基参加了一个革命团体，开始醉心于空想社会主义思想的宣传活动。1849～1859年，陀思妥耶夫斯基因参加革命活动被沙皇政府逮捕，并判处死刑，后改判流放西伯利亚。

经典摘录

如果，总的来说，整个人种，全人类，当真不是卑鄙的东西，那么就意味着，其他一切全都是偏见，只不过是心造的恐惧，任何障碍都不存在，而那也就理应如此了。

一个人越机灵，就越不疑心自己，会在一件简单的事情上给人抓住。一个人越机灵，他就越容易陷在简单的圈套里。

上帝啊！难道就没有公道了吗！不来保护我们这些无依无靠的人，你去保护谁呢？

我不是向你膜拜，我是向人类的一切苦难膜拜。

这些经历在《死屋手记》(1861～1862年)中得到了反映。重返文坛之后，陀思妥耶夫斯基相继发表了《被侮辱与被损害的》(1861年)、《罪与罚》(1866年)等作品，后者使其获得世界声誉。陀思妥耶夫斯基晚年创作了大量作品，包括《白痴》(1868年)、《群魔》(1871～1872年)、《卡拉马佐夫兄弟》(1880年)等举世闻名的长篇小说。

背景介绍

据说作者最初构思这部小说时，主人公是马尔美拉道夫，主要想谈一下穷人的酗酒问题，以此来反映俄罗斯下层人民的悲惨生活和某些道德上的缺陷。这与他早期擅长描写"小人物"的写作风格也是很相近的，所以书名也不叫《罪与罚》。拉斯柯尔尼科夫的故事是后来才产生的，但作者这个时候对于社会的认识又深了一层，他看到农奴制改革的失败以及那些准备寻找改革道路的青年正在进行着一种个人主义的、毫无结果的反抗。这种悲观失望的情绪对作者有很深的影响，也反映在这部作品中。于是作品完成的时候，原来的次要人物拉斯柯尔尼科夫反而成了这部作品的核心，而最初的主人公马尔美拉道夫已经退居到次要地位了。

名著概要

在彼得堡一家公寓里，住着一个穷大学生拉斯柯尔尼科夫。他原在法律系就学，因交不起学费而被迫辍学，现在靠母亲和妹妹从拮据的生活费中节省下来的钱维持生活。房东不断向他催讨房租，这使他整日提心吊胆，希望用行动来改变自己目前的困境。

距他住所不远的一座楼上住着一个开当铺的老太婆。拉斯柯尔尼科夫拿一块旧表去典当，受到这个老太婆的贪婪压榨，因此恨透了这个残酷苛刻的老板娘。恰好他在一家小酒馆喝酒时听到一个学生与军官正在谈论到底要不要杀死这个老太婆的事，于是受到启发，准备精心策划这场谋杀案，以此来摆脱自己和全家当前的经济困境。

次日晚六点，拉斯柯尔尼科夫乘老太婆一人在家，闯入室内，把她杀死，且偷得些许金饰。作案之后，尽管没露痕迹，拉斯柯尔尼科夫却深深陷入恐怖与烦躁之中，像得了大病一样。他的神情引起了警方的怀疑，却苦于没有确实的证据。病好之后，有一天，他来到街上，发现一个名叫马尔美拉道夫的退职文官被马车撞死，拉斯柯尔尼科夫看到这可怜的一家大小，将母亲寄来的25卢布送给了马尔美拉道夫的妻子和女儿索尼娅。

拉斯柯尔尼科夫回到住处后，发现母亲和妹妹杜尼娅来了。一见到她们，拉斯柯尔尼科夫就心慌意乱。妹妹为了他的前程，答应和律师卢仁订婚。但卢仁却是一个道貌岸然的伪君子，因此遭到拉斯柯尔尼科夫的极力反对。卢仁怀恨在心，企图诬陷拉斯柯尔尼科夫行为不端，将父母给他的钱送给身为妓女的索尼娅。拉斯柯尔尼科夫当众揭穿了卢仁的无耻行为，令索尼娅十分感激。

索尼娅为全家人的生活而不惜牺牲自己的行为，深深地打动了拉斯柯尔尼科夫的心。他来到索尼娅的住处，一下子跪倒在她的脚下，对她说："我不是向你膜拜，我是向人类的一切苦难膜拜。"他让索尼娅为他念《新约全书》，并向她供认了自己的罪行，承认他杀害了两个妇女实际上也毁灭了自己。索尼娅劝他自首赎罪，并答应将终生陪伴他。

将妹妹托付给深爱他的人之后，拉斯柯尔尼科夫向警方投案自首，被判处8年苦役。索尼娅跟着他来到西伯利亚，他们紧紧地拥抱在一起，迎接自己的新生。

阅读指导

《罪与罚》的故事发生在19世纪60年代中期的彼得堡。当时俄国农奴制刚刚废除，俄国正处在旧基础迅速瓦解，资本主义迅猛发展的过渡时期。贵族阶级的腐朽没落，资产阶级事业家和冒险家正走上社会舞台，令人触目惊心的赤贫现象出现，这是时代的特征。小说的中心内容是大学生拉斯柯尔尼科夫的"犯罪与惩罚"。拉斯柯尔尼科夫是一个从外省到京城求学的大学生。他聪明敏锐，性格高傲，孤独忧郁，穷困潦倒。在走投无路的情形下，酒馆中大学生和军官关于杀死高利贷老太婆的言谈、马尔美拉道夫家的悲惨处境、远方家中的艰难处境等促成他酝酿已久但又犹豫再三的杀人计划。他形成一套"理论"，认为人有两类：平凡的人和不平凡的人。前者天生保守、循规蹈矩，听命他人；后者为达到自己的目标，有权逾越某些障碍，可以为所欲为，包括消灭妨碍者或阻挠者的生命。他为了证实这种理论而杀死老太婆，目的是看一看自己是否属于不平凡的人。杀人后，他的灵魂承载着严重的精神压力。他精神的崩溃，证明他的"为所欲为"理论的破产，也向我们揭示了一个具有形而上意义的道德困惑，即为了一个崇高的目的究竟能不能杀死一个低微的生命。拉斯柯尔尼科夫最后在索尼娅虔诚信仰的感召下投案自首。这经历了一个艰难反复的心理抗拒过程，也反映出作者的宗教观和人生观。但总体来看，通过对人物心理危机和困境的描述，这部小说将人性展示得极为深

名家点评

作为前苏联文学界的"泰山北斗"，高尔基对俄国作家的评价总是很谨慎的。但他却多次毫无保留地称赞陀思妥耶夫斯基是"最伟大的天才"，并说，"就表现力而言，可能只有莎士比亚能与之媲美"。爱因斯坦也认为："陀斯妥耶夫斯基给予我的东西比任何科学家给予我的都要多，比高斯还多。"可见陀思妥耶夫斯基在世界文学史上的重要地位。作为他的主要代表作之一，《罪与罚》刚在报纸上连载就立即轰动整个俄罗斯，人们纷纷称其为"残酷的天才"。

相关链接

《卡拉马佐夫兄弟》是俄国大作家陀思妥耶夫斯基的最后一部长篇小说，是根据一桩真实的弑父案写成的。作者以巨大的艺术力量描写了无耻、卑鄙的卡拉马佐夫家族的堕落崩溃。对颠沛流离、生活在水深火热之中的人们表示深切同情，但也流露出消极的一面，例如认为只有皈依宗教才能保全道德的价值，只有宽恕和仁慈才能拯救人类社会等说教。这部作品可以看作是作者哲学思考的总结。

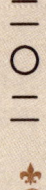

刻，其精神力量是不容忽视的。

《罪与罚》不是一部恐怖小说，但小说情节却充满了恐怖、紧张和险象环生，令人无法轻易地读懂这部巨著。如果没有巴赫金的那本名著《陀思妥耶夫斯基诗学问题》，我们也许不会把《罪与罚》这样的小说和"复调理论"联系起来。作者对叙事方式的独创使得陀思妥耶夫斯基被后人公认为是"现代主义"小说的开山鼻祖。但尽管作者参与开创了现代主义小说的叙事传统，却并未像后世的现代主义作家那样，完全抛弃"戏剧性"的情节。相反，"戏剧性"恰恰是作者叙事中必不可少的重要组成部分。陀思妥耶夫斯基喜欢描述充满戏剧冲突的大场面，这在这部小说中可以说是显露得淋漓尽致。

《罪与罚》在心理描写上也取得了极为重要的成功，其中尤以内心独白最为出色。梦境、幻觉、无意识流露和下意识冲动等描写手法成功地衬托出主人公在非正常情况下的心理精神状态，比较全面地显示了陀思妥耶夫斯基关于"刻画人的心灵深处的奥秘"的特点。此外，这部小说场面转换快，场景推移迅速，主要情节过程只用了几天时间，在浓缩的时空中容纳了丰富的思想内容，小说的时代色彩和政论色彩也显得十分鲜明。

资本论 / 德国 / 马克思 / 马克思主义的精神所在

作者简介

马克思（1818～1883），无产阶级的伟大导师，马克思主义创始人之一，伟大的革命家、科学家、思想家，科学社会主义的奠基人。马克思出生于普鲁士莱茵省的一个律师家庭。1835年在家乡特利尔中学毕业后进入波恩大学学习法律，一年后转入柏林大学法律系学习，但马克思在此期间研究最多的是历史和哲学，他志向远大，立志造福于全人类。1838年，马克思参加了青年恩格尔派的"博士俱乐部"，并立刻成了这个团体的精神中心。在1841年大学毕业时写的毕业论文题目为《德谟克利特和伊壁鸠鲁的自然哲学的区别》，并由此而获得耶拿大学博士学位。1842年为《莱茵报》撰稿并成为该报的主编，由于该报的革命民主倾向越来越明显，于1843年4月被当局查封。马克思于1845年移居布鲁塞尔，在此期间与恩格斯结下了深厚的友谊。1846年创立共产主义通讯委员会。1847年与恩格斯一起加入正义者同盟，并将该同盟变成共产主义同盟，同年12月与恩格斯撰写《共产党宣言》，并指导国际共产主义运动的开展，1864年成为第一国际的创始人和领导者。1883年3月4日，马克思逝于英国伦敦。马克思的其他著作还有《1844年经济哲学手稿》《德意志意识形态》《哲学的贫困》《共产党宣言》等。

马克思像

背景介绍

在 19 世纪中期，资本主义经济已发展到较高水平，资本主义世界中的主要矛盾由原来的资产阶级和封建地主阶级之间的矛盾转化为资产阶级和无产阶级之间的矛盾，这个矛盾随着资本主义经济的发展而变得更加严峻和突出。无产阶级在资产阶级的剥削和压迫下，开始自发地进行反抗和斗争，但是他们以最初砸坏机器、焚烧厂房等形式带来的并不是胜利，相反资产阶级却加重了对他们的剥削。从反抗中可以看出无产阶级的斗争意识开始出现，也预示着新的革命即将到来，然而这是个漫长的过程，既需要工人阶级自身力量的不断壮大，更需要有科学的理论指导。

> **经典摘录**
>
> 资本来到世间，从头到脚，每一个毛孔都流着血和肮脏的东西。
>
> 金银天然不是货币，但货币天然是金银。

名著概要

《资本论》是马克思对资本主义社会的各种现象做了大量深入研究后完成的，集中反映了马克思的经济思想。1867 年 9 月第一卷问世，马克思逝世后，恩格斯编辑出版了第二卷和第三卷。

《资本论》第一卷《资本的生产过程》的核心内容是剩余价值的产生，马克思是按劳动价值论、剩余价值论、工资理论、资本积累理论这四个部分来论述这一核心的，从而揭示出资本主义产生矛盾的实质。

一、劳动价值论：商品是一切以交换为目的而生产的劳动产品，它有使用价值和价值的二重性。商品的二重性由生产商品的劳动的二重性即具体劳动和抽象劳动决定。商品的价值从量上看是由社会必要劳动时间决定的，但从本质上看是人类无差别劳动的凝结。商品的价值只有通过商品之间的相互交换才能表现出来，在商品的交换过程中，随着商品经济矛盾的发展，出现了一般等价物——货币。货币具有价值尺度、流通手段、贮藏手段、支付手段和世界货币五种职能。价值在货币出现后，就以价格价值规律即劳动决定价值和等价交换的规律起作用。

二、剩余价值论：资本最初是表现为一定量的货币，但在流通结束时会发生增值，而货币则不会。资本能够增殖的原因在于劳动力成为商品。劳动的消费过程也是资本主义的生产过程，它具有二重性，即一方面它是一个劳动的过程，另

相关链接

《共产党宣言》是马克思、恩格斯于 1847 年 12 月至 1848 年 1 月共同写成，以"共产主义者同盟"党纲的形式于 1842 年 2 月发表。它的诞生为人类开辟了一个无产阶级的新纪元。在《共产党宣言》中，进一步论证和发展了关于资本主义发生、发展和灭亡的规律，指出资本主义生产关系比旧的生产关系大大促进了生产力的发展。同时从资本主义生产力与生产关系的矛盾中深刻地揭露了经济危机的根本原因，并把危机与资本主义的崩溃联系起来，从而大大发展了经济危机学说。《共产党宣言》深刻地揭示了资产阶级社会生产关系的特征，论证和发展了关于无产阶级生产、发展及其伟大历史使命的学说。

> **名家点评**
>
> 自地球上有资本家和工人以来，没有一本书像我们面前这本书那样，对于工人具有如此重要的意义。资本和劳动的关系是我们现代全部社会体系所赖以旋转的轴心，这种关系在我们这里第一次作了科学的说明，而这种说明之透彻和精辟，只有一个德国人才能做到。
>
> ——恩格斯

一方面它又是价值形成和增值的过程，工人的劳动分为必要劳动和剩余劳动。而在剩余劳动时间内创造的价值则形成被资本家无偿占有的剩余价值。资本主义剥削的秘密在于把工人的劳动时间延长到必要劳动时间上，从而生产剩余价值。

三、工资理论：资本主义工资实际上是劳动力的价值或价格。工资的形式多种多样，其中主要有计时工资和计件工资。工资制度是资本家剥削工人的主要工具。

四、资本积累理论：资本主义生产是再生产过程，在这一过程中不仅生产出一定的物质资料，而且再生产出资本主义的生产关系。资本主义扩大再生产的源泉是资本积累，而资本积累就是剩余价值的资本化，其实质就是用无偿占有的剩余价值的一部分。

《资本论》第二卷《资本的流通过程》分析了剩余价值的实现条件，进而更进一步地揭示了资本主义的基本矛盾。1. 资本循环和周转理论。资本在运动过程中依次通过三个阶段：购买、生产和销售三个阶段，一次采取三种职能形式：货币资本、生产资本和商品资本，并各自完成一种特殊职能，最后回到原来的起点，这一过程就是资本的循环。资本循环周而复始，不断重复进行就是资本周转。2. 社会资本再生产理论。相互联系、相互依存的单个资本的综合就是社会资本，社会总产品是考察社会资本再生产的起点。社会总产品在价值形态上由 $C+V+M$ 构成（C 是不变资本，V 是可变资本，M 是剩余价值），与此相应，社会生产分为生产资料的生产和消费资料的生产两大部分。

《资本论》第三卷《资本主义生产的总过程》分析了剩余价值的各种现实形态，从而说明工人不仅受到单个资本家的剥削，而且受到整个资产阶级的剥削，工人阶级要改变自己的地位只能推翻整个资产阶级的统治。

阅读指导

《资本论》的问世完成了马克思政治经济学说史上的一次巨大飞跃，它所展示的伟大思想实现了革命性和科学性的统一，至今对全世界都产生着重

全世界无产者联合起来

工业革命的到来，使欧洲产生了工人阶级，而马克思则成了所有无产者的代言人。

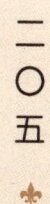

大影响。马克思是资本主义制度的掘墓人，他在经济学上的最大贡献在于揭露了资本主义基本的矛盾，在总结前人经济学成果的基础上创建了新的政治经济学。马克思的经济理论揭示了资本主义制度的矛盾，对共产主义事业具有指导作用，构成了马克思主义的一个重要组成部分，成为无产阶级反对资产阶级的一个强大思想武器。

海底两万里／法国／凡尔纳／"硬科幻"的代表作

作者简介

凡尔纳（1828～1905），生于法国西部海港南特城一个法官家庭里。18岁以前，他在这个美丽的海港城市读书，但他从来不拘泥于书本知识，自幼便热爱海洋，向往远航探险。1848年，凡尔纳来到巴黎学习法律，可是他对法律毫无兴趣，却爱上了文学和戏剧。毕业后在大仲马的鼓励下，开始了诗歌与戏剧的创作，先后写了20个剧本（未出版）和一些充满浪漫激情的诗歌。这期间，他结识了阅历深广的探索家阿拉戈，对游历冒险与科学知识产生了浓厚的兴趣，于是如饥似渴地学习各类知识，为他以后科幻创作打下了扎实的科学基础。

1857年，凡尔纳与已有两个小女孩的寡妇奥诺里结婚。婚后开始创作他的第一部科幻小说《气球上的五星期》。大仲马阅读了他的手稿，鼓励他在自己开创的这条科幻小说道路上坚持走下去。这部作品于1863年出版，获得巨大成功，从而宣告了科幻小说的诞生。此后，凡尔纳与大出版家儒勒·赫泽尔合作，以每年3卷作品的速度最终完成了他的系列科幻小说作品《奇异的漫游》，其中包括《地心游记》《从地球到月球》《环绕月球》《海底两万里》《神秘岛》等优秀作品，囊括了整个陆地、海洋和天空。1886年，凡尔纳自认"进入垂老之年"，但为了完成"描绘整个地球"的雄伟目标，他以惊人的毅力战胜了病魔并潜心写作。1904年，他完成了自己的最后一部作品《世界主人》。1905年3月25日，凡尔纳去世。

背景介绍

好的科幻小说必须有科学的理论或精神做基础。在一些科幻小说中作者从科学理论延展出的幻想可能成为科学预言，甚至是科学指导，这样的作品被称作是

名家点评

凡尔纳呕心沥血40年，给人类留下宝贵的文化财富：80部科幻小说。他的作品被译成50多种文字，在世界各地流传，是除《圣经》之外发行量最多的书籍。文学大师托尔斯泰深爱他的作品，曾亲自为凡尔纳的作品绘制17幅插图，并热情赞扬凡尔纳"是一个了不起的大师"。所以凡尔纳被人誉为"科学幻想小说之父"，是当之无愧的。但他的作品价值也不仅仅在科幻小说成就这一方面，1884年教皇在接见凡尔纳时曾说："我并不是不知道您的作品的科学价值，但我最珍重的却是它们的纯洁、道德价值和精神力量。"可见他的作品所具有的普遍性价值。

"硬科幻"。凡尔纳这些倾注了作者对科学精神无限热爱的小说中的许多幻想就已成为活生生的现实。例如《从地球到月球》发表 100 年后，人类第一艘登月飞船就是从小说描写的发射地点——美国佛罗里达卡纳维拉尔角升空的，而且其到达月球所用的时间、着陆地点及航行速度等也与小说描述的相差无几。《海底两万里》中描写的酷似潜水艇的"水下船"也比现实中的潜水艇早了几十年，而且这艘"水下船"起了"鹦鹉螺"号的名字，而鹦鹉螺正是以自身薄薄的几毫米螺壳而承受下潜到百米深海后所面临的巨大水压的唯一螺壳动物。这一细节充分表现了凡尔纳广博的科学知识。

名著概要

《海底两万里》写于 1870 年，描述发生在 1866 年的一桩奇事：海上发现了一个被认为是独角鲸的大怪物，它撞沉了好几艘船只。法国生物学家阿隆纳克斯应邀参加追捕。追捕过程中，阿隆纳克斯、他的仆人孔塞伊和渔叉手尼德兰三人不幸落水，他爬到怪物背上，发现这个怪物并不是什么独角鲸，而是一艘构造奇妙的潜艇。潜艇船长尼摩，是个不明国籍、自称"跟整个人类断绝了关系"的神秘人物。这艘被称为"鹦鹉螺"号的潜艇是一个令人惊叹的现代工业杰作，它利用海浪发电，供给船上热、光、动力，它所需的一切都取自于海洋。它是尼摩在大洋中的一个荒岛上秘密建造起来的。阿隆纳克斯及其他同伴乘"鹦鹉螺"号，从太平洋出发，开始了海底探险旅行。

他们从太平洋出发，经过珊瑚岛、印度洋、红海、地中海，进入大西洋，看到许多罕见的海生动植物和水中的奇异景象，还发现了一座被海水淹没的名城，又经历了许多危险，如到过未开化的岛屿，经受乌贼的攻击，被困冰海等。但在尼摩船长的带领和众位船员的努力下，他们终于克服了这一切困难。最后当潜水船到达挪威海岸时，阿隆纳克斯不辞而别，把他所知道的海底秘密公之于世。

阅读指导

《海底两万里》是凡尔纳具代表性的作品之一。书中的主人公尼摩船长是一个带有浪漫、神秘色彩，非常吸引人的人物。尼摩根据自己的设计建造了潜水船，潜航在海底进行大规模的科学研究，但这好像又不是他这种孤独生活的唯一目的。他躲避开他的敌人和迫害者，在海底探寻自由，又对自己孤独的生活深深感到悲痛。由于这三部曲在情节上紧紧连接在一起，这个神秘人物的谜底直到三部曲的第三部才被揭开，所以读者如果对这部作品感兴趣，最好能将这三部曲都放在一起阅读，这样才会充分领略凡尔纳早期所创造的海洋科幻历险系列的超凡艺术魅力。

这部小说最能代表他丰富多彩的想象和缜密细腻的行文特点。小说中情节设置古怪离奇，生动形象地描绘了充满神秘色彩的海底世界。语言生动有趣，既是艺术的语言，又是科学的语言，对各种海底事物的说明入木三分，惟妙惟肖，特别是那艘"鹦鹉螺"潜艇，它诞生在真正潜艇之前，不仅让读者如痴如醉，事实

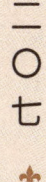

上也对后来的工程师们制造真实实用的潜艇提供了有益的启发。从这个意义上说，凡尔纳不愧是天才预言家。

国民经济学原理 /奥地利/门格尔/奥地利学派边际价值论奠基之作

作者简介

门格尔（1840～1921），近代著名的资产阶级经济学家，庸俗经济学奥地利学派的创始人。门格尔出生于奥匈帝国的加利西尼一个缙绅之家，父亲是律师。1859年入维也纳大学，次年转学到普拉古大学学习法学和国家学，1867年获格拉科夫大学博士学位。毕业后，先从事法律事务，接着进入奥地利国务总理办公室的新闻机关。这时他写些市场报告，并开始对价格理论有所涉及。1868年，门格尔取得维也纳大学讲师资格，他开始阅读大量经济学文献。1871年底，他完成并发表了其成名作《国民经济学原理》。1872年就任讲师，1873年辞去公职专任教授。1876～1878年，任奥地利皇太子的私人教师，陪同皇太子鲁道夫周游欧洲。1879年返回维也纳大学任政治经济学教授。门格尔的长期目标是出版一本关于经济学的系统性著作和一部关于社会科学一般特征与方法的专著。1883年，门格尔发表《经济学和社会学方法论研究》，挑起了同施莫勒的方法论论战。1884年发表《德国历史主义的错误》，他还写过《资本理论》（1881年）、《货币》（1892年）两篇论文。1900年成为奥匈帝国议会上议院终身议员。1903年，他辞去教授职务，全身心地研究和写作，1921年逝世。

背景介绍

在19世纪下半期，经济学界沉浸在如何使有限的物质来满足人类无限的欲望。人类欲望的存在和满足欲望的物质是人类经济生活中的两个基本要素。与生俱来的人的欲望：人们开始为了生存而奋斗，而后又开始为提高生活质量而奋斗，这些想法都是自然的、符合人的本性，况且人的欲望是无限的，而满足欲望所需要的物质条件却是有限的，至少在当时还没有形成足够的条件去满足。由于这两者存在着巨大的矛盾，这是经济学所要解决的问题，《国民经济学原理》的出版，正是适应了这种形势。

相关链接

戈森的边际效用递减规律和边际效用相等规律。边际效用递减规律：在同一享受的感受程度下，一种商品对于一个人来说，其增加的每一单位的消费量所带来的满足程度是递减的。

边际效用相等规律：在边际递减规律的作用下，为了使享乐最大化，每个人可以在各种享乐之间自由选择。不管各种享受的绝对量是如何不同，他必定首先满足各种享受的一部分，在他享受中止时，每一单个享乐量是相等的。

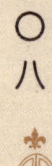

经典摘录　　商品性质不是财货的性质，不过是财货与经济主体间的一时的关系。价格则不过是他们进行经济活动和财货交换时的一个偶然现象，不过是人类经济中所形成的经济平衡的一个表征。

名著概要

《国民经济学原理》是门格尔最重要的著作，它奠定了奥地利学派边际价值论的基础。全书共分为8大章。

第一章是财货的一般理论，因为只有弄清什么是财货，才能进一步弄清什么是经济财货。财货是指满足欲望的物品，当抱有欲望的人们发现某种物品与满足自己欲望有关，并且自己也能够对这种物品使用时，这种物品就是财货，可见，物品要成为财货，要满足以下3个条件，缺一不可：1. 人们对这种物品有支配欲望；2. 这种物品确实能满足人们的某种欲望；3. 人们有能力支配这种物品。财货在种类上可分为许多等级，等级划分的标准是财货与欲望之间关系的亲疏程度。具体而言可表示如下：一级财货能直接满足人们的欲望，如面包、牛奶等；二级财货能间接满足人们的欲望，如设备、工具等。三级财货是生产二级财货所必需的物品；四级财货是生产三级财货所必需的物品，依次类推，财货可分为无数个等级。大体上来分，财货可以分为高级财货和低级财货。高级财货对满足人类欲望有直接关系；低级财货对满足人类欲望有间接关系。

第二章论述了经济与经济财货的关系。凡是供不应求的财货都是经济财货。经济财货进一步说明了有限的物质条件是无法满足无限的人类欲望的。这正是经济财货产生的根本原因。当人们发现某些财货无法满足所有人的需求时，他就首先想到的是让这些财货满足自己的需求，当然他就会通过各种办法去占有它。由于每个人都有这种正常的利己主义思想，所以为争夺经济财货而发生的冲突也就不可避免了。也有些财货，由于它的供给量大于需求量，即不会发生争端和冲突，这种财货被称为非经济财货。在经济财货与非经济财货之间并没有一条明确的界限。它们之间可以相互转化，二者之间的区别是以供求关系为标准的。

第三章论述了价值理论。门格尔认为，价值起源于经济物品的效用，而这种效用是主动的，所以价值的本质也是主观的。但是有效用并不等于就有价值，也就是说，只有人们意识到欲望的满足及其满足程度是依赖于他们对某种财货的一定量的支配时，这种财货才具有价值。由此可见，只有经济财货才有价值。门格尔也指出，价值在其决定上是主观的，不同的财货的价值大小是因为它们在满足对人类福利的实现有大小之分。前三章占全书篇幅的一半多，主要是确定边际效用论。

第四章论述了交换的理论。指出交换的起源在于人类追求欲望满足时要有较大的效用。在交换过程当中，每一方都会以为自己物品的价值小于对方，这是因为不同的人有不同的需求，因此每个人就有不同的价值观念了。正是由于这种不同的价值观念，交换才能发生。

第五章论述了价格的理论。价格是交换的比率，是人类进行交换和其他经济活动中的一个现象。

第六章写了使用价值和交换价值。价值既不是由所交换的物品在生产上所花费的劳动来决定，也不是由生产这些财货的生产费用决定，它是由买卖双方讨价还价来决定。本书最后论述了商品的概念和货币的产生，门格尔认为商品是用来交换的所有经济财货的转移。商品在性质上不是财货的属性，而是财货与经济主体之间一时的关系。可见，商品的存在只是一刹那，只有交换中买卖双方谈判价格的一瞬间，没有了这样交换，商品就无从谈起了。货币的起源也来自于交换，由于直接的物物交换存在的局限性越来越突出。他们可以把自己的财货换为这种媒介物，在别的地方或者在别的时候再用这种媒介物去交换自己所需要的财货，而这种媒介物就是货币。

　　后面部分是对边际效用价值论的应用和引申。该书的第 2 版是门格尔死后由其子根据遗稿增订而成，于 1923 年出版的第二版增加一章，即为第九章，突出对人类欲望的分析，其余内容与第一版基本相同。

阅读指导

　　门格尔是奥地利学派的创始人，在经济学上的主要贡献在于对边际效用价值理论的阐述，同时也在于他在研究经济问题时所使用的经济学方法。《国民经济学原理》中的"边际效用价值论"补充了 19 世纪上半期萨伊提出来的"效用价值论"的缺点，以"稀少"摆脱了"效用价值论"无法解释的困难。

悲剧的诞生 / 德国 / 尼采 / 重估美的价值

作者简介

　　尼采（1844～1900），德国著名哲学家、权力意志论者，德国古典语言学家、美学家、诗人。他出生于普鲁士萨克森州罗肯镇的一个牧师家庭，父亲和祖父都是路德教派的牧师。尼采从小就受到宗教气氛的熏陶，中学时爱好诗歌和音乐。1864 年进入波恩大学学习神学和古典语言学，次年放弃神学，转入莱比锡大学，开始接触叔本华的著作。1869 年任瑞士巴塞尔大学语言学教授，接着，莱比锡大学免试授予他博士学位。1872 年，尼采发表第一部美学作品《悲剧的诞生》遭人抨击，威信扫地，但仍埋头从事著述。1879 年因病辞去巴塞尔大学教授，专事著述，从此开始无职、无家、无友的孤独生活。1879～1889 年初，尼采

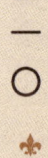

众神聚会
画面表现了森林里众天神饮酒相会的场面。在尼采看来，酒神带给人的是沉醉、放纵、迷失。

辗转意大利、瑞士、法国、德国的一些城镇之间，离群索居，闭门写作。1889年元月初，不慎摔倒在地，从此精神失常，身体状况每况愈下，直至1900年8月25日离开人世，终身未婚。尼采精通希腊文和拉丁文，对古希腊文化有精深研究，具有非凡的文学和音乐天赋。他的主要著作有《太有人性的人》《曙光》《快乐的科学》《查拉斯图拉如是说》《善恶的彼岸》《反基督徒》和遗稿《权力意志——重估一切价值的尝试》。

背景介绍

尼采生活的时代，正值西方资本主义由自由竞争走向垄断的时代。一方面，在资本主义自由竞争中，人们不择手段攫取金钱，由于这种变态的追求，导致人性受到扭曲，人沦为金钱与物质的奴隶。另一方面，由于资本主义自由竞争的加剧，形成垄断，大批中小资产阶级被迫破产，资产阶级知识分子对这样一种状态失去信心，感到前途一片渺茫。而当时流行的各种资产阶级哲学思想无法使他们摆脱困境。尼采采取了从人类角度对资产阶级思想家在其中生存与活动的社会环境的各个方面做出彻底批判，引起了民众的强烈共鸣。

名著概要

《悲剧的诞生》是尼采出版的第一部著作，也是他的美学代表作。尼采在文中以探讨古希腊悲剧的起源为线索，阐述了以苏格拉底为转折标志的古希腊前后期文化的根本区别，对弘扬人的自然生命，以勇士般的、审美的态度对待个体生命根本性悲剧命运的前期古希腊文明大加推崇，指出人具有日神精神与酒神精神两种根本性的对立冲动，前者以理性的静观创造外观的幻境，维护个体以获得生存的意义；后者以个体化的毁灭为手段，返归作为世界本原的原始生命冲动，从而获得最高的审美愉悦和生存意义。两者的统一产生了古希腊悲剧，审美是人赖以生存的唯一价值。尼采在作品中还分析了酒神艺术在现代再生的可能性。《悲剧的诞生》的基本思想主要体现在以下3方面：

（一）艺术源于日神与酒神精神的对立统一。尼采认为，早在古希腊，艺术就包括两种精神，一是酒神，即狄奥尼苏斯；二是日神，即阿波罗。酒神用酒使人在沉醉中忘掉自己，尽情放纵情欲，甚至蓄意毁掉个人，在酒神状态中，是"情绪的总激发和总释放"。日神是光明之神、造型之神，是美的外观象征。悲剧起源于这二者的融合，而希腊艺术的不朽源于希腊文化中这两种对立又统一的精神。

经典摘录

每个人在创造梦境方面都是完全的艺术家，而梦境的美丽外观是一切造型艺术的前提。

诗的境界并非像诗人头脑中想象出的空中楼阁那样存在于世界之外，恰好相反，它想要成为真理而不加掩饰的表现，因而必须抛弃文明人虚假现实的矫饰。

知识能改造世界，科学能指导人生。

（二）艺术是人生的"救难仙子"。尼采认为，面对着艰难困苦的人生，唯有艺术才使人们不会产生厌世的消极心境。因而，他在本书的"序言"中对艺术提出了自己独到的看法。"对于这些严肃的人来说，我只能这样对他们说：我确信艺术是人类的最高使命和人类天生的形而上活动，我要在这里把这部著作奉献给人类，奉献给走在同一条路上的人类的先驱者。"尼采把人生与美联系起来，强调艺术表达生活的作用的时候，把美与艺术绝对化，认为美只有与人生联系起来才有意义。

（三）人生就是悲剧美。尼采通过对希腊文化的研究发现：希腊人对人生的痛苦、艰难与恐怖有着细致而深刻的感受，但他们不悲观厌世，逃避现实，而是勇敢地接受命运，面对人生。希腊人的这种精神体现了人生的悲剧美。由于苏格拉底的出现，古希腊文化中的悲剧精神被一种理智而乐观地看待世界与人生的态度所取代，古希腊文化开始走向没落。而中世纪的基督教神学以及近代的理性主义运动更使悲剧精神丧失殆尽。尼采认为唯有在悲剧文化中，人才能观照到世界的真实性，才能承受人类所有的得失、新旧、希望和胜利。因此，尼采对人生的态度是乐观和积极的，他倡导日神与酒神相结合，即生命力强的、积极向上的、不断进行创造性活动的人生。

阅读指导

尼采在《悲剧的诞生》中，通过对古希腊悲剧艺术的探讨，揭示出他对艺术、文化、历史、社会、人性、道德等许多问题的基本观点，第一次把他的哲学、美学思想公诸于世。在此书中，尼采的唯意志论、超人哲学、非理性主义已初见端倪。尼采在美学上的成就在于以美学解决人生的根本问题，即提倡一种审美的人生态度。尼采是一个十分重要而又有争议的复杂人物，他的美学思想具有全面反传统的性质，对20世纪的西方现代美学和文学艺术的发展产生了极为重大的影响。

查拉斯图拉如是说 /德国/尼采/"第五福音书"

背景介绍

西方主要资本主义国家包括德国正经历着重大的历史转折，以往许多被奉为神圣的社会秩序、国家尊严、道德观念弊端百出。《查拉斯图拉如是说》一书的产生，还有着深刻的宗教根源，一般人都把尼采当作反宗教的斗士，其实这只是他对待宗教的一个方面，但尼采的认知始终受到强烈的"宗教的基本冲动"的操纵。尼采终生都在与他所信奉的宗教进行斗争，与上帝搏斗，这同时也证明基督教对尼采有着多么深厚的影响。当尼采构思《查拉斯图拉如是说》时，其中心人物与写作形式都直接受启于波斯的阿维斯陀教，查拉斯图拉就是教派的神秘创始人。

名著概要

《查拉斯图拉如是说》包括1个序篇和4个部分，整部书都以散文诗的形式

> **相关链接**
>
> 《论道德的谱系》堪称尼采道德哲学的代表作，它比《查拉斯图拉如是说》在理论上更为明晰，尼采本人认为此书是理解他超人哲学的必由之路。这本书由3篇论文构成：第一篇讨论关于基督教的心理状态：基督教起源于怨恨心理，本质上是一种反抗运动；第二篇讨论良心的心理性质，在这里，残忍第一次表现为文化基础中一种最古老、最不可缺的因素；第三篇是考察苦行主义者的理想、教士的理想的动力来源。《论道德的谱系》的总意是探讨道德偏见的起源。

写出，中心主题是"永恒的循环"，论述无限时间里的有限世界，认为存在即"永无休止的发生形式"。

本书描写的查拉斯图拉的形象是：查拉斯图拉与狄奥尼苏斯之间有着一定的血缘关系，但二者又不能等同。后者是神话形态的，前者是哲学形态的。但查拉斯图拉还是继承了狄奥尼苏斯的基本属性，如他的力量、狂放、生命激情、被撕碎后的再生等。像古波斯所崇尚的那样，查拉斯图拉既真实又勇敢，在他身上至少具如下特征：第一，他聪明睿智，有深刻的洞察力，是"善良人的心理学家"；第二，他真挚过人，不虚伪；第三，他勇敢过人，敢于面对最可怕、最可疑的事物。他是一个具有真实、完整人格的人物，有着鲜明的个性和栩栩如生的形象。

《查拉斯图拉如是说》有三个基本论题：强力意志、重估一切价值、永远循环的学说。所谓"强力意志"就是指生命追求强大力量的意志，进而强化自己的支配力、统治力和影响力。在这里，强力本身就是一种彻头彻尾的动力，强力存在于强力的释放之中。而强力在释放中不断强化自己力量的过程就是强力意志实现的过程，所以，从这个意义上说，强力和强力意志本身就是统一的。但当人试图用强力支配自己的现在和未来时，他发现过去所有的价值根本不适用，甚至是违背生命意志的，于是我们就必须按照生命的存在和发展的价值标准重新评估以前所有的价值。无论是强力还是新价值，都不希望实现自己的目的。因为一旦他使用强力实现了目的，强力的存在就不再必要，同样，一旦新价值得以实现，它们的存在已没有必要了。看来并没有什么最终的目的，也没有什么最终的价值和意义，一切都在永远循环。《查拉斯图拉如是说》就是对这三个基本论题的演绎。

尼采宣称："上帝已经死了！我教你们什么是超人。"他认为，人类是应当被超越的，超人是大地之意义。人类是系在兽与超人之间的一根悬在深谷上的软索，向前或向后，停留或战栗都是危险的。人类之伟大之处就在于它是一座桥而不是一个目的，可爱之处就在于它是一个过程与一个没落，人类最伟大的事就是"大轻蔑之时刻"。在人的思想和感情之后，立着一个强大的主宰、未被认识的哲人——那就是"自己"，它住在人的肉体里。国家是冷酷的怪物中之最冷酷者，它是为大多

> **名家点评**
>
> 从第一字到最后一字，都是铿锵有力的，充满了乐感，而且无论是挑衅的批判，还是直接的诅咒都表达得十分圆满。
>
> ——勃兰克斯

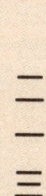

多余的人而发明的，是大众的慢性的自杀。多余的人是一些疯人，是爬行的猴子和患热病者，给予的道德是最高的道德，它是稀少而无用的，它放射着柔和的光辉。当人们共有一个意志，而一切困难之制伏成为必要时，那便是新道德的起源。这新道德便是权力，它是一个主宰的思想及其绕着这一思想的聪明的灵魂。

"上帝只是一个假定，超人却能够创造"，超人的"权力意志是不竭的创造性的生命意志"。尼采认为，虚伪的价值和空幻的语言是对于人们最危险的怪物。生命是一道快乐之泉，但低贱的人也来就饮，泉水就被毒化了。

阅读指导

尼采自己对《查拉斯图拉如是说》的评价相当高，认为这本书会在他的思想发展史上占有特殊的地位，把这本书称为是继基督教后的"第五福音书"。

卡 门／法国／让·比才／上演率最高的歌剧

作者简介

让·比才（1838～1875），法国作曲家、歌剧家。出生于巴黎，4岁开始随母学钢琴，9岁入巴黎音乐学院，1857年以钢琴家兼作曲家的身份，毕业于巴黎音乐学院，并获得罗马基金去意大利进修3年，1863年后主要从事歌剧写作。代表作有《采珍珠者》《卡门》《阿莱城姑娘》等。

背景介绍

19世纪下半叶，资本主义的充分发展使得欧洲社会中人们个性解放意识更为强烈。歌剧《卡门》根据西班牙作家梅里美的同名小说改编。歌剧通过男女主人公的爱情纠葛，塑造了女性叛逆者卡门，她充满不能压制的活力和强烈的独立性，自由奔放、敢作敢为，甚至有着某些邪恶和轻浮的特点。这与文明社会中虚伪的道德形成鲜明的对立，《卡门》也因此具有了鲜明的时代意义。

名著概要

在塞维利亚广场上，骑兵班长莫拉莱斯和士兵无聊地看着过往的行人。突然间人群中出现一位神色稍带慌张的小姑娘，她是来自乡下的米凯拉。她向莫拉莱斯打听一个叫何塞的下士，莫拉莱斯告诉她何塞会在换岗时来。

不久号声从远处响起，士兵们开始换岗。换岗后莫拉莱斯告诉何塞有位姑娘来找过他，通过莫拉莱斯的描述，何塞知道一定是来自家乡的未婚妻米凯拉，遂一边修理自己枪上的撞针链子一边等候她再度来访。这时，烟厂那边响起午休的钟声，女工们从厂房涌出来。她们一下子就成为路旁男青年和龙骑兵们目光的焦点。在这群姑娘中，卡门尤为引人注目。她身材窈窕，眼睛明亮迷人，丰满的胸前插着一朵金色的百合花，嘴里也漫不经心地叼着一支。何塞一直在专心做自己的事，根本没有注意卡门。卡门却注意到了这个高大英俊、目不斜视的小伙子。她一下爱上了他，大胆地将胸前的一朵花扔给他。何塞尴尬地站起身，不知如何是好。这时烟厂上工的钟声响起，卡门飘然而去。

何塞悄悄拾起花，忽然背后传来一阵轻声呼唤，何塞回头一看，原来是米凯拉来了！

歌剧《卡门》剧照

剧照中，女主角卡门正在欢快的音乐中热舞。卡门这位大胆迷人的女性形象成为歌剧舞台上不朽的经典。

米凯拉走后，何塞突然意识到自己差点儿被卡门和她的花朵所诱惑。他正要扔掉花，工厂里突然传出骚乱声。原来卡门在和另一个女工吵架中，卡门用切纸烟的刀子在对方脸上画了个十字。

骑兵队中尉苏尼卡命令何塞带人进去看看，何塞带了卡门出来。中尉询问卡门事情缘由，卡门却用不着边际的话来回答他。中尉吩咐何塞将卡门带进警卫室看管起来。当两人单独在一起时，卡门诱惑何塞把她放走。

帕斯蒂亚酒店，这里是走私犯们碰头的地方。卡门和两位女伴弗拉丝基塔、麦赛德丝正随着热烈激荡的吉卜赛舞曲翩然起舞。一曲下来，苏尼卡中尉来到卡门身边。在同苏尼卡中尉的谈话中，卡门知道何塞因为放走了她而被降了职，还被关了一个月，刚刚被放出来。卡门深受感动。这时大名鼎鼎的斗牛士艾斯卡密罗在众人拥簇之下也来到酒店中，他不断向卡门献殷勤。

人群散去，只剩下卡门和两位女伴。这时，走私头子丹凯罗与雷门达多出现了。他们宣称有一笔好生意可做，希望在场的三名女士协助。卡门则有点儿犹豫，辩解说这是因为爱情。走私头子和卡门的两位女伴大感意外，都嘲笑起她来。此时，门外传来何塞愉快的歌声，那几个人便揶揄地笑着走开了。

卡门为了答谢何塞为她所做的牺牲，于是翩然起舞以飨爱人。就在何塞沉醉于卡门曼妙舞姿的同时，远方传来了军队归营的号角声。何塞虽舍不得卡门，但是又顾及军职与荣誉，打算忍痛离去。这惹得卡门十分不悦，卡门让他滚开。何塞从怀中掏出一朵早已枯萎的金百合花，对着卡门深情地倾诉起来。卡门要何塞一起到山上去过吉卜赛人般的生活，但何塞想到自己有军职在身，无法随卡门四

相关链接

《卡门》上演后得到了众多名作曲家的赏识。法国作曲家圣－桑斯观看了第三场演出后，写信给比才说："我亲爱的朋友，你写了一部杰出的作品。"俄国作曲家柴可夫斯基在1880年7月18日致朋友的信中写道："这部作品不只是严肃演讲研究的成果，它好像从泉源喷出来的水，令我们的耳朵享受，融化我们的心房，我相信在10年之后《卡门》会是世界上最受欢迎的歌剧。"而像勃拉姆斯和德彪西这样创作风格迥异的作曲家也都喜欢它。除此之外，德国哲学家尼采也认为《卡门》是一部完美的抒情悲剧。

处流浪。正当何塞准备离去时，中尉苏尼卡忽然出现。原来他也爱慕卡门，因为无法忘情，又回来和卡门搭讪。他见屋里只有何塞与卡门，不禁妒火中烧。苏尼卡用命令的口吻要何塞立即返营。两人之间发生激烈的打斗，卡门见状，赶紧呼叫求援，结果引来一大群走私客将苏尼卡制服。事情发展到此，何塞已是骑虎难下，只好随卡门一同去过吉卜赛人的漂泊生活。

夜晚，荒山谷地中，走私犯们正在山间扛着沉重的行李吃力而小心翼翼地前进。暂歇时，何塞走到卡门身边与她说话。卡门却冷冷地说她现在已经不像过去那样爱他了，请何塞好自为之。

天亮了，走私队伍到山下进行交易，只留下何塞一人留守营地。艾斯卡密罗寻找卡门来到这里。他向何塞自我介绍说，他是一个斗牛士，为爱情而来，他所爱的人是一个名叫卡门的吉卜赛姑娘。她曾经爱过一个士兵，不过现在她对他的爱已经结束。何塞闻言妒火中烧，二人打斗起来。不久，卡门和其他人赶回来，将二人分开。艾斯卡密罗临走前邀请大家参观他将在塞维利亚城举行的斗牛表演。

当走私队伍要再度出发时，有人发现大岩石后面有一身影，何塞一看竟然是米凯拉。米凯拉告诉何塞：母亲病危，不久人世，请他速回家中。何塞挂念母亲，和米凯拉一起离开了。

斗牛表演当天，塞维利亚市斗牛广场上人群熙攘。不久，艾斯卡密罗在群众欢呼声中登场。他向一旁的卡门倾诉爱意，愿意把斗牛表演中的荣耀献给卡门。此时弗拉丝基塔与麦赛德丝发现何塞也混在人群中，她们提醒卡门当心。卡门并不在意，她走出斗牛场外准备跟何塞把话说清楚。

此时为了卡门抛弃了军职与家庭的何塞已经是穷困潦倒。见到卡门，他请求她念及过去的情谊，回心转意。然而卡门不为所动并告诉何塞她已不再爱他。这时，斗牛场中一阵欢呼响起，卡门闻声要转身进场。何塞一个箭步挡住卡门去路，他两次逼问卡门是不是爱着斗牛士艾斯卡密罗。卡门不耐烦了，丢还何塞先前送她的戒指。何塞彻底绝望了，他一怒之下抽出短刀刺进卡门胸膛。

斗牛表演结束了，众人散场，只剩倒在血泊中的卡门以及趴在卡门身上痛哭的何塞。

社会学原理 /英国/斯宾塞/社会学理论的开山之作

作者简介

斯宾塞（1820～1903），19世纪下半期英国功利主义哲学家、社会学家和教育家。他出生于英格兰德化郡的一个风景秀丽的乡村里，其祖父、父亲、叔父都是教师。斯宾塞少年时代在家庭接受父亲的教育，但一生没上过大学，完全靠自学成才。他自小身体虚弱，主要在家里养护，13岁时才被送到叔父家接受更严格的科学训练。经过3年的学习，他掌握了欧几里得几何学、三角学、拉丁

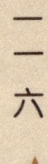

文、希腊文、机械学、化学和政治经济学等课程的知识，他特别喜欢数学和机械学，最感兴趣的是独立观察、分析、探讨问题。1837年，17岁的斯宾塞按照父亲希望的那样开始了他的教学生涯，到了一所学校做代课教师，同年因其优异的数学成绩而被其父亲的好友邀去参加筑路工程。1837～1846年，斯宾塞一边担任筑路工程技术员，一边继续钻研力学、机械学、测量学、地质学以及有关工程技术。后来他还接触到了达尔文的进化论，并产生了浓厚的兴趣，力图运用进化论思想，考察社会政治问题。1848～1853年，斯宾塞担任了《经济学家》杂志编辑。1850年写出《社会静力学》，1852年出版《进化的假说》，1855年出版《心理学原理》。1858年，开始撰写《综合巨著》，这部巨著共10卷，内容包括《第一原理》《生物学原理》《心理学原理》《社会学研究》《伦理学原理》《社会学原理》，1896年完成。在此巨著撰写和出版前后，斯宾塞还在杂志上发表了《智育》《德育》《体育》以及《什么知识最有价值》4篇教育论文，1861年将之汇集成册在美国出版，引起了欧美各国的普遍重视。该书先后被译成法、俄、德、拉丁、荷兰、丹麦等几十种文字，发印数百万册，其中《什么知识最有价值》的一文影响最大。

斯宾塞像

背景介绍

斯宾塞生活的时代正是英国经过产业革命后资本主义迅速发展的时代，即所谓"日不落"帝国时代。但由于英国资本主义在产业革命后逐渐形成，缔造了英国社会结构的新面貌，中产阶级脱颖而出，不仅是社会改革的思想浪潮逐渐形成发展的年代，而且是科学知识具体应用于人类生活方式而使之改变的一个时代。在斯宾塞的思想中，可以清晰地发现他对科学知识的极度偏爱。他是这个时代资产阶级的代表、讴歌者，他把资本主义看作是最理想、最合理、最完美的制度，称资本主义是人类的"黄金时代"。

相关链接

孔德被西方社会学界公认为社会学的创始人。在1838年出版《实证哲学教程》第一次使用了社会这一概念。孔德将社会学划分为两部分：社会静学——研究社会各部分：如经济、家庭、政府的建构方式与功能及各部分之间的相互关系；社会动学——研究整个社会如何产生，如何发展和变化，即社会的发展与进步。孔德把人类智慧的发展分为三个阶段，即神学阶段、形而上学阶段和实证阶段。在社会方面也经历军事阶段、过渡阶段和工业阶段。静学与动学的划分是孔德不朽的贡献，今天的社会学仍然沿用这种方法。在研究社会的方法中，孔德强调观察法和实验法的使用。此外，他也用归纳法、历史法和比较法去探讨社会现象。

名著概要

《社会学原理》共3卷，于1876～1896年之间出版。在这部社会学著作中，斯宾塞深入地阐发了社会有机体论和社会进化论的思想。

第一卷，主要论述各种形成和影响社会现象的因素，如气候、地形、土地肥沃程度等外部因素和社会成员的体质、耐力、情绪、知识、思想取向等内部因素，以及社会人口、语言、法律、风俗等其他因素对社会形成发展的影响。他认为，在各种因素中，社会成员的智力对社会的影响是主要的。在该卷中斯宾塞花了很大篇幅探讨社会是什么，比较了社会和生物有机体的异同，阐明了社会有机体论观点。

第二卷，斯宾塞着重研究政治组织的起源和发展，把它看作是总的进化的一部分。他认为，政治组织处理公众事务，同时又限制各分子的关系。政治制度的范围包括统治者和被统治者的关系，以及国家的职能。

第三卷，在对职业制度的研究中，斯宾塞论述了社会上各种职业如医生、音乐师、舞蹈家、史学家、演员、教师等的演化情况。在对工业制度的研究中，分析了功能分化和劳动分工、生产、交换，以及工会合作、社会主义等方面的问题。

《社会学原理》中所论述的社会进化的两种理论：社会是从基于强制合作的军事型社会向基于自愿合作的工业型社会进化。社会是通过功能分化从简单社会向复杂社会进化的思想。斯宾塞在第一卷中将社会与生物有机体进行了6项类比，得出3个结论：即社会是一个体系，一个由相互联系的各个部分构成的紧密整体；这个体系只能从其结构运转的意义上去理解；体系要存在下去，它的需求就必须得到满足。

《社会学原理》中，斯宾塞提出他的进化三阶段论：1. 分散的个体形成群体。2. 个体分化、特化和专门化。3. 特化的个体与整个群体的平衡。

斯宾塞认为社会各个部分虽然是独立的单位，但却不是偶然凑在一起。而是具有某种"长期"的"关系"。因此社会学要对一般社会所表露出来的结构和功能加以研究。据此，斯宾塞提出了社会生活中的共存现象。

斯宾塞把家庭的发展放在社会学首位，政治组织的起源和发展居次位，还有宗教、社会控制及工业。除此之外，斯宾塞更指出社会学应该研究结合、社区、分工、社会分化等方面，并研究社会各部分的相互关系。斯宾塞认为人与人之间、民族与民族之间、国家与国家之间必然要进行"生存竞争"，竞争的结果就是"适者生存"，优胜劣汰，政府不宜立法干涉社会的自然进步，他的理论实质上是提倡资本主义的自由竞争和维护资本主义的现存秩序。

阅读指导

《社会学原理》是第一次阐明社会学分析的系统著作。它的最大价值在于斯宾塞所强调的功能思想，进而提出共存现象。正是由于斯宾塞认真地对待了来自自然科学的启发，并以社会哲学的形式将之理论化，所以他的理论是哲学和

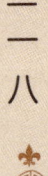

社会科学界在接受进化论方面最集中的体现，由于他的提炼，加速了进化论在哲学和社会科学界的传播。美国学者 M. 哈里斯说"社会达尔文主义"应该叫"斯宾塞主义"或"生物学斯宾塞主义"，苏联学者托卡列夫称斯宾塞是"一切进化论者中最高的理论家"。

古代社会 /美国/摩尔根/第一部原始社会发展史

作者简介

摩尔根（1818～1881），美国人种学家和科学人类学的创始人，尤其是以建立亲属关系系统的研究和社会进化的综合理论著称于世。他出生于美国纽约州奥罗拉镇附近的一个农庄，父亲是个富裕的农庄主。1840 年，摩尔根以优异的成绩毕业于罗彻斯特联合学院。1842 年获得律师资格，两年后，在罗彻斯特开设律师事务所，直至去世。摩尔根在美国学术上享有很高的声誉，1873 年获得美国联合学院的名誉博士学位，1875 年当选为美国国家科学学会会员，1880 年任美国科学促进会主席。摩尔根一生勤奋好学，酷爱钻研，从小就对家乡附近的易洛魁人的风俗感兴趣，大学毕业后，组织了一个研究印第安人的学会——"大易洛魁社"。他作为律师竭力为印第安人做辩护。1846 年，摩尔根被易洛魁人塞内卡部落鹰氏族收为养子，这就为他进一步了解易洛魁印第安人的社会组织和文化生活，考察他们的宗教信仰、民族习俗和婚姻状况提供了条件。1851年，他写成了第一部专著《易洛魁联盟》，是世界上第一部以科学态度研究印第安人的著作。而后他对世界各民族的亲属制度进行了广泛调查了解，经过近 10年的不懈努力，掌握了人类 139 个部落和民族的近 20 种亲属制度的资料。从1862～1865 年，他整理写出了第二部著作《人类家族的亲属制度》，创立了完整的家庭发展史。自此以后，他埋头撰写最重要的著作《古代社会》。在晚年时他仍不辞劳苦地进行实地考察，并把自己长期积累的有关印第安人房屋的图画和照片等资料整理成书，也就是他的最后一部著作《美洲土著的房屋和家庭生活》。这本书可视为《古代社会》的补编，用房屋建筑的发展来印证美洲印第安人部落社会的发展。摩尔根抱病写完最后一部著作之后，于 1881 年 12 月 17 日病逝。

背景介绍

摩尔根生活的时代，正是资本主义制度发展中的一个重要阶段。在美国，南

经典摘录　人类的各种主要制度都起源于蒙昧社会，发展于野蛮社会，而成熟于文明社会。政治上的民主，社会中的博爱，权利的平等和普及的教育，将揭开社会的下一个更高级的阶段，经验、理智和知识正在不断向这个阶段努力。这将是古代氏族的自由、平等和博爱的复活，但却是在更高形式上的复活。

> **名家点评**
>
> 摩尔根是第一个具有专门知识而想给人类的史前史建立一个确定的系统的人，他所提出的分期法，在没有大量增加的资料认为需要改变以前，无疑依旧是有效的。
>
> 摩尔根《古代社会》一书是对马克思主义奠基人的历史理论的极其重要的补充。摩尔根关于"古代"社会即阶级以前的社会是以氏族联系、血缘联系为基础，以原始民主原则为基础的社会的学说，正好填补了历史过程观中的空白。"氏族社会"概念取代了过于广泛的"亚细亚生产方式"概念，……随着阶级以前社会制度概念的出现，一切就各得其所了。
>
> ——托卡列夫

北战争消灭了南方的奴隶制，工农业资本主义蓬勃发展，引起了思想领域的巨大变化。在学术领域里，生物进化论和社会进化论普遍流行，在达尔文的影响下，许多社会科学家开始用进化论的观点解释人类社会，对原始社会史研究提出了一些有价值的见解。1861年，瑞士学者巴霍芬的《母权论》的出版，标志着人类家庭史研究的开端。另外，考古学、人种学、地质学等学科的迅速发展，也提供了大量的参考资料。摩尔根对上述科学成果极为关注，对进化论产生了浓厚兴趣，并深受其影响。同时，傅立叶和欧文的空想社会主义理论也影响到了摩尔根，他对未来社会的共产主义要求的思想大概源于此，既需要工人阶级自身力量的不断壮大，更需要有科学的理论指导。

名著概要

《古代社会》一书全称是《古代社会》或《人类从蒙昧时代经过野蛮时代到文明时代的发展过程的研究》。全书分为4编，共26章，从原始人类生产技术发明和发现的发展、社会组织结构的发展、婚姻家庭形式的发展以及财产制度的发展这4个方面深入探讨了人类早期社会发展的规律。

第一编《各种发明和发现所体现的智力发展》共3章，主要根据生活资料和生产的进步，把历史划分为蒙昧、野蛮和文明三个时代，把前两个时代又划分为低级、中级、高级三个阶段。阶级社会以后的历史属于文明时代。作者提出了"生存技术"理论，详细论述了五种依次相接的"生存技术"，阐明了物质生产力是人类社会进步的决定性因素。同时，摩尔根将人类在中世纪、近代社会、希腊和罗马的文明时代、野蛮时代、蒙昧时代的主要成就分门别类，予以比较，得出了"人类发展进度成几何比例"的结论。

第二编《政治观念的发展》共15章，占全书60%的篇幅，也是最重要、最精彩的部分。摩尔根阐述了他的原始社会学说的核心部——氏族的组织结构及其基本特征。他以易洛魁人和希腊人、罗马人为例，分别剖析了母系氏族、父系氏族的典型形式，并以非洲、亚洲、澳洲和欧洲等众多民族的资料为依据，论证了氏族制度的普遍意义。概言之，此编以大量资料深刻阐述了社会形态的发展过程，即由血缘关系组成的氏族社会过渡到以地域和财产为基础组成的政治社会即国家。

第三编《家庭观念的发展》共6章，从研究各民族的亲属制度入手，论述了

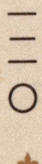

人类婚姻史和家庭发展史，提出了从杂交经群婚到一夫一妻制的家庭进化理论。摩尔根采用从亲属制度追踪婚姻家庭形式的科学方法，阐述了人类历史上顺序相承的五种婚姻家庭形式：血婚制（血缘）家庭、伙婚制（普那路亚）家庭、偶婚制（对偶）家庭、父权制家庭（特殊形态）和专偶制家庭即一夫一妻制，分析了每一种家庭形式的基本特征及其发生、发展的情况。

第四编《财产观念的发展》共 2 章，是全书的总结。追述了财产关系在原始社会各个阶段直到阶级社会的发展变化，阐明了历史上存在着两种财产所有制，即公有制和私有制，以及由前者向后者的转变。作者指出，原始社会曾出现过三种财产继承法，第一种必须留在本氏族内，第二种是通过男性追溯到同一祖先的人，死者的子女居之首位，第三种是由已故所有者的子女继承。在此基础上，作者对私有制财产的作用做了深刻论述，并在本书的末尾揭露了资本主义社会的本质和它必然灭亡的命运，预见未来的社会"将是古代氏族的自由、平等和博爱的复活，但却是在更高形式上的复活"。

阅读指导

《古代社会》是以进化论思想为指导，通过几十年的调查研究写出的一部综合性的人类学著作，也是学术史上第一部用人类学材料写成的原始社会的发展史。它在科学史上第一次比较系统全面的阐明了原始社会的生产生活、社会结构、婚姻家庭等主要制度的基本特征及其发展情况。恩格斯评价《古代社会》在论述社会的原始状况方面，像达尔文学说对于生物学那样具有决定性的意义。由于历史条件的限制，摩尔根是自发的唯物主义者，而不是自觉的唯物主义者，并且所使用的有些材料不完整或不准确，影响了作品的科学性，但瑕不掩瑜，《古代社会》仍是一部伟大著作。

安娜·卡列尼娜 / 俄国 / 托尔斯泰 / 批判现实主义文学的丰碑

作者简介

托尔斯泰（1828～1910），19 世俄国最伟大的作家。出生于一个古老贵族家庭，父母早亡。1840 年入喀山大学东方语文系学习，受到卢梭、孟德斯鸠等启蒙思想家影响。1847 年退学回故乡从事农奴制的改革，失败后，于 1851～1854 年在高加索军队中服役，参加过克里米亚战争。其间开始写作。几年军旅生活不仅使他看到上流社会的腐化，而且为以后在其巨著《战争与和平》中能够逼真地描绘战争场面打下了基础。此时，托尔斯泰开始发表其自传体小说三部曲：《童年》（1852 年）、《少年》（1854 年）、《青年》（1857

托尔斯泰像

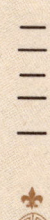

年），这些作品反映了他对贵族生活的批判态度，"道德自我修养"主张和擅长心理分析的特点。

1857年托尔斯泰出国旅行，看到资本主义社会矛盾重重，但找不到消灭社会罪恶的途径，只好呼吁人们按照"永恒的宗教真理"生活。这些观点反映在其短篇小说《琉森》(1857年)之中，后又创作了探讨生与死、痛苦与幸福等问题的《三死》《家庭幸福》。1860～1861年，为考察欧洲教育，托尔斯泰再度出国，结识赫尔岑，听狄更斯演讲，会见普鲁东。他认为俄国应在小农经济基础上建立自己的理想社会；农民是最高道德理想的化身，贵族应走向"平民化"。这些思想鲜明地体现在其中篇小说《哥萨克》(1852～1862年)之中。

1863～1869年，托尔斯泰创作了长篇历史小说《战争与和平》，这是其创作历程中的第一个里程碑。1873～1877年，他经12次修改，完成其第二部里程碑式巨著《安娜·卡列尼娜》。70年代末，托尔斯泰的世界观发生巨变，写成《忏悔录》(1879～1882年)。1889～1899年创作的长篇小说《复活》是他长期思想、艺术探索的总结，也是对俄国社会批判最全面深刻、有力的一部著作，成为世界文学不朽名著之一。托尔斯泰晚年力求过简朴的平民生活，主动要求放弃贵族称号。1910年10月从家中出走，11月7日病逝于一个小站。

背景介绍

《安娜·卡列尼娜》的构思始于1870年，到1873年才开始动笔。这是作者一生中精神困顿的时期。最初，托尔斯泰是想写一个上流社会已婚妇女失足的故事。但随着写作的深入，原来的构思不断被修改。小说的初步创作不过仅用了短短的50天时间便得以完成，然而托尔斯泰很不满意，他又花费了数十倍的时间来不断修正，前后经过12次大的改动，迟至4年之后才正式出版。这时，小说废弃的手稿高达1米多！"全部都应当改写，再改写"，这是托尔斯泰经常挂在嘴边的一句话。显然，一部《安娜·卡列尼娜》与其说是写出来的，不如说是改出来的。

正是在作者近乎苛刻的追求中，小说的重心有了巨大的转移，安娜由最初构思中的"失了足的女人"（她趣味恶劣、卖弄风情、品行不端），变成了一个品格高雅、敢于追求真正的爱情与幸福的"叛女"形象，成为世界文学中最具反抗精神的女性之一。

名家点评

罗曼·罗兰写的《托尔斯泰传》赞扬托尔斯泰是"俄罗斯的伟大的心魂，百年前在大地上发着光焰的，对于我的一代，曾经是照耀我们青春时代的精纯的光彩。在19世纪终了时阴霾重重的黄昏，他是一颗抚慰人间的巨星……"由此可见作者的影响。这部著作一出版就引起了读者的强烈关注，陀思妥耶夫斯基评论说该书"是一部尽善尽美的艺术杰作，现代欧洲文学中没有一部同类的东西可以和它相比"。他甚至在书信中，亲切地称托尔斯泰为"艺术之神"。列宁也被这部作品深深地吸引，他说："托尔斯泰在自己的作品里能提出这么多重大的问题，能达到这样大的艺术力量，使他的作品在世界文学中占了一个第一流的位子。"

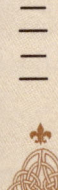

经典摘录

> 幸福的家庭家家相似，不幸的家庭各个不同。
>
> 他望着她，好像望着一朵摘下已久的凋谢的花，他很难看出它的美——当初他就是为了它的美把它摘下来，而因此也把它毁了的。
>
> 没有一种环境人不能适应，特别是他看到周围的人都在这样生活。

名著概要

安娜·卡列尼娜是彼得堡大官僚卡列宁的妻子。为了拯救哥哥奥勃朗斯基与其妻多丽的家庭危机，她从彼得堡来到莫斯科，并在火车站与近卫军军官渥伦斯基邂逅。安娜的高雅风姿使渥伦斯基颇为倾倒，然而在大家的心目中，渥伦斯基应该是多丽之妹吉提的结婚对象。因为当时吉提正迷恋着渥伦斯基，她为此甚至还拒绝了出身莫斯科贵族世家的康坦斯丁·列文的求婚。安娜的到来使得多丽和丈夫言归于好，却使吉提陷入了不幸。

渥伦斯基在舞会上频频向安娜献殷勤，最后竟然跟随安娜回到圣彼得堡。这使得吉提颇为伤心，也让安娜深感为难。起初，安娜一直压抑着自己的热情，但渥伦斯基狂热的爱情最终还是唤起了安娜心中沉睡已久的

《安娜·卡列尼娜》插图

爱情火种，他们俩终于不顾一切地结合了。不久，安娜就怀上了渥伦斯基的孩子。渥伦斯基要求她立刻与丈夫离婚，但安娜因舍不得长子谢辽沙而无法下定决心。

一天，安娜与丈夫卡列宁一起去观看一场盛大的赛马会。当她看到渥伦斯基在超越障碍不慎摔下马时，情不自禁地大声叫起来。安娜的失态引起了丈夫的怀疑。回家途中，安娜终于向丈夫承认了她与渥伦斯基的关系。恼怒的卡列宁权衡再三，害怕因家庭纠纷而影响自己的名誉和前途。于是他要求安娜一切维持现状，只是不许在家里接待渥伦斯基。

另一方面，求婚未成的列文回到了自己的庄园。他开始思考农业的出路问题，并决定到国外去寻求经验。归途中又恰与吉提相遇。在多丽的安排下，他们终于消除隔阂，很快就结了婚。

不久，安娜生下一名女婴，但却由于分娩时患产褥热而感染重病。病危之际，她请求丈夫能够宽恕她，并且希望他能和渥伦斯基和解。卡列宁深受感动，含泪把手伸给渥伦斯基，并主动让他留在安娜身边。而渥伦斯基也由于愧疚而深感自己的卑劣与渺小，他举枪自杀，却自杀未遂。伤愈之后的安娜和渥伦斯基又无法抑制自己的爱情之火，终于决定抛弃一切，私奔到国外去。他们在欧洲

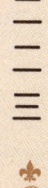

世界名著大讲堂

逍遥了3个月，在百无聊赖之际又回到国内。但此时的上流社会对他们冷眼相加，安娜更是处处遭受冷遇。渥伦斯基被社会舆论和重新踏进社交界的欲望压倒，经常为社交事宜与安娜发生口角；被冷落的安娜也非常担心渥伦斯基爱上了别的女人。一次争吵之后，渥伦斯基愤然出走，绝望的安娜终于明白了自己是一个被侮辱和被唾弃的人。她想起了第一次与渥伦斯基见面的情景，生存意志霎时消失，向正在驶来的火车扑过去。

列文和吉提的生活依然平静而幸福。虽然农业改革计划并不是很顺利，他也曾一度陷入苦闷彷徨的境遇。但他们怀着对上帝的信仰，正决心携手去体验生活的艰辛、闲暇和怡人的美。

阅读指导

《安娜·卡列尼娜》由交织着的两条主要的平行线索和一条具有联结性作用的次要线索建构而成，整体上反映了俄国在农奴制改革后"一切都翻了一个身，一切都刚刚安排下来"的那个时代在政治、经济、道德、心理等各方面的情况与冲突。通过安娜追求自由爱情这一线索，小说展示了封建主义家庭关系的瓦解和道德的沦丧；通过列文与吉提的爱情和探索农村改革出路的线索，小说描绘了资本主义势力侵入农村后，地主经济所面临的各种危机，揭示了作者执着地探求出路的痛苦心情。而多丽——奥勃朗斯基这一次要线索则将这两条主线巧妙地联结起来，使这三条线索在家庭思想上相互对应、参照，勾勒出三种不同类型的家庭模式和生活方式。作者通过这三条线索描绘了俄国从莫斯科到外省乡村广阔而丰富多彩的图景，先后描写了150多个人物，使得这部作品成为一部社会百科全书式的作品。

安娜这一叛逆的失节妇女形象在本书中占有非常重要的地位。对现代读者而言，安娜的行径可能并不意味着什么，但是在当时的情况下，这一形象却很可能被一些作家描写为不入流的货色，因此托尔斯泰对这一人物形象塑造的成功便具有特殊的意义。总的来说，安娜应该算得上是一个具有资产阶级个性解放思想的贵族妇女，她追求的虽然只是个人的爱情自由，采用的也只是个人反抗的形式，但她敢于同整个上流社会对抗，敢于做整个社会思想伦理道德的叛逆者，无疑具有非同一般的意义。当然，安娜丢弃做母亲的天职和做妻子的义务，也必然要受到一些读者的谴责。这本身就构成了安娜这一形象的复杂性。而这一复杂性显然又是与作者的思想矛盾有着一定的关联。安娜之死与列文一家最终的幸福对比也许也在某种程度上向读者暗示着什么。

从艺术成就上看，几条平行线索互相对照、相辅相成的"拱门式"结构应该可以算是作者的独创，这对后来的长篇小说创作具有非常重要的借鉴意义。此外，作者在心理描写上的细致入微、精妙绝伦以及小说中存在的大段大段的人物内心独白，无疑也是非常成功的典范。早在这本书刚出版的时代，当时的人民就已经意识到它所达到的高度是俄国文学从未达到过的。托尔斯泰不仅较

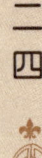

好地继承和发扬了俄国批判现实主义描写的优秀传统，也把19世纪批判现实主义艺术本身推向了最高峰，树起了一座高耸入云的丰碑。这使得这部著作在世界文学史上占有非常重要的地位。

复 活 /俄国/托尔斯泰/"心灵净化"的文学杰作

背景介绍

《复活》是托尔斯泰晚年的作品，写于1889～1899年。这篇小说集中体现了他转变后的世界观与矛盾。小说的素材来自一件真人真事，他最初的构思是写一本以忏悔为主题的道德教诲小说。然而，初稿写成以后，他颇不满意，他在1895年11月5日的日记中写道："刚去散步，忽然明白了我的《复活》写不出来的原因。……必须从农民的生活写起，他们是对象，是正面的，而其他的则是阴影，是反面的东西。"在十年的创作过程中，作者六易其稿，不断修改，扩大和深化主题思想，逐渐转向揭露社会问题；小说的篇幅也逐渐扩展，由中篇转为长篇，最后终于写成了一部长篇巨著。这部巨著体现了深刻而丰富的社会内容和鲜明的批判倾向。

名著概要

玛丝洛娃是农奴的私生女，三岁时就成了孤儿，被一个地主太太收养了，有了半婢女半养女的身份。她天真活泼，青春美丽，从小生活在乡下，长着一双羔羊般的眼睛，她本可以在乡下过一种虽然贫穷但很安稳的生活，但后来的一件事改变了她的一生。地主太太的侄子聂赫留朵夫来到乡下，他是一位贵族青年，被玛丝洛娃那种充满生气的美吸引住了，玛丝洛娃也爱上了聂赫留朵夫。他们悄悄地在山野中漫步，聂赫留朵夫对玛丝洛娃许下了许多甜蜜的诺言，答应带她回城里，并永远爱她。后来玛丝洛娃怀孕了，而聂赫留朵夫却一去不回。地主太太发现玛丝洛娃怀孕了，坚决要赶她走，玛丝洛娃苦苦哀求，但最终还是被赶了出来。

她无亲无故，无依无靠，无家可归，生活非常孤苦。在乡下时毕竟是位养女，生活稳定而且不必从事太辛苦的

《复活》插图

名家点评

托尔斯泰在自己晚期的作品里，对现代一切国家制度、教会制度、社会制度和经济制度作了激烈的批判，而这些制度所赖以建立的基础，就是群众的被奴役和贫困，就是农民和一般小业主的破产，就是从上到下充满着整个现代生活的暴力和伪善。

——列宁

工作。所以，一些工场、作坊里的艰苦劳动已不适合她，去一些有钱人家当佣人，又经常遭到主人的逼迫奸污，而且还要照顾孩子，被逼无奈，终于沦为妓女，在痛苦的深渊里挣扎了八年。即使这样仍被人冤枉，有人诬告她杀了人。在法庭审判时玛丝洛娃遇到了她少年时的情人，但她根本没认出他来，只有聂赫留朵夫认出了她。此时的聂赫留朵夫是陪审团成员，他也许良心发现，开始积极地为玛丝洛娃的悲惨遭遇奔走；法庭上诉失败后他又陪玛丝洛娃去了西伯利亚，他的行为终于感动了玛丝洛娃，使她重新爱上了他。但是为了不损害他的名誉地位，她最终拒绝和他结婚而是同一个革命者结了婚。这样，聂赫留朵夫和玛丝洛娃都达到了精神上和道德上的"复活"。

阅读指导

《复活》的情节是单线发展，但却包含着丰富的社会内容。作者沿着玛丝洛娃蒙冤下狱并被流放、聂赫留朵夫为她奔走上诉以及陪同她前往西伯利亚这条线索，以描写男女主人公的遭遇及其所处的社会环境为主，从城市到乡村、从首都到外省、从政府的办公厅到省长官邸、从贵族的厅堂到农民的茅舍、从剧院的包厢到三等客车车厢、从警察局到停尸房等各个角落，广阔而深入地反映了沙皇俄国的面貌。小说以大量的篇幅揭露俄国专制制度下法庭、监狱和政府机关的黑暗，暴露了官吏的残暴和法律的反动，而且撕下了官办教会的"慈善"面纱，暴露了神父麻痹人们的骗局，比过去的其他作品更深刻地揭露了农民贫困的根源。

昆虫记／法国／法布尔／科学与文学的完美结合

作者简介

法布尔(1823～1915)，出生在法国南部的农民家庭。他在农村度过童年，从小就对乡间的花草和虫鸟非常感兴趣。由于家中贫困，他连中学也没有读完。但他天性好学，依靠自己的努力，先后取得了数学学士学位、自然科学学士学位与自然科学博士学位。1849年，法布尔在阿雅克修中学教书，开始潜心研究昆虫的习性和生活特征。1878年，他发表《昆虫记》第一部，此后陆续出版，至1909年出完。1915年，法布尔病逝于家中。

法布尔像

名著概要

法布尔把毕生从事昆虫研究的成果和经历用大部分散文的形式记录下来，详细观察了昆虫的生活和为生活以及繁衍种族所进行的斗争，以人文精神统领自然科学的庞杂实据，虫性、人性交融，使昆虫世界成为人类获得知识、趣味、美感和思想的文学形态。

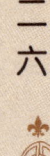

经典摘录

为了更有效地掠夺，人创造了战争这种将人们大规模杀死的"艺术"，还引以为荣地创造了绞刑这种将人们处死的"艺术"。

好运气所偏爱的，是那些有耐心的人。

机遇为偶然性所致，但只要你能沉得住气，坚持不懈地追求，它就会为你效劳。

我们应当不是把生命当作一种享乐，一种磨难，而是当作一种义务，一种只要最后期限未到我们就必须全力而尽的义务。

《昆虫记》是一本讲昆虫生活的书，涉及蜣螂、蚂蚁、西绪福斯虫等100多种昆虫，共分为10卷。在这个世界上，人类现在已知的昆虫种类约100万种，占所有已经知晓的动物种类的5/6，仍有几百万的未知晓的昆虫等待人类去发现和认知。法布尔在19世纪中期，于学校教课之余，和自己的孩子一起在田野间观察各类昆虫，为之定名，为之讴歌。法布尔也由此获得了"科学诗人""昆虫荷马""昆虫世界的维吉尔"等桂冠。

阅读指导

法布尔具有"哲学家一般的思、美术家一般的看、文学家一般的感受与抒写"，他的《昆虫记》是为昆虫谱写的生命乐章，也是一部不朽的世界名著。它将作者对昆虫的细心观察、潜心研究和人生体会熔于一炉，不仅使人们在阅读时获取相关的科学知识，而且他睿智的思想哲理跃然纸上，让读者获得一次独特的审美过程。可以说，《昆虫记》是一部有知识、有趣味、有思想、有美感的史诗性的作品。这部书自19世纪末出版以来，立刻在世界上引起一片赞叹声，先后被翻译成60多种文字，一版再版，至今在世界读书界还能引起一次又一次的轰动，堪称奇迹。法国20世纪初的著名作家、《约翰克利斯朵夫》的作者罗曼·罗兰称赞道："他观察之热情耐心、细致入微，令我钦佩，他的书堪称艺术杰作。我几年前就读过

名家点评

法布尔的书中所讲的是昆虫的生活，但我们读了却觉得比看那些无聊的小说更有趣味、更有意义。他不去做解剖和分类的工夫，却用了观察与试验的方法，实地地记录昆虫的生活现象，本能和习性之不可思议的神妙与愚蒙。我们看了小说戏剧中所描写的同类的运命，受得深切的铭感，现在见了昆虫界的这些悲喜剧，仿佛是听说远亲——的确是很远的远亲——的消息，正是一样迫切的动心，令人想起种种事情来。

——周作人

在法国十八九世纪，热衷于把自己的科学研究成果写成文学式著作的生物学家，多到不可胜数，何止法布尔一人。可是只有法布尔的《昆虫记》流传最久最广，这绝非偶然。原因就在于他怀着对渺小生命的尊重与热爱去描写（甚至歌颂）微不足道的昆虫。这就是《昆虫记》充满人情味的理由。《昆虫记》充满对昆虫的爱，对微小生命的爱，所以使广大读者深受感动。

——罗大冈

他的书，非常地喜欢。"英国生物学家达尔文夸赞道，"他是无与伦比的观察家。"当时法国和国际学术界称赞法布尔为"动物心理学的创始人"。

玩偶之家 /挪威/ 易卜生/ 女性的觉醒

作者简介

易卜生（1828～1906），挪威著名戏剧家、诗人。出生于挪威南部希恩镇一个木材商人家庭，16岁入药材店当学徒，22岁去首都奥斯陆参加社会主义者领导的工人运动并从事写作。曾长期担任剧院编导，1864年丹麦和普鲁士战争爆发后长期侨居罗马等地。他是欧洲近代现实主义戏剧的杰出代表，其突出贡献是在欧洲现实主义戏剧走向衰落，自然主义和颓废派文学十分泛滥的时代，高举现实主义和民主主义的旗帜，并创造了以设疑性构思、论辩性对白和追溯性手法为基本艺术特征的"社会问题剧"体裁。其创作实践和社会影响，足可与莎士比亚、莫里哀等戏剧大师相媲美。

易卜生像

易卜生的创作可分为3个阶段：19世纪50、60年代主要写富于爱国激情和个人"精神反叛"思想的浪漫历史剧；19世纪70、80年代主要写批判社会丑恶和宣扬个性解放的"社会问题剧"；80年代后主要写带神秘、象征色彩精神的探索剧。其中以"社会问题剧"的成就和影响最大，代表作品有《社会支柱》（1877年）、《玩偶之家》（1879年）、《群鬼》（1881年）和《人民公敌》（1882年）等。

背景介绍

易卜生曾对一个给他写传记的作者路德维希·帕萨尔格说："我所创作的一切，即使不是我亲自体验的，也是与我经历过的一切极其紧密地联系在一起的。"他的《玩偶之家》不是随意虚构的，而是现实生活的反映。易卜生有个名叫劳拉·基勒的朋友，她爱好文学，重感情，婚姻生活初期十分美满。她丈夫基勒得了肺结核，医生劝劳拉让她丈夫去南部欧洲疗养，否则病情不但会加重，而且有性命危险。劳拉瞒了丈夫向友人借了一笔钱，为了推迟债期又伪造了保人签字。丈夫病治好后，知道真相，大发雷霆，谴责劳拉的所作所为败坏了他的名誉，毁了他的前途。劳拉一片深情却得到如此报应，她受不了这无情的打击，精神失常。基勒同她离了婚，一度被亲友们羡慕的家庭就此完结。易卜生根据劳拉这个原型，用深刻尖锐的批判精神和高度的艺术技巧塑造了娜拉这个形象。

名著概要

圣诞节前一天，娜拉仍忙于进行最后的采购。因为这是她结婚以来第一个不

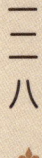

用精打细算的圣诞节。她丈夫海尔茂刚刚被任命为一家银行的经理，这样新年一过，他们就不会再愁没有钱花了。娜拉与丈夫结婚8年，育有3个孩子，她的丈夫海尔茂是一位抱着"不论再穷，也不愿负债"观念的脚踏实地之人。娜拉一直相信丈夫深爱自己，而自己亦爱着海尔茂。不过，海尔茂对娜拉的看法跟娜拉的父亲非常相似，也就是说都把她当作一个可爱的玩物而已。但总的看来，这个家庭似乎有着光明的前途。

然而娜拉始终有一件事情瞒着自己的丈夫。这件事发生在他们婚后不久，当时她刚生下第一个孩子，海尔茂害了一场病。医生说他如果不立即出国就会死去。娜拉走投无路，于是，她便做了当时唯一能做的事，即瞒着丈夫假冒父亲的签字私下向一位名叫克勒克斯达的放债人借了一笔款子，供海尔茂到意大利去疗养。为了偿还这笔款子，娜拉一方面自家庭生活费中节省，另一方面瞒着海尔茂，偷偷地做了些副业，就这样一点一滴地偿还。但在她心中却认为这么做是自己"骄傲"和"快乐的秘密"。

克勒克斯达现在正在海尔茂担任经理的那家银行里做事，他决心要利用海尔茂为自己开路，但海尔茂讨厌克勒克斯达并决心要把他解雇。因此克勒克斯达便找到娜拉并威胁她，一旦他被解雇，他就要说出娜拉犯伪证的罪名以此来报复她和她丈夫。这突如其来的变故把娜拉吓慌了；她恳求海尔茂恢复克勒克斯达的职位，但却无济于事，他仍然发出了解雇克勒克斯达的通知书。于是克勒克斯达便写信给海尔茂，揭露了伪造签字的详细过程。知道这件事后，海尔茂非常愤怒，用尽一切尖酸刻薄的话羞辱娜拉。后来在娜拉好友琳狄夫人的调解下，克勒克斯达撤回了对海尔茂夫妇的指控。这时，海尔茂的态度来了个一百八十度的大转弯。他宽慰地舒了一口气，又夸夸其谈地说自己得救了，并希望再度成为娜拉温柔、忠实的"保护者"。但是娜拉已经认清了丈夫的庐山真面目，她提醒他说，婚姻必须建立在平等的基础上，并宣布她要离开这个家，一去不复返。她将结婚戒指还给丈夫，留下孩子便离家出走了，从此脱离有如玩偶般的妻子生活；并且强烈自觉到在为人妻或成为女人之前，应先"做一个真正的人"。

阅读指导

易卜生一生最关心的社会问题之一就是妇女问题，他主张妇女解放。他在1885年的一次演说中说："现在的欧洲，正准备着改造社会关系；这种改造，主要是解决工人和妇女前途的问题。我等着这个改造，我为这个改造而兴奋，我愿意用我终生的一切力量为这个改造而行动。"因此我们可以认为，《玩偶之家》一剧的创作，恰恰就是这种诺言的具体体现之一。

这个剧本也是使易卜生闻名全世界的剧本，作者创作这部社会问题剧显然是想通过女主人公娜拉与丈夫海尔茂之间由相亲相爱转为决裂的过程来探讨资产阶级的婚姻问题，借以暴露男权社会与妇女解放之间的矛盾冲突，进而向资产阶级社会的宗教、法律、道德提出挑战，激励人们尤其是妇女挣脱传统观念的束缚，

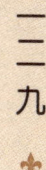

为争取自由平等而斗争。因此剧本上演以后，立刻引起轰动。然而从娜拉的出走来看，作者虽然在作品中提出了问题，但是也没有指出正确的斗争道路。因为娜拉要真正取得独立，光凭一点反叛精神是不行的。只有首先在经济上取得独立，才能争取独立的人格。而对于这个问题，恩格斯和鲁迅先生都曾发表过极为精辟的看法。

《玩偶之家》的艺术成就之一在于塑造了娜拉这一正在觉醒中的妇女形象。她醒悟之后的那番义正词严之辞，被人视为"妇女独立宣言"，表明她是一个有独立人格的女性；而她的离家出走也表明了她是一个资产阶级社会中的叛逆女性。这种叛逆在世界女性文学史上是具有标志性意义和象征意味的。此外，《玩偶之家》在戏剧艺术革新方面的成就也是举世瞩目的。它革新了欧洲近代戏剧，对现实主义的戏剧文学发展做出了重大贡献，同时还成功运用了追溯手法。这些都使易卜生的剧本呈现出与众不同的艺术特色和魅力。这部剧作在世界戏剧艺术发展史上也占有重要地位，它奠定了作者作为"现代戏剧之父"的基石。

德伯家的苔丝 / 英国 / 哈代 / 自然主义的杰作

作者简介

哈代（1840～1928），19世纪末英国杰出的批判现实主义大师。他年轻时博览群书，一心想成为一个诗人。但是作为伦敦一位建筑师的助手，他学习和从事的是建筑，还获得过一次设计奖。他的小说结构的匀称和充实，恐怕多少要归功于他在建筑学上的训练。他用了5年的时间，勤奋地写作诗歌，但在27岁时，毅然转向创作小说。两年后，他的第一篇短篇小说虽被采纳，但在梅雷迪斯的劝导下，他决定不发表。他的第一部小说《计出无奈》于1871年问世。在此后的25年里，他发表了14部小说和2本短篇小说集。《绿林荫下》（1872年）是他"在艺术上的精致完美所达到的最高峰"。《远离尘嚣》（1874年）是他的第一部受到欢迎的成功之作。此后还发表了《还乡》、名作《德伯家的苔丝》和《无名的裘德》。一直到他58岁时他的第一部诗集才出版，64岁时，他的巨著、史诗剧《列王》第一部震动了文坛。

背景介绍

《德伯家的苔丝》这篇小说描写了一个被侮辱的乡村姑娘苔丝的悲惨遭遇。苔丝是一个想凭自己的双手劳动谋生、追求个人基本幸福权力的淳朴姑娘，可是，社会的强权势力连这样的弱女子也没能放过，最终酿成了她的悲剧。小说具体生动地描写了19世纪末资本主义侵入英国农村后小农经济解体以及个体农民走向贫困和破产的痛苦过程，其强烈的反宗教、反封建道德、反资产阶级法律的倾向，在当时尽管遭到了英国上流社会的反对，但却得到了广大读者的喜爱。该小说一发表，很快就被译成多种文字，还多次被搬上荧屏，给哈代带来了世界声誉。

名家点评

艾弗·艾文斯在《英国文学简史》中说："人们看他（哈代）的小说，最终的印象是一个邪恶的命运在人们的生活中起作用，毁坏他们幸福的各种可能性，并将他们引向悲剧的结局。"

英国文学的研究者指出："哈代突破了19世纪维多利亚主义的窠白，努力用一种更高的概括来表现近代资本主义条件下人们对生活的感受，他回到了异教主义的悲剧观，与现代主义精神息息相通，成了英国小说中现代主义的一个先驱。"

名著概要

"约翰爵士"这样的称呼使马洛特村小贩约翰·德比菲尔感到莫名其妙，但当他得知自己实际上是贵族德伯家的嫡系后裔时，顿时变得趾高气扬起来。他的妻子琼是一个健壮、浅薄的女人，也是孩子们随和的母亲。当她一听说自己高贵的地位时，便立刻想入非非，暗自打算为她的年轻漂亮的女儿找一个显赫、门当户对的婆家。为了达到这个目的，她花言巧语地说服女儿苔丝到同宗的一个暴发户家去找工作。

于是，这个天真单纯的女孩子一心一意地想望改变她的家庭破落的命运，便成为一个冒牌贵族的瞎老婆子的家禽看养人，并最终成为瞎老婆子的那个年轻、放荡的流氓儿子亚历克的牺牲品。不久，这个幻想破灭的少女回到了马洛特村，阴郁地单独生活着，直到她那幼小干瘦的婴儿死去。

但是，通过几年痛苦的内心反省，苔丝决定再次离家，来到塔布塞斯当牛奶场女工。这是大牛奶场山谷里的一个肥沃的大农场。这里也有一个年轻人，他名叫安吉尔·克莱，是一位严厉而热情的守旧派牧师的小儿子。安吉尔·克莱使他的父亲十分失望，先是他不信奉国教的观点，后来又顾虑重重，不愿意当牧师。所以现在，他在成为乡绅的过程中，对各种农场进行专门研究。他有教养，有理想，富有同情心，在苔丝看来，他是像神一样的人。虽然她曾发誓不嫁，但是由于工作上不得不和他接近，他们逐渐亲密了起来，苔丝终于坠入情网。

苔丝心里有鬼，但现在却变得模糊了，直到爱情真挚的表白才使她清醒地意识到她在这个男人的世界里所处的境遇。但是她每次的退缩都在克莱的温情坚持下失败了；她所有想表白的企图都被轻轻地阻止了。最后，在她勉强订下的婚期前的那个礼拜里，她下决心写了一封四页长的自白信，慌慌张张地塞进他的门下。谁知这封信像捉弄人似的被塞到了地毯下面去了，直到举行婚礼的清晨，苔丝突然产生一种直觉，发现了信的所在，因为已经晚了，她就将它撕了。苔丝和安吉尔坐进一辆大马车时代笨重的老古董（老德伯家族罪孽传说的象征）里，来到了教堂。在他们最后离去时，

自然主义杰作《德伯家的苔丝》被搬上银幕，导演波兰斯基在其中全力模仿自然主义画家米勒。

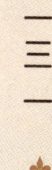

一只白公鸡啼了3次。"下午的鸡啼"，牛奶场的人们都为这个凶兆直摇头。

克莱既讲究实际又充满了浪漫之情，他把可爱的新娘带到一间旧的农舍里。这里是古老的德伯宅邸的弃屋，位于一家标准的磨坊附近。在灼热的炉火前，新郎怀着敬慕的心情紧紧握着妻子的手，叙说他曾有过与一个淫妇鬼混过48小时的越轨行为。他满怀信心地恳求她的宽恕，她非常高兴地应允了，并在心里升起一线真正的希望之光，说出了自己悲痛的经历。

一个是成年男子放荡的行径，一个是无知少女天真的受骗！然而这个男子却不能原谅这个女子！父辈严峻的法规，不公平的社会制度，把他牢牢地控制住了。宣扬人类解放的安吉尔·克莱不复存在了。一连几天，他们过着貌合神离的生活。苔丝唯一的愿望就是要取悦她所崇拜的人，从而默许了他的态度。苔丝第一次对这种不公平的遭遇做了猛烈的发泄以后，也就没有再做任何努力来为自己开脱辩解。她不再是思想纯洁、天真无邪的农家少女，而是堕落家族的残渣余孽。他们决定分手，至少是暂时地，克莱悻悻远去，苔丝又悄悄地回到家里。琼先是痛骂女儿愚蠢，不听从她不可泄露秘密的一再告诫，然后又采取听天由命、漫不经心的态度来对待这件事。但父亲在一次酒后的刺耳话语中说了一些有关家世过分骄矜的话，使苔丝傲然离开了家。她把自己一半的生活费留给父母，并告诉他们她要去找丈夫团聚。

然而苔丝下定决心，无论如何也不去克莱家求助。夏天，她很容易在农场找到工作，可是冬天一来，加上她给家里过多的生活费，她面临贫困艰难的处境。一天又一天，她漫无目标地流浪，最后来到一个白垩高地，在一大片死气沉沉的荒地上，她找到了最低下的、最艰苦的工作。雇主是一个苛刻粗暴的乡下佬，他怀着旧有的怨恨，对苔丝非常憎恶，这给苔丝更增添了10倍的困难。

一个口出狂言者得意扬扬地骂一仓房的庄稼汉万劫不复的声音使苔丝在仓房门口停了一会儿。那里麦包垒成的平台上站着亚历克·德伯，他留着假装神圣的络腮胡子，穿着半牧师式的黑服。他的兽欲变成狂热，转来转去的眼睛现在闪烁着十分正直的光芒。当她走到小路上时，他尾随而至，乞求她的宽恕，并答应给予补偿。苔丝一次又一次的严词拒绝未能制止亚历克，他整天缠住苔丝，先是用结婚证书和神圣的誓言来说服她。接着，苔丝动人的美丽使他控制不住，又燃起了旧情。他新披的宗教外衣掉下来了，改恶从善的决心化为乌有，他用尽各种伎俩诱惑苔丝。可怜绝望的苔丝，因为她的神经受过分劳累的折磨已近于麻木，一心鄙视这个男人，完全没有意识到自己处境的危险。最后，父亲的去世，全家被逐出家门，这件事终于决定了苔丝的命运。作为对无依无靠的母亲和妹妹们的最后无可挽救的补偿，她屈服了，以平静地听天由命的心情，走上了不可避免的道路，亲手杀死了亚历克。

被疾病和悔恨折磨得衰弱不堪的克莱来到桑德邦这块风光明媚的海滨胜地，寻找他失去的新娘。他终于理解到她那无边的爱和这悲惨的婚约给她带来的是什么。他张开了温柔的保护之臂。他们像两个孩子一样一同漫游在人迹未曾到过的

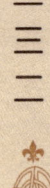

道路上，完全忘记了世界和它的惩罚。

一连 5 天，他们处在这种牧歌一般的生活状态中。第 6 天晚上，在史前巨石群中的古代异教徒的太阳神神庙的著名废墟中，苔丝半开玩笑地说要在那里求庇护。黎明时，法律的卫士们来到了，银色的地平线上朦胧出现了他们的黑影。几个法警形成一个残酷无情的包围圈，等待着初升的阳光，这残忍地使人想到往昔的献祭日，现在完全落在又一个牺牲品的身上，被所有的天神遗弃了的苔丝醒了。她平静地面对着追捕者，"我准备好了，"她说。

8 下金属的敲击声在清晨的空气中颤抖，附近小山上的一个精神恍惚的人木然凝视着一座建筑物的一间阴沉的牢房上的旗杆。对安吉尔来说，关押苔丝的监牢，在这个生死攸关的时刻，具有非常的、意义重大的吸引力。一面黑色的方旗缓缓无声地爬上了旗杆，在早晨的天空中冷飕飕地颤抖。受犯罪者的伤害更甚于自己犯罪的苔丝被处以极刑。

阅读指导

《苔丝》的副题是"一个纯洁的女人"，鲜明地表达了作者同情女主人公的人道主义立场，同时也是对资产阶级道德的一个大胆挑战。哈代还引用莎士比亚的一句话作为本书的题辞："可怜你这受了伤的名字！我的胸膛就是一张床，要给你将养。"苔丝是作者处处加以维护并塑造得十分成功的艺术形象。他赋予苔丝以劳动妇女的一切美好品质。坚强、勤劳而且富于反抗性，是她性格上的主要特征。自食其力的尊严感和意志使她在困难和磨难面前表现出无比坚强且多次"绝处逢生"。她对资产阶级社会及其虚伪的道德充满憎恶，并不断与它做斗争。她不慕虚荣，不稀罕贵族出身的祖先，坚持要用农民的姓。她对克莱的爱是真诚的、高尚的。苔丝对宗教的反抗也表现得大胆而坚决。当然，作者一方面认为苔丝是社会的牺牲品，因而他痛恨那个社会，揭露那个社会，同情女主人公；另一方面，他又认为苔丝是命运的牺牲品，进行反抗也是枉然，因而安排了她那样的结局。

娜　娜 /法国/左拉/第二帝国时期的道德败坏史

作者简介

左拉（1840～1902），19 世纪后半期法国重要的批判现实主义作家，自然主义文学理论的主要倡导者。少年时父亲早逝，家境贫寒。中学毕业后因会考失败和家境贫寒，不得不中断学业，做过打包工人和记者。1872 年成为职业作家。90 年代中，为被诬告犯叛国罪的犹太裔军官德莱弗斯辩护，对奉行民族沙文主义的资产阶级政府进行了长期斗争。

从 60 年代开始，左拉就对以龚古尔兄弟为代表的自然主义创作方法感兴趣。1864 年，他出版了早期创作的短篇小说集《给妮侬的故事》。次年又出版了第一部长篇《克洛德的忏悔》。但这些作品还脱离不开对浪漫主义作家的模仿。此后，他

开始独自摸索并提出自己的自然主义创作理论：主张以科学实验方法写作，对人物进行生理学和解剖学的分析；作家在写作时应原封不动地记录现实生活中的事实，不必掺杂主观感情。按照这种理论，从1871年开始，左拉陆续创作发表了20部长篇小说，并把它们总命名为《卢贡—马卡尔家族》。其中的代表作有《萌芽》(1885年)、《小酒店》(1877年)等。他还写了《三名城》三部曲：《卢尔德》(1894年)、《罗马》(1896年)、《巴黎》(1898年)，以及《四福音书》中的前三部：《繁殖》(1899年)、《劳动》(1901年)、《真理》(作家死后的1903年出版)。1902年9月29日，左拉因煤气中毒而逝世。1908年，法国政府以左拉生前对法国文学的卓越贡献，为他补行国葬，并使之进入伟人祠。

背景介绍

19世纪中叶，西方国家的科学技术有了很大的发展，进而大大推动了生产力的发展，人们的生活条件有了很大的改善。社会科学的各个领域也受到自然科学的影响，认为科学似乎是万能的，能解决一切问题。左拉深受时代风气的影响，提倡小说应着重写人的生理本能，写小说就像在实验室里做实验一样，不应受社会规律的支配。他强调文学创作的科学性和真实性，主张用纯客观的态度把生活中的一切细微末节精确而毫无遗漏地摄取下来，作家对社会应持超党派、超政治的客观态度，不表露自己的思想感情，也不对事物下结论。这些看法最后逐渐形成他的自然主义文学创作理论。左拉因此也成为法国自然主义文学的主要倡导者。

左拉用自然主义理论写成的小说，先是《德莱丝·拉甘》和《玛德兰·费拉》，注重于生理分析，此后，他用整整3年的时间攻读生理学，搜集与研究了大量的病例资料，然后花了25年时间创造了包括《娜娜》在内的20部自然主义代表作品《卢贡—马卡尔家族》，以亲身的实践将法国自然主义的创作推向了一个高潮。

名著概要

娜娜是《小酒店》中青年锌工古波和洗衣妇绮尔维丝的女儿，名叫安娜·古波，娜娜是她的乳名。由于家庭贫困，娜娜15岁就被迫浪迹街头，做起了巴黎街头最下等的妓女。18岁时，一家下等游艺剧院的老板博尔德纳夫看中了娜娜的相貌，将她招入剧院中。虽然娜娜实在没有一点儿艺术才能，不仅歌唱不好，一站到舞

名家点评

中国研究法国文学的著名学者柳鸣九先生认为《娜娜》"具有尖锐的揭露性，是暴露文学的一个成功的典型。作者力图通过娜娜的沉浮兴衰，表现第二帝国时期那种令人难以置信的糜烂，暴露娼妓社会所赖以存在的资产阶级上流社会的淫乱与腐朽"。这种看法反映了这部作品的主题之一。而1981年4月5日，法国《世界报》曾发表评论，认为左拉在《娜娜》中"非常真实地描写的19世纪那个巨变的时代，到今天还没有过时，他描绘的那些人物所遇到的一些问题，也正是我们今天所遇到的"。可见《娜娜》的价值已经超越时代的界限而具有了更普遍的意义。

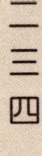

台上连手脚都不知道怎么放。但是老板自有他的道理，他给娜娜想出了一个裸体表演的鬼主意，一下子就轰动了整个巴黎。

娜娜的艳名传出去之后，上流社会的"绅士"们纷纷成为她的入幕之宾。老妇人拉特里贡经常来给她拉皮条，而娜娜似乎也很喜欢这样的纸醉金迷生活。刚开始时，公子哥儿达盖内与她相好，并情愿为她大约挥霍了30万法郎。不过这个浪荡公子不幸在一场股票交易中破了产，最后实在没钱来讨取娜娜的欢心。于是娜娜又把目光转向银行家斯泰内。斯泰内特意为她在巴黎的郊外购置了一幢别墅，妄图"金屋藏娇"。然而斯泰内满足不了她的欲望，于是她又在那里偷偷接待贵族小少爷乔治·于贡与拿破仑三世的内侍长米法伯爵。米法伯爵出身名门，他继承了大笔财产，有荣誉也有地位，并且拥有美丽的妻子，然而他也被娜娜弄得神魂颠倒。所以当斯泰内破产后，米法伯爵理所当然地成为娜娜的新宠。虽然娜娜也被他的狂热、彬彬有礼以及帝国官员的大家风范吸引，但对她来说，米法与其他男人没什么区别。娜娜大肆挥霍他的钱财，还嘲笑他的富有。与此同时，丑角演员丰唐进入了娜娜的视野。娜娜与他相好之后，将米法伯爵毫不客气地赶出家门。她决定与丰唐过真正的家庭生活。

结婚后的丰唐原形毕露，不仅到处拈花惹草，还经常虐待、殴打娜娜。无奈之下，娜娜不得不再次沦为娼妓。她想尽办法与米法伯爵和好，并凭借他的财产重新过上了穷奢极欲的生活。这一次，娜娜玩弄那些上流社会的色鬼更加变本加厉，但依然有大批男人趋之若鹜。有一天，娜娜突然失踪，人们纷纷传说她在国外的艳遇。直到有一天，她听说儿子感染天花，于是回来看望自己的儿子，不料也不幸染上了天花，不久病死在一家旅馆里。

阅读指导

《娜娜》是左拉的自然主义家族史小说《卢贡—马卡尔家族》中的第9部，也是影响最大的5部长篇之一。提到《娜娜》这部书，很多人都会想到易卜生《玩偶之家》中的娜拉。实际上左拉这部书中女主角的命运，很类似于小仲马所写的《茶花女》。而这一个题材，正如恩格斯所说："一个无产阶级少女，被资产阶级男人引诱，以至失足泥泽的故事，是世界各国文学中长盛不衰的话题。"在左拉笔下，娜娜虽然是一个轻浮放荡、穷奢极侈、挥金如土的妓女，但她并不是从一开始就愿意过这种生活。当她遇见丰唐，那些沉睡的感情似乎全部苏醒，她希望像普通女孩一样有自己的家庭，过上幸福的生活。婚后，她断绝了与所有情人的关系，不愿再去演戏，甚至还嫌雇人花费太大，自己亲自做家务，像家庭主妇一样到市场买菜。她在儿子小路易的身上，倾注纯真的母爱，最后也是因为儿子染上天花。她同情穷人，正是因为她饱尝过没钱的艰辛，故事开始时候，她还不甚有钱，却把身上所有的钱捐献出去。因此，探讨这样一个风尘女子的堕落史，便具有了一定的社会现实意义。

在作者看来，女主人公娜娜之所以会变成一个淫荡的娼妓，"落在谁身上就

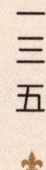

把谁毒死",是因为"遗传因素造成的"。由于遗传,娜娜"在生理上与神经上形成一种性欲本能特别旺盛的变态",这一点,左拉在这部小说中多处提到。但作者的写实同样也在告诉我们,这个女子是如何由一个普通的受生活所迫而卖身的下层妓女而一跃成为大红大紫的高级应召女郎。她周旋在男人中间,被有钱人包养,也曾视男人为玩偶。当她唯一为之付出一切的婚姻彻底失败时,她又一次沦为妓女。这一次,她日复一日地重复以前,甚至变本加厉,一旦发觉这些愿意为她付出一切的男人一无所有时便毫不犹豫地弃他而去。不要忘记,这些故事大多发生在所谓的上流社会,促使娜娜"成名"、背叛、玩弄与被玩弄的正是整个资产阶级上流社会的荒淫与糜烂。他们虽然身份不同,性格各异,但都有一个共同的爱好,那就是贪恋肉欲,甚至为之不惜倾家荡产。所以,《娜娜》所写的虽然是一个妓女的堕落史,实际上却是第二帝国时期整个上流社会达官贵人的道德败坏史,预示着第二帝国正在走向深渊,走向崩溃,走向灭亡。

从艺术上看,自然主义的笔法在该书中得到较明显的体现。书中对于场景的描写和渲染仿佛令人置身现场,同时对于人物心理活动的描写也比较细微。这些都显出作者对于生活的仔细观察和描写功力。当然,过于细致直白的描绘和大段大段冗长的议论也使得整部作品在某些环节显得有些拖沓。但总的来说,这本书不失为一部成功的作品,因此一经发表就造成巨大的轰动,且若干年来一直备受读者的喜爱。

羊脂球 /法国/莫泊桑/欧洲短篇小说杰作

作者简介

莫泊桑(1850~1893),法国作家,生于法国西北部诺曼底省的一个没落贵族家庭。1870年到巴黎攻读法学,适逢普法战争爆发,遂应征入伍。退伍后,先后在海军部和教育部任职。19世纪70年代是他文学创作的重要准备阶段,他受老师、诗人路易·布那的影响,开始多种体裁的文学习作。后在福楼拜亲自指导下练习写作,参加了以左拉为首的自然主义作家集团的活动,并以《羊脂球》(1880年)入选《梅塘晚会》短篇小说集而一举登上法国文坛。莫泊桑的文学成就以短篇小说最为突出,他共创作了350多篇中短篇小说,有世界"短篇小说之王"的美称。他擅长从平凡琐屑的事物中截取富有典型意义的片断,以小见大地概括出生活的真实。他的短篇小说侧重摹写人情世态,构思布局别具匠心,细节描写、人物语言和故事结尾均有独到之处。除了《羊脂球》这一短篇文库中的珍品之外,莫泊桑还创作了包括《一家人》(1881年)、《我的叔叔于勒》(1883年)、《米隆老爹》(1883年)、《两个朋友》(1883年)、《项链》(1884年)等在内的一大批思想性和艺术性完美结合的短篇佳作。

莫泊桑像

经典摘录

无论是地震能使坍塌的房子去覆灭整个的民族,无论是江河决口能使落水的农人同着牛的尸体和冲散的栋梁一块儿漂流,无论是打了胜仗的军队屠杀并且俘虏那些自卫的人,又用刀神的名义实行抢劫并且用炮声向神灵表示谢意,同样是使人恐怖的天灾,同样破坏任何对于永恒公理的信仰,破坏我们那种通过教育对于上苍的保护和人类的理智而起的信任心。

● 相关链接 ●

1879年,以左拉为首的6位标榜自然主义的作家在梅塘别墅聚会谈艺,形成一个引人瞩目的文艺界沙龙,莫泊桑也参与其中。他们商议各人以普法战争为题材写一篇作品,后来汇集为中短篇小说集《梅塘之夜》。在这之前,莫泊桑写出了大量的习作,但他的老师福楼拜都不让他发表,并告诫他,过早结了果的果树绝不会有盛果期的。而在这时,他写出了《羊脂球》,一向严格的福楼拜大为惊叹,并许为杰作。于是,这篇作品一问世,一个震惊欧洲的伟大短篇小说家就诞生了。

莫泊桑的长篇小说也取得比较高的成就。他共创作了6部长篇:《一生》(1883年)、《漂亮朋友》(又译《俊友》,1885年)、《温泉》(1886年)、《皮埃尔和若望》(1887年)、《像死一般坚强》(1889年)和《我们的心》(1890年),其中前两部已列入世界长篇小说名著之林。

背景介绍

1870年,普法战争爆发。这一场战争不仅影响了莫泊桑的人生道路,而且也从更深刻的意义上影响了他的文学世界。几乎所有的法国人都在思考,为什么强大的法兰西会在普鲁士面前一败涂地,许多有良知、有爱国热情的作家也创作出了以此为题材的作品。莫泊桑的这部成名作就正是他思索的结果。在作品中,他不但揭露了普鲁士侵略者的凶残与荒淫,也向大家揭示了法国上层人士的无耻嘴脸。

名著概要

普法战争期间,普鲁士军队占领了卢昂,他们给这个城市带来了骚乱与恐慌。这时,有十名居民弄到了通行证,他们一起乘上了一辆马车,准备逃到还未被占领的哈佛港去。这十人中有暴发户、奸商"鸟先生"与他的夫人,有阴险的资本家加雷拉玛东与他漂亮的妻子,有布雷维尔伯爵夫妇,还有两个修女和一个浪荡子高尼岱,最后一个便是绰号"羊脂球"的妓女。刚开始,这些上流社会的人对羊脂球都非常鄙视,不屑一顾,然而,他们都没带食物,只好相继放下架子吃了羊脂球所带的食物。来到多特,他们住进了旅馆,普鲁士军官看了通行证,但仍极不客气。

后来,一个军官想要和羊脂球睡觉,但遭到了拒绝。于是,那位军官就不让他们出发。刚听到这个消息,大家都极为愤怒,大骂那个军官不是东西。但到了第二天,他们就迁怒于羊脂球,甚至觉得正是这个女人才害得他们待在这个危险的地方,后来他们竟商量怎样把羊脂球弄给那个军官。于是他们绞尽脑汁,暗示

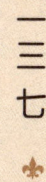

羊脂球为了爱国而应当献身，后来，两个修女也加入了诱劝的行列。最后，羊脂球终于答应了。

第二天他们便上路了，然而大家突然都不理羊脂球了，似乎她极肮脏。过了一会儿，大家都饿了，他们开始吃自己准备的丰盛食物，而羊脂球这次则因为慌张匆忙，什么也没有准备，但他们谁也不理她。这时，高尼岱吹起口哨来，那是《马赛曲》的调子，这使得那些道貌岸然的人很不舒服，但又毫无办法。他就这样一遍又一遍地吹下去，中间不时送出一阵羊脂球抑制不住的哭声。

阅读指导

福楼拜对莫泊桑的创作有着巨大而深刻的影响，其中最为重要的就是他反复向莫泊桑强调灌输的"一字法"。他告诫莫泊桑说："无论你所要讲的东西是什么，真正能够表现它的句子只有一句，真正适用的动词和形容词也只有一个，就是那最准确的一句、一个动词和形容词……而你必须把唯一的句子、唯一的动词、唯一的形容词找出来。"莫泊桑的这部作品就是在这种艰苦的文学劳作下产生的，虽然翻译会使这种味道损失一部分，但我们认真阅读，还是能体会到他用词的精准与传神。

漂亮朋友 / 法国 / 莫泊桑 / 精雕细琢的社会小说杰作

背景介绍

在对莫泊桑文学创作有影响的几个人中，福楼拜无疑是最为重要也最有名的一位。1878年，当莫泊桑还只是利用教育部工作之余开始从事写作时，大文学家福楼拜就成为莫泊桑文学上的导师，他们两人结下了亲如父子的师徒关系。福楼拜决心把自己创作的经验传授给莫泊桑，对他要求十分严格。莫泊桑非常尊重严师的教诲，认真观察生活，勤奋写作，并且每篇习作都要送给福楼拜审阅。福楼拜一丝不苟地为他修改习作，对莫泊桑的不少作品表示赞赏，但劝他不要急于发表。因此，在19世纪70年代里，莫泊桑的著述虽然很多，但发表的却很少。

名著概要

从非洲服役归来的下级军官杜洛阿原是乡镇穷酒店老板的儿子。他曾在法国驻非洲的殖民军中当过两年兵，役满后，来到巴黎，在一个铁路局里当职员。可惜他每月收入很低，口袋里的钱只够他吃两顿饱饭。正当他感到踌躇不安时，他遇见了过去在军队中认识的朋友管森林。

管森林已经娶了亲并且做了新闻记者，在《法兰西生活》日报主编政治新闻。他见杜洛阿日子过得不如意，便邀请他参加他的新闻事业，所得的报酬比他现在当职员要高得多，而且还邀请他参加总经理的晚宴。杜洛阿满口答应了。然后，他用从管森林那里借来的钱纵情玩乐了一番，并租了套赴宴的礼服开始装扮起来。

名家点评

　　1893年7月，左拉在莫泊桑葬礼的悼词中说："他文思敏捷，成就卓著，不满足于单一的写作，充分享受人生的欢乐。"这代表了当时那一代人对于莫泊桑文学才华的充分肯定。正因为作者既具有文学天赋，又非常勤奋创作，所以才被誉为是一个"卓越超群、完美无缺的文学巨匠"。对于《漂亮朋友》这部长篇小说，历来持肯定意见的评论家都有不少。例如法国著名文学评论家安德烈·维亚尔在《莫泊桑与小说艺术》中认为："《漂亮朋友》产生在标志着第三共和国历史特点的投机活动第一个重要时期最辉煌的时刻，堪称是这一时期重大事件所孕育的杰作。" 恩格斯也充分看到了这部小说具有巨大的认识价值，所以曾表示要向莫泊桑"脱帽致敬"。

好在他有着出众的军人气质，因此自信对太太们有着一定的吸引力。

　　在宴会上，杜洛阿找着一个机会，用相当夸张的手法，大谈军队里的奇闻轶事、阿拉伯的风俗特点和战场的冒险经历，引起了太太们的注意和报馆总经理洼勒兑尔的兴趣。管森林趁机向经理推荐要杜洛阿先写一组关于阿尔及利亚的杂感试试，并要求他在文章里掺入殖民问题。老板娘洼勒兑尔太太则给文章确定了一个漂亮的标题——《一个非洲猎人的回忆》。

　　杜洛阿回到家里便提笔写作，可是不学无术的他一个字也写不出来。无奈之下便去找管森林帮忙，聪明俏皮的管森林太太帮他杜撰了一篇奇特的猎人回忆。第二天文章发表，杜洛阿得意忘形，他辞去了科员差事，并为自己印了许多名片。当他正式到报社上班时，他受到另一位记者"老法螺"的启发，学会了种种捏造、欺骗的手段，并开始刺探各家戏院的内幕和一些政治内幕。没过多久，他就成了一个引人注意的人物。

　　两个月过去了，杜洛阿希望的那种名利双收的好运并没有到来。他拿不准哪个妇女对他前程有帮助，并为此焦躁不安。他首先勾搭上了马莱勒太太。马莱勒太太的女儿珞琳叫他为"漂亮朋友"。从此，他便得了这个雅号，人们也都这样称呼他了。不久，管森林病重，杜洛阿在报社中取得了更重要的地位，并在一次强充好汉的决斗中，侥幸成了维护报社名誉的"英雄"。管森林死后，他感觉管森林太太玛德来茵对他有用，便和她定协议结了婚。他们合写的有关摩洛哥的政治评论，获得很大的成功。但杜洛阿并不满足于在报社现有的地位，他又勾引总经理太太成了他的情妇。

　　杜洛阿夫妇在摩洛哥事件上大做文章，致使内阁改组，日报也成了新内阁的代言机关。这时，一位和玛德来茵有密切关系的伯爵去世，留下百万遗产给她。杜洛阿趁机要胁，分得了一半的巨款。但这和报社老板们在公债上赚到的三四千万法郎相比，还只是个小数目。他看上了老板的小女儿，决心用

《漂亮朋友》电影剧照

她做赌注来赢取一个美好的未来，于是他打定主意和玛德来茵离婚，并用"捉奸"的方式完成了自己的心愿。

离婚之后，杜洛阿引诱西茶茵一道私奔，迫使老板应允了婚事。在结婚典礼上，主教高声赞美杜洛阿是世界上"最富又最受人尊敬的人之列的人"。杜洛阿听了顿时感到飘飘然起来。此时他已经以男爵的名誉担任了《法兰西生活日报》的总编辑，掌握了报社的实权。杜洛阿眼望参观典礼的群众，确信自己不久就会跳到众议院里去，觉得自己将变成这个世界的主人和统治者。

阅读指导

莫泊桑是世界上数一数二的短篇小说大师，他在长篇小说创作上的成就往往因此而被湮没。他的中短篇小说大获成功之后，作者并不满足于在这方面所取得的成就，决心从更广阔的背景上去反映社会现实，于是他开始创作长篇小说。如果说，他的第一部长篇《一生》仍然局限在个人生活这个较狭窄的范围内，那么，他在 1885 年发表的第二部长篇《漂亮朋友》就把目光投向新闻界和政界，具有丰富得多的内容，堪称一部揭露深刻、讽刺犀利的社会小说。所以小说发表之后，它的尖锐揭露立即引起了强烈反响，有人攻击莫泊桑在影射某份报纸及其主编。莫泊桑则作了针锋相对的回答，指出报纸的势力伸展到四面八方，"在那里可以找到一切，也可以利用它无所不为"。由此可见这部小说在当时所引起的巨大影响。

《漂亮朋友》的成功之处还在于给我们塑造了杜洛阿这一具有典型性的野心家和冒险家形象。他不学无术，仅依靠自己的美貌和卑劣的手段取得上流女性信赖，从而一心钻营进入上流社会，并最终成为百万富翁的女婿，进入政界。杜洛阿的发迹之路在当时具有一定的代表性。我们应该看到，给他创造如此飞黄腾达条件的正是当时腐朽没落的资产阶级上层社会，是巴黎这个"冒险家的乐园"熏陶了这样一位"小人物"。从这个角度来看，杜洛阿的形象与《红与黑》中的于连以及巴尔扎克在《幻灭》中描写的青年野心家吕西安都有一定的相似性，不同的是他们最终都失败了，而杜洛阿却一直飞黄腾达。因此他可以算是资产阶级政客的典型。

从创作手法上看，莫泊桑继承并发展了福楼拜自然主义的写作手法，但他又不像一般的作家那样仅仅把现实中的生活忠实地记录下来，而是对其做更加深入的剖析和描绘，所以创造出来的形象总是比别人更加典型和深刻。这种风格也使他的语言总是简洁而准确，在看似朴素的白描中隐含着深邃的内容。但这部作品也有一些不足，例如对于男女关系的描写以及悲观宿命的思想，都让人略微感到有些白璧微瑕。但总的来说，这部作品无愧于世界文学名著的称誉。

契诃夫短篇小说选 / 俄国 / 契诃夫 / 俄国批判现实主义短篇小说杰作

作者简介

契诃夫（1866～1904），俄国 19 世纪末期批判现实主义作家，以短篇小说

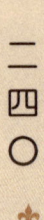

闻名于世。他生于破落小商人家庭。1880年进入莫斯科大学医学系，毕业后行医多年，接触过俄国社会各阶层的人物。1890年到过流放犯人的库页岛，亲自体会到人民的一些疾苦。契诃夫的创作生涯始于19世纪80年代初，他写了大量中、短篇小说和一些剧本。1900年，他当选为科学院名誉院士。1902年，他放弃学位以抗议沙皇对高尔基的处罚。1904年7月15日因病去世。契诃夫的中、短篇小说共470多篇，大多数是短篇。他的作品有《小公务员之死》《第六病室》《套中人》《樱桃园》等。契诃夫以卓越的讽刺幽默才华为世界文学留下了不朽的篇章。

契诃夫像

背景介绍

19世纪80年代正是沙皇政府镇压民粹派，为防范革命活动而公开实行高压政策的时期。在白色恐怖的强大压力下，很多进步杂志被迫停刊，只有一些"为笑而笑"的庸俗刊物才能合法出版。契诃夫早期的一些作品有相当一部分内容具有深刻的社会意义，这些作品可分为两类：一类是表面上写俄国社会生活中的笑话，实际上却无情地嘲笑和揭露了专制警察制和小市民的奴性心理，如《小公务员之死》《变色龙》等；另一类是反映劳动人民的贫困生活的，如《哀伤》《苦恼》等。

名著概要

这部短篇小说集收集了包括《变色龙》《套中人》《第六病室》等在内的17篇短篇小说，以创作时间为序，全面展现了契诃夫不同时期的艺术成就。其中《变色龙》《套中人》《第六病室》最为出名。

《变色龙》写于1884年，描写了警官奥楚蔑洛夫在广场上处理一个人被狗咬伤手指头的案件。一开始他摆出架势，扬言要给狗的主人一点颜色看看。但当有人小声地说这狗是将军家的时候，他就马上改变腔调，对狗大加袒护，并且反过来批评被狗咬伤手指头的人。可是又有人低声地说这狗不是将军家的，他又改变了面孔，说要为那人报仇，让那些随便放狗出来的人知道他的厉害。作品通过一个极小的片段，真实地展现了奥楚蔑洛夫的作为奴才的本性：欺压百姓、阿谀奉承。

《套中人》写于1898年，契诃夫着重使用艺术夸张的手法，通过具有象征意义的"套子"，从外表、生活习惯、思想方式乃至婚事突出刻画了别里科夫这个在当时沙皇专制警察制度下胆小怕事的庸人的典型形象。

《第六病室》是契诃夫流放库页岛之行的产物。它描写了在外省医院里发生的一个小故事，

> **名家点评**
>
> 我在他的每一个幽默短篇小说中都听见一颗纯真的心所发出的平静而深沉的叹息，这是一个对那些不善于尊重自己人格的人们寄于满怀同情的人所表露的失望和叹息。
> ——高尔基

这所医院里的第六病室是专住"精神病患者"的，病室里阴暗潮湿、混乱不堪，看门人像狱吏一样肆意地殴打病人，残酷地克扣病人的食物。"患者"来到这里，得到的根本不是治疗，而是非人的虐待。虽然有人对此不满，但他信奉"不以暴力抗恶"的理论，所以只能不闻不问。当这个人了解到被关进来的人并不是真正的疯子时，当局已经将他定性为"疯子"了，把他也关了起来，并实行了同样残酷的虐待。这时他才明白所谓"不以暴力抗恶"理论在当时的荒谬。但这已经晚了，他第二天就含恨离开了这个世界。

阅读指导

契诃夫的小说分为三类：一是早期的幽默滑稽类，如《变色龙》；二是中期的民生疾苦类，如《万卡》；三是后期的抗议控诉类，如《第六病室》。契诃夫出身寒微且自强、自尊、自重，他的幽默、滑稽和讽刺，形成于他对周遭小市民环境的警惕和批判。他关注更多的是一些小人物的鄙俗，如《变色龙》嘲讽、挖苦一些小人物身上的十足奴性；《跳来跳去的女人》讽刺女性市侩身上虚假的浪漫主义，等等。他的小说描写的多是阴暗或灰色的生活，并且流露出明显的抑郁忧伤的调子，但这并不能表明作者是一个悲观主义者。相反，他对祖国人民的前途是充满信心的，他对劳动者的优良品质是积极歌颂的，而他在对丑恶生活的暴露上、对人民消极面的揭露上是为了向人民说明除旧布新的必要。当然由于世界观的局限，他并未塑造出革命者的形象，但是他的短篇小说的创作经验仍有许多地方值得借鉴。如在选材方面，他善于从日常生活中习见的人和事取材，通过一些平凡小事说明大道理。另外，浓郁的抒情风格也是契诃夫短篇小说的一大创造，如《万卡》等开了短篇抒情小说的先河。

哈克贝里·费恩历险记 /美国/马克·吐温/对社会秩序的挑战

作者简介

马克·吐温（1835～1910），本名塞谬尔·朗赫恩·克莱门斯。他出生于密西西比河畔小城汉尼拔的一个乡村贫穷律师家庭，从小出外拜师学艺，当过排字工人、密西西比河水手、南军士兵，还经营过木材业、矿业和出版业，但正式的工作是当记者和写作幽默文学。马克·吐温是美国批判现实主义文学的奠基人，世界著名的短篇小说大师。他经历了美国从"自由"资本主义到帝国主义的发展过程，其思想和创作也表现为从轻快调笑到辛辣讽刺再到悲观厌世的发展阶段。马克·吐温的成名之作是发表于1867年的《卡拉韦拉斯县驰名的跳蛙》。他的早期创作，如短篇小

马克·吐温像

说《竞选州长》(1870 年)、《哥尔斯密的朋友再度出洋》(1870 年) 等,以幽默、诙谐的笔法嘲笑美国"民主选举"的荒谬和"民主天堂"的本质。中期作品,如长篇小说《镀金时代》(1874 年,与华纳合写)、代表作长篇小说《哈克贝里·费恩历险记》(1886 年) 及《傻瓜威尔逊》(1893 年) 等,则以深沉、辛辣的笔调讽刺和揭露像瘟疫般盛行于美国的投机、拜金狂热,及暗无天日的社会现实与惨无人道的种族歧视。19 世纪末,随着美国进入帝国主义发展阶段,马克·吐温一些游记、杂文、政论,如《赤道环行记》(1897 年)、中篇小说《败坏了哈德莱堡的人》(1900 年)、《神秘来客》(1916 年) 等的批判揭露意义也逐渐减弱,而绝望神秘情绪则有所增长。马克·吐温被誉为"美国文学中的林肯"。

背景介绍

哈克贝里·费恩是活跃在《汤姆·索亚历险记》和《哈克贝里·费恩历险记》中的主人公。马克·吐温自称,"费恩"这个姓,取自他幼年时的老家密苏里州汉尼拔小镇上一个流浪汉醉鬼的姓,但性格上的原型是另一个流浪汉的,吐温赞他是新区内"唯一一个真正特立独行的人物";而哈克贝里则是一种野生的浆果,可做啤酒。吐温为本书主人公取这个名,可见赋予主人公粗犷色彩与平民色彩。哈克贝里之所以具有反抗以至叛逆性格,显然不是偶然的。还有一种说法认为,马克·吐温为本书主人公取名"哈克贝里·费恩"是因为这个名字发音与他自己的姓名发音相近。"哈克"发音与"马克"相近;"费恩"发音与"吐温"相近 。哈克贝里·费恩与马克·吐温当然不能等同,但又血肉相连,在某种程度上,他们二者是心灵相通的。不少资料表明,乡下孩子出身、自学成才的马克·吐温对本书主人公心灵的塑造倾注了心血,其取名是深思熟虑,意味深长的。

名著概要

该书紧接着《汤姆·索亚历险记》的故事而来。汤姆·索亚和哈克贝里·费恩这两个小顽童在贫穷的圣·彼得士堡小村子里发动了一场大骚动。他们两人在马库他耳洞窟内玩耍时,发现了凶恶的杀人犯英姜乔的尸骨和一大箱金币。这笔巨款是由英姜乔抢得并藏在洞窟内的,只是因为他找不到出口才在洞窟内活活饿死。汤姆和哈克平分了那笔巨款,他们都成为有钱人了,因此一下子就在村子里引起轰动。

道格拉斯寡妇决定收养哈克这个流浪顽童,并说等她筹足钱后就让他做小买卖,当然哈克的钱也被她收去了。哈克虽然住在道格拉斯家中,但是天生的野性使他无法忍受道格拉斯的严厉管教,他过不惯体面人的生活,所以经常离家出走。刚好这时有一位从没露面却自称是哈克的父亲的人,要带走哈克并要回那笔钱。这个人是个酒鬼流氓,他每次酒醉后都要闹事。村人们为此大伤脑筋,最后终于答应让他带走哈克和那笔钱。谁料这个人却将可怜的哈克关在伊利诺伊州附近的一处古老的小木屋里,不过聪明的哈克还是有办法,他利用密西西比河涨潮的机会顺利逃走了。

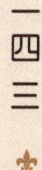

哈克逃到杰克逊岛避难，在这个岛上他无意中遇见道格拉斯寡妇妹妹的黑人奴隶吉姆。吉姆也是因为无法忍受沉重的工作而逃到杰克逊岛来的。他们两个人就一起躲在岛上生活，后来发现有人来搜索，便乘着竹筏准备逃到对岸的自由区去。可惜他们的竹筏却在航行的途中和蒸汽轮船撞上了，哈克和吉姆都掉到河里。一位富有的商人救起了哈克，但是后来他们卷入到一系列的纷争和枪击事件中。不久哈克和吉姆又再次见面，但是他们这一次又很不幸地被两位自称是"年轻的公爵"和"老国王"的江湖郎中所骗。这两个骗子教哈克和吉姆各种骗钱的把戏，让他们到各城市去传教骗钱，或是到乡间去愚弄乡民等，有时遇到有人死亡还让他们到死人家中诈骗钱财，真是无所不用其极。后来哈克好不容易才逃回到船上，但是他却没找到吉姆，因为吉姆已经被"老国王"卖到菲尔富士农夫家中去了。哈克知道这件事后就和汤姆商量如何救出吉姆。经过一番惊险的行动，他们终于成功地带领吉姆逃出菲尔富士家。但是在逃亡途中，汤姆的脚却不幸被枪击中了，伤势很严重，只好让吉姆陪他到镇上治疗，一不小心吉姆又被捉走了。这个时候菲尔富士太太也就是汤姆的叔母玻莉来到了镇上。她带来消息说：道格拉斯寡妇的妹妹已经死了。她在遗嘱里答应消除吉姆的奴隶身份，恢复吉姆为自由身。而哈克的父亲也死了，他也恢复自由身。不过这次他要由玻莉叔母收养。哈克曾经在道格拉斯寡妇那儿吃过苦头，对于这种被文明人士教养的经验，他实在受不了。

阅读指导

《哈克贝里·费恩历险记》自发表以来深受世界各国人民的喜爱，其奥妙就在于它给美国和世界各国的读者打开了一个独特的富于美国式幽默气质的心灵世界，一个西部开发时期千千万万普通老百姓进行豪迈拓殖时幽默气质的心灵世界。作者将儿童的历险与广阔的社会现实联系起来，使得全篇的现实主义描绘与传奇式的浪漫主义抒情结合起来，其中又不乏尖锐深刻的揭露和幽默辛辣的讽刺，这形成了马克·吐温独具的幽默艺术风格。书中还经常出现很多生动形象的方言俚语，为作品平添了许多情趣。由于该书的创作正值作者创作巅峰时期，因此我们完全可以从这本书中充分领略到马克·吐温的幽默讽刺艺术。

哈克贝里·费恩的形象也给人们留下了深刻的印象，很多人认为这个孩子正是密西西比河的精神所寄托的象征，具有一种史诗般的英雄主义倾向。从另一方面来看，这个人物也反映了作者对自由的追寻和对逝去童年时代的美好向往。而下层人民出身的哈克所梦想的这种自由，这种"新的文化"，恰恰也是作者自己从人生经历和美国社会历史发展当中提炼出来的，因此他显然又具有一种文化意义上的价值。

在该书的众多主题当中，反对种族歧视也是一个非常重要的主题。作者从人道主义出发，以同情的笔调塑造了吉姆这一黑奴形象，对处在奴隶地位的黑人悲惨生活也作了一定的揭露。这反映了作者的进步思想倾向。凡此种种，都使该书成就了其在美国文学发展史中不可替代的重要地位。

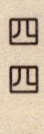

福尔摩斯探案集 / 英国 / 柯南道尔 / 侦探小说的最高峰

作者简介

柯南道尔（1859～1930），英国杰出的侦探小说家、剧作家，出生于苏格兰爱丁堡附近的毕卡第·普拉斯。柯南道尔青少年时期在教会学校读书，后来在爱丁堡大学攻读医学，于1881年取得医师资格，1885年获医学博士学位。他行医10余年，收入仅能维持生活。因急于增加收入，改行写小说。开始不甚得法，后来受了法国小说家加波儒与爱伦·坡的影响，决心试写不落前人窠臼的侦探小说。1886年4月，他写成福尔摩斯的第一个侦探故事《血字的研究》，几经退稿才发表。1890年《四签名》发表，从此闻名于世。1891年弃医从文，专门从事侦探小说创作。从1891年7月开始，《波希米亚丑闻》等12个福尔摩斯侦探故事，陆续在《海滨杂志》上发表，于1892年汇编成《冒险史》发表。1892年底，以《银色马》开始的12个福尔摩斯侦探故事陆续发表，1894年，这12个故事汇编成《回忆录》出版。1894年决定停止写侦探小说，在《最后一案》中让福尔摩斯在激流中死去。不料广大读者对此愤慨，提出抗议。柯南道尔只得在《空屋》中让福尔摩斯死里逃生，又写出《巴斯克维尔的猎犬》《归来记》《恐怖谷》等侦探小说。1902年，因为英国南非政策辩护而受封爵位。

柯南道尔像

背景介绍

柯南道尔为书中的主人公取名时，想到英国板球家和另一位著名美国作家，都叫福尔摩斯，便替他的侦探取名为歇洛克·福尔摩斯。而作为故事叙述者的华

相关链接

柯南道尔对侦探小说这一小说门类的最终形成起到了关键作用，但美国作家爱伦·坡早在柯南道尔之前就已经开始创作侦探小说。爱伦·坡于1841年发表的《莫格街谋杀案》被公认为最早的侦探小说。其内容写密室凶杀，凶手居然是猩猩。1842年发表的《玛丽·罗杰神秘案件》，纯粹用推理形式破案。其他如《金甲虫》《你就是杀人凶手》《被盗窃的信》等5部小说成功创造了5种推理小说模式（密室杀人、安乐椅上的纯推理侦探、破解密码诡计、侦探即是凶手及心理破案、人的盲点），塑造了业余侦探奥古斯特·杜平这一艺术典型，可以说是柯南道尔笔下的福尔摩斯的前辈。爱伦·坡被誉为"侦探小说的鼻祖"，其小说风格怪异离奇，充满恐怖气氛。爱伦·坡的侦探小说模式在140年来已为全世界各国侦探小说家竞相师法，不少这类作品都是步他后尘，脱不了他的窠臼。甚至被称为侦探小说之父的英国作家威尔基·柯林斯那部名作《月亮宝石》（1868年）里的侦探克夫也是在他的影响下产生的。

生博士，则取名自其友人詹姆斯·华生博士。事实上，福尔摩斯脱胎自一位真实人物，这位特殊的人物，就是柯南道尔在爱丁堡大学学医时的一位教授约瑟夫·贝尔。柯南道尔年轻时，曾是贝尔医生的学生助教。贝尔教授对于人物和事件的卓越观察力和神奇的推理能力活脱脱就是福尔摩斯的化身，这一点深深地影响了柯南道尔。他在作品中同样也赋予福尔摩斯以解剖刀式的眼光和超凡的逻辑推理能力，以至于事隔多年之后，英国皇家化学学会还宣布追认这个虚拟的侦探小说人物福尔摩斯为荣誉会员。

名著概要

　　福尔摩斯的故事由多个系列组成，但研究者还是从这些故事中归纳出福尔摩斯的个人经历：他出生于1854年，有一兄麦克罗夫，双亲不详，祖母是法国人，因为她的父母均为画家，所以福尔摩斯继承了这种艺术家的气质，他的侦探在某种程度上也是这种才能的异化。福尔摩斯曾经在贵族式的私立公学读书。他在牛津或剑桥大学学习，专攻化学，不喜欢交际，也不热衷一般的运动，但精于击剑和拳击。大学期间曾受同学之父的影响，决心以侦探为业。毕业前，其分析和推理能力已经在同学中开始出名。1875年大学毕业，两年后在伦敦大英博物馆附近的蒙塔古街开设侦探事务所，接办由同学介绍的案件。25岁时，由于侦破马斯格雷夫典礼案而崭露头角。1877年认识华生，并合租贝克街寓所。福尔摩斯向苏格兰场的雷斯垂德和葛莱森介绍华生，此二人在福尔摩斯探案中经常出现，福尔摩斯虽然调侃这些官方的警探，但又总是将破案归功于他们。此后华生即作为福尔摩斯的拍档和传记作者出现。

　　1889年福尔摩斯35岁时，华生与《四签名》中的摩斯坦小姐结婚，随即搬离贝克街，但仍与福尔摩斯保持密切联系。1891年，两人一同在欧洲大陆漫游，在瑞士的莱辛巴赫瀑布与伦敦罪恶大王莫里亚克教授搏斗。为躲避莫里亚克余党的纠缠，福尔摩斯埋名隐姓浪游海外，足迹所至，包括中国的西藏、阿拉伯半岛和苏丹，后来又到法国南部研究化学。1894年，福尔摩斯40岁时重出江湖，回到贝克街寓所。此后福尔摩斯的事业又出现了新的高潮，迭破大案奇案，名声远播欧洲大陆和北美。第一次世界大战前夕，还曾受英国政府之邀，破获德国间谍案。此后正式退休，并且不知所终。

　　福尔摩斯的探案故事很多，下面简要介绍几个有趣的故事：

　　《信鸽之迷》：莱斯特雷德警长发现多佛尔附近的一个养鸽人经常和法国加莱的一个鸽迷利用信鸽传递信息，他怀疑他们正在进行违法勾当，便邀请大名鼎鼎的福尔摩斯协助破案。福尔摩斯从每次放飞鸽子的数量中猜出他们可能正在进

名家点评

　　对于其艺术成就，英国著名小说家毛姆曾说："和柯南道尔所写的《福尔摩斯探案集》相比，没有任何侦探小说曾享有那么大的声誉。"柯南道尔被称为"英国侦探小说之父"，成为世界最畅销书作家之一。

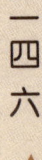

行一项走私活动。他亲自打下一只信鸽，对这些可能存在的证物进行仔细的检查。最后，他发现拴在信鸽身上的圆筒实际上就是他们要走私的黄金，而那些信件则隐含了这些交易的种种信息。

《巴斯克维尔的猎犬》：查尔斯爵士不幸在一个沼泽地中被袭身亡，人们都以为这是该家族传说中的"魔鬼猎犬"所为。因为查尔斯爵士无子，于是其继承人便落在二弟的儿子亨利爵士身上。福尔摩斯请华生陪同亨利一起前去调查，自己则偷偷地潜进这块沼泽地中并发现了隐藏猎犬的矿井废墟。最后，他发现原来查尔斯爵士家的邻居斯台普吞竟是其三弟在海外生下的私生子。为了谋夺查尔斯爵士的财产，斯台普吞企图利用古老的传说豢养猎犬杀害查尔斯爵士和其继承人，然后让自己以合法的身份来继承这一切。正当他决定对亨利痛下杀手时，福尔摩斯突然出现，用手枪结果了猎犬的性命，并将凶手赶进了预先为他人设置的沼泽坟墓。

阅读指导

在一般人看来，侦探小说绝对算不上是什么登大雅之堂的文学种类，但是当阅读了柯南道尔所写的《福尔摩斯探案集》之后，也许这种看法就会改观。歇洛克·福尔摩斯从"出生"以来，就一直被读者当作活生生的人物，人们不仅为他建造"住宅"和纪念馆，甚至还往他的"住宅"——伦敦贝克街221号B不断地投送邮件。尽管福尔摩斯的创造者柯南道尔爵士在文学史上的地位，似乎还与文豪有一定的距离，但《福尔摩斯探案集》在世界上的读者之多，却是一点儿都不逊色于任何作家的。

在世界文学史上，福尔摩斯的形象独一无二。这个清瘦的高个子苏格兰人，身披大氅，嘴衔烟斗，鹰鼻且目光锐利，手执司迪克，行动敏捷，出没在伦敦的码头或英格兰乡下夜雾笼罩的古堡，或者就在贝克街的寓所做化学实验或拉小提琴自娱。他的推理能力和破案能力高强，不仅使苏格兰的警探们甘拜下风，整个欧洲和北美洲的罪犯更对他闻风丧胆。在他身边是永远忠心耿耿的华生医生。他们两人的探案故事之所以能够如此吸引广大的读者，主要是因为作者善于制造悬念和紧张曲折的故事情节，让读者在阅读的过程中不知不觉地被小说所设置的惊险情节所吸引，跟着主人公不断地寻求最终的答案，乃至没有结果誓不罢休。同时，福尔摩斯的高超本领并不是无中生有，也要经过不断地学习和研究，根据事物发展的内在逻辑去研判，因此读者很容易便相信福尔摩斯是社会现实中的一员。这是福尔摩斯探案故事能够吸引读者的内在文本因素。

此外，福尔摩斯探案的各种细节也在某种程度上反映了当时英国社会的现实状况，其中对于社会伦理道德的揭露很符合一般读者的阅读心理。而福尔摩斯的故事最终宣扬的都是善有善报、恶有恶报之类的思想，客观上也对种种犯罪问题和各种不人道、不道德的行为进行了间接的批判。这种论调很容易引起读者的共鸣，使得人们对于福尔摩斯这一具有正面人物形象的破案专家极为崇拜。这也是福尔摩斯探案故事之所以能够吸引读者的社会意义所在。

经济学原理 /英国/马歇尔/新古典主义经济学理论的源泉

作者简介

马歇尔（1842～1924），近代英国最著名的资产阶级经济学家，剑桥学派（新古典学派）的创始人。马歇尔出生于英国西部克拉芬地方的一个中产阶级家庭，父亲是英格兰银行的职员。1865年，马歇尔以优异的数学成绩毕业于剑桥大学圣约翰学院，并留校任数学教师。不久，他加入该校道德哲学讲座教授约翰·格洛特组织的晚餐研究会，研究的范围涉及英国政治、经济、社会等方面的问题。在此期间，达尔文的《物种起源》和斯宾塞的《第一原理》相继出版，马歇尔深受他们的思想影响。1868～1877年，马歇尔任剑桥大学圣约翰学院道德科学特别讲座的讲师，主讲经济学，兼讲逻辑和近代哲学。在此期间，他曾赴德国研究康德哲学和黑格尔的历史哲学，并接触了德国历史学派罗雪尔的经济学，还到美国考察过保护政策。回国后，他又研读了约翰·穆勒的《政治经济学原理》，而后，马歇尔的学术重点从研究数学、哲学和伦理学转向经济学研究。1877年，马歇尔与其学生柏蕾结婚，婚后离开剑桥大学圣约翰学院到布里斯托尔大学任院长兼经济学教授，后因病离职到意大利休养。1883～1884年，他接替著名经济史学家汤恩比任牛津大学巴里奥学院讲师，讲授经济史。1885年，马歇尔又回到剑桥大学任经济学教授。1924年，马歇尔去世。

穆勒像
英国哲学家和经济学家穆勒的著作也许是有史以来捍卫个人自由的最重要的著作。

背景介绍

马歇尔所处的时代是西方主要资本主义国家向垄断资本主义过渡的时代。在英国，周期性的经济危机经常威胁着资本主义经济的正常运行；在国外，德国和美国工业的迅速发展，很快成为英国在国际贸易上的有力竞争对手。往日素有"世界工厂"称号的英国，如今经济实力已相对削弱。英国的统治阶级为了保障其国内外的经济地位，加强资本主义经济的发展，迫切需要一种新的经济学说来为他们自己服务，马歇尔的经济学说就是为了适应这个新的需要而产生的。

名著概要

《经济学原理》一书，以均衡价格论为核心，分为消费论、生产论、交换论和分配论4大部分。全书除第一版和第八版两篇著者序言外，分为上下两卷，共6篇55章，最后还有13种附录（包括数学附录在内）。马歇尔在第一版序言中，

经典摘录

经济学是一门研究财富的学问，同时也是一门研究人的学问。世界的历史是由宗教和经济的力量所形成的。

经济进化是渐进的。他的进步有时由于政治上的事变而停顿或倒退，但是它的前进运动绝不是突然的。

着重阐述了本书的一个特点，即"注意对连续原理的各种运用"，并对经济学著作中如何使用数学符号和图表做了说明。在第八版序言中，阐述了本书的研究范围，认为该书是研究经济学的基础的作品，不涉及通货、市场组织这一类特殊的论题。该书也研究工业组织、就业和工资问题这一类论题的正常状态。他也强调要运用社会达尔文主义来分析社会经济现象，并阐述了该书所使用的静态的、边际的分析方法。

第一篇为序论，他把经济学定义为研究财富及人类欲望关系的一门应用学科，认为其目的在于解救贫穷和增进福利。第二篇，着重阐述了若干概念，说明财富、价值、土地、所得、工资、地租、利息、利润、准地租等。第一篇和第二篇可以看作全书的绪论，主要论述了经济学的研究对象、方法、目的和主要课题，并对若干概念做了解释。前两篇是为均衡价格论打基础准备的。第三篇是欲望与其满足（消费论），这是对均衡价格论中需求的分析。第四篇为"生产要素——土地、劳动、资本和组织"，是对均衡价格论中供给的分析。他把萨伊等人的生产三要素论（土地、劳动和资本）扩充为生产四要素论，即把企业家组织生产的能力列为第四个生产要素。第五篇为"需求、供给与价值的一般关系"，由于马歇尔把商品价值与其价值的货币表示——价格混为一体，所以他的均衡价格论也就是他的价值论。该篇是全书的核心，是全书篇幅最大的，共用了15章。第六篇为"国民收入的分配"，是第五篇的延伸和进一步的运用。可以看出，马歇尔的经济学说体系是以均衡价格论为核心展开的。书后的1～12附录是对正文中各篇有关问题的补充论述；第13个附录即"数学附录"，则是对正文各篇有关的经济原理或规律运用数学公式和几何图形做了进一步的分析和论证。下面就上述主要内容作简要的介绍：

马歇尔经济学说体系和方法论的六大特点：1. 以心理分析为基础，认为人类的动机会"最有力、最坚决地影响人类行为，并支配人类的经济活动"。2. 赞成渐进的社会改良主义，马歇尔认为资本主义私有制是符合人类本性的社会制度，自由竞争是最好的和最有效的经济制度。3. 强调所谓"连续原理"。4. 强调"边际增量"分析方法。5. 强调"均衡"分析，主要是强调局部均衡分析方法的运用。6. 强调静态的观点和分析方法。

相关链接

穆勒的《政治经济学》是一本经济学巨著，同时也是西方最流行的3本教科书中的第一本。全书分为绪论和5篇正文，另外还有穆勒在各版问世时所作的序言。全书在内容上主要对生产、分配、交换等几个经济学领域进行了研究。另外，也对政府在经济活动中的作用及影响进行了分析。

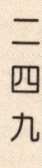

马歇尔的需求理论的出发点是人的欲望，而人的欲望是有边际效用递减规律的，具体地说，一种物品对任何人的边际效用随着其每一次增加量而递减。但是，边际效用递减规律存在着一个假定条件，即人的主观感觉没有随时间而变化。在现实生活中，每种商品都存在着需求价格，指消费者在购买一定量的商品时所愿意支付的价格，在其他条件不变的情况下，一个人所拥有的某种物品的数量越大，则他对此种物品多消费一点，他愿意支付的价格就越低，由此马歇尔提出了需求理论。

马歇尔还讨论了供给理论，是以一个产业部门为研究范围，研究了各个企业的内部经济和外部经济，分析了它们的生产费用；另外通过对土地报酬递减规律的运用，着重分析了供给因素。土地报酬递减规律是指：在技术条件不变的条件下，收益的增加只能保持在一定的限度内，要是超过了这个限度，伴随着投资量的增加，虽然收益的绝对量仍然可能增加，但增加的投资量单位收益却呈递减趋势，以致造成得不偿失的结果。价值理论是马歇尔经济学说中最重要的部分，这一理论主要是通过均衡价格来说明的，而均衡价格是指一种商品供求相一致时的价格。

阅读指导

《经济学原理》对当代西方经济学有着重大的影响，是当代西方经济理论的奠基石。本书出版后，被认为是一部可与亚当·斯密的《国富论》和李嘉图的《政治经济学和赋税原理》相媲美的划时代巨著。

佩列阿斯与梅丽桑德 /比利时/梅特林克/神秘的象征主义杰作

作者简介

梅特林克（1862～1949），出生于根特市一个公证人家庭。早年学习法律，当过律师，后来到巴黎参加过象征派文学运动。1889年发表第一个剧本《玛莱娜公主》和诗集《温室》，前者第一次把象征主义手法运用到戏剧创作中，受到法国评论界的重视。他早期的作品宣扬死亡和命运的无常，充满悲观颓废的色彩。1896年，梅特林克离开比利时，移居巴黎等地。同年发表散文集《卑微者的财富》，研究人生和生命的奥秘，思索道德的价值，开始摆脱悲观主义。梦幻剧《青鸟》就是这期间的创作，被公认为他的戏剧生涯的巅峰之作。第一次世界大战后，梅特林克又出版了散文集《白蚁的生活》等，批判资产阶级的道德习俗。1932年，梅特林克被比利时国王封为伯爵。第二次世界大战期间，他流亡美国。1947年返回欧洲，两年后病逝于法国的尼斯。梅特林克一生写过20多个剧本，是象征主义戏剧的代表作家。

梅特林克像

背景介绍

19世纪中叶,象征主义在法国文学、艺术等各个领域兴起,80年代在巴黎留学的梅特林克深受影响。本剧是作者早期象征主义剧作的代表,表现了作家早年浓厚的宿命思想。剧中象征主义手法的运用,使作品具有很高的艺术价值。

名著概要

阿凯勒老国王的孙子高洛亲王出外游历。一天傍晚,他带领随从在森林中打猎,追赶一只小鹿,来到一眼泉水旁。忽然,他听到嘤嘤哭泣声,不由停下了脚步。他惊奇地发现泉水旁有一个少女,她的穿着像一位公主,但衣服已被荆棘扯破,头上的金冠也掉进了水底。高洛下马走过去。少女名叫梅丽桑德,和家人来此地旅行走散,不幸在森林中迷路。梅丽桑德的美貌深深吸引了高洛,他安慰她,并把她带在身边。

他们私自结婚半年后,高洛给他同母异父的兄弟佩列阿斯写了封信,告诉他自己已经结婚,如今要带梅丽桑德回家,让他创造归去的条件。原来,几年前高洛的前妻生下儿子伊尼约后死去,后来老国王打算让他娶一敌国的公主,以便解开两国多年的凤怨。接到信后,佩列阿斯向母亲说明此事,母亲便亲自向老国王求情。老国王年事已高,感觉自己已是行将就木之人,便同意了孙子的婚事。高洛如今已在城外驻扎,母亲叫佩列阿斯连夜发出信号,告诉高洛可以回到宫堡。

高洛带梅丽桑德回到宫中,老国王等人很喜欢温柔美丽的梅丽桑德,佩列阿斯也被嫂子娴雅的气质深深打动,一下子爱上了她。然而阴暗沉闷的城堡让梅丽桑德愁绪满怀,她终日思念自己的家乡。

高洛依然酷爱游历打猎,一日他又到森林中打猎,留下梅丽桑德一人在宫中。中午佩列阿斯来找哥哥,见梅丽桑德落落寡欢的样子,便陪她到花园散心。他带她来到盲泉旁,让她看清冷的水,说他自己心烦的时候常来这里,哥哥还总因此取笑他。梅丽桑德回忆起往事,告诉佩列阿斯她与高洛也是在泉旁相识的。她满脸的甜蜜,拿下高洛送她的戒指仔细端详,结果失手,戒指落入了水中。宫中的大钟敲响,此时正是十二点钟。

高洛回来了,他负了伤。傍晚高洛躺在床上向梅丽桑德述说自己在森林中打猎负伤的情况:十二点整,马突然惊了,他从马背上坠落。梅丽桑德突然想到自己的戒指也是十二点丢落的。她心惊肉跳,哭着对高洛说,她在宫中很不快乐,总有一种不祥的预兆,要高洛带她离开。高洛安慰她,拉过她的手时发现戒指不见了。梅丽桑德怕高洛疑心,谎称是早晨去海边给小伊尼约捡贝壳时

相关链接

象征主义文学是起源于19世纪中叶的法国,并于20世纪初期波及欧美各国的一个文学流派,是象征主义思潮在文学上的体现,也是现代主义文学的一个核心分支,主要涵盖诗歌和戏剧两大领域。象征主义文学作品采用象征和寓意的手法,在幻想中虚构另外的世界,表达作家对世界的看法。西方主流学术界认为象征主义文学是古典文学和现代文学的分水岭。

歌剧《佩列阿斯与梅丽桑德》剧照
该剧被视为19世纪对诗剧进行各种尝试的最高成就。

在石窟那儿丢的。高洛脸色阴沉了，他责备梅丽桑德不珍惜爱情。

梅丽桑德因戒指的事受到了高洛的冷落，佩列阿斯与小伊尼约在宫堡中陪伴着她。梅丽桑德心中满是忧愁，她告诉他们，自己想离开这里。小伊尼约非常喜欢梅丽桑德，哭着求她不要离开。小伊尼约在窗口看到天鹅和狗打架，要佩列阿斯抱他看。他看到父亲回来了，高兴地冲下楼迎接。梅丽桑德由此想起了亲人不禁暗自流泪，佩列阿斯看到后，也潸然泪下。高洛与小伊尼约上楼了，小伊尼约发现梅丽桑德和叔叔都哭过，天真地问起，这让高洛心中十分不快。

佩列阿斯发现自己已经深深地爱上了梅丽桑德，他想避开痛苦的现实，决定出外旅行。宫中的一座塔楼窗口，梅丽桑德正在梳理她的长发，佩列阿斯从窗下经过，告诉她自己将要远行。梅丽桑德从窗口探出头，长发垂到了他的头上，二人的谈话显得十分亲密。高洛走近，看到这一切不禁怒火中烧，指责二人"年幼无知"。

高洛对妻子与弟弟的关系充满怀疑。他极力想从小伊尼约口中打探出什么，还举着儿子在窗口看梅丽桑德和叔叔在屋里做什么。尽管一切心机都是枉费，然而他依然满腹狐疑，对梅丽桑德也阴阳怪气，乱发脾气。

佩列阿斯的父亲也预感到什么，同意了儿子第二天的出行。佩列阿斯约梅丽桑德晚上到盲泉旁相见，说这是最后一面。

宫堡中一室内，老国王见梅丽桑德一副忧郁的神情，便安慰她。他知道在简单自由的环境中长大的孙媳，难以适应宫中死气沉沉的生活。高洛进来了，要梅丽桑德和她离开。他们走出门外，老国王听到高洛在大发脾气。他赶过去，看到高洛在揪着梅丽桑德的头发叫她跪着跟他走，老国王勃然大怒。

晚上，梅丽桑德与佩列阿斯在盲泉边相会。他们互相倾诉着早已在心中滋长的爱情。他们都预感着会有不幸的事发生。突然，花园的大门关上了，高洛出现了，带着一脸的阴郁。二人知道死亡已经逼近了，想到马上就能解脱，二人狂吻。高洛提着剑冲过去，佩列阿斯死在了剑下。梅丽桑德吓得逃走。

宫廷一室中，梅丽桑德生下了一个女儿。她身上有些轻伤，然而内心的创伤已使她奄奄一息。高洛守在床前，为自己所做的事感到十分懊悔。梅丽桑德醒来，她苍白的脸依然美丽。高洛乞求原谅，并说自己愿意死，但要明白真情。梅丽桑德说，自己与佩列阿斯是无辜的，是高洛的逼迫让他们痛苦万分。老国王抱来了梅丽桑德的女儿，她看着女儿的脸闭上眼睛死去了，神态安详得像飞向天堂的天使。

圣女贞德 /英国/萧伯纳/人道主义浓厚的历史剧杰作

名著概要

《圣女贞德》是萧伯纳最优秀和最受欢迎的一部戏剧作品,也是他创作生涯中唯一的悲剧,创作并上演于1923年。贞德是历史上真实存在过的人物。1420年法国诸侯盘踞,王室偏安南方,联合英国拥有了法国绝大部分主权。农家女子贞德受天主召唤,前去南方见王子,要求王子授予兵权。奥尔良之役,圣女贞德拿下英军最坚固的堡垒,之后一路攻下巴黎周边的城堡,并使皇太子加冕成为法王查理七世。但在进攻巴黎前夕,法王周围的小人进谗言,要求与英议和,解散军队。圣女贞德只好带领着孤军前往巴黎,不幸在一次战役中被俘。英军假借宗教审判之名,将贞德定罪名为女巫而判决火刑。

阅读指导

不同于以往贞德系列作品将贞德描写成圣人的主题,萧伯纳还原了贞德的本相。在他笔下,贞德是一个十七八岁、体格健壮的农村姑娘;她的声音很平常,热诚而亲切;她不同寻常之处在于充满自信,性格坚强。虽然她声称根据"上帝"的启示,要为皇太子查理加冕,要把英国人赶出法国,为奥尔良解围,并在被处以死刑时始终坚贞不屈,但她头上并没有"光环"。在萧伯纳不同于传统的《圣女贞德》的收场白里,贞德反对她被追认为圣徒,她说:"人人赞美我,我就要受难了!现在告诉我,我可以重新复活,作为一个鲜活的女人回到你们中间吗?"由此可见,萧伯纳对人物重塑的本意更

贞德率军奔赴战场的情景

《圣女贞德》是萧伯纳最优秀和备受欢迎的一部戏剧作品,创作并上演于1923年。

相关链接

1892年 剧本《鳏夫的房产》	1908年 剧本《结婚》
1893年 剧本《荡子》	1909年 剧本《贵贱联姻》
1894年 剧本《华伦夫人的职业》《武器与人》《康蒂妲》	1911年 剧本《芳妮的第一个剧本》
1895年 剧本《风云人物》	1912年 剧本《安特洛克利斯和狮子》《皮格马利翁》
1896年 剧本《难以预料》	1913年 剧本《伤心之家》
1897年 剧本《魔鬼的门徒》	1923年 剧本《圣女贞德》
1898年 剧本《恺撒和克里奥帕特拉》	1929年 剧本《苹果车》
1903年 剧本《人与超人》	1932年 剧本《真相毕露》
1904年 剧本《英国佬的另一个岛》	1936年 剧本《突然出现的岛上愚人》
1905年 剧本《芭芭拉少校》	

世界名著大讲堂

为明了：贞德确实是一个为民族殉难的"圣女"，但她始终是人民的一员，一个平凡的牧羊女。作为一名经典作家，萧伯纳有着自己的创作特色，对社会进行了严厉无情而又公正的批判，他刻画罪恶人物着重表现其内心活动，还有其人道主义思想，这些正是其作品经久不衰的原因。

> **名家点评**
>
> 他的剧作使他成为当今最迷人的作家。
> ——霍尔斯陶穆

梦的解析 / 奥地利 / 弗洛伊德 / 精神分析学派的奠基之作

作者简介

弗洛伊德（1856～1939），奥地利精神病医生、精神分析学派的开山祖师。弗洛伊德出生于捷克的弗莱堡，其父是一个做羊毛生意的犹太商人，4岁时，全家迁往维也纳。1873年，17岁的弗洛伊德进入维也纳大学学习医学。1881年成为精神病学医生，此后不久开始从事精神分析研究。1885～1886年，他先去巴黎向当时著名精神病专家沙可学习，后赴南锡参观催眠疗法。回到维也纳后，弗洛伊德认识到催眠疗法的局限性，1895年后改用自己独创的精神分析法以挖掘患者遗忘了的观点和欲望。1895年，与布罗伊尔合作发表《歇斯底里研究》。1896年，弗洛伊德正式提出了精神分析的观念，并创立了他的以潜意识为基本内容的精神分析理论。1908年创办了维也纳精神分析学会，1910年发展为国际精神分析学会。1909年，弗洛伊德应美国克拉克大学校长、著名心理学家霍尔的邀请，赴美国参加该校20周年校庆纪念，发表了以"精神分析的起源和发展"为主题的演讲，在美国掀起了巨大的波澜。1910年以后，美国报纸充满了论述弗洛伊德的文章。1930年，弗洛伊德被授予歌德奖金。1936年80寿辰时，荣任英国皇家学会会员。纳粹德国1938年侵占了奥地利，大肆反犹，弗洛伊德作为犹太人在纳粹分子的威迫下，被迫离开维也纳去了伦敦，后来死于伦敦。他的主要著作有《歇斯底里研究》《日常生活的精神分析》《精神分析引论》《梦的解析》《文明与其缺陷》等。

背景介绍

弗洛伊德在写此书前，不仅有了充分的思想准备，而且已搜集了大量资料。1896年和1897年，他已经在维也纳犹太学术厅做了有关梦的演讲。1896年10月，其父亲去世，促使他在先前的理论研究和医疗实践的基础上，开始进行自我分析，可以这样说，他父亲的去世是促使他进行自我分析的主要原因。

名著概要

《梦的解析》第一次告诉曾经无知和充满疑惑的人们：梦是一个人与自己内心的真实对话，是自己向自己学习的过程，是另外一个与你息息相关的人生。当你在最隐秘的梦境，你所看见、所感觉到的一切，你的呼吸、眼泪、痛苦以

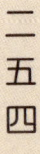

及欢乐,都并不是没有意义的。弗洛伊德在本书中还认为人在清醒的意识下面,还有一个潜在的心理活动在进行着,这种观点就是著名的潜意识论。全书分7章,其主要内容如下:

> **名家点评**
>
> 《梦的解析》是改变历史的书,划时代的不朽著作。
> ——唐斯
> 现代科学对梦的分析的最具有原创性、最著名和最重要的贡献。
> ——弗派员姆

第一章为1900年以前有关梦的研究。着重介绍了关于梦的问题的文献资料,详尽地叙述了前人和当代人(与弗洛伊德同时代的)的有关梦的理论。1900年以前,有关梦的经典理论都认为,梦是以象征的方式,表明已经发生或正在发生或将要发生的事物。弗洛伊德不同意这种理论,他认为,梦是做梦人在不清醒状态时的精神活动的延续,梦的内容多数是最近的以及孩提时代的资料。只要是外界给神经的刺激和肉体内部的刺激的强度足以引起心灵的注意,即可构成产生梦的出发点和梦的资料的核心,并按照"复现的原则",使某种心灵上的印象得到重视。

第二章为梦的解析方法。这一章主要介绍了对一个具体的梦的分析方法、步骤和注意要点,并且着重分析了一个名叫伊玛的人关于打针的梦。一个人无法把整个梦的内容作为集中注意的对象,只能就每个小部分梦的内容进行一一解释。同样的一个梦对不同的人、不同的关联将有不同的意义。弗洛伊德认为,梦是一大堆心理元素的堆砌物。

第三章为梦是愿望的达成。在这一部分中,弗洛伊德提出了他关于梦是人欲望满足的学说:梦在一定程度上满足了本能欲望,缓和了冲动;又不唤起检查机制的警觉,从而保护了睡眠。弗洛伊德以梦是人主观心灵的动作这一前提出发,肯定所有的梦都是以自我为中心并都与自我有关,即使自己不在梦里出现,那只是利用"自居作用"隐藏在他人的背后。从每一个梦中,都可以找到梦者所爱的自我,并且都表现着自我的愿望。

第四章为梦的改装或梦的伪装。弗洛伊德认为,潜意识中的本能冲动(性欲冲动)趁人睡眠时以伪装的方式骗过了所有松懈的心理检查机制而得以表现,就构成了梦境。愉快的、欢乐的、幸福的梦是欲望的达成;不愉快的甚至痛苦的、悲惨的梦都不外乎是欲望的一种"变相的改装"。梦是一种被压抑的、被抑制的欲望经过改装后的满足。为了说明梦的变相改装,弗洛伊德提出了两种科

施温德的《囚犯之梦》刻画了在狱中的囚犯因不能出狱而只能通过幻想来满足自己的情景,弗洛伊德视之为"欲望实现"。

相关链接

《性学三论》是弗洛伊德对人性探讨中最高创见和最永恒的贡献之一。在《性学三论》中，弗洛伊德提出了他对人性、对人类行为动机最具创意的看法。第一篇性变态，详细分析同性恋、性错乱及心理症（神经症）患者的性冲动。第二篇幼儿性欲，详细分析了幼儿性欲的来源、目的及其表达方式。第三篇青春期的改变，包含了弗氏著名的原欲理论。

学假设：第一个是在梦中表现出欲望的内容，而第二个却扮演着检查者的角色，而形成了梦的"改装"。

第五章为梦的材料与来源。本章介绍了梦中的最近印象以及无甚关系的

经典摘录

心理过程主要是无意识的，至于可意识的心理过程仅仅是整个心灵分离的部分和动作。

梦是本能欲望的满足。

文明只有在否定个人的基础上才有可能存在，文明的全部意义就在于禁止和限制人类。

印象，如孩提时期经验形成梦的来源、一些典型的梦，诸如尴尬的裸体的梦、亲友之死的梦、考试的梦等。弗洛伊德把梦中所叙述的事物称作"梦的外显内容"；把他认为体现着欲望，而只能通过意念的分析才能达到的隐藏的东西，称为"梦的内隐的思想"。梦的来源有4种可能：一是它也许在白天即受到了刺激，不过却因为外在的理由无法满足；二是也许源于白天，但却遭受排斥；三是也许和白天全然无关，它是一些受到潜抑制，并且只有在夜间才有活动的愿望；四是晚间随时产生的欲望冲动（比如口渴或性的要求等）。

第六章为梦的运作或梦的工作。梦境有显梦和隐梦两个层次，显梦是梦的表面情节，其内容可以回忆起来；隐梦则是要通过显梦表现的本能欲望。隐梦转换成显梦是靠梦的运作机制。这一章是篇幅最长的，着重介绍了梦的凝缩作用、梦的转移作用、梦的表现发生方式、梦材料的表现力、梦的象征、梦中的感情和梦中的理智活动，以及一些荒谬的梦、算术及演说的梦等。梦的表现形式于运作机制主要反映在以下4个方面：一是凝缩；二是移置；三是象征；四是"二次校正"。

第七章为梦的程序的心理。这一章为总结性理论部分，也是本书最晦涩、最抽象的一个部分。它依次分析了梦的遗忘、愿望达成，由梦中惊醒到梦的功能和焦虑的梦，原本的与续发的步骤——潜抑制、潜意识与意识的现实等现象和理论。

阅读指导

《梦的解析》是弗洛伊德的代表作，也是精神分析学的奠基之作，同时也可以被看作是20世纪人文社会科学最重要的经典之作，曾被西方许多学者看作是一本震撼世界的书。这部著作不只解析了梦，更重要的是阐述了弗洛伊德心理学理论基础，解释了心理疾病的发病原理，解释了人们日常生活中各种心理行为，这对医学有深远的影响。

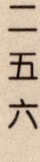

基　姆／英国／吉卜林／描绘印度的最美画卷

作者简介

　　吉卜林（1865～1936），英国人。他父亲在孟买艺术学校任教，后担任拉合尔艺术学校校长和博物馆馆长。吉卜林在印度孟买出生，6岁时被送回英国接受教育，17岁中学毕业返回印度。在父亲的安排下，他在拉合尔市《军民报》担任副编辑。在工作中，他透彻地了解了印度的风土人情以及英国殖民者在印度的生活。《基姆》是吉卜林最后的一部以印度为题材的小说，批评家公认它是吉卜林最出色的长篇小说。晚年，吉卜林由于失子之痛和疾病缠身，创作上又发生了新的变化，不少作品以战争创伤、病态心理和疯狂、死亡为题材。他的作品简洁凝练，充满异国情调，尤其在短篇小说方面达到的成就，更是无与伦比。

名著概要

　　《基姆》讲述了一个顽而不劣的天才少年的冒险经历。基姆的父亲曾是英军小牛团的掌旗军士。3岁时父母就去世了，父亲临终前预言，将来会有一头红公牛和骑着骏马的上校来照顾基姆。父亲为他留下的唯一遗产是两份自己的证书和基姆的出生证明，抚养基姆的姨妈把这些都缝在他的护身符里。

　　有一天，旁遮普来了两位西藏的老僧人。僧人随基姆来到拉合尔博物馆瞻仰圣像，馆长盛情邀请学问高深的僧人留下来。但僧人却执意要去寻找箭河，据说在河中沐浴可以涤尽罪孽。基姆决定做僧人的徒弟，一起去寻找箭河，也寻找他的红公牛。临行前，马贩子马哈布让基姆把一份白马的血统证明交给某位英国军官。他们来到乌姆巴拉，基姆将证明送到军官手中，偷听得知：他送来的是关于攻打北方叛乱分子的军事情报。基姆认为这与己无关，于是他跟随僧人云游四方。几天后他们走进一片芒果林，草地上插着英军某团标志旗，上面绣着大红公牛！基姆靠近帐篷，却被人抓住交给维克多神父。原来这就是基姆父亲生前所在的小牛团队，他父母的婚礼就是这位神父主持的。神父从基姆的护身符中知道了他的身世，决定把基姆送到学校去读书。僧人同基姆暂时分别。不久僧人给神父寄了300卢比，资助基姆去最好的学校

相关链接

1885年	短篇小说《百愁门》
1886年	诗集《机关打油诗》
1887年	短篇小说集《山的故事》《三个士兵》
1892年	诗集《营房谣》
1890年	短篇小说集《生命的阻力》
1891年	长篇小说《消失的光芒》
1894～1895年	童话《丛林故事》
1896年	诗集《七海》
1901年	长篇小说《基姆》
1902年	童话《供儿童阅读的平常故事》
1906年	历史故事集《普克山的帕克》
1910年	历史故事集《奖赏和仙女》
1917年	短篇小说集《各种各样的人》
1926年	短篇小说集《借方和贷方》

名家点评

> 我了解吉卜林的书……它们对于我从来不会变得苍白，它们保持着缤纷的色彩，它们永远是新鲜的。
>
> ——马克·吐温

接受教育。

僧人总是按时寄来学费，基姆在学校里也一直用功学习。暑假他逃出学校，偶然听到两个人要谋杀马哈布，便立即报信，救了马哈布，按照克莱顿的指示，马哈布把基姆送到勒干大人的珠宝店，训练他的胆量、观察力，直到暑假结束。基姆17岁时毕业了，马哈布让女巫为基姆施法术保护他不受伤害，还告诉他各种联络暗号。而克莱顿决定先让基姆与僧人一起云游6个月，再让他真正参加到"大游戏"中来。

基姆和师傅一起北上，去雪山寻找箭河。途中经历了许多周折，基姆的能力也有了巨大的增长。

师徒二人在库鲁尔老人家休养。基姆很快恢复，僧人却两天两夜不吃不喝，走入河中，幸亏有人将他救起。僧人自己讲述说：他的心灵脱离躯体与万物合化为一，冥思了100万年，悟了因缘，飞入圣河中。他双手交叉放在腿上，面含微笑，一副为自己所爱的人求得了心灵超脱的神态。

阅读指导

这本书历经数年，终在吉卜林35岁时完成。小说饱含同情，逼真地揭示了东方式的忍耐服从和神秘主义。这些特点在那些栩栩如生的僧人身上得以具体化，对于西方军国主义及行为方式而言那是与之相反的一种感召力。

小市民 /苏联/高尔基/树立无产阶级形象的新戏剧

作者简介

高尔基（1868～1936），苏联伟大的作家、社会主义现实主义文学的奠基人、无产阶级革命文学的导师。他原名阿列克赛·马克西莫维奇·彼什科夫，生于下诺夫戈罗德城，父亲是细木工，早逝。高尔基由外祖母抚养成人。外祖母家贫，因此11岁的高尔基就不得不出外谋生。他当过装卸工、面包房工人，贫民窟和码头成了他的"社会"大学的课堂。他与劳动人民同呼吸共命运，亲身经历了资本主义残酷的剥削与压迫。这对他的思想和创作发展具有重要影响。20岁后，高尔基开始在祖国各地流浪。1892年9月，高尔基发表了他的处女作《马加尔·楚德拉》，从此登上了文坛。

高尔基像

在高尔基早期作品中，具有浪漫主义色彩的民间传说和寓言式的故事占有重要地位，如《伊则吉尔婆婆的故事》《鹰之歌》《海燕之歌》（1901 年）等，其中《海燕之歌》是一篇无产阶级革命战斗的檄文与颂歌，受到列宁的热情称赞。1905 年革命前夕，高尔基的创作转向了戏剧，写了许多具有重大社会意义的剧本，如《小市民》（1901 年）、《底层》（1902 年）、《消暑客》（1904 年）、《太阳的孩子们》（1905 年）、《野蛮人》（1905 年）等。1906 年，高尔基写成长篇小说《母亲》和剧本《敌人》这两部最重要的作品，这标志着他的创作达到了新的高峰。在准备十月革命的年代里，高尔基完成了自传体三部曲的前两部——《童年》（1914 年）和《在人间》（1916 年），并于 1923 年完成了第三部《我的大学》。高尔基其他重要的作品还有《阿尔达莫诺夫家事》（1925 年）和《克里姆·萨姆金的一生》等。除了文学创作之外，高尔基还是评论家、政论家和学者，并从事过大量的社会活动，培养出整整一代的苏联作家。

背景介绍

20 世纪初，俄国封建制度基本瓦解，资本主义生产关系发展很快，无产阶级迅速成长。剧本通过别斯谢苗诺夫一家的种种纠葛，展现了当时俄国种种社会力量之间的冲突，讽刺了市民阶层的自私和保守，揭示了以尼尔为代表的俄国新生无产阶级力量的崛起。

名著概要

别斯谢苗诺夫是个普通的市民，如今已年近六旬，老伴阿库林娜对他百依百顺，女儿塔季雅娜、儿子彼得已经长大成人。别斯谢苗诺夫没有什么文化，为人十分吝啬，他把家里的空房子全都租了出去，而且还包了全部房客的伙食，他的口头禅是"哪怕从房客身上多收一个卢比，也是快活的事"。老头子还非常顽固专横，家中大小事情他都要过问，一切都需按照他的"秩序"来发展。他大半生苦心经营，一家人过着衣食不愁的富裕生活。他一生的理想是"安分守己地、规规矩矩地、舒舒服服地过日子"。

别斯谢苗诺夫虽然是个粗人，但他羡慕人家的儿子"念完了书，娶了个有陪嫁的媳妇，当上了参议员，一年有两千进项"的美好生活。为此他将儿女都送进了学校读书。

如父亲所愿，女儿塔季雅娜求学有成，后来做了教师，过上了自食其力的生活。然而她却没从现有生活得到幸福感，用她自己的话说是"一个教员还比不上

相关链接

1905 年俄国大革命前夕，高尔基创作转向了戏剧。1901～1905 年，他先后写出了《小市民》《底层》《避暑客》《太阳的孩子们》和《野蛮人》等剧本。特别是《小市民》《底层》展现了现实生活中工人的新形象与新的精神面貌，表现了他们为自己权利而斗争的决心与乐观情绪，它们的上演，在当时俄国的剧坛上引起了轰动。

一个淫荡的、涂脂抹粉的女人"。她觉得学校的环境混乱吵嚷，然而家中的寂静又让她感到压抑。她每天都处于一种疲惫与绝望中。

彼得的情况并不比姐姐塔季雅娜强。他进了大学读书，却由于参加学潮而被开除，从此便待在了家中。如今的他早已没有的往日的意气风发，他后悔自己曾经的激进，称那次参加学潮是"愚蠢"的行为。他每天在家百无聊赖地耗费着青春，只有和别人争论时，才显出年轻人的生气。他看不惯家里的"小气派头和小市民的庸俗"，对周围的一切都看不上眼，总是指责"这也不好，那也不好"。父亲的专制更是让他感到无比的压抑。

看到读过书的儿女每天一副有气无力的样子，别斯谢苗诺夫非常郁闷。每天无所事事的儿子更让他大为恼火，父子两个动不动就发生口角，殷实的家庭失去了往日的宁静。家庭的不和让阿库林娜着急却又毫无办法。

别斯谢苗诺夫还有一个养子尼尔，也住在家中。小伙子是个火车司机，他纯朴肯干、热爱生活，喜欢接触"平常人"，一向讨厌那些爱讲空话的"文明人"，他总是自豪地说"谁劳动，谁就是主人"。他的到来给这个沉闷的家庭平添了一股青春的活力。尼尔每天的工作很繁重，但他却感觉充实而快乐，工作之余他还积极参加社会活动。在尼尔看来，人活在世上就是最大的快乐，人只有拿出全部的热情去安排生活，才能领悟生活的真谛。

尼尔的乐观深深地吸引了塔季雅娜，她感觉和他谈话无比快乐。这个"新鲜人"曾一度使塔季雅娜的生活充满阳光。然而，尼尔的心上人却是缝衣女工波丽雅——塔季雅娜家的一个远方亲戚。一天，尼尔与波丽雅互相表白爱慕的话让塔季雅娜听到了，她感觉十分痛苦，生活再度陷入了阴霾中。塔季雅娜如今已28岁，却依然没有求婚者，"有学问的女儿不易找婆家"也成了老别斯谢苗诺夫的一大心病，他总是人前人后的叨念。父亲的压力使得塔季雅娜更加的郁郁寡欢。绝望之中，她喝下了一瓶阿摩尼亚药水，想了结一生。但她被送进医院抢救，很快脱离了危险，然而她精神上的危机却依然存在。在塔季雅娜眼里，生活永远是一片混沌，她"几乎没有地方可以生活"。

刚刚抢救过女儿，别斯谢苗诺夫又有了新的苦恼。这天，彼得告诉父亲他决定与女房客、一个狱卒的寡妻叶连娜结婚。老父亲勃然大怒，他大骂儿子混账、不务正业，禁止他以后再去女房客的屋里。

别斯谢苗诺夫怎么也想不明白，他一向寄予厚望的儿女们，念了书为何还会变成这副样子。他说孩子们"阴谋反对父亲"，骂他们不争气，丢尽了他的脸。然而他思来想去又觉得都是外人的罪过。于是，他又大骂尼尔是个混蛋、强盗，迷惑了他的女儿，骂叶连娜是个荡妇，勾引了他的儿子。他说所有的房客都是魔鬼，他要喊警察将他们抓走。

别斯谢苗诺夫的禁令对于儿子并没有起作用，彼得依然向叶连娜的屋中走去。可怜的别斯谢苗诺夫，做了大半辈子的一家之主，如今却无回天之力。他还在破口大骂，好心的房客捷捷列夫上来劝他。他告诉别斯谢苗诺夫不要着急，说彼得永远都会在他这个父亲的掌控之下，因为他永远都离不开这个安乐窝。其实还有一个原因，他没有说出来，就是——彼得如今已经和父亲变得"一模一样"，已经成为一个胆小、愚蠢的小市民了。

童 年 / 苏联 / 高尔基 / 不朽的自传体小说

背景介绍

高尔基5岁丧父，10岁丧母，后靠自己努力学习奋斗成为苏联伟大的文学家。包括《童年》在内的自传体三部曲就是作者在列宁的鼓励下写成的。有关高尔基的出生和童年的生活状况，作者自己曾经这样描绘："我于1868年或1869年3月14日出生在下诺夫戈罗德的染匠瓦西里·瓦西里耶维奇·卡希林的家里，母亲是他的女儿瓦尔瓦拉，父亲是彼尔姆的一名小市民，他名叫马克西姆·萨瓦季耶夫·彼什科夫，职业是装裱工。从那时起，我就光荣而清白地享有油漆业行会成员的称号。我5岁丧父，母亲死在库拉文纳村。母亲去世后，外祖父把我送进鞋店当学徒。9岁，外祖父就用《圣经集》和《日课经》教我认字。我不想干修鞋做靴这种活计，终于逃跑了，后来又到绘画师那里当学徒，我还是溜之大吉了。不久，我进了画圣像的作坊，后来又到轮船上当伙夫，后来还帮花匠打杂。在15岁前，我就靠干这些活计维持生活。我酷爱书籍，经常读一些不知名作者的古典作品，如《古阿克——一名无可战胜的忠诚者》《无畏的安德烈》《亚潘恰》《致人死命的亚什卡》等书。"这段叙述可以帮助我们更好地阅读《童年》这部自传体小说，从而对高尔基的童年及其成长过程有一个更为清晰的了解。

名著概要

《童年》与其续篇《在人间》《我的大学》共同构成了高尔基自传体小说三部曲，《童年》是首篇。在这部小说中，描写的是作者10岁以前的童年时代的生活。书中记叙了主人公成长、生活的历程，描写了那令人窒息的、充满可怕景象的狭小天地。

阿辽沙的记忆始于为他而死去的父亲。当他还只有5岁时，父亲就死了，于是母亲带着他投奔到外祖父家跟着他们过着贫寒艰苦的童年生活。外祖父有着矛盾复杂的性格，他的内心有善良的一面，但对于金钱的贪婪腐蚀了他的灵魂，因此变得极为暴躁和吝啬。在这冷冰冰的世界里，只有曾是织花边女工的外祖母庇护、关心着他，给予他无限的温情和宠爱，并对他进行了有益的教导。

在这个日渐衰微的小家庭中，阿辽沙常常陷

影片《高尔基的童年时代》，据《童年》改编，图为电影剧照。

入凶狠的争吵和斗殴中。外祖父开设了一个染坊，成为家庭经济的主要来源。两个舅舅为了争夺家产，互相斗殴。他们甚至还以愚弄弱者，毒打儿童为乐。因此在小阿辽沙的心目中，这里每天看到的都是令人作呕的"铅一样沉重的丑事"。在一天深夜，米海勒舅舅因分家不成，就放火烧掉染坊。破产的外祖父草草地给他们分了家，自己另买了一座房子搬了过去。外祖父因为家道中落而变得更加的吝啬，最后竟然狠心把外祖母也赶出家门让其自谋生路。

可怜的母亲在这个家庭中成为多余人，她迫于生计只好再嫁。但好赌的继父对阿辽沙很不好，他最终又被继父赶回到外祖父家中。阿辽沙不忍再让外祖母来养活他，就同孩子们一起捡破烂度日。在该书的结尾，可怜的母亲受尽了折磨离开了人间，而阿辽沙也不得不离开家，到"人间"去谋生。

阅读指导

《童年》《在人间》《我的大学》这"三部曲"不仅是高尔基这位伟大作家的生平自述，而且也是一部卓越的艺术珍品。它是高尔基根据自己的生活道路，对俄罗斯19世纪70～80年代的社会生活所描绘的一幅多彩的时代历史画卷。作品的主人公阿辽沙就是作家本人。这一形象不仅是高尔基早年生活的写照，同时也是俄国劳动人民经过艰苦复杂的磨练后走向新生活道路的具有概括性意义的艺术典型。

许多人都指出，"三部曲"的基本主题就是阿辽沙的成长。但在《童年》这本书中，主要反映的还是生活的苦难。作者为我们描绘了一幅幅真实的生活画卷，这里活跃着一大批生活在俄罗斯最底层的市民，他们的庸俗、自私、无奈、怀疑、亵渎和无尽的苦难使无数的读者为之唏嘘和叹息，甚至连亲人之间也经常因为利益的冲突而尔虞我诈，你争我夺，寸步不让，因而显得真实而丰满。而外祖母的形象则是仁慈和希望的代表，也是该书的亮点之一。作品中刻意渲染的这种祖孙之情正是阿辽沙得以度过人生的苦难并勇敢地生活下去的精神来源，同时也向我们暗示，主人公的性格正是在如同铅一样的生活的重压下，在同无尽的苦难和恶势力的顽强斗争中，在接受和认识现实中所有美好事物的过程中，逐渐地形成并发展起来的。这样的成长过程，从某种程度上来说，也可以算得上是俄罗斯一代新人成长经历的缩影。

欧·亨利短篇小说选 /美国/欧·亨利/美国生活的幽默百科全书

作者简介

欧·亨利（1862～1910），出生于美国北卡罗来纳州格林斯波罗镇一个医师家庭。他的一生极富传奇色彩，当过药房学徒、牧牛人、会计员、土地局办事员、新闻记者、银行出纳员。在他任银行出纳员时，因银行短缺了一笔现金，为避免审讯，他离家流亡到中美的洪都拉斯。后因回家探视病危的妻子被捕入狱，在监狱医务室任药剂师。他在银行工作时，曾有过写作的经历，担任监狱医务室的药剂师后开始进行写作。1901年提前获释后，迁居纽约，专门从事写作。代表作有小说集《白菜与国王》《四百万》《命运之路》等。其中一些名篇如《爱的牺牲》《警察与赞美诗》《带家具出租的房间》《麦琪的礼物》《最后一片藤叶》等使他获得了世界声誉。

欧·亨利像

背景介绍

1887年，欧·亨利与阿索尔·埃斯蒂斯成婚，生活本应渐入坦途，不料在奥斯汀银行工作期间因涉嫌贪污因而不得不只身流浪中美洲的洪都拉斯。1896年妻子病重，欧·亨利冒险回国探望，不幸于1897年4月被捕入狱，妻子于同年夏去世。欧·亨利在狱中开始认真写作，以稿酬补贴狱外女儿的生活费用。他于1901年出狱，1902年迁居纽约专门从事写作，但在创作盛年却病逝了。欧·亨利善于描写美国社会尤其是纽约百姓的生活。他的作品构思新颖，语言诙谐，结局常常出人意外；又因描写了众多的人物，富于生活情趣，被誉为"美国生活的幽默百科全书"。

名著概要

欧·亨利一生写出了无数脍炙人口的短篇小说，收录在《四百万》《西部的心》《善良的骗子》《剪亮的灯盏》等集子中。其中《麦琪的礼物》《警察与赞美诗》《最后一片藤叶》等最为出名。

《麦琪的礼物》写杰姆与妻子德拉生活困窘，但两人情深意笃。圣诞节前夕，他们私下为购买赠送对方的礼物而卖掉了自己最心爱的东西：妻子德拉卖掉了她引以为荣的美丽长发，给丈夫买了一条白金表链，以便让他能够在众人面前自豪

名家点评

欧·亨利的主人公们生活得都很苦。所以女人渴望嫁个大富翁，男人希望找个富婆。想要过上舒心的日子是无可非议的，更何况他们还总是那样善良、那样多情。因而他们也有他们的可爱。他们那不因困窘而失的人性温情仿佛那废墟上的一朵百合，那是困境中的希望，那是悲苦的人们继续生存下去的理由。

——高尔基

相关链接

欧·亨利一生写了300多部短篇小说，大部分反映了下层人物辛酸而又滑稽的生活。这些作品以其幽默的生活情趣，"含泪微笑"的风格被誉为"美国生活的幽默百科全书"。他的故事奇特又耐人寻味，情节动人而笔触细腻，语言丰富又朴实含蓄，这些特点使他的许多作品，尤其像《警察与赞美诗》《麦琪的礼物》《最后一片藤叶》《没有完的故事》《黄雀在后》等代表作，列入了世界优秀短篇小说之林，近百年来一直拥有广大的读者。他本人也因此成为享有世界声誉的美国现代短篇小说的创始人。

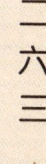

地拿出祖传的金表；丈夫为给妻子瀑布一样的长发买一套相衬的发梳，卖掉了祖传三代的金表。等到他们圣诞夜互送礼物时，才发现各自为对方做出了最大的牺牲。故事的结局是出人意料的，但却感人至深。夫妻之间的相濡以沫，就是体现在这些方面。

《警察与赞美诗》是欧·亨利的代表作之一，故事中主人公苏比为了被关进监狱，以度过难熬的冬天。他在大街上一连6次惹是生非，去饭店白吃、抢人家的雨伞、砸碎橱窗玻璃，甚至召妓等，但这些故意犯罪行为并没有将他送入监狱。后来他来到了一座教堂前，听着教堂里传来的音乐，他想起了自己的一生：从小生活在底层社会，由于懒惰，生活越来越差。优美的圣乐点燃了他的自信和尊严，他觉得再也不能那样窝囊地活着了。就在他准备悬崖勒马、改邪归正的时候，警察出现了，认为他行为不轨，将他逮捕送到了监狱里。这种出人意料、却又在情理之中的结果，意味深长地突出了苏比的愿望与现实的矛盾，从而更深刻地揭露了当时美国社会上一些不合理的现实，使人们认识到这个世界的荒谬和不可理喻。

《最后一片藤叶》讲的是一个关于生命本身的故事。苏艾和琼珊住在华盛顿广场西面，这儿住着许多像她们一样的穷艺术家。琼珊得了肺炎，她认为自己快死了。她对苏艾说，当窗外最后一片藤叶掉下的时候就是她死去的时候。苏艾竭尽全力，希望鼓起她生存的意志，并把此事告诉了她们楼下的一位老画家贝尔门。这位老画家已执笔40年了，可他口中所说的杰作仍未问世。一天又一天风吹雨落的日子过去了，可那最后的一片藤叶总是顽强把挂在枝上，琼珊从这片不落的叶子上重新找回了生存的勇气和希望，渐渐康复了。可贝尔门却染上肺炎去世了，原来是他冒着风雪在对面墙上画下了那片永不凋落的藤叶。他终于用生命画出了他一生中的杰作。

阅读指导

欧·亨利的小说在结尾的处理上十分个人化，他常常在文章情节结尾时突然让人物的心理情境发生出人意料的变化，或使主人公命运陡然逆转，出现意想不到的结果，但又在情理之中，符合生活实际，从而揭示出故事的全部意义和人物性格的真实，具有独特的艺术魅力。这便是著名的"欧·亨利式结局"。

贝多芬传 / 法国 / 罗曼·罗兰 / 世界名人传记的经典之作

作者简介

罗曼·罗兰（1866～1944），法国作家、音乐评论家，生于法国中部高原上的小市镇克拉姆西。15岁时，随父母迁居巴黎。1899年，罗曼·罗兰毕业于法国巴黎高等师范学校，之后进入罗马法国考古学校当研究生。归国后在巴黎高等师范学校和巴黎大学讲授艺术史，并从事文艺创作。这时期他写了7个剧本，以历史上的英雄事件为题材，试图以"革命戏剧"对抗陈腐的戏剧艺术。

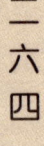

20世纪初，他的创作进入一个崭新的阶段，他连续写了几部名人传记：《贝多芬传》（1903年）、《米开朗琪罗传》（1906年）和《托尔斯泰传》（1911年）等，同时发表了他的长篇小说杰作《约翰·克利斯朵夫》。该小说于1913年获法兰西学院文学奖金，并使他于1915年荣获诺贝尔文学奖。由此，罗曼·罗兰被认为是法国当代最重要的作家之一。

两次大战之间，罗曼·罗兰的创作又一次达到高潮。1919年发表了中篇小说《哥拉·布勒尼翁》，1920年发表了两部反战小说《格莱昂波》和《皮埃尔和吕丝》，1922～1933年又发表了另一部代表作《欣说的灵魂》。这一时期还发表了音乐理论和音乐史的重要著作7卷本《贝多芬的伟大创作时期》（1928～1943年），此外还发表过诗歌、文学评论、日记、回忆录等各种体裁的作品。

罗曼·罗兰不仅是一个有广泛国际影响的作家，也是著名的社会活动家，一生为争取人类自由、民主与光明进行了不屈的斗争。

背景介绍

罗兰五六岁时，就因家庭方面受到音乐的熏陶，从而认识到贝多芬的伟大，这对于他日后思想的形成与才能的发展有很大的影响。青年时代，罗兰曾受到18世纪启蒙思想的影响，向往法国资产阶级革命，同时他对巴黎公社表示崇敬。他还接受了法国民主主义文化的优秀传统，对法国资本主义社会的丑恶现实深恶痛绝。20世纪初，罗兰感于世风日趋颓靡，于是把变革现实的希望寄托于"英雄"人物的力量，他先后写了《贝多芬传》《米开朗基罗传》《托尔斯泰传》等。在这些传记里，作者极力颂扬他们渴望自由、主持正义的精神，赞美他们以造福人类为己任、为坚持真理和信仰而受苦受难的钢铁般的意志。

名著概要

贝多芬出生于一个贫寒的家庭，他的父亲是歌剧演员，性格粗鲁，爱酗酒，母亲是个女仆。小贝多芬从小就被剥夺了学习、休息和娱乐的时间，被强迫没完没了地练习钢琴和小提琴。1787年，贝多芬前往维也纳拜他仰慕已久的偶像莫扎特为师。可惜，因为母亲病逝，贝多芬在维也纳的学习时光很快就中断了。过度悲痛使他接二连三地得了几场大病，其中一次是出天花，永远地毁了他的容貌，甚至听觉也越来越衰退。1801年，他爱上了一位名叫朱丽埃塔的姑娘，但由于贝

相关链接

罗曼·罗兰在《贝多芬传》前所写下的序言与这部传记几乎同样著名。它记录了罗曼·罗兰的思想历程，同时，也反映了他的人生观：对人类前途的坚定的信念，对于人的至善的渴求，在探求光明的道路上与困难和苦难战斗的勇气。可以说，很少有作家像罗曼·罗兰一样将文学事业与人生理想那样紧密地结合在一起，在文学事业中为他的人生理想坚韧不拔地战斗着。他自己就从贝多芬的人格和音乐中汲取过力量，得到过鼓舞，"唤醒了永久的生命的火花"。所以，他才能那样充满激情地写出《贝多芬传》。

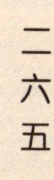

世界名著大讲堂

名家点评

　　罗兰要为具有巨大精神力量的英雄树碑立传,让世人"呼吸到英雄的气息"。尤其是《贝多芬传》,强调自由精神,作者在音乐方面表现出精湛的修养,吸引了人们的注意。

——郑克鲁《现代法国小说史》

多芬的耳聋,两年后这位姑娘嫁给了一个伯爵。肉体与精神的双重折磨,都反映在他这一时期的《幻想奏鸣曲》和《克勒策奏鸣曲》等作品中。

经典摘录

谁也别想战胜我,我要扼住命运的咽喉。
音乐当使人类的精神爆出火花。
噢,上帝!给我勇气让我征服我自己。

　　当席卷欧洲的革命浪潮波及维也纳时,贝多芬的情绪开始高涨,创作了不朽名作《英雄交响曲》和《热情奏鸣曲》。1806年5月,贝多芬与布伦瑞克小姐订婚,但幸福又一次把他遗弃,未婚妻和另外的人结婚了。这时贝多芬正处于创作的极盛时期,他将一切都置之度外,专心于他的音乐事业。他获得了荣誉,但是经济的困窘、亲朋好友的离散和耳朵的完全失聪也接踵而来。面对生活的苦难,似乎已经没有什么能使贝多芬屈服,他以自己的创作风格扭转了维也纳当时轻浮的作风。1824年的一天,《第九交响曲》在维也纳首场公开演出,贝多芬亲自担任指挥,这是他最后一次出现在广大听众面前,演出获得了巨大的成功。为了达到完美的境界,贝多芬的创作之路持续了35年之久。

阅读指导

　　该书是以"传记"的形式写作的,作者以敏锐的观察、引人入胜的文笔描绘了这位著名音乐家的一生。全书开篇,作者首先细致地描绘了贝多芬摄人心魄的外貌与神情,然后按照时间的先后顺序记叙了贝多芬一生所经历的重大事件。他把贝多芬的一生主要分为5个阶段:1770～1789年的学习阶段,1789～1805年的愁苦阶段,1806～1810年的最幸福时光,1811～1814年是贝多芬命运的巅峰时期,而他生命的最后10年则是最悲惨的时期。这5个时期的不同经历与遭遇影响着贝多芬的思想和情感,使他创作出各种不同的作品。

约翰·克利斯朵夫 /法国/罗曼·罗兰/20世纪最宝贵的小说

背景介绍

　　《约翰·克利斯朵夫》从构思到创作完成经历了20多年的时间。根据作者本人在《青年时代的回忆录》中的记述,作者从1890年左右就开始酝酿、构思这部著作。他自称创作这部小说的目的是为了向"充满虚荣心的市场"报仇,完成

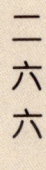

二六六

他早期希望在"人民戏剧"中实现的醒世愿望。

名著概要

约翰·克里斯朵夫出生在德国莱茵河畔一座小城，他们家是一个受人尊敬的音乐世家，祖父曾是王府乐队的指挥，父亲却经常酗酒，以致家境逐步败落。但是，不久他那丰富的幻想力和强韧的生命力以及与生俱来的才华，被祖父发掘了；而具有音乐家头衔的父亲，也希望借着儿子的才华赚钱糊口。于是约翰·克利斯朵夫不由自主地爱上音乐，并决定要把一生都献给这个凝聚自己所有喜怒哀乐的艺术。约翰·克里斯朵夫6岁时开了一场音乐会，成为轰动全城的音乐神童。还不到13岁，他就在宫廷管弦乐队里稳稳地当上了正式的第二小提琴手，成为家庭经济的主要来源。

随着年龄的增长，他对德国社会里的虚伪和不正常有了相当的了解，在他的心中一方面排斥着，另一面又企图去克服它。年轻的约翰经历了许多爱情的、家庭的挫折，但在舅舅的帮助下醒悟过来，埋头进入音乐创作。一日，约翰外出散步时卷入一场风波，他为了保护一个女子致人死伤，不得已逃往巴黎。

法国是克利斯朵夫一向极为向往的国家，但一旦到了那儿，他发现很难适应。在巴黎颓废的时潮里，他不得不再度对抗孤独的侵袭。唯一的收获是找到了志同道合的朋友——靠教书为生的青年诗人奥里维。他们合租一所公寓，为各自的人生艺术目标而并肩奋斗。不久，他的作品在法德两国的演出获得巨大成功，被人们公认为是天才，但很快又遭到别人的陷害。这时，克里斯朵夫发现自己和奥里维都爱上了工程师的女儿雅葛丽纳，他主动退出，促成他们的婚约。然而"五一"节那天，奥里维为救一个挤倒的孩子被人群踏在脚下。他也因杀死一个士兵后不得不再次的逃亡到瑞士，去投靠他往昔的朋友布朗。

克利斯朵夫在瑞士流亡期间与布朗的妻子安娜发生了一次不愉快的恋爱事件。最后，他与安娜企图以自杀来结束一切，却无法如愿以偿。随之而来的内疚

相关链接

同样是描写英雄的作品，罗曼·罗兰在创作《约翰·克利斯朵夫》之前为了让世人"呼吸英雄的气息"，决定为具有巨大精神力量的英雄树碑立传，他连续写了几部名人传记：《贝多芬传》《米开朗琪罗传》和《托尔斯泰传》，世称"三大英雄传"或"名人传"。从某种程度上看，这些传记的完成正向读者预示着《约翰·克利斯朵夫》这部伟大的作品即将诞生。

《名人传》是人类心灵的三份手稿，以激情文字谱写的三首英雄赞歌。罗曼·罗兰所谓的英雄，"并非以思想或强力称雄的人，而是靠心灵而伟大的人"。因此他着重描述这些伟大的艺术天才如何在人生忧患困顿的征途上奋起抗争，为创造表现真善美的不朽杰作而献出毕生的精力。在他的笔下，贝多芬、米开朗琪罗、托尔斯泰，只是些受苦的人。贝多芬：被命运捉弄的人，最终耳聋的音乐家，一个用痛苦换来欢乐的英雄。米开朗基罗：忧郁症患者，恨不得把整座山岩都雕出生命的工作狂，一个享受痛苦、舍弃欢乐的英雄。托尔斯泰：自我折磨也自我折腾的人，离家出走的老翁，一个打破生活的安宁以便安抚良心的英雄。在作者看来，这些英雄"他们固然由于毅力而成其伟大，可是也由于灾患而成其伟大"。而作者创造他们的目的，也是要借这些英雄传记来重新唤起人们对生命和对人类的信仰。

暂时压抑了他的天才。在失望之余，只好孤独地隐居到修加山。但就在这里他偶遇消失已久的意大利籍女友葛拉齐亚，两人沉入重逢的喜悦，虽然葛拉齐亚的儿子阻止他们的结合，他们仍在心心相印中获得了满足。在葛拉齐亚的帮助下，克利斯朵夫在瑞士度过了10年硕果累累的生活。

晚年的克利斯朵夫誉满欧洲，他继续创作，但他的作品已不像早年那样风雷激荡，而是和谐恬静。现在他可以自由往返于法德之间。在他返回法国时，他成了追求和欢呼的对象。他觉得非常好笑，并开始重新思索人生。葛拉齐亚去世后，克里斯朵夫也闭门不出。他一面看着成长中的年轻人，一面等着死神到来。

阅读指导

在创作《约翰·克利斯朵夫》之前，罗曼·罗兰已经完成了好几部有关英雄人物的传记。而罗兰对传记的兴趣也可以充分体现在他的这部代表性作品《约翰·克利斯朵夫》之中。这部循环式小说为20世纪力求捕获整个生命经历的伟大传记小说开辟了道路。《约翰·克利斯朵夫》追溯了一个德国音乐家在许多艺术斗争中演变的历程。读者们可以从主人翁的经历依稀辨认出像音乐大师贝多芬、莫扎特以及瓦格纳等人的影子，例如约翰·克利斯朵夫的童年生活和遭遇就似乎来源于贝多芬。但罗兰创造的这一个英雄，似乎并没有受到这些艺术先锋们的约束。他总是试图从约翰·克利斯朵夫身上来画出20世纪的人类英雄肖像及其梦想。

罗曼·罗兰否认这部作品是小说，作品松散的结构和文体也向我们说明这不是一部以故事情节见长的作品。不过，在罗兰眼里，一个人的生活不能被关闭进文学形式的狭隘领地之中。《约翰·克利斯朵夫》写的是关于一位音乐天才与自身、与艺术以及与社会之间的斗争。从约翰·克利斯朵夫的激情、反抗、愤怒到他的灰心、顺从、宁静的心路历程，罗兰刻画了一个充满矛盾和不协调的性格，一位满怀生命热情却又遭到敌对世界的误解的极其诚恳的艺术家。这个典型的人物形象显然已经具有了一个普遍性的意义。

从艺术上看，这部小说也有非常独特的艺术风格。作者在小说中把心理描写放在了一个非常重要的地位，并且把心理描写与自然描写同作者的哲理思考结合起来，使这部著作具有一定的"深度"。此外，这部小说也被称作"音乐小说"，如果读者能够对音乐感兴趣，那么再阅读这部史诗般的巨著便会更加充分地领略其中的艺术魅力。

新教伦理与资本主义精神 / 德国 / 马克斯·韦伯 / 宗教社会学和伦理学的代表

作者简介

马克斯·韦伯（1864～1920），世界公认的现代西方社会学大师之一，同时也是一位百科全书式的人物，享有西方理论社会学泰斗的盛誉。韦伯生于德国埃

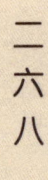

尔福特一个中产阶级家庭，父亲是俾斯麦时代的政治家，母亲是虔诚的加尔文教信奉者。1882年，韦伯考入海德堡大学，学习法律、经济和历史。1883年，他服了一年兵役，随后转入柏林大学。1886年毕业后担任初级律师。1893年起他先后在柏林大学、弗来堡大学、海德堡大学任教。1896年，他受聘为海德堡大学经济学教授，成为当时德国知识界的重要人物。1897年夏天，韦伯双亲赴海德堡大学，与父亲大吵一架后，其父一个月后去世，这使韦伯大受刺激，5年多仍没能恢复。1904年，他应邀赴美参加圣路易艺术与科学大会并宣读论文，回国后，韦伯专事著述，先后发表了《社会科学方法论》《新教伦理与资本主义精神》《中国宗教》《政治是职业》等。1918年，他重返大学讲坛，先后执教于维也纳大学、慕尼黑大学。1920年，因误诊死于肺炎。巨著《经济与社会》《世界经济通史》在他死后不久问世。

背景介绍

19世纪末至20世纪初，德国处在急剧变动的经济、社会结构和相对停滞的政治、文化结构、价值体系的矛盾之中。德国工业正以超过英美等国的速度发展，工业化给德国经济与社会带来巨大变化，特别是旧有价值观和政治结构受到严重冲击，地主和封建诸侯为基础的封建专制制度仍占统治地位。处于上升地位的德国中产阶级一方面具有改革现状的革命性，另一方面又不同程度地支持或认可德国既定政治制度与政治现状。德国社会处在经济结构、政治结构和社会价值体系明显分裂迅速变化之中。

名著概要

《新教伦理与资本主义精神》是韦伯宗教社会学和伦理学的最重要代表作，最初于1904年和1905年分两次发表在他自己主编的《社会科学与社会政策》杂志上。1920年汇成一册，正式作为《宗教社会学论集》第一部出版。该书分导论、上篇、下篇3部分。导论是韦伯为他整个宗教社会学系列研究而写的，上篇"问题"包括宗教派别和社会分层、资本主义精神、路德的"天职"概念等3章，下篇"禁欲主义新教诸分支的实践伦理观"包括世俗禁欲主义的宗教基础、反禁欲主义与资本主义精神2章。在这部书中，韦伯论述了两个重要问题：西方近代资本主义的产生及其本质，社会伦理与经济行为的关系。

韦伯的学术志向和学术视野中，有两个问题是使他魂牵梦萦、孜孜以求解答的。其一是，为什么近代资本主义文明最初发生在西欧而未发生在世界其他地方？资本主义文明的合理性究竟在哪里？韦伯认为，这个问题的答案不能只从欧洲的经济、政治和社会演变中去寻求答案，韦伯将决定性的因素归结为16、17世纪欧洲宗教改革所产生的新教伦理，特别是加尔文教的入世禁欲主义。因而他在书中提出了所谓的"韦伯命题"，即新教伦理促进西方资本主义经济发展和文明产生。韦伯一方面从职业统计的事实出发来研究这种独特现象背后的伦理文化根源，另一方面又引证富兰克林"时间就是金钱""信用就是金钱""金钱可生金钱"等格言来阐释资本主义精神，认为加尔文教的入世禁欲主义培养了一种资本主义精神，并且推动了资本主义经济文化的发展。因而韦伯认为加尔文教的入世禁欲主义及其所造成的经济理性主义，正是西方近代文明所产生的伦理动因和精神基础。韦伯所关心的第二个问题是，为什么一个具有普遍历史意义的特殊的理性主义文化仅仅只在西方发生特别是在西欧发生？韦伯到中国的儒教、印度的印度教和佛教等世界五大宗教中寻求反证，得出了这些宗教包括早期基督教和中世纪天主教由于缺乏类似新教的那种天职观和入世禁欲主义，落在神秘主义和出世禁欲主义的伦理层面上，故不可能产生现代资本主义的经济行为，形成类似西欧资本主义那样的文明。

> **经典摘录**
>
> 时间是无价之宝，因为每一个小时的丧失，都是为上帝增光的劳动的损失。
>
> 寻找天国的热忱开始逐渐被审慎的经济追求所取代，宗教的根系慢慢枯萎，最终为功利主义的世俗精神所取代。

韦伯在书中重新界定了"资本主义"这一概念。他认为凡谋取利润的都是资本主义。古代和中世纪的资本主义在行为上主要是非理性的，而西欧和美国的近代资本主义主要特征是理性的、尊重和平的机会的，即是由近代西方社会生活所具有的一种特殊社会精神气质造成的，直接导致近代资本主义产生的是由于出现了新教及其伦理道德。韦伯对资本主义精神进行了界说。他认为资本主义精神就是勤勉、认真、机敏、精心谋划，按节俭的原则，用健全的会计核算方式把资本主义把资本投入流通领域从而理智地获取利润。显然韦伯将资本主义看作是一种文化、一种经济、一种具有特殊动因的价值体系，而这种动因就是欧洲宗教改革后的新教教徒在伦理观念上的变化。

韦伯从宗教社会学出发，在经验研究的基础上分析了基督教和资本主义的历史，考察了西欧的宗教情感、信仰、教规和教义的变化。宗教的核心是"拯救"问题。通过考察对比，韦伯提出了在其思想体系中至关重要的"天职"一词，合理的行为就是根据资本主义原则来履行天职所进行的活动。最后，韦伯还得出了这样一个结论：中国由于长期以来受统制贸易，缺乏金本位制等重农抑商的传统观念的影响，始终没有形成资本主义精神，并认为这归因于中国强调伦理道德的儒教思想的影响。

阅读指导

《新教伦理与资本主义精神》是韦伯思想体系中宗教社会学理论部分的代表作，

> **名家点评**
>
> 韦伯在今天西方的社会科学界和史学界上显然是处于中心的位置。在近代西方哲学史上，哲学家中有人向康德立异，也有人和他同调，但绝没有人能够完全不理会他的学说。今天韦伯的情形和康德十分相似。
>
> ——余英时

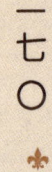

也是现代西方哲学社会科学著作中最著名而且争议最大的一部。自其问世起，就引起了"学术史上的30年战争"。韦伯在此书中开创的现代社会学的研究方法，即探寻经济生活变化背后的精神驱动力量的研究方法，成为20世纪西方社会学界普遍接受的一种解释模式，韦伯也因此被称为"资本主义晚期的马克思"。韦伯在书中所运用的历史综合分析方法和文化比较法，对于探讨西方近代资本主义的起源做出了独特的贡献。当然在他的学说中有一些牵强附会之处，尤其表现为他对东方诸文化的解释。但他所独创的思想和方法对于20世纪的社会科学研究来说，无疑是一个重要里程碑。

骑鹅旅行记 /瑞典/拉格洛夫/充满理想主义的童话杰作

作者简介

拉格洛夫（1858～1940），出生于瑞典韦马兰省的莫尔巴卡，父亲是一名陆军中尉。她从3岁起髋骨关节变形，终生行走不便。她一边养病，一边博览群书，对文学有着浓厚兴趣。1885年毕业于斯德哥尔摩女子师范大学后，在瑞典南部小镇朗德斯克鲁纳当了10年教师。1890年，她从尚未完成的小说《古斯泰贝林的故事》中选出5章去应征《伊顿》杂志举办的短篇小说征文，获得奖金。拉格洛夫于1909年获得诺贝尔文学奖，1914年成为瑞典文学院第一名女院士。她的作品的情节反映了童话世界与现实生活两方面，将神与人、想象与真实水乳交融，充满着仁慈和母爱，感情自然流淌在字里行间，语言清新流畅，格调优美委婉，极富诗意。

背景介绍

《骑鹅旅行记》是拉格洛夫的代表作。拉格洛夫对瑞典进行了全面的考察旅行，以收集各种所需的资料，先后用5年时间才成功地完成这部书。从第一次出版到1940年作者去世，它总共发行了350万册。此后，每隔几年就再版一次，是瑞典文学作品中发行量最大的作品之一。这部作品不仅使拉格洛夫饮誉瑞典国内文坛，而且也奠定了她在世界文坛上的地位。

名著概要

14岁男孩尼尔斯·豪格尔森是这部童话的主人公，他的家在瑞典南部一个乡村。尼尔斯从小性格孤僻，不喜欢读书，专爱恶作剧，总是欺负家中的鸡猫狗兔。一个初春，他的父母上教堂去了，他由于捉弄一个小精灵，而被小精灵变成一个

名家点评

她的诗空灵澄净，美丽的故事具有《圣经》那种朴素崇高的风格。

——克莱安·安内斯特

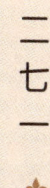

拇指大小、能懂鸟语的小人。正在这时，一群大雁从空中飞过，家中一只公鹅也想展翅跟随大雁飞行，尼尔斯紧紧抱住公鹅的脖子，不让公鹅飞走，不料却被公鹅带上高空。从此，他骑在鹅背上，跟随着大雁周游各地，从南方一直飞到最北部的拉普兰省，整整8个月，才返回家乡。他骑在鹅背上看到了祖国的山川河流、优美风光，学习了祖国的地理历史，听了许多故事传说，也饱尝了不少风险和苦难。在漫游中，他从其他动物和旅伴身上学到不少优点，逐渐改正了自己淘气调皮的缺点，养成了勇敢大方、助人为乐的优秀品德。当他重返家乡时，不仅重新变成一个高大漂亮的男孩子，而且成了一个温柔、善良、诚实、乐于助人，富于责任感又勤劳的好孩子。

相关链接

1891 年	小说	《古斯泰·贝林的故事》
1897 年	小说	《假基督的奇迹》
1899 年	小说	《一座贵族庄园的传说》《孔阿海拉皇后》
1901～1902 年	小说	《耶路撒冷》
1906～1907 年	小说	《骑鹅旅行记》
1911 年	小说	《利尔耶克鲁纳之家》
1912 年	小说	《车夫》
1914 年	小说	《普初加里的皇帝》
1918 年	小说	《被开除教籍的人》
1925 年	回忆录	《莫尔巴卡》
1925～1928 年	小说	《罗文舍尔德》三部曲
1930 年	小说	《一个孩子的回忆》
1932 年	散文	《日记》
1933 年	小说	《秋天》

阅读指导

这是一部很富有教育意义的作品，作者通过这个故事来启发少年儿童要从小培养良好的品德，要有刻苦学习知识的渴求，向别人学习，克服和改正自己的缺点，要富有同情心，更纯洁更善良。同时，读者还能从尼尔斯的漫游中饱览瑞典的锦绣河山，学习它的地理历史知识和文化传统。

虽然《骑鹅旅行记》主要是为少年儿童而写，但它又不同于一般的儿童读物。这本书既没有曲折惊险、荡气回肠的故事，也没有完美英勇、美丽动人的主人公，甚至连妙语如珠、警句似潮的对话都很少，那么是什么使这么一部像流水账般的旅行日记式作品变得如此富有魅力呢？是作者妙笔生花的高超写作技巧把这部作品写活了，赋予了原本没有生命的一草一木、一石一山以灵动的生气，使得世上万物都有了思想和感情。

实用主义 / 美国 / 詹姆士 / 美国人民的"官方哲学"

作者简介

詹姆士（1842～1910），美国著名的哲学家、心理学家、实用主义哲学的创始人之一和主要代表人物。他出生于纽约，从小受到良好系统的教育，先后就读于纽约州斯克内塔迪的联合学院、普林斯顿精神学院、哈佛大学劳伦斯理学院和哈佛医学院，他还曾到法、德、奥、瑞士等国家学习。詹姆士兴趣广泛，知识渊博，年轻时曾沉浸在绘画、音乐、文学和哲学等爱好中，以美术家自居过好几年，不久兴趣转向研究科学，曾到巴西亚马孙河流域做远征考察，后来又转向心理学

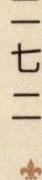

和哲学研究。他执教于哈佛大学，还在斯坦福大学、哥伦比亚大学以及英国的爱丁堡大学、牛津大学等处任教，研究和讲授生理学、心理学和哲学。1910年，詹姆士名声达到顶峰时去世。他的主要著作有《心理学原理》《信仰意志和通俗哲学论文集》《宗教经验类型》《实用主义》《真理的意义》《彻底经验主义论文集》等。

詹姆士像

背景介绍

实用主义产生于美国，活动中心也一直在美国，这与美国资本主义的发展以及美国社会生活的特点密切相关。美国资本主义是在未遇到强大封建势力阻挡下较为顺利地发展起来，因而它的民主自由等政治体制也建立得最完善，资产阶级个人主义、利己主义表现得最为直接、露骨和突出。同时美国是一个由以欧洲各国为主的世界各地的移民组成的国家，由这些移民带去的世界各地的传统文化融合而成的新文化又是对这些文化传统本身的否定，只有那些对开拓这片新大陆有用、获得成功的才能得到肯定，对主体活动的有效、无效被当作人们思想和行为的准则。

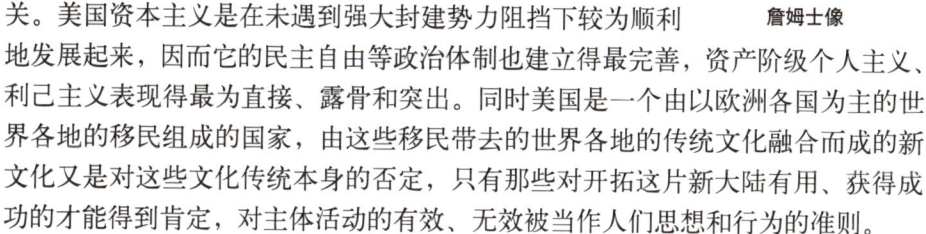

名著概要

《实用主义》全名为《实用主义——某些旧的思想方法的新名称》，是作者8篇演讲稿的汇集。全书由正文和附录两部分组成，附录中的文章大部分是对前者正文所引起的批评的一些答复、补充和完善了作者的思想。全书正文共分为8讲，通俗、系统、全面地阐述了詹姆士的实用主义哲学的基本思想，是整个实用主义哲学中最有代表性的著作。

第一讲，当前哲学的两难。詹姆士认为，哲学是人的性情气质的表现，哲学史在极大程度上是人类几种气质冲突的历史。理性主义同经验主义、唯心主义同唯物主义的区别，是柔性气质同刚性气质的区别，导致一种较富情感的宇宙观与比较冷酷的宇宙观之间的区别。科学家情愿不要形而上学，实行家则把哲学的尘埃从他们的足上掸掉。实用主义则是调和这种哲学上两难的中间路线。

第二讲，实用主义的意义。实用主义首先包含一种方法，是指进行哲学思考的特殊方式，这种方法试图通过探索概念的实际效果来解释概念的意义。不是原则检验出发点，而是结果衡量思想。其次，实用主义是一种关于真理的理论。只要观念有助于使它们与我们经验的其他部分处于圆满的关系中，可以很稳定地工作起来而且能够简化劳动、节省劳动，那么这个观念就是真的。

第三讲，从实用主义来考虑几个形而上学的问题。詹姆士从彻底的经验主义出发，对实体、物质、精神、自然界的设计问题和自由意志问题等进行实用主义讨论。他认为，无论我们认为世界是由物质造成的还是由一个神圣的精神创造的，没有任何差别。物质和精神、主体和客体统一于经验。用经验来超越传统哲学中唯心与唯物主义的对立。同时实用主义认为最重要的问题是：这个世界会变成什

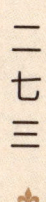

世界名著大讲堂

么样子？生命本身会变成什么样子？哲学的重心必须改变它的位置。

第四讲，一与多。詹姆士用实用主义方法对世界一元论和世界多元论进行分析、讨论。我们的理智所追求的世界，既不是单纯的多样性，也不是单纯的统一性，而是全体性。实用主义拒绝绝对的一元论与绝对的多元论，信奉多元论的宇宙观。

第五讲，实用主义与常识。詹姆士用实用主义对知识的增长、真理的发展、时间、空间、事物、种类、原因和定律等常识概念进行分析，我们有理由去怀疑，而且我们的一切理论都是工具性的，都是适应实在的精神方式，而不是神圣创造的宇宙之谜的启示或答案。

第六讲，实用主义的真理概念。他认为真理意味着观念和实在的符合，但符合不是摹写，而是经验与经验之间的一种关系，一种观念。只要能把新、旧经验联系起来，处于圆满的关系中，就是真理。真理的可证实性表明它的有用性，一个观念是否是真理，看它是否有效用。"它是有用的，因为它是真的"，"它是真的，因为它是有用的"，这是詹姆士真理观的根本点。总之，真理是有用的经验组织形式。

第七讲，实用主义与人本主义。詹姆士阐述了以人为本为基础的实在观，他对英国哲学家席勒的人本主义推崇至，他认为一切真理都是关于实在的信仰。实在是由三部分组成的：一是我们的意识流；二是感觉之间或它们在人心中的摹本之间所存在的关系；三是过去已有的真理。他还特别强调了实用主义同理性主义的差别，理性主义的实在一直就是现成的、完全的；实用主义的实在，则是不断在创造的，其一部分面貌尚待产生。

第八讲，实用主义和宗教。他认为实用主义是一个调和的体系，任何观念只要对人有利，都是可以接受的，只要关于上帝的假设在广泛的意义上能令人满意地起作用，那这个假设就是真的。

阅读指导

《实用主义》系统地阐述了实用主义的基本思想，构造了比较完整的实用主义

相关链接

实用主义作为一个哲学流派，起源于哈佛大学的"形而上学俱乐部"。主要成员有实用主义的创始人皮尔士和实用主义的主要代表人物詹姆士，还有哲学家和心理学家赖特，律师霍尔姆斯和历史学家费斯克等。1872年，皮尔士第一次表述了实用主义的基本观点，1898年，詹姆士重提皮尔士的"效用原理"，并发展为一个比较系统的实用主义理论体系，并在美国广泛流行。尔后，杜威对实用主义做了进一步发挥，并把实用主义的原则推广到政治、道德、教育等各大领域，大大扩展了实用主义的影响范围，使实用主义在美国成为占统治地位的哲学。

名家点评

詹姆士是独创的、动人的。詹姆士并不是英国哲学或者大陆哲学的第二流的模仿者或卫星，他是哲学界的一颗大行星，他在自己的轴心上旋转，并把实用主义的所有其他发光体（领导人）都吸引到他有力的活动领域中来。

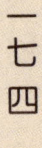

理论体系，使实用主义真正走上了哲学舞台，成为现代哲学中具有重要影响的主要流派之一。《实用主义》的诞生，体现了美国生活方式中崇尚独立、自由、民主和平等以及追求功利效率、求实进取、反对空谈和积极实干的精神，标志着美国本土哲学的真正成熟，为美国哲学的日后发展奠定了坚实的基础。本书通俗易懂，语言流畅，对美国民众有广泛影响。实用主义的产生，深得上层资产阶级的赏识，曾被人民称为美国官方哲学。

扬·胡斯 ／捷克／伊拉塞克／捷克历史小说的杰作

作者简介

伊拉塞克（1851～1930），捷克19世纪末和20世纪初的杰出现实主义作家、捷克历史小说的创始人。他出身农村手工业者家庭，一生写了大量以民族、民主斗争为题材的作品，代表作有剧本《扬·日什卡》《扬·胡斯》《扬·罗哈奇》，小说《狗头军》《抗击众敌》《弟兄们》等。

背景介绍

19世纪末20世纪初，中欧、东南欧和巴尔干半岛一些国家的民族解放运动和民主革命斗争日益高涨。反对外族压迫、争取民族解放、暴露统治阶级腐朽、反映劳动人民疾苦、号召人民起来求解放，成为本时期这些国家文学的共同主题。该剧以15世纪捷克宗教改革首领扬·胡斯因反对罗马教皇被教会处以火刑的历史事件为题材，表达了作者的爱国热情，具有鲜明的时代意义。

名著概要

扬·胡斯曾任教于布拉格大学神学院，也是著名的伯达勒姆斯教堂的牧师。面对欧洲宗教势力嚣张、专制的现状，他大胆提出了宗教改革的措施和反对异族统治的主张，这得到捷克广大人民群众的支持。罗马教皇派人到捷克兜售"赎罪符"，扬·胡斯严厉谴责了这种从普通教民身上榨取钱财的卑劣行径。在他的影响下，布拉格的下层居民和贫苦学生常常举行示威游行，但均遭镇压。上层社会对胡斯甚为不满，教皇禁止他继续传教。

教皇下诏书要胡斯去罗马做高级传教士，胡斯拒绝了这一旁人眼中的美差，继续在当地宣传宗教改革。教会见威逼利诱都无济于事，便宣布开除胡斯教籍。人们起来保护胡斯，与来查封伯达勒姆斯教堂的旧宗教势力发生激烈的冲突。有三人被捕，他们分别是乐师、学生和鞋匠。教皇下令处死这三人，胡斯请求等罗马皇帝、

相关链接

扬·胡斯是15世纪捷克宗教改革的领袖人物，曾是布拉格大学的校长。由于胡斯反对罗马教皇，1415年被教会处以火刑。他的死引发了捷克历史上著名的胡斯运动。胡斯是捷克民族英雄，他的雕像如今依然屹立在布拉格中心广场上。

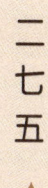

当时的匈牙利国王、未来捷克王位的继承者西克孟德回来后再执行，他坚信国王和王后不会让无罪的人丧生。教会慑于国王的权威答应了他的要求，然而却很快传来三人自杀的消息。面对旧宗教势力的暗杀行为，胡斯发表演说进行声讨。

胡斯成了旧宗教势力的眼中钉，他们策划了另一场谋杀。这天，胡斯正在宣讲，一个人从教堂的阴暗角落蹿出，持匕首扑向他。几个青年将此人抓住，胡斯险些受伤。人们要求严惩谋杀者，胡斯却叫人放他走。

高级僧侣们又想出一招。他们提出"禁止宗教活动"，想让群众们纷纷离开胡斯——因为不做礼拜和弥撒，人们似乎就活不下去。很快，在为三个被杀害者举行的葬礼上，人们发生了激烈的冲突，许多家庭也出现分歧。面对一些不明真相的群众的指责，胡斯十分心痛。鉴于种种原因，胡斯不久被迫到南方农村去传教。

胡斯很快又在南方农村受到拥护，这引起了教会和世俗统治者们的极大惶恐。他们最终使出了"宗教裁判"的手段来迫害他。1414年，捷克皇帝西克孟德召胡斯到康斯坦茨参加宗教会议，并假惺惺地为他颁发了"安全通行证"。胡斯对能受到皇帝邀请喜出望外，准备去参加这次公开答辩。众乡亲都提醒他此行凶多吉少，劝他赶紧离开捷克。胡斯拒绝这样做，他对皇帝存有幻想，认为若是不去，就是背叛了自己多年为之奋斗的东西。

6月，胡斯只身来到康斯坦茨，他一到那里就被罗马教廷逮捕。一个月后，宗教会议开始了。胡斯面向西克孟德皇帝，独坐一处。牢狱生活和疾病，使他显得十分消瘦。高级僧侣们接连不断地向他开火，不让他答辩。胡斯明白了自己的处境，将目光投向皇帝西克孟德。皇帝终于发话了："我发给了你安全通行证，尽管有人认为我不应该发给异教徒。但在这儿听了这一切之后，我相信了。我绝不会去保护异教徒，如果你还坚持邪说，我甚至会把你烧死，所以我劝你接受圣教团的宽恕吧。"胡斯听后，脸色陡然变白，他一字一顿地说："对于你的劝告，我不能说别的。如果你说服了我，我就收回。"

胡斯被下令烧死。刑架上，他目视远方，平静而坚定地说："你们能烧死我，但是和我在一起的神圣的真理你们是埋葬不了的。它将从墓穴里站起来，发展壮大，得到永恒的胜利，你啊，仁慈的上帝，你知道，我是热爱真理的。在你的帮助下，我要为它愉快地死去。"

科学管理原理／美国／泰罗／现代科学管理理论之源

作者简介

泰罗（1856～1915），美国古典管理学家、科学管理的主要倡导人，被称为"科学管理之父"。泰罗出生于美国费城，1872～1874年进入埃克塞特学校学习，随后去欧洲游学，就读于法国和德国的学校。1875～1878年在费城的恩特赖斯液压厂当学徒。1878年，他到费城的米德维尔钢铁厂，开始阶段做车间勤杂工和

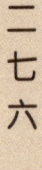

机工。由于工作努力、表现突出，先后被提拔为车间管理员、技师、小组长、工长、维修工长、设计室主任和总工程师。泰罗25岁时在米德维尔钢铁厂进行劳动时间和工作方法的研究，为他以后创建科学管理奠定了基础。1883年，泰罗还获得新泽西州斯蒂芬工艺学院的机械工程学位。1891年，泰罗开始从事工厂管理咨询工作。1898～1901年，他受雇于宾夕法尼亚的贝瑟利恩钢铁公司做咨询工作，进行了著名的"搬运生铁块试验"和"铁锹试验"，逐步形成了"科学管理"的管理制度和管理理论。1901年退休后，泰罗仍无偿地从事咨询和演讲等工作，以便在美国和国外传播科学管理理论。1915年3月21日，泰罗逝世于费城。泰罗的著作很多，主要有《论传送带》《计件工资制》《工场管理》《效率的福音》《制造业者为什么不喜欢大学生》《科学原理》和《科学管理原理》。

背景介绍

在当时尽管资本主义已经发展得很快，竞争也很激烈，但在商品市场上，商品还是供不应求，因此提高企业的生产效率是占有市场和增加利润的最佳方案。所以作者就在这样的情况下，运用实验的方法提出了有效率的科学管理方法。

名著概要

《科学管理原理》是泰罗的一本主要代表作，它的基本思想如下：科学管理的中心问题是提高劳动生产率。为了提高劳动生产率，就必须进行系统化的科学管理。本书包括前言、引言和两章内容。

前言写了出此书的缘由。本书原是作者在1910年1月的美国机械工程师协会提出的一篇论文，由于人们对科学管理表现出广泛的兴趣，而许多期刊编辑访问泰罗，要求泰罗撰写论述科学管理的文章，因此才有了此书的出版。

引言写了撰写本书的目的。美国的许多人认识到保护物质资源的重要性，并为此而展开了一个大规模的运动。撰写本书是为了：1.通过一系列简明的例证，指出由于我们几乎普遍存在的日常行为的低效能而使全国遭受到的巨大损失。2.试图说服读者，补救低效能的办法在于科学的管理，而不在于收罗某些独特的或非凡的人。3.论证最佳的管理是一门实在的科学，其基础建立在明确规定的法律、条例和原则上。

第一章论述了科学管理的基本原理。管理的目的应该是使雇主实现最大限度的富裕，同时也使每个雇员实现最大限度的富裕。"最大限度的富裕"从其广

相关链接

梅奥的《工业文明中的生活问题》也是一部著名的著作。在这部著作中，梅奥建立了早期行为科学管理理论——人际关系学说。其基本思想如下：1.职工是"社会人"，必须首先从社会心理方面来鼓励工人提高生产率。2.企业中除了"正式组织"之外，还存在着"非正式组织"，企业管理当局要充分重视非正式组织的作用，以提高工作效率。3.依据"社会人"和"非正式组织"的观点，企业中的新的领导能力在于提高职工的满意度，以提高职工的士气，从而提高劳动生产率。

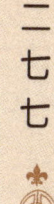

经典摘录

人的生产率的巨大增长这一事实标志着文明国家和不文明国家的区别，标志着我们在一两百年内的巨大进步。义的意义上去使用，不仅意味着为公司或老板获得巨大的利润，而且还意味着把各行各业的经营引向到最佳状态，这样才能使富裕永存。同样对每一个雇员来说，最大限度的富裕不仅意味着他能获得较高的工资，而且还意味能使每个人充分发挥他的最佳能力。雇主同雇员的富裕应该是管理上的两个牵头的目的。绝大多数的人都认为雇主和雇员的根本利益是对立的，而科学管理则恰恰相反，其真正基础在于相信双方的利益是一致的。工人和经理人员双方最重要的目的应该是培训和发掘企业中每一个工人的才干，使每个人尽他天赋的能力，做出最好的工作——以最快的速度达到最高的效率。我们应该对所有行业中的工人的操作进行观察，从中了解他们干活的各种细节。在每一个行业的每个具体活计上所有使用的办法和工具中，往往有一种办法和一样工具比其他任何的办法和工具要更好些，想发现和发展这个最佳的办法和工具，只有通过对应用的一切办法和工具进行科学的研究和分析，结合着进行准确、精密的动作研究和工时研究。为了能使工人按科学法则工作，就有必要在资方和工人之间推行一种比现有的责任制更加均等的责任制。在科学管理下，人们将会更加富裕、更为愉快，不协调和纠纷会少得多；不景气的时期会更少些、短些，遭受的痛苦因而也会少些。

第二章为科学管理的原则。通常所采用的最佳管理模式定义为：在这种管理制度体制下，工人们发挥最大限度的积极性；作为回报，则从他们的雇主那里获得某些特殊的刺激和报酬。这种管理制度被称为"积极性加刺激性"的管理，它通常被认为是最佳的管理模式。科学管理比起老的制度来说，有可能在更大的范围内以绝对的一致性去争得工人的"积极性"。除了工人方面的这种改进之外，经理们也承担了新的重负、新的任务和职责。正是工人们积极性的这种组合，加上资方采取了新型的工作方式，使科学管理的效果比老的制度要好得多。

阅读指导

《科学管理原理》揭示了科学管理的历史新篇章，在美国乃至全世界的管理思想发展和实践中产生了深刻而持久的影响，当代许多重要的管理理论都是从泰罗的理论基础上发展起来的。泰罗在几十年的管理试验和研究中，做了许多开拓性的工作。他把科学的方法应用到

泰罗的科学管理理论在执行时，曾遭到工人的愤恨和反对，但其合理化生产的价值是不可抹杀的，对批量生产技术的影响也是巨大的。

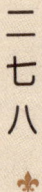

管理中去，对科学管理原理和原则作了系统化的阐述，为现代管理理论的形成做出了重要的贡献。

变形记 ／奥地利／卡夫卡／精神在现实与梦境中的徘徊

作者简介

卡夫卡（1883～1924），奥地利小说家。出生在奥匈帝国统治下的布拉格，犹太血统，父亲是百货批发商。他18岁入布拉格大学学习文学和法律，毕业后主要从事保险业工作。1904年开始用德语写作，1917年起因患肺结核，辗转疗养。1923年迁居柏林，专事写作。但次年病情恶化，于7月3日病殁于维也纳。他的主要作品为4部短篇小说集和3部长篇小说，可惜生前大多未发表，3部长篇也均未写完。死后多年，其作品中的深刻思想逐渐被人认识，成为20世纪最伟大的现代主义作家之一。

卡夫卡像

卡夫卡的一生正值奥地利近代史上发生深刻社会变革的时期，他又深受尼采、柏格森哲学影响，对政治事件也一直抱旁观态度，故其作品大都用变形荒诞的形象和象征直觉的手法，表现被充满敌意的社会环境包围的孤立、绝望的个人，成为席卷欧洲的"现代人的困惑"的集中体现，并在欧洲掀起了一阵又一阵的"卡夫卡热"。其最著名的作品有借小动物防备敌害的胆战心理，表现资本主义社会小人物时刻难以自保的精神状态和在充满敌意的环境中的孤立绝望情绪的短篇小说《地洞》（1923年）；通过小职员萨姆沙突然变成一只使家人都厌恶的大甲虫的荒诞情节，表现现代社会把人变成奴隶乃至"非人"的"异化"现象的短篇小说《变形记》（1912年）；写土地丈量员约瑟夫·K在象征神秘权力或无形枷锁统治的城堡面前欲进不能，欲退不得，只能坐以待毙的长篇小说《城堡》；借银行职员约瑟夫·K莫明其妙被捕，又莫明其妙被杀害的荒诞事件，揭露资本主义社会司法制度腐败及其反人民本质的长篇小说《审判》等。

经典摘录

在他（医生）的眼里，世上除了健康之至的假病号，再也没有第二种人了。

当着惊诧而又快乐的一家人的面，把亮晃晃圆滚滚的银币放在桌子上，那真是美好的时刻。

家庭的责任正需要大家把厌恶的心情压下去，需用耐心来对待，只能是耐心，别的都无济于事。

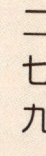

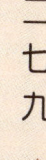

背景介绍

　　奥地利的犹太人作家卡夫卡活着的时候默默无闻,穷困潦倒。他英年早逝,在死前他立下遗嘱,嘱咐他最亲密的一位好友,在他死后,把他所有的作品手稿都付之一炬,全部销毁。在卡夫卡的这些手稿中,大部分都从未发表过。不久卡夫卡就去世了,但是他的那位好友在看了卡夫卡的遗嘱之后,经过了激烈的思想斗争,最后违背了卡夫卡生前的意愿。把所有可以收集到的卡夫卡作品,包括发表过的,还有大量未发表过的手稿进行整理,并交给出版社出版。结果,在卡夫卡去世的十年以后,这位生前备受冷落,尝尽人间辛酸而死的天才作家,突然名声大振。无数评论家终于意识到了卡夫卡的重要性,许多后来的作家纷纷学习卡夫卡的作品,从而彻底改变了20世纪的小说。卡夫卡本人也被誉为20世纪现代艺术的鼻祖。

名著概要

　　格里高尔·萨姆沙是一个破产小公司老板的儿子,为了替父亲还债,他在债主的公司里当了旅行推销员,以辛勤的工作担负起一家四口的生计。但一天早晨醒来,格里高尔却发现自己变成了一只大甲虫。由于格里高尔成了一只大甲虫,母亲看到他的模样晕了过去,父亲哭了起来。公司派来查问的秘书主任跌跌撞撞地逃走了。当格里高尔想追上去拦住主任、保住自己的饭碗的时候,母亲吓得从地上跳起来,坐上了桌子;父亲则操起手杖,又叫又跺脚,挥出一拳,把他打进了房间,关上了门。格里高尔在被父亲用手杖赶回房时,有一只脚受伤,并且在涂了七层油漆的房间门上留下令人看了十分厌恶的斑点——血迹。

　　自从这件突然的变故发生后,这个家庭立即起了变化,女佣人借口请假而一去不回,家庭的经济也越来越困难,父亲必须前往银行担任打杂工作,母亲为了贴补家用,拼命地替人针织补衣;而妹妹也到大街卖东西,并且为了希望找到一份好职业,晚上还学习速记、法语。为此,格里高尔心中非常伤心、惭愧。他一直很疼爱妹妹格雷蒂,变形前还打算把她送进音乐学院;然而,一切都已太迟了。为了增加家庭收入,格里高尔的双亲将其中一个房间租给三个寄宿生。因此,不知不觉中,格里高尔的房间有如仓库般堆着许多东西,而格里高尔也被父亲丢进来的苹果打伤。自此时起,格里高尔的食欲减退,身体愈来愈虚弱。到了三月末

名家点评

　　旅美英籍作家奥登在论及卡夫卡作品的意义时说:"卡夫卡对我们至关重要,因为他的困境就是现代人的困境。"而中国学者叶廷芳对卡夫卡的作品也有过这样的评价:"现实与梦幻之间没有根本的对立,没有明显的过渡,甚至泯灭了界限,完全结合成一个整体了。在这里,虚幻中有现实,现实里可见虚幻,幻象变成了'现实的''物质的',看得见,摸得着,与现实难解难分了。"这些评论都可以用来作《变形记》的阅读参考。

> **相关链接**
>
> 在世界文学史上，古罗马诗人奥维德（公元前43～前17）也创作了一部著名的长诗作品《变形记》。这部作品同样也是他的代表作，全诗15卷，取材于古希腊罗马神话，根据古希腊哲学家毕达哥拉斯的"灵魂轮回"理论，用变形，即人由于某种原因被变成动物、植物、星星、石头等这一线索贯穿全书，共包括大小故事250多个（其中以爱情故事为主），是古希腊罗马神话的大汇集。故事按照时间顺序叙述，由宇宙的创立、大地的形成、人类的出现开始，直至罗马的建立、恺撒遇刺变为星辰和奥古斯都顺应天意建立统治为止。诗人运用丰富的想象力，根据神话传说的某些外表联系，把它们串联起来。为了使情节生动，作者采用了不同的叙述手法，使许多著名的古代神话传说得到精彩的描述。

时，终于被格雷蒂发现他已"即将死亡"。父亲知道后却说："这样最好，我们应该感谢神。"于是和妻子、女儿搭上电车前往郊外散步。

阅读指导

卡夫卡的创作旺盛期正值德国表现主义文学运动的高潮时期，他的短篇小说《变形记》可以说是表现主义的典型之作。表现主义的创作主张是遵循"表现论"美学原则而与传统现实主义的"模仿论"原则相对立的。它反对"复制世界"，即不把客观事物的表面现象作为真实的依据，而主张凭认真"观察"和重新思考去发现或洞察被习俗观念掩盖着的，而为一般人所不注意的真实。为此就需要一种特殊的艺术手段，把描写的客观对象加以"陌生化"的处理，以造成审美主体与被描写的客体之间的距离，从而引起读者的惊异，迫使读者从另一个角度去探悉同一个事物的本质。这种艺术手段通称"间离法"，在布莱希特那里叫作"陌生化效果"。《变形记》的变形即是一种间离（或"陌生化"）技巧。作者想借以揭示人与人之间——包括伦常之间——表面亲亲热热，内心里却是极为孤独和陌生的实质；之所以亲亲热热，因为互相有共同的利害关系维系着，一旦割断这种关系，则那种亲热的外观马上就消失而暴露出冷酷和冷漠的真相。正如恩格斯在《英国工人阶级状况》一文中所揭示的："维系家庭的纽带并不是家庭的爱，而是隐藏在财产共有关系之后的私人利益。"可谓一针见血。

我们对传统小说的阅读最惯常的思路即按小说的三要素——人物、情节、环境来展开阅读。在传统的小说中，最讲究人物形象的塑造、性格的刻画。一部小说价值的大小就看其是否提供了个性鲜明的人物形象。可在《变形记》中，我们并没有看到有哪些强烈的令人难忘的个性留下来，人物几乎都湮没在一片丑陋、冷漠之中。在传统的小说中，有起伏跌宕的情节线索贯穿始终，悬念迭出，引人入胜。但《变形记》写的都是一些具体琐碎的现实生活的细节，简直没有故事，没有情节，甚而觉得有些繁冗拖沓。在传统的小说中，人物都会局限在天时、地理、人际等客观因素的牢笼中，还必须遵循着逻辑原则及因果关系来合理推论。但《变形记》超越时空的限制，对事件的交代极其模糊，不指明具

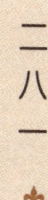

体的时间、地点和背景，甚至泯灭了幻象和日常生活之间的界限，虚幻与现实难解难分地结合成一个整体了。

追忆似水年华／法国／普鲁斯特／革新生命意识的文学经典

作者简介

普鲁斯特（1871～1922），法国意识流小说的代表作家。他生于巴黎，父亲是位名医，母亲出生于犹太富家。这个家族具有浓厚的文化气息，著名哲学家柏格森是他表兄，他的舅妈主持着一个文化沙龙，那里的常客有拉马丁、雨果、缪塞、梅里美、小仲马、罗尼等法国文化名人，他就在这样的圈子里受着熏染，得到文学启蒙。1896年，普鲁斯特第一部短篇小说作品集《悠游卒岁录》出版。1896～1899年，写作自传体小说《若望·桑德伊》，但未完成，直到1952年由后人根据手稿

普鲁斯特像

整理发表。其间，开始阅读翻译英国艺术评论家罗斯金的艺术评论。他从1906年开始写作长篇小说《追忆似水年华》，到1913年完成全书的框架。这部巨著共分7卷：《在斯万家那边》（1913年）、《在少女们身旁》（1919年）、《盖尔芒特家那边》（1920～1921年）、《索多姆和戈摩尔》（1922年）、《女囚》（1923年）、《女逃亡者》（1925年）和《重现的时光》（1927年）。其中第二部获龚古尔奖，作者也因此而引起评论家的关注，成为举世闻名的作家。普鲁斯特一生受哮喘病的折磨，这种病痛甚至影响到他的思考方式和文学创作。1922年11月8日，普鲁斯特逝于巴黎。

背景介绍

普鲁斯特是一个家境富裕、体弱多病然而有才华的年轻人，酷爱书籍和绘画，经常出入巴黎社交场合。他在一次疗养过程中爱上了一个叫作阿尔贝蒂娜的姑娘，初时遭到拒绝，后来姑娘态度有所改变，他更狂热地爱恋着她，想与她结婚，将她关在家里，但她不告而别。他到处找寻，最后得知她已突然死去。在深感绝望的时候，他决定从事文学创作，写出一生经历的悲欢苦乐。

这部小说的最早稿本写于1905～1906年，第一稿写于1907年，到1908年就搁了下来。这时，他意识到他的小说缺乏哲学基础，于是写了《驳圣伯夫》一书，批评这位评论家把文学视为有才华者的消遣，认为艺术家的使命就在于把习惯使我们视而不见的不朽的真实从潜藏的记忆中解放出来。1909年1月，他在无意中通过一杯茶和一块饼干，唤起了对童年往事的回忆。受此启发，小说中的人物突然涌现在他的脑海中，于是他开始埋头创作《追忆似水年华》第一部的第一稿。第一次世界大战期间，普鲁斯特修订小说其余部分，加强其感情色彩，增加对现实的讽刺成分，使篇幅扩充了3倍。在这个过程中，原来的作品一变而成为人类

想象力最深刻、最完美的成就之一。

名著概要

马塞尔自幼体弱多病,但他一直依靠家境的富裕过着一种优越的生活。一天晚上,他半睡半醒地躺在床上,任思绪如潮水般涌来。那本正在阅读着的小书,仿佛将他拉回到久远的年代,记忆的碎片若隐若现。他想起了孩提时在贡布雷的那个夜晚,他也像这样躺在床上,等着妈妈的睡前之吻,但前来拜访的邻居斯万先生却搅得他烦躁不安。

很久以来,他对贡布雷的印象就只是这个晚上。他记得他们曾在贡布雷的姑妈家中吃过一种小玛娜莱娜的甜点心,这种甜点心的味道使他产生一种久远的非常熟悉的感觉。于是他又回想起了在贡布雷生活时的邻人。他家的住处有两条道,一条通向盖尔芒特家,路程很长;另一条就是通往这位斯万先生家的。斯万先生是一个非常富有的犹太人,他的太太奥黛特有着足以让人神魂颠倒的美貌,类似于歌剧《洛痕格林》的某些片段,又像卡帕契奥的某几幅油画,但她原来却是巴黎的一名高级妓女,因此遭受上流社会的嘲笑。在这条道上,马塞尔结识了他的初恋情人希尔贝,后来他们两人在巴黎相恋了。但马塞尔始终忘不了她的母亲奥黛特,对她充满了一种男孩子式的依恋和热情。他不由自主地频繁地来到斯万家,这种过于敏感和放纵的神经质使希尔贝开始厌倦。他们逐渐地疏远,最后,希尔贝离开了他,他也终于将她遗忘在回忆中。

这次失败的爱情使得马塞尔的身体状况越来越不佳,家里人安排他同祖母去疗养地巴尔贝克海滩休养。在这里,一个叫阿尔贝蒂娜的女孩吸引了马塞尔的注意力。他还认识了祖母的老朋友维尔帕里西斯夫人,并通过她认识了自己最亲密的朋友圣洛普。这次疗养之后,他便转而进入盖尔芒特家的交际圈,开始对贵族的私生活产生兴趣,特别是对维尔迪兰夫人家兴味浓烈。不久,马塞尔的祖母不幸身故。为了寻求慰藉,他到阿尔贝蒂娜那儿倾诉,但他的神经质再次让阿尔贝蒂娜敬而远之。最后,他决定去寻找她,却意外地发现她已经坠马而亡。

马塞尔想去朋友那里寻求安慰,但随着时间的流逝,朋友们也在这时间的长流中悄然发生着变化。在斯万先生一家,男主人正患着重病,等待死神的降临;他们的女儿、也就是自己昔日的恋人希尔贝已经成为了圣洛普的新娘。不久,斯万先生逝去,圣洛普战死,斯万夫人再嫁,成了风月场中的交际花。在盖尔芒特一家,主人丢了财产,因此与继承了一大笔遗产的维尔迪兰夫人结婚。

几年之后,马塞尔在盖尔芒特家遇见了希尔贝与圣洛普的女儿,往日的一切瞬间又一次浮现在他的面前。在盖尔芒特的书房,马塞尔无意中取下乔治·桑的一本小说。他想起了许多年前在贡布雷的那个夜晚母亲为他朗诵这本书的情景。突然,屋外传来斯万先生家那熟悉的钟声,他仿佛就在这钟声中回到了过去,去追寻那遥远的童年和所有的一切。

阅读指导

顾名思义,《追忆似水年华》整部小说仿佛就是建筑在"回忆是人生的菁华"这个概念之上的,这部作品也确实有其自传的性质。但在他的作品里,我们却发现普鲁斯特并非像其他作家一样按照生活本来的样子去描绘生活,而是把这些回忆串联起来。通过主人公的回忆,普鲁斯特在小说中描述了大量人物和事件;更为重要的是,通过"回忆"这一独特角度,普鲁斯特在技巧上也做了许多崭新的尝试。在巴尔扎克等现实主义作家看来,我们能够"认识"人物,每个人都有其"本质"特性,而在普鲁斯特的这部小说中,"我"只是在追忆往事,并没有而且也不想明确地告诉读者这些人物的性格是如何的。虽然普鲁斯特也像其他的作家一样不得不在这种漫无目的的回忆中附带描写了一个社会,但他的独到之处便是他对材料的选择并不很在意,仿佛是顺着记忆的河流信手拈来。因此在他的作品中,我们看不到有什么固定的故事情节,也几乎不可能一下子把握人物的性格。而这一点,正是普鲁斯特作品的独特意义,因为他将创作的重心从事物的外在转向到了人的内在精神,小说的创作目标变成描写为精神反映和歪曲的世界。现代的评论家一般认为,普鲁斯特的这种变化与他早年曾接触过的哲学思想有关,我们在这部作品中也确实可以看到直觉主义和现象主义的痕迹。从这个角度来说,该书的完成的确在文学创作史上意味着一场"逆向的哥白尼式革命"。

从内容上看,这部小说虽然结构庞大,内容繁杂,但这些片段与片段之间既可以按照内在的情绪结合起来,成为意识流,又可以独立地存在,让读者可以充分地领略人的内在精神世界的细腻和丰富。作者经常用大段大段的篇幅来描写某一瞬间的感受或因某一事物所引起的心灵的微妙变化,这在以往的作品中都是很少见的。也许可以这样说,正是由于普鲁斯特等人对于人的精神世界的重新发现,才促使读者不得不重新培养他们的阅读习惯来适应这种新型的小说。

对于一般的读者而言,阅读这部小说可能遭遇到的最大障碍就在于时序上的不习惯。在一般的作家和读者看来,作品中的时序应该严格地按自然时序流淌,绝不能倒流,因为只有按照与自然时序同时或顺应的发展过程来描写的事物才有

名家点评

著名作家纪德在评论法国作家时曾以"保守"而闻名,但他在当代文学评论集《偶感集》中却毫不吝啬地写道:"普鲁斯特的文章是我所见过的最艺术的文章。艺术一词如果出于龚古尔兄弟之口,使我觉得可厌。但是我一想到普鲁斯特,对于艺术一词就毫不反感了。"又说:"我在普鲁斯特的文章风格中寻找缺点而不可得。我寻找在风格中占主导地位的优点,也没有找到。他不是有这样那样的优点,而是一切优点无不具备……并非先后轮流出现的优点,而是一起出现的。他的风格灵活生动,令人诧异。任何另一种风格,和普鲁斯特的风格相比,都显得黯然失色,矫揉造作,缺乏生气。"法国著名传记文学家兼评论家莫罗亚也说:"1900年至1950年这50年中,除了《追忆似水年华》之外,没有别的值得永志不忘的小说巨著。"从这两个人的评论中我们可以看出这部作品在文学史上的重要地位。

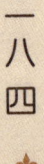

可能显得真实。但普鲁斯特却让人可以借助回忆轻而易举地回到过去，甚至任何一种浮动的暗香，一种味道，一道风景，都可以是使时光倒流的隧道，使过去某个时刻突然在人们的眼前复活。作者有时干脆同时叙述过去的某件事和"我"后来对此事的看法，仿佛有意要使时光倒错，并迫使读者不断地对已经阅读过的内容进行一番重新的回顾。这种写法显然不仅是一种技巧上的创新，也反映了作者对于时间、生命的某种看法。

世界史纲 / 英国 / 韦尔斯 / 图文并茂的通史名著

作者简介

韦尔斯（1866～1946），英国著名的作家、科学家、历史学家。他出生于英国肯特郡布伦莱一个下层中产阶级家庭，父亲是一家小商店老板，母亲一直在附近的厄帕克庄园任管家。7岁那年，他进入布伦莱的莫利学校读书。由于他具有叛逆性格，致使他接受的教育不系统、不连续。14岁时他就离开了学校，开始步入社会，到温莎和绍斯西的布店当学徒，一干就是4年。1883年，他再次反叛，到一所私立学校任教。他刻苦自学，18岁时考入南肯顿的皇家理学院，攻读生物学，成为著名生物

韦尔斯像

学家赫胥黎的学生。韦尔斯对生物学的兴趣，以及他对进化论的迷恋，都来自赫胥黎的影响。在大学期间，韦尔斯创办并主编过《科学学校杂志》，但到了第二年他就对这所大学的教育感到厌倦。1887年，未拿到学位，他便离开了学校，又到一所私立学校教了4年生物，直到1890年拿到伦敦大学理学学士学位。1891年，韦尔斯开始在伦敦发展，在一所函授学院教书。他与表妹伊莎贝尔结了婚，但这一婚姻非常短暂，不久两人分了手，韦尔斯与他的学生埃米·凯瑟琳·罗宾斯结婚。此后，他放弃了教师职位，开始在小说创作方面发展。1893年转入新闻工作，专职从事写作。1901年《预见》出版，从而确立了他在英国文坛的地位。1917年从事世界史的编写工作。1920年《世界史纲》问世，同年访问了十月革命后的苏俄，写了苏俄访问记《黑暗的俄罗斯》。1946年，韦尔斯在伦敦逝世。

背景介绍

《世界史纲》是韦尔斯在第一次世界大战以后动笔编写，于1920年完成。第一次世界大战前后，韦尔斯投身于反战的宣传活动之中。战争使他进一步认识到世界统一和联合的必要性。1917年，韦尔斯进行了筹建"自由国家联盟"的具体活动，这使他"对于把人类历史作为一个整体来看简直着了迷"，"他经常对整个历史和缔造历史的普通动力神往不止"，决定突破按国家、按朝代编撰史书的传

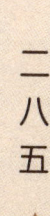

统模式，编写一部新型的统一的世界史。

名著概要

《世界史纲》共8编，38章，讨论了从地球的形成、生物和人类的起源，直到第一次世界大战结束的世界历史。作者着力阐述了民族和社会的发展史，书中还附有105幅地图和100幅插图。现将各编的内容简要介绍如下：

第一编：人类以前的世界，主要记述了人类产生以前，地球的形成和生物进化的原因及过程。

第二编：人类的形成，叙述了人类的形成过程，人类早期物质生活和精神生活以及种族、语言的状况。

第三编：最初的文明，主要概述了人类早期社会的国家组织、社会关系、经济生活和思想文化的发展状况。其中第15章叙述了象形文字的产生及特征，指出中国的汉字由象形文字以及会意、谐音字演变发展而来，形成了一套非常特殊而复杂的符号文字。此外还叙述了音节文字和字母文字的形成。

第四编：犹太、希腊和印度。主要记述公元前8世纪～公元前1世纪，犹太人、雅利安人在西亚、希腊、波斯、印度建立新文明的历史以及他们之间的战争与融合。最后评述了中国的儒教创始人孔子及道教创始人老子的思想特征及对中华民族性格发展的影响。

第五编：罗马帝国。主要记述了罗马国家的建立与发展、三次布匿战争、罗马从共和国制到帝制演变以及罗马帝国崩溃的原因，还叙述了匈奴的起源与西迁，介绍了匈奴人的风俗习惯，并且对匈奴人做出了中肯的评价。

第六编：基督教等。第28章论述了基督教是扬弃了犹太教的民族优越感和褊狭排外心理，承袭了它的一神论的主要观点而形成的。内容涉及：耶稣传播的基督教的原始教义、耶稣的生平及其教义的革命精神，并且对耶稣与乔达摩的教义、中国墨子的学说进行了比较、耶稣之死及其被神化、基督教各种教义的发展与演变、尼西亚信条与基督教的正式确立等。第29章概述7世纪前中亚地区匈奴与其他游牧民族的文明程度、对外经济和人口外溢，印度遭受三次来自中亚游牧民族的入侵、印度佛教的风格等，叙述中国从汉代至唐代的深刻变化等。

第七编：一方面记述了

名家点评

《世界史纲》顺应了"自然科学奔向社会科学的强大潮流"。

——列宁

经典摘录

我们"必须构想出一个可以接受新世界的远景。要工作，要努力工作，产生出一个经过探究、试验和考验的共同计划，把人类的思想统一在一个世界的新秩序里！……任何更美好的生活的基础必须是一种教育革命，一种新的百科全书主义，一种新的精神方面的统一平衡；不能做到这一点，人类就必定灭亡"。

> **相关链接**
>
> 海斯的《世界史》共3卷，从古代文明的开端叙述到第二次世界大战结束为止，共12编51章。全书可分为4个部分：一、文明开端，描写无记录的历史即旧石器时代和新石器时代，介绍铜、青铜直至铁器时代人类的历史；二、古典文明，描述东西方的古典文明：希腊城邦、罗马帝国、印度和中国；三、基督教文明，以基督教文明为主线，介绍了基督教的产生、在罗马帝国的发展，在日耳曼、匈奴和斯拉夫人中的传播，与东方兴起的伊斯兰教的矛盾；四、近代文明，介绍美国、法国、拉丁美洲的革命、思想革命和工业革命、帝国主义之间的矛盾和两次世界大战。

13、14世纪亚洲大陆崛起的蒙古、奥斯曼土耳其等大帝国对外征服扩张，对欧亚大陆的冲击、破坏和影响，另一方面叙述了14、15世纪西欧的文艺复兴，地理大发现使走向海洋进行征服和贸易的新帝国跃居世界的领先地位。

第八编：列强时代，叙述17、18世纪到第一次世界大战结束的世界历史，侧重于英、美、法等国的资产阶级革命、机械革命和工业革命、欧洲列强的争霸斗争，第一次世界大战的爆发。

在《世界史纲》中，韦尔斯的进步的政治思想和改良主义表现得更为充分，他反对君主制度，崇尚民主共和制，对破坏共和制，实行个人独裁的恺撒、拿破仑等人进行了无情的鞭挞。

阅读指导

《世界史纲》构思巧妙，思维敏捷，说理性强，令人诚服，语言精练、形象，文笔多变，通俗易懂。《世界史纲》问世后，立即成为风行于欧美的畅销书，被翻译成多种文字，韦尔斯一夜之间从教育改革家摇身变为畅销书的作者。《世界史纲》对历史事件着笔简要，边叙边议，叙议结合，文字生动活泼，又有地图和插图，可谓是图文并茂的一部通俗历史著作。《世界史纲》创立的史学模式对传统的实证主义史学是个很大的冲击，同时也成了20世纪史学新潮的主流——年鉴学派的先驱。

罗素姆万能机器人 / 捷克 / 卡雷尔·恰佩克 / 褒扬爱情的科幻剧

作者简介

卡雷尔·恰佩克（1890～1938），捷克戏剧家、小说家。生于医生之家，1909年考入布拉格查理大学学习哲学，毕业后在布拉格《人民报》做记者，同时从事文学创作。1921年后，担任维诺城堡剧院编剧和导演。代表作：剧本《罗素姆万能机器人》《母亲》，小说《专制工厂》《原子狂想》《鲵鱼之乱》等。

背景介绍

20世纪上半叶，欧洲资本主义迅猛发展，资本家为了追求利润的最大化滥用科学、盲目生产，给社会造成了严重后果。该剧借一个科幻故事，反映了当时这

一现实，表现了作者对人类未来深深的忧虑。不过作者并没有宣扬悲观主义，该剧结尾道出的"人类生命之火永远不熄"的思想具有积极意义。

名著概要

故事发生在一个虚构的罗素姆岛上。岛上有一家专门制造机器人的工厂。这天"人道同盟"的代表戈洛里总统的女儿海伦娜来工厂参观。工厂年轻的总经理多明热情接待了她，并自豪地给她讲述起该厂的发展史：1920年哲学家老罗素姆来岛上研究海洋生物。后来，他发现了一种极像活体的物质。老罗素姆借助这类物质，花了10年的时间制造出一个男人，活了整整三天。此后，他的侄子小罗素姆工程师来了。小罗素姆认为生产人造人就像生产石油发动机一样，越简单越好。小罗素姆将机器人身上一切与劳动无关的东西统统删除，他制造出的机器人有非凡的智力，但没有灵魂。目前，厂内每天可以生产各种规格的机器人1.5万个，最好的机器人能活20年。

这时，打字员苏拉走过来。多明告诉海伦娜，苏拉通晓四国语言，每天可以连续工作24小时，是这里极为普通的机器人。他带海伦娜参观了各个生产车间，海伦娜见到了一次可以搅拌1000个机器人原料的搅拌机，装有肝脏、脑子和其他器官的大桶，这些都让她感到十分震惊和愤慨。

作为人道主义者，海伦娜决定发动机器人造反。当哈莱米博士、加尔博士、工程师发布里、业务主任布斯特和建筑师阿尔奎斯特走进来时，她激动地对他们说，"人道同盟"的成员愿意帮助他们。然而，她很快发现他们和多明是这里仅存的6个人。海伦娜有些尴尬，不过多明他们并不在意，因为曾有不少人来这里对机器人发表过有关人权的言论，机器人根本不理会这些，因为他们没有意志。几位领导人还对海伦娜解释，他们这样做可以降低劳动和商品成本，使人类能真正成为万物的主宰，海伦娜有些被感动了。屋里只剩多明与海伦娜两个人了，多明突然向海伦娜求爱，海伦娜无法拒绝，羞涩地答应了。

海伦娜留在岛上与多明结婚，一晃10年过去了。10年间，罗素姆机器人已遍布全球，它们为人类代劳一切，人们整天无所事事，甚至停止了生育。海伦娜总在设法让机器人能有灵魂，她去求掌握机器人秘密配方的加尔博士，让他给机器人加入知觉。实验成功了，然而这也引起了可怕的后果，机器人开始仇恨人类。加尔还造出了全球具有最大、最精确大脑的机器人拉迪乌斯。拉迪乌斯具有强烈的造反精神，它号召全世界的机器人发动暴动。

造反的机器人成立了机器人组织，许多地方的人都遭到了袭击。多明等人感觉奇怪，不知道是谁鼓动起机器人。加尔博士只好承认是他改变了机器人的性质。海伦娜强调是自己让博士这样做的，因此应由她负责，她还劝多明关掉工厂。多

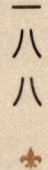

明却说，他们打算把生产扩大，在世界各地建立类似的工厂，生产不同肤色的机器人，这样可以让它们互相攻击，人类就可以牢牢掌握住政权。然而，这时一艘轮船却带来许多邮包，里面尽是机器人的造反传单，说要将人类赶尽杀绝。多明他们这才感觉到形势的紧迫，正想逃跑，这时工厂的汽笛响起，机器人拉响了进攻的警报，他们很快被包围了。

千钧一发之际，有人提议将老罗素姆关于生产机器人的奥秘的手稿拿出，去换取他们几个人的安全。为了逃出这个可怕的孤岛，最后多明只好进屋去取保险柜里珍贵的手稿，然而，他却发现手稿不见了。海伦娜承认是她把手稿烧了，因为她本来希望大家停止生产机器人。

机器人完全占领了罗素姆岛，杀死了多明等人，只留下阿尔奎斯特，因为他们需要阿尔奎斯特为他们盖房子。然而机器人并不懂得生命的奥秘，消灭人类后，他们自己也面临着灭亡。"机器人中央委员会"要求阿尔奎斯特设法找出生命的配方，阿尔奎斯特却没有任何结果。这天夜里，"机器人中央委员会"成员又一次来找阿尔奎斯特，它们命令他交出罗素姆的配方，甚至可以为此付出任何代价。阿尔奎斯特告诉他们，只有把人找来，因为人才有生育。委员们要求他解剖活着的机器人做实验，阿尔奎斯特勉为其难，然而累了一晚上却没有任何结果。天亮时，疲惫的他在实验室睡去。

女机器人海伦娜（加尔博士生前送海伦娜的礼物）对阿尔奎斯特的实验仪器十分感兴趣，便招呼男机器人普利姆斯一起来看，他们谈论着这里的实验，彼此都流露出爱慕之意。普利姆斯夸赞海伦娜长得美丽，海伦娜埋怨普利姆斯总躲着她。普利姆斯说自己看见她心会怦怦地跳，海伦娜看着他腼腆的样子，笑出声来。阿尔奎斯特被笑声惊醒，他发现眼前的一对年轻人在谈恋爱。阿尔奎斯特故意说要解剖他们其中的一个，二人都争着去为对方牺牲。通过两人的表现，阿尔奎斯特知道了他们是加尔生前造出的两个有灵魂、有感情的特殊机器人。他眼前顿时出现一道亮光——他们就是"亚当"和"夏娃"，生命将从这里开始！他顿时高呼爱情带来了拯救，生命将永不熄灭。

大　街 ／美国／刘易斯／美国新文学的开山之作

作者简介

刘易斯（1885～1951），在明尼苏达州的索克中心镇出生并成长，因他被认为是个古怪的孩子，成为同伴们玩弄和嘲笑的对象，在痛苦和孤独中度过了童年。17岁时，他毅然远离家乡到外地求学，经过半年预科学习，考入耶鲁大学。在耶鲁，他仍然无法融入集体，像个局外人。他一度离开学校，到厄普顿·辛克莱创办的社会主义居民试验区和纽约、巴拿马等地游历，最后重返学

刘易斯像

世界名著大讲堂

相关链接

1914年	小说《我们的雷恩先生》
1920年	小说《大街》
1922年	小说《巴比特》
1925年	小说《阿罗史密斯》
1927年	小说《艾尔麦·甘特利》
1929年	小说《多兹沃思》
1933年	小说《安·维克》
1934年	小说《艺术工作》
1935年	小说《此地无恙》
1938年	小说《挥霍的双亲》
1940年	小说《贝谢尔·美利达》
1943年	小说《基迪恩·普雷尼西》
1945年	小说《卡斯·泰伯南》
1947年	小说《金恩斯布劳德·罗耶尔》
1949年	小说《求神者》
1951年	小说《世界何其大》

名家点评

可以肯定，书中的小镇具有十足的美国特征，然而就其精神环境来说好像它就在欧洲。

——卡尔费尔特

校。1908年大学毕业后，他先在几家出版公司靠打杂糊口，并开始文学创作。1914年，他的第一部长篇小说《我们的雷恩先生》问世。1916年，他辞去编辑工作，专门从事写作。早期的作品是具有浪漫气息的通俗小说，这只能算是他创作生涯中的一段学徒插曲。20年代是刘易斯创作的最旺盛时期，有很多伟大的作品产生。30年代后，刘易斯的作品比较缺乏深度，写作技巧也较前逊色。家庭烦恼使他晚年精神失常，终于在罗马病逝。他善于刻画市侩典型，描绘小镇风貌，嘲弄所谓的"美国生活方式"，充满诙谐讽刺，文风粗犷直率。他的创作特点拉开了美国新文学的序幕。

名著概要

1920年，刘易斯小说《大街》的出版，引起了巨大的反响，被认为是美国第一部值得一提的小说。

卡萝尔出生于明尼苏达州，13岁时成了孤儿。大学毕业后，她到芝加哥的一个图书馆开始乏味的工作，但看了很多书。一次偶然的机会，她与年近40的医生威尔一见钟情。在医生的苦苦追求下，她嫁给了医生，并一同回到了丈夫的家乡戈镇。

镇上的人庸俗市侩，卡萝尔怀有改革戈镇的理想，但这里的人都讥笑她。几年来，她断断续续地施行改革计划，同时也痛苦地适应这里的生活。具有讽刺意味的是，她的改革没有给小镇带来多大的变化，卡萝尔倒被戈镇的哲学和恩怨观念逐渐主宰。卡萝尔在家中举行沙龙，镇上的单身律师波洛克是沙龙的常客，他文雅健谈，独来独往隐士般的风度，使卡萝尔产生了好感。不久，波洛克向她表白，但卡萝尔忍痛回绝了那种疯狂的爱情。丈夫威尔对于她的宏愿总是不置可否。尽管他一直非常迁就宠爱她，但卡萝尔还是厌倦了这里平淡无聊的生活，也厌倦了丈夫的戈镇哲学。儿子休出生以后，她一心抚养孩子，镇上人也不再排斥这个年轻妈妈了。重复的日子一天一天过去，终于，一个20出头的青年埃里克来到镇上，顿时让卡萝尔耳目一新。两人很快坠入情网。有关他们的谣言开始在戈镇传开。卡萝尔在丈夫耐心温存的开导下，被威尔的爱感动，最后回心转意。

卡萝尔带着儿子离开了戈镇，在华盛顿找到一份整理信函的工作。不久，她

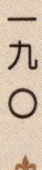

又厌倦了这里的工作，同时还悲伤地发现，这里也有浓厚的戈镇大街色彩。两年后，她再次回到了戈镇。虽然继续重复平庸无聊的生活，卡萝尔却始终认为她不会放弃自己改造戈镇的信念。

阅读指导

这部小说展示了闭塞和保守的小镇生活，嘲讽了市民的褊狭和愚昧，以及知识分子的浅薄和软弱，摈弃了过去描写农村生活传统中的感伤情调和田园诗化，代之以现实主义手法。由此，刘易斯成为描写"乡村的叛逆"的代表作家。

给麻风病人的吻 /法国/莫里亚克/"法国王冠上最美的珍珠"

作者简介

莫里亚克（1885～1970），出生于法国波尔多市一个守旧的资产阶级家庭。少年时期起他就沉湎于宗教文化和文学作品。中学毕业后，考进巴黎文献典籍学校，但几个月后就毅然抛弃学业，转而从事文学创作。他的小说充满乡土气息和宗教色彩。他善于展示资产阶级家庭的内在悲剧，因而被誉为"描写痛苦的大师"。莫里亚克勇于跳出宗教樊篱，站在正义和进步的一边。第二次世界大战期间，他参加了法国地下抵抗运动，战后，成为最杰出的记者。莫里亚克具有多方面的才能，他既是小说家，又是诗人、戏剧家、文学评论家。

莫里亚克（左）与其子合影
莫里亚克的小说正视"具有普遍意义的重大人类难题"，以严肃、无情和真实地描绘关于罪孽的宗教主题和在世俗中赎罪的可能性而著称。

背景介绍

1922年发表的中篇小说《给麻风病人的吻》，是莫里亚克的成名之作，他从此蜚声文坛，陆续写下了一系列以资产阶级形形色色的以家庭悲剧为题材的著名小说。《给麻风病人的吻》这部婚姻悲剧中，主人公让·佩罗埃尔和诺埃米都是悲剧人物，这一悲剧不仅体现在金钱婚姻所带来的灾难上，更体现在他们为了不伤害对方而作的徒然努力上。

名著概要

美貌的诺埃米因为没有资产被迫嫁给丑陋的让，并且不得不克制着对他的厌恶而恪守妇道并为之终生守寡，为此诺埃米付出了青春、爱情的沉重的代价，一朵美丽的花在金钱婚姻的腐蚀下过早地凋谢了。但对让来说，父亲用金钱为他买来一个美貌的妻子，并没有给他带来幸福，而是带来更多的不幸。让是一个丑陋却善良

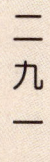

相关链接

1909 年	诗集《合手敬礼》
1910 年	诗集《向少年告别》
1913 年	小说《身带镣铐的儿童》
1914 年	小说《白袍记》
1920 年	小说《血肉斗》
1922 年	小说《给麻风病人的吻》
1923 年	小说《火之河》《吉尼特里克斯》
1924 年	小说《爱的荒漠》、诗集《暴风雨》
1927 年	小说《黛莱丝·德克罗》
1928 年	小说《命运》
1932 年	小说《蝮蛇结》
1935 年	小说《恶》《夜尽时》
1936 年	小说《黑天使》
1940 年	诗集《亚提斯之血》
1941 年	小说《法利赛女人》
1951 年	小说《脏猴儿》
1954 年	小说《羔羊》
1969 年	小说《往日的青春》

的人,虽然出身豪门,却在很小的时候失去了母亲,家庭中没有丝毫的温情,他变得内向、孤独、自卑。在父亲金钱的帮助下,他得到了原本不可企及的诺埃米。尽管让曾借用尼采的超人哲学为自己鼓劲,但是却毫无用处,他始终无法以主人的身份心安理得地去"享用妻子",相反,他更加自卑。事实上他一直深爱着美丽的妻子,却又在她面前自惭形秽,根本不敢正视她。他万分痛苦地看到不爱自己、忍着极大厌恶躺在自己身边的诺埃米,心如刀绞。为减轻诺埃米的痛苦,让逃到树林里,尽量避免见到妻子,后来又离开家乡,只身住在巴黎。此时,诺埃米被年轻英俊的医生所吸引,但又由于害怕有违天主教教义,便要求让从巴黎回到自己的身旁。经历了惨烈内心争斗的让决定把诺埃米从这场错误而痛苦的婚姻中解放出来。于是,他去照顾肺病患者,故意染上当时无法医治的麻风病。为心爱的诺埃米,也为了这份无望的爱献出了他 23 岁的年轻生命。

阅读指导

尽管现实中物欲驱使人们彼此仇恨、相互残害,但莫里亚克的笔下并非一片爱的荒漠。小说中的人物并没有完全丧失人性与亲情之爱,只是每一个爱着的人缺乏沟通与理解,从而更加表现出对爱的饥渴和追求。

莫里亚克在坚持巴尔扎克、狄更斯等的现实主义创作传统中,又融合了宗教思想和现代主义观念,开拓创新,为西方 20 世纪现实主义文学注入了新的生命力,同时也在西方文学史上具有了不可取代的价值和意义。

尤利西斯 / 爱尔兰 / 乔伊斯 / 意识流小说的旗帜

作者简介

乔伊斯(1882～1941),爱尔兰著名的现代派小说家,生于爱尔兰首府都柏林一个中产阶级税务员家庭。早年在耶稣学校学习,在中学时代就初步表现出非凡的文学才能。1898～1902 年,他在都柏林大学攻读现代语言学。毕业后曾与叶芝、格雷戈里夫人等人结识交往,爱好易卜生戏剧。21 岁时,由于人生观发生剧变,他同宗教信仰痛苦地决裂。1903 年,因母亲病重,不得不返回家乡,在一

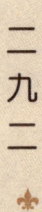

家私立学校教书，并练笔写作故事和诗歌。为了同都柏林庸俗、堕落的社会生活彻底决裂，1904年，他偕女友诺拉私奔欧洲大陆，从此义无反顾地开始了长达一生的流亡生涯。先后移居瑞士的苏黎世、意大利的罗马等地，以教授英语、做银行小职员为生，同时从事写作。1922年后，他定居巴黎，专心从事文学创作活动。1941年1月13日病逝于苏黎世。

乔伊斯早期创作主要是诗歌和短篇小说。1907年发表抒情诗集《室内音乐》。1914年短篇小说集《都柏林人》出版，作者声明它的创作宗旨是"要为我国的道德和精神史写下自己的一章"。1916年发表半自传体长篇小说《一个青年艺术家的画像》。1922年乔伊斯的代表作《尤利西斯》出版，轰动了整个巴黎、爱尔兰，一时成为西方文坛评论的中心。1939年出版了他最后一部长篇意识流小说《芬尼根守夜人》。此外，乔伊斯还著有剧本《流亡者》（1918年）等。

手持放大镜的乔伊斯
乔伊斯在1917年患青光眼，这令他大为苦恼，而且直接影响到了他最后一部作品《芬尼根守夜人》的创作。不过，他仍于1938年完成了这部著作，并于1939年5月出版。

背景介绍

在文学创作过程中，乔伊斯发展出了一种崭新的散文文体和一种崭新的小说形式（即以人类心理活动，包括无意识活动为主要观照对象的意识流小说）。他认为文学发展有三个阶段：抒情、叙事和戏剧。戏剧阶段是最高、最完美的阶段，作家不再抒情，也不再介入事件，而是"像造物主一样，隐匿于他的创作之后、之外，无迹可寻，超然物外"，让人物在没有作者干预的场景中自由生活，直接展示自己的精神世界，同时也让读者直接进入角色的灵魂深处。这就是乔伊斯所追求的文学目标，也是意识流小说的一个显著特征。

作为乔伊斯的主要代表作，《尤利西斯》在报刊连载时因被指淫秽而在英美屡遭禁毁，不过这场官司却使得作品的声名得以提高，很多报社都为此专门写了评论。一些出版社愿意为作者出删节过后的单行本，但乔伊斯宁肯不出也不愿修改一个字。1922年《尤利西斯》的初版在巴黎出版，旋即在英美等地流传。经过一批著名作家的努力，1933年这部作品终于可以在英美公开出版。这次事件也被看作是"划清了色情诲淫的黄色读物与文学作品中正常而必要的性描写的界限"，在出版史上也具有一定的意义。

名著概要

《尤利西斯》主要是写一个平凡的小人物即主人公广告经纪人利奥波德·布卢姆在1904年6月16日这一天的活动经历：

青年诗人斯蒂芬因母亲病危，从巴黎返回都柏林，决心靠教书谋生。这天上

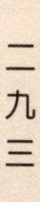

午，斯蒂芬去学校领薪水，校长给他一篇文章，让他找个报社发表。斯蒂芬离开学校后，来到海滩，望着汹涌的大海浮想联翩。他的心情极为苦闷，希望自己能有一个精神上的父亲。

这天清晨，小市民布卢姆起早上街买了一副腰子。回家后，他给还未起床的妻子莫莉端去早餐。妻子是个小有名气的歌手，所得的薪水远胜于布卢姆，但生活不检点，好招蜂引蝶。布卢姆知道她今天下午要去和情人博伊兰约会，但他实在没有什么办法和勇气去阻止他们，为此极为烦恼。于是，在上午10点，布卢姆也化名弗洛尔，与一名叫玛落的女打字员交换情书，看完之后不禁飘飘然起来。

11点，布卢姆去墓地参加了迪格纳穆的葬礼。在墓地上，他看见了博伊兰潇洒的身影，又回想起自己夭折的儿子和自杀的父亲，心中顿感凄凉。但马上又自我解嘲，回到现实中来。

中午，布卢姆到报社去向主编说明自己揽来的广告图案，碰巧看见正替校长推荐文章的斯蒂芬。主编对校长的文章不屑一顾，斯蒂芬只好无奈离去。他想到自己刚领薪水，便邀请布卢姆一起喝酒。

下午1点，布卢姆走进一家廉价的小饭馆准备就餐，但这里凌乱不堪，于是他选择了另一家餐馆，谁料又在这附近遇见情敌博伊兰。他赶紧找到一家图书馆躲藏起来。2点钟时，他看见斯蒂芬正在这里高谈阔论，但他自己并没有加入进去。随后，他穿行在街上，看见整个都柏林都在无聊中忙碌。

下午5点，他来到一家酒吧等候朋友，却看见一个无赖正在诋毁犹太人。身为犹太人的布卢姆忍无可忍，与这个无赖争吵起来，最后在这个无赖的暴力威胁下仓皇出逃。

黄昏时分，布卢姆来到海滩，目送着夕阳正缓缓西沉。这时，少女格蒂也来到附近纳凉。布卢姆被她的美貌深深迷住，但最后竟发现这个女孩是个瘸子，不禁失声叹道："可怜的姑娘！"

晚上10点，布卢姆到妇产医院去探望难产的麦娜夫人，在那里又巧遇斯蒂芬正和一群医学院的学生高谈阔论，他们个个喝得酩酊大醉。等到麦娜夫人顺利产下一男婴后，斯蒂芬又要邀请大家一起喝酒。在这寂寥的午夜，布卢姆的眼前渐渐出现了许多幻觉。他幻想着自己在一家妓院里，又被警察莫名其妙地抓去盘问，然后突然当上市长和国王。正当国民开始驱逐他这个"国王"时，布卢姆开始清醒。他到妓院寻找斯蒂芬，醉酒的斯蒂芬在大街上胡言乱语，被警察打了一顿。这时，失意的斯蒂芬与布卢姆仿佛在彼此的身上找到了各自的精神寄托。

相关链接

《一个青年艺术家的画像》这部作品有强烈的自传色彩，主要描写都柏林青年斯蒂芬·迪达勒斯如何试图摆脱妨碍他的发展的各种影响——家庭束缚、宗教传统和狭隘的民族主义情绪，去追求艺术与美的真谛。乔伊斯通过斯蒂芬·迪达勒斯的故事，实际上提出了艺术家与社会、与生活的关系问题，并且饶有趣味地揭示了这样一个事实：斯蒂芬·迪达勒斯本人恰恰就是他力图逃避的都柏林世界所造就的，都柏林无形中报复了反叛的青年艺术家。

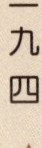

名家点评

　　这部作品问世后因被指淫秽而屡遭禁毁,但到今天已经是不容置疑的现代经典。冒着坐牢危险连载《尤利西斯》一书的美国《小评论》杂志主编玛格丽特·安德森曾精辟地指出,乔伊斯的小说是"为自己而写,为那些有志于探讨命运如何欺凌、伤害自己的人而写""唯有不凡的人,才能够将陈腐、枯朽及淫猥完美地转化为人类的批评史诗,以向那些腐蚀他心志的人类劣根性讨回公道"。伦敦学院现代英语文学教授约翰·苏德兰在名为《爱尔兰的莎士比亚》的文章中满含感情地写道:"乔伊斯总是引发敌意的攻击,那是因为他的写作需要这样的攻击。我们可以憎恨他,但是同样我们也是在憎恨任何苦心孤诣的创作!……也许乔伊斯是个骗子或者废物,我们就没有压力了。然而,他毕竟不是骗子,也不是个废物。难道我们不相信他的天才,我们就满意了吗?乔伊斯,我们不要剁碎这个词,他是爱尔兰的莎士比亚,歌德,莱辛,托尔斯泰!"

　　布卢姆将斯蒂芬带回家。清晨时分,斯蒂芬告辞而去。布卢姆联想到妻子昨夜与情人的幽会,内心充满了无奈。而睡梦中的莫莉正幻想着和斯蒂芬这个新来的年轻人谈情说爱,于是感到一种莫名的冲动和满足。

乔伊斯和他的朋友、赞助人西尔维亚·比奇在巴黎莎士比亚公司的书店里。

阅读指导

　　意识流是19世纪末西方小说发展起来的一种写作技巧。这一名词最早是美国心理学家威廉·詹姆斯在其《心理学原理》(1890年)一书中开始使用的,原指人类的意识是流动的、千变万化的,而不是固定的、有条不紊的。后来心理分析家弗洛伊德进而提出意识与潜意识的学说。在文学上,则指小说家不加评论地描绘人物通过联想、回忆等内在的思想活动,随时对外界事物所起的反应,也可以称作内心独白。乔伊斯并不是意识流的创造者,但《尤利西斯》无疑是运用这种"内心独白"最为成功的作品之一。

　　由于意识流叙述手法的运用,《尤利西斯》摆脱了传统小说通过故事情节来展现人物形象的窠臼,给读者创造出一种全新的艺术世界。在这部作品中,主要出现的有3个人物,即代表庸人主义的布卢姆、代表肉欲主义的莫莉以及代表虚无主义的青年斯蒂芬。小说通过这3个人一天的生活,把他们的全部精神生活和内心世界表现得淋漓尽致。作者写出了生活在都市的现代人的失望和寂寞,也反映出了他们灵魂深处的空虚和失落。特别是布卢姆这一人物,可以说是从里到外写得最为全面的人物。他仿佛成为都柏林这一城市精神的代表,体现出作者对于现实的独特看法。而作者将书名定为"尤利西斯",也显然具有一定的象征意味。因为尤利西斯就是荷马史诗中的希腊英雄奥德修斯,作者显然是把布卢姆一天18小时在都柏林的游荡比作尤利西斯10年的海上漂泊,这也使《尤利西斯》具有了现代史诗的概括性,被称为当代的"奥德修记"。

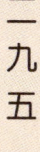

从艺术上看，这部作品是一部典型的现代主义小说，而且书中运用了大量的典故和神话，使作品具有非常深厚的文化积淀和思想内容，但也可能因此而造成一部分读者的阅读困难。某些读者称之为"天书"，这是可以理解的，它的价值有待于聪明的读者在阅读之中慢慢体会和发现。

荒 原 /英国/艾略特/关注现代文明的困境

作者简介

艾略特（1888~1965），出生于美国密苏里州圣路易斯，但他的祖籍是英国。父亲是砖瓦商人，母亲是诗人。1906年，艾略特考入哈佛大学攻读哲学和英法文学，并走上了象征诗歌的创作道路。1910年到巴黎入索尔大学研究哲学和文学。1913年，任哈佛大学哲学系助教。1914年，赴伦敦牛津大学学习希腊哲学，并在伦敦成家定居。1922年，创办文学评论季刊《标准》。1926年，任牛津大学讲师。1927年，加入英国国籍和国教。1952年，任伦敦图书馆馆长。1965年逝世。除了卓有成就的创作之外，艾略特的文学创作和评论著作对英美20世纪现代派文学和新批评理论起了开拓作用，被誉为"现代文学批评大师"，并一度成为英美诗界的领袖人物。

艾略特像

名著概要

长诗《荒原》是艾略特的成名作，被称为20世纪西方文学中一部划时代的作品，现代派诗歌的里程碑。全诗分为5章，共433行，援引了33个作家的作品和流行歌曲，使用了7种文字和大量典故，不同文体混杂并陈，内容包罗万象，主要情节围绕寻找圣杯的故事展开。

第一章《死者的葬仪》中，毫无生气的"荒原"是第一次世界大战后欧洲文明的象征。欧洲已经变成了一块死去的土地，它需要生命和雨水滋润的春天，然

相关链接

1917年	诗集《普鲁弗洛克的情歌》、论著《传统与个人才能》		1933年	论著《诗与批评的效用》
			1909~1935年	《诗选》
1919年	诗集《诗集》		1935年	诗剧《大教堂凶杀案》
1921年	论著《论玄学派诗人》		1939年	诗剧《合家团圆》
1922年	长诗《荒原》		1943年	长诗《四个四重奏》
1923年	论著《批评的功能》		1950年	诗剧《鸡尾酒会》
1909~1925年	《艾略特诗集》		1954年	诗剧《机要秘书》
1927年	诗集《东方贤人之旅》		1959年	诗剧《政界元老》
1930年	诗集《灰色的星期三》			

而现实则充满了庸俗和低级的欲念。生活其中的人们浑浑噩噩，如行尸走肉，但却毫不知情，沉迷于这种糜烂的状态。

第二章《对弈》，描绘了两个场景，一个是道貌岸然的上流社会，一面是酒吧间里下层男女市民的生活，两者之间鲜明地对照。在充斥着珠光宝气的卧室里，雍容华贵的贵妇正自言自语，以打发空虚无聊的时光；在低俗的酒吧里，丽儿和她的女伴谈论着私情、怀孕、堕胎。然而两个场景的内容是惊人的相似，一样的低级而毫无意义。

第三章《火诫》主体形象是泰晤士河，通过泰晤士河流域的生活进行今昔对比，展现了伦敦各种各样的生活画面。这一系列生活画卷中，最突出的是空虚无趣的爱情和情欲导致的庸碌猥亵。作者用特写镜头突出一个女打字员和一个满脸疙瘩的青年的有欲无情的肉体关系。诗中"火"的形象象征着情欲之火，是伦敦生活的主题。

第四章《水里的死亡》，讲述了腓尼基人弗莱巴斯为情欲之火燃烧，淹死在水里的故事，暗示人要学会自制，否则将一无所有。也暗示了人类无法避免死亡，即使得到生命之水也拯救不了人类。

第五章《雷霆的话》，诗人回到一片荒漠的欧洲，描绘了3个对应物：耶稣去埃摩司途中，寻找圣杯的武士走向危险之地，东欧的式微。最后雷霆代表上帝给人类以启示——"给予、同情、克制"，实际上是告诉现代人只有皈依天主，恪守教义，才能获得新生。

现代喜剧 / 英国 / 高尔斯华绥 / 精雕细琢的纪事史

作者简介

高尔斯华绥（1867～1933），出生于伦敦一个富裕的中产阶级家庭。他父亲是伦敦的大律师，同时经营着好几家公司。高尔斯华绥毕业于牛津大学法律系，1890年取得律师资格。1891～1893年游历欧洲，与约瑟夫·康拉德结识，并成为莫逆之交。1895年，高尔斯华绥开始创作，以俄法两国现实主义大家为师。1897年发表作品，直到1904年《岛国的法利赛人》问世，人们开始重视这位作家。1906年发表的长篇小说《有产业的人》和第一个剧本《银盒》，给作者带来了广泛的声誉，确立了高尔斯华绥在文坛上的地位。高尔斯华绥一生著作甚丰，包括17部小说、26个剧本和12个短篇小说、散文、诗歌、书信集。生前担任国际笔会会长，获得美国许多大学授予的名誉学位。1929年获得荣誉勋章。他被认为是英国现实主义文学传统的优秀继承者，与贝内特、威尔斯并称为"20世纪英国现实主义三杰"。

高尔斯华绥像

名家点评

我们发现他一直在攻击那自命不凡的绅士阶级——他自己早已改头换面了，所以能自由自在地与他的同胞、他的文学共同呼吸。

——安德斯·奥斯特林

相关链接

1904 年	小说《岛国的法利赛人》
1906 年	小说《有产业的人》、剧本《银盒》《福尔赛世家》
1909 年	剧本《斗争》
1910 年	剧本《正义》
1912 年	剧本《鸽子》
1920 年	小说《骑虎》、剧本《皮肤游戏》
1921 年	小说《出租》
1922 年	剧本《忠诚》
1924 年	小说《白猿》
1926 年	小说《钥匙》
1928 年	小说《天鹅之歌》
1931 年	小说《女侍》
1932 年	小说《开花的荒野》
1933 年	小说《河那边》

背景介绍

《现代喜剧》是福尔赛家庭纪事史的一部分，在这部纪事史中，高尔斯华绥以精雕细琢的英国生活为背景，生动地描绘了一个中上层阶级大家庭的生活。《现代喜剧》内容充实，十分易读，除了具有文学价值外，也是重要的社会文献。

名著概要

索姆斯·福尔赛是天佑再保险会的董事，他用了大笔股金购买外国债券，但得不到股东们的支持，于是他辞去了董事职务。索姆斯的女婿迈克尔·蒙特是出版商，妻子弗勒不爱自己的丈夫，他俩生了一个儿子，取名克里斯托弗。弗勒在嫁给迈克尔之前，曾爱过她的堂兄乔恩·福尔赛，但由于家庭之间的宿怨而不能和他结婚。乔恩到了美国，娶了一位美国姑娘。克里斯托弗出生约1年之后，迈克尔进了国会。弗朗西斯·威尔莫特是乔恩的内兄，他从美国前来想看看英国是什么样子。他在这里经历了一场失败的恋爱，还患了肺炎。在弗勒善意的照顾下，病愈返回美国。弗勒不满她在伦敦的生活，她说服索姆斯带她去周游世界。迈克尔忙于宣扬"福加特主义"，计划5个月后到温哥华与弗勒和索姆斯会合。在华盛顿时，索姆斯多年来第一次看到他离了婚的前妻。但是，他一直谨慎地躲在幕后，设法使弗勒和乔恩不要相遇。

弗勒回到伦敦后，渴望着参加活动。当1926年总罢工开始时，她为志愿工人创办了食堂。有一天，她在那里见到了在罢工期间从法国回来工作的乔恩。由于"福加特主义"不得民心，迈克尔转而又对改进贫民窟问题发生兴趣。遭到乔恩拒绝而仍感痛苦的弗勒，也为女工们设立了一个乡音休息所。

在战后混乱和家庭不安的环境中，索姆斯郁郁寡欢，把时间越来越多地消磨在他所收藏的名画上。有一天夜里，他的绘画陈列室起了火，抢救不成，便跑到外面来。他看见有一幅框架很沉的画快要从上面的窗口掉下来，同时也看见弗勒故意站在画框即将落下的地方。他跑过去推开了弗勒，画框便落在他的头上，伤重而死。弗勒心里更加难过，因为她知道她想自杀，却害死了父亲。

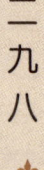

同时，索姆斯之死使她醒悟了过来，她深信和乔恩之间的关系从此结束了。

查泰莱夫人的情人 / 英国 / 劳伦斯 / 爱与性的挣扎与解放

作者简介

　　劳伦斯（1885～1930），英国小说家、诗人、戏剧家和画家，生于诺丁汉郡的伊斯特伍德村。父亲是煤矿工人，母亲当过小学教师。劳伦斯少年时代在诺丁汉矿区上学，后到诺丁汉大学学习植物学、法律。他很早就开始写诗，于1911年发表了第一部长篇小说《白孔雀》，表达了作者对大自然勃勃生机的礼赞、对畸形文明迫害人们天性的谴责。1910年母亲的去世给他很大打击，又与大学教授的夫人弗丽达一见钟情，弗丽达的爱情给他很大鼓舞，两人于1914年结婚。一次大战中发表长篇《虹》，因触犯当局战时利益而被禁毁，使他处境艰难，几乎一蹶不振。战争结束后他开始了流亡生涯，先后到过意大利、德国、澳大利亚、美国、墨西哥等地，企图找到一处世外桃源。1928年私人出版了最有争议的最后一部长篇小说《查泰莱夫人的情人》，但英美等国直到60年代初才解除对此书的禁令。1930年3月2日，劳伦斯因患肺结核死于法国尼斯附近的旺斯镇。

　　劳伦斯是20世纪英国文学史上最独特、最有争议的作家，他认为小说是人类表达思想感情方式中的最高形式，认为"艺术的使命在于揭示人与周围世界的关系"。他敢于打破传统方式，以其独特的风格揭示人性中的本能力量，召唤人们从资产阶级文明的灰烬中重建现代社会。

背景介绍

　　20世纪欧美各国科学技术与工业生产的飞跃发展，不仅没有消除资本主义的痼疾，反而加剧了人类的生存危机，战争、动乱、失业与经济萧条接连不断，人与自然、人与社会、人与自我的关系畸形脱节。这些带有根本性的问题引起了新一代现实主义作家的严重关注。他们通过自己的创作，从不同的角度反映了在资本主义高度物质文明的重压下冷酷荒诞的人际关系与极不和谐的生存环境，揭示了人性的扭曲、人的精神崩溃与道德堕落、人的自身价值的丧失，在对丑恶现实的揭露批判过程中，交织着对未来的憧憬与迷惘。劳伦斯的作品大多从两性关系入手，描写资本主义工业文明对人性的压抑和摧残，深刻揭示了现代人悲剧性的

经典摘录

　　爱情已在此留下痕迹。
　　如果一个人可以保持纯洁，生活就不会那么复杂了。
　　男人本是馋嘴的孩子。男人要什么，女人就得给什么，否则他就会像孩子似的耍小性，拂袖而去，把本来挺惬意的关系给弄糟。
　　时间就这样过去了。不管发生了什么，都是什么也没发生，因为她是如此美好地脱离着接触。

世界名著大讲堂

二九九

生存状况，表达了对充满自然精神的理想社会的向往。

名著概要

1917年，英国中部矿场老板、贵族地主克利福特·查泰莱奉父亲老男爵之命，从战场前线请假回家，与康斯坦斯（爱称康妮）结婚，匆匆度完蜜月，又返回部队。不久因受伤，被送回国。经抢救算是保住了性命，但腰部以下终身瘫痪了，只能坐在轮椅上生活。父亲去世后，克利福特继承了产业和爵位，带康妮回到老家。

康妮是个活泼、开明的姑娘，精力充沛、身体健康，从小受到自由的教育。她尽心地照顾已丧失生活能力的丈夫，协助他写小说。克利福特尽管在外表上保持着贵族气质，但由于身体的瘫痪，他的精力日渐萎缩，感情也日渐平淡，生活虽然无忧无虑，却死气沉沉，毫无生气。这一切使康妮备受煎熬，她越来越无法忍受这种令人窒息的生活了。

庄园猎场新来一个看守人奥利弗·麦勒斯，是个退役军人，身体强健。查泰莱夫人偶然与他相遇于林间小屋，一见倾心，互生爱慕之心，从此，双双坠入爱河。康妮常常悄悄来到林间小屋与麦勒斯幽会。这一切，使康妮重新对生活充满着渴望。不久，康妮怀孕了，而麦勒斯的妻子也突然出现，公开了他们的私情。康妮打定主意，要与克利福特离婚，而麦勒斯也将在得到与妻子的离婚证明之后，与康妮团聚。

阅读指导

在劳伦斯看来，资本主义工业化和机械文明越发达，对人性的扼杀就越残酷。在《查泰莱夫人的情人》中，他试图以两性关系在感情和肉体上的双重结合来恢复被现代文明扼杀的天性，来再造原始的、纯自然的、充满活力的生命个体，进而使英国社会再获生机。劳伦斯认为，性本身并不是肮脏的，一定程度的性的吸引是人类生活中的无价之宝。真正意义上的性爱是意识与本能的双重交融。在小说中，劳伦斯以优美的抒情笔调，把康妮和麦勒斯的性关系、性生活写得健全、庄重、乃至神圣，是一种人类最自然、最伟大的生活内容。

静静的顿河 / 苏联 / 肖洛霍夫 / 哥萨克人的史诗巨著

作者简介

肖洛霍夫（1905～1984），苏联当代著名作家。他的个人经历和创作活动在相当的程度上体现了前苏联国内政治和文学的关系。肖洛霍夫出生于顿河沿岸一个职员家庭，国内战争期间参加过武装征粮队。1924年发表短篇小说《胎记》，被接纳为俄罗斯无产阶级作家协会会员，成为专业作家。他的早期作品大都收在1926年出版的中短篇小说集《顿河的故事》和《浅蓝的原野》中。

1926～1939年的14年时间，肖洛霍夫写出了长达四部的巨著《静静的顿河》。

他从 1931 年起担任《十月》杂志的编委，1932 年加入共产党，同年写出他的第二部长篇名著《被开垦的处女地》第一部。该书及时地反映了农业集体化的进程。

他于 1934 年出席全苏第一次作家代表大会，1937 年成为最高苏维埃代表，1939 年出席联共第 18 次代表大会，同年被选为苏联科学院院士。卫国战争时期，他以《真理报》和《红星报》等报的军事记者身份奔赴前线，写出不少杂文和特写。1956 年以后他发表的主要作品有：《一个人的遭遇》(1956 年)、《被开垦的处女地》第二部 (1959 年) 和《他们为祖国而战》的部分章节 (1969 年)。先后获得过列宁奖金、列宁勋章和"社会主义劳动英雄"称号。赫鲁晓夫当政以后，他一直是苏共中央委员和苏联作家协会理事会书记。他在 1965 年获诺贝尔文学奖。

肖洛霍夫像

背景介绍

哥萨克是苏联颇有特色的一个近似于民族的群体，以剽悍善战著称。两个世纪以来，有关他们的生活总是被涂上一层神秘的色彩。《静静的顿河》以 4 大部洋洋洒洒上百万言的巨大篇幅生动地描写了从第一次世界大战到国内战争结束这个动荡的历史年代顿河哥萨克人的生活和斗争，表现苏维埃政权在哥萨克地区建立和巩固的艰苦过程及其强大生命力，揭示一切反动落后势力必然失败灭亡的命运。

名著概要

在帝俄时期顿河流域的鞑靼村里，住着麦列霍夫一家。这家的小儿子葛利高里爱上了邻居家司切凡的妻子阿克西妮亚。阿克西妮亚长期受到丈夫的虐待，便乘司切凡在军队服役期间，与葛利高里有了私情。葛利高里的父亲为了避免丑事外扬，安排了他与村中一位姑娘娜塔利亚结了婚。但葛利高里并不爱她，不久公开与阿克西妮亚同居，成了村中一件丑闻。葛利高里的父亲羞愧难当，痛打了儿子。葛利高里一怒之下离家出走，他和阿克西妮亚跑到村外富户李斯特尼兹基家中帮工。这段时间，阿克西妮亚生了个女儿。不久，葛利高里应征入伍。

娜塔利亚见丈夫对自己毫无感情，痛苦得想要自尽。但经麦列霍夫家百般劝慰，她终于平静下来。葛利高里第一次休假回家，发现阿克西妮亚和地主家当军官的少爷尤金勾搭成奸。不巧的是他们的女儿不幸死去。葛利高里怒火中烧。他找到尤金打了一架，又痛打了阿克西妮亚一顿。然后回到自己家中，请求娜塔利亚的原谅。两人言归于好。休假结束时，娜塔利亚已怀了孕，不久便生了一男一女双胞胎。

葛利高里在军队中勇敢杀敌，因此被授予十字勋章，成为村中第一个骑士。在部队中他遇见了哥哥彼得罗和情敌司切凡。司切凡屡次想加害葛利高里，但无法下手。葛利高里反而在一次战斗中救了司切凡一命，两人恩怨抵消。

《被征新兵与家人告别》 列宾

这时政局发生了动荡。布尔什维克在军队中鼓吹革命，这很快吸引了众多的士兵。由于艰苦、思乡，在第一次世界大战中疲于奔命的士兵们已处于瓦解状态。不久，克伦斯基临时政府取代了沙皇。接着十月革命爆发，苏维埃政权建立。很快，不甘心失败的反革命武装卷土重来，国内战争爆发了。一向以酷爱自由著称的哥萨克民族情绪异常强烈，要求建立一个顿河流域自治政府，许多人加入了反革命武装，而更多的人则组织起来与白军作战。许多葛利高里的朋友为革命先后献出了生命，葛利高里也成为红军中的一名军官。不久，波得捷尔珂夫任顿河地区领导人，他率领军民向白军发起攻击。葛利高里看到波得捷尔珂夫残害被俘的哥萨克军官并处死全部俘虏，他深为不满，于是离开队伍回到了家乡。

葛利高里回到村中后，便传来红军要打来的消息。村民们都准备逃离，葛利高里却不愿意。接着传来的是红军烧杀抢掠的消息，这引起人们极大恐慌。村民组织了军队以做反抗，葛利高里拒绝了村民要他做头目的要求，彼得罗成了头目。在白军反扑下，革命军溃败。葛利高里遇上了被俘的原红军上级，并怒斥他残杀白军战俘的往事。

1918年时，顿河哥萨克地区成了革命与反革命争夺的战场。鞑靼村中有人倒向白军，有人倒向红军。葛利高里和彼得罗都已成为白军头目，彼得罗心狠手辣，是一个彻底的反革命，葛利高里却在忧郁中度日。他不愿滥杀无辜，只想在兵荒马乱中保全自己的生命。他无意参与什么主义之争，只想早日和平。

叛乱仍在继续。这时，尤金回到了家乡。他在战争中失去了一条胳膊，回来后便与一个女人结了婚。他以前的情妇阿克西妮亚仍在等着他，可是尤金结婚之后再也不愿意和她来往了，他们亲热一阵之后他便给了她一些钱让她走，阿克西妮亚备受打击。葛利高里厌倦了战争，他返回了鞑靼村，此时红色政权已接管了

名家点评

穆·安纳德称肖洛霍夫的小说《静静的顿河》："像顿河的流水一样，历史事件以自己的激流载负着书中人物，顺流而下。"

评论家康·普里玛写道："肖洛霍夫恢复了史诗的生命……向我们展示出一种新的艺术体裁……将史诗与悲剧化为一体，既具有强烈的审美感染力，又具有历史乐观主义和社会主义人道主义的强烈音响。"

村子。他现在对阿克西妮亚已没有丝毫留恋了，而对娜塔利亚渐生好感。红军巩固统治后便开始肃清异己，葛利高里被列入首批名单。他听到风声，连夜逃走了。

随着政治监禁和处决不断增加，哥萨克人不堪忍受红军滥杀无辜而揭竿而起，叛乱在较短时间内就获得了成功，彼得罗很快成为指挥官。他下手毒辣，对红军毫不留情，在后来一次战斗中，他被红军俘虏并打死。葛利高里在叛军中升任师长。彼得罗之死使他变得残酷无情，杀人如麻，但他对老弱病残从不滥杀。由于一个团的红军开了小差，鞑靼村被叛军占领，红军领导人均被处死。达里娅亲手为彼得罗报了仇。

葛利高里回家度假，嫂子达里娅试图与他调情被他拒绝。葛利高里已对打仗和纵欲厌倦了，但他仍怀念着阿克西妮亚。娜塔利亚对他逐渐冷淡，他决定返回部队。走之前，他在顿河边遇上了阿克西妮亚。两人相视许久，又燃起了爱情的火花。

到了 1919 年，苏维埃政权意识到自己面临的艰巨任务。大批红军派了过来并击退了叛军。叛军带着大批难民渡过了顿河并挡住了红军的进攻。红军又接管了鞑靼村，所有富户的房子均被纵火烧掉。娜塔利亚因患伤寒留在村中。身为师长的葛利高里虽然战事不断，仍抽出时间派人接来了阿克西妮亚。两人又恢复了往日的亲昵。

白军又打回来了，红军撤退了，这时叛乱分子被编成一支正规军。葛利高里因为没受过什么教育，降任为骑士中队长。白军还派出讨伐队屠杀那些曾帮过红军的人，这使鞑靼村又陷入恐慌之中。这时，达里娅已染上梅毒而投河自尽。娜塔利亚也在做堕胎手术时大出血而死。

由于红军不断加强攻势以及哥萨克部队士兵开小差现象日益繁多，白军节节败退。葛利高里和阿克西妮亚也试图逃走，但因阿克西妮亚患病而未成行，她后来自己返回了鞑靼村。葛利高里则加入了红军，在与波兰人战斗中表现地十分勇敢。

不久，葛利高里回到了家乡。当局听到消息，立刻派人来抓他。他又逃走了，并加入了从红军中叛变出来的弗明的部队。弗明想要组织起哥萨克人反抗共产党课税征粮，但叛乱很快被镇压。反抗者都被打死了，只有葛利高里回到村中。葛利高里再次出逃时带上了阿克西妮亚，可是她却被一支追击而来的红军巡逻队打死。葛利高里扔掉了武器，回到了家中。现在他所拥有的只剩自己的儿子了，他不愿再失去这世上唯一的亲人了。

阅读指导

《静静的顿河》背景宏阔，气势磅礴；同时运笔细腻，精雕细刻各种场景。既整体地展示俄苏历史上第一次世界大战、二月革命、十月革命、国内战争等整个时代风云变幻，又细微地描写了人物心灵细微的颤动，同时还描写具有浓厚乡土气息的哥萨克人的劳动、爱情和日常生活，从宏观到微观，交织成多姿多彩的艺术画卷。有真实的史实纪录，有想象的绚烂画面；有战场上残酷的砍杀，有书影里缠绵的恋情；有变幻不定的政治风云，有悠闲平和的田野劳动；有旖旎宁静的

风光，有躁动不安的灵魂；有生离死别的痛苦，有实现愿望的欢欣；有淳厚朴实的乡土风气，有疾风骤雨的社会斗争……

　　小说中的人物上至将军统帅，下至一般群众，都塑造得很有个性，其中几个主要人物的形象尤为鲜明而生动。其中主人公葛利高里郁积着作者的激情，在葛利高里的身上，充满着蓬勃的生命力，表现出男性的力度美和哥萨克的野性美，善良正直、光明磊落、不畏强权是他的人格特征。在葛利高里人格意识的深层，还有最重要的一点：对生活理想的探索。

　　此外，小说对顿河草原的壮丽景色的描绘，对哥萨克人幽默风趣的语言运用，都非常出色。所有这些都显示了作家深厚的生活积累和坚实的艺术功力。

钢铁是怎样炼成的／苏联／奥斯特洛夫斯基／诠释最宝贵的生命历程

作者简介

　　奥斯特洛夫斯基（1904～1936），苏联作家，出生在乌克兰一个贫困的工人家庭。11岁便开始当童工。1919年加入共青团，随即参加国内战争。1923～1924年担任乌克兰边境地区共青团的领导工作，1924年加入共产党。由于他长期参加艰苦斗争，健康受到严重损害，到1927年，健康状况急剧恶化，但他毫不屈服，以惊人的毅力同病魔做斗争。

　　1929年，他全身瘫痪，双目失明。1930年，他以自己的战斗经历作素材，以顽强的意志开始创作长篇小说《钢铁是怎样炼成的》。小说获得了巨大成功，受到同时代人真诚而热烈的称赞。1934年，奥斯特洛夫斯基成为苏联作家协会会员。1935年底，苏联政府授予他列宁勋章，以表彰他在文学方面的创造性劳动和卓越的贡献。1936年12月22日，由于重病复发，奥斯特洛夫斯基在莫斯科逝世。

奥斯特洛夫斯基像

背景介绍

　　《钢铁是怎样炼成的》是一部自传体小说，主人公保尔·柯察金的原型就是作者本人。该书描写了十月革命后第一代苏维埃青年，在布尔什维克党的领导下，同国内外敌人及各种困难进行顽强斗争的经历。小说出版后鼓舞了前苏联千百万青年战胜各种困难的勇气，保尔精神成为一种时代的精神，他的名字被公认为是那个时代共青团的象征。卫国战争时期，战斗在前线的苏维埃青年在保尔·柯察

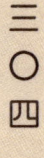

金的精神鼓舞下同法西斯浴血奋斗，这部书和前方战士们一同走过战争的道路，它是伟大卫国战争的参加者们的旅伴。

名著概要

保尔是乌克兰某镇一个贫苦工人家的小儿子，早年丧父，母亲替人洗衣以养家糊口，哥哥是工人。保尔 12 岁时，母亲把他送到车站食堂当杂役，他在食堂里干了两年，受尽了凌辱。

十月革命爆发后，保尔的家乡乌克兰谢别托夫卡镇也和前苏联其他地方一样，遭受了外国武装干涉者和国内反动派的践踏。红军解放了谢别托夫卡镇，但很快就撤走了，只留下老布尔什维克朱赫莱在镇上做地下工作。朱赫莱在保尔家里住了几天，给保尔讲了关于革命、工人阶级和阶级斗争的许多道理。朱赫莱的启发和教育对保尔的思想成长起着决定性的作用。

突然，朱赫莱被匪徒抓去了，保尔急着四处打听。一天，在匪兵押送朱赫莱的时候，保尔出其不意地猛扑过去，把匪兵打到壕沟里，与朱赫莱一起逃跑了。但是由于波兰贵族李斯真斯基的儿子维克多的告密，保尔被投进了监牢。从监狱出来后，保尔拼命地跑，他怕重新落入魔掌，不敢回家，便不自觉地来到冬妮亚的花园门前。他纵身一跳，进了花园。冬妮亚喜欢保尔的热情和倔强的性格，保尔也觉得冬妮亚跟别的富家女孩不一样。后来他们又有几次见面，慢慢地产生了爱情。保尔为了避难，便答应了冬妮亚的请求，住了下来。几天后冬妮亚找到了保尔的哥哥阿尔青，他把弟弟送到喀查丁参加了红军。

在一次激战中，保尔头部受了重伤。但他以惊人的顽强毅力战胜了死亡。出院后，他已不宜于重返前线，便参加恢复和建设国家的工作。在这里他同样以工人阶级主人翁的姿态，紧张地投入各项艰苦的工作。他做团的工作、肃反工作，并直接参加艰苦的体力劳动。在兴建窄轨铁路中，保尔表现了高度的政治热忱和忘我的劳动精神。

保尔自从在冬妮亚家里与她告别后，只见过她两次面，第一次是他伤愈出院后，最后一次是在铁路工地上。保尔发现，随着革命的深入，他们之间的思想差距越来越大了，遂下定决心断绝她们的感情。

在筑路工程快要结束时，保尔得了伤寒。病愈后他又回到了工作岗位。他参加了工业建设和边防战线的斗争，并且入了党。但是，由于保尔在战争中受过多次重伤和暗伤，后来又生过几次重病，加之他忘我的工作和劳动，平时不爱惜自

名家点评

前苏联中央执行委员会主席彼得洛夫斯基说："奥斯特洛夫斯基的小说，对乌克兰千百万工厂和集体农庄的青年，有着特殊的意义。因为乌克兰在与中央会议派、彼得留拉匪徒、法国和波兰的占领军，以及白党匪徒的战斗中，在极度复杂和紧张的战斗环境之中，曾锻炼出几千几百个出众的柯察金型的英雄。"

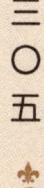

世界名著大讲堂

三〇五

相关链接

1934年冬，奥斯特洛夫斯基开始写第二部长篇小说《暴风雨所诞生的》。小说以1918年末到1919年初的苏维埃俄国国内战争为背景，反映了乌克兰无产阶级和农民在党的领导下，击败波兰侵略者的英勇斗争。作品成功地塑造了安德烈、莱孟德、奥莱霞等英雄形象。他们在老布尔什维克拉耶夫斯基的教育下在革命斗争的暴风雨中锻炼成长。按原计划这本书将写成三大卷，但作者只写完第一卷就去世了。

己的身体，体质越来越坏了。1927年，他几乎完全瘫痪了，接着又双目失明。严重的疾病终于把这个满怀革命热情的年轻人束缚在病榻上，但保尔在肉体和精神上都忍受着难以想象的痛苦的情况下，重新找到了"归队"的力量。他给自己提出了两项任务：一方面决心帮助自己的妻子达雅进步；另一方面决定开始文学创作工作。这样，"保尔又拿起了新的武器，开始了新的生活。"

阅读指导

《钢铁是怎样炼成的》所描述的事件发生于1915年直到20世纪30年代初那一段历史时期。保尔·柯察金是作者着力塑造的中心人物，也是书中塑造得最为成功的共产主义战士的形象，他是在老布尔什维克朱赫莱的影响下从自发走向自觉的。他懂得了不平等生活的社会根源，懂得了要想推翻旧世界，必须成为"勇敢坚强的阶级弟兄"和"坚决斗争的钢铁战士"。在积极投身保卫苏维埃政权的伟大斗争中，他认识到，一个人只有和祖国联系在一起时，才会创造出奇迹。保尔总是把党和祖国的利益放在第一位，在那血与火的时代，保尔和父兄们一起驰骋疆场，为保卫苏维埃政权，同外国武装干涉者和白匪进行了不屈不挠的斗争。在那个医治战争创伤、恢复国民经济的年头，保尔又以全部热情投入和平劳动之中，他那种苦干精神和拼命精神，正显示了第一代建设者们的崇高品质。在修筑铁路中，保尔所在的潘克拉托夫小队"拼命走在前头"，以"疯狂的速度"进行工作。保尔从未屈膝投降过，他总是随时准备承受对自己最沉重的打击。他经受住了一切考验，在对待友谊、爱情和家庭等问题上，他也经受住了考验，表现出崇高的共产主义道德原则。在他全身瘫痪双目失明后，非常苦恼，不能自拔，保尔甚至产生了自杀的念头，但是他以坚强的毅力克服了悲剧命运的打击，开始了为争取归队而进行的斗争，以革命乐观主义精神实践毕生的生活原则。

奥斯特洛夫斯基在解释这部作品的标题时说："钢是在烈火里燃烧、高度冷却中炼成的，因此它很坚固。我们这一代人也是在斗争中和艰苦考验中锻炼出来的，并且学会了在生活中从不灰心丧气。"作者在塑造保尔这一形象时，用内心独白、书信、格言警句，揭示了这一形象的内心的全部复杂性和成长过程。保尔的形象是社会主义青年一代中最光辉最典型的代表，这也就是为什么保尔·柯察金这个名字能够响彻世界各大洲，《钢铁是怎样炼成的》能够成为青年生活教科书的根本原因。同时，无论从思想内容还是从艺术形式来看，这部小说都可以称为20世纪30年代前苏联文学中最优秀的作品之一，而就它对读者影响的力量和深度来说，在世界文学史上也是独一无二的。

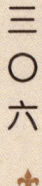

历史研究 /英国/汤恩比/文化形态史学的集大成之作

作者简介

汤恩比（1889～1975），英国著名的历史学家。他出生于英国一个中产阶级和学人辈出的家庭，他的祖父是英国第一流的耳鼻喉科医学专家，父亲是社会工作者，母亲是英国妇女中最早获得大学学位者之一。这样良好的家庭环境使汤恩比获得了很好的教育，也为他以后的发展打下了扎实的基础。少年时代汤恩比就学于曼彻斯特，1911年，汤恩比在雅典的大不列颠考古学校学习。在这期间，他徒步旅行了希腊，查访了很多遗迹。1912年，汤恩比回到牛津大学的巴里奥学院，担任古代史教师。1915年开始在英国外交部情报司工作，1919年出席巴黎和会，后在伦敦大学任拜占庭和近代希腊研究教授。1921～1922年希土战争期间任《曼彻斯特卫报》记者，出版《希腊与土耳其的西方问题》一书。1925年在伦敦皇家国际事务学会任研究部主任。1929年，在阿·齐默恩爵士的指导下从事研究工作，这对汤恩比以后的学业有很大的影响。同年，汤恩比应邀参加在日本举行的太平洋关系学会的会议，经欧洲到中东，还到过印度和中国。1937年，他被任命为英国科学学院研究员。1943～1946年，他担任外交部研究司司长职务。第二次世界大战后，汤恩比再度作为英国代表团的成员出席巴黎和会。1947年赴美国讲学。1955年获得牛津大学和伯明翰大学荣誉文学博士称号，同年退休，被授予退休的功勋教授荣誉称号。此后，他一直从事研究和著述工作，1975年因病去世。

第一次世界大战非但没有解决帝国主义的一切矛盾，而且增加了新的矛盾，1929年经济危机的爆发加剧了欧美大陆的动荡，这也为汤恩比的《历史研究》提供了创作的时代背景。该图描述了经济危机期间，大量失业者正在排队等待发救济金的情景。

背景介绍

第一次世界大战是欧洲帝国主义没落的转折点，随之而来的是一个资本主义永久危机的时期，旧日的经济繁荣与萧条组成的商业循环已被严重的经济萧条与部分的经济恢复所代替，失业人数从未下降到大战前经济上最为萧条时期的水平以下。第一次世界大战非但没有解决帝国主义的一切矛盾，而且还增加了新的矛盾，大战给英国带来的是动荡不安。1929年经济危机的爆发使经济大萧条一直笼罩着整个欧洲，几乎每一个经济部门的活动都受到了它的影响。第二次世界大战以民主的胜利而告终，出现了一批民主主义、社会主义国家，同时也掀起了大规模的和平主义运动。以上这些大事、趋势和思潮对汤恩比都有影响，也构成了《历史研究》写作的时代背景。

经典摘录

对于同一历史事件，常常可以合理地进行几种不同的分析，其中每一种分析，都可以表现为一定的历史真理。

名著概要

《历史研究》原著共12卷，约500余万字，分批出版。第1～3卷出版于1934年，第4～6卷出版于1939年，第7～10卷出版于1954年，第11卷是地图与地名汇编，出版于1959年，第12卷的副标题是"重新考虑"，出版于1961年，是他对历年来对他提出过异议的批评者们的答辩。

影响汤恩比的《历史研究》的两个重要因素：一是在他受教育的年代里，接受的几乎全部是希腊和拉丁古典作品的教育；二是他是被作为英国正统的基督教徒培养成长的。鉴于此，汤恩比研究历史时，采用的是比较分析法，并且研究历史时离不开《圣经》。他在《历史研究》一书中经常引用《圣经》故事，使用《圣经》的词句。

汤恩比的历史哲学有两个主要论点，而这两个论点，贯穿于整个《历史研究》之中。

（一）历史研究的最小的、可以理解的单位是文明社会，而不是一个一个的民族和国家。这是汤恩比的历史哲学的出发点和归宿，汤恩比把6000年的人类历史分成26个文明，每个文明的发展都经历过5个阶段，即起源、生长、衰落、解体和死亡。他认为文明的起源和生长都是挑战和应战相互作用的结果。历史的前进是由于富有创造性的少数人发挥了创造性的结果。在汤恩比眼里，人民群众在历史发展过程中只能任人摆布的群氓，而少数"英雄人物"才是历史的创造者。由此可见，汤恩比的历史观中带有明显的唯心主义色彩。

26个文明中，有18个已经死亡或处在垂死挣扎的阶段，而剩下的8个文明中的7个，在不同程度上也都处在被西方基督教文明或消灭或同化之中，而西方的文明也不可避免地要走向灭亡。在论及文明衰落的原因时，汤恩比承认是内在的，但对于社会制度的新旧更替，汤恩比不是看作是新的生产力的发展，而是需要冲破旧的生产关系，摧毁与这种生产关系相适应的旧的上层建筑的历史过程。他认为由于少数人不可能永远保持着创造性，必然会失去影响广大群众灵魂的魔力，而为了维持他们的统治，只有采取压制的办法，于是群众就起来反抗。

（二）所有的文明在哲学的意义上都是平行的，同时代的，等价的。这是汤恩比的时空观。在他看来，人类存在的时间至少有30万年，而最早的文明的出现至今不过6000年。文明存在的时间与人类存在的时间相比仅占2%，因此他认

名家点评

《展望》杂志称他是"当代最伟大的历史学家，可以列入希罗多德以来最伟大的历史学家之列"。

再多的争执也遮不住这样一个事实，即《历史研究》是一部由个人完成而贡献出来的伟大杰作之一。

——阿尔柏拉特

为所有的文明都可以说是属于同一时期的。他说:"对于同一历史事件,常常可以合理地进行几种不同的分析,其中每一种分析,都可以表现为一定的历史真理。"

阅读指导

《历史研究》是文化形态史学的集大成之作,在西方引起巨大反响。《历史研究》一书开辟了历史研究的新道路,发现了历史科学的唯一理论,是 20 世纪文化史上最重要的事件之一。但也有人认为,以《历史研究》为代表的汤恩比的体系,根本站不住脚,是建立在"沙滩"之上的,他的体系就好像一个杂乱无章的"卸货场"。但不论是褒者还是贬者,都不能否认汤恩比是一位学识渊博的历史学家,他的某些见解是发人深省的。

雪 国 / 日本 / 川端康成 / 虚无主义的奇葩

作者简介

川端康成(1899~1972),日本现代著名小说家。他生于大阪,幼失双亲,一生漂泊无着,心情苦闷忧郁,逐渐养成了感伤与孤独的性格,这种内心的痛苦与悲哀成为后来川端文学的阴影中很深的底色。在东京帝国大学国文系学习期间,川

川端康成获诺贝尔奖时的情景

端康成因发表短篇小说《招魂祭一景》(1921 年),引起瞩目。毕业后即投身文坛,以短篇小说《伊豆的舞女》(1926 年)成名。他创办过《文艺时代》《文学界》等杂志。受欧洲达达主义和未来派影响,早年曾同他人发起"新感觉派运动",该运动衰落之后,又参加"新兴艺术派"和"新心理主义"文学运动。

川端康成在思想上深受禅宗和虚无主义哲学的影响。他的作品多为中短篇小说,早期的《雪国》(1937 年)、《母亲的初恋》(1940 年)主要写底层少女,晚期的《千只鹤》(1951 年)、《山之音》(1954 年)、《睡美人》(1961 年)、《古都》(1961~1962 年)描写变态的恋爱心理,明显走向了颓废主义。

他曾担任国际笔会副会长、日本笔会会长等职。1957 年当选为日本艺术院会员,并获"艺术院奖",日本政府授予他文化勋章;西德政府授他"歌德金牌";法国政府授予他"文化艺术勋章"。他于 1968 年获诺贝尔文学奖,1972 年自杀。

背景介绍

1935 年,川端康成执笔写《雪国》,最初是分章独立地在杂志上发表,1937 年汇编成书。后来几经推敲与修改,于 1947 年最后定稿。在这 12 年间,川端生活在日本社会各类矛盾日益尖锐,全面走向军国主义的时代。日本的日益法西斯化使他担忧而悲哀,疯狂的侵华战争既使他恐惧、忧虑,又令他希望民族强盛;

> **经典摘录**
>
> 镜子的衬底,是流动着的黄昏景色。就是说,镜面的幻象同镜底的景物,恰像电影上的叠印一般,不断地变换。出场人物与背景之间毫无关联。人物是透明的幻影,背景则是朦胧逝去的日暮野景,两者融合在一起,构成一幅不似人间的象征世界。尤其是姑娘的脸庞上,叠现出寒山灯火的一刹那,真是美得无可形容。
>
> 银河好像近在咫尺,明亮得能将岛村轻轻托起。漫游中的诗人芭蕉,在辽阔汹涌的大海上所看到的银河,难道也是如此之瑰丽,如此之辽阔吗?光洁的银河,似乎要以她赤裸的身躯,把黑夜中的大地卷裹进去,低垂到几乎伸手可及的地步。真是明艳已极。岛村甚至以为自己渺小的身影,会从地上倒映入银河。是那样澄明清澈,不仅里面的点点繁星一一可辨,就连天光云影间的斑斑银屑,也粒粒分明。但是,银河却深不见底,把人的视线也吸引了进去。

然而战败国的结局使他成了亡国之民。失意、没落、压抑、悲哀一起涌进心头,他的虚无思想更加滋长。1947年,川端康成将《雪国》最后定稿,成为他虚无思想的代表作,也就成为必然。

名著概要

日本越后地方的汤泽温泉是个北国的温泉村,是养蚕盛地,也是日本有名的雪漂白麻绉纱的产地。村外有温泉旅社和小小的火车站。北边就是县境线上的群山。岛村出生在东京下町,纨绔出身,靠父亲的大量遗产过着游手好闲、无所事事的生活,从来不想人还要工作。或许登山运动能够使他感到自己还活着,反正他时常一个人来这北国群山登山。这次是5月,新绿初爆的季节,岛村又来登山。7天后,岛村从山上下来,来到村里温泉旅舍狎妓。岛村进了温泉旅社,就让人叫艺妓来。这天,正值村里庆贺公路建成举行宴会,村里的十二三个艺妓忙得团团转。人手不够,便把驹子(《雪国》的女主人公)唤来临时帮忙。她来跳一两场舞就回去,并不单独陪客。别的艺妓正忙着陪客,因此驹子便被带到岛村这里来。她天真无邪地同岛村交谈,使岛村感到驹子对妓女这行一窍不通。岛村便请驹子帮忙,找个妓女来,驹子一层红晕浮上脸颊。当旅社女用人为岛村唤来另一个艺妓时,岛村看了一眼,他从山上下来要找妓女的心情很快消失,顿感索然无味了。驹子陪岛村游了神社,岛村答应给驹子寄来日本舞和西洋舞的书籍。第二天,岛村回东京去了。

相关链接

川端康成在漫长的创作生涯中,努力探索东西方文化和东西方文学融合的途径。早在新感觉派文学运动期间,他就是按照日本人的思路、东方人的思路来理解现代西方文学的。他对西方文学采取的是"日本式的吸收法,按照日本式的爱好来学"。从成名作《伊豆的舞女》开始,川端康成已经将所吸收的西方文学融化在日本传统文学的框架之中。短篇小说《伊豆的舞女》是作者早期创作的爱情名篇。小说继承了日本传统文学中的缠绵悱恻的哀怨情调,借旅途漂泊、萍水相逢中的男女之情抒发了人生的无常之感,同时表达了深幽、复杂的审美观念。

这一年的6月，驹子的三弦师傅患了中风，师傅的儿子行男在东京钟表店做工，患了肠结核。为了行男医疗费的开支，驹子开始做了艺妓。村里人都说驹子是为了自己的未婚夫，实际上驹子并不爱他，也未想嫁给他，只是觉得不治疗不行，该帮的忙还是要帮的。

岛村第二次来温泉村是这一年12月深冬。列车穿过县境线上漫长的隧道，就是雪国。夜幕下的大地白茫茫一片。列车中，岛村对面的座席上叶子照料着患重病的行男，把他从东京接回家乡。叶子的美貌令岛村惊叹。她的脸膛，映在车窗的玻璃上，岛村为玻璃窗上这幅美丽的画面着迷。听到叶子那清澈优美的声音，总感到有种悲戚的余韵。在温泉村车站，叶子和行男也下了车。岛村坐进温泉旅社接客人的汽车里便问驹子的下落，并要驹子晚上来见他。岛村从旅社内的温泉澡池上来，走在走廊里古旧的地板上。在拐角处发光的地板上倒映着女人的衣襟。看到这种衣裳，岛村吃惊地感到，驹子到底做了妓女。岛村急忙走到驹子身旁，她脸上涂着厚厚的白粉，强打笑脸，但没有笑出来，反而哭起来了。俩人默默地走进房间。第二天，岛村去了驹子的家。下午按摩时，按摩师又向他讲了驹子的事。岛村想，行男在东京长期患病，医治无效，回乡疗养，等于回家来等死。驹子为他做了妓女，简直糊涂，因为这完全是徒劳的。如果驹子不爱行男，而叶子做了行男的新恋人，这对叶子来说，也是一种徒劳。一天，驹子在岛村的房间用三弦弹拨了《劝进帐》。她每天面对山谷、大自然，孤独地练三弦，几乎达到忘我的程度，淹没了她的哀愁。她靠毅力和勤奋，才自己练会了这复杂的曲谱。驹子的生活态度被岛村说成是枉然的徒劳的，是遥远渺茫的憧憬，但驹子自己却把自身的价值通过这凛然有力的弹拨声表达了出来。曲终时，岛村叹息着，是的，她已经爱上了我，然而我却没有这种爱情。自此以后，驹子每当宴会一完，就跑到岛村房间来。即使在岛村房间过夜，她也不再执拗地非在天亮前偷偷地跑回家去不可。岛村这次回东京，驹子在候车室里站在玻璃窗前送行。火车开动了，驹子的脸在候车室玻璃窗的闪光中突然出现，但是瞬息便消失了。

岛村第三次也是最后一次来温泉旅社是第二年的深秋。这次，从驹子的口里知道，去年驹子在车站送行那天，行男就死了，坟墓在滑雪场脚下的荞麦田左边。现在正是荞麦开白花的季节，而驹子从不去扫墓，只是叶子整天守在坟地里。师傅也已经死了。这次，在长长的时间里，驹子几次问岛村是否明白她的心，岛村陷入了迷茫。驹子突然住了口，她闭上眼睛，像是一切都明白了。是啊，我在岛村的心目中是个什么，他总会有想法的。这次，驹子近似疯狂地总往岛村房间跑。宴会前、宴会后她都抽空来，几乎每天来两次，尽在早晨7点和夜里3点这种不寻常的时间。她大口大口地喝酒，酒后摇摇晃晃从下边陡陡的山坡上跑来旅社。她忙得实在不能抽身时，便派叶子给岛村送个字条来。岛村可怜驹子，也可怜自己。岛村似乎觉得只有叶子看透了他俩的这种悲哀，因此岛村也对叶子开始迷恋。

岛村离去的前夕，村子的茧仓里放电影。突然警钟响起来，茧仓失火了。驹子和岛村赶到火场时，人群里"啊"地叫了一声。只见从茧仓的二楼掉下来一个女人，她从空中柔软地平着身子落下，没有挣扎。岛村并未感到恐怖，甚至也未感到她的死，恰似一幕非现实世界的幻景，然而岛村却感到透不过气来的痛苦和悲哀，他全身痉挛，心在剧烈地跳。掉下来的女人是叶子，她是脸朝着天往下落的，穿着一件红色箭翎花纹布和服。

阅读指导

　　《雪国》的情节朦胧而跳跃，人物之间的关系扑朔迷离，它们在川端康成的精巧安排下，清晰地表现出一种虚幻的境界，其核心内容就是说人生的一切都是"徒劳"，都是白费力气。这就是《雪国》要表现的主要思想，即川端康成的虚无主义创作思想。读《雪国》，我们明显地感觉到紫式部《源氏物语》的情味，时代可以发展，生活不断变化，但人与人之间的情愫却是亘古难变的。

　　从艺术上看，《雪国》借鉴"意识流"小说的结构特点，大部分内容是在岛村的意识流动中展开的，其他人物的意识活动随他而沉浮显现或重叠呼应，使小说中的意识活动呈现多层次的状况。其次，《雪国》中的人物是作家生活感觉的对象化，岛村含糊混乱的心理，驹子令人不能信服的爱情，叶子流星般的行踪与毁灭，行男道具似的存在，都冲破了人物自身逻辑的约束。再次，作家以敏锐、纤细、新颖的感觉，用幽雅、旖旎、诗意化的文笔对人物肖像、心理，以及大自然的景色的着力描写，产生"一种虚构之美"。叶子"透明的幻象"，驹子在阳光、雪光辉映下，呈现在镜中的影像，都伴随着岛村不着边际的遐想，都是一种虚浮而神秘的美的描写。同时，川端康成在《雪国》中的每一笔景物都为明显的思想感情所浸透，为含著的象征性所充斥。景物大多用岛村的眼光反映出来，作为人物内心活动的出色的外部表现发挥着作用。它们虽然美，但已很少显露景物自身固有魅力，只是为装点虚无世界而存在的人工美。最后，小说以岛村二去雪国偶遇叶子为小说的开篇，时虚时实，时远时近，加上岛村的浮想，所以小说的开头扑朔迷离，给人以朦胧感。小说结尾的大火纯属偶然，但它使小说的情节、人物的命运戛然而止。这不仅使现实与梦幻合而为一，而且表现了人生犹如一个未知数，产生永远捉摸不透的虚无感，对表现作品的思想具有画龙点睛之妙。

迷惘　/英国/卡内蒂/关于精神与现实冲突的隐喻

作者简介

　　卡内蒂（1905～1994），一生游踪不定，因而他的国籍问题至今没有定论。他出生于保加利亚北部鲁斯丘克（今鲁塞），祖父是居住在西班牙的犹太人，父母以经商为业。8岁时，父亲去世，与母亲迁往维也纳，先后在苏黎世、法兰克福等地求学，大学毕业后获哲学博士学位。卡内蒂从小就厌恶犹太教、商业活动，而酷爱艺术，大学毕业后便潜心研究文学、历史，并开始写作。他一生的创作一方面深受母亲影响，另一方面则受德国文学，尤其是歌德的极大影响，甚至被称为"一个生活在20世纪里的18世纪的作家"。此外，他的至交卡夫卡也给他很大影响。1938 年，德国法西斯侵占奥地利后，卡内蒂流亡法国，辗转到英国，并定居伦敦，加入英国国籍，但他一直用德语写作。

背景介绍

早年攻读过自然科学的经历，使卡内蒂在表现精神与现实的冲突时保持一种冷峻的态度。他善于从文化视角洞察社会与人生，特别喜好剖析那些无足轻重的"边缘人物"，如异乡客、怪人以及精神反常的各种小人物。他严肃的思想家和艺术家所独有的个性、智慧和才能在对全面地解释现代社会的各种现象、人物和事件的探索中充分展露。长篇小说《迷惘》是他的代表作，也是他唯一的一部小说，在西方享有与乔伊斯的《尤利西斯》同样的地位。

20 世纪中后期伦敦街头一个持花男子，他的目光迷惘、空洞，似乎这个朦胧世界并不属于他。

名著概要

小说的主人公基恩教授是学界最有名的汉学家，虽然他的地位在当时绝对是首屈一指，但是他却过着与世隔绝的生活，拒绝了所有的荣誉。每天除去散步的时间，都在他那间本市最大的私人图书馆里埋头苦读，写作。8 年前，教授招聘了一名女仆，在一次和女仆的对话中，他吃惊地发现外表粗俗的女仆，却十分重视学习。他拿出一本非常破旧的小说，交给女仆。令他惊讶的是，女仆用漂亮的纸把书包起来。教授还发现女仆每页书都要看上 3 遍，简直令他肃然起敬。这些让不明世事的教授头脑发昏，居然向女仆求婚，女仆高兴地答应了。

婚后，教授才知道原来那一切都是女仆的阴谋，目的就是得到教授的财产。女仆野蛮、世故、鄙俗的本性也完全暴露出来，她逼着教授买家具，写遗嘱。但实际上教授除了书籍以外一无所有，失望而愤怒的女仆蛮横地将他赶出了门。教授只好在街头流浪，有一天他误入妓院，遭到痛打，钱也差点儿被抢光。在一个侏儒帮助下，才抢回钱包，教授非常感激他。其实，侏儒也只不过是想骗他的钱。侏儒带教授到一家当铺去，恰巧碰见那个恶毒的女仆竟然和看门人一起扛着大捆的书来典当。

相关链接

1935 年	长篇小说《迷惘》
1950 年	戏剧《虚荣的喜剧》
1960 年	政论《群众与权力》
1964 年	戏剧《婚礼》
1973 年	杂记《人的省分》
1977 年	自传三部曲之《获救之舌》
1980 年	自传三部曲之《耳中火炬》
1986 年	自传三部曲之《眼的游戏》

名家点评

以纳粹主义残酷地玩弄权术为背景，蕴含着深远的预见性。

——约翰内斯·埃德费尔特

世界名著大讲堂

震怒的教授上前和他们二人理论，反而遭到毒打。侏儒通知了教授的弟弟，在弟弟的帮助下把女仆和看门人赶走，并想办法夺回了丢失的书。脆弱的教授由于备受折磨已经精神失常了，无时无刻不在害怕女仆再次回来，于是放火焚烧所有图书。他站在书架上仰天长笑，葬身火海。

阅读指导

《迷惘》与其他小说的不同之处在于作者成功地运用了意识流的创作手法，通过联想、内心独白和幻觉，呈现出人物荒诞的思想活动，建构出一个令人迷惘的朦胧世界，并以此影射当时的社会现实。

飘 / 美国 / 米切尔 / 随风而逝的爱情经典

作者简介

米切尔（1900～1949），美国女作家，出生于美国南部佐治亚州亚特兰大市。父亲是个律师，曾任亚特兰大历史协会主席。米切尔曾就读于华盛顿神学院、马萨诸塞州的史密斯学院。其后，她曾担任地方报纸《亚特兰大报》的记者。1925年与约翰·马尔什结婚，婚后辞去报职，潜心写作。米切尔一生中只发表了《飘》这部长篇巨著。她从1926年开始着力创作《飘》，10年之后，作品问世，一出版就引起了读者强烈的反响。《飘》已经被译成18种文字，传遍全球，至今畅销不衰。《飘》在1937年获普利策奖，1938年被拍成电影，曾以《乱世佳人》的译名在中国上映。

背景介绍

《飘》这篇小说以美国的南北战争为背景，以两条情节为线，即女主人公的爱情悲剧及南方奴隶主在战争中的节节失败，展示了动乱年代南方人民的生活，同时作者也表露出反对奴隶制，支持北方革命的思想。由于家庭的熏陶，米切尔对美国历史，特别是南北战争时期美国南方的历史产生了浓厚的兴趣。她在家乡听闻了大量有关内战和战后重建时期的种种轶事和传闻，接触并阅读了大量有关内战的书籍。她自幼在南部城市亚特兰大成长，耳濡目染了美国南方的风土人情，这里的自然环境和社会环境成了米切尔文思纵横驰骋的背景和创作的源泉。

名著概要

1861年4月，美国南北战争前夕。在佐治亚州靠黑奴种植棉花致富的种植园主社会圈子里，人们都在谈论战争，只有郝思嘉不关心这些。她关心的是自己的美貌和能吸引多少男人的目光。当她听说意中人卫希礼即将和媚兰结婚，她感觉备受打击。她自认为是当地第一美女，而且舞姿绰约，没有人能比得上她。她觉得从卫希礼的眼光中看得出他是爱自己的。便决心在第二天卫希礼家的宴会上大

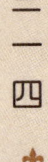

展身手，把所有青年男子都逗得如醉如痴，使卫希礼眼红得向自己求爱。

郝思嘉在宴会上成为众人注目的中心。她四处搜寻卫希礼，却发现一个面孔像海盗的男人一直在注视着她。这人至少有35岁，个儿高，体格强壮，他是军火投机商白瑞德。在卫希礼的书房，她找了个机会向卫希礼吐露心曲，却不料碰了钉子。这使她恼羞成怒，自尊心与虚荣心大受伤害，就狠狠打了卫希礼一个耳光。这幕好戏被声名狼藉的浪子白瑞德看在眼里。

郝思嘉一气之下，就任性挑逗卫希礼未婚妻的弟弟查理。查理被她的风姿所吸引，当即向她求婚。郝思嘉马上答应下来，但她并不爱查理，甚至新婚之夜，她让查理在圆手椅上过了一夜。婚后一周，查理入伍，不过两月，即在军中病故，郝思嘉成了寡妇。她心中闷闷不乐，人们以为她在悼念亡夫，其实她想的是也去从军的卫希礼。

南方的局势越来越困难了，但是郝思嘉却很快乐，她又成为地方上第一美人了。白瑞德经常来看她，并送礼物给她。她想征服白瑞德，但各种方法使尽，白瑞德不为所动。

卫希礼请假回家一次。这期间，媚兰有了身孕。郝思嘉知道后大为恼怒，仿佛这是卫希礼对自己的不忠。不久，卫希礼在战斗中被俘。

1864年5月，亚特兰大城被北军包围，即将陷落。媚兰正值分娩，忙乱中郝思嘉替她接了生，打算一起逃难到老家去。这时北军一路封锁，她只好求助于白瑞德。白瑞德冒着生命危险找到一辆马车护送她们，但未到目的地，他却决定从军。郝思嘉非常愤怒，但又无可奈何。回到家乡，郝思嘉发现老家遭到北军洗劫，田园荒芜，房屋被烧。母亲在惊骇中去世，父亲精神失常。她虽然正值19岁芳龄，但觉得自己已十分老练，于是决心重整家园。她丢下小姐架子，每天出外搜寻食物、干粗活、挤奶、劈柴、种地。一次，一名北军逃兵来庄园抢劫，被她开枪打死。她更觉得什么都不怕了。逐渐地，陶乐庄园有了转机。但北军第二次路过，又洗劫了庄园，郝思嘉一家又陷入困境之中。

1865年春，战争以北军胜利结束，士兵纷纷返回家中。卫希礼给媚兰来信，他已被释放，即将回家。郝思嘉百感交集。媚兰此时卧病在床，她心想，只要媚兰一死，自己就可以同卫希礼结婚了。

南方现在掌权的是北军、共和党和自由人民。重建时的种种残酷，比战争时期有过之而无不及。地主、军官、官吏都被剥夺选举权，到处宣扬着黑人和白人平等，白种女人被黑人强奸的事也时有所闻，陶乐庄园的工头如今已混成了一名官员。他为了霸占陶乐庄园，故意提高地产税，逼郝思嘉脱手。郝思嘉为这300元钱四处奔波。她对卫希礼旧情未了，

电影《乱世佳人》同其原著小说《飘》一样广受欢迎，图为影片中新寡的郝思嘉参加募捐舞会的情景。

要他同自己私奔，但卫希礼又一次拒绝了她。

郝思嘉决心无论如何也要保住庄园，她打扮得花枝招展去找白瑞德。白瑞德此时被北军押在狱中，听说他手中有笔巨款，北军想勒索出来。白瑞德一见郝思嘉便看穿了她为钱而来。他逼她承认，只要拿到钱，就愿做他的情妇。但她承认后，又表示无钱给她。

郝思嘉气极了，出来后她碰到亲妹妹的未婚夫甘扶阑。知道他有钱后，她马上将他勾引到手。结婚后，她用他的钱付了税。婚后白瑞德来看她，狠狠嘲弄了她一顿，并承认自己有50万美元，这使郝思嘉十分后悔。她强忍怒火，又向白瑞德借钱买下一家锯木厂。由于她精明强干，木厂生意兴隆。

由于白人与黑人的固有矛盾，一些白人组织了三K党，甘扶阑和卫希礼都参加了三K党活动。一天，一个人抢劫郝思嘉，并撕破了她的衣服。当晚，甘扶阑和一些人集会，要为她报仇。北军派兵镇压，多亏白瑞德带他们转移才脱身，但甘扶阑却被打死。

郝思嘉又做了寡妇，白瑞德来向她求婚。婚后，两人过着花天酒地的生活，盖了一幢亚特兰大最豪华的房子。但郝思嘉人躺在白瑞德身边，心却仍在卫希礼身上。不久，她生下一个女儿。一晚，她同卫希礼相遇后，回到家中便与白瑞德分睡。

媚兰在家中为卫希礼举行生日会，请郝思嘉去找卫希礼，在锯木厂两人缅怀往事，不禁拥抱接吻，正好被人看见，一时流言四起。郝思嘉窘得躲在家中不出。白瑞德却硬拖着她去参加生日会，说如果今晚不露面，一辈子也见不得人了。次日，两人大吵一架，白瑞德带着女儿不辞而别，三个月没给她来过信。此时，她又一次怀孕，便返回了陶乐庄园。返回亚特兰大后，她发现白瑞德已在家中，待人也和气了。白瑞德积极参与政治活动，很快成为知名人物。一天，他们的女儿在一次骑马中身亡，两人都很悲伤。

媚兰病危，郝思嘉去看望她。从媚兰口中得知，白瑞德一直爱着她，她这才恍然大悟，责怪自己瞎了眼，对于世界上的一切都看不清，完全被卫希礼挡住了视线。郝思嘉又发现，卫希礼爱媚兰，也是出于自尊心。她直到现在才发现卫希礼是个无所作为的懦夫，远非她想象中的那样一个完人。她一直钟情的仅仅是自己内心创造的幻影。倒是白瑞德，是个能在乱世中生存与发展的强者，而且他和她可说是珠联璧合，白瑞德又是真正了解她并爱着她的，虽然他故意装出那么一副与她作对的样子。

郝思嘉去找白瑞德表示悔恨，但白瑞德却很冷淡，他对自己真心真意地去爱郝思嘉深感不值。郝思嘉听着白瑞德坦露出过去如何爱她的话，她觉得句句是真，发誓说以后会一心一意爱他，但白瑞德始终不相信。他表示不愿意让自己的心做第三次冒险了，他同意给她自由。不久，他便离她而去。

郝思嘉此时才28岁，仍然年轻美丽，但她觉得自己仿佛在人生道路上已走了很久。白瑞德曾说过，他们才是同类。她终于明白，她丢掉的灵魂不是卫希礼，而是白瑞德。她决心，无论如何也要把白瑞德找回来。

阅读指导

米切尔以她女性的细腻精确地把握住了青年女子在追求爱情过程中的复杂心理活动，成功塑造了郝思嘉这一复杂的人物形象。这一人物有时使人觉得面熟，有时又很陌生。有时你能谅解她，有时却觉得莫名其妙，然而你始终都会觉得她真实，这就是该书最大的成就。郝思嘉年轻貌美，但她的所作所为显示了她残酷、贪婪、自信。为了振兴家业，她把爱情和婚姻作为交易，三次婚姻没有一次出于真心。后来她才终于明白她一直念念不忘的卫希礼懦弱无能，倒是自称与她同类的白瑞德值得深爱。从审美判断来讲，性格复杂的郝思嘉不能简单纳入反面人物的模式。小说极富于浪漫情调的构思、细腻生动的人物和场景的描写以及优美生动的语言、个性化的对白都使整部作品极具魅力，从而确立了《飘》在美国小说史上的重要地位。一部爱情佳作本就是令人赏心悦目的，而在南北战争的腥风血雨中绽放的爱情之花更是残酷而美丽。几度悲欢离合、情仇交织，情节跌宕起伏，紧紧抓住了读者的心。美国对于我们来说，本是梦幻而陌生的国度，《飘》却掀开了她温情脉脉的面纱，也看见了许多肮脏和美丽并存的事物。这对于我们如今的青年人，可能更有特殊意义。

就业、利息和货币理论 / 英国 / 凯恩斯 / 现代西方经济崛起的原动力

作者简介

凯恩斯（1883～1946年），英国经济学家J.N.凯恩斯、《政治经济学的范围和方法》（1891年）一书作者的长子。他祖籍为英格兰撒利斯堡，其母弗洛伦斯·阿达是剑桥大学第一批女毕业生，后热衷于公共事业和政治议会，曾任剑桥市市长和参议员。凯恩斯出生于剑桥，14岁获奖学金进伊顿公学，接受英国最好

相关链接

瓦尔拉斯的《纯粹经济学要义或社会财富理论》共8篇。第一篇为对象篇，阐述经济学对象。第二篇和第三篇为商品交换篇，研究消费品和消费服务的价格决定问题。第四篇为分配篇，研究生产资料的"生产服务"的价格决定问题。第五篇为再生产篇，研究资本形成和固定资产的价格决定问题。第六篇为流通篇，研究流通资产亦即货币价格的决定问题。第七篇为发展篇，研究经济发展的决定因素。第八篇为非完全竞争篇，研究垄断和国家赋税对价格形成的影响。

名家点评

他的逝世使英国失去了一位非常伟大的国民。他是一位天才，作为政治经济学家，他的思想影响遍及全世界，不仅对专家，也对普通民众。

——伦敦《泰晤士报》

的教育。1902 年获数学和古典文学奖学金，去剑桥大学学习数学和文学，1905 年毕业并获剑桥大学文学硕士学位。毕业后师从马歇尔教授和庇古教授等人学习经济学，次年被分配到英国政府印

经典摘录

矿与战争都对人类进步有贡献，因为没有更好办法。

一切生产的最终目的都是满足消费者。贸易顺差，实在一箭双雕。

度事务馆任职。1908 年由马歇尔介绍成为剑桥大学讲师，讲授经济学。1909 年，凯恩斯因数学概率论方面的研究成就，获得剑桥大学皇家学院研究员荣誉；同年，他创立政治经济学俱乐部，1911 年主编《经济杂志》。1913 年任皇家经济学会秘书，后任主席。第一次世界大战爆发后不久，凯恩斯到英国财政部任职，战后，以财政部首席代表、经济顾问的身份出席"巴黎和会"。在会议期间，他因反对对德国索取过重的赔款而愤然辞职，重返剑桥大学任教，并开设"和约的经济意义"的课程，受到广泛的欢迎。1919 年出版了《凡尔赛的经济后果》，使凯恩斯一时成为欧洲经济复兴问题的中心人物。1921 年，凯恩斯发表了《自由放任主义的终结》一文，转向了主张国家干预经济、实行明智管理的建议。世界经济危机期间主持英国财政经济顾问委员会，第二次世界大战后任英格兰银行董事。1944 年任英国代表团团长，出席在布雷顿森林召开的联合国货币金融会议。1946 年因心脏病去世。他的主要著作还有《印度的通货和财政》《货币改革论》等。

背景介绍

1929 年，资本主义世界爆发了全球性的经济危机，这次危机不论在广度上还是在深度上和持续时间上都达到了历史之最，使整个资本主义沉浸在一片恐慌中。然而，先前的新古典政治经济学的理论不能解释产生危机的原因，自由主义的主张也由此受到了打击。因而资产阶级对资本主义制度也开始产生了怀疑。这时就需要有一种新的理论来解释经济危机，而凯恩斯的《就业、利息和货币理论》恰恰就在这种背景下产生了，该书的出版使得凯恩斯成为资本主义的救世主。

危机来临，许多美国人只能靠领救济金维持生活。凯恩斯《就业、利息、货币理论》中的中心思想有两个，其中之一是宣称当时的失业理论是毫无价值的胡说，工资非常低并不能消灭失业，因此将失业者困境归咎于失业者自身是居心险恶的。

名著概要

《就业、利息和货币理论》（以下简称《通论》）是凯恩斯的主要著作，也是凯恩斯主义的代表作和"凯恩斯革命"的标志。《通论》全书共分 6 篇 24 章，其中第 6、14、19 章有附录，该书中还附"原序"一篇，主要阐述写书的宗旨，指出古典经济学的错误在于理论假设的问题，并加以批判，再

用抽象的论据说明自己的观点及其与其他流行理论的区别。

第一篇"引论",对全书进行了概述,着重分析了古典经济学派的理论假设和阐发有效需求原则,分为3章。第1章是全书中最为精简的章节,旨在解题,说明命名《通论》的意义。第2章对庇古的就业理论提出疑义。在经典理论中仅存"自愿失业"和"摩擦失业"。在凯恩斯看来,"不自愿"的失业是存在的。工资议价决定货币(名义)工资而不是真实工资。第3章提出最低预期收益可称为该就业量所产产物的供给价格。

第二篇"定义和观念"共分为4章。本篇为全书提供分析工具和正确概念。在第4章中,凯恩斯提出讨论就业理论要用两种数量,即"币值量"和"就业量",以克服"国民收入"难以衡量物品与劳务的不一致。第5章,主要内容是论述预期的各种因素的变化对就业量的影响。凯恩斯认为预期改变能发生一种循环式的波动。在凯恩斯看来,心理的无理性是经济长期不稳定的原因,是因为人们对于将来的现有知识缺乏可靠基础,对不确定的将来所作决定同样不可靠。第6、7章论述了所得、储蓄及投资的含义。所得约等于国民收入减去一部分折旧和损耗。他的这一定义对于决定就业量具有至关重要的意义,储蓄是所得减去消费开支之差,如本期投资减储蓄之差增加,则厂商就将增加其就业量和产量;凯恩斯认为,储蓄与消费是相同的,也是一件双面的事情,如果每个人都减少消费,增加储蓄,那么,他们的收入一定会受到影响。

第三篇为"消费倾向",共3章。第8、9两章主要论述引起总需求函数变化的内外因素。凯恩斯认为,内因有决定消费多少的主观、社会的动机,个人储蓄动机和企业或团体的储蓄动机;外因有工资单位的变动、收入的变化和利率的改变,以及财政税收政策的改变,并提出消费倾向递减的趋势。第10章为了阐述卡恩的乘数效用,先引入了边际消费倾向的概念。他认为收入增量中消费增量是因,乘数大小是果,如果前者数越大,则后者越成倍增大。

第四篇为"投资引诱",总共8章。第11、12两章强调人们主要通过资本边际效率这个因素对未来预期的影响。第13～15章主要介绍灵活偏好,论述了利率和古典学派的概率论,利息是放弃周转灵活现金的报酬,进而用货币数量和灵活偏好来解释人们对于利率高低的偏好。凯恩斯在叙述古典学派借款基金学说时,提出了自己的利息论。第16、17两章中分析了资本的性质、利息和货币的特性,凯恩斯提出了各种解决有效需求不足的方法。第18章将上述所有理论提纲加以总结,把消费倾向、资本边际效率和利率作为自变量,把就业量和国民收入作为因变量。

第五篇为"货币工资与物价",总共3章。第19章论述货币工资变化的作用,反对削减货币工资。第20、21两章分析了有效需求改变与就业量、物价改变之间复杂多元的关系。

第六篇为"通论引起的几篇短论",总共3章。主要阐述了一般就业理论在商业循环、国际贸易和国际金融等方面进一步的应用,以及凯恩斯思想发展将导致的社会哲学的变革。第22章分析运用决定就业量的消费倾向、灵活偏好和资

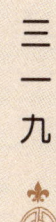

本边际效率因素，阐述商业循环现象。第 23 章评论重商主义，指出对国际经济学的看法。第 24 章为论述《通论》可能引起的社会哲学问题。

阅读指导

凯恩斯在经济学上的主要贡献在于他创立了新的就业、利息和货币理论，掀起了经济思想史上的"凯恩斯革命"。凯恩斯的《通论》出版 50 多年来，这套被称为宏观经济学的理论在资本主义世界非常流行。第二次世界大战后在英国和美国分别形成新古典综合派和新剑桥学派。各发达资本主义国家资产阶级政府也竞相采用凯恩斯主义及其经济政策。

伽利略传 /德国 / 布莱希特 / 借古讽今的哲理戏剧

作者简介

布莱希特（1898～1956），德国杰出戏剧家、诗人，生于巴伐利亚一个富裕的市民家庭。1917 年，入慕尼黑大学学习哲学和医学。1922 年开始戏剧创作。1933 年希特勒上台后，被迫离开德国，经历长达 15 年的流亡生活。1948 年回柏林，从事戏剧活动。代表作《伽利略传》《卡尔拉大娘的枪》《四川好人》《高加索灰阑记》等。

背景介绍

20 世纪 30 年代开始，德国法西斯势力抬头，德国思想文化受到禁锢。该剧借科学家伽利略受到宗教迫害的史实，反映了新时代来临之际，进步与反动、真理与谬误的斗争，具有鲜明的时代意义。

布莱希特像
德国诗人、剧作家和戏剧改革家，20 世纪最有影响力的戏剧理论家之一。他创造的布莱希特戏剧艺术体系在全世界产生了巨大影响，在当代戏剧中有极为重要的地位。

名著概要

1609 年，意大利著名数学家伽利略在帕尔多瓦的一间小屋里，用数学推算出哥白尼的"日心说"是有道理的。这天早上，女佣萨尔蒂大娘的小儿子安德雷亚跑进来，告诉伽利略，该付牛奶钱了。伽利略却兴致勃勃地给这个 10 岁的孩子讲起了"日心说"。他搬动椅子做着演示，兴奋地告诉安德雷亚，千百年来人们坚信不疑的东西受到了怀疑，连教皇和卖鱼妇都一起在随着地球围绕着太阳转。他又对安德雷亚说，不过这还是推算，有些问题还有待进一步证明。

这时伽利略 46 岁，在什么都讲生意经的威尼斯共和国的帕尔多瓦大学教数学。威尼斯对伽利略以上的科学发现并不感兴趣，他需要的只是能给国库增加收入的发明。他们用低薪来支付这个天才科学家，使得习惯于好吃好喝的伽利略没钱买牛奶。伽利略要求增加薪金，学监的回答是除非他拿出些漂亮东西来，就像他以前发明的水泵——那样有用的东西，才能加薪。

庄园主阔少爷卢多维科多来向伽利略求教。谈话中，卢多维科多说到阿姆斯特丹人新近发明了望远镜。伽利略问明底细，他想到可以利用望远镜来观察天体，于是立即画了张草图，又让安德雷亚去眼镜店买来两块透镜。伽利略设计装配出他的第一架望远镜，并且试验望远成功。为了有钱还债，有钱买可口的菜肴，伽利略向政府提交了这项"发明"，谎称这是他17年研究的成果。国会参议员们信以为真，认为这可以给他们赚来大笔钱财，同意提高伽利略的薪金。几天后，荷兰人运来了大批望远镜，"随便哪个角落"都可以买到。学监对伽利略大发脾气，指责伽利略让他成了全城的笑柄。然而伽利略却利用望远镜在广袤的天空中发现了可以进一步证明哥白尼"日心说"的天文现象。

深夜里，伽利略请好友萨格雷多通过望远镜来观察星空，并激动地大喊：天地没有差别！地球是宇宙中千万颗星体之一。萨格雷多好心提醒他，要冷静，以免重蹈10年前布鲁诺的覆辙。伽利略说，布鲁诺只是坚持这种说法，并没有任何证明。他坚信人是有理性的，只要有充分的证据，人终究会被科学征服。

伽利略知道要想最终证明"日心说"，还有大量的研究工作要做。为了赢得更多的时间，他决定不再在威尼斯教那些老生常谈的课程，而到佛罗伦萨去担任宫廷数学家。因为他觉得那里云集了大批的学者，而且有了宫廷的支持，他就不用为了挣钱而去花费大量的时间私人授课了，这样他便可以安心搞研究。萨格雷多警告他，佛罗伦萨是修道士的天下，小心他的研究被扼杀。

果如萨格雷多所说，在佛罗伦萨伽利略的科学发现并没有得到认同。9岁的大公爵只会把研究模型当玩具玩，至于那些宫廷大臣和御用学者们，则不仅死抱着亚里士多德的理论不放，而且还对伽利略的学说恶毒诽谤，说他侮辱了历代以来备受尊敬的哲学家，对于他的望远镜里的世界更是连看都不看一眼。

不顾宫廷学者的排斥，也不顾瘟疫的威胁，伽利略埋头苦干，闭门研究，终于在1616年把证明"日心说"的观察成果提交到教会学院。这天深夜，罗马教会学院大厅内，伽利略独自待在大厅一角。教会学院的首席天文学家克拉维乌斯正在用望远镜观察，对伽利略提供的材料进行最后的鉴定。一批不怀好意的教士不断地向伽利略发出哄笑。他们一会儿说头晕，站不稳，因为地球转得太快了；一会儿又挤在一起，装出竭力挣扎、避免被从暴风雨中的船上抛出去的模样。一个老红衣主教还冲着伽利略说："您知道，我看东西不太清楚，可是我确实看出了您的长相和我们当年烧死的那个人——他叫什么来着？——非常相似。"就在这时，后面的大门开了，克拉维乌斯出现在众人面前。他只说了4个字"符合事实"，然而这简短的话语却使得刚才还得意扬扬的愚蠢教士和学者们一下子呆住了。

伽利略胜利了，然而也因此失去了继续进行天文学研究的权利。教会害怕伽利略的研究结果会妨碍他们的利益，遂宣布：哥白尼的学说是异端邪说，任何人不得再持这种见解。从此，伽利略及其学生们被禁止进行天体研究，只能进行物理学实验。

一晃 8 年过去了。这期间，伽利略的许多学生都改变了观点，女儿与学生卢多维科多的婚事也因他的缘故拖延了下来；女佣萨尔蒂大娘的儿子安德雷亚成为了他的学生兼得力助手；近来欧洲许多国家的学者们正在讨论太阳黑子问题。

这天，卢多维科多带来消息，教皇快要病死，继承人是数学家巴尔贝里尼。伽利略激动万分，他预感到科学时代就要来临，让助手们重整实验台，安置望远镜，开始研究太阳黑子问题。卢多维科多见他固执己见，提出后悔婚约，被伽利略赶了出去。此后，伽利略从太阳黑子问题出发进一步证明了"日心说"，他还用通俗生动的语言写成小册子，向广大群众普及科学知识。伽利略的学说在民间广泛传播，人们爱科学，而不要上帝了，这再次引起了教会的恐慌。1633 年 5 月，宗教法庭下令逮捕伽利略。维吉妮亚为父亲祈祷，希望他放弃学说，以求平安。安德雷亚坚信老师能顶住压力，坚守真理。伽利略被囚禁 23 天，受到宗教法庭刑具的威胁。终于，6 月 22 日下午 5 点 3 分，教堂的大钟鸣响，伽利略公开宣读了悔过书，这使得他的弟子们大为震惊。

伽利略形容憔悴，从法庭缓步走出。他在门口停留片刻，等待弟子们问候，然而却没有一个人理他。安德雷亚背过脸，气愤地叹息道："不幸啊，这个国家，没有英雄！"伽利略说："不！不幸啊，这个国家，需要英雄！"

这之后到 1642 年伽利略逝世，他一直被软禁在佛罗伦萨城郊的一所小农舍里，陪伴他的只有终身未嫁的女儿维吉妮亚。年老的伽利略已经白发苍苍，两眼昏花。每日在官方的监视下，靠他口授、女儿记录来完成一些东西。每周，他还得向大主教提交一份悔过书。

一天，与他断交已久的安德雷亚顺路来看他。伽利略听出安德雷亚不能原谅他，并不在意。他悄悄拿出自己晚上在月光下抄写的科学著作《对话录》副本，希望学生把它带到国外出版。安德雷亚立刻明白这是一部了不起的著作，他歉疚地对伽利略说，他原来以为老师真投降了，现在才明白老师只是退出一场没有希望的政治斗争，以便继续科学研究。伽利略却说，自己当时没有这样远的打算，他坦白地说，当时看了教会的刑具，他害怕皮肉之苦才悔罪的。他承认自己背叛了科学，不能见容于科学家的行业。路人送来两只鹅，维吉妮亚做了午餐给父亲端来一碗。伽利略吃了起来，告诉安德雷亚自己"还是很贪吃"，没有去握他伸过来的手。

安德雷亚把老师的著作巧妙地带出了意大利，从此这个伟大的学说在欧洲各地传播开了。

局外人 ／法国／加缪／"荒诞的证明"

作者简介

加缪（1913～1960），法国小说家、戏剧家、评论家，出生于阿尔及利亚的蒙多维城。他父亲在 1914 年大战时阵亡，母亲带他移居阿尔及尔贫民区，生活极

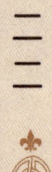

为艰难。加缪靠奖学金读完中学，1933 年起以半工半读的方式在阿尔及尔大学攻读哲学。第二次世界大战期间，加缪积极参加了反对德国法西斯的地下抵抗运动。大战爆发时他任《共和晚报》主编，后在巴黎任《巴黎晚报》编辑部秘书。德军侵法后参加地下抗德组织，负责《战斗报》的出版工作。加缪从 1932 年起即发表作品，1942 年因发表《局外人》而成名。他的小说《鼠疫》(1947 年) 得到一致好评，但是《反抗的人》(1951 年) 一书由于宣扬"纯粹的反抗"，即反对革命暴力而导致了他和萨特的决裂。他主要的作品还有随笔《西绪福斯神话》(1942 年)、剧本《正义者》(1949 年)、小说《堕落》(1956 年) 和短篇小说集《流放和王国》(1957 年) 等。加缪于 1957 年获诺贝尔文学奖，1960 年 1 月 4 日死于车祸。

加缪像

背景介绍

《局外人》是法国作家加缪的成名作，同时也是存在主义文学的杰出作品之一，该书以一种客观记录式的"零度风格"，粗线条地描述了主人公莫尔索在荒谬的世界中经历的种种荒谬的事，以及自身的荒诞体验。从参加母亲的葬礼到偶然成了杀人犯，再到被判处死刑，莫尔索似乎对一切都无动于衷，冷漠地理性地而又非理性地存在着。他像一个象征性的符号，代表了一种普遍的存在，又像是一个血红色的灯塔，具有高度的警示性。

然而，"局外人现象"的产生无疑是由这个世界本身孕育的，莫尔索的存在有其深刻的外部原因。本书写于二次世界大战期间，这个时期，西方世界正处于战争的恐慌之中，人们对社会充满迷惘，精神没有归宿。莫尔索们正是生活在这样一个环境中，他们孤独、痛苦、冷漠，但又不甘于被现实的世界如此逼迫，于是他们变成了世界的局外人，自我成了自我的陌生人。他们以冷漠来反抗生活，却最终未能逃脱在命运面前的惨败。悲剧是注定的，但蔑视悲剧的态度却让莫尔索成了一名挑战荒谬的英雄。

名著概要

莫尔索是阿尔及尔一家法国公司的职员，他接到离阿尔及尔 80 千米的一个养老院发来的电报说他母亲死了。他请假到了养老院，糊里糊涂地看着别人安葬了他的母亲，他只觉得很累，不想在封棺前再看一眼母亲的遗容，也不知道他母亲到底多大岁数。

下葬的第二天是星期六，不用上班。莫尔索到海滨浴场去游泳，碰到了从前的女同事玛丽，两人一起游泳后，晚上又看了一场滑稽电影，然后留玛丽过了夜。

莫尔索的生活十分单调无聊，于是他和同事去追赶一辆卡车取乐。他有个邻

居叫雷蒙，被情妇的弟弟痛打，想让莫尔索代笔写封信把她臭骂一顿。莫尔索答应了，其实他对于做不做雷蒙的朋友是无所谓的。

玛丽到星期六又来和他一起游泳，还问他到底爱不爱她，他觉得这种话毫无意义。雷蒙和情妇打架，惊动了警察。雷蒙要莫尔索到警察局去为他做证，莫尔索也觉得无所谓，反正照雷蒙要求的意思去说好了。

老板要莫尔索到巴黎的分号去工作，莫尔索觉得在哪里生活都一样。晚上玛丽来问他愿不愿意和她结婚，他说这个问题毫无意思，她要结婚就结婚好了，这毕竟不是什么严肃的大事。

莫尔索为雷蒙做证之后，雷蒙情妇的弟弟带了一群阿拉伯人来报复，在海滨和他们打了一架。雷蒙被刺伤了胳膊，把手枪交给莫尔索，莫尔索不知道应不应该开枪。后来他被太阳光晒得头昏眼花，感到天旋地转，恍惚之中向刺伤雷蒙的的阿拉伯人开了5枪。

莫尔索因为杀人被捕，又不愿按照法官的意思向上帝忏悔，于是案子拖了11个月。他逐渐习惯了监狱里的生活，时间对他已经没有什么意义了。最后，检察官指控他在母亲死后不但不哭，还和女朋友去看滑稽电影，乱搞男女关系；为了逃避责任，还作为靠女人生活的雷蒙的同谋从犯去蓄意杀人，因而没有一点儿人性，是一个人面兽心的动物，是一个妖魔。法庭据此判处莫尔索死刑。他自己并不感到后悔，只是对检察官这样缠住他不放感到惊讶。

莫尔索拒绝向神父忏悔，他觉得20岁死和70岁死没有什么区别，像神父这样活着也等于一个死人。但是别人的死活也好，母亲的慈爱也好，对他都没有什么意思了，有一股气息会把生活的岁月吹得一干二净。临刑前莫尔索闪过愿意重新生活的念头，但他仍然觉得现在也是幸福的，想到受刑时会有很多人来看，来咒骂他，他感到自己并不孤单。

阅读指导

加缪的《局外人》仅仅几万字，却为我们塑造了一个性格独特、内涵丰富，值得反复研究的人物形象。小职员莫尔索是加缪表现荒诞的第一典型形象。莫尔索的荒诞主要表现在他对现实的一切都是冷漠的，很少主动去感悟人生，对外界具有一种盲目的超脱感、麻木感。他对母亲的去世、女友的爱情，对升迁加薪、社会道德、法律制度，甚至对自己被判刑的结果等一切都是冷漠的、不屑一顾的。在他的眼里社会的一切秩序都是毫无意义的、荒诞可悲的。莫尔索体现了加缪的荒诞哲理思想。《局外人》这个题目的含义实际上是指人与周围环境完全脱节、人对自己的生存感到陌生。《局外人》被用来比喻人生活在一个与他漠不相关的世界里，世界视他为局外人，他视世界为局外人，从而产生了荒诞感。

《局外人》的艺术特色也是很突出的。首先，为了表现人对现实的局外人态度，作者使用了对照的手法。小说采用了三重对照。第一重是人物的态度与人物境遇

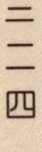

的对照。莫尔索是局内人，而且是主要当事人，从主观态度上看，他却是个局外人，于是态度与境遇就形成了强烈对照。第二重是人物间不同态度的对照。作者在主人公身边安排门莱兹、玛丽和辩护律师这三个人物，用他们对于事件的积极态度来同莫尔索的冷漠态度相对照，产生了很好的效果。第三重是人的生理要求和心理反应的对照。莫尔索在奔丧和恋爱上，更多的是生理上的感觉，而缺乏应有的正常的心理。他的心理活动仅仅是生理要求的条件反射，这样，他就不是社会的人，而是一个地地道道的局外人。此外，小说中运用的语言极其简单明了，甚至到了单调、枯燥的地步。作者用简单明晰的语言表现莫尔索生活的场景，表现生活的单调乏味，从而烘托出人在现实社会中的孤独感、陌生感。

全是我的儿子 / 美国 / 阿瑟·米勒 / 现实主义戏剧经典

作者简介

阿瑟·米勒（1915～2005），美国当代杰出现实主义剧作家。生于纽约一个时装商家庭。1934年高中毕业后靠做零工积钱上大学，当过卡车司机、侍者、海军船坞安装技工助手。考入密歇根大学新闻系后，课余担任《密歇根日报》记者和夜班编辑。1936年转入英文系并开始写作。代表作：《推销员之死》《全是我的儿子》《桥头眺望》《炼狱》《两个星期一的回忆》。

背景介绍

第二次世界大战后，西方各种现代派戏剧风起云涌，美国剧坛虽然受到很大影响，但其现实主义戏剧传统却仍然保持了主流地位。本剧是一部遵循了传统的现实主义手法的社会问题剧，表现了作者对社会良知和责任感的呼吁。

名著概要

年近花甲的乔·凯勒是一家以生产零配件为主的工厂的老板。第二次世界

相关链接

现实主义戏剧是戏剧流派之一，产生于19世纪前叶。它有如下特点：

1. 选择与现实生活密切相关的题材，全方位地反映生活的真实，并激起人们对生活本质的思索和改变现实的渴望。

2. 在艺术表现上，以客观再现为基本准则，细节刻画力求做到真实准确。

3. 戏剧结构通常具有时间、地点和事件比较集中的特点，注意塑造典型环境中的典型人物。

4. 戏剧表演要求从生活的真实再现中追求美感，要求演员由"自我"进入"角色"的拟定情境。

代表作家有俄国的果戈理、奥斯特洛夫斯基、高尔基，英国的萧伯纳、高尔斯华绥，挪威的易卜生等。

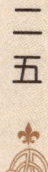

大战前，他经营一家生产高压锅和洗衣机零配件的工厂，并请老邻居斯蒂夫做生产部主任。第二次世界大战期间，乔的工厂受命改为生产飞机汽缸盖。一次，他的工厂生产出120个有裂缝的汽缸盖，为了保全厂子，他在电话里让斯蒂夫想办法将裂缝焊接起来，以次充好。这批货很快运走并投入使用，不久，使用这批产品的飞机在澳大利亚失事，21名飞行员坠机身亡。

事发后，乔和斯蒂夫都被捕受审。法庭上乔表示自己对此事并不知情，将责任推到斯蒂夫一人身上。乔很快获释，斯蒂夫则被判处5年徒刑。斯蒂夫的妻子受不了邻里鄙视的目光，带着儿子乔治、女儿安妮迁居纽约。对于父亲犯下的罪行，乔治和安妮深恶痛绝，因此3年中他们从未去狱中探望过父亲，也没有去过信。乔获释后，又重整旗鼓办起工厂。起初人们都鄙视他不愿与之打交道，然而时间一长，人们心中的疑虑渐渐消失，乔又成了一个受人尊敬的人。

然而乔一家人并没有完全走出第二次世界大战带来的阴影。战时，乔的两个儿子应征入伍。如今大儿子克里斯归来，帮父亲管理工厂；做飞行员的小儿子拉里不

阿瑟·米勒与被称为性感象征的著名艳星玛丽莲·梦露在1956年结婚，此事在当时轰动一时，可惜的是5年之后两人劳燕分飞。

幸失踪，至今音讯全无。人们都认为拉里已经死去，然而乔的妻子凯特却觉得儿子一定还活着，总有一天他会回家来。

斯蒂夫的女儿安妮与拉里从小青梅竹马，拉里入伍前二人已订婚。现在拉里已不在，安妮与克里斯也是一起玩儿到大的朋友，两人在交往中产生了爱恋之情。克里斯邀请安妮来家中住，并准备向她求婚。乔治猜出了克里斯的用意，他不反对妹妹的恋爱，同意安妮来见克里斯。安妮如约而至，并同意和克里斯结婚。然而就在安妮到克里斯家的这天下午，乔治打来长途电话说，要马上坐飞机过来接安妮回去，他态度坚决，告诉安妮自己刚去狱中探望过父亲。安妮和乔一家预感将有什么事发生，大家都沉默不语。

乔治来了，神情冰冷。克里斯和安妮在门口迎接了他。乔治当即说出了汽缸盖一事的真相。克里斯不相信，与他争吵起来。凯特赶来相劝，因乔治素来尊敬凯特，二人方暂时停止争吵。

凯特在谈话中说漏了嘴，道出事发当天乔并没生病的事实。而乔在法庭上却说，那天自己生病在家没有去工厂，把责任全都推到斯蒂夫身上。乔治指出这是一场骗局，不同意安妮嫁给仇人的儿子，逼妹妹和自己回家。凯特也不愿意看到安妮与克里斯结婚，因为这样就等于承认了拉里已死，于是便催促安妮和乔治回去。克里斯让安妮表态，安妮不愿和哥哥离开，乔治一气之下走了。

克里斯的心中充满了疑惑，乔治一走，他便来追问父亲。乔惊慌之际承认了

自己的罪行，然而他不想在儿子眼中变成一个自私、不负责的人，把自己那样做的动机归结为是想给克里斯留下一笔遗产，乞求儿子能谅解。明白真相后的克里斯如同头顶被人打了一棍，呆立在原地。而后他冲着乔大声喊道："我们天天都在等着送死，你却杀害了我的兄弟们，这是为了我你才这样做的吗？"说完他捂着脸，哭着走了出去。

安妮也泪流满面，她跑进里屋从衣服里拿出一封信，手颤抖着将信交给凯特。凯特没读完信，已泣不成声。这是一封诀别信，是拉里写给安妮的。原来3年前身在军营的拉里从报纸上得知父亲伙同斯蒂夫以次货冒充正品，致使21名同胞丧生，他感觉羞于见人便驾机自杀了。这时克里斯回来了，他是来向母亲道别的，说要离开这个"动物园"般的地方。安妮要他带她一起走，克里斯不肯，因为他觉得总有一天安妮会逼自己惩罚负罪的父亲。悲痛欲绝的凯特将拉里的信交给克里斯。

乔从室内走出。安妮让克里斯把拉里的信念给他听。没等克里斯念完，乔就一把抢过信。他捧着信的双手颤抖起来，信读完了，他呆坐在沙发上。客厅内一片沉默，良久，乔站起来，他对克里斯说："把车开出来，送我去监狱。"乔终于明白了拉里的死因，自己为了贪图小利，不仅害死了同胞，还杀死了儿子。"当然了，他是我儿子。不过我认为，他们（指所有逝世的飞行员）全是我的儿子。"乔自语道。

乔转身慢慢走进屋子，说是要穿上外套。一分钟后，卧室内传出一声巨大的枪响。克里斯疯狂地冲进卧室，但为时已晚，良心受到严重谴责的乔开枪结束了自己的生命。克里斯走出来，凯特呆立在门口，儿子扑到母亲的怀里放声恸哭："母亲呀，我并不是存心的……"

凯特强作镇定，她抚慰着儿子说："别这样，宝贝。不要把责任揽在自己身上。忘了吧！生活下去。"

经济学 / 美国 / 萨缪尔森 / 西方经济学经典教科书

作者简介

萨缪尔森，美国当代著名的经济学家，后凯恩斯主流学派的主要代表。萨缪尔森祖籍波兰，1915年出生在美国印第安纳州的加里城。1935年毕业于芝加哥大学经济系，同年入哈佛大学深造，1936年获哈佛大学文学硕士学位。从

> **名家点评**
>
> 　　此书除在编写体例方面突破了前人此类著作之模式外，其特点不在于理论内涵之有何创新，而在于它所涉及的理论范畴宏富和精深，成为足资参考的西方经济学名著之一。
>
> 　　　　　　　　——胡寄窗

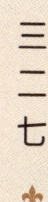

世界名著大讲堂

> **经典摘录**
>
> "不完全竞争者"在经济学上的定义是：由于买进或卖出数量足够巨大的某一物品，以致影响该物品的价格的人。
>
> 因此，政治经济学虽然认识到美国已经变为丰裕社会这个含有一些重要理论的说法，经济学仍然必须和稀缺相周旋，把稀缺当作生活中一种基本事实。

1937～1940年，是哈佛大学研究生会会员。1941年获哈佛大学哲学博士学位，同年他的博士论文《经济理论的运算上的意义》一文获哈佛大学授予的大卫·A.韦尔斯奖。1940年，他接受了麻省理工大学的聘请，任该校助理教授，1947年提升为经济系教授。1945年担任美国战时生产局顾问，于1945～1952年以及1961年任美国财政部顾问和美国预算局顾问。1945年，他获得约翰·贝茨·克拉克奖章，成为该奖设奖以来的第一位得主。1953年，他当选为美国经济学会会长，并历任美国数届政府财政部经济顾问委员会、联邦储蓄系统、预算局等机构的顾问和肯尼迪总统的经济顾问。他还曾担任美国《新闻周刊》杂志经济专栏撰稿人。1968年起任国际经济学会终身荣誉会长。因为在经济学上做出的杰出贡献，1970年成为第一个荣获诺贝尔经济学奖的美国人。萨缪尔森的主要著作有《经济分析基础》(1947年)、《经济学》(1948年)、《线性规划与经济规划》(1958年，与罗伯特·道夫曼、罗伯特·梭罗合作)、《萨缪尔森论文集》(1966～1983年已出版5卷)。

背景介绍

在萨缪尔森《经济学》出版之前，许多西方经济学教科书都把以马歇尔为代表的传统经济学作为自己的理论体系。以马歇尔为代表的传统经济学把单个消费者、单个厂商和单个行业作为分析的出发点，而凯恩斯主义是用大量的总量概念，比如消费、投资等来对经济学进行研究。因此，人们将这二者分别称为"个量分析"和"总量分析"，而萨缪尔森《经济学》的经济体系则是萨缪尔森所谓的"后凯恩斯主流经济学"。在本书里，萨缪尔森将这二者结合起来，自成一派。

名著概要

萨缪尔森认为经济学研究是基于两个基本假设之上的，即资源的稀缺性和人的行为是追求自身利润最大化。这两个基本假设是许多经济理论、经济研究的出发点。所谓资源的稀缺性是指社会经济中存在的生产要素和资源的量是有限的。基于基本假设之上，萨缪尔森提出了自己对经济学研究的看法，他认为经济学研究人和社会如何做出最终抉择。在使用货币的情况下，可以有其他用途的稀缺的生产资源来在现在和将来生产各种商品，并把商品分配给社会的各个成员或集团以供消费之用。

《经济学》全书共6篇。第一篇主要介绍了西方经济学的基本概念和国民收入理论，阐述了分析现代经济生活的根本事实和制度需要的基本工具，这就为以后各篇章的论述提供方法论的基础和背景知识。第二篇是对凯恩斯的《通论》

的阐述和发挥，本篇主要围绕着"后凯恩斯主流经济学"关于经济稳定和经济增长的理论，分析繁荣和萧条的原因，介绍了当代西方经济学的宏观经济理论。第三篇主要介绍了现代西方微观经济学的基本理论知识，重点是对关于价格决定和垄断与竞争理论的论述，内容有均衡价格论、供需在产业上的应用、需求和效用论、竞争条件下的供给、对成本和长期供给的分析等。第四篇主要围绕收入分配理论，通过对古典经济学的边际生产力论和新古典经济学均衡价格决定生产要素的供给学说的分析，论述了要素的价格决定生产要素的供给学说。第五篇主要论述了国际经济学的基本理论和政策，作者运用宏观和微观经济理论来分析现实的国际经济问题，并给出了几条解决的途径。第六篇作为运用经济理论分析现实经济问题及其解决途径，在《经济学》一书中占有十分重要的位置。在全书前的"作者建议"中，萨缪尔森注明了第六篇的大部分内容是属于"偏重教学的政策"。这篇论述了低收入国家的成长分析和发展、生活质量、消除污染和城市的祸害、种族和性别歧视、在过分拥挤的世界上的能源不足和资源枯竭等当代最基本的经济问题。重点探讨了经济增长的趋势，提出了福利经济学，评论了各派经济理论，比较和考察了各种可供选择的经济制度。

阅读指导

萨缪尔森是新古典综合派的代表人物。他在经济学上的主要贡献在于把凯恩斯主义和传统的微观经济学说结合起来，开创"新古典综合派"的理论体系。其《经济学》作为教学参考书，此书确实有其本身特点和独创之处。本书已经成为西方经济学中最具代表性、最经典的教科书。

秃头歌女 ／法国／尤涅斯库／反传统的荒诞派戏剧

作者简介

尤涅斯库（1912～1994），法国荒诞派戏剧家。出生于罗马尼亚律师家庭，母亲是法国人。1938年，他离开家乡，移居法国巴黎，任职于出版界。1949年，他开始戏剧创作。代表作有《秃头歌女》《犀牛》《椅子》《阿麦迪或脱身术》等。

背景介绍

尤涅斯库所生活的时代中，人成了物质的牺牲品，人的生活变得越来越平庸无聊，处境也越来越可悲。《秃头歌女》一剧没有情节、没有性格鲜明的人物，甚至剧名"秃头歌女"也只是在一句台词中提到。作者在对荒诞生活的戏谑中，表现出自己对第二次世界大战后西方社会的悲观情绪。

名著概要

在英国伦敦郊区，住着一对典型的英国中产阶级夫妇史密斯先生和夫人。一

天晚饭后，他们像往常一样坐着消食。英国式的挂钟敲了17下，史密斯太太却说是9点了，接着她打开了话匣子。她对自己的生活很满意，絮絮叨叨地说起了他们每日吃的东西、土豆、鱼、肉片、汤、英国茶等。史密斯先生坐在她的旁边，眼睛一直没离开报纸，嘴中啧啧作响。史密斯太太说到麦肯其医生是个好医生，他给病人看病只开自己服过的药，给病人做肝部手术，先让别的医生给自己做。这句话引起了史密斯先生的注意，他反驳说，可是病人还是死了，医生却还活着，一个好船长应该和水手共存亡，好的医生应该与病人一起死掉。两人开始就该问题抬杠，最后又达成统一。挂钟又响起，3下、7下……乱敲一气。史密斯先生在报上发现他们的老熟人推销员波比·华特森去世的消息。他说那人是两年前死去的，人们谈起他的死已有3年了，而他记得参加他的葬礼是在一年半之前。史密斯太太为波比太太感到伤心，两人又谈起了波比一家，发现这家人男女老少都叫波比·华特森。他们说得很激烈，后来为波比·华特森为什么3天不干活的问题争吵起来，之后又和好。

两人准备熄灯睡觉。女佣人玛丽来通报，说马丁夫妇一直等在门外。史密斯太太抱怨说他们已经等了马丁夫妇一晚上，连晚饭也没吃。接着，史密斯夫妇说要去换衣服，走进里屋。

玛丽将客人引进来，责备他们姗姗来迟。马丁夫妇进屋便彼此腼腆地微笑。通过攀谈他们发现，两人坐的是同一趟火车、同一节车厢来到伦敦。后来他们还发现两人都是曼彻斯特人，现住同一条街、同一栋楼、同一个房间。马丁先生说到自己有一个女儿，一只眼是白的，一只眼是红的，而这也和马丁太太的情况一样。最后他们才惊奇地发现，两人原来是夫妻。玛丽却偷偷地说，马丁先生女儿的左眼是红的，而马丁太太女儿的右眼是红的，这对夫妻是真是假，还不一定。

史密斯夫妇出来迎接客人，还是穿着刚才的衣服。史密斯先生大声埋怨马丁夫妇迟到，谎称一家人全天未进食。马丁夫妇很尴尬，双方陷入长时间的沉默中。史密斯太太打破僵局，请求马丁太太谈谈见闻。马丁太太说起她在咖啡馆见到一位衣着整齐的先生，单腿跪地身子前倾。这个话题引起了大家的兴趣，追问这人在干什么。马丁太太的答案是他在系鞋带。马丁先生又讲起了自己在地铁中看见一个人坐在长凳上安静地看报的事。此时门铃响了，史密斯太太去开门，没见到人。门铃又响了两次，门外仍然空无一人。门铃再次响起，史密斯太太大发雷霆，拒绝开门。史密斯先生无奈，只好去开门。门外站着消防队长。

相关链接

荒诞派戏剧是现代戏剧流派之一，20世纪50年代兴起于法国。荒诞派戏剧的哲学基础是存在主义，它拒绝用传统的、理智的手法去反映荒诞的生活，主张用荒诞的手法直接表现荒诞的存在。其特点为：反对戏剧传统，摈弃结构、语言、情节上的逻辑性、连贯性；常用象征、暗喻的方法表达主题；用轻松的喜剧形式表达严肃的悲剧主题。代表作家有尤涅斯库、让·热内、贝克特等。代表作品有《秃头歌女》《犀牛》《屏风》《等待戈多》等。荒诞派戏剧在世界剧坛上享有极高声誉，然而由于其作品不易理解所以没有成为世界戏剧主流。

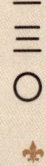

消防队长戴一顶大头盔，穿一身制服。众人问起门铃的事，消防队长说自己已在门外站了3刻钟，没见其他人。前两次门铃都不是他按的，第三次是他按的，他想开个玩笑躲了起来。众人为门铃响时有没有人的问题发生争执。消防队长打圆场说，那个时候有时有人有时没人，大家这才安静下来。

消防队长询问家中有没有失火，听说没有一丁点儿火灾苗头，他十分沮丧。他抱怨没有大乱子，就没有什么收入。闲来没事，他要求给大家讲故事。他讲了个牛犊吃下玻璃渣子产下母牛然后与人结婚的故事。史密斯夫妇又各讲了一个。消防队长说自己在执行公务要离开了，史密斯太太跪求他再讲一个。消防队长便胡诌了个"感冒"的故事：他从姐夫的德国堂兄的舅舅，舅舅的岳父的祖父如何娶亲，一直扯到爱感冒的神父的祖母。

玛丽进来，要求也给大家讲个故事。众人认为她不识时务，用鄙夷的眼光盯着她。消防队长突然认出玛丽正是自己的情人，二人万分惊喜，玛丽扑上去搂住消防队长的脖子。玛丽不顾众人反对，执意朗诵起一首名为《火》的诗送给队长，没念完便被史密斯夫妇推出了门外。消防队长说3刻钟又16分后，城那头有场火灾，自己必须走了。他走到门口，突然问大家："那个秃头歌女怎么样了呢？"全场一片肃静，史密斯太太答非所问地搪塞了过去。

史密斯夫妇和马丁夫妇又开始聊起来。他们东拉西扯，各说各的。后来他们又玩起了冗长的文字游戏。玩到最后，气氛渐渐紧张，四人都站立起来，互相挥动着拳头，连完整的句子都不说，只冲着对方干吼字母。突然，灯光灭了，话音的节奏越来越快。

声音又戛然而止，灯光亮起。马丁夫妇如同开场时史密斯夫妇那样坐着，重复着史密斯夫妇在第一场中的台词。

麦田里的守望者 / 美国 / 塞林格 / 散发青春气息的现代经典

作者简介

塞林格，当代美国小说家，1919年出生于美国纽约市一个富裕的犹太进口商人之家。塞林格15岁时被父母送到一个军事学校住读，其名作《麦田里的守望者》中关于寄宿学校的描述很多是以该校为背景的。1937年去波兰学做火腿，不久回国继续读书，先后进了3所学院，都未毕业。1942年从军，经一年多的专门训练后，派赴欧洲做反间谍工作。

1946年复员回纽约，专门从事写作。早在军校读书时，塞林格即练习写作。1940年发表处女作，到1951年出版长篇小说《麦田里的守望者》止，10多年中曾发表短篇小说20多篇。《麦田里的守望者》出版后，塞林格一举成名。此后他隐居于新罕布什尔州一乡间小屋中，外筑高墙，离群索居，成为著

塞林格像

世界名著大讲堂

> **名家点评**
>
> 美国文学评论家格拉维尔·西克斯评价《麦田里的守望者》说:"我深信,有千百万美国青年觉得自己对塞林格要比对任何其他作家更为亲近。"

名的遁世作家。在这以后,几十年来,据说他每天在一间只有一扇天窗的斗室中辛勤写作,但迄今拿出来发表的只有编成两本中篇集的4部中篇小说和1个短篇,即中篇小说集《弗兰妮与卓埃》(1961年)、《木匠们,把屋梁升高;西摩:一个介绍》(1963年)及短篇《哈普华兹十六,1924》(1965年)。此外,还出版过一本从20多篇旧作中选出的短篇集《九故事》(1953年)。

背景介绍

《麦田里的守望者》于1951年出版,小说反映了第二次世界大战以后美国年轻一代普遍彷徨、忧郁、痛苦的心理状态。两次世界大战推动了美国经济的发展,战后的美国可谓国富民强。面对蒸蒸日上的国势,美国人自豪满足,并努力追求金钱,追求安全、舒适的生活。然而政治保守给人的精神压抑,追名逐利带来的虚伪、庸俗,日益使敏感的美国人,尤其是青年人对周围的生活失去热情,感到不满。塞林格的《麦田里的守望者》较早地反映了这种情绪,表现出一种反叛精神。这种精神与50年代后半期的"垮掉派"、60年代的"新左派"和学生运动一脉相承。

名著概要

霍尔顿是个中学生,出身于富裕的中产阶级家庭。他虽只有16岁,但比常人高出一头,整日穿着风雨衣,戴着鸭舌帽,游游荡荡,不愿读书。他对学校里的一切——老师、同学、功课、球赛等,全都腻烦透了,因为他认为这里充满着虚伪,学校的校长、教师、学生全都是"伪君子"。他曾经3次被学校开除。又一个学期结束后,他再次因5门功课中4门不及格被校方开除,霍尔顿却丝毫不感到难受。他原想到星期三,等他父母得到他被开除的通知后再离校回家,但他在学校里觉得极度地寂寞和苦闷,实在不想再待下去,在和同房间的同学打了一架后,他深夜离开学校回到纽约城,但他不敢贸然回家。当天深夜住进了一家小旅馆。他在旅馆里看到的都是些不三不四的人,有穿戴女装的男人,有相互喷水、喷酒的男女,他们寻欢作乐,扭捏作态,使霍尔顿感到恶心和惊讶,也许只有他自己是正常的。他无聊之极,便去夜总会厮混了一阵。回旅馆时,心里仍觉得十

> **经典摘录**
>
> 他妈的金钱,到头来它总会让你难过得要命。
>
> 人生的确是场球赛,孩子。人生的确是场大家按照规则进行比赛的球赛。
>
> 再好没有。我最讨厌的就是这白话,再好没有,它听上去那么假模假式。
>
> 老天爷,我真希望你当时也在场。

三三二一

分烦闷，糊里糊涂答应电梯工毛里斯，让他叫来了一个妓女。妓女一到他又紧张害怕，最后按讲定的价格给了5块钱，把她打发走了。

  第二天是星期天，霍尔顿上街游荡，遇见两个修女，捐了10块钱。后来他和女友萨丽去看了场戏，又去溜冰。看到萨丽那虚情假义的样子，霍尔顿很不痛快，两人吵了一架，分了手。晚上，霍尔顿无事可做，想找个人聊聊天。他打电话给他并不喜欢的中学同学卡尔·路斯，两人约定晚上10点在维格尔酒吧见面。10点以前还有不少时间要消磨，霍尔顿独自去看了场电影。之后到酒吧里和路斯一起喝酒，路斯仍然是个令人讨厌的家伙，但霍尔顿还是要求他能和自己多待一会儿。喝得酩酊大醉，霍尔顿走出酒吧后，被冷风一吹，他的头发都结了冰。他想到自己也许会因此患肺炎死去，永远见不着妹妹菲芯了，决定冒险回家和她诀别。

  霍尔顿偷偷回到家里，幸好父母都出去玩了。他叫醒菲芯，向她诉说了自己的苦闷和理想。他对妹妹说，自己将来要当一名"麦田里的守望者"："有那么一群小孩子在一大块麦田里做游戏。几千几万个小孩子，附近没有一个人——没有一个大人，我是说——除了我。我呢，就在那混账的悬崖边。我的职务是在那儿守望，要是有哪个孩子往悬崖边奔来，我就把他捉住——我是说孩子们都在狂奔，也不知道自己是在往哪儿跑。我得从什么地方出来，把他们捉住。我整天就干这样的事。我只想当个麦田里的守望者。"

  后来父母回来了，霍尔顿吓得躲进壁橱。等到父母去卧室，他急忙溜出家门，到一个令他尊敬的老师家中借宿。可是睡到半夜，他发觉这个老师有可能是个同性恋者，于是只好偷偷逃出来，到车站候车室过夜。

  霍尔顿不想再回家，也不想再念书了，决定去西部谋生，做一个又聋又哑的人，但他想在临走前再见妹妹一面，于是托人给她带去一张便条，约她到博物馆的艺术馆门边见面。过了约定时间好一阵，菲芯终于来了，可是拖着一只装满自己衣服的大箱子，她一定要跟哥哥一起去西部。最后，因对妹妹劝说无效，霍尔顿只好放弃西部之行，带她去动物园和公园玩了一阵。菲芯骑上旋转木马，高兴起来。天空下起了倾盆大雨。霍尔顿任大雨把全身淋湿，坐在长椅上，看着菲芯一圈圈转个不停，心里快乐极了，险些大嚷大叫起来，霍尔顿决定不出走了。

  回家后不久，霍尔顿就生了一场大病，又被送到一所疗养院里。对于出院后将被送到哪所学校，是不是想好好用功学习，霍尔顿对这一切一点儿也不感兴趣。

阅读指导

  《麦田里的守望者》以主人公霍尔顿自叙的语气讲述自己被学校开除后在纽约城游荡将近两昼夜的经历和心灵感受。它不仅生动细致地描绘了一个不安现状的中产阶级子弟的苦闷彷徨、孤独愤世的精神世界，一个青春期少年矛盾百出的心理特征，也批判了成人社会的虚伪和做作。作为一个守望者，霍尔顿必须彻夜

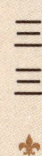

守望在悬崖边。而真正要坠落在悬崖下的，也许不是那些他为之担忧的孩子，而是他自己。守望者从某种意义上来说也就是自省者。能有自省意识，对于一个处于青春期的少年来说，是件难能可贵的事。霍尔顿的形象因这个意象而变得异常丰满起来，小说的艺术感染力也因此而变得强烈。

此外，全书呈现出一种新颖的艺术风格，作者通过第一人称，以一个青少年的口吻叙述了自己的所思所想、所见所闻和行为举止，也以一个青少年的眼光批判了成人世界的虚伪面目和欺骗行径。作者以细腻深刻的笔法剖析了主人公的复杂心理，不仅抓住了他的理想与现实冲突这一心理加以分析，而且也紧紧抓住了青少年青春期的心理特点来表现主人公的善良纯真和荒诞放纵。小说中既用了"生活流"，也用了"意识流"，两者得到了巧妙的结合。在语言的运用上，该书也别具一格。全书用青少年的口吻平铺直叙，不避琐碎，不讳隐私，使用了大量的口语和俚语，生动活泼，平易近人，达到了如闻其声、如见其人的效果，增加了作品的感染力，使读者更能激起共鸣和思索，激起联想和反响。

老人与海 / 美国 / 海明威 / 光辉的生存法则和人生尊严

作者简介

海明威（1899～1961），现代美国杰出的小说家，二十世纪二三十年代"迷惘的一代"的代表，三四十年代的反法西斯斗士。他的一生富有传奇色彩。中学毕业后，他到堪萨斯城任《星报》记者。第一次世界大战期间，他作为救护车司机亲赴意大利战场，在前线受了重伤。战后，他一面做记者，一面开始创作。1926年发表的长篇小说《太阳照样升起》给他带来了声誉。1927年，海明威创作了一系列以拳击家、斗牛士和猎人生活为题材的短篇小说，成功刻画了各种"硬汉性格"。长篇小说《永别了，武器》（1929年）是一部反对帝国主义战争的杰作。第二次世界大战爆发后，海明威到欧洲任战地记者。他以自己在西班牙的经历，写成了长篇小说《丧钟为谁而鸣》（1940年）。第二次世界大战后，海明威定居古巴。1952年发表著名中篇小说《老人与海》。1954年，海明威获诺贝尔奖。古巴革命爆发后，海明威回国。晚年，他的体质每况愈下。1961年7月2日，因不堪疾病折磨，海明威用猎枪自杀。

背景介绍

《老人与海》发表于1952年，是海明威定居古巴时期花8周时间写成的名著，但在他的脑海里已

经典摘录

年轻是我的闹钟。

每一天都是一个新的日子，走运当然是好，不过我情愿做到分毫不差。这样，运气来的时候，你就有所准备。

一个人可以被毁灭，但不能给打败。

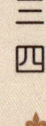

经酝酿了很久。早在17年前的1935年，有位老渔夫向他讲述自己捕到的鱼怎样被鲨鱼吃掉的故事，对海明威很有触动。第二年，他写了《在蓝色的海上》的通讯发表在《老爷》杂志上，复述了这个故事，其情节与《老人与海》中写的几乎一样。之后，他给朋友的信中透露了写一个打鱼为生的老头的故事的意愿："如果找到感觉，我能写得很精彩。"又过了13年，海明威终于写成了这本书，他保留了故事的框架，虚构了背景与细节。

美国1989年发行的纪念海明威在1954年获诺贝尔文学奖的邮票。

名著概要

桑提亚哥老人已经84天没有捕到一条鱼了。最初，一个年轻的孩子曼诺夫和他一起分担厄运，但在过了40天倒霉日子之后，孩子的爸爸让孩子到另一条船上干活去了。从那个时候起，桑提亚哥只是一个人干活。

孩子喜欢并且可怜这个老渔人。曼诺夫要是自己没有挣到钱，就会乞讨或偷窃以保证桑提亚哥有足够的食物和新鲜的鱼饵。老人谦卑地接受孩子的好意，谦卑中带有某种隐而不露的自豪感。夜间桑提亚哥一个人躺在自己的小棚屋里，梦见非洲海滩上的狮子，几年前他航海去过那个地方。他不再梦见自己死去的老婆了。

在第85天，桑提亚哥在寒冷的黎明前的黑暗中，把小船划出了港口。在把陆地的气息抛在身后之后，他放下了钓丝。他的两个鱼饵是孩子给他的鲜金枪鱼，还有把鱼钩遮盖起来的沙丁鱼。钓丝垂直地下到暗黑的深水里。

太阳升起时，他看到别的一些船只都头朝着海岸，在海上看来海岸像是一条接近地平线的绿带子。一只盘旋的军舰鸟给老人指明了海豚追逐飞鱼的地方。但是鱼群游得太快、也太远了。这只猛禽又在盘旋了，这次桑提亚哥瞧见金枪鱼在太阳光下跃起。一条小金枪鱼咬住了他艄缆上的鱼钩。老人在把颤动的金枪鱼拉上船板以后，心想这可是一个好兆头。

快到中午时，一条马林鱼开始啃起100米深处的那块鱼饵来了。老人轻轻地摆布那条上了钩的鱼，根据钓丝的分量他知道那准是一条大鱼。最后他猛拉钓丝把鱼钩给稳住了。但是，那条鱼并没有浮出水面，反而开始把小船拖着往西北方向跑。老人打起精神，斜挎在肩膀上的钓丝绷得紧紧的。他虽然孤身一人，体力也不如从前，但是他有技术，也懂得许多诀窍。他耐心地等待这条鱼累乏下来。

日落之后，寒意袭人，老人冷得发抖。当他剩下的鱼饵中有一块被咬住时，他就用自己那把带鞘的刀把钓丝给割断了。有一次那条鱼突然一个侧身，把桑提亚哥拉得脸朝下地跌了一跤，老人的颊部也给划破了。黎明时分，他的左手变得僵硬并抽起筋来。那条鱼还是一直往北游，一点儿陆地的影子都瞧不见了。钓丝又一次猛

世界名著大讲堂

三三五

地一拉，把老人的右手给勒伤了。老人肚子饿得发慌，就从金枪鱼身上割下几片肉，放在嘴里慢慢嚼着，等着太阳出来晒暖他的身子和减轻手指抽筋的痛苦。

第二天早上，这条鱼蹦出了水面。桑提亚哥瞧见鱼的跃起，知道自己钓到了一条未见过的最大的马林鱼。一会儿鱼又往下沉去，转向了东方。在炽热的下午，桑提亚哥节省地喝起水壶里的水。为了忘掉划破的手和疼痛的背，他回想起过去人们如何称他为"优胜者"和他如何在西恩富戈斯地方一家酒馆里和一个大个子黑人比手劲。有一次一架飞机嗡嗡地从头上掠过，向迈阿密飞去。

黄昏之际，一条海豚吞食了他重新放上鱼饵的小钩子。他把这条"鱼"提到了船板上，小心不去拉动他肩上的钓丝。休息一会之后，他切下几片海豚肉并且把在海豚胃中发现的两条飞鱼留了下来。那天夜里他睡着了，他醒来时觉得当这条鱼跳起时，钓丝就滑过他的手指。他缓慢地把钓丝放松，尽力想把这条马林鱼拖乏。在这条大鱼放慢跳跃时，他把划破的双手放在海里洗，并且吃了一条飞鱼。日出时，这条马林鱼开始打起转来了。老人感到头晕目眩，但他尽力把大鱼在每转一圈时拉得更近一些。他虽然几乎筋疲力尽，终于还是把自己的捕获物拉得和小船并排在一起，并用渔叉猛击这条马林鱼。他喝了一点儿水，然后把马林鱼捆绑在他那条小船的头部和尾部。这条马林鱼比船还长两英尺。哈瓦那港从来没有见过捕到这么大的鱼，他扯起有补丁的船帆开始向西南方向驶去，心想这下要发财了。

一个小时以后，他瞧见了第一条鲨鱼。这是一条凶猛的尖吻鲭鲨。它飞快地游了过来，用耙一样的牙齿撕这条死马林鱼。老人用尽余力把渔叉往鲨鱼身上扎去。尖吻鲭鲨打着滚沉下去了，带走了渔叉，而且已经把马林鱼咬得残缺不全，鲜血直流。桑提亚哥知道血腥味会散开来。他望着海面，看到两条犁头鲨游近来了。他用绑在桨的一头的刀子击中了其中的一条，并看着这条食腐动物滑到深海里去了。他杀死了正在撕食马林鱼的另一条鲨鱼。当第三条鲨鱼出现时，他把刀子向鲨鱼戳去。鲨鱼打了一个滚，结果把刀给折断了。日落时又有一些鲨鱼游过来了。起初他设法用舵把朝它们劈过去，但是他双手磨破了皮在流着血，而游来的鲨鱼多得成了群。在暮色中，他望着地平线上的哈瓦那的微弱的灯光，听着鲨鱼一次一次在啃咬马林鱼的尸体。老人此时想到的只是掌舵，和他自己极度的疲乏。他出海太远了，那些鲨鱼把他打败了。他知道那些鲨鱼除了大马林鱼的空骨架之外，是什么也不会给他留下的。

当他划进小港，让小船冲上沙滩时，岸上的灯火都已灭了。在朦胧之中，他只能分辨出那条马林鱼白色的脊背和竖着的尾巴。他拿着桅杆和卷起的船帆，往岸上爬去。又一次他在重压下跌倒了，他耐心地躺在地上，积蓄力气。等他进了自己的棚屋时，他一头倒在床上就睡。

那天早上晚些时候，孩子发现他时他还躺着。这个时候，一些渔民聚在那只小船的周围，对这条从头到尾长有18英尺的大马林鱼啧啧称奇。当曼诺夫拿着热咖啡回到桑提亚哥的棚屋时，老人醒了。他告诉孩子可以把他那条鱼的长吻拿走。曼诺夫要老人休息，把身体养好，以便日后再一起出去捕鱼。整个下午老人都在睡觉，那孩子就坐在他的床旁边。桑提亚哥正在梦见那些狮子呢。

阅读指导

《老人与海》在题材所限的范围内几乎达到形式上的完美无缺、处理方法谨严、注意时间和地点的统一，行文简洁而内涵很深。另外，和绝大多数巨著一样，海明威的这篇小说读起来可有不止一层的意思。一方面，这是一个激动人心的带有悲剧性的冒险故事。故事讲到一个精神沮丧的老渔人，在他对职业的自豪感（他留下的唯一自豪感）的支持之下，冒险远航至墨西哥湾并在那里钓到了一条该水域中从未见过的最大的马林鱼。故事接着说到他孤零零地、在因奋力叉住这条大鱼而耗尽了力气之后，被迫投入一场和一群海盗似的鲨鱼的绝望搏斗之中，结果是那些鲨鱼只给他留下了猎获物的一具骨架。另一方面，这又是一个寓言，它描述了人所具有的不可征服的精神力量——一个人如何从灾难和实际失败的环境中攫取精神上的胜利。再一方面，这是带有宗教意义的一种隐喻，作者并不引人注目地给这一主题添加了基督教的一些象征和比喻。和柯勒律治笔下的"老水手"一样，海明威笔下的古巴渔民是这样一个角色，他容许作者的想象力同时在两个领域中活动。这两个领域具有不同的意义和价值，一个注意写实，有着动人的情节；另一个则侧重道德说教，充满象征的意义。

日瓦戈医生 / 苏联 / 帕斯捷尔纳克 / 与《战争与和平》相媲美的"不朽诗篇"

作者简介

帕斯捷尔纳克（1890～1960），出生于莫斯科一个犹太家庭中，父亲是著名画家，母亲是很有才华的钢琴家，他从小就受到多方面的艺术熏陶。少年时代的帕斯捷尔纳克还曾有幸与大文豪托尔斯泰和德语诗人里尔克邂逅。1909年，他考入莫斯科大学法律系，后转入历史哲学系。帕斯捷尔纳克对十月革命后的苏俄现实有着真切而深刻的体验。1957年，他完成了长篇小说《日瓦戈医生》。这部长篇小说在西方出版后，因深沉的历史反思，引起强烈反响。他的获奖，也在苏联引起轩然大波，不仅作品受到严厉批判，他本人也被开除作协会籍。有人甚至提出取消作家的公民权，并驱逐出境。迫于形势，帕斯捷尔纳克拒绝了诺贝尔文学奖，并写信给赫鲁晓夫，恳求不要对他采取极端措施。1960年，帕斯捷尔纳克家在孤独中病逝。

背景介绍

1957年，帕斯捷尔纳克写成了至今仍能证明他艺术生命力之恒久的著名长篇小说《日瓦戈医生》。该小说以第一次世界大战和俄国十月革命前后为历史背景，

名家点评

> 他的作品能使俄国永远获得荣誉，并且帮助我们更好地了解今天的俄国。
>
> ——莫里亚克
>
> 《日瓦戈医生》这一伟大的著作是一本充满了爱的书，并不是反苏的。它并不对任何一方不利，它是具有普遍意义的。俄国只要记住这次诺贝尔奖是授予了一个在苏维埃社会里生活和工作的、伟大的俄罗斯作家这样一件事就行了。
>
> ——加缪

通过日瓦戈医生的悲剧遭遇，反映出一代知识分子对十月革命所表现出的迷惘。小说的现实主义手法使我们从一个侧面看到俄国国内战争时期的某些残酷的社会现实。

相关链接

1916年	诗集《在街垒上》
1923年	诗集《主题与变调》
1926年	长诗《施密特中尉》《1905年》
1931年	小说《安全证》
1932年	诗集《重生》
1943年	组诗《在早班车上》
1956～1957年	《诗集》
1957年	小说《日瓦戈医生》

名著概要

日瓦戈自幼丧母，舅舅格罗米柯教授将其抚养成人，并把他培养成救死扶伤的医生。他在沙皇军队中服役，目睹了流血的战争和人民的苦难。十月革命爆发，建立了苏维埃政权，日瓦戈为之兴奋不已。但革命并没有带来日瓦戈所期待的东西，随之而来的是混乱和饥饿，日瓦戈一家也陷入濒于饿死的苦境。

革命期间，日瓦戈无法维持正常的生活秩序，他在瓦雷金诺过着世外桃源式的生活。有一天他去城里借书，在回来的路上被红军游击队员截住，被迫到游击队里当医生，就这样他同妻子和儿女分了手。一年之后，他从游击队里逃了出来，可家中空无一人，妻子和儿子已经去了莫斯科。遭受巨大打击的日瓦戈病倒了，他的情人拉娜和他一起生活，给予他极大的安慰。但好日子只过了12天，一位神秘人物突然把拉娜带走。日瓦戈伤心欲绝，又走投无路，只身回到莫斯科。8月末的一天，他上了电车，去医院上班，车内拥挤不堪，车窗都钉得死死的，走走停停。日瓦戈憋得不行，感觉无法呼吸，好不容易挤到车门，跳下车，可只往前走了两三步，便扑倒在地，从此没有起来……一个勤于思索的知识分子的生命就这样无声无息地结束了。日瓦戈由欢迎、讴歌十月革命，转而成为革命的陌路人，在他的身上，折射着那个时代知识分子真实的心路历程。

阅读指导

《日瓦戈医生》不是一本政治文件，而是一个动人的个人经历的见证。读者对于小说的理解存在着极大的分歧，主要是帕斯捷尔纳克因为不服从于任何政治观念，只追求以自己的理性判断来反映个人的生活，坚持个性化写作的结果，因而他对现实事件的评价和切入生活的审视点与主流的意识有着巨大的不同。

傻瓜吉姆佩尔 /美国/辛格/直触心灵的震撼

作者简介

辛格（1904～1991），美国作家。生于沙俄统治下的波兰，祖父与父亲都是犹太教的长老。他从小接受正统犹太教教育，学习希伯来文和意第绪文，熟悉犹太教的经典和宗教仪式以及犹太民族的风俗习惯等，这一切成为他创作的基础。

在当作家和记者的哥哥的影响下，他违背父命，进入华沙犹太人文学界。1935年，在哥哥的帮助下，迁居美国纽约。辛格两次获得美国路易士·兰姆德文学奖，1970年，获得美国布兰代斯大学创作艺术奖，曾任美国全国艺术和文学学会以及美国艺术和科学院的会员。

辛格像

背景介绍

辛格主张作家创作要起到娱乐读者的作用，让读者得到艺术享受。所以他的故事叙述生动，文笔轻松幽默，作品中丰富的成语和活泼的句法受到评论界的高度赞扬，认为那是任何译文无法传达的，他也因此被称为当代最会讲故事的作家。在创作上，他既尊重传统，又吸收了意第绪文学中的营养，创造出自己的独特风格。他的作品大都以波兰犹太人往昔的遭遇和美国犹太人现今的生活为题材，其中也有不少是神秘的灵学和鬼怪故事。短篇小说《傻瓜吉姆佩尔》的语言风格、思想主旨都颇能代表辛格的写作风格。

名著概要

老实巴交的吉姆佩尔被人称作傻瓜，受尽周围人的愚弄、欺负。他们硬逼他和一个放荡的孕妇结婚。他知道这是一个难以摆脱的圈套，却顶不住各方面的压力而与孕妇结了婚。新婚之夜，就遭到孕妇的冷落。但是，他对蛮横的孕妇也无计可施。

在20年的婚姻中，放荡成性的妻子和别的男人生下了6个孩子，他却毫不知情。他非常喜欢孩子们，一见到孩子就忘了痛

相关链接

1935年	小说《撒旦在哥瑞》
1950年	小说《莫斯卡特一家》
1957年	短篇小说《傻瓜吉姆佩尔》
1960年	小说《卢布林的魔法师》
1961年	小说集《市场大街的斯宾诺莎》
1962年	小说《奴隶》
1964年	小说集《短暂的星期五和其他故事》
1967年	回忆录《在我父亲的庭院里》、小说《庄园》第一部
1968年	小说集《降神会和其他故事》
1969年	小说《产业》、小说《庄园》第二部
1970年	小说《卡夫卡的朋友和其他故事》
1972年	小说《冤家，一个爱情故事》
1978年	小说集《羽毛的皇冠》、小说《舒莎》

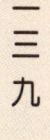

名家点评

辛格把犹太人的全部历史转化成为小说、寓言、故事。他按照自己的需要，接受了这一历史。他是个怀疑宗教教条的人，虽然承受了他所凭以成长的世界。

——卡静

苦，忘掉自己遭受的伤害。虽然和妻子有很多隔阂，但他仍然含辛茹苦地挣钱养家。后来，妻子得病死去，临死前把一切真相告诉了吉姆佩尔，他为自己多年来蒙受的耻辱而愤怒，想报复那些侮辱他的人。但是，他相信那些欺骗别人的人不可能干干净净地去见上帝，于是放弃了复仇的念头。他把财产分给6个孩子，自己到各地漫游。

许多年后，年事已高的吉姆佩尔扪心自问自己的人生时，他感到欣慰的是，自己将要去一个真实的、没有纠纷、没有欺骗、没有嘲弄，只有平和宁静和善良真诚的美好世界。一辈子被人骗的吉姆佩尔，并没有用欺骗回报世人，而是用他的方式善待着这个世界，这个老实巴交的主人公的全部人生因此而光彩熠熠。

阅读指导

辛格的故事没有一点儿血腥味儿，带来的震撼却直接触及心灵。辛格像是写下了浪尖就写下了整个大海一样，小说虽然只有吉姆佩尔人生中闪闪发光的几个片断，却使主人公的一生在短短的几千字篇幅里得到几乎是全部的展现。

铁皮鼓 /德国／格拉斯／一部荒诞的个人反抗史

作者简介

格拉斯1927年出生于德国但泽市。父亲是德国商人，母亲为波兰人。格拉斯尚未成年就被征入伍，1945年负伤住院，战争结束时成为美军战俘。战后曾从事过各种职业，后来成为职业作家、雕刻家和版画家。政治上支持社会民主党，主张改良，是"四七"社成员。他的创作活动从诗歌开始，但他最主要的成就是小说。

由于他的政治态度和作品中有过多的色情内容，在国内外引起不少批评。但其作品语言新颖、想象丰富、手法独特，使他成为前联邦德国的重要作家，在当代世界文学中占有一定地位，并于1999年获诺贝尔文学奖。

图为1979年拍摄的电影《铁皮鼓》剧照。

背景介绍

格拉斯的代表作长篇小说《铁皮鼓》，是德意志联邦共和国初期文学

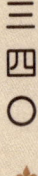

创作成就的杰出体现。小说中的事情是当时30岁以上的德国人都亲身经历过的、无法忘记的往事，作者正是要勾起人们对这些往事，尤其是个人在这段既往历史中所扮演的角色的回忆。小说中许多荒诞不经的故事之中隐藏着政治倾向性。

名著概要

这是一部主人公奥斯卡·马策拉特的自述体或第一人称的小说，共3篇46章。奥斯卡在两个60瓦的电灯和一只扑向灯泡的飞蛾的阴影下出世。他预感到人世黑暗，但由于脐带已被剪断因而无法返回母亲肚子里去。他3岁生日时，母亲送他一面小孩玩的铁皮鼓。他通过自我伤残逃避加入成年人的世界，一跤摔成患呆小症的侏儒。他目睹了四邻的小市民先后依附纳粹势力的过程。在纳粹的演讲台下，作为鼓手的奥斯卡则不停地敲他自己的鼓点。

1939年9月1日，纳粹德国入侵波兰。奥斯卡假装是被波兰佬拐走的德国孩子，出卖了他假想的父亲马策拉特。16岁时，奥斯卡使邻居17岁的女儿玛丽亚怀了孕。精明的玛丽亚后来与马策拉特私通并嫁给了他，生下了奥斯卡的儿子库尔特。奥斯卡随剧团赴西线劳军，同梦游女罗丝维塔相爱，盟军登陆诺曼底后，罗丝维塔被炸死。

奥斯卡回到家乡，自称"耶稣"，成为"撒灰者"团伙的首领，跟纳粹青年组织作对。苏军炮轰但泽时，马策拉特吞下纳粹党徽而丧生。埋葬马策拉特时，奥斯卡被库尔特用石子击中后脑勺，开始长个儿，慢慢长成身高一米二三的鸡胸驼背畸形人。出院后，奥斯卡先当石匠帮工刻墓碑，后来当了模特儿。奥斯卡向玛丽亚求婚遭拒绝后，被"西方"演出公司捧成鼓手明星，这家公司的老板原来是善于在政治上见风使舵的侏儒贝布拉。有了钱的奥斯卡心中极度空虚。无意中他捡到一个戴戒指的无名指，把它浸在盛酒精的大口瓶里，并对之朝拜忏悔。奥斯卡过了他的30岁生日，但儿时的童谣仍盘旋在他的耳际，害怕和恐惧的阴影笼罩着他。

阅读指导

这部小说将对第二次世界大战中德国人精神状态的反思缩小到了一个特定的范围，一个非常特殊的环境——但泽，而对于但泽所表达出的同情甚至高于"反思"。

名家点评

优秀的社会批评家。

——施罗德

这个消息使我感到特别高兴。如果今天要将诺贝尔文学奖发给一位德语作家的话，那就是格拉斯。我们祝贺格拉斯，并且希望这项崇高的褒奖将激励他创造新的成就。

——赖希·拉尼茨基

教育过程 / 美国 / 布鲁纳 / 现代影响最大的教育著作之一

作者简介

布鲁纳，当代美国心理学家、教育家，1915年出生于美国纽约。1937年美国杜克大学获学士学位，1941年获哈佛大学心理学博士，后又获西北大学、谢菲尔德大学、坦普尔大学等9所高校的荣誉学位。1942年担任普林斯顿公共舆论研究所副所长。第二次世界大战期间在海外服役，在法国做政治情报工作。1945年，布鲁纳返回哈佛大学执教，致力于人的认识发展研究，1952年升为教授。1959年任美国全国科学院发起的伍兹霍尔心理学会主席。1962年起任认知研究中心主任，曾先后担任美国心理学会联合会主席、美国社会问题心理研究会主席、美国艺术和科学院研究员、美国教育研究院研究员、美国科学促进会理事、国际社会心理学联合会理事等职，并且是美国总统科学顾问委员会以及白宫教育研究与发展专门小组、美国联邦咨询研究组成员。布鲁纳以其卓越的教育和心理实验研究成果及社会科研活动，荣获美国优异科学奖（1962年）。布鲁纳的代表作《教育过程》（1960年）曾引起极大反响，被誉为划时代的作品。

背景介绍

第二次世界大战以后，西方各工业国家的科学技术和经济发展进入空前繁荣的"黄金时代"。尤其是苏、美两国，都在力图发展科技，寻求发明创造的人才。1957年，苏联的人造卫星成功发射后，美国上下一片恐慌，由此深感美国学校的科学教育水平落后于苏联，并将这一罪过归于杜威实用主义教育的不良影响。为确保美国在科技、军事上的优势地位，培养大批科学技术专家和工程师，美国开始要求教育要充分利用现代科学技术发展的新成果充实课程的抽象理论水平，并通过教学，发展学生的智力和能力。

> **经典摘录**
>
> 教师也是教育过程中最直接的有象征意义的人物，是学生可以视为榜样并拿来同自己作比较的人物。
>
> 教师不仅是知识的传播者，而且是模范。

名著概要

本书的结构分为6个部分。

第一部分为"引论"。论述了对教育质量和期望目标的关切，它所表现的一个地方，就是中小学的课程设计，主要是为中小学编写出有效的教材，也就是既重视内容范围，又重视结构体系的教材。任何人只要一开始问到关于各专门课程的价值问题，他就是在问关于教育的目标问题。不仅要教育出成绩优良的学生，而且也要帮助每个学生获得最好的智力发展。

> **相关链接**
>
> 布鲁纳的教学论，在某种意义上说，是约定俗成的通例，它阐明有关最有效地获得知识与技能方法的规则。具有4大特点：1. 教学论应当详细规定能使人最有效地牢固树立学习的心理倾向的经验。2. 教学论必须详细规定将大量知识组织起来的方式，从而使学习者易于掌握。3. 教学论应当详细规定学习材料的最有效的序列。4. 教学论必须详细规定学习和教学过程中奖励和惩罚的性质和步调。

第二部分为"结构的重要性"。不论我们选教什么学科，务必使学生理解该学科的基本结构。学习为将来服务有两种方式：一种方式是通过它对某些工作的特定适应性，心理学家把这种现象称为训练的特殊迁移，另一种方式是通过所谓非特殊迁移，说得更确切些，即原理和态度的迁移。掌握某一学术领域的基本观念，不但包括掌握一般原理，而且还包括培养对待学习和调查研究，对待推测和预感，对待独立解决难题的可能性的态度。至少有4个有助于教授学科基本结构的一般论点：第一，懂得基本原理可以使学科更容易理解；第二，要涉及人类的记忆；第三，领会基本的原理和观念；第四，经常反复检查中小学教材的基本特性，能够缩小"高级"知识和"低级"知识之间的差距。

第三部分为"学习的准备"。任何学科都能够用在智育上有效地教给任何发展阶段的任何儿童。给任何特定年龄的儿童教授某门学科，其任务就是按照这个年龄儿童观察事物的方式去阐述那门学科的结构，学习一门学科看来包含3个差不多同时发生的过程。第一是新知识的获得；第二是知识的转换；第三是评价过程。一个人越是具有学科结构的观念，也就越能毫不疲乏地完成内容充实和时间较长的学习情节。要尊重成长中儿童的思想方式，就应该想方设法把材料转换成儿童的逻辑形式，并极力鞭策诱使他前进，那么就很可能在他的早年介绍这样的观点和作风，以使他在日后的生活中成为有修养的人。课程建设应当围绕着社会公认值得它的成员不断关心的那些重大问题、原理和价值。

第四部分为"直觉思维和分析思维"。分析思维是以一次前进一步为特征的，步骤是明显的，而且常常能由思维向别人做适当报道。直觉思维与分析思维截然不同，它倾向于从事看来是以整个问题的内隐的感知为基础的那些活动。应该承认直觉思维与分析思维是相互补充的性质，影响直觉思维的可变因素有带倾向性的因素，这些因素和直觉运用中的个别差异有关。这种倾向性因素甚至使人倾向于对某个领域而不对别的领域进行直觉思维。

第五部分为"学习的动机"。在设计课程时，人们正确地区别所希望达到的长期目标和为达到长期目标的某些短期步骤。学龄儿童中，多半常有混杂的学习动机，在这样一个复杂的情景内，还有儿童感到他们感兴趣的学科的微妙吸引力。

> **名家点评**
>
> 著名教育技术专家史密斯和雷根指出，布鲁纳的这部著作在美国被誉为"第一部阐述教学论特征的专著"。

在考试的安排运用中，用丰富的想象力和灵活性，可以把在自然科学学科中强调竞争的行动转化到有用的目的上去。考试也能够培养周全的思考。它不但为迅速走在前面的学生所需要，而且领会得不快、不牢固的学生更需要它。

第六部分"教学辅助工具"。这些教学辅助工具属于多种类型，一类可以叫作替代经验的装置，如影片、电影、幻灯片、录音带等，书也起这样的作用；另一类的功能是帮助学生掌握现象的根本结构。从实验室实习到数学积木以至程序设计，这个范围的辅助装置，可以叫作"模型装置"。总的来说，现有各种装置帮助教师去扩大学生的经验范围，促使学生理解所学材料的根本结构，并主动地理解他所学的东西的意义。

阅读指导

布鲁纳的《教育过程》一书，被誉为"现代最主要、影响最大的教育著作之一"。作为美国教育改革运动的倡导者，布鲁纳的影响远远超过了国界。他在《教育过程》中的"发现法教学理论"、发掘学生智慧潜力、调动学生思维的教学主张，正日益为各国教育界所认识，并产生了积极的影响。中国的教育制度中也已经开始试行布鲁纳的教学方法。

第二十二条军规 / 美国 / 约瑟夫·海勒 / 美国"黑色幽默"小说的代表作

作者简介

约瑟夫·海勒（1923～1999），美国当代著名作家，"黑色幽默"小说的重要代表人物。他出生于纽约市布鲁克林一个犹太移民家庭，第二次世界大战期间曾任空军中尉。战后进大学学习，1948年毕业于纽约大学。1949年，他在哥伦比亚大学获文学硕士学位后，得到富布赖特研究基金赴英国牛津大学深造一年。1950～1952年，海勒在宾夕法尼亚州立大学等校任教。此后即离开学校，到《时代》和《展望》等杂志编辑部任职。1961年，他的长篇小说《第二十二条军规》问世，一举成名，当年他即放弃职务，专门从事写作。1963年，海勒获美国文学艺术学院奖学金，1977年被选为艺术学院院士。

约瑟夫·海勒可谓多产作家，主要作品除了《第二十二条军规》，还有《并非笑话》(1986年)、《悠悠岁月》(1998年)以及两个剧本《我们轰炸纽黑文》(1967年)和《克莱文杰的审判》(1974年)。晚年的海勒一直没有搁笔，逝世前他刚完成了最后一部小说《一位艺术家的老年画像》。1999年12月12日，约瑟夫·海勒因心脏病发作在位于纽约的家中逝世。

背景介绍

《第二十二条军规》虽以第二次世界大战期间美国空军一个飞行大队为题材，但实际上并没有具体描述战争。本书的要旨，正如作者自己说过的那样，"在《第二十二条军规》里，我也并不对战争感兴趣，我感兴趣的是官僚权力结构中的个人关系。"所谓"第二十二条军规"，其实"并不存在，这一点可以肯定，但这也无济于事。问题是每个人都认为它存在。这就更加糟糕，因为这样就没有具体的对象和条文，可以任人对它嘲弄、驳斥、控告、批评、攻击、修正、憎恨、辱骂、唾弃、撕毁、践踏或者烧掉"。它只是无处不在、无所不能的残暴和专横的象征，是灭绝人性的官僚体制，是捉弄人和摧残人的乖戾力量。它虽然显得滑稽可笑，但又令人绝望害怕，使你永远无法摆脱，无法逾越。它永远对，你永远错；它总是有理，你总是无理。海勒认为，战争是不道德的，也是荒谬的，只能制造混乱，腐蚀人心，使人失去尊严，只能让卡思卡特、谢司科普夫之流飞黄腾达，迈洛之流名利双收。在他看来，战争也罢，官僚体制也罢，全是人在作祟，是人类本身的问题。海勒的创作基点是人道主义，在该书中着重抨击的是"有组织的混乱"和"制度化了的疯狂"。

名著概要

第二次世界大战中，有个美国空军中队驻守在地中海的皮亚诺扎岛上。战争在激烈地进行中，完成飞行任务后，飞行员们各有活动，休假、嫖妓、掷骰子、打乒乓球，有的待在帐篷里吹牛谈天，有的干脆装病住院，有人牺牲得无声无息，也有人被授予勋章，但无人在意"祖国到底代表什么"？

领队的轰炸手尤索林上尉精神已近乎崩溃，他只想苟存性命，总觉得人人都想害他。上天时，总疑心有陌生人朝他和飞机放冷枪；回到地面，又猜测有人在他的食物里下毒。为使轰炸任务延期执行，他让大伙儿腹泻。对于投弹是否命中目标，他以为不要紧。终于，他谎称自己患了肝病，逃进了医院躲避战事。他总是千方百计想从医生那里搞到证明，以便一劳永逸。最使他烦心的是，他总觉得中队司令官卡思卡特上校在与他作对。第二十二条军规规定，飞满32架次的人可不再飞行，可这又得由上司决定，所以，无论尤索林飞满多少架次，卡思卡特上校总把任务加到40次、50次……这样，谁也不可能停止飞行。第二十二条军规还规定："必须让任何一个疯子停止飞行。"可这得由本人提出申请，一旦提出申请，恰好证明他是正常人，还是在劫难逃。有一次，执行任务时，尤索林受到敌机的火力包围，尤索林好不容易冲破了

《第二十二条军规》在1970年被迈克·尼古拉斯拍成电影，图为该电影剧照。

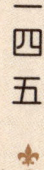

敌人的封锁。返程后，他去罗马找妓女荷西安娜。初时她只同他敷衍，这使他十分失望，后来妓女投入了他的怀抱。他发现她身上有一块美国人打伤的疤痕，便动了感情，要娶她为妻。可荷西安娜不乐意，她说：不嫁他是因为"他疯了，因为他居然要娶她"。这使尤索林十分意外和难堪。

一次，尤索林在执行另一次任务时，同机飞行员被打死，溅了他一身血。从此，他发誓再不穿衣服，果然，在领取飞行十字勋章时光着身子，使长官十分尴尬。后来，他没有请假就驾机到罗马，他发现那里已成一片废墟。由于没有通行证，他在罗马被捕，被送回岛上。可奇怪的是，他不仅未受处分，上司还打算送他回国。原来，他们认为，走了尤索林，就可以使其他飞行员不受其个人自由主义思想的影响，更加卖命地去战斗。此外，他不在的话，士兵就会安分守己，科尔中校和卡思卡特上校都可以晋升。不过，他们要尤索林接受一笔小交易，不然就要将他送交军事法庭。这就是要尤索林喜欢他们，只要他同意这么做，他们就要他作为英雄捧上天，不仅回国，还在国内的新闻媒介上宣传他的事迹。尤索林自然很高兴地同意了，谁知他步出房间时，被一个妓女杀伤，被送进了医院。官方宣传说，尤索林因拦阻一名纳粹刺客暗杀长官而受伤。在医院，尤索林良心发现，向牧师坦白了一切，并决定不从命于上司。最后，他在牧师和丹比少校的帮助下，逃往比较和平安宁的瑞典去了。

除尤索林外，书中着墨不少的人物还有卡思卡特上校、随军牧师希普曼和食堂管理员迈洛。

卡思卡特上校为人圆滑至极，而且自负，一心想往高处爬。他处处疑心，没有人喜欢他。为了当将军，他视手下的飞行员为炮灰，强迫他们执行比别的大队更多的飞行任务，以显示自己突出的才能。有一次他听说丹尼卡医生战死了，便增加飞行架次，尽管医生之死与此毫无关系。而实际上医生还没有死，这使医生成为一个靠同事救济为生的"活死人"，上校拒绝见他，理由是他死了。同时，大队的科恩中校还宣布，一旦医生出现，要当场将他火化，连医生的妻子都被胁迫不许证明医生仍旧活着。卡思卡特上校最恨的人是尤索林，想方设法要证明尤索林是个共产党颠覆分子。他最信任的人是食堂管理员迈洛。

迈洛表面上老实巴交，不谙世事，实际上最善于钻营，又会溜须拍马，贿赂长官，深得上头的赏识。卡思卡特上校让他管理食堂，并命令每一中队派一架飞机和一名驾驶员，随他去各地为长官采购各种新鲜食品。迈洛因此大发横财，他到处贩运投机，成立了一家公司："迈一明水果土产联营公司。"他伪称这家公司里人人都有股份，以此笼络人心为他卖命。不仅如此，他还作为商人与敌方做交易，比如把石油或滚珠轴承高价卖给德军，还同德方订立合同，规定用高射炮击落每一架美军飞机，德方须给他一万美元。同时，他还与美军订立合同，如何炸掉德军防守的桥梁，好让交战的美德双方不相上下，以便从中坐收渔利。但此事查获后，他并没有受到丝毫处罚。他甚至于把有德国纳粹字样的飞机印上他的公司的名字，以便他能自由飞抵各地做生意。迈洛成为大人物，比如就任西西里巴

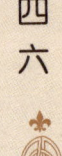

勒莫城的市长，因为他把苏格兰的威士忌运到该市，使它成为世界上三个最大的苏格兰威士忌输出地之一。他还是马耳他岛的总督，奥兰的王储，巴格达的哈里发，大马士革的教长和阿拉伯的酋长。此外，他还被一些落后地区奉为神灵，迈洛处处受到至高的礼遇。用他的道德准则来衡量的话，这一点也不奇怪。他的原则正是：只要生意还能维持，要价再高也算公正；只要能获取最大利润，冒最大的风险也在所不辞。

随军牧师希普曼上尉是个瘦弱的家伙，他每天都想回家同妻子团聚。他对空军大队的一切事件十分困惑，经常自问："有没有一位上帝？有没有真正的信仰？死后有没有灵魂？"他是作为一个尴尬的角色出现在飞行大队里的，比如在飞行员执行任务前为他们念祈祷文，主持阵亡或其他各种死亡的战士的葬礼，等等。一方面，他自己总在自我怀疑，这些举动是否真正是与上帝在交流。他总觉得自己不能够胜任牧师的工作，这么一想，他就更想念妻子了。哈里德将军因为发现了他这样的不忠实于上帝和长官的思想，扬言要枪毙他。卡思卡特上校拒绝了他撤销增加飞行次数的请求，这使他非常失望。他对一切都丧失了信心和希望，甚至想到放弃军官职位，去当一名伞兵。他未泯的良心促使他帮助尤索林逃往一个"桃花源"——瑞典。在希普曼心里，被这样的念头占据了："信仰全完了。"

在这个小小的世界里，各种各样的怪事不断地出现，令人无可奈何，人似乎是毫无出路的。这一切危险其实都源于那个永远摆脱不了的圈套，就是那个可以随意解释，统御一切的"第二十二条军规"。

阅读指导

《第二十二条军规》中人物众多，但大多根据作者的意念突出其性格的某一侧面，甚至夸大到漫画式、动画式的程度，而有的则是象征性的。主人公尤索林是个被大人物们任意摆布的"小人物"，是个荒诞社会的受害者。他有同情心、是非感和正义感。可是在这个疯狂的世界里，他由于正直、善良，反被人看成是疯子。他深感对这样一个"世界"无能为力，逐渐意识到只能靠自己去选择一条求生之路，并最终逃往一个理想化了的和平国家——瑞典，完成了"英雄化"过程，成为一名"反英雄"。

从艺术技巧上看，这部作品中，海勒摒弃了现实主义的传统手法：一方面采用了"反小说"的叙事结构，有意用外观散乱的结构来显示他所描述的现实世界的荒谬和混乱，只用叙述、谈话、回忆来组接事件、情节和人物；另一方面又用自己丰富的想象力使事件和人物极度变形，一件件、一个个都变得反常、荒诞、滑稽、可笑，描绘出一幅幅荒诞不经的图像来博得读者的凄然一笑，并且让人在哭笑不得中去回味、去思索。作者还充分运用象征手段来传达自己对世界、对人生、对事物的看法，其中寓有深刻的哲理思考。正如有的论者指出的那样，这部作品"看来胡搅蛮缠，其实充满哲理，因为只有高度理性的人才能充分注意到事物中隐含的非理性成分"。该书的语言也极有风采，充分显示了黑色幽默文学的语言特点。用故作庄重的语调描述滑稽怪诞的事物，用插科打诨的文字表达严肃深邃的哲理，用幽默嘲讽的语言诉说沉重绝望的境遇，用冷漠戏谑的口气讲述悲惨痛苦的事件。当然该书也存在刻意寻求噱头和繁复冗长的缺点。

百年孤独 / 哥伦比亚 / 马尔克斯 / 魔幻现实主义的代表作

作者简介

马尔克斯，哥伦比亚作家、记者，1928年生于马格达莱纳省阿拉卡塔卡镇。13岁时，他迁居首都波哥大，就读于教会学校。18岁进国立波哥大学攻读法律，并加入自由党。1948年，哥伦比亚发生内战，中途辍学。不久，他进入报界，任《观察家报》记者，同时从事文学创作。1954年起，任该报驻欧洲记者。1961年起，任古巴拉丁社记者。1961～1967年侨居墨西哥，从事文学、新闻和电影工作。1971年，获美国哥伦比亚大学名誉文学博士称号。1972年，获拉美文学最高奖——委内瑞拉加列戈斯文学奖。1982年，获诺贝尔文学奖和哥伦比亚语言科学院名誉院士称号。重要作品有长篇小说《百年孤独》（1967年）、《家长的没落》（1975年）、《霍乱时期的爱情》（1985年），中篇小说《枯枝败叶》（1955年）、《恶时辰》（1961年）、《没有人给他写信的上校》（1961年）、《一件事先张扬的凶杀案》（1981年），短篇小说集《蓝宝石般的眼睛》（1955年）、《格兰德大妈的葬礼》（1962年），电影文学剧本《绑架》（1984年），文学谈话录《番石榴飘香》（1982年）和报告文学集《一个海上遇难者的故事》（1970年）、《米格尔·利廷历险记》（1986年）等。

背景介绍

被誉为"再现拉丁美洲历史社会图景的鸿篇巨著"的《百年孤独》，是马尔克斯的代表作，也是拉丁美洲魔幻现实主义文学作品的代表作。全书近30万字，内容庞杂，人物众多，情节曲折离奇，再加上神话故事、宗教典故、民间传说以及作家独创的从未来的角度来回忆过去的新颖倒叙手法等，令人眼花缭乱。作者通过布恩地亚家族7代人充满神秘色彩的坎坷经历来反映哥伦比亚乃至拉丁美洲的历史演变和社会现实。从1830年至19世纪末的70年间，哥伦比亚爆发过几十次内战，使数十万人丧生。该书以很大的篇幅描述了这方面的史实，并且通过书中主人公带有传奇色彩的生涯集中表现出来。

名著概要

何塞·阿卡迪奥·布恩迪亚是西班牙人的后裔，他与乌苏拉新婚时，由于害怕像姨母与叔父结婚那样——生出长尾巴的孩子来，于是乌苏拉每夜都会穿

《百年孤独》封面

经典摘录

　　他（吉卜赛老人）拽着两块铁锭挨家挨户地走着，并当众做了惊人的表演，大伙儿惊异地看着铁锅、铁盆、铁钳、小铁炉纷纷从原地落下，木板因铁钉和螺钉没命地挣脱出来而嘎嘎作响，甚至连那些遗失很久的东西，居然也从人们寻找多遍的地方钻出来。"任何东西都有生命，"吉卜赛人声嘶力竭地喊着，"一切在于如何唤起它们的灵性。"

　　这个家庭的历史是一架周而复始无法停息的机器，是一个转动着的轮子，这只齿轮，要不是轴会逐渐不可避免地磨损的话，会永远旋转下去。

上特制的紧身衣，拒绝与丈夫同房。后来丈夫因此而遭邻居阿吉拉尔的耻笑，并杀死了阿吉拉尔。从此，死者的鬼魂经常出现在他眼前，鬼魂那痛苦而凄凉的眼神，使他日夜不得安宁。于是他们只好离开村子，外出谋安身之所。他们跋涉了两年多，由此受到梦的启示，他们来到一片滩地上，定居下来。后来又有许多人迁移至此，这地方被命名为马孔多。布恩迪亚家族在马孔多的百年兴废史由此开始。

　　何塞·阿卡迪奥·布恩迪亚是个富于创造精神的人，他从吉卜赛人那里看到磁铁，便想用它来开采金子。看到放大镜可以聚焦太阳光便试图因此研制一种威力无比的武器。他通过吉卜赛人送给他的航海用的观像仪和六分仪，便通过实验认识到"地球是圆的，像橙子"。他不满于自己所在的贫穷而落后的村落生活，因为马孔多隐没在宽广的沼泽地中，与世隔绝。他决心要开辟一条道路，把马孔多与外界的伟大发明连接起来。可他带一帮人披荆斩棘干了两个多星期，却以失败告终。后来他又研究炼金术，整日沉迷不休。由于他的精神世界与马孔多狭隘的现实格格不入，他陷入孤独的天井中，以致精神失常，被家人绑在一棵大树上，几十年后才在那棵树上死去。乌苏拉成为家里的顶梁柱，去世时她的年龄在115岁至120岁之间。

　　布恩迪亚家族的第二代有两男一女。老大何塞·阿卡迪奥是在来马孔多的路上出生的。他在那里长大，和一个叫皮拉·苔列娜的女人私通，有了孩子。他十分害怕，对人们一直怀着戒心，渴望浪迹天涯。后来，他果然随吉卜赛人出走，回来后变得放荡不羁，并与家里的养女蕾蓓卡结婚。最后奇怪地被人暗杀了。老二奥雷良诺生于马孔多，在娘肚里就会哭，睁着眼睛出世，从小就赋有预见事物的本领，长大后爱上镇长千金雷梅苔丝。在此之前，他与哥哥的情人生有

相关链接

　　第二次世界大战后，南美文学以它特有的神秘色彩悄悄地登上了世界文坛，一鸣惊人，人们称为"魔幻现实主义"。这些作家把渊博的、几乎是势不可当的叙事天才与清醒的、训练有素、拥有广泛读者的语言艺术家的娴熟技巧结合起来。读他们的作品，我们感到许多动力和传统互相交叉，他们把民间文化，包括口头创作，来自印第安文化的回忆，来自不同时代的西班牙巴洛克文化的倾向，来自欧洲超现实主义和其他现代派的影响，混合成一种独特而神奇的人文景观。马尔克斯就是其中的佼佼者。

一子名叫奥雷良诺·何塞。妻子暴病而亡后，他参加了内战，当上了上校。他一生遭遇过14次暗杀、73次埋伏和1次枪决，均幸免于难。与17个外地女子姘居，生下17个男孩。这些男孩以后不约而同回马孔多寻根，却在一星期内全被打死。奥雷良诺年老归家，和父亲一样对炼金术痴迷不已，每日炼金子做小金鱼，一直到死。他们的妹妹阿马兰塔爱上了意大利技师，后又与侄子乱伦，爱情的不如意使她终日把自己关在房中缝制殓衣，孤独万状。

第三代人只有两个堂兄弟，阿卡迪奥和奥雷良诺·何塞。前者不知生母为谁，竟狂热地爱上生母，几乎酿成大错。后成为马孔多的军队长官，贪赃枉法，最后被保守派军队枪毙。生前他与一女人未婚便生一女两男。其堂弟热恋姑妈阿马兰塔，但无法与她成婚，故而参加军队，去找妓女寻求安慰，最终也死于乱军之中。

第四代即是阿卡迪奥与人私通生下的一女两男。女儿俏姑娘雷梅苔丝楚楚动人，她身上散发着引人不安的气味，曾因此将几个男人置于死地。她总愿意裸体，把时间耗费在反复洗澡上面，而她依然在孤独的沙漠上徘徊，后来在晾床单时，被一阵风刮上天不见了，永远消失在空中。她的孪生子弟弟——阿卡迪奥第二，在美国人办的香蕉公司里当监工，鼓动工人罢工。后来，3000多工人全被镇压遭难，只他一人幸免。他目睹了政府用火车把工人们的尸体运往海边丢弃，于是四处诉说这场大屠杀，反被认为神志不清。他无比恐惧失望，最后把自己关在房子里潜心研究吉卜赛人留下的羊皮手稿。另一个奥雷良诺第二终日纵情酒色，弃妻子于不顾，在情妇家中厮混。奇怪的是，这使他家中的牲畜迅速地繁殖，给他带来了财富。他与妻子生有二女一男，后在病痛中死去。人们一直没认清他们兄弟俩儿谁是谁。

布恩迪亚家族的第五代是奥雷良诺第二的一男二女，长子何塞·阿卡迪奥小时候便被送往罗马神学院去学习。母亲希望他日后能当主教，但他对此毫无兴趣，只是为了那假想中的遗产，才欺骗母亲。母亲死后，他回家靠变卖家业为生。后为保住乌苏拉藏在地窖里的7000多个金币，被歹徒杀死。女儿梅·香梅苔丝与香蕉公司学徒相好，母亲禁止他们见面，他们只好暗中在浴室相会，母亲发现后以偷鸡贼为名打死了他。梅万念俱灰，怀着身孕被送往修道院。小女儿阿马兰塔·乌苏娜早年在布鲁塞尔上学，在那里成婚后归来，见到马孔多一片凋敝，决心重整家园。她朝气蓬勃，充满活力，她的到来，使马孔多出现了一个最特别的人。她的情绪比这家族的人都好，也就是说，她想把一切陈规陋习打入十八层地狱。因此，她订出长远计划，准备定居下来，拯救这个灾难深重的村镇。

布恩迪亚家族的第六代是梅送回的私生子奥雷良诺·布恩迪亚。他出生后一直在孤独中长大，他唯一的嗜好是躲在吉卜赛人梅尔加德斯的房间里研究各种神秘的书籍和手稿。他甚至能与死去多年的老吉卜赛人对话，并受到指示学习梵文。他一直对周围的世界既不关心也不过问，但对中世纪的学问却了如指掌。自从姨母阿马兰塔·乌苏娜回乡之后，他不知不觉地对她产生了难以克制的恋情，两人发生了乱伦关系。但他们认为，尽管他们受到孤独与爱情的折磨，但他们毕竟是人世间唯一最幸福的人。后来阿马兰塔·乌苏娜生下了一个健壮的男孩，"他是

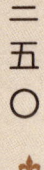

百年里诞生的布恩迪亚当中唯一由于爱情而受胎的婴儿。"然而,他身上竟长着一条猪尾巴。阿马兰塔·乌苏娜产后大出血而亡。

那个长猪尾巴的男孩就是这延续百年的家族的第七代继承人。他被一群蚂蚁围攻并被吃掉。就在这时,奥雷良诺·布恩迪亚终于破译出了梅尔加德斯的手稿。手稿卷首的题词是:"家族中的第一个人将被绑在树上,家族中的最后一个人将被蚂蚁吃掉。"原来,这手稿记载的正是布恩迪亚家族的历史。在他译完最后一章的瞬间,一场突如其来的飓风把整个儿马孔多镇从地球上刮走,从此这个镇不复存在了。

阅读指导

马尔克斯遵循"变现实为幻想而又不失其真"的魔幻现实主义创作原则,经过巧妙的构思和想象,把触目惊心的现实和源于神话、传说的幻想结合起来,形成色彩斑斓、风格独特的图画,使读者在"似是而非,似非而是"的形象中,获得一种似曾相识又觉陌生的感受,从而激起寻根溯源去追索作家创作真谛的愿望。印第安传说、东方神话以及《圣经》典故的运用,进一步加强了该书的神秘气氛。另外,作家还独创了从未来的角度回忆过去的新颖倒叙手法。最后,值得注意的是,该书凝重的历史内涵、犀利的批判眼光、深刻的民族文化反省、庞大的神话隐喻体系是由一种让人耳目一新的神秘语言贯串始终的。

一个无政府主义者的意外死亡 /意大利/达里奥·福/鞭笞

权威的经典

作者简介

达里奥·福,1926年出生,意大利戏剧家。他擅长从民间戏剧中汲取灵感,主要成就是对政治讽刺剧的发展。1997年获得诺贝尔文学奖。代表作:《一个无政府主义者的意外死亡》等。

背景介绍

1968年,意大利发生学生骚乱,一时间社会动荡,恐怖事件纷起。次年,米兰市内相继发生炸弹爆炸案,新法西斯分子散发谣言,指责幕后人是无政府主义者。警方据此逮捕了一名叫皮埃利的工人。在审讯期间,皮埃利突然从拘留所四楼坠楼而死,警方声称此人是畏罪自杀,此案轰动一时。达里奥·福在左翼记者、律师帮助下,搜集了大量第一手资料、照片、谈话记录,以这一事件为素材,创作了该剧,揭露了工人死亡的真相,引起国内外极大反响。此剧在意大利连演300场,观众超过30万。

名著概要

米兰警察局在处理一连串棘手案件。近来,米兰市各大火车站和银行相继发生炸弹爆炸案，新法西斯分子散发传单，指责幕后主使是无政府主义者。警方据此逮捕了一名叫彼纳利的工人，指控他为凶手。审讯期间，彼纳利突然从警局坠楼而死，警方声称此人是畏罪自杀。这天，警察局四楼的贝托佐警长正在办公室处理此案。一个衣衫褴褛、满脸嬉笑的男人进来报案。贝托佐很快发现此人是个疯子。为了摆脱纠缠，贝托佐让人将其逐出，之后赶去参加一个关于米兰爆炸案的会议。

办公室空无一人，疯子再次进入。电话铃响起，是五楼皮隆尼警长打来的。皮隆尼误以为接电话的疯子是罗马派来的政务警长，告诉他前一段时间他们经手的无政府主义者死亡一案事发，罗马最高法院将派一名高级法官来复审此案。局长和他本人都十分着急，请他转告贝托佐警长，速将无政府主义者的审讯档案取出交给他们。挂断电话后，疯子忙奔到档案柜找出皮隆尼警长所说的档案。档案上的记录让他瞠目结舌。在这个案件中，警方打死犯人抛尸窗外并制造了自杀的假象。随后，疯子看到衣架上挂着警官衣帽，便顺手拿起。这时，贝托佐回来，发现疯子在他的办公室里大为恼火，再次将其逐出。不过，他很快发现自己的衣帽和无政府主义者的死亡档案都不见了。

疯子穿上警服化装成罗马派来的法官来到五楼皮隆尼的办公室，命令他把局长叫来。局长和皮隆尼被他一脸的严肃镇住了，二人听出他已掌握了无政府主义者死亡的实情，只好承认在该案中有逼供行为，也承认无政府主义者是无罪的，但对打死此人又抛尸窗外制造自杀假象一事矢口否认。疯子戳穿了二人的诡辩，并大骂警方是笨蛋，连编造谎言也不会。

这时有人报告一名女记者来采访无政府主义者死亡案件，局长和皮隆尼十分紧张。女记者进门后便问了两个尖锐的问题。一个是：预审档案缺了对死者身体坠落的抛物线的鉴定。如果是自杀，自杀者的手定会向前伸展来保护自己，这是人身体着地时的本能反应和自然姿势。这种情况下，自杀者的手和胳膊肯定骨折；如果是犯人在死亡后被人推出窗外，那就是沿着墙壁滑落，死者身体不会有很大损伤。抛物线鉴定对这些都可以做出结论，然而警方预审档案为什么恰恰缺了这份鉴定？第二个是：犯人跳楼是晚10点零3分，而警察局给急救站打电话是9点58分。换句话说，无政府主义者从窗口飞出5分钟之前，警方已给急救站打了电话，这又是怎么回事？局长等被女记者问得张口结舌。

这时，贝托佐进来。他带来了爆炸案中的炸弹复制品，对众人说这种复杂的定时炸弹是高层次的军事专家制造的。为了不让自己总是陷入被动，局长对疯子

相关链接

达里奥·福的创作理念是：戏剧必须面向民众，戏剧必须干预社会政治，用民众喜闻乐见的戏剧形式，使戏剧成为民众的喉舌。他的戏剧对中国当代戏剧有很大影响。如著名戏剧导演孟京辉说："人民这个概念我是从达里奥·福的作品和他的一贯行为里面找到的。……我现在意识到，和公众的交往是最重要的……你必须用最坦诚的心对待观众……现在看我的戏没多少人，只有1万多人，演40多场只有1.5万人。什么时候实验戏剧变成主流了，要有30万人看，100万人看。达里奥·福的戏剧每年就有100万人看。"

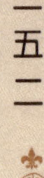

及女记者称派密探打入无政府主义者组织监视其活动——这是政府许可的，还称每次炸弹爆炸案发生后理所当然地把怀疑和罪责转移到左派头上——这也是政府许可的。不过，他矢口否认炸弹爆炸案是警察局派去的密探干的。尽管局长等人百般抵赖，女记者和疯子还是一针见血地提出无政府主义者是否有能力制造如此复杂的炸弹的质疑。到此，警方与军事专家勾结，利用密探与法西斯分子制造爆炸案件的真相基本水落石出。

贝托佐早已认出疯子，急欲揭穿，然而局长多次禁止他说话。最后，贝托佐忍无可忍，拿出手铐将局长等人铐在办公室的晾衣竿上，用枪威胁疯子说出真实身份。但疯子早已趁众人不备将炸弹复制品悄悄放入自己包中。此时，他拿出炸弹复制品，又取出引爆器，还从包中掏出一台录音机。局长大惊失色，问他用意何在。疯子哈哈大笑说要把录音带寄给各党派、报纸、政府各部，这也将会是轰炸米兰的一枚重磅炸弹。他边说边走出了警察局……

正义论 / 美国 / 罗尔斯 / 伦理学、政治哲学领域最重要的理论著作

作者简介

罗尔斯（1921～2002），20世纪美国最负盛名的哲学家、伦理学家，当代世俗新自然法学的主要代表。罗尔斯出生于美国马里兰州的巴尔的摩城，1943年毕业于普林斯顿大学，并于1950年在该校获得哲学博士学位。罗尔斯在求学阶段就大量阅读了哲学、政治学以及伦理学的书籍，为他今后在学术上的成就打下了坚实的基础。此后他相继执教于普林斯顿大学、康奈尔大学、麻省理工学院和哈佛大学。他从20世纪50年代开始发表关于社会正义方面的论著，1958年发表《作为公平的正义》，1963年发表《宪法的自由和正义斗争的观念》《正义感》，1966年发表《非暴力反抗的辩护》《分配的正义》等。《正义论》一书是集他20年的研究成果，且前后三易其稿所撰成的心血之作，最后终于在1971年出版发行。1993年，罗尔斯发表了《政治自由主义》。

《正义论》的出发点是：社会基本结构是正义的主题，人们在达成其他协议之前，首先要就社会制度的原则达成协议。

背景介绍

罗尔斯的伦理学理论的产生和《正义论》的酝酿和写作年代，美国正处于一个动荡不安的年代。第二次世界大战以后，世界的冷战格局形成了。在50年代初，美国外有朝鲜战争，内有麦卡锡的反动浪潮。到了60年代，美国在外交方面相继碰上

了古巴导弹危机和越南战争，而在国内则有激烈的民权运动和黑人的抗暴斗争，另外受国内外局势的影响，校园学生运动和贫富差距扩大引起的贫困问题也十分严重，美国整个社会处于一种危机之中，急需调整社会关系。而《正义论》探讨的平等的自由、公正机会、分配份额、差别原则等问题，以一种虚拟或抽象的方式提出了一些解决问题的建议或希望。

经典摘录　所有的社会基本价值——自由和机会，收入和财富、自尊的基础——都要平等地分配，除非对其中一种或所有价值的一种不平等分配合乎每一个人的利益。

名著概要

《正义论》分理论、制度、目的3大篇，它们分别构成了该书的第一篇、第二篇、第三篇。

第一篇即理论篇，是全书的立论基础，因而也是全书的重心。罗尔斯用纯粹抽象的社会契约演绎出他的"作为公平的正义"理论，属于纯粹的理论论证。此篇共分为三章。第一章"作为公平的正义"具有导论的性质，主要论述"正义论"理论的基础。他肯定正义是社会制度的首要价值，并指出正义的对象是社会的基本结构，即用来分配公民的基本权利和义务，划分由社会合作产生的利益和负担的主要制度。第二章"正义的原则"主要阐述正义。即"公平的正义"乃是两个义务原则，即平等自由的原则、机会公正平等的原则和差别原则。这两个正义原则暗示着社会基本结构的两大部分，一是有关公民的政治权利部分，一是有关社会和经济利益的部分。第一原则处理前一方面的问题，第二原则处理后一方面的问题，第一原则优先于第二原则，第二原则中的公正平等原则又优先于差别原则。第三章"原初状态"的中心内容是对正义的两个原则社会契约式论证。基本内容主要包括四个部分：对原始状态的解释；一种可用于其间的选择的各种原则的概述；一种对实际上采取哪个原则的论证；两个正义原则和古典功利原则的对比。

第二篇即制度篇，主要说明两个正义原则如何能够得以实行。在"平等的自由"一章中，涉及政治学与法学。他认为一个良好的社会应是体现自由的优先性，体现第一原则对第二原则的优先，体现平等自由对政治、法律、经济制度之优先的社会结构。在"分配的份额"一章中，主要涉及经济学。他把"公平的正义"

相关链接

随着时代的推移，社会现实以及各种思潮发生了极大的变化。在罗尔斯的晚年，他的思想也发生了一些转变，对前期的观点进行了反思和修正。这些思想就构成了《政治自由主义》的主要构架。实际上这本书是《正义论》的续集，因为用另一个角度继续讨论《正义论》里的问题。但是在《政治自由主义》一书中，我们已经可以看到罗尔斯从规范正统的正义观念向考虑宽容、认同价值取向差异的自由主义靠拢。

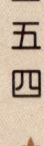

作为"阿基米德的支点",认为分配正义的经济是体现正义对效率、对较大利益总额的优先性原则,体现作为公平的正义对第二个原则之优先的合理经济选择。在"义务与职责"一章中,涉及个人道德行为的正当。

第三篇即目的篇,其主要为解决稳定性和一致性问题开辟道路,在于说明社会价值和正义感的善。罗尔斯论证正义的目的在于考察作为公平的正义是否可行,即要说明作为公平的正义的稳定性和正义与善的一致性。他将善的理论区分为两种,一种是善的弱理论,一种是善的强理论。

阅读指导

罗尔斯的《正义论》代表了迄今为止现代西方思想界有关正义的最系统的论述,包括了以社会正义为核心的价值论法学。特别是他着重分析社会制度的正义而不是像一般的正义学说那样强调个人的正义。他的伦理学理论体现着一种高度的虚拟性和现实性的结合,他是有感而发,但却不直接针对现实政策或政治问题,他努力表现一种全面的综合的倾向具有理论上包容性和灵活性。因而此书受到广泛关注,一般的欧美大学的政治、哲学、法律等有关学科把它列为最重要的必读书之一。

莱尼和他们 /德国 /伯尔 /1971年度的"欧洲之书"

作者简介

伯尔(1917~1985),出生于德国科伦的一个雕刻匠家庭。1939年入科伦大学学习日耳曼语文学,同年应征入伍,经历整个第二次世界大战。在战争中曾负伤被俘,对法西斯的侵略战争深恶痛绝。1947年,他开始发表短篇小说,1951年成为职业作家。他的创作主要取材于第二次世界大战,对战争给德国及其民族带来的种种灾难有着深入的探索和沉痛的反思。他的作品主要人物形象大多是士兵,基调灰暗抑郁。五六十年代是伯尔创作的第二阶段,此时的作品所反映的社会生活面更广阔,技巧也日趋成熟。70年代,伯尔的创作从内容到形式都达到高峰,被公认为当代"德国的歌德"和国际文坛巨擘。

伯尔像

背景介绍

1971年出版的长篇小说《莱尼和他们》(即《以一个妇女为中心的群像图》),无论是思想内容还是艺术手法,都达到了顶点。它以一个横遭迫害的劳动妇女为主线,塑造了各种典型人物,对西德的经济、政治、道德观念等方面进行全面性的批判。西德评论界赞扬这部作品是伯尔全部创作的结晶,称它是1971年度的"欧洲之书"。

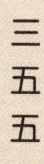

名著概要

年轻时候的莱尼是一个漂亮活泼的美少女,由于她的学习成绩并不好,甚至差点儿被送到辅导学校去。但是谁敢把"全校最标准的德意志少女"送到弱智学校去呢?这可是纳粹统治下的德国。实际上,莱尼并不是真的弱智儿童,她只是对学校那一套抽象的东西很厌倦罢了。她才智过人,勇敢善良,有音乐才能,只是没有人挖掘而已。在一个由修女主办的中学读书时,莱尼遇到了自己的良师益友——老师修女拉黑尔和同学玛格丽特。

莱尼17岁时,遇到了从部队回家休假的表哥艾哈德。两人一见钟情,但这段恋情只是纯粹的柏拉图式的恋情。第二次世界大战爆发后,表哥和哥哥回到部队,因为不满纳粹的残酷,他们将一门大炮卖给丹麦人。事情被发现后,他们以叛国罪被处死。哥哥和情人的死对莱尼造成了极大的打击,从此她变得郁郁寡欢。在他父亲举办的一次舞会上,莱尼被轻浮的阿洛伊斯勾引,糊里糊涂地失去了童贞。两人结了婚,不久,丈夫也回到战场,一个月后阵亡。更不幸的是,与此同时,莱尼的父亲因为假造工资单,家产和公司被没收,他本人也被流放。

迫于生计,莱尼来到了花圈厂工作。在这里,莱尼和前苏联战俘波利斯之间产生了真挚的爱情。但两国正在交战,只能偷偷摸摸地交往。不久,莱尼发现自己怀孕了,二人度日如年。战争终于结束了,因为波利斯带的是德国士兵证而被美国兵抓走卖给法国人,之后在一次矿井事故中不幸丧生。毫不知情的莱尼踏遍千山万水寻找爱人,找到的却是一座坟墓。

战后,莱尼的悲惨命运仍在继续着。莱尼的儿子莱夫长大后,为了把母亲被人骗去的财产夺回来而假造汇票,事发后被捕入狱。莱尼不顾别人的鄙视和嘲笑,和一个土耳其人同居了,两人生活过得不错。莱尼满怀期望等着即将出狱的儿子。

相关链接

1949 年	小说《正点到达》
1950 年	小说集《流浪人,你若来斯巴……》
1951 年	小说《亚当,你到过哪里?》
1953 年	小说《一声没吭》
1954 年	小说《无主之家》
1959 年	小说《九点半钟的台球》
1963 年	小说《小丑之见》
1971 年	小说《莱尼和他们》
1974 年	小说《丧失了名誉的卡塔琳娜》

名家点评

他的创作是在极其孤立,而且可能是面对相当大的敌对情绪的情况下完成的,从而不断创造被广泛接受的永久性成果。

——龙吉维斯特

风暴眼 / 澳大利亚 / 怀特 / 一把剖析灵魂的"手术刀"

作者简介

怀特（1912～1989），澳大利亚小说家、剧作家，生于英国。怀特自幼喜爱文学，9 岁就能读懂莎士比亚戏剧。1932 年，怀特赴英国剑桥皇家学院研读现代语言，毕业后留英国。第二次世界大战期间，他服役于英国皇家空军情报部门，赴中东工作 5 年。1948 年回澳大利亚定居，先经营农牧场，后专门从事写作。他的小说大多篇幅浩瀚，用字冷僻，善于比喻和景色的描写。有人说他的小说是只有他自己才明白的天书，是文学味太重的散文。尽管对怀特的创作有争议，但评论界一致公认他是当今世界上富于才华并卓有成就的作家之一。

怀特像

背景介绍

《风暴眼》是怀特的代表作。小说通过一个资产阶级家庭的崩溃来表现这个社会中人的道德沦丧和精神堕落，具有深刻的揭露意义。

名著概要

富有的牧场主亨特的遗孀是小说的主人公。她年轻时美貌绝伦，跟着亨特享尽了荣华富贵，过着奢侈糜烂的生活，拥有极大的权势和荣耀。到了 80 岁，还死要打扮，且惯于发号施令，既冷酷又专制。尽管在物质上她十分富足，但精神上的极度空虚和孤独无时无刻不在像毒蛇一样啃噬着她的心灵，使她得不到片刻的安宁，只有在昏沉的回忆中去寻找往昔的风流。她有一个儿子巴兹尔，在英国演戏；一个女儿多萝西是法国贵夫人。他们对母亲没有丝毫感情，同样是令人作呕的人物。得到母亲将死的消息，他们匆匆赶回。为了争夺遗产，他们先是明争暗斗，钩心斗角；后又沆瀣一气，竟在父母床上干起了乱伦的勾当。三个人物性格迥异，但都有其共同的特点：冷酷、自私、堕落。

阅读指导

作者采用意识流手法，把笔触深入人物内心深处，从心理剖析入手，表现了资本主义社会中普遍存在着的精神危机以及被金钱腐蚀了的灵魂。小说在联想、梦幻与现实之间随意切换，形成了一种多视角、多层次的立体结构。

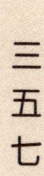

第三次浪潮 ／美国／托夫勒／迎接未来世界的行动指南

作者简介

托夫勒，1928年出生，世界著名的学者、社会思想家、未来学家，被公认为是美国当代最杰出的作家之一。托夫勒有着丰富的生活经历，他曾先后在汽车厂、铸钢厂工作过5年，又到华盛顿当记者。他曾担任《幸福》杂志副主编，给许多杂志撰写文章。他还著有《文化消费者》《城市学校宿舍》。1970年出版了《未来的震荡》，讨论了美国未来的政治和社会制度，被译为50多种文字，畅销700万册。托夫勒还曾任罗素·赛奇基金特约研究员，在新社会研究学院讲授未来学。1969年在康乃尔大学任特聘教授，从事研究未来价值体系。他还曾任洛克菲勒兄弟基金会顾问，美国国际商用机器和未来研究所顾问。托夫勒的作品涉及面广泛，有相当的深度，为此他被聘请为美国科学进步协会研究员，并被授予美国"麦金西基金会图书奖""管理学文献卓越贡献奖"，以及法国"最佳外国图书奖"、中国"金钥匙奖"。此外，他还被授予科学、文学、法学等5项荣誉博士学位。作为托夫勒的忠诚伴侣，托夫勒夫人海迪·托夫勒也是著名的未来学家，并被授予法学荣誉博士学位、"意大利共和国总统功勋"。托夫勒是从西方资本主义社会出发研究未来学的社会学家，但是他探讨人类社会由于科技革命深入进行所面临的变革，值得我们深入研究。

托夫勒像

背景介绍

未来学是近几年来在国外迅速发展，规模庞大的一门新兴的综合性学科。"未来学"一词，是德国学者欧·费莱希泰姆在19世纪40年代首先提出和使用的。当前，未来学在世界各国受到各方面的重视，从事未来研究的学者越来越多，很多国家和地区都成立了未来研究机构。西方社会对未来的研究，一方面是为了适应科学技术迅猛发展的客观形势，另一方面也是为了避免资本主义社会的危机和动荡。

名著概要

《第三次浪潮》除序言外，分为3个部分，共27章。托夫勒从生产力的角度出发，认为人类社会正在进入一个新的时期。这个新时期，他命名为"第

经典摘录

在工业社会中，一种最普遍的对两性的口头禅是，男人倾向于作为"客体"，而女人则是"主体"。

在跃向未来的赛跑中，富国和穷国站在同一条起跑线上。

> **相关链接**
>
> 《未来的冲击》的主题是探讨由于新技术革命的迅速发展，给社会经济结构和人们的生活方式带来了巨大变化，人们在这些迅速而剧烈的变化面前能否适应以及如何适应的问题。该书分为6个部分20章。第一部题为"永恒不复存在"，第二部题为"转瞬即逝"，两部谈的都是社会变化的短暂性。第三部题为"新颖奇特的世界"，从当时新鲜的角度论述了未来世界的新奇性。第四部题为"多样化的世界"，从选择对象的日益增多，形形色色的社会亚文化群的涌现，五花八门的生活方式等三个方面展开讨论，描述了高度工业化社会的多样性。第五部题为"适应力的极限"，第六部题为"生存的战略"。

三次浪潮文明"。根据他的分析，人类迄今已经历了两次浪潮的文明，第一次发生在8000至1万年前，是"农业革命"，人类从原始野蛮的渔猎时代进入了以农业为基础的社会；第二次发生在200多年前，是"工业革命"。工业革命以后生产力得到极大的发展，但破坏了自然资源，环境污染严重，社会上一切都趋向商品化，还带来了通货膨胀、失业、帝国主义战争等弊端。因此，第二次浪潮已处于"严重危机中"，现在正面临着第三次浪潮，即"信息革命"，或"知识革命"。

序言提出了作者的观点——认为世界并没有面临末日，人类的历史刚刚开始。世界在混乱骚扰底下，蕴藏着惊人的希望和前景。预测社会未来不可能避免主观价值判断，本书并不是部科学著作，但本书是以大量事件和标准系统化典型的工业文明与我们之间的关系为基础，探索社会未来的许多问题，并不是求知的好奇，这是人类生存攸关的大事。

第一部分为"浪潮的冲突"，只有1章。托夫勒认为新文明的诞生是我们生活中最大的事件。他对于未来有两种看法：一是认为今天的改革，不会动摇我们所熟悉的经济与政治结构，期待未来将一如既往；另一种是断定今天的社会没有未来，世界已临末日。两次浪潮之间的冲突是以紧张的政局为中心贯穿于今天的社会，政治的根本问题在于谁能为新文明的兴起做出规划，以取代旧的工业社会。

第二部分为"第二次浪潮"，共9章。第二次浪潮的共同特征：一、都是以使用不能再生的化石燃料作为能源基础。二、技术的突飞猛进。三、大规模的销售系统。三者结合，形成了第二次浪潮的技术领域。

第三部分为本书的核心——"第三次浪潮"，共17章。我们又一次处在历史性技术飞跃发展时期的边缘，新的生产体系要求加速改进整个能源结构，能源不仅是个数量问题，而且还是个结构问题。第三次浪潮能源结构特点是：原料大部

> **名家点评**
>
> 无比巨大的巨著，托夫勒纵观太空和时空，将大量令人震惊的信息——从家庭到微观生物学——编织成一种新颖的历史理论。
> ——《华盛顿邮报》
>
> 托夫勒的观点是不朽的、新颖的，是现在和未来历史前进过程中不可少的行动指南。
> ——《商业周刊》

分是可以再生的，资源广泛，集中与分散相结合的生产方式，没有危险，浪费少。能源问题的斗争与推翻第二次浪潮技术交织在一起。"第三次浪潮"是以电子工业、遗传工程等新兴工业为基础，主要特点是多样化、个人化和小型化。在第二次浪潮的社会中，强调的是一致性，然而第三次浪潮却恰好向相反的方向发展，群体被分割成为小块，这是在增加多样性的基础上的更高级的组织结构。再如，能源已由集中使用煤、石油和天然气，发展为风力、地热、核聚变能、太阳能、氢能等，一致化的能源结构变成了多样化的能源结构。在第三次浪潮中，工厂也从大批量生产同样的产品，发展为小批量生产，一致化的生产变成了多样化生产。最先进的工厂向小型化发展，不再需要集中在城市。过去人们认为工作效率最高的地方是工厂、办公室，随着第三次浪潮的到来，许多人的工作从工厂回到自己家里。目前美国有50%～70%的工人，他们接触的是纸、打字机、电话、计算机；他们创造的是字、符号、思想，而不是产品，而生产符号、字这样的工作是可能在家里进行的。美国目前从事农业的人口已经下降到2.6%，美国真正从事工业生产的工人数目也越来越少，越来越多的蓝领工人变成了白领工人，脑力劳动和体力劳动之间的界线模糊了。

阅读指导

　　本书提出的由于科学技术发展引起社会各方面的变化与趋势，值得我们注意与研究，它所阐述的观点也可以作为我们评价西方思潮之用。从这本书中，我们可以得到一种消息：现在已经突破和将要突破的新技术，运用于社会，将带来社会生产力的新飞跃，相应地会带来社会生活的新变化。

生命中不能承受之轻 / 捷克 / 米兰·昆德拉 / 人类灵魂的独特诠释

作者简介

　　米兰·昆德拉，捷克小说家，1929年出生于捷克布尔诺市。童年时代，他便学过作曲，受过良好的音乐熏陶和教育。少年时代，开始广泛阅读世界文艺名著。青年时代，他写过诗和剧本，画过画，搞过音乐并从事过电影教学。50年代初，他作为诗人登上文坛，出版过《人，一座广阔的花园》（1953年）、《独白》（1957年）以及《最后一个五月》等诗集，但诗歌创作显然不是他的长远追求。最后，当他在30岁左右写出第一个短篇小说后，他确信找到了自己的方向，从此走上了小说创作之路。

昆德拉在他巴黎的书屋里。

　　1967年，他的第一部长篇小说《玩笑》在捷克出版，获得巨大成功。移居法国后，他很快便成为法国读者最喜爱的外国作家之一。他的绝大多数作品，如《笑忘录》

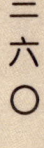

经典摘录

我们常常痛感生活的艰辛与沉重，无数次目睹了生命在各种重压下的扭曲与变形，"平凡"一时间成了人们最真切的渴望。但是，我们却在不经意间遗漏了另外一种恐惧——没有期待、无须付出的平静，其实是在消耗生命的活力与精神。

尼采常常与哲学家们纠缠一个神秘的"众劫回归"观：想想我们经历过的事情吧，想想它们重演如昨，甚至重演本身无休无止地重演下去！这癫狂的幻念意味着什么？从反面说"永劫回归"的幻念表明，曾经一次性消失了的生活，像影子一样没有分量，也就永远消失不复回归了。无论它是否恐怖，是否美丽，是否崇高，它的恐怖、崇高以及美丽都预先已经死去，没有任何意义。它像14世纪非洲部落之间的某次战争，某次未能改变世界命运的战争，哪怕有10万黑人在残酷的磨难中灭绝，我们也无须对此过分在意。

(1978年)、《生命中不能承受之轻》(1984年)、《不朽》(1990年)等都是首先在法国走红，然后才引起世界文坛的瞩目。他曾多次获得国际文学奖，并多次被提名为诺贝尔文学奖的候选人。除小说外，昆德拉还出版过3本论述小说艺术的文集，其中《小说的艺术》(1986年)以及《被背叛的遗嘱》(1993年)在世界各地流传甚广。

背景介绍

昆德拉在谈小说时说："无论有意还是无意，每一部小说都要回答这个问题：'人的存在究竟是什么？其真意何在？'"在他眼里，小说的主旨乃在于描述人类存在的境况，并揭示其中深藏的奥秘。《生命中不能承受之轻》正是此意义上的现代作品。这部小说以1968年捷克事件为历史背景，用冷静而幽默的笔触描述了外科医生托马斯、女记者特丽莎、女画家萨宾娜、大学讲师弗兰茨等人的生活境况和心态意绪，揭示了人类生存的窘迫境遇和重重困惑，具有深刻的哲理内涵。面对生存，面对历史，昆德拉揭去了古典式的理想主义罩衣，把生命存在所面临的两难境地以及由此产生的全部荒诞赤裸裸地展示在人们面前。

名著概要

工作在捷克首都布拉格的外科医生托马斯是一位与妻子离婚、自己独居的中年男子。10多年来，在男女两性问题上，他一直追求和保持着一种所谓的"性友

相关链接

《生命中不能承受之轻》的首位中文翻译者韩少功曾说，该书从理论的角度上看，不是那种狭义的文学，而是广义的读物。按照传统的小说理论，这本书的确在文体上显得不伦不类，"它是理论与文学的结合，杂谈与故事的结合，还是虚实与纪实的结合，梦幻与现实的结合，第一人称和第三人称的结合，通俗性与高雅性的结合，传统现实派和现代先锋派的结合"。然而，正是这些创造性的表现技巧颇为和谐地服务于内容，不仅使该书以其独特性的份量获得自身的生存和广为流传，而且逼使人们不得不重新思考"小说"究竟是什么的问题，它在小说史上再一次动摇了既定的"小说"概念。

世界名著大讲堂

谊"。男女双方的交往应仅仅局限在单纯的性交往上，除此之外，双方不应该要求对方，或用责任和义务来约束对方。托马斯依循着这种"性友谊"原则，与一些女人保持着不远不近、不疏不密、不冷不热的关系。

一个很偶然的机会，托马斯与乡间餐馆女招待特丽莎邂逅相识。年轻淳朴的特丽莎进入托马斯的生活，改变了托马斯守持10年的"性友谊"原则。托马斯决定与特丽莎在布拉格长期同居，并求他的情人——女画家萨宾娜为特丽莎找到了一份工作。同托马斯生活在一起，使特丽莎陷入了十分矛盾的窘境之中，同时，她的介入也造成了托马斯生活的窘态。特丽莎一方面十分珍惜与托马斯的爱情，另一方面，她又难以容忍托马斯继续与别的女人保持关系。特丽莎生活在忌妒与噩梦之中，而托马斯则常常纠结于他的"性友谊"原则与爱的忠诚这两个难以调和的冲突之间。

1968年苏联以突然袭击的方式，占领了布拉格。特丽莎这时已由暗房技工提升为一名出色的新闻摄影记者。她以记者的身份全身心地投身于拍照采访的工作中，用镜头记录下占领者的野蛮和抗议者的愤怒，虽几遭威胁和被捕，她仍不停地工作，将拍摄下来的历史镜头送往国外发表。苏军的占领使形势越来越恶化，托马斯和特丽莎不得不离开祖国，移居瑞士。恰巧托马斯的情人萨宾娜这时也已流亡瑞士。托马斯打电话与萨宾娜联系，两位昔日的情人又旧梦重温。侨居国外的生活并没有改变特丽莎的心境，反而使她觉得更加孤独和难以忍受。为此，特丽莎独自决定返回自己的祖国，临行时留给托马斯一封信。后来，内心深爱着特丽莎的托马斯，也毅然做出了返回布拉格的抉择。

流亡瑞士的女画家萨宾娜在日内瓦结识了新情人弗兰茨，弗兰茨是在大学任教的讲师。这对情人的不断交往，同样造成了令人窘迫的局面。萨宾娜生性孤傲，一生最厌恶的是媚俗，认为媚俗是人类生活中最可恶的敌人。从反对媚俗出发，萨宾娜蔑视一切众人约定俗成的原则和戒律。她凭着女人的敏感意识到自己与弗兰茨不过是貌合神离，她与弗兰茨的交往也都不过是些错位中的对话。她力图追求一种既真实又不媚俗的生活。在弗兰茨决定与萨宾娜生活在一起的时候，萨宾娜却不声不响地消失了。弗兰茨虽沉溺在对萨宾娜的爱恋之中，并决定与妻子克劳迪离婚，同萨宾娜结合，但他根本不能了解萨宾娜对生活的感受和理解。萨宾娜的不辞而别把他推向了一个更为窘迫的尴尬境地：离开了妻子和家，但又同时失去了热恋的情人。然而，弗兰茨很快又惊异地发现，这种窘境也给他带来了某种意义上的自由和新生。这种突然降临的庆幸，又使他与一位学生情人同居生活在一起，从而使他摆脱了把爱情理解为一场战斗的那个可怕的妻子。

萨宾娜离开日内瓦后，在巴黎定居。几经沧桑，几经漂流，她感到四周空空如也。强烈的虚无感包围了她，她悟出了人生的奥秘。人的一生所难以承受的并非累累重负，而是生命中不可承受之轻。或许生活中的奋争、操劳、反叛、追求等所欲达到的目的，只是那生命中不可承受之轻。在巴黎她收到了一封布拉格的来信，得知托马斯与特丽莎已死于一次偶然的交通事故。这一死讯更增加了萨宾

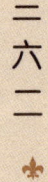

娜的虚无感。

托马斯和特丽莎返回布拉格后，一直生活在绝望与沉沦之中。由于苏联的占领，捷克似乎进入了一个"葬礼的时代"，绝望之感在整个国家弥漫着，渗入人们的灵魂和肉体，人们的生活如履薄冰，到处充斥着暗探、密告、监视。托马斯和特丽莎当然不能逃脱厄运。托马斯因为过去写过的一篇文章而被解雇，失业后在郊外的一家小诊所找到了一份很差的工作。可由于托马斯拒绝与警察所谓的合作——去陷害一位编辑，所以他连这份很差的工作也丢掉了，最后成了一名窗户擦洗工。从此以后，托马斯更加沉沦，只能靠偶然外遇的性游戏来填补生命中的空白。特丽莎的心灵更遭受了极大的打击。祖国的沦陷，所钟爱的人的沉沦，使她陷入了极度的混乱而难以自拔，可怕的是梦魇和幻觉给她的心理蒙上了厚厚一层恐惧的色彩。为了摆脱缠扰不休的噩梦，她选择了一个荒唐的尝试，与一个素不相识的陌生人发生了性关系，然而，此等荒唐之举也丝毫未改变她的本来心境。特丽莎再也不能忍受这种沉沦绝望的生活了，为了她和托马斯，她建议双双隐居乡村，希望用乡村的静谧来安抚不安的灵魂。最后，他俩因车祸而双双身亡，灵魂因死亡而得到了彻底的安息。

不知是出于对自己信念的追求，还是为了表示对过去情人萨宾娜的忠诚，弗兰茨十分同情和关注被越南侵占的柬埔寨战况，并积极参加了一次进军柬埔寨的行动。这一行动是由西方一些著名知识分子发起组织的，他们组成一支队伍开进越南占领的柬埔寨，以迫使越南人允许医生入境。在进入柬埔寨的过程中，弗兰茨体会到了伟大的历史事件与喜剧性的荒诞往往会自然而又奇异地结合在一起。许多知名人士在为正义而斗争的掩盖下，却干着猎取虚荣的勾当。一个夜晚，弗兰茨被几个拦路抢劫的歹徒打死。他的妻子克劳迪为他举行了葬礼，他的学生情人站在远处失声恸哭。弗兰茨完成了漫漫迷途的永恒回归。女画家萨宾娜一直流亡异地他乡，四处漂泊，最后定居美国。有一天，她写了一份遗嘱，请求把自己的尸体火化，骨灰撒到空中，用死完成生命所不能承受之轻。

阅读指导

《生命中不能承受之轻》带有很浓的结构主义色彩。与传统意义上的小说不同，昆德拉描写的人物从不追求如交响乐乐章般的鲜明和饱满，他只把人物和事件作为一些象征符号，让他们在社会符号系统里运动，借此来阐释思想的内涵。小说的文字既像散文又像理论随笔，但结构却采用了严谨的巴赫金所谓"复调小说"的形式。小说章节题目中"轻与重""灵与肉"出现两次，而且次序颠倒，对某些意念（如树脂涂覆的草筐里的孩子、圆顶礼帽、托马斯的窗前凝望等）的反复出现，成为小说的基本动机和推进动力，但再现中又充满了变奏。围绕着忠贞与放荡、抵抗与服从、精神与肉体、安分与叛逆等诸多矛盾，作品从不同层面揭示了主题，最后几乎构筑了一个颇为完整的人物系统和理论体系。从严格意义上说，这种哲理小说已经背离了小说的传统定义，不再通过感性传达使读者得到心理的满足，而要求他们用理性思维去感知作品的思想内涵，从而得到一种思索的快感。昆德拉曾引古犹太谚语"人们一思索，上帝就发笑"，他认为自己的小说就是上帝笑声的回响。

管理学／美国／罗宾斯／世界公认的优秀管理学教科书

作者简介

　　罗宾斯，美国著名管理学教授，组织行为学的创始人之一。他在亚利桑纳大学获得博士学位。罗宾斯长期从事管理学研究，他的兴趣集中在组织中的冲突、权力和政治，以及开发有效的人际关系能力方面。他曾经就职于壳牌石油公司和雷诺金属公司，他先后任教于布拉斯加大学、康科迪亚大学、巴尔的摩大学、南伊利诺伊大学、圣迭戈州立大学。他的论文发表在《商业地平线》《加利福尼亚管理评论》《商业和经济观察》《国际管理》《管理评论》《加拿大人事和工作关系》《管理教育》等杂志上。90年代以来，罗宾斯已出版了多本管理的教科书。这本《管理学》现被美国800多所大学和世界许多国家的大学及工商管理学院所采用。

背景介绍

　　从20世纪80年代后期开始，随着经济全球化的迅速发展，对于商务教科书的需求也变得十分普遍。而在罗宾斯的《管理学》出版之前，他教授《管理学导论》已经有15年之久了，可他一直使用其他教材，从学术角度上来说应该是比较严谨的，由于缺乏实际关联性，好像完全脱离于管理的现实世界，书中的大部分内容仅仅是"理论之上的理论"。罗宾斯不得不花费大量的课堂时间列举事例，并对书中的理论与实际操作的关联性进行解释。由此，罗宾斯认为有必要出一本导论性的管理学教科书，包括管理最基本的功能，尽量减少不切实际的理论，并将理论与实际相结合，于是《管理学》这本书于1984年出版了。

名著概要

　　罗宾斯的《管理学》不是用说教的方式阐述管理理论，而是以大量的研究材料和案例客观地展现各种流派的观点，以及各种实践的探索，让读者自己从中领悟管理的真谛。本书紧紧抓住管理固有的两难问题和管理实践面临的新问题，并以此为主线展开讨论，揭示问题内在的复杂性，挖掘理论本身的深刻内涵，提炼成功企业实践的普遍性。全书分为6篇，总共21章。

　　第一篇为"导论"，共2章。主要解释管理（管理是同别人一起或通过别人使活动完成得更有效的过程，这一过程体现在计划、组织、领导和控制的职能或基本活动中）和管理者（管理者是组织中指挥他人活动的人，他们拥有各种头衔，如监工、科室主任、院长、部门经理、副总裁、总裁以及首席执行官等）的概念以及学习管理学的目的（对于渴望成为管理者的人来说，学习管理学可以获得管理的基础知识，这将有助于他们成为有效的管理者；对于那些不打算从事管理的

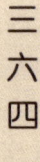

> **相关链接**
>
> 亨利·明茨伯格的管理者角色理论：明茨伯格从他对5位总经理的行为研究中得出结论，管理者在实施管理过程中扮演着10种不同的角色。他将这些角色划分为3组：第一组涉及人际关系方面，有挂名首领、领导者、联络者3种角色；第二组涉及信息传递方面，有监听者、传播者和发言人3种角色；第三组为决策制定方面，有企业家、混乱驾驭者、资源分配者和谈判者4种角色。

人来说，学习管理学能使他们领悟其上司的行为方式和组织内部运作方式）。在本篇最后简明地阐述了管理的演进。

第二篇为"定义管理者的领域"，共4章。作者首先论述了对管理者的约束——组织文化和环境。组织文化是组织内部的一种共享价值体系，它在很大程度上决定了雇员的行为，制约着管理者的行为，左右着管理者的判断思想及感觉。环境的不确定性取决于环境的变化程度和复杂程度。稳定的和简单的环境是相当确定的，而越是动荡和复杂的环境，其不确定性越大，环境的不确定性限制了管理当局的选择及决定自身命运的自由。中间部分主要阐述了社会责任和经济绩效及利润最大化行为的关系。社会责任是指工商企业对有利于社会的长期目标的追求。大量研究表明，在公司的社会参与和经济绩效之间存在一种正相关的关系，对社会负责并不会降低一个公司的长期绩效。虽然我们还不能说明企业的每一个"社会"行动的动机，但显然至少有一些这样的行为是出于利润动机的，所以社会责任也是企业追求利润最大化的一种行为。作者接下来论述了管理者工作的实质——决策，指出了决策制定的8大步骤：1. 识别问题。2. 确定决策标准。3. 给标准分配权重。4. 拟订方案。5. 分析方案。6. 选择方案。7. 实施方案。8. 评价决策效果。接下来的4篇中，作者对管理的4个职能进行分篇详尽论述，是本书的重点。

第三篇为"计划"，共3章。计划是一个确定目标和评估实现目标最佳方式的过程。计划指出方向，减少变化的冲击，尽可能减少浪费和冗余，以及设立标准以利于进行控制。计划过程存在4种权变因素，包括管理者所处的组织层次、组织的生命周期、环境的不确定性，以及未来许诺的时间长度。管理者的计划应当预见到足够远的未来，以符合当前的许诺要求。

第四篇为"组织"，共4章。组织结构是对组织的复杂性、正规化和集权化程度的一种度量。机械式组织或官僚行政组织表现为高度的复杂性、正规化和集权化，而有机式组织或适应性组织在这三方面结构因素上表现出很低的程度。在

经典摘录

预测员工将来的行为最好的指标是其过去的行为。

大脑很重要，如果在应聘人员中拿不定主意时，就选择精明的人。

有些人天生就是比别人亲切和乐观。就算是有可能，要培训不快乐的员工为人们提供亲切周到的服务也是一项艰巨的任务。

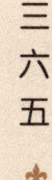

所有其他条件相同的条件下，技术愈是常规化的，组织也应当愈是机械式的；相反，技术愈是非常规的，结构就应当愈是有机式的。在所有其他条件相同的情况下，机械式的组织与稳定的环境更为匹配，而有机式的组织则与动态的环境更加适应。

第五篇为"领导"，共5章。管理者和领导者的区别：管理者是被任命的，他们拥有合法权力进行奖励和处罚，其影响力来自于他们所在的职位赋予的正式权力；而领导者则可以是任命的，也可以是从一个群体中产生出来的，领导者可以运用正式权力来影响他人。领导者有6项特质不同于非领导者：进取心、领导意愿、诚实和正直、自信、智慧、工作相关知识。具有领袖魅力的领导者是自信的，有远见的，对目标有强烈的信念，反传统，并被认为是激进变革的代言人。

第六篇为"控制"，共3章。控制是一种监视工作活动的过程，用来保证工作按计划完成并且纠正出现的任何显著的偏差。控制之所以重要是因为它监督目标是否按计划实施和上级的权力是否被滥用。控制工作常常努力集中在下列这些方面中的一个：人员、财务、作业、信息和组织的整体绩效。一个有效的控制系统应该是准确的、及时的、经济的、灵活的和通俗的。

阅读指导

《管理学》是一本公认的优秀管理学教科书，被美国800多所大学和学院选做教材并在世界许多国家和地区受到欢迎。全书博采众长，荟萃了90年代以来管理学各个领域所有重要的和最新的研究成果。尤其是对管理的社会责任和道德、战略管理和企业家精神、组织和职务的设计、组织行为的基础、领导理论和沟通，以及人际关系技能的讨论，更是取材丰富、分析透彻、见解独到而精辟。

文明的冲突与世界秩序的重建 / 美国 / 亨廷顿 / 21世纪的展望

作者简介

亨廷顿（1927～2008），美国著名的政治学家。他毕业于哈佛大学，获博士学位，毕业后留校，任哈佛大学阿尔伯特·魏斯赫德三世学院的教授、哈佛国际和地区问题研究所所长、约翰·奥林战略研究所主任。曾任卡特政府国家安全委员会安全计划顾问，《外交政策》杂志发起人与主编，美国政治学会会长。著有大量学术著作及论文，论文如《文明的冲突》《后冷战世界的各种范式——假若不是文明还会是什么》等，著作有《政治权力：美国与苏联》《变革社会中的政治秩序》《文明的冲突与世界秩序的重建》《第三波——20世纪后期民主化浪潮》等。亨廷顿1993年在《外交》杂志发表《文明的冲突》一文，指出：在20世纪80年代末期，随着苏联的解体和社会主义阵营的不复存在，社会主义和资本主义两大阵营之间的对垒，从此以后就不再是未来世界冲突的主题了。所以在这个基础上，他认为在21世纪世界冲突的主题将不再是政治，尤其不再是政治意识形

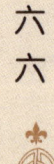

相关链接

亨廷顿的《第三波——20世纪后期民主化浪潮》是其代表作之一。亨廷顿把20世纪后期的民主化浪潮置于美国革命和法国革命以来民主和专制的纽结交替过程中间，对这次他之所谓民主化"第三波"的实质、原因、过程、特征和趋向条分缕析。在书中，亨氏以"民主马基雅维里"自诩，以《君主论》式的洞见，为威权体制下民主派的行为提出五项重要准则，更使本书成为21世纪全球民主化新浪潮中行动的教科书。此书虽成于1991年，却以锐利的分析功力和明晰的观察视角引人入胜，成为分析此次民主化浪潮较为深刻的著作。

态之间的冲突，不是社会主义和资本主义的冲突，而是文明的冲突。这个观点引起了国际学术界普遍关注和争论。据该杂志的主编讲，《文明的冲突》在3年内所引起的争论，超过他们自20世纪40年代以来所发表的任何一篇文章。鉴于人们对这篇文章的兴趣、误解和争论，亨廷顿似乎需要进一步阐述他所提出的问题，于是他于1996年出版了《文明的冲突与世界秩序的重建》的专著，旨在对《文明的冲突》提出的问题提供一个充分的、深刻的和更详尽的论证解答。

背景介绍

冷战期间，人们很容易把全球政治理解为包含了美国及其盟国、苏联及其盟国，以及在其中发生了大量冷战斗争的不结盟国家组成的第三世界。这些集团之间的差别在很大程度上是根据政治意识形态和经济意识形态来界定的。随着冷战结束，意识形态不再重要，各国开始发展新的对抗和协调模式，因此，人们需要一个新的框架来理解政治。

名著概要

《文明的冲突和世界秩序的重建》认为：后冷战时代的世界是一个包含了7个或8个文明的世界；文化的共性和差异影响国家间的对抗和联合；世界上最重要的国家绝大多数来自不同的文明；最可能升级为更大规模战争的地区冲突，是那些来自不同文明的集团和国家之间的冲突。他还认为，文明间的冲突有两种形式：在地区或微观层面上，冲突发生在分别属于不同文明的邻近国家之间；在全球或宏观层面上，核心国家的冲突发生在不同文明的主要国家之间，这些冲突是国际政治的典型问题。在相互竞争中，各核心国家会团结本文明的同伴，争取属于第三种文明的国家的支持，促进对立文明的国家的分裂和背叛，利用各种综合手段达到目的。全书30多万字，包括5部分，下面分别对其主要观点做一简要的介绍。

第一部分"一个多文明的世界"。

俄罗斯东正教教徒礼拜
东正教文明已成为冷战后世界主要文明之一。

亨廷顿认为，冷战后，全球政治已经成为多极和多文明的。冷战后的世界是由7个或8个主要文明构成，国际关系的主要行为者不再是一般的民族国家，而是文明的核心国家。

经典摘录

若是发生下一次世界大战的话，那将是文明之战。

文明的冲突是对世界和平的最大威胁，而建立在多文明基础之上的国际秩序是防止世界战争的最可靠保障。

第二部分"变动中的各文明力量对比"。文中指出，文明之间的权力均势正在变更。西方文明正在衰落，它在世界政治、经济、军事力量中所占的比重相比其他文明正日益缩小；相反，亚洲文明却在发展壮大它们的经济、军事和政治力量。在21世纪初期，人类将经历非西方权力与文化的复兴，经历非西方文明内部相互之间以及与西方文明之间的冲突。

第三部分"正在形成的文明秩序"。亨廷顿认为受现代化的驱使，全球的政治正沿着文明界线进行重组。具有相似文化的国家和人民正在聚合，具有不同文化的国家和人民正在分离。由意识形态和超级大国关系界定的联盟正在逐步让位于由文化和文明界定的联盟。文化社会正在取代冷战集团。文明之间的断层线正在变成全球政治冲突的中心地带。因此，一个以文明为基础的世界秩序正在出现。

第四部分"文明的冲突"，这是全书的核心。首先指出了文明是人类的终极部落，文明的冲突就是全球规模的部落冲突。文明的冲突一般有两种形式，一种是在地区或微观层次上，不同文明的邻国或一国内不同文明的集团之间的断层线冲突；另一种是在全球或宏观层次上，不同文明的主要国家之间的核心冲突。其次，亨廷顿认为断层线战争具有相对持久、时断时续、暴力水平高、意识形态混乱、难以通过协商解决等特点。再次，亨廷顿从历史学、人口学和政治学角度分析了断层线战争爆发的原因。最后，亨廷顿指出，由于断层线战争是间断性的，只能暂时性地休止断层线冲突。休止断层线战争，阻止它们升级为全球战争，主要依靠世界主要文明核心国的利益和行动。

第五部分"文明的未来"。亨廷顿认为，西方的生存有赖于美国人重新肯定他们的西方认同，以及西方人把他们的文明看作是独特的而非普世的，并团结一致对付来自非西方社会的挑战。在未来时代，主要文明间战争的休止需要各国遵

名家点评

美国前国务卿基辛格指出："亨廷顿是西方最优秀的政治学家之一，他为理解下个世纪全球政治的现实提供了一个极具挑战性的分析框架。《文明的冲突与世界秩序的重建》是冷战结束以来出版的最重要的一本著作。"

布热津斯基认为，《文明的冲突与世界秩序的重建》"是一本理性的杰作，思想开阔，想象丰富，发人深省，它将使我们对国际事务的理解发生革命性的变革"。

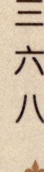

守三个规则，即避免原则、共同调解原则、求同原则。

阅读指导

　　亨廷顿在《文明的冲突与世界秩序的重建》中对文明冲突理论做了更加详尽、系统的阐述和论证，并为美国乃至西方的政策制定者认识冷战后的世界秩序制定了一个理论框架。《文明的冲突与世界秩序的重建》是对21世纪全球政治发展动力的深刻而有力的分析，它的确是十几年来最富有争议的著作之一。